制度经济学译丛

公 共 选 择
戈登·塔洛克论文集

〔美〕戈登·塔洛克 著

柏克 郑景胜 译

2011年·北京

Gordon Tullock
Virginia Political Economy

本书中文简体字本经作者授权出版。
ⓒ商务印书馆,2011

目　　录

戈登·塔洛克 ················· 马克·布劳格 i
戈登·塔洛克：杰出研究员，1998 年 ············ iii

第一部分　起源

经济帝国主义 ································ 3
公共选择 ···································· 17
公共选择：我对今后 25 年的希望 ·············· 29
编辑散忆 ···································· 40

第二部分　多数决问题

多数决问题 ·································· 57
非传递性的非理性 ···························· 70
政治的准入门槛 ······························ 78
联邦主义 ···································· 88
一般不可能性定理的一般不相关性 ············· 101
为什么有那么多稳定 ························· 117
有投票悖论吗？ ····························· 139

第三部分　需求显示过程

进行社会选择的一种新的较优过程（T.尼古拉斯·蒂德曼与

戈登·塔洛克）……………………………………………… 149
作为一种福利指标的需求显示过程…………………… 168
需求显示过程、联盟与公共产品……………………… 184

第四部分　寻租

关税、垄断与偷盗的福利成本………………………… 189
转移支付的成本………………………………………… 201
再论转移支付的福利成本……………………………… 215
争夺援助………………………………………………… 220
过渡收益陷阱…………………………………………… 234
有效寻租………………………………………………… 246
寻租……………………………………………………… 263

第五部分　再分配政治学

为遗产继承辩护………………………………………… 273
再为遗产继承辩护……………………………………… 285
无慈悲心的施舍………………………………………… 290
再分配的说辞与现实…………………………………… 306

第六部分　官僚体制

官僚体制的动态假说…………………………………… 329
扩大的公共部门：瓦格纳平方值（詹姆斯·M.布坎南与戈
　登·塔洛克）………………………………………… 334

第七部分　社会的两难困境

丛林的边缘……………………………………………… 341

腐败与无政府主义……………………………………………… 355
革命悖论……………………………………………………… 362
理性与革命…………………………………………………… 375

第八部分　社会成本问题

相互外部性条件下的公私互动（詹姆斯·M.布坎南与戈登·
　塔洛克）……………………………………………………… 383
社会成本与政府行动………………………………………… 415
作为公共产品的公共决策…………………………………… 425
没有利润的信息……………………………………………… 432
污染者的利润与政治反应：直接控制对税收（詹姆斯·M.布
　坎南与戈登·塔洛克）……………………………………… 452
污染者的利润与政治反应：直接控制对税收：答复（詹姆斯·
　M.布坎南与戈登·塔洛克）………………………………… 467
鹰、鸽与免费搭车者………………………………………… 470

第九部分　法与经济学

犯罪行为研究的经济学方法………………………………… 485
法律制度的成本（沃伦·F.施瓦茨与戈登·塔洛克）………… 501
论高效的审判组织…………………………………………… 511
论高效的审判组织：对麦克切斯尼和奥道弗与韦茨曼的答复…… 527
司法错误与一项改革建议（I.J.古德与戈登·塔洛克）……… 531
法院的错误…………………………………………………… 544
法律的异端：在1995年西部经济学会年会上的会长致辞…… 559
陪审团………………………………………………………… 573

第十部分　生物经济学

作为细心购物者的煤山雀 …………………………………… 593
生物外部性 …………………………………………………… 598
经济学在生物学中的应用 …………………………………… 611
(真正)原生群落的经济学 …………………………………… 617

第十一部分　在公共利益之中

公共利益理论的(部分)复原 ………………………………… 637
如何把好事做好！ …………………………………………… 651

附录　戈登·塔洛克生平 ………………………………… 666
英汉译名对照表 …………………………………………… 673

戈登·塔洛克[*]

马克·布劳格

　　戈登·塔洛克是公共选择学会的主要创始人之一。他最先把经济学原理运用到集体决策，因此闯入了一个传统上被认为是政治学者的领域。塔洛克与布坎南合作撰写了《同意的计算：宪政民主的逻辑基础》（密歇根大学出版社，1962）一书，而他的写作范围甚至比布坎南还要宽。在使老派政治无政府主义转变为新型自由意志主义者并使其恢复活力的努力中，他已然是一位中心人物。像《官僚体制的政治》（公共事务出版社，1965）、《社会的两难困境：战争与革命的经济学》（公共选择研究中心，1974）、与R.B.麦肯齐合著的《经济学的新世界》（理查德·D.欧文，1975；第二版，1978），以及《对审判的审判：法律程序的纯理论》（*Trials on Trial*：*The Pure Theory of Legal Procedures*，哥伦比亚大学出版社，1980）等著作，从公共选择理论与产权理论的角度，探讨了组织经济学、化解冲突、投票表决行为、犯罪和法律体系的基础等问题。

　　要在塔洛克的各种著作中找到一条共同的线索可不大容易：他的

---

　　[*]　经许可重印自《凯恩斯以后的100位经济学家》（*Great Economists Since Keynes*：*An Introduction to the Lives and Works of One Hundred Modern Economists*）。马克·布劳格编辑（Brighton：Wheatsheaf，1985），第252—253页。（中译本由商务印书馆于2003年出版。——译者）

思绪繁多,在各个方面都提出了许多思想,以致这些思想之间的联结点反而有了让人看不见的危险。因此,对他的"体系"的任何简单概括,都有待于他自己将来的努力。然而,和任何公共选择论者一样,有一条线索贯穿于他的工作中,即:在任何情况下,人的行为必须被看作是对自然环境与现行社会体制这双重制约的一种"理性"反应;面对这些制约,人们总会考虑到各种可选方案的成本,力求使自己的满足得到最大化。因此,经济分析的特点不在于分析所谓的"经济活动"问题,而在于它是分析任何问题的一种特殊方法。由此可知,当人们做出集体决策而不是个人决策时,公共选择理论要求解答的是,在既定的技术和社会制约条件下,什么样的交易成本会使人偏爱投票箱的结果而拒绝市场机制的结果?在能够改变这类偏好的现行约束条件中,有哪些是可行的?得到的答案有时候会是对政治学中老问题令人吃惊的全新看法。

塔洛克1922年出生于美国伊利诺伊州的罗克福德,1947年从芝加哥法学院获得法学学士学位,此后去到耶鲁大学(1949—1951)和康奈尔大学(1951—1952)攻读研究生。从1947年到1956年,他在美国国务院的外事服务局工作。他的第一个教职是在南卡罗来纳大学(1959—1962),此后转至弗吉尼亚大学(1962—1967)、赖斯大学(1967—1968)、弗吉尼亚工业学院和州立大学(1968—1983),并最终来到乔治·梅森大学,在这里,他直到今天还在执教,是公共选择研究中心的经济学教授。

塔洛克1956年出任美国公共选择学会会长,1980年出任美国南部经济学会会长。

戈登·塔洛克[*]

杰出研究员,1998年

  戈登·塔洛克是绕道进入学术事业的。他先在美国外交部工作过一段时间,而且几乎没有受过经济学的正规训练。但是,他天生具有作为经济学家的能力,因此他能够在大约40年的时间内为经济学和政治学做出重要贡献。塔洛克对经济人方法的坚持,以及他在扩大经济学领域方面的工作,已经对一些非传统经济学科,如政治学、法律、生物学、军事战略,以及冲突化解在其中工作的专业环境做出了贡献,使这些学科的工作受到了重视。

  塔洛克的学术贡献,在数量和重要性这两个方面,都是巨大的。他早期对选票交易的研究,以及他对《同意的计算》(与詹姆斯·M.布坎南合著)的贡献,使他成为公共选择学派的重要创始人之一。自1962年以来,塔洛克的笔下稳定地涌现出一系列重要的学术成就。在他的这些著作中,有对官僚体制理论、寻租理论、外部性理论、为公共产品设计的需求显示过程理论(theory of demand-revealing processes for public goods)、管制理论(theory of regulation)、投票行为,以及化解冲突理论(theory of conflict resolution)的根本性贡献。

  塔洛克关于寻租理论的有重大影响的论文(1967),引发了大量理

---

[*] 经美国经济学会许可,重印自《美国经济评论》,第88期(1998年9月),第ii页。

论性和经验性的论著。塔洛克的重要洞见——用于获得纯粹转移支付而支出的稀缺资源是一项社会成本，被看作是与传统上作为垄断、管制和经济中其他有关制度和实践的社会成本一样的无谓损失——前人还没有明确提出过。实际上，"寻租"一词（由安妮·布鲁格提出）已经进入了大众文化，成为表示政界人士不道德行为的一个词语。

而且，塔洛克在公共选择运动的制度演进方面发挥了重要作用。他创办了《公共选择》杂志，担任编辑长达25年之久，他对公共选择学会的组建也起了重要作用。

塔洛克的学术成就和创新精神已经给经济学留下了不可磨灭的印迹。他是目前还工作在经济学第一线的唯一一位先驱者。正如戈登经常对邓肯·布莱克所说的那样，这话现在可以用在塔洛克自己身上了——他是我们大家的一位缔造者。

第一部分

起　源

经济帝国主义[1]

如果我们把"经济学"定义为"经济学家所做的事",那么,经济学领域的巨大扩展就是这一代人中比较有意思的思想发展之一了。现在,在通常被说成是政治学的领域中有大量文献是经济学家写的,并且使用了可以看出是经济学的方法。自从冯·诺伊曼和摩根斯特恩的著作出版以来,经济学家就进入了军事战略领域的研究工作。最近,这种兴趣已经扩展到要解决外交和国际关系领域的问题了。此外,经济学家还对政府所有分支机构的管理和效率问题感兴趣。其实,尽管我以为,如成本—效益分析那样的实用经济学很难被看作传统经济学兴趣之外的事情,但是直到最近,几乎所有有关这类事情的工作还都留给了公共管理专业的研究人员,而那个专业是政治学科的一个分支。

经济学家们不只是在研究"公共管理",他们也闯入了商业管理领域,结果这个专业中有大量杰出成员现在从咨询合同中得到的收入已经超过他们从学术工作中得到的收入了。事情还在继续,经济学家们现在也在写犯罪学的著作了,而在犯罪学这个领域,像往常一样,经济学家的方法在传统的法律从业者看来,是非正统的古怪行为。经过几代人反复说经济学在收入分配问题上可谓毫无建树之后,经济学家现

---

[1] 经许可,重印自《公共选择理论:经济学的政治应用》一书(*Theory of Public Choice: Political Applications of Economics*, ed. James M. Buchanan and Robert D. Tollison, Ann Arbor: University of Michigan Press, 1972, 317 – 329, Copyright 1972 The University of Michigan Press.)。

在开始研究慈善和收入再分配的经济学了。在这里，从某种意义上说，经济学家是创造了一个新领域而不是闯入了一个现存的领域，尽管我觉得许多社会福利管理专业的博士会否认这一点。然而，最近经济学家对非营利组织的运行兴趣高涨，这显然是创造了一个新领域，而不是对现存领域的一种帝国主义式的侵入。

可我们还没说完呢。经济学家最近投入许多时间研究教育问题了。应该承认，他们的兴趣此前还主要限于把教育看作一种投资形式，这是教育学家通常会忽视的一个课题。但是，经济学家现在也表现出了对教学教法的某种兴趣，目前大多与作为一个学科的经济学教学有关。科学组织的问题近来也吸引了某些经济学家的兴趣。在这里，与他们直接竞争的只有少数社会学家，但是大多数自然科学家对这个主题都有强烈的看法，而且往往被经济学家要去计算而不是装装样子的倾向所激怒。经济史学家近来出示了一些关于英国限制13个殖民地贸易的实际成本的信息，这对于标准史学是非常重要的，尽管历史学家们似乎并没有意识到这一事实。最后，至少有一位经济学家，我本人，还对在生物学领域中运用经济学原理感兴趣。迄今为止，生物学家还没有理睬我，但是从马尔萨斯对最早一代生物学家的影响看，我还有希望。

但是，所有这种在我看来是重要的思想活动，引起的关注极少。本书的读者对这些经济学的新领域肯定会更感兴趣，而学术界中占压倒多数的人根本不会去读这本书，我甚至怀疑他们中的许多人是不是曾经听说过我在上面列出的那些工作。一般的经济学家甚至还要孤陋寡闻。即使我们认为经济学家侵犯了那些领域中的学术专家，但经济学家中占压倒多数的人也还没听说过这种倾向。在那些模糊地意识到他们的学科权威受到威胁的少数人中，只有一小部分人会了解经济学家实际已经完成的工作。在大多数情况下，本身很熟悉这种新方法的人的数量实际上还是较少的。

对这种显然重要的发展为什么会缺乏关注呢？一个显而易见的答案是，经济学家在新的领域运用经济学的工具本来就不对：他们的工作毫无用处，也不值得研究。我可不这么认为，但是我不会在这里花费时间来批驳它。如果本卷中的其他文章还没有说服读者，使他们认识到，经济学家正在传统的经济学领域之外做着重要工作的话，那么即使我用几页纸来说这件事，也不大可能说服他们。除了说这些研究缺乏实际价值这种可能外，还有其他一些说法。我现在就要来谈谈这些说法。

我认为，只有少数经济学家对闯入传统经济学之外的领域感兴趣，这个事实主要是由于经济学内部专业化分工的迅速增长而产生的。只有少数经济学家才对经济学一般领域中的所有专业都感兴趣。经济学现在已变成了一个如此广泛而复杂的学科，以致经济学各个分支的具体知识都会超出大多数，很可能是全部经济学家的思维能力。人脑毕竟是有限的，而人脑所能接受的科学知识总量在稳步增长，必然的结果就是，任何个人都必须减少他所学全部知识的百分比。因此，原先已经建立的各个学科，包括各个专业和专业方向，现在都在发展。

值得注意的是，公共财政方面的专业经济学家通常都会对新发展感兴趣，就像本卷中那些落入传统上属于政治科学领域的文章，只因为这些文章显然与公共财政问题密切相关。同样，对经济发展感兴趣的经济学家，通常也会关注与他们的亚学科密切相关的教育经济学，而且实际上，教育经济学在很大程度上是由对落后国家和它们的问题感兴趣的人们提出的。在某些其他新领域，经济学家还没有形成活跃的团体，那大致是由于在现存的经济组织中还没有与之明显密切相关的亚学科。随着这些领域的发展，很可能经济学专业中只有一部分人会对这些新领域感兴趣，就是因为经济学专业中只有一部分人对亚学科感兴趣。

这些领域中受到经济学家侵袭的学术专家对这种发展知之甚少，在我看来，原因是非常不同的。首先，这些领域中某些科学的社会组织或非营利组织，并不在任何定义好的学科范围之内。实际上，少数社会学家就在这些一般领域做了一些研究，但是并没有哪个社会学的亚学科承认这些工作是它们的主要兴趣所在。社会学家总体上对较小的领域感兴趣，而且他们大都还有其他的兴趣。

然而，在如政治学那样的领域中，大量学者直接关注的问题都是像《一种民主的经济理论》[②]书中所谈的"经济"问题。许多政治学家还没有读过这本书（尽管情况在迅速变化），这个事实可能是由人脑本质上的有限性引起的另一个结果。学习某个学科是个资本投入过程，个人在这个过程中投入时间、精力以及某些直接的物质资源，以获得知识。如果有个人已经做了这种投资，而有一本书尽管旨在论述他所学专业却需要完全不同的一套智力资本才能理解和评估书中信息，那么可以理解，此人就会不愿去读这本书了。对于经济学家，唐的书相对易读。对于受过传统训练的政治学家，那就是极难读的一本书。他不仅读起来困难，而且很可能误解书中内容。这不是因为经济学家比政治学家更聪明。有些政治学家认为易读的书，却使经济学家感到非常难读。然而，一位想要熟悉他所在的领域内使用的经济方法的政治学家，恐怕会发现有必要花上六个月到一年的时间，去获得必要的良好经济学背景形式的智力资本，这是事实。

显然，政治学家是不会进行这种大规模投资的，除非他觉得非常有把握值得这么做。其实，他可能担心他已经积累起来的智力资本会逐

[②] Anthony Downs, *An Economic Theory of Democracy* (New York, 1958).

渐过时。③ 在这样的情况下，如果政治学家不肯轻举妄动进入这类思索性领域，我们不该感到惊讶。相反，我们感到惊讶的是，他们中间竟有那么多人表现出认真的兴趣。然而，大多数政治学家都在用他们传统的方法工作，而且不理睬新的发展。随着时间推移，这大概会发生变化（年轻的专业人员不那么保守，因为他们积累起来的有可能逐渐过时的智力资本还不多），而文森特·奥斯特罗姆、威廉·赖克和 L.L.瓦德等人的榜样将得到追随。

那么，把经济学方法用于远离传统经济学领域的新的驱动力，到目前为止对于一般学者的影响还相对较小这个事实，也就不奇怪，也不特别不幸了。从定义上说，目前在这些领域中工作的学者几乎都是自己选择了独创和多学科兴趣的人。他们建立起牢固的工作团体，这个团体将为将来的扩展提供基础。新方法的逐渐扩展，还有扎实的研究支撑着每一个新进展，要比建立在初步发现上的突然风生潮起健康得多。我们可以预期，我们的影响将会比我们的知识增长得慢一些。即便有时候令人沮丧，但总体上是健康的。

然而，在社会科学其他领域中对经济学方法的制约显然是暂时的。学科间的界限只是些传统，而传统会自动随时间的消逝而受到侵蚀。我们可以满怀信心地期待，从现在起再过 20 年，在今天还限制着新方法影响的专业化和智力资本保存的问题，将不再构成严格的障碍。那么，构成社会科学的将会是什么（或者说应该是什么）呢？我愿意用本篇文章余下的部分来尝试回答这个问题。由于众所周知，做预言是很

---

③ 我忍不住要给出一个影响到我个人的这类勒德主义的一个例子。我离开弗吉尼亚大学时，关系有些紧张。后来过了些时候，在学生报纸（《弗吉尼亚周报》，1968 年 1 月 15 日卷二）上登出了一篇有关这个题目的交流通信，占了好几页的篇幅。该报编辑明显地反映了政治学系至少一位成员授权发表社论的观点，可能还有语言："诚然，塔洛克先生发表了大量著述，但是其作品的数量轻易超过了质量。塔洛克先生过去写的论文胜任政治学家也胜任经济学家，学界专业人士对待他曾非常像'底特律雄狮队'的成员对待乔治·普林顿一样。"

难的,我不能要求读者对我对未来的猜测给予太多的重视,但是,如果读者愿意把我要说的东西当做重建社会科学的一份提议,我认为,他会同意,这份提议至少是值得认真思考的。它不仅消灭了密切相关学科之间的某些人为障碍,还会为专业化提供一个框架,这个框架应该能使不同领域之间的合作比现在容易进行,而且受到的学科嫉妒也要比目前少一些。

让我由对过去的简短审视开始谈谈我对未来的提议吧。在我看来,启蒙运动是人类思想发展的最好时期之一。在后来那些宁静的日子里,两个朋友建立起了经济学,大卫·休谟和亚当·斯密。尽管我们显然能看到他们的著作,特别是斯密的《国富论》,那是科学经济学的起源,但是书中内容并没有表现出,他们觉得经济学与其他社会研究之间的区别有什么特别大的重要性。毕竟,在《国富论》中包含有一些论述军事问题、司法管理、公共工程和教育的章节。④ 休谟通常也用我们现在通常与经济学一起使用的方法来讨论经济学和政治学。

那么,从休谟和斯密的著作中,我们看到了研究大部分社会行为的一种"经济"方法。他们把他们的学科称为"政治经济学",并且肯定认为,其中的政治部分与经济部分一样多。当然,有时候用这些工具分析经济问题(现代意义上的)要比分析政治问题容易一些,而且他们在经济部分做出的发展更多一些,但是如果他们得知,他们的著作,距今已将近两百年,被当做经济学的基础,而被如政治研究等其他领域的学者在很大程度上予以忽视,恐怕会既惊讶又沮丧。大概是大卫·李嘉图的影响,导致使用斯密和休谟方法进行研究的范围缩小了,缩小到我们现在所说的"经济学"。然而,尽管李嘉图无疑是杰出人士,但似乎并没

---

④ 关于这些问题的讨论都在一个总的标题下《联邦最高权力的开支》,但是正文中的论述还要偏离得更远一些。

有根本的理由能说明,为什么就该用他希望研究的领域中他的爱好来塑造当今的学科结构。政治学与经济学之间确实存在差异,但是它们随时都可以衔接起来,许多在政治科学领域写作的经济学家都可以作证。

对于各个社会科学而言,一个更为根本性的组织原理,让我们回到休谟和斯密认为有效的区别:那是"理性与热忱"的区别。我猜想,休谟认为这种区别无疑是重要的,但它还可做进一步的强调。在休谟看来,理性的作用就是热忱的仆人。用现代语言来表述同样的思想就是,我们有一系列的偏好,我们把自己的思想能力用于这样一个目的,使尽可能多的事物按照我们的意愿实现。因此,"理性模型"是处理人们用非理性方法确定的要实现目标时会采用的方法。然而,斯密写了两本书,不是一本。我认为,《国富论》可以被看作是提出了一种社会中的从属理性(slave-reason)作用,特别是在我们所说的经济学的社会行动那部分内容中;而另一本书,《道德情操论》,则尽力要说明为什么人类会具有某种"热忱"。不应该忘记的是,最初使斯密声名鹊起的正是《道德情操论》,而且它还保证了《国富论》会受到人们的重视。

让我来把理性和热忱的区别用一种更广泛的现代形式加以表述。任何一个人都有一些偏好。我们视这种偏好结构等同于休谟的"热忱"。为了尽可能多地实现他的偏好,此人运用他的理性才能,并在他所能获得的一些可选项中选出多项。按照传统,对这些选择以及这些选择在我们所说的经济学范畴内与他人选择之间相互影响的研究,一直是那些被称为经济学家的学术界成员的基本研究领域。近年来发生的事却是,经济学家开始研究这些选择以及这些选择在按传统不是经济学领域中与他人选择之间的相互影响了。幸运的是,这种行为有可能给这些领域带去在经济学中已经成熟的很大一部分研究工具,但许多新的发明也是必要的。它也表明,正如本书已经证明的,在这些新分支中至少有一支——公共选择或政府决策理论——中的大量工作,我认为,是可以适用于先前人们称之为经济学的亚学科——公共财政的。

一般而言,经济学家对个人具有的偏好不大感兴趣。他们假定偏好,然后推理出结果,但是并不花太多精力去深究这些偏好。按照传统,经济学家会告诉你,这是个心理学家研究的问题,而不是经济学家研究的问题。然而,在实践中,它不只是个心理学家研究的问题,在很大程度上,它也是社会学家、行动主义者和政治学家共同关注的问题。社会学家、行动主义者和政治学家的许多研究关乎往往会涉足某种活动的人的类型。这可以被看作是致力于确定有哪些人具有某系列的爱好或偏好。例如,如果要问经济学家为什么有人是律师,有人是垃圾工,经济学家会指出,这些活动都有正收益,并且说,有着适当程度才能的人就会进入这些领域,直到投入这些领域的劳动带来的收益相当于另一个领域中有着同等能力的人的收益。⑤ 这位经济学家可能还会补充说,有些人可能对某些活动有着特殊爱好,他们在这些活动中就比那些不喜欢这些活动的人更容易被发现。就这同一问题而言,社会学家就会转而去研究哪种类型的人往往会成为律师或垃圾工。

按照传统,解决这同一问题的两种方法会产生许多冲突。这种冲突很糟糕,因为这两种方法是完全并立的。它们本来针对的就是不同目标。结果就成了,经济学家承担的对偏好结果的考察可以拿出对现实世界更详细、更精确、更有品位的表述,而其他社会科学家做的就只是对他们自己爱好的考察。造成经济学这种大步前进的原因,大概是经济学存在的年代比较久远,也比较成熟,或许还因为经济学讨论的问题有点简单。以目前心理学的知识状态,要确定为什么人们会有某个系列的偏好,是极为困难的问题,而要找出人们具有什么偏好甚至还要

---

⑤ 这里对许多因素做了修正,而这些因素没有必要在这里讨论。

困难,除非人们通过经济学家会从逻辑上研究的某种类型的相互影响"透露"他们的偏好。

由于读者无疑已经推理出,我对未来社会科学组织的提议就是,将这种组织分成两大领域,选择科学和偏好科学。选择科学本质上是经济学的自然发展。在一个不可能人人都能得其所欲的社会里,每个人都在试图将他们的偏好函数最大化,人们可以用选择科学来确定个人之间相互影响最可能的结果。选择科学不再会仅限于传统上为人所知的经济学的内容,而是可以涉及任何一种制度。无疑,由于人脑在本质上是有限的,在这个大领域中会迅速产生一些亚学科。然而,人们会认识到,这些亚学科只会由它们恰好在研究的某种制度结构来定义,而不会用不同的手段或方法来定义。

另一方面,还应该有偏好、爱好或热忱科学。它们将被用于确定社会中各色人等的偏好都是什么,考察个人偏好,尽力找出如何能把社会中的偏好倾向总结出来的方法,而且可能比所有这些都更重要的是,找出为建立偏好模型的因素。

有了这两大领域的分工,我们似乎就会有了一个合作的基础,而不是冲突。目前大多数经济学家往往把社会学家和政治学家看作是平民百姓中人。他们看不起社会学家和政治学家的方法,并且非常正确地指出,后者没有精心打造的理论,而且后者经验主义的研究通常只是努力找出具体事实,而非证实一种普适的理论。

经济学家方面的这种感觉,说得轻一些,在社会学家、政治学家等人看来完全是相互的。他们将要一而再、再而三地强调的要点之一是,人是非理性的,因此经济学家关于人是理性的假设是错误的。在与信服这种论点的人们讨论时,我总是感到,他们定义理性的方式与经济学家的特征不同。他们理想中的理性人是消息非常灵通的、冷酷的、有着非常长远眼光的、对所有决策都能给予大量考虑、而且一成不变地旨在直接为个人牟私利的人。不必说,用对理性这个词的这种看法,很容易证明人是非理性的。然而,一般来说,同我谈过话的拥有这种看法的人,都不愿意接受我的把握,因为我并不认为人们的理性是在他们那种意义上的理性,这个事实表明了一种更深层的动机。当我打算表述经济学家的理性意义,并指出这种意义上的理性合理地避免了对人是非理性的批评时,我通常都会看到他们那一方不情愿地承认,这样使用理性一词是正当的,或者承认,对于我,有可能通过说明理性一词与社会学家等人的意义不一样,来证明"理性模型"是合理的。

在我看来,这种碰撞在很大程度上来自一个事实,即这两个学科的界限并不是那么确定,以至合作活动容易进行。一般来说,比如一位经济学家和一位社会学家在处理同一个问题,他们每个人都会发现,对方的研究对自己没有多少价值,而且他们也都会把对方看作是对立面。由于有着不同的学术背景,他们也发现彼此很难理解。如果有一种明确的分工,经济学家负责考虑人们在使自己的偏好最大化时做出选择的后果,而心理学家、社会学家和行为主义者研究这些偏好本身,那就会使社会科学中目前的紧张得到缓解。

这种分工不会与目前社会科学的实际组织有很大的不同。当然,是有一些不同。经济学家必须对人们具有的偏好有一些相当原始的想法,因为这对于检验他们的理论是必要的。然而,政治学家和社会学家有一些相当原始的关于在社会互动中不同个人选择作用的理论。不过,在我看来,一种用这些说法进行的明确领域分工,似乎也会是对目前情况的一种改善。这样的分工相对来说不要求社会科学不同学科中人们实际所做的事情有什么改变。

作为一个花费多年时间逐渐成长为一位经济学家的人来说话,我愿意在这里向承担着研究工作但不是经济学家的社会科学家们提出一些温和的重新定位的建议。这个温和建议重在重新定位,而不是改善研究工作本身的性质,因此这个建议的关键点是要使经济学家能够在我上面建议的那种分工中更多地利用社会科学。由于这个原因,非经济学家有可能会对我的建议感到愤恨。然而,人们将会看到,我的建议并没有缩小非经济学家工作的范围或降低其重要性。

首先,我要简短地指出一种一般性理论,这种理论概括了社会科学中非经济学的大部分工作。我最好引用约翰·豪尔沙尼的话来说:"有一种暗含的假设是'好事全都一起来',所有理想的因素相互都有着正相关关系。更多的大众参与只会使政治制度的各个方面'更加民主';大民主只会使经济发展增速;给孩子更多的自由和更多的许可只会增进孩子的学术进步,等等。

"我们要称这种暗含的假设为正相关谬论。这种谬论一直是在社会科学家中澄清思想的主要障碍之一,而且大概也要为我们已经做出的高比例不良政策建议负责。"⑥

这种批评,至少在一定程度上,是牢靠的,我认为是难以否认的。但是,在我看来,如果我们假定政治科学家、社会学家和心理学家是在尝试重建人们的偏好函数,采取这种态度也并非真的全错。要是我们读一读发表在政治科学杂志或社会学杂志上的典型的"行为主义"文章,我们就会看到,这种文章涉及这样一些问题,如:什么类型的人会从事某种职业,或者,从事某种职业的人明显具有何种偏好。这两种情况都是经济学家会称之为爱好的事情,尽管我并不能完全肯定,政治科学家和社会学家会接受经济学家的那种称谓。之所以会是这样,从我们目前掌握知识的最好程度来看,没有什么真正的理由能说明,为什么在某个价值体系的特定条件下,一个对某种"好"事有着爱好的人,却有可

---

⑥ "Rational Choice Models of Political Behavior vs. Functionalist and Conformist Theories," *World Politics*, July 1969, 537–538.

能不爱好同一价值体系特定条件下的其他"好"事。从许多方面来说，教育的目的是造就其价值取向全都是按照适当的一般价值体系认为是"好"的人。

所以，要是我们看看某个社会培养出的一个个人，"好事全都一起来"的现象就是非常常见的了。他们都会受到那个社会价值观的教导。因此，他们对在某个领域内受教导的价值观的接受程度，与他们对在另一个领域所受教导价值观的接受程度之间，会有明确的正相关关系。此外，对政治感兴趣的人们的大部分活动方向，是要向人们灌输特定的价值观念，而且一般来说，这种灌输是通过再一次造成这种类型的相关关系来完成的。

从经济学家的角度来看这个问题，我们或许可以说，至少就我们目前已知的知识而言，在一个领域中有一套"好"偏好的人与他在另一个领域中的"好"偏好之间没有什么冲突。一个人所受的教育产生了一系列偏好，使 A 在一个领域中有一种偏好和使 B 在另一个领域内有一种偏好，在总体上，与赋予这个领域中的 A 和另一个领域中的 A 一系列偏好是一样容易的事。

因此，如果我们只是在考虑偏好，行为主义者的"正相关谬误"就不一定是谬误；只有在我们考虑政策以及互动时，我们才发现它是谬误。在某些领域，它甚至不是谬误。一般来说，倘若我们有在各方面都合意的，即能满足所有人所有要求的，某种事情，我们就会迅速把它落实。只有在我们通常已经穷尽了所有采取这种"准帕累托"行动的**容易的**可能性时，才会导致经济学研究的资源的"稀缺性"。经济学家都不会否认，在所有好事之间**确实**存在一种正相关关系，我们应该按图索骥。实际上，我们所说的是，我们已经达到了可能的具有良好后果的变革目的，现在必须在既有优点又有缺点的可能的做法中进行挑选。换言之，我们现在必须在有人喜欢有人不喜欢的各种政策之中做出选择。

因此，在偏好与爱好之间确实存在着一种理论上的"正相关关系"。正是在现实世界的互动中，这种正相关关系的假设导致错误的结果。"大民主"可以"使经济发展增速"，但在某些价值体系中，这两件事情都可取，而这个事实与讨论中的能不能增速无关。倘若这两种可取的特性并不以增加民主程度就使经济发展增速的方式相关，那么我们就必须在我们想要的事情中做出选择。这是经济研究特有的情形。关于这些问题的大量非经济学讨论，在本质上，由于在互动领域中仍然坚持爱好领域中的"正相关关系"假设，而阻碍了这类问题的研究。

一直在批评非经济学家，或许只有我在结束这篇文章时能对经济学家本身也做出同样的批评，那才是明智的。有一些关于人类互动的纯理论，它们将会适合任何可能的人类爱好系列。当然，这些理论还没有受到操作性工具的检验，因为现实世界中任何可想见的结果都可以用某种爱好来解释。为了让他们的理论得到检验，经济学家含蓄地，不总是明确地，对人们确实有的爱好**做**出假定。这些假定——我称之为90%的自利假设——通常采取的形式是：假定被研究者有一系列改善他们个人福利的愿望，这些愿望与经济学家本人的愿望尽管不完全一样，却非常相似。此外，这些愿望极少得到详细的具体说明。

关于人的行为的这套相当原始的假定是隐含在经济理论的经验检验中的，它在实践中的效果很不错，因为它不是经济学家想出来的，经济学家是**在暗示**他可以准确确定受检验人群特定爱好的理论。经济学家认为，他的假定会在最大程度上非常接近那些人的爱好。因此，个人爱好与经济学家向他们讲述的爱好之间的偏离，就变成了统计日常测试中的一种随机变量，并且被按照统计学中的正常方式进行处理——将噪声去掉。

最终产品是为检验经济理论提供了一种机制，这种机制的工作效果很好。然而，人们应该意识到，这种机制工作得再好也不如关于人类偏好的更为具体准确的观点。经济学家经常忽视这个问题,而在我看来,这正是目前经济学的一个真正的缺点。我并不建议经济学家开始调查研究人员的偏好,而是建议他们意识到,那是另一个社会科学领域中人们的问题,并注意到那个领域中的各种发现。在近期的未来,在"科学爱好"中似乎不大可能会取得长足的进步,在我看来,那就是因为这些都是极为困难的领域,但它们也是将给全面研究以回报的领域。

读者可能不会把我重组社会科学的建议当做是可取的。当然,他不大可能认为这种预言——这可能发生在下个 20 年之中——有很高的概率。然而,我认为,他会愿意承认,我建议的再定位,对于我规定的两大不同分工中人们承担的实际研究工作,只有很小的差别。在他们的研究内容和研究方法上会有微小的改变,而且他们之间的合作和理解有可能取代目前的对立和跨学科战争。在某种意义上,我的建议是,其他社会科学接受经济学近来突飞猛进的扩张,也就是说,他们承认经济学的研究目标与这些领域中现在的研究目标根本不同。反之,我建议经济学家欢迎社会学家、心理学家等,在经济或政治领域中尝试确定人类偏好的本质。这样做的最终结果是经济学专业的扩张,还是非经济学科的扩张,我现在还不能预言。此外,尽管从我们的个人抱负来说,成为一个迅速发展的学科的成员是重要的,但是对于科学的进步,这并不重要。

公 共 选 择*

在 18 世纪和 19 世纪,有许多数学家(孔多塞、博尔达、拉普拉斯和刘易斯·卡洛尔)对投票表决过程中的数学发生了兴趣;直到邓肯·布莱克,他们的工作才被重新发现,而此前则被人们遗忘了。① 布莱克堪称为现代公共选择之父,而公共选择在本质上是利用经济学的工具解决传统上属于政治科学的一些问题。从历史上看,经济学(政治经济学)在很大程度上研究的是与经济事务有关的政府政策选择。保护性关税是不是好事,就是传统经济学的一个有特色的论题。当然,在考察这个问题时,人们假定,政府在本质上是想要实现某种社会福利函数的最大化。

我们不能期盼商界人士拿出大量时间和精力关注公共利益的最大化。我们假定,尽管他们当然愿意做出一些牺牲来帮助穷人和提高公共福利,但从根本上说他们还是关注为自己谋利益。在传统上,经济学家对于政府官员不这么看,但是公共选择理论却是这样看。简而言之,选民被看作是客户,而政客则被看作商界人士或企业家。通用汽车公司的官僚体制被认为是用来设计和销售价格公道的好车的,因为那就

---

* 经帕尔格雷夫—麦克米兰公司许可,重印自《新帕尔格雷夫经济学大辞典》(*The New Palgrave: A Dictioary of Economics*, vol.3, ed. John Eatwell, Murray Milgate and Peter Newman, London: Macmillan, 1987), 1040 – 1044。

① 见 e.g., D. Black, *The Theory of Committees and Elections* (Cambridge: Cambridge University Press, 1958)。

是公司中的人获得晋升和工资增长之路。同样,我们假定政府官僚体制主要是为了提出在他们的上级看来是好的政策,因为那是官员获得晋升和工资增长之路。

当然,在所有这些例子中,个人大概至少有一些为了公众利益牺牲的意愿。商界人士为可敬的事业奉献出时间和金钱,政客们偶尔也会给他们认为是正确的事情投赞成票,而不只是为能帮助他们重新当选的事情投赞成票。然而,这两种行为,与个人使自己福利最大化的行为相比较,则是相对次要的活动了。

唯一令人感到诧异的是,上述命题过去从未进入过正统学科,无论是经济学还是政治科学。确实抓住过这些命题的著书立说者,如马基雅维里在《君主论》中有几处论述,常被看作是道德上可疑的人,而且往往被拿出作为坏人的事例,而不被看作深刻的分析者。

公共选择改变了这种看法,但更为重要的是,通过使用一种模型,其中的选民、政客和官僚都被假定为主要是自利的,公共选择变得有可能利用取自经济学方法中的分析工具了。

结果,得出了一些相当严密的模型,尽管模型中的数据取自政治范畴,却可以用在经济学中使用的同样的统计方法进行检验。这个结果就是政治学的一种新理论,它更加严密,更加现实,也比老的正统方法更好检验。

尽管公共选择工作的根本要点一直是实证的(旨在理解政治问题),但从一开始,它就具有强大的规范成分。公共选择的研究人员或许可以修正马克思的名言,将之读作:"问题在于理解世界,以便我们能够改善世界。"因此,以政府如何实际运行的实证信息为基础,进行改善治理方法的设计,就成为公共选择工作的一个重要部分,并常常被称为宪政理论。

在讨论宪政理论之前,有必要简要概括一下与四个一般范畴有关的发现,即:选民、政界人士、把选民与政界人士联系起来的投票表决过程,以及官僚体制的理论。

我们先来谈谈选民。新公共选择②的最早发现之一是,理性的选民不会为他投出的选票费力去摸清情况。原因很简单:他的选票对其福利的影响微不足道。③ 选民们显然早就明白这一点,因为对选民的经验研究信息表明,选民非常无知,但这是能使传统政治科学教授们得到启发的事情。此外,选民的这种一般无知并非对称的。选民很可能对他自己的特殊利益知之甚详;而有组织的特殊利益集团也会尽力对这些领域中的选民进行宣传鼓动。因此,选民不仅不了解情况,而且他得到的信息还往往大大偏向于他自己的职业或嗜好。农民对候选人关于农业计划观点的了解有可能大大超过对候选人关于核战争观点的了解。可以说,即使在农业计划上,农民也不是非常了解情况,只是略知一二。

当然,人们不该夸大事实。选民只是从报纸和电视上了解和跟踪现实情况,确实获得了关于政治的一般信息。然而,似乎没有多少人会坚持了解,并在任何情况下都受到短暂时尚潮流的强烈影响。还要强调的是,选民的有些特殊利益并非是真正自私的。例如,在美国,许多人的选票都受到"共同事业"(Common Cause)*和"自由说客"(Liberty Lobby)这类机构的影响,并自愿给它们捐款。这是那些人对他们想要一个好政府愿望的清楚表白,即便这两个组织用一种激烈的不同方

---

② A. Downs, *An Economic Analysis of Democracy* (New York: Harper & Row, 1957): 207-278.

③ G. Tollock, *Toward a Mathematics of Politics* (Ann Arbor: University of Michigan Press, 1967): 100-114.

* Common Cause 是个非党派非营利性的公民游说和支持组织,成立于1970年,发起人是前内阁部长约翰·W.加德纳(John W. Gardner),其任务是要使美国的政治制度更加开放和可靠。——译者

式来定义这种诉求。然而,毫无疑问,一个组织良好的特殊利益集团在任何特定问题上的影响,往往大于一般媒体或像"共同事业"或"自由说客"这类所谓的公共利益集团,尽管从很长时期来看,考虑到政府的可称为"一般神秘性"(general mystique)因素,媒体还是非常重要的。

来看第二项政界人士。政界人士是靠着上述选民以当选谋生的人。而且,许多政界人士,比如说众议院议员,本身也是选民。从作为选民的能力上说,尽管政界人士掌握的信息肯定不会像一般选民那么差,但所起的作用是同样的。众议院议员或是下院议员个人,如果他每周从研究一般问题的时间中拿出一小时,用于对选区居民服务必需的表决,那对立法质量和对其选区居民一样,通常只会有微小的影响。但是,通过这样重新分配他的时间,他与其选举人的关系可以获得实质上的改善。因此,我们不会指望政界人士对于一般事务有充分的了解,就像我们希望的那样。

这就是政界人士的行为不一定会使公共福利最大化的众多事例之一。他们是按照他们所认为的选民**愿意**奖励的行为,而不是按照他们认为的选民应该奖励的行为在国会投票并寻找公众立场。由于政界人士知道,他的选民很不了解情况,两者的立场可以截然不同。然而,如果我们是信奉民主的人,而民主意味着大众规则,那么政府就该做大众之所想,而不是做某些聪明人觉得政府该做的事。无论如何,"要想成为一名伟大的参议员,就必须先成为一名参议员"。

显然,这种行为的公众成本是非常大的。当我们考虑到投入政府的资源和对政府的影响在很大程度上被浪费掉时,就更是如此。但是,如果我们将现行民主与我们观察到的其他政府类型相比较,我们恐怕不会觉得民主的效率显著低下。

现在来谈投票表决过程。这个过程把公众与政界人士联系起来,而政界人士又与实际政策结果相联系。不了解情况的老百姓认为,从根本上说,这个过程是个小问题,你只要数选票就是了。糟糕的是,现实并非如此。尽管本文作者是少数几位公共选择理论家之一,这些理论家把下面讨论的问题看作可能是由幻想造成的(being possibly illusory)。

孔多塞、博尔达、拉普拉斯和刘易斯·卡洛尔,以及20世纪的数理经济学家,如布莱克和肯尼思·阿罗,发现了一系列的数理问题,其困难程度足以证明,民主要么是一种幻想,要么是一种欺骗。从根本上说,如果我们假定,所有的个人都能够将各种政策提案按顺序排列,形成个人从头到尾的一个排列顺序(允许对不同的政策提案不置可否),而且这些排列顺序因人而异,各不相同(还要求这些排列不得过于死板,也不得出现不大可能的模式),那么,在任何可以想见的表决方法中都可能出现如下三种现象:

1. A打败B,B打败C,而C又打败A的无限循环。
2. 对各种建议依顺序投票产生一个结果。(在这种联系中应该指出的是,如果是这样,而且人民充分知情,按次序进行投票表决还会产生同样的问题。)
3. 在对A或B进行选择时,要看C是否(C本身没有获胜的机会)会进入投票表决过程。大多数立法机构遵循的程序落入这些可能性中的第二种。

如果有一种可能,将所有不同的政策提案都安排在单一维度中,每个人都有一个最佳点,而且当一个人无论在哪个方向(单峰值)离开最佳点时,他们的偏好都会出现单调偏离,那么,这个问题就可以避免。不幸的是,大多数选择涉及的政策都在多于单一维度中彼此各不相同,因此不能排列为单维连续统一体(one-dimensional continuum)。而且,一次对这些政策的一个方面进行投票表决,会导致上述问题的第二次出现。但是,单峰假设(大概是选民的无知促成了这一假设的有效性)已经被成功地运用于许多经验性的工作。

既然对上述命题数学证明的精确性没有疑义,那么问题实际上就成了:这些证明在投票表决中是否具有实践上的重要意义。不幸的是,这变成了一个极为困难的问题,在不久的将来还不大可能找出它的解。当我们观察像美国众议院这样的表决主体并看看结果时,实际上有两种可能。第一种可能是结果在本质上是随机的,也就是说,以某种顺序把事物组织起来,这种顺序决定表决结果,而众议院成员并没有意识到,他们可以通过改变所投票命题的顺序来改变结果。这种可能性意味着,运气在民主政体中起着巨大作用。

另一种可能是说,结果受到某人的操纵,此人既了解情况,又控制着议程。有时候这是指众议院的多数党领袖或是规则委员会主席。这意味着,我们其实有了一个隐匿得很好的独裁政权。

在我看来,从实践的角度说,社会选择理论的这些命题给结果带来的不确定性实际上非常小。因此,美国众议院规则委员会的主席或许能够改变一个拨款提案,比如说 100 万美元,但不能把这个数字改得特别离谱(就这些拨款案的规模而言)。④ 在公共选择理论家中,我的这种意见是少数派的观点。多数人尽管深切关注这些问题,但往往忽视这种观点对作为一种政府形式的理想民主政体的隐含意义。

经验证据已经清楚地表明,控制议程可以在一定程度上影响结果。这当然不会使人感到意外。要意识到任何会议中那些控制着要表决项目次序的成员具有权力,并不需要复杂的数学知识。同样,决定把什么命题提交到选民面前的控制,对于结果也有巨大影响。然而,来自议程的经验影响的范例却并不真正支持上述定理。诚然,我们不能说,在一

---

④ G. Tullock, "The General Irrelevance of the General Impossibility Theorem," *Quarterly journal of Economics* 81(May 1967):256–270.

个民主政体内没有找到结果在本质上要么是随机的要么是欺诈的(就像关于投票表决的数学证明暗示的那样)明确证据,就表明不是那么回事。这个问题既困难又微妙,以我们目前的知识水平尚无法解决,只能留给将来的研究工作。同时,我们也都将继续相信,投票表决过程能够产生可以接受的结果,尽管数学研究对此提出了重大疑问。

现在转而谈谈官僚体制的理论。公共选择在这方面再一次被认为是造成了一场革命。传统观点要么认为官僚遵循他们上级的命令,要么认为他们只是在做正确的事,非此即彼。公共选择的理论家,追随着塔洛克⑤、唐斯⑥和尼斯坎南⑦的工作,认为这些都不是对于官僚动机的恰当说明,尽管在某种程度上,官僚确实打算去做正确的事——包括服从上级的看法。然而,在现代社会中,文职官员的立法机关使上级根本不可能解雇他们,甚至不能降低他们的薪水,官僚们所受到的强迫程度不大。此外,在大多数文职官员的情况下,获得了政治任命的人用晋升来奖励其下级的权力是受到严格限制的。在很大程度上,晋升的决定是由立法和公关方面的考虑控制的,这些考虑会迫使一位上级提拔某个在他看来一直在妨害其政策的人。

尽管这是大多数现代文职部门结构的特点,但是并没有自然法则说,政府就该以这种方式来组建。在传统上,级别较高的官员一向有权决定他们下属的晋升、降级或解雇。然而,即使是在这里,级别较高的官员不可能了解下级中所发生的所有情况的事实也就意味着,离开上级的位置沿级别金字塔下行,上级的控制就逐渐减弱了。

---

⑤ G. Tullock, *The Politics of Bureaucracy* (Washington, D. C.: Public Affairs Press, 1965).

⑥ A. Downs, *inside Bureaucracy* (Boston: Little, Brown, 1967).

⑦ W. Niskanen, *Bureaucracy and Representative Government* (Chicago: Aldine-Atherton, 1971).

例如，近来在美国发现，国防部长不可能了解一位处于金字塔下部很远距离的公务员为军用飞机生产的一种新咖啡壶的具体规格。在这个例子中，咖啡壶经得起会导致机组人员死亡的坠机事故，而制定了咖啡壶规格的这位公务员，既不会被解雇，甚至也不会受到责备。其实，报道了这则消息的报纸甚至没有提及这位公务员的姓名，而是把注意力集中在国防部部长身上。在 1870 年，要是一位军队采购代理商犯了一个类似的错误（而且也在报纸上曝光），他就会发现，他有必要在一小时左右的时间内找份新工作了。

从根本上说，官僚体制中的一般雇员感兴趣的是保住他的工作和得到晋升，并且愿意为了这种目的而讨好他的上级。在旧式体制下，他几乎没有职业保障，而晋升严格取决于他的上级，对他会有很大压力。在当前的情况下，他实际上不能被解雇，甚至于他的晋升在某种程度上也受到保护，防止他的上级进行政治干预，这种压力就不太大了。然而，即使在他确实想讨好上级的情况下，他的愿望也未必会导致符合公众利益的行动。那要取决于当时控制着他所在政府部门的党派或个人的政治情况。

这种控制的衰减是所有官僚体制的特色，其中大部分下级官员所做的事是高级别官员根本不知道的。然而，高级官员也有多种方式可以在某种程度上变得对下级所做的事有所觉悟。毫无疑问的是，在这些方式中最有效率的办法就是核算制。在私营公司中，其动机在于赚钱，核算起着非常好的作用（不能再好了），标明了各位下级官员对赚钱这个目标做出了多大贡献。但是，在政府中，我们看到的是一套要么含混不清，要么没有明确规定的综合目标，还有无法准确测定每个人对目标所做贡献的情况。在这样的情况下，控制的衰减还要大得多。

当我们有了一个在很大程度上把个人同其上级的控制权分离的文职部门结构时，问题甚至还要更为严重。一位官僚个人是否努力工作，是否做好了充分准备,在很大程度上是件个人选择的事情。根据经验大致可以断定,那些努力工作并有充分准备的人,都是对政府在他们所在部门该做些什么有自己主见的人,并且为此而努力。在某种意义上他们是工作狂(hobbyist)。然而,应该说,他们的狂热通常是由他们一方的将他们认为的公共利益发挥到极致的意愿发动的。换言之,他们通常是心怀善意的人。人们只能从他们主张的公共利益是否符合上级的主张的角度来批评他们。如果两者确实不相符,这也并不能证明他们错了,而上级是对的;但这确实意味着,政府往往不能遵循协调的政策。在过去,要说美国国务院是个"部落酋长的松散联盟"是很正常的事。这种说法现在不再使用了,但据我看,这只是因为那个同盟本身崩溃了。

官僚通常都有几种私心。第一是不要工作得太辛苦——这种私心对于上述工作狂没有太大影响;第二是扩大他自己部门的规模,在扩大的过程中,也愿意其他部门都能得到扩大;第三是改善与某个职位相关联的"外快"。[8]

请注意,这并非是在批评官僚。我们可以预期,任何一个人被赋予了官僚那样的机会多少会像官僚那样去行事。然而,后果是,大型官僚体制往往会长得更大,而随着它们长得越来越大,他们对互相协调政策的遵循就越来越少,而对由金字塔低层提出的政策遵循得越来越多,而且往往事实上工作得不太努力了。[9]

当官僚体制变得非常大时,这个问题也成倍增长,因为官僚体制的

---

[8] J. L. Migue and G. Balageur, "Towards a General Theory of Managerial Discretion," *Public Choice* 17(Spring 1974):27–43.

[9] J. T. Bennett and W. P. Orzechowski, "The Voting Behavior of Bureaucrats: Some Empirical Evidence," *Public Choice* 41(2)(1983):271–278.

成员能够投票表决。此外,经验证据[10]表明,官僚投票的次数比不是官僚的人更多。因此,官僚在投票人口中的百分比要比官僚在实际人口中的比例大一些。[11] 因此,政治上级必须在某种意义上把为他工作的人看作是他的雇主而不是雇员。他不能解雇他们,而他们却能集体解雇他。总之,这套制度设计得不好,运转得也不太灵。

至此,我们一直在谈论公共选择及其已取得的成果,但是还没有谈到吸取规范性质的教训,也就是宪政理论。我现在就来谈谈这个理论。

并非所有公共选择的研究者都喜欢在每个领域中的同样改革。而且,有些人没有特别说明他们到底喜欢什么样的改革,因为他们认为现在掌握的知识尚不足以能提出改进的建议。然而,有几个相当一般的命题,大多数研究者一致同意作为改善政府运行状态的方式。在像这样简短的一次讨论中,不可能把所有不同观点和所有可能附加在每个改革建议上的修改条款都包括进来。因此,读者不该假定,每个研究公共选择的人都会接受下列命题。

还是要从选民开始谈起。没有哪个公共选择的研究人员对如何改进选民的信息有什么想法。关于投票表决本身,有一些建议,为的是改进投票方法,但还没有任何改进得到了广泛支持。尽管是这样,我认为,可以公正地说,大多数研究人员都会愿意看到选民投票的次数比现在多,选民喜欢更直接就问题投票,立法机构的成员数目更大(这样就使选民个人与其代表的联系更密切)。

让选民能够有更多的机制来控制政府这种基本意愿,并不是建立在要看选民的消息有多灵通这种错误想法基础上的。简单地说,选民是整个过程中唯一在其决策过程中没有系统偏见的人。他们可能不了

---

[10] 同⑨。

[11] B. S. Frey and W. W. Pommernhe,"How Powerful Are Public Bureaucrats as Voters?" *Public Choice* 38(3)(1982):253 – 262.

解情况，但是他们想要自己的福利。国家应该以其民众的福利为自己的目标。如果我们看看政府的其他部分，我们会一成不变地发现，在官员的利益与普通老百姓的利益之间至少存在某种冲突。因此，增加老百姓的控制不大可能特别改善政府用某种抽象的效率定义所说的效率，但是很可能使政府与普通百姓的偏好保持，也就是说，它使我们向大众统治的目标更接近一点，而大众统治原本就是民主的题中应有之义。那些不喜欢大众统治的人会认为这是不可取的，但是在公共选择的研究人员中，主张精英统治的人的确不多见。

立法机构中实际使用的决策程序一向受到广泛讨论，而一些改善建议也被广泛地接受。首先，许多人都会愿意让至少立法机构中的一院由比例代表选出。其次，布坎南和塔洛克在《同意的计算》[12]一书中为两院制立法机构提出的论点已经被普遍接受。书中进一步的建议，在大多数立法机构中多于简单多数的做法是可取的，极少受到直接的批评，但没有得到那么广泛的认可。"高比例多数的规定会使政治交易结构向有利方向转变"的论点一向少有批评，但是这种规则不对称的影响（即保持现状，除非有绝大多数的支持来改变现状）得罪了一些人。

再来看官僚体制，这里对于改革有许多一致意见。首先，"一个官僚体制应该更坚定地置于政治领袖的控制之下"的观点，我认为，已得到一致认同。这样做的危险已为人们意识到，但是有各种各样的方法可以赋予高级官员权利去约束公务员，同时也能减少他们向政府中塞进他们表亲的权力。

除了在人事结构中这种率直的变革建议外，还有其他一些办法向政府施加压力。首先是在政府体制内展开某种竞争。目前，不仅大多

---

[12] J. Buchanan and G. Tullock, *The Calculus of Consent: Logical Foundation of Constitutional Democracy* (Ann Arbor: University of Michigan Press, 1962).

数政府部门对他们所执行的不论什么职能都具有垄断,而且几乎每一种提高政府效率的建议都采取了消灭可能产生最小竞争的形式。政府各部门之间的竞争应该受到鼓励,而非压制。

最后,"外包"政府活动或干脆把这些活动全部转给市场操作或许是可能办到的。仅仅是威胁这么做,常常就会降低政府活动的成本。然而,让几家私营企业为政府服务投标就更好。

在具体层面,人们可以看到,那些研究公共选择的人一向能够比民主政体的高层部分提出更多在官僚体制结构内进行改革的建议;在那些高层中,选民控制着立法机构,然后,立法机构和执行部门控制着官僚体制。这是糟糕的,但并不意外。然而,有一些建议是要改善整个政府的结构,而且随着时间推移,人们希望,会有更多的改善办法,也能有更好的科学手段证明,"改善"确实是改善。

公共选择对于政府是一种新的和激进的办法,但是它以经济学方法建立的坚实基础意味着,我们对它的准确性更有信心,超过对大多数新思想的信心。而且,它现在得到了经验的非常全面的检验。政府是某些问题的解决办法,也是另一些问题产生的根源。公共选择显示出大有希望的前景:它能够大大减少我们现在与民主政府交往中的困难。

公共选择[*]：
我对今后 25 年的希望

据报道,戈德温[**]曾说过:"做预言是很难的,要预言未来就是难上加难。"如果我回顾我对公共选择的未来所做的预言,我发现那些预言通常都是错误的。我不会预期我现在对未来的估计要好得多。但是,编辑们要求我做一些猜测,而我也愿意承担这个义务。然而,读者应该谨记在心的是,它们只是猜测。

其实,它们可能甚至还算不上是猜测。我在本文的标题中放入了"希望"一词,以表明我真的并不打算猜测未来。我所说的是我愿意看到事情的样子。有许多事情是我愿意看到发生的,但是它们是否会发生还是个悬而未决的问题。

首先,公共选择一开始是一种革命性的科学,随着时间推移变成了一种正规科学。尽管它现在是一种进展有点缓慢的正规科学,但是我相信,它的进展比起标准的经济学和标准的政治科学还是快得多。这后两个学科在它们的增长率方面或许可以被称为低能科学（subnormal science）。我有时候认为,经济学正在倒退。

让我来谈谈我的几个愿望吧。第一个愿望是公共选择对于非民主形式的政府给予更多关注。此时此刻,我们正处于民主的历史高潮,但

---

[*] 承克卢瓦学术出版社的亲切许可,重印自《公共选择》杂志第 77 期,1993 年 1 月。版权所有,1993,Kluwer Academic Publisher。

[**] Samuel Goldwyn,美国电影制片人。——译者

是坦率地说,我并不认为这会是一个永久的现象。即使在当下,这个世界上非民主的控制仍然是非常大的一个部分,尽管不到一半。从传统上来说,非民主政府一向是常见的,而民主政府是少见的。我们应该回溯那种情况,尽管我认为,我们应该回溯到民主政府和非民主政府都是常见的那一点,但是非民主政府在这两者中还是更为普遍。

无论如何,我觉得我们必须进一步研究非民主制度。今天,对于非民主制度的大多数讨论只是指出这种制度不是很好。这足够真实,但不是很有用。我们需要研究为什么他们不是很好,为什么存在不同种类的非民主政府,以及这些政府的效率如何——我认为,所有这些主题都是我们应该予以关注的。

我认为应予关注的第二个领域是官僚体制的内部安排。在指出官僚体制在很大程度上是由官僚个人的利益驱动的这个方面已经做了大量工作,但是,很难读到有关官僚体制运行情况的资料,让人不能不感到,这方面的研究还只是第一步。

当然,我们应该牢记,官僚像所有其他人一样会试图把他们自己的福利最大化,但是任何对官僚们的行为给予了细心关注的人都会意识到,这并不意味着事情的全部。当官僚们可以完全保持在无所事事的状态时,他们显然在从事某种活动。当然,这可能是由于无所事事很容易让他们厌烦,但是在我看来,我们还应该有某种更好的解释。此外,他们显然对于自己所在的政府部门该做些什么自有主张,而且试图去那么做,即便那么做并不是他们上级的愿望。再说一遍,对于这些行为,我们应该有比我们现在的所有解释更好的解释。

继续来谈,应该考察官僚体制内的信息状况。自唐斯的第一本书出版以来,我们已经意识到,选民对许多事情采取了理性无知的态度。官僚也是理性无知的,但是理性地据有某些类型的信息和某些类型的错误信息。这两类信息对官僚的行为都有极大影响,而我们对此知之甚少。我认为,这种情况应该得到补救。

上述领域是我认为应该得到改善的领域。现在,我要来谈谈,据我所知,某些我们尚一无所知的领域。

在这些领域中首当其冲的,我称之为"增长悖论"(growth paradox)。一个相当偶然的机会,我无意中找到了一些美国政府规模和国民生产总值(GNP)的长期数据,并且发现,除了战时,从 1790 年到 1930 年,联邦政府开支占 GNP 的 2%—3%。在大萧条和第二次世界大战的动荡不安结束之后,联邦政府开支在 GNP 的百分比开始近乎直线的增长。实际上,一条相当陡的直线符合自朝鲜战争结束以来的数据,此前的水平线也与数据相符。1929 年到 1953 年之间是一个混乱时期。

受此启发,我查看了其他一些国家并发现,丹麦和瑞典显示了同样的现象,只是他们中央政府的基本增长率更高一些,并达到了一个更高水准。在他们的情况中,中断明显出现在 20 世纪 30 年代。英国的数据稍微有点困难,那里的数据可以追溯到 1640 年。作为欧洲最尚武的国家,英国人几乎是连年征战,结果是早期数据非常混乱。但是,那看起来好像是,他们的政府处于一个稳定的水平,可能是一种衰退中的水平,直到 1905 年至 1910 年左右,他们的政府才开始直线增长。

意大利的数据特别难找,因为在法西斯时期,他们似乎一向大多靠想象出数据。但是不包括法西斯时期,意大利的数据表明了政府直到 20 世纪 60 年代的稳定水平,而后有了非常陡峭的增长。

我知道,还没有说明长期稳定和后来的几乎是直线增长这两种现象的政府理论。有许多理论在解释直线增长,但糟糕的是,它们依靠的是民主政体的特点,在增长开始之前或之后的阶段中是民主政体。这些理论不能解释上述两种现象。

有一种政府增长理论是由布坎南提出的,说那是凯恩斯主义造成的。我不想断言说这不是事实,但是**数据确实与这种理论不大相符**。英国、丹麦和瑞典的政府增长全都发生在凯恩斯写出他那名著之前。而美国,很难说它的政府增长是从什么时候开始的,但是看来似乎早于那本很有影响的书;还有意大利,当然,在 20 世纪 60 年代之前,它的政府增长还不曾开始。

在我看来,我们似乎应该有一个关于这种增长的理论。我还应该说,尽管没有什么确实的数据,我相信,在独裁政府和民主政府中都会发现,同样类型的长期的基本开支水平,以及后来的迅猛增长都会是事实。问题是,除了我在上面提到的五个国家外,还没有哪个国家有足够的数据来验证这一点。这显然是个公共选择的问题,而且是个我们尚未找到答案的问题。

还有另一个相当重要的选择问题尚未得到很好的说明。从 20 世纪 60 年代初期开始,许多国家开始利用和平时期的赤字。美国是后来加入到这个领域的,而且美国的赤字占 GNP 的份额还从来没有达到过,比如说,与比利时同样的水平。但是,这个国家太大了,以致它的赤字非常显眼。

再说一遍,说明民主政府为什么应该实行大规模赤字的理论有许多,但是它们都未能说明为什么这些民主政府在 20 世纪 60 年代之前没有这样做。而且事实上,独裁政府在实行赤字方面的做法与民主政府大致一样。所有这些都与 19 世纪的做法大相径庭,那时支持民主的论点是,民主在财政上往往会是保守的,而王室政府则不是。

正如读者可能了解的,我对所有这些有一种理论解释,但是非常糟糕的一种解释。我们暂且来接受它。这种理论解释假定,大多数政界人士都认为,在和平时期利用大规模赤字根本是不可能的事。我并不知道是不是由于他们这样想选民就让他们落选了,还是他们认为有某种科学规则使大规模赤字不可能实行。

如果我的理论是正确的,一个国家中的政界人士偶然在和平时期实行了赤字并发现没有什么不良后果,所以他们在次年又实行了赤字。这种情况与美国在20世纪70年代和80年代的发展非常像。当然,赤字在其他地方的出现要早得多了。

别的国家的其他政界人士注意到了这种发展,开始做同样的事(在独裁政府和民主政府的发生率是一样的)。我并不是说这是一种好理论,但我确实要说,还没有人提出什么能与可获得数据相符的其他解释。有必要提出一种能适用于独裁政府和民主政府两者的理论,而且这种理论能说明在很长时期内这些政府没有实行和平时期赤字,而后又连年实行大规模赤字的原因。当然,并非所有国家都实行这种赤字,而有些实行过赤字的国家也已经停止这么做了。这是需要进一步研究的问题。

另一个令我感到神秘的问题是,不管怎么说,欧洲及其在海外的扩张,如美国和澳大利亚,为什么成了在世界上占主导地位的部分。休谟曾谈到1775年时中国君主制的繁荣景象。其实,在那时候,似乎没人认为中国人会落后于欧洲人。还不只是中国人。印度那时正处于被英国人征服的过程中,但是没有人认为印度是世界上的落后地区。其实,那些关注黄金流的"经济学家"之所以感到担心,原因之一就是黄金在通过对外贸易的方式稳定地流向远东地区。那时候欧洲还不可能生产出足够的商品来支付从印度和中国的进口。甚至土耳其在1700年时也曾是强大而先进的国家。土耳其人最后一次试图拿下维也纳发生在法国路易十四的统治时期。阿拉伯国家在这个时候主要由土耳其支配,但在远东还有其他一些地区被认为是相当进步的。没有人认为泰国、波斯、缅甸或日本是落后的。

突然之间这种情况全都改变了。欧洲飞速前行,超越了所有其他国家,变成了世界上具有压倒优势的支配部分。由于欧洲大陆相当小,也由于欧洲不仅征服并定居下来的世界上其他部分地方成了这种扩张的结果,我看到了这个神秘问题,并想要给出一个答案。

我们现在要谈一个完全不同的问题,一个本质上的技术问题。在我们来看这个世界的时候,我们看到不仅有非民主国家,而且在民主国家中也有大量变体。大多数不讲英语的国家实行的是某种比例代表制;部分讲英语的国家,如爱尔兰和澳大利亚,实行比例代表制,但使用的是黑尔方法*,这种方法与其他国家实行的比例代表制非常不同。

我们会立即假定,这造成了显著差异,但是如果你看看数据的话,却很难区分像德国那样一个国家的表现与美国的表现有什么不同。是的,美国的政府比大多数这些实行比例代表制的国家的政府都小一些,但大于瑞士政府,而瑞士政府是世界上实行最纯粹比例代表制的国家。

在我看来,仔细调查研究这些不同的政府形式是令人向往的事。在这种联系中,广泛利用各种全民公决形式对政府政策实行直接投票表决的方法,这在瑞士和美国加州非常常见,应该被包括到研究题目之中。除了我自己的一些相当一般的陈述外,还没有对这些不同政府形式进行的调查研究或进行比较分析的努力。我认为这是个重要问题,并愿意看到有人对它进行调查研究。

当然,我喜欢需求显示过程(demand-revealing process)。从政治上说,在近期的未来这种显示过程似乎还不大可能有什么时机得到采纳,但是,我认为,将这种方法的考察包括在对任何不同表决方法的比较研究中是非常可取的。这将至少使这种思想保持活跃,并将证明我们在这个领域内的知识,至少我认为,是重要的。

我喜欢两院立法机构,一院由比例代表选出,另一院由单议员或选

---

* 指比例代表制中按最大余额分配议会席位的一种方法,因其发起人英国律师托马斯·黑尔而得名。——译者

区制选出。然而,应该承认,我之所以对此青睐有加,并不是出于对这两者的细心研究,而只是出于让两院以完全不同方式选出的一种意愿。在一份为了某些财政措施而提出的美国宪法修正案的提议中曾建议,由 60% 的大多数选出单一立法机构。这项提议刚刚好错过了被国会通过的时机。我认为,(如果它能通过的话)这项提议大约是有同等效力的。

在实践中,投票表决并非只有这两种不同的方法。实际上,当人们详细查看这些表决方法时,会发现各种方法千差万别。比例代表制在荷兰和瑞典就完全是不同的两回事。

此外,单议员选区投票表决在世界上的不同地区意味着不同的事情。例如,英国有一种方案,其中苏格兰人在选举中的权重要比英格兰人高得多。在很长一段时期中,北爱尔兰有自己的自治政府,而且作为一种代价,在议会中的比重也比正常情况下按人口应给予它的比重低。这并不是说,这只是英国的特例。在很长时期内,下议院中有各种各样来自大学的代表。在第二次世界大战结束时,这种做法被废止了,但据我所知,没有人对这些代表对议会通过的议案产生了有利的还是不利的影响这个问题进行研究。

这还只是个开始。在美国的内华达和加利福尼亚两州,选举一位参议员所需的人数是非常不同的。这种规定对于代表两州的议案结果是否有重大影响,据我所知,对这个问题还没有真正细致的研究。

另一个特别有意思的例子是希腊和法国,原因是,这两个国家的政府常常在大选前改变选举方法,为的是打击对立面。由于他们的手法并非炉火纯青,他们在这个目的上并不是很成功,但是人们会认为,他们仍然提供了大量可供比较分析的数据。据我所知,还没有人在从事这些事例的研究。

再来谈谈立法的两院,大多数民主国家都有多于一院的立法机构。

内布拉斯加州在其一院的单议员立法机构方面几乎是独一无二的，尽管以色列也实行这一制度。然而，我认为，许多地方都有两院，其中的一院明显地比另一院弱。这种情况比起两院权力相等或一院或三院的情况好一些还是差一些？从某种意义上说，赋予总统否决权意味着，我们的立法机构相当于一个三院的立法机构。

在伊朗，霍梅尼采取了一种有趣的制度，其中有个最高法院（监政委员会），依据的是比我们的最高法院久远得多的宪法，特别是《可兰经》和伊斯兰教圣训。这会有什么区别吗？我得在这里打住，说明一下，自1900年以来伊朗政府作为一个整体一向具有强大的当选要素。伊朗从来就不是我们会称之为完善民主的状况，但尽管如此，它一直受到大量民主的影响，一如它今天所做的一样。

在美国人中有一种强烈倾向，假定与我们交恶的任何国家大概都是独裁政权当政。例如，这导致了人们主张1941年的德国和1940年的日本是独裁国家。霍梅尼无疑是个令人讨厌的人，所以几乎自动就得出了他是个独裁者的断言。

这种对立规则还以另一种方式起着作用。我们南部的邻居，墨西哥，大约从20世纪30年代左派政党全面掌权时起直到现在，是一个奇怪的循环往复的独裁政权，墨西哥的总统非常接近于全面控制，但必须在执政六年后退休。作为补偿，总统可以指定自己的接班人。我想，我的大多数读者并不了解这些事实，因为我们非常喜欢我们这个隔壁邻居的左派政府，并因此假定它是民主国家。

这些都是我认为有益的研究题目，但我应该反复重申，独裁与民主政府的比较是重要的。南美的有些国家一向有着长期的民主与独裁政府交替执政的传统。这种传统是否会复活？我不知道。此刻，他们只有三个真正的独裁国家：古巴、秘鲁和墨西哥，而且墨西哥的现任总统萨利纳先生，正显示出打算向民主方法转变的迹象。

无论将来如何,过去都应该提供一个比较民主政权与独裁者的强大的研究领域。当独裁政权被民主政权取代时,或是反之,当民主政权被独裁政权取代时,政策上会有很大变化吗?帕尔达姆(Paldam)已经从这些国家的君主制和赤字问题方面对这个问题做了一些研究,但这还是非常窄的研究。

另一个问题是谁该投票?此刻,大多数民主国家都有成年人选举权,尽管通常都有一些阶级——重罪犯——不允许参加投票。然而,成年人的普选权是个相对较新的思想,据我所知,在第一次世界大战前还不曾有过。英国直到第一次世界大战期间甚至还没有男性普选权,只是在战争结束后不久采用了它。在那时之前,如果你住在乡下,你还不得不根据一定数量的金钱标准去投票,诚然规定数额非常低。在20世纪30年代之前,英国并没有实现成年人的普选权。

这有什么区别吗?随着美国各州逐渐允许妇女参加投票,只要看一看不同各州的可比选票,我们就能看到在各州立法机构中是否发生了变化。我可以肯定,我们可以预料她们为只影响妇女的那些议案而斗争,如婚姻伴侣权之类;但我还不能肯定的是,还有什么别的事情表明了什么不一样的地方。国际比较在这里也会很有帮助。

进行国际比较并看一下英国,你会记得他们有两院立法机构,上议院的席位是继承和任命的。现在,实际上自大约1904年以来,上议院的权力就在稳定地被削减,现在更有许多议员不是世袭继承人了。这造成了什么重大差别吗?被任命到加拿大上议院的怪人(bizarre)对那里的结果造成了什么大不同吗?

当澳大利亚的上议院拒绝通过财政预算,而总督以此为口实解散议会时,上一次澳大利亚的宪法危机就到来了。这件事导致了一次危机的事实是一个相当好的证明,表明人们并不认为上议院有很大的权力。这能造成什么差别吗?还得再说一遍,我们应该去搞清楚。对于他们的宪法结构是否造成了什么差别的考察,应该由对现存宪法的精心比较分析开始。

我已经对不同的宪法结构做了大量理论阐述,但是我愿意有经验数据能检测这些阐述。除了托利森和他的合著者对美洲各国做了长长的一系列研究外,这个方面大多阙如。糟糕的是,托利森等人为数据所限,被迫只能主要研究一些小问题,而不能研究重大问题。

从对这些宪法措施有长篇大论的争论可以看出,人们相信这些措施是重要的。此刻,以色列人认为自己的极端比例代表规则工作效果不好,并正在谈论转向英式体制,一个他们显然并未充分理解的体制。同时,英国人感到自己的体制工作效果也不好,正在谈论转向比例代表制,还是没有太多证据表明他们充分理解了这种体制。在这两个例子中,有大量关于潜在变革的刺激。我在上面曾提到,希腊人和法国人几乎每次大选都要改变选举规则,寄望于保住目前当政党的支配地位,但通常都失败了。这既表明了不良动机,也表明了愚昧无知。

但是,任何有关这类宪法问题的讨论都自动地提出了另外一个涉及保卫宪法的基本问题。人们可以说,宪法防止了某种类型的立法机构,或是要求建立一个两院立法机构,或是那类什么机构,但是什么能防止宪法本身猛烈而迅速地或是缓慢而逐渐地改变呢?我们需要的是一部本身具有强制力的宪法,而据我所知,还没有真正的理论能指导我们该如何设计这样一件事情。

当我还是个孩子时,我会说此事再简单不过了——最高法院维护宪法,制约行政部门和国会。当然,今天我了解得好多了。自20世纪30年代以来,最高法院大概是改变宪法的主要根源——肯定比国会和行政部门都重要得多了。

此外,回顾过去,从某种程度上说,这显然总是事实。或许最高法院不是这类变革的主要根源,但它总归是一个根源。你在法学院有关宪法的课程中读到的著名宪法案例几乎无一例外是最高法院制订某个宪法中没有的规则的案例。在许多案例中，这种规则看起来与宪法的其他部分相当不一致，尽管如此，它当然还是会顺理成章地立刻就适用到其他案件上。

再重复一遍我在上面所述，对于一部本身具有强制力的宪法，我们还没有一个理论或实践规则。一部宪法该如何设计才能保卫自己呢？这是从许多方面说都是公共选择面对的最为重要的问题，当然也是在一般意义上实用政治的一个非常重要的问题，可不幸的是，我们没有答案。

我被要求对今后25年的公共选择进行预言。我还没有做预言；我表达了希望。如果我是幸运的，我的希望将被各种各样的学者们接受下来，作为研究计划，而结果是，实际上，这些研究计划将变成成功的预言。

编辑散忆[*]

引　　言

《非市场决策论文集》的首次发行时间定于 1966 年，但我真正开始这本书的工作是在出版之前的一段时间。或许，我应该承认，这本书没有太多工作要做，但是需要处理的少量工作的确费了一番工夫。作为编辑，我已经退休，并正是处于作为到 1990 年 5 月 1 日为止的创办人编辑有着巨大声望和少量权力的状态。然而，我的影响，从接受论文的累计数量来说，将扩展至 1991 年。因此，我认为，我可以声称做了 25 年编辑。我不能说，做编辑是件苦差事——总的来说，我喜欢这项工作。或许对于想在我的杂志上发表文章并发现我是个障碍的人，这才是个苦差事。

我并不认为我能对编辑工作给人们更好的建议，因为首先，我的编辑方法与其他杂志使用的编辑方法完全不一样。其次，我试办过另外两份杂志，一份是《经济学前沿》，出了三期就关张了；另一份是《经济学批评期刊》，只出了一期。我试办了三份杂志只成功了一份。新杂志有抱负的编辑或创办人会得到的较好建议是照常规办事，而不是我这种

---

* 承克卢瓦学术出版社的亲切许可，重印自《公共选择》杂志第 71 期，1991 年 9 月。版权所有，1993，Kluwer Academic Publisher。

独辟蹊径的做法。但我还是打算把这篇文章用于对我编辑生涯的回忆。

思想市场中的缺口

在1965年和1966年,还没有太多人在这个被称为"公共选择"的全新领域中写文章,但是那些写出来的少量文章却难以发表。我知道有几篇文章在无形学院(invisible college)*流传,但是还没有发表,而且如果没有什么变化的话,可能永远也发表不了。

进一步的问题是,我写了篇题为《无利润信息》的文章,它并不在我们所说的"公共选择"领域内。实际上,这篇文章用标准尺度来看似乎是相当优秀的。它已经被收入两本选集中了。

然而,《公共选择》杂志的真正发端是在柱廊俱乐部喝咖啡时与大学印制商的一次漫不经心的谈话。我问他,印一本小册子得花多少钱,他给了我一个很低的价钱,那使我意识到,我可以自掏腰包付这笔钱。若我的记忆是正确的,那是700美元,尽管那时的美元要比现在的美元值钱多了。无论如何,我决定要出一本读本小书。在当时,这就是我打算出的——一本书,而不是一份杂志。

由于我想把我的文章放进去,而这文章显然与政治没有太大关系,我选择了《非市场决策论文集》这个题目。从总体上来说,这个决定大概是幸运的。那时候,我们正在为这个新领域讨论许多可能的名字,要是我从那时推荐的名字中随手拈来,或许会选中"协作学"或"polenomics"。"政治经济学"这个名字明显被排除在外,部分原因在于它事

---

* 学术界一种非正式的信息交流平台,其作用与目前网络上的博客相似。——译者

实上是经济学的一个旧名称,部分原因在于事实上马克思主义者已经开始声称,这是属于他们自己的名称。

真正的编辑工作相当简单而明确。我写信给我知道他们的文章在无形学院流传而我认为那些文章会适合收入我的书的人,听候回音。结果,奥托·戴维斯(Otto Davis)自愿发来了他与登普斯特(Dempster)和怀尔达夫斯基(Wildavsky)合写的长篇论文,而我也准备好投入工作。

有 效 利 用

随着此事的进展,我不必用自己的钱了。弗吉尼亚大学经济系收到了一笔可以按照系主任的愿望分配的小额研究资助,而我已经在写我的那本有关科学的社会组织的书。① 在这本书的第一稿中,我提倡由真正的科学家而不是由中央权威来分配研究资助。我坚持认为,研究资助应该在科学家中分配,然后科学家会自愿捐出部分资助给他们认为研究项目更费钱也更重要的人们。

这一点至关重要的理由很简单:罗纳德·科斯曾激烈地游说各方,为了使他自己得到全部资助款项。他找到每个人,包括我,并指出这一点有多么重要。然而,布坎南至少部分听信了我的论点并决定做个实验。他给每位正教授一样多的钱,给每位助理教授的钱要少一些。我当时是助理教授,而我得到的钱刚好足够支付出版这本杂志。

有意思的是,尽管科斯曾激烈地坚持我们全都应该同意把这笔钱全都给他,但在这个分配办法公布之后,他却放弃了进一步的努力。显

---

① *The Organization of Inquiry*, Duke University Press.

然他已经相信,实际上没人会放弃自己那笔钱,事实也确实如此。甚至那些并没有真正做研究的教授也攥住钱不撒手。因此,这个实验,小小的实验,得出了确定的结果。我建议的资金分配方法不是个好方法。

其实,出版《非市场决策论文集》的做法非常简单。不过就是打字,然后由印制商照相制版。世界上最有效率的秘书,贝蒂·蒂尔曼(Betty Tillman),实际上做了打字的活儿,尽管后来,当然,我们不得不把这变成日常工作。

在印制商的建议下,我们把这些印量不大的书分成三种形式:有些简装,有些精装,还有100本不做装订。这些书按非常不同的价格售出。当时的想法是,精装书大概可以销给图书馆。我得说,随着时间推移,整个计划不是很成功,但是我们至少确实以这种方式得到了一些钱。我们把100本没做装订的书按文章分拆开,以多少相当于正常重印的价格卖给作者。那时候,我认为这大概就是作者从出版得到的主要利益,因为我以为不会有许多册书可以卖出去,这在一开始是事实。

然而,高标准的重印书价格着实令我吃惊,即使实际售出的书只是很小的一部分,我也可以承担我的印制成本。但是,100本重印书的价格在这里成了个难题。托比·戴维斯指出,考虑到他与登普斯特和怀尔达夫斯基合写的论文的长度,对他来说,买100本杂志会比买100本重印书便宜。这使我必须在书价上做出一些让步。然而,就是这次发行和在此后若干年中销售的这100本重印书,为这本杂志提供了主要的收入来源。当然,随着时间推移,也随着复印技术的发展,我们不得不放弃这本书。自那时以来,我们有了相当大数量的订户,放弃也就不是什么了不起的痛苦了。

出版这本书的结果之一是,我开始收到邮寄来的大量论文。我不认为这些文章是已经在无形学院流传的论文——我认为那是人们心中有的但还没有写出来的论文。一旦他们意识到这些论文可能出版,他们就会把论文写出来,寄给我。无论如何,重印书的付款汹涌而来,我决定我可以付得起出第二卷书的钱了,并着手准备《非市场决策论文集II》。要是你看到这一期的话,你会注意到封面上没有出版日期。当时,我还没有计划外出旅行,正好利用那段时间收集论文。

销售和重印多少补贴了我的全部成本。我也收到了送来的更多论文。我下了决心,我大概可以办一份定期的杂志了。因此,我出版了第三卷,它的封面上标注的是"1967年秋季号"。当时的想法是,从那时起,一年出两期。

实际上,这份杂志基本上就是我自己的一个个人项目,最初的费用由我自掏腰包,而后用一笔小额研究资助付了账。

然而,我应该说,我的成功在这或那方面得到了学校的大力支持。正像我提到的,先是由贝蒂·蒂尔曼,后来由托马斯·杰佛逊中心的其他秘书打印论文,没要过我一分钱。当然,也没人因为我利用办公室的空间做编辑工作而向我收费。此外,就是我在寄出杂志时只是图方便把杂志放在系办公室的校际邮件筐里,并不付费,而且这是长时间支持我成本结构的支柱。到了我在弗吉尼亚工业学院(VPI)的第三年,系领导威尔逊·施密特才意识到我在做什么,并开始向我收费,在那之前是不曾收费的。

大学印制商的友善态度在钱的问题上也是有帮助的。假若你回头看一下这份杂志最初的简装本,你就会注意到,每期的杂志封面颜色是不一样的。这是因为我只印几百份,印制商就给了我一个特价,利用他从其他项目剩下攒起的零碎纸张。当然,由于我获得了订阅款项,这就变得越来越不可行了。

审　　阅

也是在这时候,我尝试了一点传统的审阅。显然,我过去一向是有选择的,只出版收到的部分论文,但过去收到好论文还是容易的。这个领域是个新领域,并且只吸引了不寻常的人们来研究以前从来没有人研究过的题目,因此,好论文的供应超过了我的印制能力。

然而,我决定,要是我在办一份杂志,我就该遵循通常的方式,把文章送给审阅人去征求意见。我在这里的经历是不愉快的,尽管我认为这完全正常。在与审阅人商议他们是否愿意阅读论文,他们需要多少时间,如果两位审阅人意见不一致该怎么办,如果他们六个月还什么都没做,他们是否愿意要么审阅要么退回论文,等等问题上,比你要自己拿主意遇到了太多的麻烦。结果,我改变了计划,我利用做编辑剩下的全部时间,自己来审阅大部分论文。偶尔,出于各种各样的原因,我也会让别人来审阅一篇论文,但是,90%以上的论文是我自己审阅的。

坦率地说,尽管我采用这种做法是因为它比与审阅人讨价还价少些麻烦,但是我认为,实际上这种做法还是比标准的做法要好一些。据我所能见到的而言,标准方法的唯一论据是降低了由审阅引起的情绪紧张和人际烦恼。审阅人是匿名的,因此不可能给他们写污秽下流的信或是你下次遇到他们时粗暴地斥责他们。而且,他们也不会因担心这种事情而不愿进行审阅。

这里要求的是做出出版决策的人要有一定程度的强硬态度。那么,你就能让人们知道审阅人的名字。审阅应该由知名人士来做,而他们大概会以这样或那样的方式得到对他们可能陷于特定社会困境的补偿,这似乎是相当肯定的。如果审阅人根据自己的能力做出了决定,我看不出学术界有什么理由不为他们的决定承担责任。然而,匿名审阅人是长期以来建立的习惯,这种习惯将非常难以动摇。

不管怎么说,直接审阅赋予我最短的业务周转时间。结果,人们有时候在把稿子发送给那些名望大得多的杂志之前先发送给我,就是因为他们知道,他们会迅速得到回复,而名望大的杂志或许得过好几个月才能给回复。

尽管我的动机在本质上是减少我自己的劳动时间,我的这个决定从其他方面看也是正确的。我能够顶住社会压力,而且尽管对我的某些判定有非常合理的批评,但我认为,这种做法还是效果比较好的。

出版决定应该由编辑或是少量固定审阅人中的一位做出。然而,无论这些决定由谁做,对现在提交稿子的一般质量和排队长度有个想法还是必要的。毕竟,必须让杂志出版,而只有一定数量的稿子可以刊出。同意发表稿子的质量必须由提交稿子的质量和数量来决定。因此,比如说,提交稿子中最好的四分之一,这大致是我在《公共选择》坚持的水平,实际上代表了不同时期的不同质量水平,取决于在任何六个月的一个期间内恰好收进的稿子。

在缺乏好稿子时,有必要接收稿子多一些;在稿子富余时,有必要拒收稿子多一些。发表稿子的数量毕竟不是随这些因素而波动的。幸运的是,大数法则在这里帮了我们大忙,波动不大,但确时有发生。

实际上送稿子给审阅人是产生波动的原因之一,我相信,大多数固定期刊的稿子都是难以阅读的。审阅人通常是作者选择写作的那个领域中专业面很窄的一位专家。如果稿子有助于那个狭窄的专业(也可能稿子对审阅人先前的工作没有过于负面的评价),这稿子就会被接受。这稿子对于不在这个专业领域内的人是否可读,并不是要审阅人费心关注的事情。还应该说的是,这经常会导致在根本不重要的领域中稿子泛滥，因为那个领域恰好是容易做研究的领域。②

我或许应该在这里提到我采用的几个编辑方针之一（我确实有编辑方针）。这就是，在我还没有拿定主意是接受还是拒绝对某篇稿子的评论之前，将所有这些评论发送给稿子的作者。我对评论的作者和评论的受害者都明确说明，尽管我认为评论的作者是提供建议的合适人选，但我并未承诺遵循他的建议。作者既是专家，也是有偏见的。

一开始，我假定差不多所有作者都会建议在发表他们的论文时加上评论，因为发表了评论就给了他们一个回复的机会，从而保证他们还能进一步发表文章。我预计这一点对于年轻的正在争取成为终身教授的助理教授们特别重要。令我感到惊奇的是，事情大体上并非如此。由于存在偏见，作者的推荐都是不要发表评论。我认为，那些对我的工作做出了愚蠢评论的文章，正是我打倒什么人并在我的参考书目中增加一个条目的机会。显然，有数量众多的年轻助理教授并没有做过这种计算。

成　　　长

大约是在这个时候，在于芝加哥举行的一次会议上，被称为"无名字学会"的学会正式采用了"公共选择学会"这个名字，并把这份杂志命名为《公共选择》。当然，在这个时候，现在对于公共选择和社会选择之间的区别还没听说过呢。我们在《公共选择》上不加区别地发表文章。这两伙人的联系非常密切，而且研究社会选择的人也参加公共选择的

---

② 进一步的讨论请参见《组织的探索》(*The Organization of Inquiry*, Duke University and American University Press, pp. 139 – 146)，还可参见《编辑工作有什么错》("What's Wrong with Editing," *Speculations in Science and Technology* 3.5, 1980: 6 – 16)。

会议,等等,直到现在这也是事实。然而,现在有了两份独立的杂志。

不管怎么说,这个实验是成功的,而这份杂志在 1972 年全年出版了春季和秋季两期。这里的主要技术变化是在 1969 年招收了一位新打字员,结果右边界(right ends)都得到了调整。

1973 年我们一年出了三期。我应该说,我不认为这种扩大在任何意义上会造成质量的下降,尽管我们肯定向一种日常工作的方式前进了,但我们的独创性确实比较少。就是有更多的人进入了这个领域,而我认为,从真正的意义上说,这反映了这份杂志的成功。我的目标之一是为对公共选择感兴趣的人们提供一种方式,使他们的文章能得到出版,因此也能得到晋升。先前,对公共选择感兴趣的人们能够写文章,但只有极微小的可能被正规文献收纳。这几乎不能对晋升有多大帮助。

我认为,如果可能让有抱负的学术界人士在这个领域中写文章,还能得到晋升,这份杂志的总量就能有相当大的增长。现在,我们肯定有了一个规模庞大的学者队伍,他们在许多杂志上发表文章,而且实际上已经在政治学和经济学这两个学科的标准杂志上取得了重大突破。

再回头来说钱的问题,我从国家科学基金得到了一笔小额的三年资助,用于扩大这份杂志的费用。不必说,这真是恰当其时,特别是在作者在购买重印书的问题上开始提出异议的时候。

弗吉尼亚大学第三次拒绝晋升我为正教授。我转到了赖斯大学,还把《公共选择》一起带走。尽管我在赖斯大学,但这份杂志还继续在弗吉尼亚印制(也主要在那里打字)。

我一到赖斯大学就成为了正教授——事实上,是经济学和政治学的正教授教职——我是全新的政治学系唯一的正教授。然而,他们不愿意按弗吉尼亚工业学院的标准给我待遇,所以后来我又转到了弗吉尼亚,转到了布莱克斯堡,带着这份杂志和我一起转。

这导致了一种更不愉快的混乱。在我转到布莱克斯堡时,在赖斯编辑并在弗吉尼亚印制的一期杂志由于疏忽竟没有校对。我以为它在弗吉尼亚已经校对过了,而弗吉尼亚的人以为是我在校对它。

结果,詹姆斯·柯尔曼有许多公式的文章被印出来,却没有应该有的加减号。由于柯尔曼是一位专业界前重量级人物,不必说,我对此感到不安。但是,我现在可以高兴地说,我能够避开他的火气,直到他平静下来。不管怎么说,正如你们认识他的人都知道的,他是个公正的人,而且他也没有特别生气。当然,我立刻发出了长长的一份勘误表。

另一个小难题比其他的事都更有意思。花完了国家科学基金的资助,我们本该提供一份支出报告,包括我们还剩下的钱。不必说,我们像其他国家科学基金的受助人一样,已经安排得不剩什么钱了,但是我们确实还有许多尚未售出的杂志放在那里。学校里支持研究组织的一位愚蠢的会计,坚持要按杂志的名义零售价格(码洋)向国家科学基金汇报。

我现在可以高兴地说,霍华德·海因斯和詹姆斯·布莱克曼完全了解这是怎么一回事。我确实向他们报了价,如果他们想要那些杂志的话,就全给他们送去,但是他们坚决拒绝了这个提议。此时,我还从国家科学基金会得到好多资助,但其他的资助都与这份杂志无关。

1974年,我们的杂志出了四期,结果我们受了拖累,直到马蒂纳斯·尼耶霍夫(Martinus Nijhoff)公司接手出版的安排完成后才解困。我想,我那时已使更多的人得到了晋升,但是,还得再说一遍,尽管刊出了更多的文章,我并不认为这份杂志的一般质量有什么下降。但是,它变得有点更常规化了,因为这个领域本身变得更常规化了。

这令我失望。我们开始的是一场革命。像杰斐逊一样,我那时支持以相当快的速度开展更多的革命。但革命并未发生。没有进一步的范例变化。我们现在成了"正规科学",尽管我们可以真诚地说,我们比经济学的大多数方面都进步得快,也肯定比政治学进步得多。这并不是因为我们更聪明或工作得更勤奋,而是因为在一个相对未开发的领域,比较容易找到有意思的研究题目。

在弗吉尼亚工业学院,我得到了一个私人基金会的小额资助,用于帮助出版这份杂志。这笔资助的目的是要让我们将来能自给。当我们在1978年转由马蒂纳斯·尼耶霍夫公司出版杂志后,我们确实实现了自给,我提出把剩余的资助款还给这家基金会。他们不仅拒收这笔钱,还建议我开办一所小型学校,教其他编辑如何能实现自给。显然,他们出于让杂志自给的目的给了不少杂志社许多资助,却发现,在所有的例子中,这只导致了对资助的进一步要求。

就在我来处理这笔资助的期间,我们聘请了巴里·基廷(Barry Keating)做经济学助理教授,也做与这份杂志相联系的一些艰苦工作。他是个在各方面都非常有效率的人,更不用说,他和他妻子都是非常活泼可爱的人。从我的角度看,聘请了他的最大好处是,他使我离开了弗吉尼亚工业学院的印制商。由于我过去在弗吉尼亚工业学院,有必要把印制从夏洛茨维尔转到布莱克斯堡。尽管工业学院的印制商像所有印制商一样,是个相对属于艺术类型的人,在设计问题上给了我很大帮助,但他却是个不好相处的人。巴里救了我,让我没得胃溃疡。

我曾提到,我们出版了一些精装的杂志,希望有图书馆能买走,但遗憾的是,大部分都没有卖掉。图书馆会做的是,先购进简装本,然后到了年底时集齐装订成精装本。这样做要比购买精装本贵得多,但这也是他们的日常工作。1976年,我放弃了精装本,但打算向图书馆提供全年的合订本,简装的或精装的,来帮助他们。尽管对他们来说,购买合订本要比把季刊装订成简装本便宜一些,也方便得多,但没有几家图书馆对此感兴趣。在又试了一年之后,我放弃了。

我也曾尝试吸引像塞奇(Sage)公司那样的各种出版社对这份杂志

感兴趣,但没有真正取得成功。现在回想,我认为不成功的原因就是我没做太多真正的推销努力。我相当天真地认为,如果我向他们指出,即使没有他们的协助,我也办起了一份杂志,有一定的发行量,他们就会意识到,我们会有赢利的。他们显然习惯于花很长很长时间来考虑销售数量,而我谦虚地指出他们会赚到钱,似乎并不能给他们留下什么印象。

然而,到了1977年下半年,有个人来到我的办公室,告诉我他是马蒂纳斯·尼耶霍夫公司的编辑,他愿意接手出版这份杂志。我自然同意,而且从此我们与这家公司的关系一直友好而高效。

对于马蒂纳斯·尼耶霍夫公司,我有两点不满:我本来没指望他们能按编者给我报酬,因为我以前也没有报酬,但是他们忽然决定付我少量的钱,而且这么做了,之后又决定不付了,随便就停掉了。不管怎么说,这笔钱很少,事情也不大,但却比任何其他的事都更让人生气。

第二件事与他们一直都想使这份杂志扩刊有关。读者会知道,这份杂志现在已经是一年12期了,尽管新的编辑班子打算办回到一年8期。幸运的是,我能找到好稿子放入杂志中。这是个工作,但算不了什么。其实,在这期间我还能把我对一般稿子的审定标准(cutting level)提高一些。在我刚刚离开之时,竞争性杂志就突然如潮水般涌现,这可能对这份杂志产生暂时影响。

我所希望的就是,有更多的人来写文章,因为有了更多的出路。由于学者们,甚至以终身教授为目标的助理教授,都需要时间做出调整,要获得足够的高质量文章,可能会有暂时的困难。但这不会是严重的或永久性的问题——从长期来看,将会出现的只会是出版的更多机会,因此也将有更多的人在这个领域中写作。

这就是到我最近作为编辑退休前的主要情况。我向读者保证,退休完全是自愿的——我今年67岁了,显然我们应该对未来有个准备。

其他编辑职位的调整不是那么自愿,然而,也没有引起太大的困难。通常来说,杂志编辑只希望有一个相当有限的终身职位,而我推测,《公共选择》将来会成为这个方面的一份正规杂志。比尔·米切尔正想从书评编辑的职位退休,而我诚恳地希望,我们能请他留下来。他做这个工作比我们以前用过的任何人做得都明显出色,而且我可以肯定,我们找不到更好的人来替代他。

思 想 创 新

叙述到现在,读者或许会得到一个印象,我只是看看邮件,并把最好的稿子发表出来。实际上,不是这么回事,而我感到相当自豪的是我确实具有编辑方针。我时常确定某个主题应该得到鼓励,因此,我会降低在这个主题上的标准,好让聪明的年轻助理教授们明白,这是个特别容易做研究的地方,研究成果会得到发表。然后,当我得到了更多稿子时,我会再次提高我的审定标准,但同时也就改变了这个学科的结构。

我第一次冒险做这种事是(鲍伯·托利森,我们的新编辑成员之一,可能对此感到气愤)降低质量水平来接受经验性文章。我曾遇到许多人,特别是政治学者,他们说《公共选择》是纯理论杂志而不是经验性杂志。我知道,有各种各样的人,包括托利森,刚开始做这个领域的工作,而我觉得这种工作应该受到鼓励。当然,我不是说,托利森就是这一方针的直接受益者,但是可以肯定地说,至少他的一些研究生是直接受益者。

另一次,也是更近的一次,是我对独裁政治的兴趣。即便有了东欧的发展和拉美完全史无前例的民主水平,这个世界上很大一部分人口生活在独裁政治或另一种形式的专制政治之下,也仍然是事实。

从历史上看,这其实一向是政府的正式形式,而我自己个人的猜测是,目前民主政体的上升是一个暂时现象。不管这一猜测是对还是错,无论如何我们都应该注意到另一种政府形式,而我打算鼓励在这个领域中的文章。

我不知道新的编辑班子是否对这个问题感兴趣,我猜想他们不会对另一种带有慈善性质的编辑方针感兴趣。我偶尔也收到一些我认为是《公共选择》范围之外的稿子,但是我认为正规杂志中的标准审阅过程往往是非常不公平的。我对这些稿子中较好的稿子使用我称之为"安全网"的做法。我同意,如果他们提交给三家正规杂志但都被拒绝的话,我就会发表。

现在,这意味着,我们确实偶尔刊登一些大大超出《公共选择》范围之外的文章。克拉伦斯·莫里森(Clarence Morrison)关于次佳(second best)的文章就是个例子。这是篇相当简单的数学文章,但提供了强有力的证据说明,次佳是不重要的。当然,它是由别的杂志研究次佳问题的专家送来的,不必说,他们不喜欢这种观点。最后,它在《公共选择》上发表了。但是,再重复一遍,我不知道新的编辑班子是否愿意从事这种带有慈善性质的活动。

除了出版这份杂志和努力再办两本杂志外,我还有一个小型的出版图书的组织,称为"公共选择专著"。

就总体而言,如果你假定经常开支——就像这份杂志那样,按历来如此的惯例,由各个大学来支付——那么办杂志是可以获得商业上的成功。这些书我手边还有一些,而且会很高兴把它们送给本文的任何一位读者。读者无疑会注意到,这些书中有许多要么是我写的,要么是我编辑的。事实上,有些人曾声称,这是我的"小出版社"。不管怎么说,有些题目的书还有存货:

《公共选择在新奥尔良》

《学习的经济理论》

《面对一种政治的科学》

《西蒙的教学大纲》

《社会困境》

《对无政府理论的探测》

《对无政府理论的进一步探测》

还有一些公共选择领结,可以从我这里,或者,从乔治·梅森中心购买。

后　　记

做个结束吧。对我来说,这是思想激励和愉快的 25 年。我希望从社会的角度来看,这也是宝贵的,而我的编辑方针也不会被其他人简单地看作是偏见的展览。

第二部分

多数决问题

多数决问题[*]

经济学家对于政府政策问题，尤其是对资源在公共和私营部门之间的适当分配问题，已经奉献了大量思想。① 然而，对于实际决策过程，或者对于政策类决定适当的产生过程却极少给予关注。② 本文的目的就是要讨论政府决策的一种方法——多数决——并试图就其对资源分配和政府政策的隐含意义导出结论。希望这些结论将比目前的学说更现实，目前的学说基本上是一种根据经济学观点认为"应该"发生什么事情的学说。

由于不可能立刻谈到所有事情，这个论证将限于多数决过程的某些特征。由表决方法提出的许多其他严重问题将被忽略。这些问题中最重要的事与表决过程本身中的一系列困难和悖论有关。③ 我也将忽略选民在表决时常常很不了解情况甚至受到欺骗的事实，忽略为使问题简化到可以由投票来决定这样一种形式而必需的大大化简；还将忽

---

* 经芝加哥大学出版社许可，重印自《政治经济学杂志》(*Journal of Political Economy* 67, December 1959: 571 – 579)。Copyright 1959 by The University of Chicago. All Rights Reserved.

① 要回顾有关这一主题的最近文献，见 Julius Margolis, "The Economic Evaluation of Federal Water Resource Development," *American Economic Review*, 49 (March 1959): 69 – 111.

② 已经开始有先行者出现了。见 Anthony Downs, *An Economic Theory of Democracy* (New York: Harper & Bros., 1957), and Duncan Black, *The Theory of Committees and Elections* (Cambridge: Cambridge University Press, 1958).

③ 要理解到目前为止对所发现困难的观点，见 Black (前面引用的书)。

略在民主过程中对职能效率多得无以计数的其他可能的限制条件。

我将在两种不同的约束条件下来考察多数规则的运行：允许政治交易（即选票交易）的情况和不允许选票交易的情况，先从后者开始。由于选票交易是基准，讨论不允许选票交易的情况必须从考察取消了选票交易的制度结构开始。对一个简单问题进行标准的全民公决是最好的例子。选民不能用他在这个问题上所投的赞成票去交换在其他问题上的赞成票，因为他和他熟识的人是就这个问题投票的全体选民中很小的一部分，以致不值得为此付出努力。而且，由于是秘密投票，不可能得知投赞成票的承诺是否得到了执行。在这些情况下，这位选民只会根据他对每个个别问题的偏好去投票。

相反的情况，允许政治交易，在两种情况下出现。第一种情况出现在当相当小的一伙选民公开对每项措施投票时；这种情况通常能在代表大会中看到，但也可以在非常小的"直接民主"的单位中看到。在这些情况下，选票交易容易安排，也容易观察，并会大大影响表决结果。这个事实或许就是代议制民主得到广泛应用的主要原因之一。第二种类型的政治交易可以称为含蓄的选票交易（implicit logrolling），出现在当要求大型选民团体对复杂问题做出决定时，如该由哪个党执政，或是把一系列问题综合起来作为一个单位进行全民公决。这里没有正式的选票交易，但有一个类似的过程在进行。向选民提供候选人或表决项目的"主办人"会编造一个复杂的政策复合体来吸引支持。④ 在这么做的时候，他们心中牢记的是这样一个事实：选民可能对某个问题的结果非常感兴趣，他就会给支持那个问题的党投赞成票，尽管该党可能在其他问题上与他不一致。对这种含蓄的选票交易将不做进一步的

---

④ 这个问题在由朱利叶斯·马戈利斯提交的一篇论文中得到了讨论。这篇论文是提交给于 1959 年 4 月 11—15 日在弗吉尼亚夏洛茨维尔召开的"公共财政：需要、来源和利用：大学院校—全美经济研究局委员会会议"的。

讨论。

在不允许选票交易的情况下，每个选民只要表明自己的偏好，大多数选民的偏好就会得到执行。这种做法的缺点，一个严重的缺点，是它忽视了选民意愿的多种不同强度。一个强烈反对某项措施的人与一个不大在乎但稍有点喜欢那个措施的人具有同样的权重。显然，如果允许有强烈想法的人送给那个没什么偏好的人一个礼物，以换取他彻底改变决定，那么这两个人都很容易过得更好些。根据严格的帕累托原理，双方的满意度都会得到改善，而最终情况会好于让他们的选票具有同等权重的情况。举个形象的例子，可以想见，一项把全部黑人都送回非洲（或将全部犹太人都送回以色列）的议案，有可能由全民公决获得通过，却完全没有机会在美国国会获得通过，因为这两个少数族群的支持者会愿意承诺支持几乎任何其他措施，以换取对这样一个法案的反对票。在没有投票交易时，支持票有可能达到51%，但不会是认真的，至少在边际情况下不会，因此交易过程会保证击败这一议案。

甚至那些对某个问题不大在乎的选民也会发现，他们在这个问题上的选票与最关注者的选票是同样算数的。一位选民去投票的事实通常表明，他不是完全不在乎，但是许多选民更愿意在全民公决的问题上出于投票义务感去投票，而不是出于对迫切问题的真正关心去投票。在这些情况下，甚至对这方或那方的最小偏好都可能决定将票投给谁。允许对某个问题有强烈感受的人去补偿感受薄弱的人，可以使这两组人的福利大幅度增加；而禁止这类交易就是禁止了向最优水平的发展。

请注意，允许选票交易和不允许选票交易的结果只在少数人对问题的感受比多数人更强烈的情况下才会是不同的。如果多数人的感受与少数人的感受是一样的，或更为强烈，那么，无论有没有政治交易，多数人都会获胜。只有当少数人的感受强度大到超过多数人的感受强度时，他们才会愿意在其他领域做出足够多的牺牲，从多数人那里分离出边际选民(多数人中的认真者如果愿意,或许会提出相反的建议),那么选票交易过程才会改变结果。

为了介绍一下选票交易,我们来看一个简单模型。一个小镇上居住着100个农场主,他们的农场大小多少有些相似。小镇上有许多条由州维修养护的主要道路穿过,但进入这些道路却是受到限制的——只允许农场主们从当地道路与主要路网有交叉路口的地方进入,而当地道路是由小镇建设和维修养护的。维修养护很简单。哪个农场主想要哪条路得到维修养护,就把这个问题提交投票表决。如果道路维修得到批准,评估出的成本就作为不动产税的一部分向农场主们征收。农场主们对于当地道路的使用,主要就是驶出或驶入州的主路。由于这些主路抄近道穿过过这个地区,渐渐地,依赖某段地方道路通达主路的农场主就只剩下四五个人了。

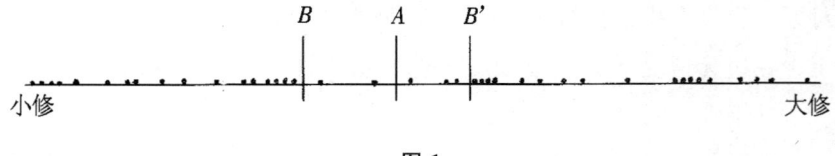

图 1

在这样的情况下,全民公决的做法将导致地方道路都得不到维修,因为无论维修哪条道路,都会有压倒多数投反对票。然而,选票交易的做法却能通过选民中的交易使道路都可以得到维修。交易可以有多种形式,但是这些形式中的大部分都会是不稳定的,而"均衡"包括资源的过度投入。

有一种农场主之间可能采取的含蓄交易形式是这样的:每个人在心里可能都认定了一个维修养护的一般标准,也就是说,他会依照自己的偏好表(schedule of preferences),在以各种标准维修养护他的道路的成本与之后得到的好处之间进行比较,并在边际相等的点位做出决定。然而,他会将这种决定一般化:他会以投票赞成修他自己那条路同样的方式，对每个修路议案投赞成票。如果每个选民都按同样的规则办事，我们就会看到如图1所示的一张投票表决行为表。在横线上的每个点代表一位选民对所有道路维修养护的标准。如果修路提议的标准落到了他所在位置的左边，他就会投赞成票；如果落到他的右边，他就会投反对票。如果每条路都至少有一位农场主的修路偏好落到了中间点的右边（图1中的 A），那么，只要有条路的路况落到了他认可的修路程度之下，就会有修路的提议提出；而当路况逐渐恶化时，还会有接续的进一步的这类提议提出。当提议达到了中间水平时，修路的提议就会获得通过；因此，所有道路都会以中等以上的程度得到维修养护。

尽管这个结果不会是帕累托最优，但还是可能从道德意义上来为之辩解。实际上，我相信这个结果是在这类情况下大多数民主的拥护者心底里都有的一种结果。不管怎样，我打算把这个我将称之为"康德主义者（Kantian）"的结果当做一个"正确"的结果来使用，我将用这个结果与实际发生的情形相比照。由于我的"康德主义者"结果与在这个领域中大多数经济学家使用的"边际成本和边际收益相等"的做法不同，我有义务来说明为什么我要使用这个结果。原因很简单——这是我所能做的最好的事。我曾一直找不到有什么表决方法能导致与边际成本与收益相匹配的社会方法。

如果农场主们在表决时逐渐适应了这一方针，那么任何一位农场主只要投票反对除了修他自己的路外所有的修路，并一有机会便投票赞成修他自己的路，就可以获得好处。这会稍稍改变各个偏好表中的中点位置，以至于他的税额会降低，要么他的道路能得到好于一般水平的养护。假如他使用的路上还有其他农场主照他的榜样去做（我们将称遵守这一规则的农场主为"最大化者"），他们就会有能力改变修路标准，这样，他们使用的道路就能得到 B' 级的维修养护，而其他道路的维修养护标准则下降到 B。由于维修养护他们道路的成本中最大的一部分落到了其他纳税人头上，而他们所纳税额中的最大部分用于修其他人的路，这种改变会大大有利于最大化者，而大大不利于康德主义者。

如果走另一条路的农场主们也转向最大化模式，这会使两条最大化路的维修养护水平降低到康德主义者的普遍水平，同时还要进一步降低康德主义者道路的维修养护标准。而这两组最大化者完全有可能从联盟获益，旨在提高他们自己道路的维修养护水平。

我们来考虑一下这种情况：有个最大化者在盘算他是否要进入这样一个联盟。由于他只要付百分之一的成本，实际上，任何对他自己的路提出的维修养护提议都符合他的利益。然而，如果为了获得对他自己修路规划的支持，他也必须投票赞成修另一条路，那么，他也必须把这另一修路规划的成本算作他自己修路成本的一部分。在权衡成本和收益时，他不仅必须考虑到修他自己的路要向他征税这一成本，而且要考虑到他必须投票赞成修另一条路也要向他征税这一成本，这样才能使他自己的路完成维修。在我们现在正讨论的这个例子中，当除了这两条道路外所有其他道路的农场主还都是康德主义者时，这对可行规划几乎会没有什么约束，可我们也得考虑这种情况。然而，当康德主义者对最大化者的剥削感到越来越厌烦，并且也转而实行最大化模式的行为时，这种考虑就变得越来越重要了。

现在我们来考察一种不大可能发生但在理论上很重要的特殊事例。假定我们的 100 位农场主中有 51 人是最大化者，而 49 人是康德主义者。再进一步假定所有最大化者都要使用某些道路，而所有康德主义者都要使用另一些道路。在这样的情况下，康德主义者的道路显然永远都得不到维修，但是最大化者道路的维修标准就成了个比较困难的问题。为了简化，我们假定（说得煞有介事地）最大化者坚持一种高标准，高得足以使所有康德主义者都对进一步的维修投反对票。这样，就必须使所有最大化者对每个维修规划都投赞成票。正在考虑他是否想要自己的道路得到维修的一位农场主，必须考虑到全部成本，包括他必须支付为了修参与交易的其他人的路要征的税。然而，他可以简单地比较他自己的边际收益与成本，而这不必了解其他人的效用。他只需认定总的交易是于他有利还是不利就可以了。⑤

然而，请注意，当通往康德主义者住房的道路都不能得到维修时，却要求他们对通往最大化者住房道路的维修做出贡献。因此，修路规划的部分成本将由没有参与交易的人支付，而且，由于最大化者只计算他们的选票对他们自己的成本，他们所使用道路的维修标准应该比如果他们也计算了康德主义者的道路维修成本时要高。在这些条件下，有那么显著的好处却不用付费，至少有一些康德主义农场主大概就会转而采取最大化的方针了。为了简化，我们假设所有康德主义农场主立刻都转变了方针。由于他们还会是少数，他们改变方针并不会立即给他们带来好处，但是可以肯定，他们会看到在原来的最大化者中有两人，为了获得非常好的维修养护，遗弃了他们从前的同事。新的多数显然会再一次容许这种遗弃；51位农场主为了剥削其余49人的目的而形成的固定联盟，因此将不复存在。根据博弈论，任何51位选民的联合支配任何其他规模的联合，但是没有51人的联合支配所有其他51人的联合。⑥

---

⑤ 在实践中，要得到51个人的一致同意或许是无法做到的。由于我们现在只是在讨论一个相当不可能发生的特例，我们可以忽略这一点。要么，读者可以假定有53位或54位最大化者，而且那些把条件定得太高的人，只能被淘汰出局。

⑥ 在《不情愿决斗者之理论》("Theory of the Reluctant Duelist," *American Economic Review*, 46, [December, 1956], 909—923) 一文中，丹尼尔·埃尔斯伯格争辩说，博弈论真的只适用于"不情愿的"参与者。我们的例子是个特别纯粹的例子。这位选民必须与他的50位伙伴一起进入交易去"玩游戏"，尽管这导致了令人相当不满意的结果，但这只是因为，任何其他的做法只会更加糟糕。

结果很清楚。每位农场主都会与足够多的使用其他道路的农场主达成双边协议,以确保他自己的道路得到维修。那么,他将被迫把另外50位农场主修路(对他)的成本算作使他自己的道路得到维修的一部分成本。然而,这种双边协议会是重叠的。农场主 A(更精确地说是使用 A 道路的农场主)会与农场主 B,……M 交易。但是,农场主 M 或许会组成他的从农场主 A 到农场主 N,……Z 的大多数。

在用支持其他修路规划来计算他的道路维修给他自己带来的成本时,每位农场主都会只考虑他投票支持的那些规划。因此,他的支出模式对于 49 位选民的税额支付是个免费礼物。结果自然会是,每条道路的维修养护水平都会比使用道路的农场主从理性角度考虑的水平显著提高,花费也会增大。每个人的行为都是理性的,但结果却是非理性的。这个明显的悖论可以做如下解释:每位选民都对其他修路规划付了足够的钱,以平衡他从他自己的道路维修得到的好处。但是用这种方法,他付的钱只包括所承担修路的部分工作,⑦还有其他的钱是他不曾参与其中的交易的结果。总起来看,他投票支持的修路规划是对他而言的一桩好交易,但是其他的为修别的路而临时进行的交易也将发生。他将投票反对这些交易,但是,由于他会是少数,他将不得不为这些交易付款。结果对他而言是个巨大损失。

循着其他方针的任何农场主,结果只会更糟。比如,一位康德主义农场主自己使用的路会从来都得不到维修,却得支付沉重的税赋支持其他道路的维修养护。整个过程将通过精心的谈判进行;最有效的谈判者将获得巨大好处,但是所有各方的一般模式将达不到最佳。

这似乎是个令人相当不满意的结果,而我们应该考虑是否有办法

---

⑦ 他为修不是他的交易一部分的其他路被征了税的事实减少了他的实际收入,因此,在某种程度上,降低了他希望花在修路上的钱的数量。

来改进它。但是,我首先想要讨论对我上述推理可能存在的某些反对意见。⑧ 有人会说,最大化者行为不端,道德上的考虑将会防止人口的多数遵循这种方针。道德体系因文化不同而存在很大差异,而我并不希望把在什么地方可能存在的能够禁止政治交易的道德体系排除在外,但是美国的道德体系肯定不禁止政治交易。在我们的道德体系中,政治交易通常被公认为具有"坏"的特征,但是实际从事政治交易的人并没有真正的坏名声。新闻媒体在描述这类交易时没有表示任何明确的不赞成,而且实际上,我们的所有政治组织都以这种方式进行交易。

第二个论点强调,我们这伙农场主中的每个人都会意识到,如果他采取了最大化方针,就会导致所有其他农场主都采取同样的方针。由于"最大化均衡"对于除了康德主义者之外的所有其他农场主都要比"康德主义中间状态"更糟,⑨每个农场主在冷酷自私算计的基础上,都会遵循康德主义者的做法。这种论点与那种认为"没有哪个工会愿意迫使工资水平上升,因为每个工会都意识到,自己强求工资上升会导致其他工会效仿,最终结果是价格和工资水平都高了,但是实际收入并没有增加"的观点如出一辙。然而,似乎有压倒多数的经验证据表明,人们并不是这样行事的。此外,这个观点还包含了一个逻辑错误:这是个观察到的事实,任何由许多人一起采取的一系列行动,总得有一个人先出头。当然,是这么回事,但也还是必须得有第二个人,第三个人,等等。如果谁都不出头,那么整个一系列的行动都不可能完成。如果我们所有的100位农场主都不采取最大化的方针,因为每个人都觉得他个人采取的这个行动会导致转向一种"最大化均衡",那么,如果他们中

---

⑧ 詹姆斯·布坎南亲切地允许我在他公共财政研究生研讨课上介绍这篇论文,有些研究生提出的反对意见往往会沿循这些线索。

⑨ 不一定对所有人都更糟。很有可能,一位或更多农民,他们的个人偏好要求对道路进行足够大的投资,结果"最大化均衡"就好于"康德主义中间状态"了。

有一个人不得不这么做,我们就可以形成一个完全相似的论点,"证明"其余 99 位农场主中没有一人会以他为榜样。但是如果这第二个论点为"真",那么第一个论点就是"伪"。因此,这个推理过程就包含了不一致。

现在,我转而来谈谈改善这些结果可能的方法。这伙农场主中的成员,不论怎样,有可能在根据康德主义模型行事时进入一种可执行的交易吗?从我们这个模型很窄的特例来说,至少可以想见,他们是可以做到的。制定一个明确而不含糊的,能说明一条路什么时候必须得修的公式是有可能的,那么,要插入公式中的确切数字就取决于一般的投票表决。或许,即使在我们的这个例子中,这种方法也行不通,但是必须承认,这种方法具有理论上的可能性。

在比较一般也比较现实的例子中,如政府部门办理连续的完全不同的规划时,就不可能有这种公认的公式了。在有多样化项目的时候,如在西部为提高农场产量建立巨大灌溉工程的规划,在中西部为减少农场产量而付给农场主大笔的钱,向以色列增加援助,以及疏浚巴尔的摩的港口,允许权衡这种多样化项目的公式是不可想见的。因此,对自动分配资源的体制是不可能形成一致意见的,而这又使我们返回到利用政治交易进行的个人决策上来。

这绝不是一种悲剧。如果能建立某种根据目前的投票表决分配未来资源的方法,其决定很可能会有利于选民中的一个简单多数,而不大会有利于全体选民。这很可能会导致一个更糟糕的结局,比政治交易可能导致的结局还要糟。还必须考虑到强烈程度的问题。康德主义者的方法不允许选民的偏好强度出现差异。如果想在修路上花费较多资源的选民比希望投入较少资源的选民有着更强烈的感受,那么,康德主义者的做法无法导致最优的资源分配。允许政治交易就会照顾到这个问题。

要求多于简单多数,会降低用于修路的资源,因为在每次交易中必须包括更多的人,而且每个同意修这条路的选民的成本最终也会增加。所要求多数的比例越大,结果就会越接近于帕累托最优。然而,在实践中,随着所要求参加方数量的增多,谈判一个交易的难度会呈指数化上升,而这会使形成这样一种解决方案变得不可能。在那么多为两院立法机构制定的宪法中,都有条款规定每一院要根据不同的方法选出,这提出的是大致相同的问题。

我们要研究的下一个问题是,在多大程度上,从我们的简单模型中得出的结果可以被一般化。看起来,我们的模型可以适用于任何有利于某个选民个人或选民群体并由一般税收支付费用的政府活动。用于支付各项规划的税收收入不必向所有选民平等收取。而真正必需的是,好处必须比成本得到更多的集中体现。这是一个非常弱的约束条件,而且可以适用于大量预算模式。如果税收是通过某种间接方式收取的,以至于个人无法说出他们付出的钱中有多少用于了某个规划,那么,这个事实就更强调了这种体现过程。在边际情况下,个人对于有利于他人的,向他收取很少且难于计算的费用的规划可能满不在乎。

这个过程中还有一个要求尚未得到强调:对各种规划的投票表决必须是一个连续的过程。许多不同规划或规划组必须分次进行表决。如果所有的规划都塞进了一个在什么时候都得要么全部通过要么全部否决的单个法案,那么,51%的选民会不断地修改这一法案,以剥削其余的人。当然,实际上,由于政府是一个连续的过程,我们的条件得到了满足。

我们一直在讨论的这个过程可以被一般化,以包括其他类型的政府活动。我们一开始将把这个过程一般化,以包括其他类型的税收—支出问题,然后转向其他类型的政府问题。首先,我们要假定有一些具有普遍利益的政府活动,比如,警察工作,它由某种一般类型的税收支付。用与我们已经完成的推理相似的方法,我们可以证明,以警察部队的一般效率为代价,免除对特殊人群征收的特种税,会被执行到远远超过康德主义中间状态的程度。同理,如果有一笔钱准备用于两种不同类型的政府活动,其中一种活动具有普遍利益,另一种活动只有利于一些特殊集团,就会有太多的钱用于后者。举例而言,国防开支将稍微有利于河流和港口的工作。

同样的推理可以适用于税收结构。如果要筹集一定数量的钱,我们会预见到,通过一般税收来筹集可能"太重",但是处处都有给各种人群的特殊减免。这会大大降低一般税收政策——如一向采用的累进税制——的作用。这种模式显然非常现实。根据我们的理论,我们可以预见到,充斥着各种特殊减免的一般的和分散的税收,还有为了某些人群的利益而牺牲政府的普遍利益职能。我在这种预见和现实之间看不到很大冲突。

然而,要把我们的理论一般性地适用于所有类型的政府活动,我们还必须使它更加一般化。对于任何选民个人,所有可能的措施都可以按照他的感受强度来排列。如果他接受了一个他的感受相对淡漠的领域中不符合他意愿的决定,以换取他感受强烈的一个领域中有利于他的决定,他的待遇就得到了改善。因此,选民中的交易可以给双方带来好处。从逻辑上说,这位选民应该在投票支持他不同意但感觉淡漠的某事的边际"成本",与他要换取的在别的事情上的支持票的边际收益正好相符时,进入这类交易。这样,他就能从他与其他人进入交易的一系列问题的整个综合体中获得好处。然而,在进行这种交易时,他必须只得到多数选民的赞成,不是选民全体的赞同。在任何具体问题上,他都可以有把握地忽略 49% 的人的意愿。这意味着他有能力向投票支持他的措施的人"支付"更多,因为由这一措施带来的不便将部分地落到没有加入交易的各方人员身上。

遗憾的是,相反的事也适用。我们的这位选民没有参加的交易也将会进行,而他也得负担其中的部分成本。结果,由他的交易导致的和由他给获胜方投支持票导致的措施的全部作用,都将对他有好处。但是,这将只略微超过"经讨价还价"通过的所有措施的一半,而其余的措施则肯定有违他的利益。对于纯粹全民公决方法下的一般选民,同样的结果也会是事实。实际上,本文所讨论的这整个问题,就出自强迫少数人接受多数人意志的做法。

尽管到此为止,本文还是对"实在政治"的一种操练,但是这里的分析确实提出了一些重要的政策问题,而且至少对这些问题的有些评论是可取的。无论如何,由多数决的做法都不是分配资源的最优方法,这一点似乎是明确的。在考虑我们经济的某个方面最好由政府还是由市场来处理时,这个事实应该被考虑进去。然而,这些问题和困难实际上并没有减少投票表决方法超越于作为一种管理体制的独裁政府的好处。主要的教训显然还需要进一步地研究。多数决在所有社会科学相对发达国家的政府中都起着重要作用。对这个过程进行精心分析很可能会导致发现一些有改进作用的办法,并可能提高政府的效率。

非传递性的非理性[*]

近来福利经济学的讨论"对于传递性问题做了如下概述。现在还没有结论性的理由可以使人相信,个人选择中偏好的传递性假定深受怀疑。然而,对这个假定的有效性愿意进行深入的经验调查却是有根据的"。① 这同一位作者还在另一处说:"我的结论表明,我们目前没有强有力的证据来使我们有理由**抛弃**传递性假定。"②考虑到传递性在许多现代文献及罗森伯格的书中所起的作用,罗森伯格对传递性的态度似乎处于守势。我们没有强有力的证据反对传递性假定;也没有结论性的理由深刻怀疑这一假定。总之,反对传递性的证据还不足以证明传递性无效,但是罗森伯格显然对传递性假定是抱怀疑态度的。在这一点上,他与目前大多数人对这件事情的看法多少是一致的。

本文的目的是提出一种相反的观点。本文将坚持认为,传递性假定并非特别可疑或不确定。在大多数现代福利经济学家对这一假定明显的怀疑看法中,这或许是一种革命性的立场。但是,同样是这些经济学家,他们的实践却几乎没有表示出对偏好排序的传递性本质有什么真正的怀疑。设置了这一假定的文章连篇累牍,似乎是在指出,作者们

---

* 经牛津大学出版社许可,重印自《牛津经济论文集》(*Oxford Economic Papers*, 16, October 1964:401-406)。

① *The Measurement of Social Welfare*, Jerome Rothenberg (Prentice-Hall, Inc., Engleweed Cliffs, N.J.) 1961, p.231.

② 同①,p.19。

至少对其可靠性有着某种自信。此外,建立在这一假定基础之上的许多推理过程,并没有表现出导致了对现实世界明显的错误结论。这个事实本身是有力的,尽管没有结论性的证据说明传递性假定是真实的。

关于传递性假定的争论针对的是对现实世界某种经验的解释。如果要求某人在大量成双成对的选项之间做出选择,而每个选项看来都是许多成双成对因素的一个成员,③或是要求许多人在三个选项中做出判断,而每个选项中都有一系列的成双成对因素,④那么非常可能的是,至少在一例中会出现有一个人选 A 不选 B,选 B 不选 C,然后选 C 不选 A 的现象。

对这一现象可以有两种解释。第一种解释由梅提出,⑤说的是偏好表(preference schedule)实际上是不可传递的。此人在一次和同一时间确实喜欢 A 不喜欢 B,喜欢 B 不喜欢 C,喜欢 C 就不喜欢 A。第二种解释由罗斯提出,⑥认为这种结果是实验过程中产生的一种人为结果。这后一种解释相当复杂,因为许多事情都会出错。首先,这个实验必然要占用时间,而受试者可能改变他的主意。当要求他比较 A 和 B 时,他不仅喜欢 A 不喜欢 B,他还喜欢 A 不喜欢 C。然而,问题迫使他去想一般受试者,到了实验者抽出空来再要求他比较 A 和 C 时,他已经改变了主意;现在他喜欢 C 不喜欢 A,也不喜欢 B 了。明显的非传递性只不过反映了这种改变。

另一个可能提出的问题涉及这样的事实,在许多这类的实验中,要

---

③ 举例见 Arnold M. Rose, "A study of irrational judgments," *Journal of Political Economy*, October. 1957, pp. 394 - 402。在这个例子中,在备选项中的选择涉及的是一桩罪案的严重性,而不是偏好,但是传递性问题是同样的。

④ Kenneth O. May, "Intransitivity, utility, and the aggregation of preference patterns," *Econometrica*, Jan. 1954, pp. 1 - 13。

⑤ 同④, pp. 7 - 13。

⑥ 同③, pp. 395 - 396。

求受试者从一些选项中做出选择,即便他实际上对选什么并不在乎。这可以轻易导致明显的非传递性。受试者也可能嫌烦了,只是慌慌张张地填上了实验表中的空,而没有真正想想自己的偏好。⑦ 他们也可能在记录自己的判断时犯许多其他"错误"。所有这些因素的结果就是,一位具有完全传递性偏好的实验受试者非常有可能选 A 不选 B,选 B 不选 C,选 C 不选 A。

于是,我们有了一种得到确认的实验现象,还有两种关于这一现象的理论解释。罗斯在他的文章中提出了重要的证据,说明第二种解释是正确的;但是对罗森伯格所表达观点的怀疑却似乎表明,另一种想要证明非传递性说明不了问题的尝试是有道理的。为了达到这个目的,我们只需考虑三要素非传递环(three-element intransitive loops)就可以了,因为任何更大的序数环(order loop),其中都必然包含至少一个三要素环。证明三要素环不出现,也将起到去除更大非传递循环出现可能性的作用。

作为第一步,我要对真实世界做一个基本陈述:一个人遇到了一小批(比如说 5 种)选项,他将会(1)喜欢其中的一个;(2)对这一小批中的两个或更多选项不在乎,但喜欢其余选项中的任何一个;(3)对所有选项都不在乎;三者必居其一。似乎不大会有谁对这个命题提出认真的质疑,⑧但是如果确有人质疑的话,这很容易得到经验检验。对一连串自助餐馆作一番简单的观察大概会是最容易的"实验"。无论是谁接受了这个陈述,只要他是理性的,他就肯定会同意,偏好是传递性的。

---

⑦ 罗斯发现,他的每个主体在做判断时出现明显非传递性的次数与他们用来填表的时间呈反向相关(第 399 页)。

⑧ 有位坦率的同事曾提出批评说,讨论中的这个人可能对选项一无所知,因此要么没有偏好,要么确实不在乎。当然,这涉及我们所说的"不在乎"到底是什么意思的问题,幸运的是,这个语义上的问题可以略过。如果讨论中的这个人对这些选项没有偏好,那么至少他不具有非传递性偏好这一点是明确的。

如果我们一开始就把自己限定在一个不可能有不在乎情况的世界中，对传递性的证明会更容易一些。在这个受约束的世界里，我们的陈述收缩成了一个简单的公式：一个人会喜欢一小批选项中的一项。传递性的证明是归谬法（reductio ad absurdum）的一个简单例子。如果说，此人喜欢 A 不喜欢 B，喜欢 B 不喜欢 C，喜欢 C 不喜欢 A，我们就可以询问他在 A、B、C 中喜欢哪一个。按假设，他必须喜欢一个，比如说，喜欢 A，不喜欢 B 或 C。然而，这与他喜欢 C 不喜欢 A 的陈述相矛盾，因此，这种非传递性的说法肯定是错误的。

对于如果同时在这个非传递环的所有要素中做一个选择，一个有着非传递性偏好的人会做什么似乎还没有做过什么讨论。他显然会无法做出什么选择，而且同样显然的是，还不能说他对各个选项都不在乎。与非传递性保持一致的唯一行为类型会是一个封闭的环，这个受试者在其中沿着他的偏好循环转了一圈又一圈。肯尼思·O.梅的文章，《非传递性、效用和偏好模式的总和》，[9]肯定是说明非传递性假设最具权威性的文章。他在那里报告的实验过程中，在 17 名大学学生按成双成对比较的偏好顺序中首先发现了明显的非传递性，然后，他把所有的三个选项同时都拿给他们，要求他们排出顺序。学生们做到这一点没有什么困难。[10] 当然，结果是与"他们具有非传递性偏好表"的假设完全不相符。

然而，梅并没有指出，他的实验受试者排出选项顺序的能力证明，他们至少在这个排顺序的实验期间，具有传递性偏好表。他甚至没有讨论这一点，而只是继续提出一种解释非传递性的机制，那是他认为他的实验表明的机制。当然，对于梅的实验结果的简单解释就是，受试者

---

[9] *Econometrica*, Jan. 1954, pp. 1–13.
[10] 同[9], pp. 6–7.

在实验期间改变了主意,而且,"非传递性"只不过反映了这种改变。为了接受这种现象的非传递性解释,必须假设非常复杂的模式。一种模式是,在受试者在被问前三个问题时,受试者并没有改变他们的主意,比较 A 与 B,B 与 C,和 C 与 A,此后,当他们被问到第四个问题,要求对这三个选项排顺序时,他们全都改变了主意。

对梅的实验结果还有一种解释,这种解释对非传递性做了保留,当作是可以相见的事。如果我们假设,梅的受试者的偏好不仅是传递性的,而且取决于不相关的选项,那么他的结果就可以得到解释了。从理论上说,一个人喜欢 A 不喜欢 B,喜欢 B 不喜欢 C,喜欢 C 不喜欢 A,但要是把 A、B、C 放在一起,而且他对 A 和 C 的偏好不取决于 B 出现与否的话,他同时又喜欢 A,这是可能的。如果在 B 不出现时他喜欢 C 不喜欢 A,而在 B 出现时,他喜欢 A 不喜欢 C,那么梅的实验结果,没有他的受试者在实验过程中改变了主意的假定也可以得到解释。然而,自奥卡姆*时代以来,我们通常都会选择简单的理论,而且可以肯定,在这个例子中,"受试者有传递性偏好表,但改变了主意"的假设是比较简单的。

然而,至此为止,我们讨论的还是一个简化了的世界,其中缺失了"不在乎"。如果我们承认有"不在乎",情形会比较复杂,尽管还会得出同样的基本结论。我们来看一下这种情形,其中是说,一个人喜欢 A 不喜欢 B,喜欢 B 不喜欢 C,喜欢 C 不喜欢 A,并且,可能也不在乎。如果把 A、B、C 放到一起来说,那么这个人或许,在与我们的基本陈述保持一致的情况下,对 A 和 B 时不在乎,但在 A 和 C 与 B 和 C 时都喜欢 C。这会与所说的非传递性链中的两个联结点——喜欢 A 不喜欢 B,

---

* Occam,1285—1349 英国经院哲学家,逻辑学家,中世纪唯名论的主要代表,曾提出简化论题的"奥卡姆剃刀原则",主张"若无必要,不应增加实在东西的数目"。——译者

还有喜欢 C 不喜欢 A——发生矛盾。因此，还得再说一遍，如果我们的基本陈述为"真"，则非传递性的说法必定为"伪"。最后，此人或许对三个选项都不在乎。具体说就是，这会涉及不喜欢 A 也不喜欢 B 或 C，不喜欢 B 也不喜欢 A 或 C，而且不喜欢 C 也不喜欢 A 或 B。显然，这与所说的非传递环中所有三个联结点都发生了矛盾。

然而，如果允许不在乎，更复杂的非传递性是可能出现的。一个人或许被说成喜欢 A 不喜欢 B，喜欢 B 不喜欢 C，但在 A 和 C 之间无所谓。要完成对各种可能性的论述会是冗长乏味的，但这也会与我们的基本陈述不一致。一个比较有意思的例子会是，一个人对 A 和 B 之间不在乎，对 B 和 C 之间也不在乎，但是喜欢 A 不喜欢 C。当然，这是完全可能的。[11] 当遇到在 A、B 和 C 之间进行选择时，此人将选 A。由于这会明显与他在 A 和 B 之间不在乎相矛盾，有的讨论似乎已恰当说明。

假定一个人喜欢蓝色不喜欢绿色，而且只要有机会，总是选择"最蓝"的颜色。[12] 然而，他不能够进行无限的细分。他能够看出来的颜色的最小变化是很小的量，我们将它命名为 Y。我们提供给他三种颜色，A、B 和 C，其中 A 是最蓝的，C 是最绿的，但是 A 与 B 之间的差别小于 Y，而 B 与 C 之间的差别也小于 Y，但是 A 和 C 之间的差别大于 Y。如果要求此人成对判断这些选项时选出哪个是他喜欢的，我们的这位受试者会选 A 而不选 C，但在 A 与 B 和 B 与 C 之间不在乎。如果让他在 A、B 和 C 之间做选择，他会毫无困难地选 A，因为 C 的出现

---

[11] 无所谓关系的非传递性已经在 W.E. 阿姆斯特朗所写的很长一系列文章中得到了分析。这些文章开始于《效用函数的确定》("The determinateness of the utility function," *Economic Journal*, Sept. 1939, pp. 453–467)。

[12] 詹姆斯·M. 布坎南博士建议做下述分析。我也感谢他给予了许多其他有益的评论。

可以使他有可能区别 A 和 B。他可以看到 A 比 C 更蓝，但是区别不出 B 与 A 或 C 哪个更蓝。很容易随之而来的意识是，B 肯定处于 A 与 C 之间。同样的一般过程会在所有把不在乎看作是非传递性的例子中运行。第三个选项的增加，通过改变选择者可获得的信息，增加了他对细分的辨别力。因此，他表达的顺序，在某种意义上，实际已经改变了。

至此，我们已经在很大程度上讨论了这种情形的逻辑。我们能否设计一个可以肯定或否定我们这些结论的实验呢？这个问题的答案是"可以"，并且因此我们的结论是完全"可操作的"。然而，对我来说，从下面讨论的实验中可以期待的结果已经太明显了，以致这些结果成了思维实验，而不是要实际操作的实验。或许读者中有谁对我的逻辑会更表示怀疑。

任何实验的第一步都会是，把由梅和罗斯提出的那种传递性测试交给许多受试者，以发现表面看似的非传递性环。只要让受试者面对环上的所有三个选项，就会产生实验的困难，由此提出表面上看似的非传递性，一旦发现了这种非传递性环，就会很容易从中区分出真正的非传递性。如果受试者能给选项排出顺序，就像梅的受试者那样，那就应该很清楚了，"非传递性"只是实验中的一种人为产品。这种做法只会重复梅的实验，但他的样品数很小（只有 17 个有非传递性环的受试者），有人或许会争辩说，在有着大数量样品的情况下，一个真正的非传递性的例子或许就会显现出来。

然而，梅的实验并不包括另一种可能性。他的受试者被要求在多个选项中做出选择，而且不能只说他们不在乎。如果限制条件少一些，或许有可能产生不同的结果。或许，梅的有些选 A 不选 B，选 B 不选 C，选 C 不选 A[13] 的受试者，在面对作为一组的三个选项时，大概会表

---

[13] 如果允许无所谓，也可以是选 A 不选 B，选 B 不选 C，但是在 A 与 C 之间无所谓。

现出不在乎。这个结果可以用实验的缺陷来解释，特别是用受试者可能改变了主意来解释，也可以用复杂的、真正非传递性与选项之间最奇特的一种相互依赖的合并来解释。用实验来确定这些解释中哪种解释是正确的不会困难。有许多种常规做法，但是最简单的做法才会再一次减少选择。可以告诉受试者，由于他不在乎，实验者会来做选择。那么，实验者可以说，从个人角度来说，他讨厌 C，但是在 A 与 B 之间不在乎，因此可以用抛硬币来决定。如果受试者有滞后的非传递性环，他就会反对，并建议把 A 定为喜好的选项。如果他不这么做，相对于 B，他显然已不再喜欢 A 了，因此，表面看似的非传递性就必须用改变了主意来解释，而不能用真正的非传递性来解释了。这种做法可以进一步详细论证，以获得更大的把握。

请注意，这个讨论没有涉及对有偏好表的人这一方的直接理性假定，只涉及了研究这一问题的研究者一方。如果我们对真实世界的基本陈述得到公认，那么，任何非传递性偏好排序肯定都包含了对直接相反偏好的同时把握。受试者肯定会选 A 不选 B 和选 B 不选 A。即便是一个有分裂人格的人，也肯定会把这两种偏好在他的两种人格之间分开。我们的检验（proof）并不涉及人类理性的根本问题，而是要阻止某种类型的非理性。

政治的准入门槛[*]

"一个政党与一家百货商店之间有什么差异?"这个问题听起来像是个谜语,但我是认真把它当做一个研究题目提出来的。这两种组织显然非常不同,而把差异具体化,对于有兴趣把贸易工具用于政治研究的经济学家,是个很好的操练。我就是在从事这种操练(这可以或不必当作一项推荐)时想到了本文的题目。有一个显著差异是,百货商店通常拥有自己的工厂,而政党没有。当然,政党可以拥有一些办公家具,但这只是如果它在竞争性斗争中成功了,它将服务于其客户的资本中一个微不足道的部分。政党与百货商店之间的这个差异是那么明显,就像被盗的信,几乎是看不见的。我们也太熟悉它了,以致关于为什么它会存在的问题似乎有些古怪。但是,正如我希望证明的那样,它有个有趣的经济上的答案。这是一个本质上是政治问题却完全可以当做经济问题来对待的领域,尤其是,可以成为控制自然垄断的一个例子。以这种方式来看这个问题,我们将会看到,有一种经济学家们还没怎么讨论过的控制自然垄断的方法,从事实际工作的人们已经使用多年了。

对付自然垄断,通常建议的方法有三种:一是我们不理它们,让它们的管理人员自行其是;二是我们可以对它们进行管制;三是将它们转为公有和公营。如果你能耐心听我说,把政府本身看作一种自然垄断的话,那么显然,这些方法中哪种都不适于对付自然垄断。如果我们说

---

[*] 经美国经济学会许可,重印自《美国经济评论》55(1965年5月):第458-466页。

的政府是个独裁国家的政府,那么对垄断置之不理是完全可能的事。实际上,如果我们看看全部的人类历史,就会知道,这是迄今对付自然垄断最常见的办法了。然而,我猜想,在这间屋子里没有谁会赞成用这种办法来对付一种自然垄断,无论他多么专注于自由放任。从某种意义上说,民主的全部要点就在于防止这类"自由企业"。

如果极端自由主义者都不会喜欢自由企业,那么自由企业也是喜好统制主义的人不会愿意去控制的领域。当然,在这种情况中要看出谁在进行控制有点难,而要看出谁在控制(推测的)垄断性控制会更难;但是我怀疑有哪位民主人士,无论他多么喜爱计划和控制,会愿意去控制,即使这些技术问题可以得到解决。这是一个我们全都喜欢无约束的消费者主权的领域。自边沁以来经济学家一向具有的成见,以及交易各方不断改进的信息,在这个领域中不会没有立足之地。防止直接欺诈的努力看起来也会是明智的,尽管经验似乎表明,在这些方面几乎没有什么事可做。但是,这些都是和我们希望在纯粹竞争性行业中看到的同样的事情,不是控制垄断的措施。第三种选择——公有和公营,提出了定义的难题。将一个成功的政党归于公有和公营的提议会意味着什么,还不是完全清楚的事。政府肯定已经是公有的了,而政府是不是公营取决于"公"在这种用法中的定义。我倾向于认为,我们现在的制度最好说成是公有私营。

政府的简便定义之一是"武力的垄断"。我们当中那些一直在从事我们称之为"协同作战"——或经济学家对政治理论的侵入——的人,已经在怀疑,是否就真的必须垄断武力。在纽约似乎有数量多得惊人的私人警察,而且我们有大量的国防设施是根据合同由私营公司建设的。有些政府活动可能不必像一向普遍认为的那么垄断。然而,将这个问题置于一边,政府承担的大量活动很明显是自然垄断行为。此外,在民主程序中,当选的政府成员总是实行某种垄断,就是由于只有他们这伙人当选了这个事实。史密斯法官在众议院有代表弗吉尼亚州夏洛茨维尔的垄断权；一小伙相当令人尊敬的先生们有治理夏洛茨维尔市的垄断权；约翰逊先生有对全部政府活动的垄断权。这种情况在议会制政府中可能更明显，那里一个单独的党或联盟完全控制了所有的政府活动。自然垄断在这里出自对一种非常强大的规模经济的技术考虑：一次只能存在一个多数。

现在，我们就是要像研究经济学中的一个问题那样来研究这个问题。① 假定我们在一个与世隔绝的小国有一个行业，比如说，水泥制造业吧，其中的规模经济足够强大，以致一家公司就占有了超过一半的市场，能够以比其他任何小的竞争者都低的成本运行。此外，为了使我们的类比完整，假定这种成本优势会使一家公司持续对市场的全面控制。如果这个行业是个重要的行业，我们担心对它置之不理的结果，如果排除了管制，如果也不可能进行公共控制，我们还能做什么？

当然，这是个极端的准入门槛问题。可以推测，有个竞争者能打进来，用猛烈的竞争使目前市场的占有者破产，但这会是一件代价高昂风险巨大的事情。竞争者必须建新厂，还要为在残酷竞争阶段能存活下来投入大量资金，而且他还没有胜出的把握，更不必说从有保证的垄断地位挣到足够的钱来抵偿他的开支。显然，占据自然垄断地位的公司不会完全没有约束，但是同样明显的是，只有真正极度的无效率才会真正危及它的地位。②

---

① 考虑到我这篇论文的题目和这个专题的性质，我或许还不可能掩盖这个问题的政治基础。在与几位经济学家的私下谈话中，我曾提出过这个问题，大致就像在以下几页中所述那样，但是没有跟他们说在考虑"行业"的想法。他们通常都能接受我根据纯经济理论提出的论点和解决办法。因此，从实验的角度说，即便这个问题是在政治系统中提出的，但是能用经济办法来解决，是站得住脚的。

② 近来在经济学中的类似问题已经得到了相当多的关注。大概最好的讨论要数乔·S. 贝恩所著《新竞争的障碍》(Joe S. Bain, *Barriers to New Competition*, Harvard, 1959)。更

从这个小岛国公众的角度看,这种情况显然不能令人满意,但是我们已经禁止他们使用传统的补救方法。还剩有一种选择。他们可以建立或买进一座水泥厂,并定期拍卖其经营活动。这种拍卖以最简单的形式进行,要求以来年主办公司为水泥所定价格作为招标出价。出价最低者会得到经营这个工厂的权利。当然,这会给经营者留下机会,使工厂在得不到维护的情况下用坏了设备而停产。我们可以这样应对这个问题:在招标出价前,让这个小国规定来年主管公司必须承担的维护形式和数量。然而,这会涉及由这个国家对这座工厂的部分管理,而且无论如何这与政治领域中发生的情况也不大相像。另一种办法是,在招标出价中不仅包括水泥的售价,还要包括设备维护、管理改善的说明,等等。获得许可经营该厂的主办人员要根据全面意义上的最好,而不只是出价最好的判断来选出。这种复杂形式的"招投标"自然产生了判断的难题,但在政府情况中,很难看到还有更好的选择。实际上,恰恰是这种复杂的判断才是我们通常在市场交易中做出的判断。在买车的时候,我不能只选价格最便宜的车,我必须权衡包括价格和其他属性在内的一揽子因素。对最好的"出价者"的选择会是一样的。主要的区别是,由政治"企业家"做出的承诺带有不能执行的性质。

用严格的经济术语来解释这全部交易,我们得到的是一个准入门槛极高的行业。资本工厂的公共供应人为地降低了准入门槛。启用新的较低门槛,竞争和潜在竞争的进入都会进入目前管理层的算计,比没有降低前激烈得多。这个小岛国可以指望其水泥成本比自由放任时大

近的工作包括威廉·H. 马丁的文章《潜在竞争与美国的氯碱业》(William H. Martin, "Potential Competition and the United States Chlorine-Alkali industry," *Journal of Industrial Economics*, July, 1961);伊莉莎白·布鲁纳的文章《对潜在竞争的一个提示》(Elizabeth Brunner, "A Note on Potential Competition," *Journal of Industrial Economics*, July, 1961);佛朗哥·莫迪利亚尼的文章《买方寡头垄断前沿的新发展》(Franco Modigliani, "New Developments on the Oligopoly Front", *Journal of Population Economics*, June, 1958)。

大下降。由此可能提出的根本问题是,消费者对一个复杂产品的判断问题以及总和偏好(aggregating preferences)的问题。即便已经提供了工厂,只要还有准入门槛存在,就只会是垄断的情况。暂且把后一类问题置于一边,要决定哪一种"出价"是最好的,在原理上会与普通消费者的选择相似,但在实践中则更为复杂。在某些情况下,在这个阶段或下一阶段,对于替代某种机器是否可取的真正技术性判断会是必要的。遗憾的是,用新设备替代现有设备是否值得,是一个"消费者"必须做出的决定。在近期的大选中,对我们军事机器的某种资本投入可取性就是个问题。此外,这些决定都必须预先做出,而不能事后才做。如果我在考虑买辆带有涡轮发动机的克莱斯勒车,我至少能看看或试开一辆已有的车,一辆与我将会买的车一样的车。如果我们的水泥厂打算安装新设备,就不会是这种情况。因此,我们能够也应该期待,对于这种出价做出成功判断的可能性,要小于我们在比较正常的市场情形下看到的可能性。当然,这就是现实。说真的,大多数美国人对于共和党人或民主党人谁能为他们提供最好的服务所做的判断,都不如他们在打算买一辆车时对同样问题的判断来得精确。

总和偏好的问题使这种情形进一步复杂化,使消费者更不易做出精确判断。实际上,这种判断相对糟糕的事实提出了一些特殊问题。对于出价利用这座水泥厂的企业家来说,把判断出价的人作为处于相对不知情状态的人来考虑是合理的。在这些情况下欺骗和扭曲要比在市场中更易发生。举个例子,我们来看一下这座水泥厂所谓的"持续经营"价值。假如有一个新的管理班子接管了这个厂,那么留住大多数劳动人员和低层管理人员而不是雇用和培训新人,对他们来说通常是比较高效的。如果将出价报给资深专业人员进行判断,他们无疑会提出业绩要求,而业绩只能通过高效的经营来实现,因此,新的管理班子就会把工人和低层管理人员接收下来。但是,如果判断哪种出价最好的人不是资深专业人员——选民肯定不是——那么,各种各样相当无效率的规定就可能被塞到这项出价中去。例如,成功的企业家可能规定,他们的工作得支付固定工资,而不是拿剩余额。

这种做法看来可能愚蠢,但是大多数当选官员的工作都付固定工资,这是事实。这可能只是由于对政府活动很难算出可与利润相比较的什么东西,但也可能是因为选民觉得,这种做法更好一些。在许多种把利润当做剩余的政府合同中,利润似乎会是明显的选择,实际上,固定工资或合同重新谈判一直都在采用,这显然是为了讨好选民。但是不论出于什么原因,这种固定工资制与非资深专业人员判断出价的做法相结合,就给了政治企业家一种动机,使他们的行为从表面上看全然无效。不是根据人们对企业的贡献,而是根据他们对这位企业家的贡献为他们支付工资,会是在固定工资制下无法计算利润时非常明智的一种办法。

对这个问题的明显答案就是改进用以判断出价的标准。如果各种各样的企业家都必须把他们的出价呈送给真正的专家仔细审查(尽管专家的水平是否确实这么高还有存疑),他们就不得不拿出最有效的管理方法,以打败竞争者。在一个民主国家把这种方法当做不现实的方法而排除时,③似乎还能使用的仅有两种对策,就是让企业家去这么做,只要这么做能给企业家以回报;要么给工人和低层管理人员某种公务员待遇。这两种对策都有严重的缺点。由于某种原因,公务员制的缺点通常很少得到讨论,对这些缺点少说几句或许是有帮助的。由于没有某种精心策划的办法就无法解雇工人,管理层越高,效率就越低。

---

③　当然,对于政府的一小部分并不一定是不现实的。政府本身必须由选民来选择,但政府或许为了多种服务绩效而用我们在这里讨论的方法搞承包,并请合格的专家来判断各种出价。

如果公务员制成了固定终身制,就像在美国那样,那么高层管理人员对于低层的实际控制,往往比最佳状态差得多。当然,这可能还是要比完全不理睬这个问题要好一些。政府使用的物品采购方法提出了有点类似的问题,尽管要求投标就可以得到一个合适的解决办法。

但是,为了回到准入门槛和垄断经济学这一主题,现在经营水泥厂的公司会比试图投标争取下一期经营的其他企业家有一个优势。他们已经有一个管理层存在,这个管理层本身就有某种"持续经营"价值。潜在竞争者只是为了进行投标就将不得不建立这样一个组织。因此,潜在竞争者为了准备竞争将必须投入一些资源,而这对于目前的经营者没有要求。尽管准入门槛已经由于水泥厂的公有而降低,但并没有降到零。这意味着,现有管理层——和准备接手的竞争者——由于这种竞争门槛,有能力提出比"纯粹竞争"水平高一些的竞价。其实,如果管理这个企业的利润很小——只要投标制很好地发挥作用,或是支付相对少的固定工资而禁止选票交易(side-payment),都会是这样——那么,即使是很低的准入门槛也足以使潜在竞争的有效水平保持在低水平上。在大多数现代民主国家,考虑到企业的规模,公职可以合法得到的奖金是相当低的。这防止了过高的垄断利润,但也取消了对效率的正常激励。在这些情况下,竞争是必要的,不是为了防止剥削,而是为了让管理层保持警惕。因此,我们或许会发现,这些准入门槛还是太高了,并寻找对策进一步降低这些门槛。

然而,或许提醒我们自己我们正在考察的问题究竟是什么才是明智的。许多政府服务都是自然垄断,而当我们讨论处于这个一般领域中的问题时,经济学家往往自然而然地想到自然垄断。但是,我们的垄断是政府本身,不是政府构成的服务。政府之所以是一种垄断,就是因为我们只能有一个内阁、一位州长、一位市长、一位总统,或立法机构中的一个多数。作为一种准入门槛的规模优势,是多数票表决规则,④这一规则使获得了半数消费者的"企业界人士"能够把其他企业界人士或团体逐出市场。这就是我们必须依赖于潜在竞争而不是真实竞争的根本原因。这也是为什么最好有两个竞争者——目前的占据者和可能的替代者——而不是有许多竞争"企业"的原因。我们在本文中讨论的公共政策问题,是要保证准入门槛足够低,好让这种潜在竞争成为对目前垄断占据者活动的真正限制。

问题是,可能没有什么了不起的潜在竞争。这个事实不太明显,因为我们通常想到的是国家政治,而且在我们一生中,总有一个积极的反对党。⑤ 然而,如果转向地方政治,我们就经常会看到有组织反对派完全缺失的情况。例如,夏洛茨维尔的市政委员会通常只有一套认真的候选人。当然,市政委员的工作是没有薪水的,所以唯一的吸引力是对公职的非金钱奖励。我猜想,因竞争公职和被打败带来的金钱和非金钱的痛苦,最终要比当上市政委员的非金钱收益大得多。对于一位处于潜在反对派的个人或提名人选来说,甚至在选民面前亮出他的名字和纲领也是非常不容易的,更不要说劝说选民接受给他或他们投票是明智的说法了。⑥ 在这样的情况下,几乎没有几个反对派候选人的状况也就没有什么令人奇怪的了。

以一种有组织的方式保证潜在竞争,明显的办法应该是提高对公

---

④ 如果真的采用了其他表决规则,那么还是会出现类似的问题。
⑤ 美国曾发生过三次党派之一解体的情况,使有组织的潜在竞争暂时停止:"和睦时代",共和党建立之前的那段时期,还有 1872 年,当时民主党人提不出一位独立的总统候选人。
⑥ 人们或许会说,用这样的方法治理的这些社区——有许多这样的社区——并不是真正民主的。这个市政委员会并不真正受到什么监督,除非它真的做错了事。市政委员的主要满意来自于"尽责"。如果这种理论是对的,从他们自己的角度看,为了得到他们从事公职的满意,他们就会被迫办一个好政府。这可真是贵族政府,把高尚职责当做活动动机。

职的奖励,使这种奖励的价值达到高于组织反对派的成本并适当扣除所含风险的水平。这可能非常昂贵,而民主的特点并不遵循这种方针。对成功当选的补贴——不管怎么说,合法的补贴——向来都是不怎么多的。另一个办法是向潜在的反对团体付费。在英国,以非常直接的形式由官方向反对派领导人付工资的做法并不多见,但是一种比较间接的方式却是常见的做法。如果有相当多的公职都要投票选出,可以清楚肯定地说,人的本性就是那个样子,一个有组织的团体不会得到所有的公职。已经占据其他公职的人将得到补贴,[7]而且也将处于相当容易将他们反对政府政策的建议公之于选民的地位。他们的实际存在以及在立法机构公开辩论的行止,使目前垄断地位的占据者不大可能像他们已经取得了非常有把握的地位时那样行事。与向掌权的人提供高额奖励相比,这是否是一种较为廉价的获得某种企业家能力素质(a given quality of entrepreneurial ability)的方式呢?我说不清楚,但它肯定起作用。

从这个角度来看,向反对派提供公职的目的,是为了用向潜在进入者支付部分组织成本来有效降低准入门槛。议会中辩论的作用,就是要在政府的理智面前持续地保证存在一个组织良好的竞争者,持续地为反对派和下个决策期政府的提议提供与公众见面的机会。这种做法是简洁的,不必采用什么策略去选择得到支持的竞争者,正如反对那些人的人不会去支持他们一样。选举既选出了政府,也选出了反对派。落选的人就根本没有得到支持。此外,反对派也并不只想安稳下来做专业反对派,因为对于公职的奖励大于对反对派的奖励,而尝试替代现有垄断占据者的成本也并不比只是忍受的成本大多少。

要说如果有两个以上的竞争者,这种做法会更有效率,这是可能

---

[7] 在瑞士和其他几个地方,这种补贴完全不用钱来支付。

的。欧洲有许多党的制度将政府交给一个多党联盟,这个联盟中的每个现任成员与未取得公职的每个党竞争,因为总有可能形成新的联盟。考虑到联盟本身就是政府而选民是为政党投票这一事实,这是否会导致更有效的竞争,还不能完全肯定。无论如何,多种多样的制度确实都为公众支持提供了一个潜在竞争者的组织成本,并由此保持低的准入门槛。这里就是潜在竞争明显非常有效的一个地方,但只是由于明智的公共政策才存在。

从某种意义上说,本文是将经济分析用于完全非经济领域的一个操练。在我们像现在这样组织起来的大学里,我的论文主题——政治组织——是在一个系里讲授的,而我使用的分析方法是在另一个系里讲授的。可能就是由于这个原因,我提出的这种相当简单而直白的推理线索,以前还从来没有人使用过。在这个领域,正像在许多其他领域一样,实际工作者已经解决了理论家们连想都没有想到过的问题。在我看来,本文是个简单但清楚的示范,表明我们必须对目前把知识组织起来的方式做某种变革了。对政治感兴趣的经济学家和掌握了经济工具的政治理论家,能够从事按传统方法训练出来的人不可能做的研究。我认为,这个论题对这个小组中的成员将不是新论题,对于许多这个房间中的听者也不是。从某种意义上说,我是在向皈依者布道,但我要求你们走出去,向各个国家宣讲这个道理。

联邦主义[*]

规模问题

民主政府的现代解释,牢牢地建立在经济外部性的理论基础之上。在外部性重要的情况下,个人选择可以导致非常无效的资源利用。政府是应对这一问题的一种办法,而且经常是最方便的办法。这种办法也给出了一种政府或各种政府最佳规模的思想。这种思想可以表述为:被选定来组织任何一种活动的政府单位,都应该大到足以将该项活动产生的所有外部性都"内部化"的程度。大多数学者似乎都没有真正把某种活动的全部外部效应都内部化当做目标,而是只想把其中的大部分,比如说90%,内部化。我之所以对此颇有自信是因为,他们几乎从未讨论过地方边界效应(local border effects)的问题。任何在地理上划界的政府单位都必定有一个边界,而如果这个政府单位的职能是要应对一种外部性产生的活动,那么它在这个边界内的活动通常就会产生一种边界外的外部性。因此,全部内部化通常会要求把一些给人印象深刻的自然屏障作为边界。像清扫大街这样的小事,或许会要求一个大陆的或甚至是世界的政府来将其效应全部内部化。

---

[*] 经克卢瓦学术出版社的亲切许可,重印自《公共选择》杂志(Kluwer Academic Publisher, from *Public Choice* 6, Spring 1969:19-29)。

然而，如果我们假定，使所有外部性全都内部化（由于某种原因）并不可取，只有将大部分外部性内部化才可取，那么，外部性的存在，甚至是在以这种非常粗疏的方法来处理时，确实对政府规模给出了一个指向。国防所要求的单位会比装运垃圾的单位大，以将 90％ 的外部性内部化。然而，通常没有人来讨论要进行内部化的外部性的精确百分比。一项要将 99％ 的外部性内部化的政策，会产生比只将 80％ 外部性内部化的政策所需要的大得多的政府单位。我们在后面将会看到，这并非一个不可解决的问题。

在讨论政府规模时，按惯例会考虑到的第二个因素是，政府服务所需的最佳生产规模。当然，规模经济可以被看作是外部性，但是我们在讨论规模经济时要把它们看作一种特殊的外部性，或看作一个独立现象。实际上，从规模经济的角度来谈地方政府单纯寻求最有效经营单位的文献有好多。如果当经营单位的规模改变时，提供政府服务的成本确实会发生变化，在设计政府单位的一种最佳体制时，无论如何也应该把这一点考虑在内。假定政府单位有它自己的设备，那么，按照最有效生产单位的方法来选择政府单位就是有理由的。这可能会与根据直接的外部性进行选择时是同样的规模，也可能不会。然而，这两种考虑可以轻易地合并到一起。在图 1 中，我把某个政府单位的选择成本规定为纵轴，把它的绝对规模规定为横轴。外部成本线（EC）表示未能内部化的外部性持续存在所带来的成本，该曲线在其整个范围内向右斜向下降。如果我们武断地将内部化 90％ 的外部性设定为目标，那么最佳的政府规模会是 A 点。然而，如果我们只对政府提供服务的效率感兴趣，那么我们就会选择经营成本（OC）最小的政府规模，这会是 B 点。这两条成本线经几何加总得到 TC 线，给了我们 C 点，作为政府单位的最佳规模。请注意，以总成本来说的最佳规模必须总是处于从规模经济的角度看最佳规模的右边。这是外部成本线持续向右斜向下滑

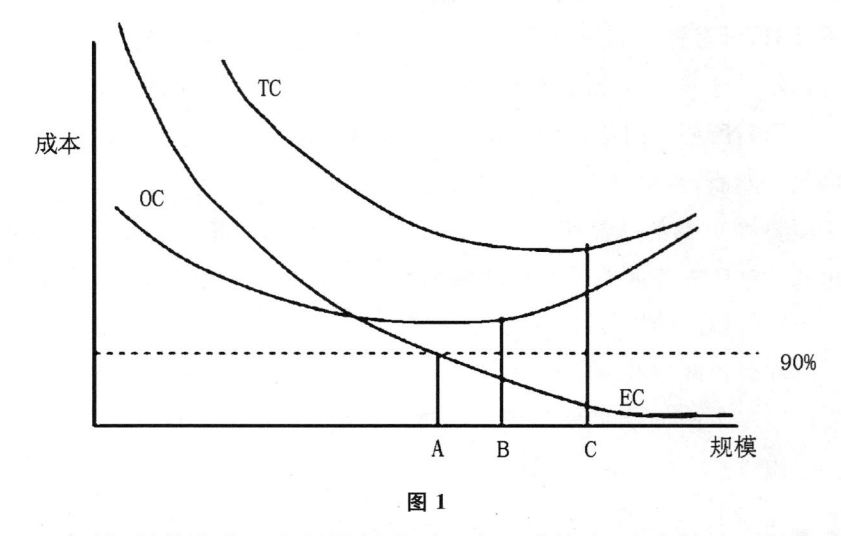

而"规模"成本下降而后上升这一事实的简单后果。

```
成本
       │
       │╲         TC
       │ ╲      ╱
       │  ╲   ╱
       │ OC ╲╱
       │    ╱╲
       │   ╱  ╲___
       │  ╱       ╲___
       │─────────────────── 90%
       │              EC
       │        A  B  C        规模
```

图 1

但是,尽管我从一些假设得出了一个正确结论,这个结论不久前已经作为现代传统得到公认,可我们的主持人,奥斯特罗姆博士,已经相当确定地证明,在这个推理过程中有一种隐藏的不真实的假设。如果政府单位本身必须产出某种政府服务,规模经济就与选择有关。如果这个政府单位从某个专业生产商处买进这种服务,那么规模经济就不再与政府单位规模的确定有关。在这里,我不必重复奥斯特罗姆博士的工作,而是接受它。我们可以同意,只有保守主义和组织刚性才能防止任何规模的政府单位进行广泛的服务购买,避免组织大到足以获取可能存在的任何规模经济的全部好处。因此,作为服务生产商的政府,其最佳规模可以从本文余下的部分得出,尽管本文在近期有关地方政府的文献中一直起着显著作用。

可是,这只给我们留下了外部性准则,而这种准则根本没有说明任何有关政府单位的最大规模。我采用了一种临时的假设,我们只打算将每种活动中95%的外部性内部化,但这显然是武断的。还不仅仅是武断的，而且我还未能找到①任何先前使用过这种假设的例子。我使用这种假设的唯一理由是，人们使用外部性的论点就意味着，作者心里有些东西与这些论点相似。然而，这显然不是一种适当的准则。如果这里没有一种保持平衡的因素，内部化的外部性就是越多越好。还有其他一些因素，我假定我们全都同意。就是为了清扫街道或是防火，大陆的甚至是世界的政府机构也是不够理想的。

实际上，有些导致政府单位最佳规模的因素通常都要小于使**全部**外部性内部化之必需。这些因素中第一个就是，政府单位越小，政府的任一百姓可以期望对政府施加的影响就越大；结果，单位越小，就越接近于适合其百姓的偏好模式。这种情况对所有的政府形式都适用，尽管当我们在研究民主政府的形式时，分析事物更容易一些。

当政府规模缩小时，调整政府以适应其百姓意愿的平均水平肯定上升，这一点已为彭诺克创造的方法迅速证明了。② 假设某个政府部门根据多数原则来决策。其百姓中的一个多数偏好 A 政策胜于 Ā **政策**。因此该政府就执行 A 政策，A 政策取悦于多数，但令少数不悦。假定这个区域现在分成了两个单位，每个单位都就这一问题进行投票表决。在这两个新的小单位中，可能还是多数人喜好 A，但至少在其中一个单位中肯定是多数喜好 A。如果两个新单位都有多数喜好 A，那么 A 就会在这两个区域得到实施，而满意度没有变化。但是如果有一个新单位中的多数喜好 Ā，整个社会中实现了自己愿望的总人数肯定就上升了。③

---

① 我得承认，这种文献查找相当粗率。

② "Federal and Unitary Government—Disharmony and Frustration," *Behavioral Science*, 4(April,1959), 147–157.

③ 举个带数字的例子可能有帮助。假定原来的单位有 10 000 投票人口，其中 6 000 人喜好 A，4 000 人喜好 Ā。在分成了两个各 5 000 人的单位之后，在其中一个单位中我们看到了一个多数，比如说 3 000 人喜好 A，2 000 人喜好 Ā。在另一个小单位中有 4 000 人喜好 A，1 000 人喜好 Ā。在分成两单位之前，有 6 000 人得到了他们想要的，而在新安排下，有 7 000 人得到了。

尽管彭诺克是为简单多数票表决提出这一论点的,它却可以随时扩展到用于任何投票规则。这个原理是非常一般的,而且明确指出,政府越小,个人对他不同意的政府活动承担的成本越少。这个成本很可能采取在图 2 中表现的形式。这个成本肯定强有力地抵消了由政府单位扩张带来的好处。我们可以把这条线加到图 1 中的那些线上,以得到一个改善了的最佳规模,但是政府扩张还有其他成本。

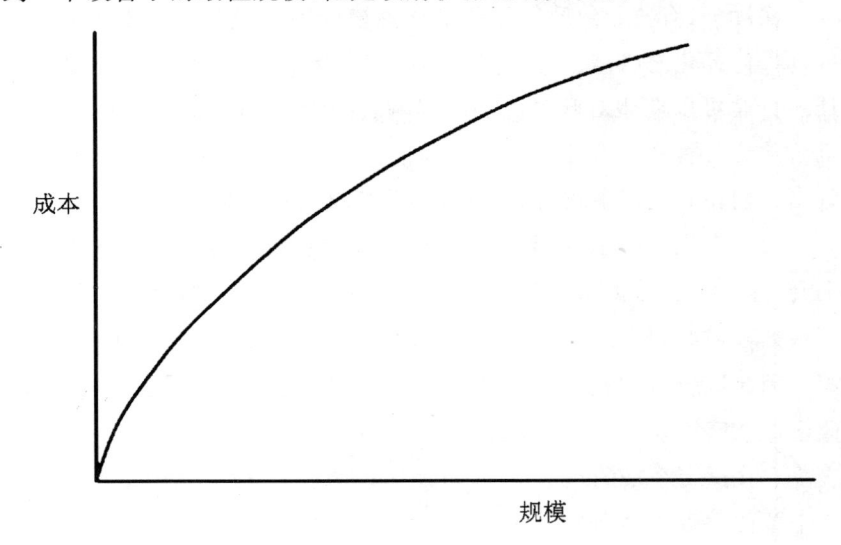

图 2

假定你通常在餐馆吃饭,而且有大量竞争性的餐馆可以任你挑选。我们这个模型的第一阶段假定,这些餐馆都有随意点餐的菜单。顾客分别点每道饭菜。现在我们假定,所有这些餐馆全都改变了做法,可能是某种愚蠢法规的结果,他们在菜单上列出许多搭配好的套餐饭菜,你必须从中选择而且不允许替换。我们还要进一步讨论这种做法,并且假定,这些餐馆开始要求顾客按天订餐。餐馆印制了每天的食谱,你可以在大约 12 种左右的全天菜单中进行选择。例如,菜单 A 可能包括早餐:烤面包加咖啡,午餐:蔬菜汤和农家鲜干酪沙拉,晚餐:烤牛肉、菠菜和胡萝卜——每餐随赠咖啡一杯。而菜单 B 可能不那么明显地针对想要减量的人，等等，直到菜单 C……N。个人仍然可以在一个竞争性市场中行使选择的自由，但我认为，大家都会同意，他的满意度已经降低了。我们还可以扩展这个例子，假定可以在其中选择的是每周、每月，甚至每年的套菜单。

当选择单位提高时，满意度的下降程度取决于两个相互关联的因素。首先，如果选择的单位很大，就很难提供很宽的选择总范围。比如说，看看一家典型餐馆的早餐菜单。如果他们只供应早餐套餐，只是将他们目前菜单中可能进行的所有搭配都开列出来，他们就得出本书，而不只是用一两张纸了。而且顾客显然不会查遍数不清的搭配来找出他最喜欢的菜，他会看上一两页，然后从这受到限制的选择中做出自己的选择。

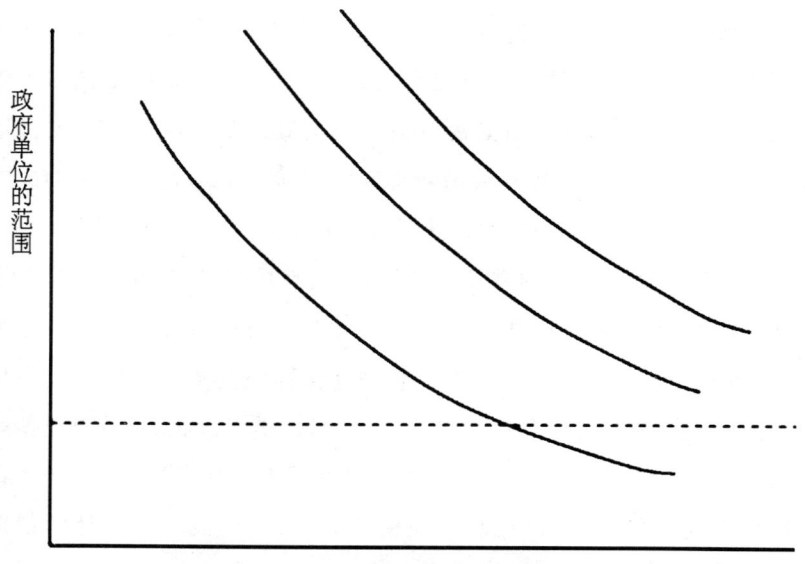

政府单位的规模或老百姓的人数

图 3

第二个问题与沟通理论有关。当你选中了一道菜时,还选了其他东西,你告诉餐馆老板你的口味,以便他做出调整,使上的菜让你能爱吃,也能得到对其他餐馆的竞争优势。如果限制了你的选择数量,你与餐馆经营者之间"沟通"的全部信息内容也就减少了。结果,要是解决过程的沟通更加不充分,你在接下来的阶段所做的选择就不大会像它本来应该的那么令你满意了。这种按大批量分类选择的做法对有于口味特别挑剔的人尤为不利。

所有这些与政府规模的相关性可能并不明显,但是政府单位的选择涉及将在下次选举时从中进行选择的对批量选项规模的确定。这种情况在图 3 中描述。

纵轴表示政府单位的范围。非常简单,这意味着政府单位举办的与任何百姓或百姓团体有关的活动数量。横轴表示的是参与这些活动的百姓数量。因此,当你向右上方移动时,活动的总数量就增加。由于处理所有所包含活动的政府单位将由选举产生,在这张图上向右上方移动得越远,对批量选择所必需的成本就越高。如果政府举办的活动固定不变,而政府单位的规模沿着虚线增加了,那么,这种增加的成本就会由图 3 中的截面表示,看起来就像是图 2。

伴随着扩大了的政府单位,还有一种最终成本,这种成本近来备受关注,这就是官僚体制的成本。新左派和其他我们可以宽松地称之为"自由主义者"的团体,深为我们社会中官僚体制的数量所困扰。在做出选择的选民与实际产品的供应之间,官员的链条越长,有着自己偏好函数的官员个人带进这个过程中的噪声就越大,由信息传递问题带进的噪声也越大。[4] 当官僚体制的规模长大时,这种成本也会像其他成

---

[4] Oliver E. Williamson, "Hierarchical Control and Optimum Firm Size," *Journal of Political Economy* (April, 1967), 123 – 138.

本一样稳定上升；实际上，它或许还会加速上升——也就是说，它可能是政府单位规模的指数函数。这里再说一遍，这个指数可以由一张像图3那样的图来表示。图3也可以表示我们一直在讨论的所有这些成本的总和。

请注意，如果说"政府"一词意味着所有政府的总和的话，图3对于这个"政府"的总规模可什么也没说。美国的许多市和州都有数目众多的不同民选官员，来处理不同的政府职能。如果人们真的独立做出选择，而不是投某个政党一票，那么，每个由选民选出的政府机构的范围很可能非常小，而"政府"的总范围非常大。

现在，有了随政府单位处理某一活动而不同的三种成本，我们就可以把它们相加，找出最小的总成本点，并选定它为政府单位处理那个活动时的最佳规模。应该注意的是，如果你有由政府不同单位举办的大量政府活动，各个政府活动大概就会产生相互影响的外部性。举个简单的例子，消防队以许多种方式造成交通控制的麻烦。这些外部性，一个政府机构对另一个机构的外部效应，本身就得由其他政府机构来处理，而这些政府机构还需要提供通过税收和补贴使实际操作单位中的这些外部性得到内部化的具体目的。

如果我们现在就停下来，我们推理过程的最终结果就会是一个真正的鲁布·戈德堡安排（Rube Goldberg arrangement），其中每个百姓个人都是一大堆政府单位的一个成员，每个这些政府单位都与其他单位分管不同的地理范围，而且各自都有独立的活动。之所以会这样，是因为每种类型的政府活动都从其他活动得到稍微不同的外部性，因此，每个政府单位就要有不同的规模。这些政府机构中，有些从事为老百姓提供服务的活动，另一些会从事将各个机构相互之间产生的外部性内部化的活动。

我推测，这种体系不会是政府组织的最佳状态，这一点是相当清楚的。当每个人是5 000个或者50 000个不同政府单位中的一个成员时,对他来说,要想对他的雇员进行最基本的监管,那是完全不可能的事情。其实,普通百姓甚至不大会知道在许多这些"政府"中掌权的人姓甚名谁。如果我们打量一下一位正打算与这种政府单位的多数打交道的真实选民,可以相当肯定地说,他甚至会因怕麻烦而不参加能控制非常多政府单位的选举。那么,从这个角度看,这些政府单位中的大部分就会是很不受控制的。显然,这种模式距离最佳状态实在太远太远了。

在实际的经济生活中,我们也要对付个人不能企望为自己做出理性决定的情况。我绝不会付出哪怕最小的努力去决定我要买的汽车的各种具体规格;我把这种事情留给别人去做,而在介绍给我的可选择的一揽子特色方案中进行选择。在有些情况下,我聘请一位专业顾问为我服务,比如一位医生,他将对我该选用哪种类型的服务单位对我提出建议。显然,在购买政府服务时,同样的方法也会适用的。

至此,我们还没有具体来说个人怎样选择政府履行的服务。例如,或许可以这样来安排:在我们多种多样的政府单位中,每个单位都把它的具体行政管理决定付诸公开的公民投票表决。显然,这并不是我们通常看到的情况,而如果这是最佳选择,我们会感到惊异。我们通常所做的,就是指定一个代理人来处理政府活动。这里可再次看到与私人经济巨大的相似性。不同之处在很大程度上表现为,我们以一种不同的方式指定我们的代理人——通过选举,而不是通过合同。那么,如果我们假定,我们已经建立起来处理这些具体问题的政府机构,将由某种专门的一位代理人或一个代理人委员会来控制,选民则来选择这位代理人或这个代理人委员会,我们说,到了那年的年底,我们就大大简化了这位选民对这些服务做出决定的任务。同样,私人经济通过将汽车的特色分类组合,让个人在这些不同的特色篮子里进行选择,大大简化了其购买决定。但是尽管有了这些大大简化的事情,我们却仍然发现,还有大约 5 000—10 000 件事在等着这位选民来做决定。显然,分类组合的过程应该更进一步使用。我们不仅必须指定处理各个政府活动的代理人,而且得指定处理整群这类活动的代理人。

那么,我们该如何确定这类"群"的最佳规模呢?对这个问题有一个相当简单的分析答案;遗憾的是,真正使用它可能极为困难。在图 4 上,横轴表示政府活动的分散程度。它假定的是,当你向右移动时,政府先是减半,然后每次移动再减半,等等。不管怎么说,这个过程被假定为连续的,以便给出顺畅的曲线。曲线 C 表示的是,当政府组织的规模发生改变时,这位选民由于控制不力而承受的成本。在左边,他面对的是单一选择,比如说,一年一度的包括整个国家所有政府政策在内的一揽子政策,他的成本是非常高的。当政府被打破成小的碎片时,他的成本就下降了。然而,过了一段时间之后,对他来说,要对每个碎片做出个人选择开始变得困难了,而在这一点上,他的成本开始再次上升。最终,在几段之前提到的鲁布·戈德堡模型中,这种成本在这个高度区分的政府中要比在一个大一统的政府中大得多。

E 线是在以非最佳方式分类组合政府单位时将会产生的成本,对最佳方式的定义我们以前已经做过了。我们假定,当你从左向右移动时,不仅政府分化成越来越小的碎片,而且政府的所有分化都是以对政府中某种区分程度"最有效的"安排这种方式完成的。⑤

这条曲线自左向右单调下降,并最终达到零点,此时用这种方法对政府职能进行的区分已经穷尽了全部经济可能性——这发生在当每种政府职能都达到了其最有效规模之时。那么,政府职能任何一种区分

---

⑤ 在实践过程中,政府的分化平衡地分为两部分,或平衡地分为四部分,或平衡地分为八部分,不大会是一种高效的安排。你或许会看到一组中占 65%,另一组中占 35% 的情况。

程度的总成本在这张图上可以用 C + E 来表示。这条曲线的低点会是政府区分的最佳程度。它将总是在曲线 C 低点的右边，只因为 E 是单调递减的。它或许不会出现在太右边。

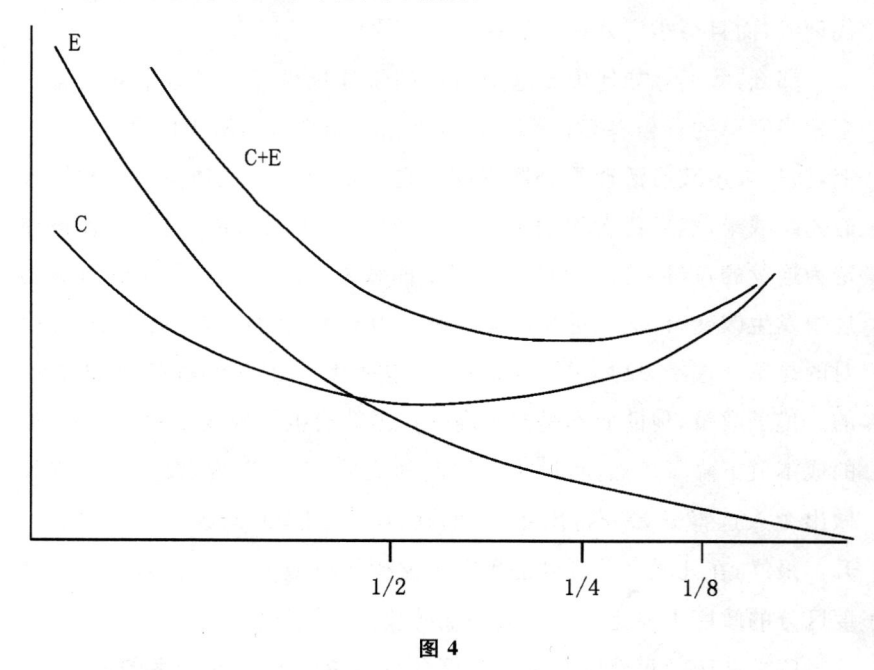

```
E
    C+E
  C

              1/2        1/4      1/8
```

图 4

如果要想高效，对政府职能的区分就要非常当心。你不能只是随便地把几种职能分配给一个部门，这里也要考虑效率问题。一般来说，我们不必让自己在这里担心这些效率问题的具体细节，但应该记住一点：在某个地理区域内的所有职能都该由同一个单位来管理，这不一定是对的。比如说，谁都可以充分想象一下，印第安纳州的选民不是为印第安纳州政府和一个市政府投票，而是为印第安纳地区的两个政府投票，每个政府处理各种事务的不同方面。

现在，我们似乎有了一个用来确定政府应该被联邦化程度的理论框架。一个真正实行我们这个解决方案的社会，需要有大量的实证研究，而这些研究还没有写出来呢。如果允许我做一个猜想的话，我会想象，它最终会结束于每个人成为五至八个独立的政府单位之间的某个地方的成员，这些政府单位不一定与我们现在的政府有什么相似之处。例如，在理论上，非常可能的是，我们有两个"全国性"政府，其中一个，比如说，处理国防事务，另一个处理要求全国范围组织的所有其他活动。

当然，我们应该付出所有努力，使投票表决本身成为一种有效选择过程。要是举例，我们可以用过去所说的苏联体制为例。选民们可以选出小政府，小政府再选出上一级更高的政府单位。小政府单位创造了大政府单位的方案，要比大政府单位细分其控制的方案有效得多。例如，芝加哥市要能控制它自己的命运并参加伊利诺伊州政府的选举，就会比伊利诺伊州政府有两个分支，其中一个管理芝加哥市，另一个管理该州其他地区的事务时过得好。原因就是，在后一种做法中，州的选民对于芝加哥市的影响较前一种做法中的影响要小。

改善选举过程效率的另一个相当简单的方法是，对于在选举过程中败北但确实做得很好的人，可以给他安排一个工作机会，如公众监督员，来监督获胜一方人们的行为。正如人们都相当熟知的，我是比例代表制的拥趸。如果我们有比例代表制，而且比如说，有个政府委员会要选出五个成员履行职责，不管这是个什么委员会，使第六个得票最高的候选人成为监督员，并赋予他全面查看所有记录的权力，这会在不大加重选民负担的情况下实现出色的控制。今天，我们是有监督员，但我们经常是单独来选他们，因此要增加一次投票表决，并使选举过程变得复杂了。

总之，许多学者似乎都认为，一个高度集权的政府是最有效率的政府。更精确的说法应该是，中央集权的政府是最有秩序的政府。如果我们想要政府服务于选民的愿望，那么，选民能够通过选举过程与政府就这些愿望进行比较具体和特殊沟通的体制就更为有效。但是，我们不能把这种具体的选举发挥到其逻辑的极端，因为选民承担的信息成本太大了。然而，我们大概可以把美国的一些事情加以重新安排，以使选民为了投出明智的一票必须了解的信息少于他现在必须了解的——也就是说，我们能够摆脱长时间的选举。同时，我们能赋予选民对其将来和命运显著增多的控制。最有效率的政府不是看起来最有秩序的政府，而是能最接近于执行其主人愿望的政府。

一般不可能性定理的
一般不相关性[*]

  一个幽灵已经在经济学和政治学的课堂和研究班上游荡将近15年了。对这个幽灵——阿罗的不可能性定理，一般解释是，它证明了总合偏好不存在切合实际的方法。[①] 本文的目的是驱除这个幽灵，不是要证明其以严格数学形式表述的定理是错误的，而是要表明它无关紧要。我将表明，当选定个人中的消费函数被假定为一种相当简单而且很可能是相互依赖的类型时，如果选民数量很大，这个问题就变得微不足道了。[②] 由于要求偏好总和的大部分情况都涉及大量人群，"阿罗问题"将鲜有多少重要性。

  在《社会选择与个人价值》[③]一书中，有一章的题目是《作为社会福利判断基础的相似性》。[④] 阿罗在其中讨论了各种可能的研究线索，这些线索或许可以导致避开他的证明中各种隐含意义的一种方法。在这

---

  [*] 经许可重印自《经济学季刊》(*Quarterly Journal of Economics* 81, May 1967:256-270)。Copyright 1967 by the President and Fellows of Harvard College.

  [①] 我要说，我很后悔让这个幽灵在我的课堂上猖狂肆虐。我在此向我的学生们道歉，因为我让他们受到这个幽灵的伤害。

  [②] 偏好完全相互依赖的情形在《一个循环多数重要性的指标》中进行了讨论("A Measure of the Importance of Cyclical Majorities," C. D. Campbell and G. Tullock, *Economic Journal*, 75, Dec. 1965, pp. 853-857)。

  [③] Arrow,"Similarity as the Basis of Social Welfare Judgments," *Social Choice and Individual Values*, Rev. ed. (New York: Wiley, 1963).

  [④] 同③，第74-91页。

一章中,他指出布莱克的单峰偏好曲线特别有希望。[5] 将布莱克单峰偏好曲线一般化,以适应多于一维的情况,将给出本文建立于其上的基本模型。因此,要说目前的工作是在遵循着由阿罗指出的路径,那可能是公平的。

纽因和布莱克在《有补充价值判断的委员会决定》[6]一书中首先提出了二维单峰偏好。此书大约与《社会选择与个人价值》同时出版,但阿罗大概不了解这个情况。然而,纽因和布莱克并没有太多考虑有大量选民的案例。这里使用的模型将涉及许多选民,并将用来检验一般不可能性定理。

阿罗定理的证明需要循环多数或投票悖论作为证明的一个步骤。[7] 除了数学上的原因外,强调投票悖论也是适当的,因为在民主国家,直接出现在老百姓面前的总合偏好方法就是多数票表决。本文打算证明,多数票表决其实总会出现投票悖论,但是这并不重要。多数票表决不会产生一个"完美"的答案,但它确实产生的答案也不会比不存在投票悖论时更"糟"。任何涉及大量人群的选择过程肯定都会产生有无数小缺陷的结果;如果考虑得足够详细,这种结果总会偏离阿罗的条件。然而,这种偏离太小了,以致没有什么实际意义。

在选举提案的每个微小细节用于选举之前,大部分多数票表决程序都有一些能使表决得到一个结果的安排。这些规则(常常是非正式的,不像命令的规则)意味着,在表决结束时,表决结果中几乎肯定会保

---

[5] 要了解有关单峰曲线的更丰富讨论,请见邓肯·布莱克的《论集体决策的理性》一文("On the Rationale of Group Decision-Making," Duncan Black, *Journal of Political Economy*, 56; Feb. 1948, pp. 23-24.)和《委员会理论与选举》(*The Theory of Committees and Elections*, Cambridge: Cambridge University Press, 1958)。

[6] Newing and Black, *Committee Decisions with Complementary Valuation*, (London: William Hodge, 1951)。

[7] 同[6],第51-59页。

一般不可能性定理的一般不相关性　103

留一些多数会赞同的小变化,要是有可能事先把这些小变化带到投票中的话。因此,用阿罗的话说,结果将是强加的,但这个结果将非常接近于完美的结果。举个例子,有一伙人正在为花钱办件事的数额进行表决,考虑的范围在从零到1000万美元之间。这些人的偏好是单峰的。多数票表决最终将导致把中间选民的最佳选择作为结果。然而,如果规定,100美元或100美元以下的数额改变将不予考虑,⑧那么结果通常就不会是最佳的,但与最佳选择的差距也将在100美元以内。这个结果不能满足阿罗的条件,但也没有什么理由为这个事实而烦恼。

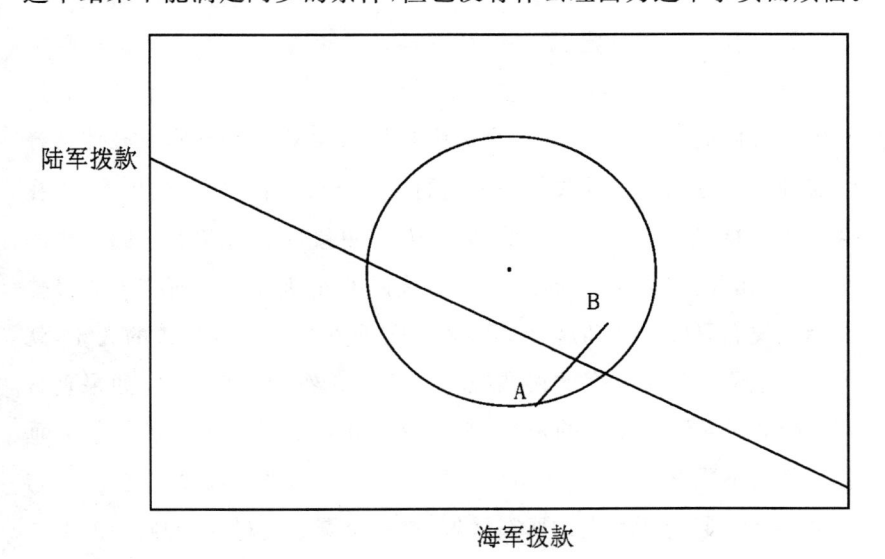

陆军拨款

海军拨款

图 1

为了证明在现实世界的"偏好总合"中,循环多数也同样不重要,我们来看正在决定两件事的一组选民,比如说,用多数票表决对陆军和海军的拨款。在图1中,纵向是给陆军的拨款,横向是给海军的拨款。每

---

⑧ 通常对采用小额修订的限制没有这么正式,但是在涉及花钱的法案中,通常不可能进行非常小的数额改变。

个选民个人都有一种最佳组合和一大堆带有通常特征的偏好。为了简化，我们进一步假定，这些选民的最佳选择在这个空间内平等分布，而他们的无差异曲线全都是以他们的最佳选择为中心的正圆形。这后两个假设并不符合现实，而且在以后的一个阶段将被取消。我们还要进一步假定，选民的数量足够多，以致这个空间可以充当选民的代表。换句话说，在图1这个正在讨论空间的两个部分中，较大的部分比较小的部分包含了更多的选民最佳选择。这样就有可能使用简单的欧几里得几何学作为一种分析工具了。

假设我们想要确定图1中 B 的移动是否能用简单多数票打败由 A 代表的现状。由于我们已经假定，所有的无差异曲线都是围绕着这些个人最佳选择的正圆形，每个选民都将只对最接近于他的最佳选择的那种备选方案投赞成票。如果我们把 A 与 B 用一条直线相连，并在这条线上竖起一条垂直两分线，那么 B 将更接近于与 B 处于同一边的所有个人的最佳选择。同样，A 也最接近于 A 所处一边所有人的最佳选择。我们只要注意到这个矩形区域在垂直两分线每一边的大小，就可以对这两种备选方案的得票数做出比较。作为一种捷径，如果垂直两分线通过了这个矩形的中心，A 和 B 的得票数就是相等的。如果垂直两分线不通过中心，那么与中心同在一边的备选方案就将获胜。与 A 联系在一起的所有点的所在区域，是一个圆心通过 A 的圆，而 A 能够打败这个圆之外的任何点，但将被圆内的所有点击败。显然，不可能形成循环。这个过程将最终导致进入中心，因为在任何一对备选方案中，靠近中心的那个备选方案将总是获胜。

这或许可以称为完美的几何模型，其中的选民人数恰好与其所在部分成比例，而这些选民的最佳选择也落入这个部分。考虑到选民的数量是有限的，会出现小的不连续性。两个在大小上区别很小的不同部分，很可能会有同等数量的选民；其实，较小的部分甚至可能包括更多的选民。因此，循环是可能的，但是当作出选择的个人数量增加时，循环就变得越来越不重要了。在图 2 中，在我们标准形态的正在讨论的空间中有个 A 点，我已经围绕它画了个圆。为方便，我要假定有 999 999 位选民。这个圆中的任一点是否能击败 A，取决于垂直两分线如何与 A 部分选民的最佳选择相连接。当沿着圆周移动时，我们可以试用圆周上的每一点与 A 比对。B 会击败 A，但是 C 不会。在选民数量有限的情况下，这两种移动之间的变化会是不连续的。例如，B 或许有 602 371 位选民，而 A 有 397 628 位选民。当我们沿着圆周向 C 移动时，会有一个很小的空间中选票的情况保持不变；然后，它会突然变到 602 370 对 397 629，这种情况也会在圆周上保持一个很短的部分。不必说，选票保持不变的这个片段会极小，但肯定会存在。

如果我们来看这样一点，在这点上只有比 A 最起码的多数，500 000 对 499 999，在沿圆周向 B 移动时，就将有一个有限的距离，其中的选票数量是保持不变的，然后，它将变动到 A 为 500 000，另一点为 499 999。⑨ 然而，考虑到这个有限的距离，可以肯定至少偶尔会有一点能被比它距中心更远的另一点击败。换句话说，多数票表决有可能远离中心，也有可能向中心移动。这个现象使循环成为可能。⑩

然而，考虑到这种不连续性，我们还可以画一条线，把对任何点都能形成多数的点与不能形成多数的点区分开。考虑到我们有 999 999 位选民，这条线无疑会出现在图 1 中肉眼可见的圆形上。然而，如果用

---

⑨ 严格来说，当垂直两分线直接通过某位选民的最大偏好点时，就会出现一个无差异的点。在这点上的选票会是 A 为 499 999，替代点也为 499 999，无差异的点为 1。

⑩ 评审人建议，用以下文字来替代以上两段内容："假设 A 与 B 这两点与中心的距离相等，但是**没有人的最大选择正好处于**[他的]**垂直两分线**上。因此其中一点，比如说 A，宁愿选择另一点。与 A 邻近的一小堆点都会选择 B，而其中的有些点将会比 B 离中心更远。"对我的说法和他的说法进行的一个可理解性小实验表明，有人觉得这种说法容易理解，有人觉得那种说法容易理解。因此，把两种说法都列出来是明智的。

显微镜来考察，我们会看到它并非精确的圆形，还会看到有一些小的部分可以对原来的点形成多数，但它们的位置可能比原来的点距中心更远。但是，请注意，这些部分会非常之小。如果我们原来的点离中心很远（就像图 1 或图 2 中的 A 点），那么，能形成胜过 A 的多数但离中心更远的那个部分，与能够形成多数又离中心较近的部分相比，就会是微小的。

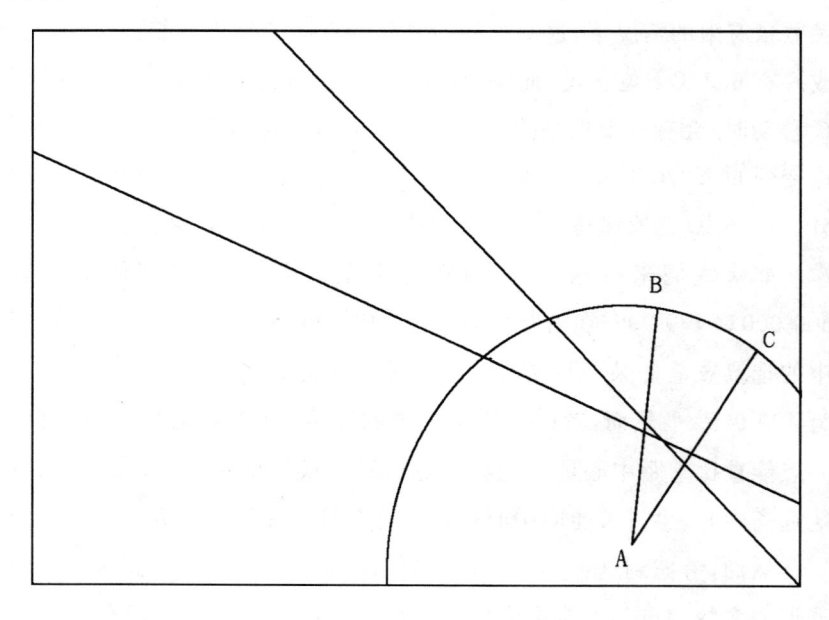

图 2

在这些情况下，除非以尽量小心控制和计划的方式利用提出变革的提案，否则，表决过程就完全有可能导致向中心的迅速移动。[11] 糟糕

---

[11] 如果有个什么人已经控制了要对提案进行表决的秩序，而且如果此人完全了解选民的偏好，那么，通过对备选条件的适当选择，就会有可能让"规则委员会"以大体接近于它希望的结果安排这次投票。见：本杰明·沃德著《多数规则与分配》（"Majority Rule and Allocation," Benjamin Ward, *Journal of Conflict Resolution*, 1961, pp. 379 – 389）。

的是,在到达绝对中心之前,收敛不必是连续的。⑫ 为了靠近中心,既偏好 A 又离中心较近的部分比原先还要小得多。因此,比第一种情况更可能的是,选中替代 A 的点会比 A 离中心更远。循环变得更有可能了。当我们离中心非常近时,从对任何点都可能形成多数的点中随机选出的一点,就会完全有可能比它现在的位置离中心更远一些。然而,在这一点上,大多数选民都会感到,新的提案过分琐细,而且会采取行动换个地方。

对于这一点的讨论,可以用一条我们将称之为"中位线"的线得到简化。中位线是一条穿过两个人的最佳选择,并把剩下的最佳选择要么分为两个均等的"一半",要么,在最佳选择的数量为奇数时,分为两组,其中一组比另一组多一个最佳选择的线。图 3 表明了这样一条线和一个点 A,A 不在这条线上。如果我们从 A 点画一条垂直线到中位线上,那么,垂直线的基点 A' 就会比 A 离中位线另一边的所有点和线上的两点更近。因此,它可以对 A 形成一个多数。实际上,正如图 3 所示,会有一个小菱形,概括了可能对 A 形成多数的点。然而,这个菱形的几何图形将依个人最佳选择的准确位置而略有不同,所以我们将仅限于研究这种简单的垂直关系。

图 3

---

⑫ 要找到对我们在这里使用的假设条件下,多数动议正常缺失的根据,请见邓肯·布莱克和 R. A. 纽因著《有补充价值判断的委员会决定》(*Committee Decision with Complementary Valuation*, Duncan Black and R. A. Newing, London: William Hodge, 1951, pp. 21 – 23)。

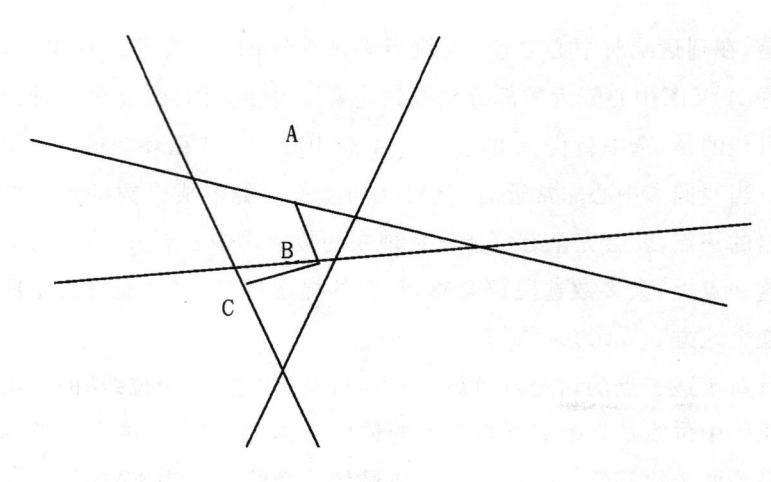

图 4

大多数这些中位线都会在讨论的空间中央的一个小部分相交。如果我们把这个小部分放得很大，并且只取少数几条中位线，我们就会得到看起来像图 4 所示的情况。如果我们从 A 点开始，那么，我们的定理指出，B 可以形成对 A 的多数，另外，C 可以形成对 B 的多数。同样明显的是，还会有其他一些能够对 C 形成多数的点。在这个一般部分中从任何点开始，都将可能选出一些对该点形成多数的点。因此，没有哪个点能对所有其他的点形成多数。

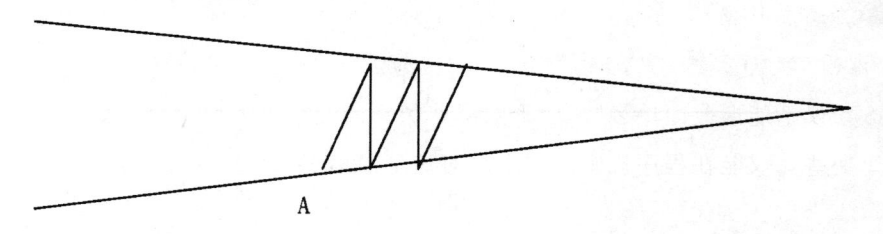

图 5

当然，有一束两分线相交的这个部分非常小，但在某些情况下，相交的点或许远离正在讨论的这个空间的中心。假定有一个呈奇数的点群，我们选择其中在这个正在讨论的空间中最靠外边的一个点。通过这一点有可能画两条线，每条线都通过另一个点。而且每条线都对最佳选择进行了区分，以致线的一边只比另一边多一个最佳选择。这两条线的夹角会极小，但是通过放大这个角，我们得到了图5所示的情况。在这两条线的上方会有499 999个最佳选择，下方也有同样数量。这两条线上的三对点构成了我们的总数999 999。如果我们从这两条线中无论哪条上的任一点开始，就如A，我们都能向对方引一条垂线，并获得能对第一个点形成多数的一点。重复这一过程，我们就会最终接近于交叉点。根据假定，这个点位于这个空间的最外边。因此，用简单多数表决，很有可能达到这个讨论空间中几乎任何部位的点。无须说，这样的一连串选举是完全不可能的。人们可以轻易地认识到这一点，因为它会涉及很长的一系列选举，而每一次选举都会在多数与少数之间只有一票之差。由于我们在现实世界中从未见过这种情形，我们可以相当自信地说，这种类型远离中心的移动并没有出现。

由于标准的表决程序不支持无限细分的判断，多数票表决不会导致独一无二的结果这一事实似乎没有什么重要性。布莱克定义了"多数人的动议"（majority motion）这个命题，指的是"能够对所有其他有关动议形成一个简单多数"。[13] 程序规则使得这样一种动议不大可能将由多数票表决选出。表决结果应该是这样一种动议，它对所有其他动议不能形成简单多数，但只对那些很不同的动议形成简单多数，以致那些动议能在程序规则之下来反对这个简单多数。这个结果是个近似值，但是个令人相当满意的结果。因此，如果没有真正的多数人的动议，如果没完没了的循环就是为获得完美判断的努力可以预见到的结果，表决就根本不会改变结果，即使循环只涉及打算进行一些小的改

---

[13] *The Theory of Committees and Elections*。见前引书。

变，也会被裁定为不符合程序。甚至当循环稍微扩大了一些表决权不明确的范围时，这也只会是个微小的缺陷。只有当循环实质上涉及"行动步骤"，超过了程序规定所能允许的最低限度时，循环才会是个重大问题。

对于现实世界中可能的循环规模的调查，可以通过对选民分布和程序规则的假设来进行，然后，计算各种动议中最可能出现的循环，这些动议必须很不一样，以致必须付诸表决；也可以通过观察现实世界进行。[14] 对这种现象的少量事例似乎可以有两种解释。一种是，这种现象确实极少出现，这样就会与上述理论考察相一致；再一种是，即使出现了这些循环，它们的存在也难以觉察。

为了考察在现实世界中循环事例的缺乏不是由于它们极少出现，而是由于难以觉察这种可能性，我们来看一下大多数代议制民主所使用的实际的投票表决方法。根据罗伯特规则，或是根据已存在的数不胜数的变量，这种方法非常复杂。我们不必详细考察这些规则，只要用它们简化的一般形态就足够了。因此，我们来考察下面的做法。有一个改变现状的动议。随后提出了对这一动议的修正案，还有对这一修正案的各种各样的小修正。所有的大小修正都可以被看作是独立的提案。这种做法区别性的特征是，整套提案全都是在投票表决之前提出的，然后按照前面已知的固定顺序进行表决。

假设现状为 A。B 是提出的一个动议。只有当提议人认为 C 有可能击败 A 和 B 时（或者，在特殊情况下，如果 C 有可能导致循环停止

---

[14] 已经发现了一些涉及循环的偶然事例。见威廉·赖克著《阿罗定理与投票悖论的一些事例》("Arrow's Theorem and Some Examples of the Paradox of Voting," William Riker, in *Mathematical Applications in Political Science*, S. Sidney Ulmer, Harold Guetzkow, and William Riker, Dallas, Texas: Arnold Foundation, Southern Methodist University, 1965, pp. 41–60)。

时,这一点将在下面讨论。),才会提出 C。但是,人们可能会犯错误。那么,假设有人一时疏忽提出了修正案 C,继之而来的还有小修正 D。D 是正确计算的结果,并能击败 A、B 和 C。出于我们的目的,我们可以制订一套简单的规则,规定这些动议、修正案和小修正按照与提议时相反的顺序进行表决。因此,D 会被用来反对 C,而且会取胜;会被用来反对 B,也会取胜;然后会被用来反对现状 A,并再次取胜。请注意,C 是个计算错误,除了使投票表决稍微推迟之外,对于表决没有影响。这类错误是肯定会犯的;人的心中总会冒出一些期待(hope springs eternal in the human breast),但这些期待不会对结果产生影响。因此,我们可以不理睬这些期待。

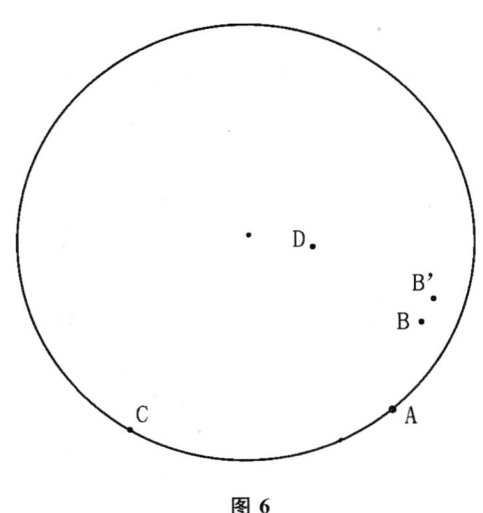

图 6

现在来看一下循环的可能性。在图 6 中,我们开始于现状 A。假定提出了一个动议 B,B 有可能击败 A。不论是出于偶然,还是出于计算,或许会提出另一个动议 C,C 可能击败 B,但可能败于 A。喜好 A 不喜好 B 的人们故意发明了这样一个循环,但是他们意识到,在直接冲突中,B 会取胜才是理性的。当然,这个循环的存在,并未阻止提出其他修正案,比如说 D,D 可能击败这个循环中的任何一个成员。

然而,如果没有提出 D,对 C、B 和 A 的投票表决不会马上导致一个明显的循环,因为如果按照规定的顺序投票,就会选择 A。但是,这种类型的隐匿循环不会导致稳定的结果。一旦投票表决导致回归现状,就会产生对于进一步改革提案的迫切需要。如果严格规定禁用已经被否决的措施,[15]那么,某种另外的提案,比如说 B',就会被提出来。我们可以期待看到基本上是同样的一系列提案和修正案一遍又一遍地追述。在实际的立法实践中,这类重复的缺失表明,在现实世界的立法活动中几乎没有什么隐匿循环。

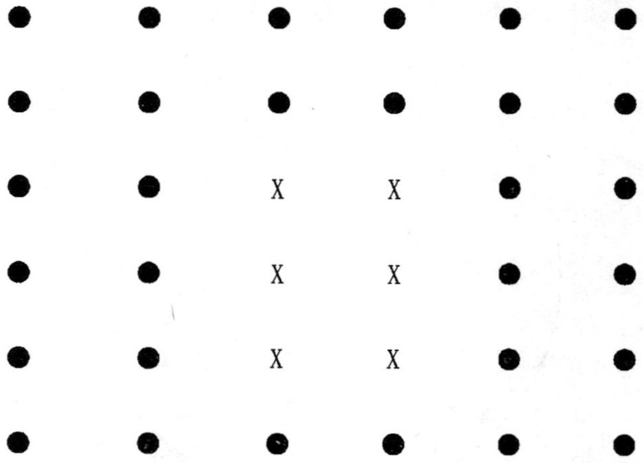

图 7

至此,我们着重关注的是只有两个变量且都是连续变量的情形。这个多维讨论空间结论的一般化是明显的,但转变为不连续变量,这种作用可能就不明显了。在图 7 中,我们展示了两个变量均为不连续变

---

[15] 大部分的程序规则都有这类条款,但是,如果多数喜好重新采纳这一措施,那些规定条款常常可以轻易规避。

量的情形,并因此,在讨论空间中只有某些点才可能存在。这个限制条件造成的主要区别在于,现在能够对某个点形成多数的点少得多了。例如,A 点仅在有六个点标明为 X 时才能占多数。对 A 占多数的诸点之一很可能比 A 距中心更远或同样远。当点的总数很小时,这些点也会减少,而且处于一个循环中的一系列点也可能很小。小小的中心区——其中的每个点都有另一个点对它形成多数——往往并不存在,只因为在这个区域内的点太少了。另外,循环只是不大可能,并非不可能。如果确实出现了循环,如果点与点之间的距离巨大,因此这个循环肯定涉及政策的巨大差异,那么这个循环的影响可能就不只是略微重要了。总之,在不连续的讨论空间中,循环肯定是极少的,而一旦出现,往往是重要的。

至此,我们的讨论一直基于个人偏好结构的一种特殊相互依赖之上。根据假定,社会状态、产品和法律在许多特征上都是不同的。[⑯] 这些特征中的每个特征都可以沿一轴线进行排列,无论是作为连续变量还是作为一系列的点。假定每个人在由此形成的维度空间中都有一个最佳选择点,再假定当我们从他的最佳选择点向任一方向移开时,这个人的满意度都会下降。这后一个假定,用完全循环的无差异曲线来表示就太强了,[⑰]所以我们不久后将证明,一个弱一些的假定也成立。同样,我们对于所讨论空间中最佳选择平均分布的假定也是一个简化了的假定,这个假定不久后就会被放弃。然而,将这两个问题置于一边,经济学家们应该会对这个总图提出几点反对意见。这些条件不成立的特殊事例可以创造出来,但是在导致这类偏好体系的环境中,大部分选

---

⑯ 如果它们只在一个特征上不同,那么,邓肯·布莱克的工作表明,循环多数最不可能出现。

⑰ 圆形在所讨论空间的两个维度上。当考虑的变量超过两个时,所讨论的空间就会有两个以上的维度,而无差异超曲面就会是超球面了。

择问题还是会提出来。每个人都会有一个这类偏好结构的事实,加上他们全都处于同一个多维空间的事实,使他们有相当大的可能形成相互依赖,而我们的结论在本质上就得自这种相互依赖。然而,请注意这种相互依赖相当特殊的形式:我的偏好无论如何都不会影响你的偏好。实际上,只有当我们在同一套备选项中进行选择,而这些备选项又都仅限于能导致我们结论的偏好结构形式时,这种相互依赖才会出现。

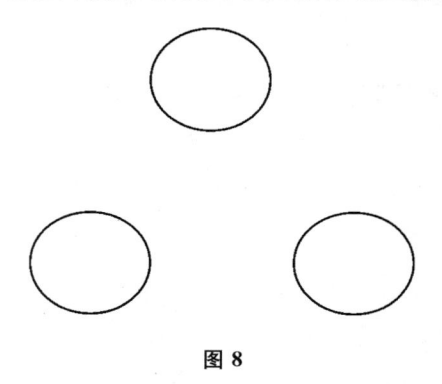

图 8

至此,我们已经使用了两个不真实的假设:1)无差异曲线全都是正圆形;2)个人的最佳选择平均分布在所讨论的空间。取消这两个假设将使这个模型比较真实。让我们从比较真实的最佳选择分布开始吧。[18] 常见的分布大概是这样的:让最佳选择按铃铛的形状进行排列,让其峰值出现在所讨论空间中的某个地方。这种分布对我们的证明没有提出什么特殊问题。还能够建立"中位线",而且这些中位线也还会大多在分布的峰值附近交叉。这就意味着,会存在向中心的一个小区域移动的同样趋向。同理,一个倾斜的正态分布也不会造成什么特别

---

[18] 阿罗教授在一封非常亲切的信中同意本文所表述的论点。但是,他指出,下述部分在数学上不严谨。他表达了一种要求"更有力更严格的表述"的意愿。我也会愿意把现在这个有力的论点转换成一种数学证明,但还没有能力做到这一点。或许哪位有着运用数学工具更高明手段的读者,能够修补这一缺憾。

的困难,尽管大多数中位线的交叉点不一定就在这个分布的峰值上。

多峰分布(multi-peaked distribution)提出了比较多的困难,尽管我能够提出的导致有意义循环的仅有事例都是多峰分布的极端情况。举个例子,如果最佳选择被排列为离散的呈三角形的三组,如图 8 所示,而且每一组都大致为总量的三分之一,那么,就会在一个有意义规模的区域出现循环。或许,发现这类现象的一般困难可以用把最佳选择分为大致相等但并不导致大循环的四个组来加以形象说明。

如果有大量的人员参与决策过程,取消"无差异曲线是正圆形"的假设不会提出特别的困难。阿罗在写他的书时谈到了选择一个"社会福利函数"的问题,而这显然会使数以百万计的人参与进来。在更为一般的集体选择问题上,通常也会有足够多的个人偏好可以被"加总",以至可适用于大数法则。既然有大量的个人,[19]任何合理的偏好结构都将以多少与我们的正圆同样的方式被加总。平均说来——有大量选民,平均值是有意义的——多数票表决将选择离多数选民的最佳选择最近的备选项。例如,假定我们有两个 100 万人的选民组,A 和 B。假定有两个备选项 X 和 Y,X 的位置距 A 组所有成员的最佳选择近一些,而 Y 离 B 组所有成员的最佳选择近一些。我们会预见到,如果这个选择是让这 200 万选民来做,即便 A 组中有 10 万选民的偏好如山的形状那般凸起,表明他们偏好 Y 而不好 X,也会有大约 100 万张选票选 X,有大约 100 万张选票选 Y。之所以会这样,是因为大数法则指出,缺少某种特殊现象,B 组中也会有大约 10 万选民偏好 X 而不好 Y。

但是,请注意,我们这里得到的只是一个大致结果。由于选民平均

---

[19] 即便有大量个人,他们的偏好曲线与其最佳选择的特殊安排之间的某种强有力对称关系的结合,仍将导致一个大循环。我能举出的唯一事例包含了无差异曲线非常不现实的形态,而且似乎不必在这里加以表述。

分布,我们会预见到,小小的随机变量会决定选举。然而,如果这两组的人数不同,差额大于可能的随机变量,结果不会受到影响。因此,考虑不是正圆的无差异曲线,而引进一个相当于随机变量的做法会使我们的结论模糊一些,并扩大这个分布中心的那个小区域,小区域中可以出现少量循环,但并不能从根本上改变我们的结论。

多数票表决过程通常导致一个确定的结果,而这个结果往往是令人相当满意的,这一点不会令从事实践活动的人们感到惊讶。显然,这就是实际发生的情形。阿罗的书提出的真正问题之一是,为什么现实世界的民主运行得相当好,完全不顾理性总合偏好逻辑上的不可能性。我提供的解答就是,没有哪种决策过程会完全满足阿罗的标准,但是非常常见的决策过程在极高的近似程度上满足了这些标准,使我们能够在理论上的不可能性与民主的成功实践之间达成和谐一致。

为什么有那么多稳定*

邓肯·布莱克比较重要的贡献之一,是一个经典的简单证明:对于复杂问题,多数票表决不大可能出现稳定的结果。[①] 这个非常简单的证明——通常没有哪项动议能争取到一个反对其他所有动议的多数,因此,任何可能的结果都会受另一种动议支配——已经被后来的工作加以发挥,并给予更精确的解释。如果没有极不可能出现的情况,人们就会预见到没完没了的循环。当选票交易像通常那样出现时,这一点尤其真实。

然而,如果我们看看现实世界,我们就会看到,不仅没有出现没完没了的循环,而且法案都能在相当利索的处理后获得通过,并在很长时期内保持不变。因此,理论和现实似乎不仅相脱节,而且实际上还存在着尖锐的冲突。本文的目的就是要证明,我们现存的理论,当给予适当观察时,其实意味着投票表决有着相当稳定的结果。然而,在某些情况下,这种稳定并非真正的均衡,因为将被选中的结果是一大批结果中随机的一个,然后这个随机结果将长时期保持不变。它并没有支配所有其他结果,却只因其特定历史而保留。

对于这种观察到的稳定,文献中已经有几种可能的解释。当这些

---

* 经克卢瓦学术出版社的亲切许可,重印自《公共选择》第 37 期(1981 年):189 – 202。版权所有,1981 年,Martinus Nijhoff。

本文由于 T. 尼古拉斯·蒂德曼的评论得到很大改进。

[①] D. Black, *The Theory of Committees and Elections* (Cambridge: Cambridge University Press, 1958), 137 – 139.

解释变得与推理的一般线索有关时，我们将接受这些解释。然而，我应该提醒读者，我先前的工作，包括与布坎南合作的工作，在这里将起重要的作用。这可能只是反映了我的自负，但我认为，现在已在一定程度上被人们遗忘的早期工作，能够为比较现代的问题提供解答。

更近一些的公共选择工作已经包含了一些空间模型，而这些模型常常忽略选票交易。究其原因，大概是因为很难把选票交易放入一个二维图形中。我们将从考察这些特殊模型开始，并假定这些问题不导致选票交易，然后再转而研究更为复杂的选票交易问题。

关于其中不出现选票交易的第一种情形，对于已观察到的稳定，文献中已经有了一种可能的解释，就是我自己的《一般不可能性定理的一般不相关性》[2]。我在那篇文章中强调，没完没了的循环在理论上是可能的，但如果选民的数量巨大，在实践上就不大可能。在与各色人等的口头讨论中，我已经听到，有人说我的证明不再被认为是非常可靠的，因为麦凯尔维[3]已经证明，多数票表决可以到达所讨论空间的任何部分。我不认为这是对我论点的反驳。我毕竟说过："我们应该注意到，对于多数票表决过程，超出帕累托最优区域至少在理论上是可能的。"[4]把我在《一般不可能性定理的一般不相关性》[5]一文中的论点做

---

[2] G. Tullock, "The General Irrelevance of the General Impossibility Theorem," *Quarterly Journal of Economics* 81（May 1967）：256－270. 亦见 Tullock, *Toward a Mathematics of Politics* (Ann Arbor：University of Michigan Press, 1967；Ann Arbor：Ann Arbor Paperbacks, 1972)；下页的引语出自 1972 年的这本书。

[3] R. McKelvey, *General Conditions for Global Informal Voting Models：Some Implications for Agenda Control* (Pittsburgh：School of Urban and Public Affairs, Carnegie-Mellon University, 1977). 油印件。

[4] Tullock, *Toward a Mathematics of Politics* (1972), 31. 亦见第 34 页："在帕累托最优区域之外，有数目众多的位置，这些位置都可以形成对这一区域的多数"；第 43 页："因此，通过简单多数票达到所讨论空间中任何部分的点，是有可能的。"

[5] 我不打算再来谈一遍这个论点本身，因为说来话长，而且已经可以在两个不同的地方见到此文的印制本。

一现代化点儿的结论,如果有人能严格控制议程,还能完全了解其他每个投票人的偏好,而且所有人都总是按自己的偏好来投票,也就是说,议程的控制者是这伙人中的唯一战略家,那么,这位议程控制者就能达到他的最佳选择,不论这种选择是在什么位置。⑥

如果有许多选民,那么,除非这位议程控制者的个人偏好接近于所讨论空间一群最佳选择之中的中间位置,否则他的计谋将可随时通过简单地查验记录而得以探知。将会有很长的一系列投票,而每次投票的结果都非常接近。作为一个一般规则,谁都不得从所讨论的一群点中心的一般区域离开,只有极小的位置移动除外,而在这些极小的位移中,多数也是很小的。

表 1

$$L_A^2 = 5(A-10)^2 + B^2 + C^2 + D^2 + E^2$$
$$L_B^2 = A^2 + 5(B-10)^2 + C^2 + D^2 + E^2$$
$$L_C^2 = A^2 + B^2 + 5(C-10)^2 + D^2 + E^2$$
$$L_D^2 = A^2 + B^2 + C^2 + 5(D-10)^2 + E^2$$
$$L_E^2 = A^2 + B^2 + C^2 + D^2 + 5(E-10)^2$$

如果没人控制议程,也就是说,我们遵循的是罗伯特顺序规则的纯粹形式,或某种其他的允许任何想要提出一个动议的人都能办到的做法,这种做法将会相当迅速地移动到所讨论的那群点的中心。这个点将要静止的精确位置是无法确定的,因为在中心可能有没完没了的循环。如果我们只是假定,将这些小的位移排除,这个过程实际上就会终止,不是因为没有其他点支配这个终点,而是因为所有支配这个终点的

---

⑥ 对于这一点有某种粗心的讨论,意味着这个过程有可能导致帕累托区域之外的某点。议程控制者除了他自己的最佳选择,并不想到任何别的位置,而根据定义,他自己的最佳选择就在帕累托最优区域之内。只是出于意外,结果才可能落在帕累托最优区域之外。

点都离得太近了,以致无法再对这些点进行投票表决了。⑦

当然,还有另一种机制可以在这种做法中导向那群最佳选择点的中间位置,即两党投票表决。如果有两个政党,两党都从靠近分布中心的位置选择政策;因此,不论哪一党获胜,这个结果都将接近于中心。

上述内容在我看来相当简单明了,而且也不大重要;因此我一向对它只给予非常扼要的处理。具有经验上重要性的问题是可能进行选票交易的事例。大多数政府行为都具有这样的特征:以大部分人中每个成员付出的少量代价,赋予小部分人非常巨大的利益。简单多数票表决似乎会表明,这类法案不可能通过,但是如果有几个小部分团结起来,他们就能进行选票交易。不幸的是,要在一个简单的二维图形中表达这一点非常困难,我们必须使用代数。

表1⑧表示的情况是一个有五位成员的立法机构,其中的每位成员(A、B、C、D和E)都有一个将对他的选区有好处但会伤及其他选区的计划。例如,A会愿意让A计划在10的水平上得到执行,而让其他计划的执行水平为零。平衡即失衡,也就是说,这些平衡表示的是一个人在除他的最佳选择之外的任一点上所遭受的相对于最佳选择的伤害。实质上,这个无差异超曲面是五维椭圆体,其中一维稍短,每个中心在那个成员喜欢的轴上都是10个单位。

用这种特别的数学表示法,一个联合计划可以获得一致同意。在这个联合计划中,所有五个计划都得到某种程度的少量执行。如果我们想到的这种选票交易活动是对于河流和港口的立法,这种结果大概不现实。但是,如果我们把政府看作一个整体,出现这种结果看来会是

---

⑦ 当然,有某种可能性,大致相当于可能性吧:屋子里所有你坐于其上的空气分子都聚集到一个角落,完全出于偶然,这种移动将会就像是导向了一个远离中心的结论。

⑧ G. Tullock, "A Simple Algebraic Logrolling Model," *American Economic Review* 60(3)(1970):419–426.

合理的。

　请注意,这并不一定是说,某个计划就像表1中的那些计划一样有正的收益。人们可以想象一种情形:某位国会议员个人将给他的选民带来非常严重的伤害。在图1中,我们有一个有着25位成员的立法机构,它正在讨论25个法案,其中的每个法案都将带给某个选区15美元,其成本是25美元,以向这25个选区中的每个选区征税1美元的形式收取。这位国会议员能够决定是参与还是拒绝这个选票交易。图1表示的是,如果从1到24位他的议员同事以各种组合加入这一选票交易时,他会面对的情形。可以看到,如果只有少数几位立法成员愿意进行选票交易,对他采取哪个政策没有什么不同影响。但是,如果有12位以上他的议员同事愿意进行选票交易的话,那么他参与交易总会比他拒绝参与得到更好的结果。即使每个人都参与选票交易的最终结果是使每个选区损失10美元,参与也比拒绝好。

　在表1中,这伙人中每个成员因不做事而承受的伤害是22.2。⑨如果他们从事最佳数量的计划,承受的伤害是15。显然,如果他们能达成一致的话,他们应该进行最佳生产。然而,一个使用简单多数票表决的立法机构,不大会实现这个目标。因此,就得争取进行选票交易。

　遵循《同意的计算》⑩和我自己的《创新政治学》,⑪选票交易可以采取两种形式——正式联盟和个人交易。在正式联盟中,三位成员凑到一起,形成一个"纲领",呼吁对A、B和C计划各执行$7\frac{1}{7}$的生产,而对D和E零执行。这使获胜联盟的成员损失12,而非联盟成员的两位代

---

⑨　这些数字的计算方法都包含在原来的文章中。

⑩　J. M. Buchanan and G. Tullock, *The Calculus of Consent : Logical Foundations of Constitutional Democracy* (Ann Arbor: University of Michigan Press, 1962).

⑪　G. Tullock, *Entrepreneurial Politics*, Research Monograph 5 (Charlottesville: Thomas Jefferson Center for Political Economy, university of Virginia, February 1962).

	不参与选票交易	参与选票交易
1	0	0
2	0	0
3	0	0
4	0	0
5	0	0
6	0	0
7	0	0
8	0	0
9	0	0
10	0	0
11	0	0
12	0	2
13	−13	1
14	−14	0
15	−15	−1
16	−16	−2
17	−17	−3
18	−18	−4
19	−19	−5
20	−20	−6
21	−21	−7
22	−22	−8
23	−23	−9
24	−24	−10

图 1 每个法案将向某个选区支付 15 美元，费用是 25 美元，以向每个选区征税 1 美元的形式收取

表损失 25.6。这些个人事先并不知道他们是否会成为联盟成员,因此,我们可以事先计算出一个平均损失值,把 $12\frac{2}{5}$ 五分之三的权重给予 25.6。这个值是 17.4。

另一种选票交易的方法,也是在《同意的计算》一书中主要研究的方法,涉及个人交易。因此,A 先生与 B 先生和 C 先生达成了一项交易,在这项交易之下,B 和 C 都同意给 A 的计划投赞成票,而 A 也同意为 B 和 C 的计划投赞成票。那么,B 先生现在有了两票,他自己的一票和 A 先生的一票,他又同 D 先生达成一项交易,在这项交易下,B 先生的计划得到了通过。C 先生也已经有了两票,A 先生的一票和他自己的一票,又同 E 先生交易,使他的计划得到通过。然后,D 先生和 C 先生关闭了这个圆圈,结果所有的五个计划都得到了执行。在这个例子中,所有人损失的函数是 17.2,这要比含蓄选票交易下的事先结果略好一些。杰弗里·布伦南对于在一般条件下这种还是那种选票交易会取得最好结果的讨论,作为附录附于此文之后。

我们先来讨论个人之间的选票交易,然后再来讨论正式联盟。首先,个人的交易很可能涉及每个人,就像在这个例子中那样,因为任何被留在交易之外的个人总会为他的选票出个更低的价,并因此而进入交易。尽管在现实世界中,事情不会像在我们这个简单例子中那么对称,但很可能会有一个选票的均衡价格。结果不会是帕累托最优的,而且精确的结果在某种程度上是路径依赖的,但从根本上说,得出的结果将与我们的 $7\frac{1}{7}$ 非常相似。这是个稳定均衡,但糟糕的是,这是个相当低级的均衡。这些计划中有太多的东西要由表决方法来提供。当然,正如在这个例子中一样,有结果总比没有结果要好,但如果有办法的话,我们还是想要做得更好一些。在《同意的计算》一书中,布坎南博士和我含蓄地推荐提高多数的比例,这会改善这个均衡的结构,但也会使之难以实现。在当前,我大概会推荐需求披露过程。⑫

至此,我们似乎毫无困难地就解释了稳定。实际上,我们的所有模型多少都是稳定的。然而,当我们转向正式联盟时,我们才遇到解释稳定问题的真正麻烦。尽管这位国会议员事先大概对个人之间的交易和正式联盟的感觉多少是无差异的,但是对于多数联盟中的成员来说,正式联盟比个人之间选票交易形式占优,这总是事实。因此,如果 A、B 和 C 能在他们之间形成一个固定联盟,他们就会得到比进行个人交易更好的结果。当然,这是由 D 和 E 来付费的,他们的处境只会更糟。

这里的问题是,这种联盟是不稳定的。D 和 E 可以向 C 提出联盟,使 C 得到 8 而 D 和 E 各得 6。那么,C 将得到 9.6,比在先前的联盟中还要好一些,而 D 和 E 将得到 13.4,也是一种改善。但是,这个新联盟同样不如,比如说,转回到 A 与 B 原来的分布,但使 C 出局,用 D 或 E 来替代 C 的情况。这种变换的循环是没完没了的。这个问题已经引起了许多非常复杂的数学分析,但是最简单的解释可以在《同意的计算》一书中看到。⑬ 那里的讨论假定了一个不变和局(Constant Sum Game)。当然,我们这里的是一个可变和局,但是,如果确有变化的话,会加强我们的论点。

对于这个循环有一个可能的解,那是由冯·诺伊曼和摩根施特恩⑭首先提出,后来在《同意的计算》⑮中得到详述。在本质上,这种解释假定,哪个人都不会愿意处于上述第二个联盟中 C 的情况,因为他们意识到,C 的收益要比该联盟中其他成员的回报高得多,这使 C 在

---

⑫ T. N. Tideman and G. Tullock, "A New and Superior Process for Making Social Choices," *Journal of Political Economy* (October 1976):1145–1159.

⑬ Buchanan and Tullock, *The Calculus of Consent*, 148–150.

⑭ J. von Neumann and O. Morgenstern, *Theory of Games and Economic Behavior*, 3rd ed. (Princeton:Princeton University Press,1953).

⑮ Buchanan and Tullock, *The Calculus of Consent*, 149.

进一步的谈判中处于特别危险的地位。很有可能的是，A 和 B 能够收买 D 或 E。而且，在本例中，A 和 B 的成本大致为零，因为在 C 背叛之前，他们会处于同样的情况之中。

我们可以把联盟分为两类，我们将称之为平等联盟和贵族联盟。平等联盟中的成员个人会不愿加入贵族联盟。他们的不愿出于两个原因：一是，贵族联盟中奴隶成员的权利没有平等联盟中成员的权利多。二是，如果给了奴隶们贵族身份，他们会害怕这个联盟很快就变得不稳定了，以致他们在下一轮投票中就会输掉。如果冯·诺伊曼和摩根施特恩的这个意见是正确的，那么，平等联盟就会非常稳定。我们不可能事先预言在数不清的平等联盟中哪一个会形成，但是我们能够预见，如果规定用正式联盟进行选票交易的话，就会有一个联盟生成。

这里可能应该提到，在这两种选票交易中，参与者个人都受到劝告，要永久性卖断选票，而非只是出租他们的选票。如果他们习惯于对某个计划投赞成票，那么，一旦他们因投票废止该计划而得到好处后，他们很快就会发现，他们的选票对于潜在的参与者几乎没有什么价值了。因此，我们应该预见到，在具体事情上相当稳定，肯定有把握得到投票通过的选票交易。这些选票交易对于未来的法案并不一定是稳定的。

再一次提请注意，假定有一个含蓄的选票交易，而且上面讨论的对于永久循环的特定解是正确的，我们就进入了一种相当引人注目的非帕累托最优情形。⑯ 我们不知道会形成哪个特定的联盟，但我们确实知道，对这个联盟成员的计划将出现过度投资，而对少数派的计划将出现投资不足。

---

⑯　如果允许现金的选票交易，这种情形不会稳定。但是，几乎所有的表决方式都禁止现金选票交易。我觉得这种禁止是明智的，但将不会在这里主要讨论。

那么至此，我们看到选票交易导致了两种稳定（从不大可能发生变化的意义上来说）但并非帕累托最优的情形。然而，请注意，这些解是非帕累托最优的事实并不意味着，这个世界要比没有选票交易时更糟糕。其实，在这个特定例子中，两种选票交易的**事前价值**都要大于禁止选票交易时的**事前价值**。我们在这里形象地说明了《同意的计算》一书中关于选票交易的一般立场。

至此，我还没有谈到信息状况。一向有一种含蓄的假定，认为大家都是充分知情的。当然，在现实世界中，这远非事实，但就一般而言，我们期望现实世界中的信息状况，如果确有其事的话，将会增强我们的所有结论。[17] 我打算在本文余下的部分继续保持我们或多或少可以称之为完善信息的假定，不是由于我认为这是真实的，而是因为真实信息约束条件的引入会拉长这篇文章，但并不能真正改善它。

有数不清的数学家都已经指出，从获胜联盟成员的立场来看，正式联盟显然比个人讨价还价的选票交易更有优势。但是，如果我们看看现实世界，我们还找不出这类选票交易的明显例子。让我们仅限于美国的情形。我将只讨论美国国会，但我认为大多数人都会同意，州立法机构——在这一点上还有市政会——在很大程度上都遵循着同样的模式。我们看到的第一件事是，几乎每个人都得到了他们想要的部分，也就是说，国会通过的整批法案或多或少是平等的。这种情况在政治学家中肯定有流行的看法，但是除此之外，对这一点至少还得有一些合理的正式说明。巴特勒[18]观察了国会选区的开支，并做了相当复杂的研究，却没能找出任何歧视什么个人或阶级的证据。当然，他未能完全排

---

[17] Tullock, *Toward a Mathematics of Politics* (1972), 100–143.

[18] H. Bulter, *An Analysis of the Distribution of Federal Expenditures by Congressional Districts* (Coral Gables, Fla: Center for Law and Economics, University of Miami, 1980). 未发表的手稿。

除这类歧视,这也是事实,特别是因为开支只是国会议员看作价值的许多变量之一,但他尝试了各种更合理的模式,也没能找到结果。贝内特和梅伯里[19]发现的是大致同样的情形,各州或多或少根据国会议员和参议员的数量分派福利和税赋。

应该说,至少有某种经验证据——或许还有争议——截断了其他途径。自查尔斯·普洛特[20]开始以来,许多学者都发现,在某个委员会控制下的资源配置和其他福利,往往不是在委员会成员所在区中按比例进行分配,而且尤其是主席所在区,可能分到的非常多。但是,这与巴特勒和贝内特与梅伯里的发现不一致。由于所有国会议员都在各种委员会中任职,有充分理由认为,委员会造成的这种扭曲相互抵消了。[21]

然而,还不能说确实保证了平等,只是说,没有哪个群体被有意识地忽略。据我所知,我们仅有的有意识忽略某些群体的事例发生在美国南部的两个时期:第一个时期是后重建时期(late reconstruction),当时共和党正经受着各州民主党的打压,在这段时期中,立法机构中共和党很小的少数什么都没有得到,结果,在下次选举后,他们这个少数就变得更小了。第二个事例也是在美国南部,与最近共和党人在那个地区的复兴有关。有一段时间,立法机构中的民主党多数再次阻挠共和党微小的少数得到什么成果,但是,由于此时的共和党少数已经不像他们过去那么小了,他们得以进入了俱乐部。这都是特殊的事例。请注意,在这个事例中占支配地位的群体不只是 51% 的多数,而常常是

---

[19] J. T. Bennett and E. R. Mayberry, *Federal Tax Burdens and Grant Benefits to States: The Impact of Imperfect Representation* (Fairfax, Va: Department of Economics, George mason University). 未发表论文。

[20] C. R. Plott, "Some Organizational Influences on Urban Renewal Decisions," *American Economic Review* 58(May 1968):306–321.

[21] 这个领域中的最近工作,见 B. A. Ray, "Federal Spending and the Selection of Committee Assignments in the U. S. house of Representatives," *American Journal of Political Science* 24(3)(1980):494–510。

立法机构中的 90%。所发生的事情是进行了个人讨价还价的选票交易,但有一小部分人放弃了。并未采取含蓄的选票交易。

一般来说,立法机构在其全部成员中散布福利的这种倾向,没有引起传统政治学者多少兴趣,大概是因为他们对博弈论了解得不够,所以无法意识到,这至少在理论上是不大可能的。有两种基本解释。第一种解释由戴维·克林格曼提出。[22] 他指出,大多数人都是厌恶风险的,因此,平分利用政治权力获取的利益——这样做风险较小——有可能是正式联盟首先考虑的方法。第二种解释有许多政治学者都提出过,但是最清楚明白的表述是由费里约翰做出的。[23] 这种解释没怎么谈到风险厌恶,而是强调存在一种普适的道德规范,这种道德规范使每个人都觉得,谁都应该得到他的那一份。

人们将会注意到,上述两种观点的指向并非明确的选票交易,而是本质上属于帕累托最优结构的某种东西。当然,实现一种帕累托最优方案在政治上或许是不可能的,但是,如果国会各色人等的议员们真正自觉地对一种普适方案感兴趣,他们肯定不会选择由个人讨价还价的选票交易产生的次等普适方案。

这里,我们必须转向更为一般的证据。但是我认为,即使是最不熟悉美国国会或其他立法机构的人,也没有谁会怀疑,在个人讨价还价的选票交易中会发生什么事情,尽管正如我将在下面指出的那样,在某些事例中,这种交易会导致非常接近于一致同意的一揽子组合法案的通过。然而,交易达成了,法案通过了,却很难从国家作为一个整体的角度用成本—收益比率进行解释,尽管它们常常使涉及的某个选区受益。当然,这并不是说,这个选区从选票交易的整个一揽子法案中获益,而

---

[22] D. Klingaman, "A Note on a Cyclical Majority Problem," *Public Choice* 6(Spring 1969):99-101.

[23] J. A. Ferejohn, *Pork Barrel Politics*(Stanford:Stanford University Press,1974).

只是说其中的一个法案有利于这个选区。在其他法案上这个选区都输了。㉔

为什么正式的选票交易联盟如此罕见呢？假定所有的联盟在形式上大致都遵循平等主义，㉕显然，可能存在有非常多的联盟，其中的任何一个都可以成为多数。然而，一般来说，从占51%的选民的各种组合中平等地分得了利益的这些联盟，哪个都支配不了其他联盟。因此，如果有一个联盟能够成功地建立起来，它就会得势。

那么，通过什么样的过程建立这样的联盟呢？假设主办人开始建立竞争的多方联盟（proto-coalition）。这个多方联盟中的成员个人会对他的两种回报感兴趣：一种是他打算加入的这个联盟此刻是否已经取得了成功，另一种是这种成功的获利能力。这会导致一个错综复杂的讨价还价过程，但是在这种讨价还价中，任何看起来有着良好获胜前景的联盟，都将立刻对有可能进一步加入者产生吸引力，这总是事实，因为他们获得的回报以及成功的可能性，都会随着这个多方联盟成为简单多数的可能性而上升。这种情况与布拉姆斯和赖克㉖所讨论的总统提名大会时的情况非常相似。

有人可能会预见，这是个缓慢的讨价还价过程，各色人等在其中审视着不同的多方联盟，然后，当只有少数或最终只有一个联盟获胜的机会变得明显时，才会有大量的人蜂拥而入。这个联盟组织者当然无须

㉔ 要了解另一方的论点，见《政府地方项目的政治偏好》一书（K. A. Shepsle and B. R. Weingast, *Plitical Preferences for the Pork Barrel: A Generalization*, Center for the Study of American Business Working Paper 57, St. Louis: Washington University, June 1980）。

㉕ 在纯粹的再分配背景下，人们会期望成为纯粹的平等主义者，但是，考虑到国会实际通过的那种法案，大致的平等主义总是可以期待的。

㉖ S. J. Brams and W. Riker, "Models of Coalition Formation in Voting Bodies," in *Mathematical Applications in Political Science*, Vol. 6（Charlottesville: University Press of Virginia, 1972）：79 – 124。

多于51%的多数,因此他们会对达到51%之后进入的人都不支付报酬,但是如果他们对达到51%所必需的最后几个人削减报酬的话,他们这一方的情况就会很危险,因为这会导致非常迅速地形成反对派联盟的前景。

在谈判进入这些联盟的过程中,这个人会面对一种狡猾的策略问题,同时大概还必须用远不够完善的信息来决策。他应该知道加入各种联盟可能获得的回报,但是他关于哪个联盟会赢的信息不会很准确,而这种信息在这个时期对他有着最大的价值。在这种情况下,结果很可能是非常随机的。我们会预期到有平等主义联盟会组织起来,但是我们不可能提前说出哪个平等主义联盟会获得可以取胜的多数。

那么,想想看,比如说一个持续存在的组织,每年开一次会来处理一大批政府的事务,而这一大批问题中至少每年总有些不同内容。在这样的情况下,我们会预期什么样的结局呢?将公认的平等区分这种可能性置于一边,至少有两种明确的可能性,尽管我们或许预期在现实世界中有多种多样的中间组合。第一种可能性是,一开始就组成单一联盟,还是平等主义联盟,而且这个联盟还会是长期存在的。如果出现这种联盟,我们还是不能提前预言这种联盟会是个什么样子,但是我们能够预言,它会是平等主义的。另一种可能性是,没有结成这类联盟。

(我认为,第三种逻辑上的可能前景——在这个每次组织开会时形成一个新的平等主义联盟,来处理所有带到会上的措施——大致为零。至少肯定会通过从这次会议到下次会议的谈判磋商取得某些进展。)

在现实世界的立法会议中,成员结构每年都会有变化。有的成员去世了,退休了,还有些在选举中败北了。一个占51%多数的联盟不得不有一些安排,在每届会议上接受新的成员,而这是困难的,尽管并非不可能,因为可以想见,在每次选举中已经变化的席位数量会大于前次获胜联盟与前次会议中少数的差额。当然,也有可能在规模上保持联盟足够大,比如说,得票60%,在普选失败后,就还可以有多数。由于这个联盟的成员不大可能比其反对派有更多选举失败的可能,从事实来看,他们会为自己的选区干得不错,做到这一点会特别容易。

然而,面对这样一个长期联盟的谈判,确实会极为困难,甚至不大可能谈成。来看这样一个联盟中的成员个人或小派别。在这两种情况中,假定他们的缺点会使这个多数联盟转变为少数联盟。对这个人或小派别而言,无论是作为这个现存联盟的一员,还是转换到包含前少数联盟在内的一个新联盟并成为其中一员,大概是受优待的一员,都没有什么特别的好处。如果是这样,他们就会处于很难与多数联盟的主办人员谈判以获得良好待遇的地位。

当然,他们不会想成为贵族联盟中的贵族,但是正如我们上面所述,在现实世界中,由于国会通过的是成批的复杂的不同种类的措施,完全的平等主义是不可能的。所有这些措施在不同地区有着不同的差异化收益,而且因此,根据定义,这个联盟中的某些成员干得比其他人好。想要成为联盟中干得好的人员的愿望大概是普遍存在的。所以,可以期待为了稍微特殊一点的地位也会有激烈的讨价还价。

作为这种谈判磋商的一部分,他们必须定期以逼真的离去相威胁。当然,联盟管理层的反威胁也会让他们走,并用少数中的其他人替代他们。如果谈判是有效的,这也必须是逼真的。所以,实际上应该把联盟的管理层看作是在不断地寻求与并非这个联盟的成员谈判,以使自己的成员就范。

当然,这不会是只对一个派别而言,实际上是对获胜联盟中的所有成员而言,包括主办人员自身。如果他们没有得到较好的待遇,他们所有人都会不断威胁要离去。由于这是个长久联盟,也由于对于任何一位成员为了联盟的利益而倒戈显然是可能的,施展这类计谋多少就是必要的。

然而,这类的谈判磋商从长期看是不稳定的。这倒是颇像1958年之前中苏之间进行的谈判。双方每年都会为了苏联提供给中国的各种经济性质的援助,以及中国给予的对等政治交换进行谈判。每年双方都会威胁使谈判破裂,除非对方提供更多援助或对等交换,但是每年到最后,双方都会达成协议。然而,到了下一年,每一方都会意识到,去年他们最终做了让步,而且担心对方会认为他们这次还会让步,所以他们会认为有必要采取甚至更强烈的威胁行为。[27] 因此,每年的威胁和其他意在向对方表明破裂意图的计谋,其实都在升级。然而,每一年每一方可以获得的对方并非真正意味着要做它威胁的事的证据也在增加。因此,下次得使用更强烈的威胁就变得更加重要了。最终,往往造成某种错误,并出现真正的破裂。

然而,这些都是两方参与的安排。占主导地位联盟内部的多方谈判,加上这种联盟之外可以提出的良好条件,破裂很可能会到来得相当早。当然,新的获胜联盟会同样不稳定。最终产品往往是个别进行的选票交易谈判模式,每位国会议员制订一系列与其他人的个人谈判,因为试图保持长时期联盟的谈判问题是非常重大的事情。无论如何,这就是我们在美国的立法机构中看到的情况。

我们有时候在欧洲的立法机构中,特别是自1900年以来在英国的立法机构中观察到的情况还不明确。在那里,有一个多数党或一个由几个党组成的联盟,这些党派的成员席位在每次选举中是固定的,但是在选举之后,政府中却有不同的党派。如果我们来看看这种政府的实际表现,我们找不出他们试图向仅限于获胜联盟中议员所在区拨付大量金钱的情况。做得最好的选区显然是边际选区,对不论哪一边非常

---

[27] 我本人曾稍微参与了一些美国政府与韩国李承晚总统之间非常相似的谈判。

忠诚的选区都做得不那么好。㉘ 为什么会是这样，原因不明。其实，R. H. 克罗斯曼（R. H. Crossman）在他的回忆录中曾数次讨论到各种基金的分配，特别是住房基金，用这样的方法，可靠的劳工区会做得特别好。然而，当保守派取代了劳工时，政府开支的地理位置会显得没有多大转变，反之亦然。对于大陆的各种联盟政府，同样的事似乎也是事实。为什么是这样，我不知道，但我建议有人对这点进行研究。

国会议员都是忙人，发觉他们自己需要节省时间的工具。一种简单的做法是建立有关的委员会。这种委员会，当然，将包括来自各方的代表，将向众议院拉票，并在含蓄选票交易被用于每个法案的投票时，实际确定关于哪条河流和港口的法案会通过。那么，这批具体的计划就可能被放进一个非常大的法案，作为一个整体呈送给国会。这样就节省了国会议员的时间，但也有一些奇异的效应。

首先要说到的是，这整个法案违背了美国所有选区的利益。这是因为这个法案只是将会由明晰的选票交易通过的所有法案的一个总和，而由明晰的选票交易通过的法案通常包含了许多成本差不多是收益两倍的情况。㉙ 但是，国会议员将为这些法案投赞成票，就是因为他们知道，无论怎样，这些个别法案中的大部分都会获得通过，而且非常可能的是，如果对这些河流和港口的拨款被否决，时间的紧迫将意味着，有些法案通不过，而对重要的总的法案投了反对票的国会议员尤其希望让他们区中的计划列于那些在国会休会时输掉的计划中。㉚

但是在这里，我们再一次达到了一个均衡的而非不稳定的结果。

㉘ 在美国这一点似乎并不是事实。巴尔特（见上面的脚注18）表明，边际选民得到的政府项目并不比保险的选民多。显然，在美国国会中，一张选票就是一张选票。

㉙ 这里，当然，我假设了一种信息良好的情况。如果是在现实的信息条件下，成本可以非常大，数倍于收益，而不是这种简单的我在这里描述的2∶1的情况。

㉚ 由于卡特总统的当选，河流和港口法案，作为一个整体，遇到了相当大的困难，而且有可能，这块肉最终会消失不见。

这个结果与明晰选票交易下的结果是一样的。唯一不同的是使用了节省时间的工具。

最近,甚至在资金分配方案中引进了一种更能大大节省时间的工具。对于这个方案的技术细节总有大量的争论,便携式计算器显然被带进了会场,并用于迅速计算出每个选区到底分到了多少。然而,这是分配凭借政治权力所获利益的一种方式,甚至比只是把一整套计划合并到一个法案中花的时间还要少。确实,它节省了委员会的时间,也节省了会场中国会议员的时间。从国会议员个人的角度看,这种方法令人遗憾的地方是,他必须提前预见到,对这些法案中的哪些部分他不必好好使用这个分配方案,而对另一些部分他必须用好这个分配方案。但是,这个事例中的选票交易会贯穿各个法案,而且一位议员如果愿意接受,比如说,用于食品券的钱的分配方案,以换取住房分配方面另一个方案,他仍然会做得相当好。

然而,用于这些分配方案的资金,很有可能的是,立法机构正在向我们描述过的与我们的第一个例子相联系的情况发展。在那个例子中,每个法案由多数通过,并施惠于多数,但是其中还有许多其他可能的多数(当然,分配方案有着不同的细节),这些多数也会构成并通过他们自己的法案。在这类安排下的结果,取决于我们在第一个模型中描述的那种联盟架构,有各种国会成员急于成为获胜联盟的一部分,但是,总的说来,不愿意为从这个联盟移动到另一个联盟接受不成比例的出价,因为他们意识到,这样做会危害他们的地位。而且,一旦投票完成,这些个人都会想保住他们实践诺言的名声,因此,至少会在若干年内不愿再投赞成票来支持废止或修订这个法案。在这个例子中,我们能预见到的结果会是,从各种可能的平等主义联盟中必有一个胜出,而这个结果尽管在本质上是从平等主义联盟的分类中随机产生的,却往往会在很长时间内稳定不变。

我一开始就提出了这个问题:为什么我们看到了那么多的稳定?我认为,我已经提出了一种理论解释,尽管这种解释当然可能不是唯一的解释,也可能不是一个经得起实践检验的解释。但是,我认为,观察到的和有时候通过大量随机成分选出的稳定结果一般来说是无效的。这些结果代表了多种均衡,因为要产生从某个最初或中间位置的移动所需的条件,显然要比人们向来一般假定的条件严格得多。

附　　录

在塔洛克的系统陈述中,"含蓄的"和"明晰的"选票交易之间的主要区别在于,在前者的事例中,只有最小多数得到了有利于它的特殊利益立法,而在后者的事例中,每个人都得到了。因此,在含蓄的选票交易中而不是在明晰的选票交易中,损失是否较大(或收益较小),取决于该项特殊利益立法是否具有净社会福利正值。如果确实有这种福利,那么把特殊利益立法扩大适用到许多选民,肯定会增加总的社会福利:明晰的选票交易就会受到欢迎。

一个简单的图表式的例子有助于阐述。假设有 $2k+1$ 完全相同的选民,每个人都想要某个具有纯粹私人价值的计划。每个选民想要的计划规模的需求曲线用图 A1 中的 D_i 表示。如果每个选民为自己的计划付款,规模会是 q_0,D_i 在这一点削减了增加计划规模的边际成本曲线,MC。这会是最佳规模。由于多数法则下的集体得益和一般的统一税赋,个人都将以加入多数联盟为目标,这样可以在每个 $\frac{(k+1)}{(2k+1)} \cdot MC$ 的边际成本上提供 $(k+1)$ 计划,由此导致的计划规模将是 q_M,这个规模大得无效。

边际价值评估

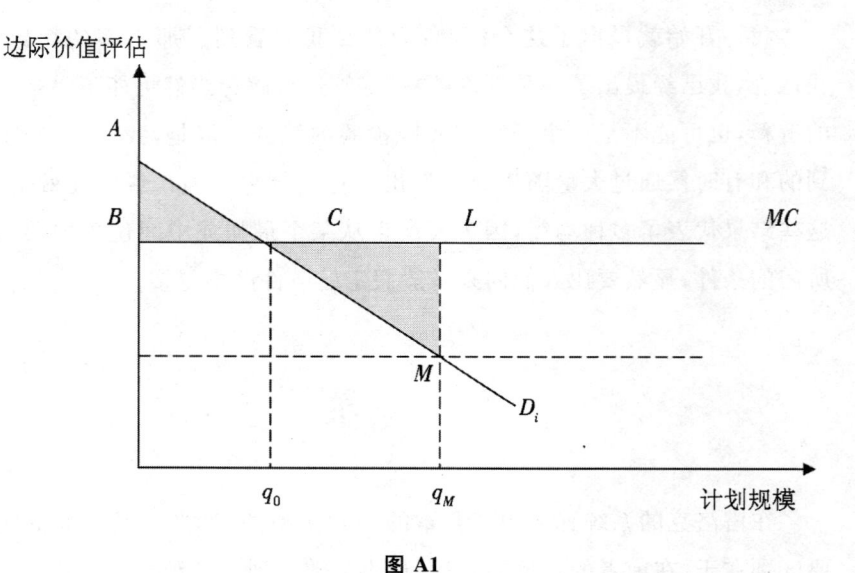

```
        A
        |\
        | \
      B |  \      C          L              MC
        |---\-----|----------|---------------
        |    \    |          |
        |     \   |          |
        |      \  |          |
        |       \ |   M      |
        |        \|----------|---------------
        |         \          |
        |          \  D_i
        |           \
        |_____
                    q_0        q_M         计划规模
```

图 A1

在含蓄的选票交易中，将只有一个这样的联盟，而承建计划的数量将是$(k+1)$。在明晰选票交易中，将有$(2k+1)$多数投票交易，并承建$(2k+1)$计划。我们是应该要$(2k+1)$计划，还是该要$(k+1)$计划，取决于每个计划的规模q_M是否有正的净收益。来看一下任何个人在明晰选票交易下期望的净收益：这是对他而言，他自己的计划规模q_M的总收益减去他在$(2k+1)$这类计划的总成本中的份额。如果我们用置于从零到q_M的范围之上的需求曲线下的这个区域来大略地计算第一个条件，即：

$$\int_0^{q_M} D_i(q)\,dq$$

那么，在明晰选票交易的例子中，期望的净收益就是：

$$E(B_i)^E = \int_0^{q_M} D_i(q)\,dq - \frac{1}{2k+1}(q_M \cdot MC)2k+1 \tag{1}$$

$$= \int_0^{q_M} D_i(q)\,dq - q_M \cdot MC \tag{2}$$

在含蓄的选票交易的例子中,期望的净收益是:

$$E(B_i)^I = P_M \left[\int_0^{q_M} D_i(q) dq - \frac{k+1}{2k+1}(q_M \cdot MC) \right]$$

$$- P_N \cdot \frac{k+1}{2k+1}(q_N \cdot MC) \tag{3}$$

其中,P_M是成为多数$\frac{k+1}{2k+1}$的概率;P_N是成为少数的概率;而$\frac{k+1}{2k+1} \cdot (q_M \cdot MC)$是每个人补贴给多数成员的$(k+1)$计划的成本。因此:

$$E(B_i)^I = P_M \left[\int_0^{q_M} D_i(q) dq - (P_M + P_N)\frac{k+1}{2k+1}(q_M \cdot MC) \right] \tag{4}$$

$$= \frac{k+1}{2k+1} \left[\int_0^{q_N} D_i(q) dq - q_M \cdot MC \right] \tag{5}$$

(因 $P_M + P_N = 1$)

所以 $$E(B_i)^I = \frac{k+1}{2k+1} E(B_i)^E \tag{6}$$

因此,如果 $E(B_i)^E > 0$,则有 $E(B_i)^E > E(B_i)^I$。

但是,如果 $E(B_i)^E < 0$,则有 $E(B_i)^I > E(B_i)^E$。

从图形上看,如果图 A1 中的区域 ABC 大于区域 CLM,那么,在 q_M 规模实行的该计划具有正的总收益,而明晰的选票交易是更可取的。显然,不一定会是这种情况。那么,含蓄的选票交易就是更可取的。

编 者 注 释

本编者(和作者)认为,这个讨论的一般性主题对于公共选择是重要的。在私下的交流中,这篇文章至少已经吸引到一份评论(将在下期尽早发表)。我愿意鼓励其他人加入到这个辩论中来。作为编者,我会像往常一样给予作者在连载中写出最后一篇评论的权利,但是我希望在讨论结束之前,有许多人能参与撰文。

有投票悖论吗？*

这篇笔记的目的是要说明，阿罗的证明并不适用于常规存在的民主，因为其中有一个隐藏的假设。当我说这个假设被隐藏了时，我并不是说阿罗本人隐藏了这个假设，尽管他可能不会欣赏这一假设的重要性。然而，在根据阿罗定理发展出的详述文献中，这个假设一向被忽视了。制度的规则将许多选择限制为两种备选项。在不做这种限制的地方，选票交易或策略投票是正常的。阿罗定理只适用于没有这些交易的地方，而且因此，正如我们所知，这个定理对于民主肯定没有什么实际上的重要性。

这个被遗忘了的假设是，民主国家中的人们确实或应该根据他们的基本偏好进行投票。阿罗在他的导言中专门用两段文字来说明这一假设。这两段文字并不完全明确，我把这两段抄录出来，而不是只抄录几句话。对我的论点最重要的部分用黑体字表示。

本项分析的一些限制条件

上面已经说明，本项研究仅限于集体社会选择的形式方面。没有讨论的方面可以方便地表述为 game 方面，尤其是由于这个词有着双重的意义。首先，没有考虑把决策作为一种玩乐形式的

---

* 经塞奇出版公司许可，重印自《理论政治学杂志》（*Journal of Theoretical Politics* 4，1992：225-230. Copyright 1992 by Sage Publications, Inc.）。

愉悦感。没有必要强调想在诸如经济和政治这两种行为上玩游戏并想获胜的愿望具有的明显重要性。这类考虑是真实的,而且应该在确定社会选择机制时予以考虑,这一点无可置疑,但是它已超出了本项研究的范围。

"game"的另一重意义,是由冯·诺伊曼和摩根施特恩提请经济学家注意的。广而言之,这里的关键在于,一旦建立起一种由个人爱好确定社会选择的机制,个人就都会发现,从一种理性的观点来看,这种机制有利于用他们的行动来歪曲他们的爱好,要么是因为这类歪曲可以直接带来好处,要么更常见的是,由于另一个人的境遇将由第一个人的歪曲陈述而得到极大改善,以致他可以用这样一种方式补偿第一个人,使他们两人都比假如每个人都真正直接按自己的爱好行事时得到改善。因此,在根据多数票表决的选举制度中,众所周知,真正喜爱少数派候选人的个人,经常会对不太讨厌的多数派候选人投赞成票,而不是"弃票"(throw away his vote)。即便是在有可能建立一种方法可以将个人爱好总合成社会偏好模式的情况下,也还是会有设计游戏规则的问题,所以,即使这些个人是在理性行事,他们也会表达自己的真实爱好。这个问题与建立公平分配博弈(games of fair division)的问题有关,这种博弈中的规则是这样的:每个人,在理性参与的情况下,将成功地得到预先指派的公平份额;在有两个人平等分配的情况下,这个博弈就是大家非常熟悉的那种:其中一个参与者把所有物品分成两份,由第二个参与者来优先选择他喜欢哪一份。①

我们注意到,阿罗特别排除了选票交易,并且将他的证明严格限定

---

① Kenneth J. Arrow, *Social Choice and Individual Values* (New York: John Wiley, 1963):6-7,11.

在大家都是按个人爱好来投票的情况。对于任何非常关注立法机构运行情况的人而言，获得多数支持的大多数措施显然不是由于立法机构中一般人员都喜爱这些措施，而是因为这些人被买通了。在美国、英国、欧洲大陆或日本的农业项目，都是这种情况绝妙的例子，因为这些项目肯定只受到代表中一小部分少数人的喜爱。其他人都是被买通的。②

1	2	3
A	B	C
B	C	A
C	A	B
1	2	3
B + 100	B	C
A	B − 100	A
B	C	B
C	A	

图 1

作为《同意的计算》③一书的合作者，我自然而然地常常想到，这种选票交易是件好事。有些人会不同意。但是，我和吉姆*不会说，这个结果是完美无缺的。我在其他地方遇到过大量的困难。这种选票交易是对任何立法机构通过的一揽子法案的重要支持。请注意，我说的是

---

② 国会议员理查德·阿米曾提出对农业法案的修正案，该修正案有可能防止富裕农民接受直接补贴，但这个修正案被击败了。阿米在谈到此事时说："农业委员会中的人个个都很能干。他们擅长做委员会做的事。他们花了五年时间用政治便条填满了他们的筒仓，一旦时机来临，他们就要使用这些便条了。"(《华盛顿邮报》,1990 年 8 月 9 日：A4 版)

③ James M. Buchanan and Gordon Tullock, *The Calculus of Consent: Logical Foundations of Constitutional Democracy* (Ann Arbor：University of Michigan Press,1962).

* 詹姆斯（这里是指布坎南）的昵称。——译者

"一揽子",而不是"所有",关于这一点,我们不久还会回来讨论。关于选举的讨论也将推后几页进行。

然而,这一点稍有些复杂。图 1 的上半部分表明的是出现在许多初级教科书中的标准非传递性图表,是三位选民的偏好。下半部分表明的是,当 2 先生付给 1 先生 100 美元使他投票选 B 的情形。我们假定 2 先生确实偏好 B-100 胜于 C 和 A,而 1 先生偏好 B+100 胜于 A 和 C。用阿罗的话说,他们都没有按他们的偏好投票。

最先读过本文的一些读者说,实际上,他们在这里都是按他们的偏好投票的。显然,这是对英语的完美使用,但这并非阿罗的语义。这些人说的是,最初在第一栏和第二栏中的"B"已经被删除了,因此这个矩阵已不再是那个表示循环的矩阵了。

再重复说一遍,这并不是阿罗使用这个词的语义。无论如何,这不影响推理。用他们的说法,就必须改变原来的陈述,说成不是这些人通过讨价还价后没按他们的偏好进行投票,而是讨价还价的谈判以消灭了循环的方式改变了他们偏好。但是考虑到在现实世界中这类谈判发生的频度,这也会意味着,几乎没有立法的循环。

1	2	3	4	5
A	A	A	B	B
B	B	B	C	C
C	C	C	A	A

1	2	3	4	5
		B+100	B	B
A	A	A	B-50	B-50
B	B	B	C	C
C	C	C	A	A

图 2

博尔达(Borda)方法的例子中使用的另一种标准的教科书图表，则反过来，用不相关的备选项来说明。图2中的上半部分就是复制的这个图形。在图2的下半部分，我们再一次表示了选票交易的结果，其中一位选民收集了贿金。这个下半部分并没有表现出对无关备选项的依赖。请注意，从某种意义上说，这有点不合理。博尔达表决方法要求你写下你的全部偏好表，而我在这里只改变了偏好表中的一点。但是，我并不认为我们需要把这种方法进一步复杂化。

再说一遍，如果读者愿意，他可以放弃阿罗对"偏好"一词的用法，而使用另一种同样合理的意义进行表述。他可以说，他们现在是根据他们的偏好在进行投票表决，而在3、4、5栏中的B应该被取消。再说一遍，这只造成了语言表述上的不同。谈判把一个表明依赖于不相关备选项的矩阵转变成了一个不依赖不相关备选项的矩阵。再说一遍，阿罗定理不适用于这种情况。

这提出了"阿罗是否不适当地限制了他自己的证据"的问题。人们可以争辩说，下半部分中的偏好是相关偏好。可以想见，它们能够按照导致非传递性或依赖于不相关备选项的方式进行排列。正如我们将在下面看到的，这不大可能包括偏好可比性的假定。

但是，应该说，在许多情况下选民确实是按他们的偏好来投票的。在相当长的时期内，在美国国会的许多次会议中，拨款过程受挫，导致的结果却是在正式财政年度结束后，国会通过有巨额赤字的拨款以覆盖整个预算，只要投票表示"同意或不同意"就行了。而我猜测，国会中的大多数人其实喜欢这种整体的预算，而不喜欢一无所获，因此他们会满足阿罗"他们按偏好投票"的定义。

然而，在这个事例中，只有两个备选项；因此，它们落到了证据的外面。大多数债券发行请示书也是同样的情况，其实，大多数任何类型的全民公决，以及那些只有两位候选人或只有两位重要候选人的选举，都是同样的情况。④

例如,图森市的一项筑路债券发行失败了,人们认为其必然失败的原因是,没有给图森市东南部的选民任何东西。市政委员会现在重新在办这件事,把修筑该市东南部的道路一并考虑,并召开一系列全市百姓参与的当地会议,以保证每个人都高兴。这样,建立联盟的事不用投票表决的方法也得以完成了。还将有对整个筑路计划的一次"同意或不同意"投票。严格来说,这避开了阿罗定理,因为只有两种选择。

但是,可能有人会说,这些现实世界的例子实际上包含了两种以上的备选项。无论是国会还是图森市的选民投了"不同意"票,都是因为他们懂得,这会导致新的谈判,而后,谈判结果还将服从进一步的投票表决。如果是这样,那么这次投票就是策略性的,而且没有满足上面引用的阿罗的条件。

当有两个以上的备选项时,结果可能就要依靠不相关的备选项了。1912年,共和党分裂了,塔夫脱和罗斯福都与威尔逊竞选总统。看来相当肯定的是,他们俩人中无论哪一个单独竞选总统,都能打败威尔逊。林肯在1860年的竞选是另一个例子。民主党分裂了,他一人与三位候选人竞选总统。如果这三人中有两人,或者三人都单独竞选的话,谁都有可能击败林肯。在这两个事例中,如果选票没有被三位或四位候选人分散,结果都可能已经改变。选择威尔逊还是罗斯福,取决于塔夫脱(可怜的第三人)是否参选的决定。当然,总统候选人也提出精心准备相互吹捧的政纲。

---

④ 在欧洲的比例代表选举中,有许多候选人,也会有许多人当选,这种情况多少也是同样的,而阿罗定理没有把这些情况排除在外。然而,这些做法很少出现类似四舍五入错误那样的数学问题。从数学角度来说,一个相似的问题是国会席位的分配问题,它曾导致国会要求美国科学院的帮助。他们得到了一个含糊的答复。在大多数欧洲方式的选举之后,通常会组成一个联合内阁。正如在预算的例子中那样,这通常会包括很长的一系列谈判,其后还有一个简单的"同意或不同意"的投票。

只要是只有两个备选项,阿罗定理就没有问题。那么,"阿罗是否不适当地限制了他的证据"这个问题——就成了:在政治交易或策略性投票表决的情况下,阿罗定理是否成立的问题。换言之,该定理是否,正如阿罗所说,只适用于真正的偏好没有被提出的贿赂、交易或策略性花招改变的情况,还是说,它适用于更广的范围?

这一点是重要的,因为,尽管在仅有的两个备选项之间确实有许多选票,但几乎在所有情况下,都有一个精心设计的政治过程把多个备选项筛选至两个备选项。毕竟,各种议会规则都要设计成在最后一轮投票时把多个备选项筛选到只剩两个的情况。必须考虑到,整个过程不只有最后一轮投票。

利用简单的现金贿赂(如图1和图2中所示)并不是很真实的,[⑤]只是简化条件来做推理。"最有价值"的结果,如果通过竞拍过程来获得,会相当容易地选出。在现实世界的立法机构中,交易可以在很大程度上达到同样的结果。由于政治交易的计算是比较困难的,必须预计到国会议员一方和其他从政人士会出错。当然,市场也是不完善的,因此谈判结果也可能不是最优的。我们都对市场过程的不完善习以为常了,而且可以肯定的是,政治市场甚至比非常差的经济市场还要不完善得多。但这是与阿罗所提出的问题完全不同的另一个问题。

在一个零和博弈中,如果几个备选项全都有同样的"值",[⑥]那么,在它们之间的选择或许有可能落入阿罗式的问题,这是事实,但可以肯定地说,那是一种极为罕见的状况。因此,"阿罗问题将只同极为罕见的特殊状况有关"的看法就会成立。这个问题是有趣的智力问题,但是,就像希腊人花了那么多时间研究的角的三等分问题一样,它没有实

---

  ⑤ 亚利桑那州的立法机构目前有点人手不足,这是因为他们发现,实际上至少有七位立法者接受了这类现金贿赂。

  ⑥ Buchanan and Tullock, *The Calculus of Consent*, 148–162.

际的重要性。

　　请注意,这并不是说民主的工作已经尽善尽美。只要读过我的大部分著作,任何人都会了解,我不那样认为。我所说的是,由阿罗教授创造的这个复杂定理,与我们看到的现实世界中的民主没有直接关系。在现实世界中实行民主是困难的,但并不难在由一般不可能性定理引起的那些问题。

第 三 部 分

需求显示过程

进行社会选择的一种新的较优过程[*]

T. 尼古拉斯·蒂德曼与戈登·塔洛克

本文描述了一种进行社会选择的新过程,一种比其他已经提出的过程都要好的过程。这种方法不受选民个人一方策略性操纵的影响,比偏好等级排序利用更多的信息,避免了阿罗定理的条件,而且在或"几乎在"帕累托最优边界选定了一个独一无二的点,一个使社会的消费者剩余最大化或"差不多最大化"的点。对于任何一种财富分配,都可以用这种方法大致实现所有公共产品的林达尔均衡(Lindahl equilibrium)。[①]

这些是强烈的主张,因此,只有在本文一开始时就指出以下情况才是明智的:这个过程将无法治愈癌症,无法阻止潮汐,或者说,其实也不能成功地处理许多其他问题。正如我们已经知道的,所有现存的社会选择过程都是易于为适当设计的联盟利用的。这个过程也无例外。此外,也像在所有的民主投票过程中一样,选民们没有足够的动力投入时间和努力去比较评估各个选项。他们想要合理决策的动机要比为在多

---

[*] 经芝加哥大学出版社许可,重印自《政治经济杂志》(*Journal of Political Economy* 84, October 1976, 1145 – 1159. Copyright 1976 by The University of Chicago. All rights reserved.)

[①] 这种方法也适用于有关收入和财富分配的决定。在传统方式中这个问题被搁置一边了,但在这里它可以用来保证市场的竞争性,而且在我们看来,它还提供了一种优越于帕累托最佳状态的财富准则。所有这些内容肯定都会在以后发表。

数决规则下争取表决的人投票的动机强一点,但是选民们也被要求在表达他们的偏好方面做得多一些,而不能简单地说"是"或"否"。因此,缺乏投票激励是否多少妨碍了这个过程,使它不能像普通投票表决过程那样发挥作用,还不清楚。

这个过程可以最一般地描述为需求显示过程。它依赖于一种或许可以称之为"不完全补贴"的机制,这种机制最初由维克里[2]在为社会主义经济制定的最佳反投机政策背景下描述出来。这种机制的本质是,每个人都要为由其行为获得的利益付费(或支付成本),但是谁也不会被要求为保持预算平衡承担责任(或立功受奖)。维克里表明,根据一个人报出的供需表,得出市场中其他人的生产者与消费者剩余之和并支付给每个人净增长,就有可能鼓励人们对一种私人物品显示出他们真正的供需表。维克里指出,在这种做法中可能会有一个筹集资金的问题,因为它有可能产生赤字。他没有讨论这种做法对于公共产品的潜在适用性。

有两个人,他们不知道彼此的工作,也不知道维克里发现的类似补贴机制可以用于促使个人显示其对公共产品的真正需求这个问题。第一个发表成果的是爱德华·克拉克,[3]他的论文直到现在对经济学专业的影响仍微乎其微。不能产生多少影响的原因部分可归结为克拉克提出的这种思想的性质,那几乎违反了任何福利经济学家的直觉;部分在于克拉克艰涩难读的写作风格。第二个人是西奥多·格罗夫斯,他在一篇论文[4]中提供了一种严格的数学分析,以处理与维克里的做法

---

[2] W. Vickrey, "Counterspeculation, Auctions, and Competitive Sealed Tenders," *Journal of Finance* 16(May 1961):8-37.

[3] E. H. Clarke, "Multipart Pricing of Public Goods," *Public Choice* 11(Fall 1971): 17-33, and "Multipart Pricing of Public Goods: An Example," in S. Mishkin, ed., *Public Prices for Public Products*(Washington, D. C.: Urban Institute, 1972).

[4] T. Groves, "Incentives in Teams," *Econometrica* 41(July 1973):617-633.

相似的在一个组织内分配稀缺私人物品的问题。更近些时候,格罗夫斯和洛布⑤发表了与克拉克的做法同构的方法,以选出公共产品的最佳数量。本文的目的是,在需求显示过程用于公共产品时,为这一过程提供明确的解释,并把对这一过程的理解扩大到几个前沿领域。

正如鲍恩⑥表明的,如果选民的偏好强度是均匀分布的,尽管多数决规则有效,但需求显示过程并不需要这种有效性对选民偏好强度的分布加以任何限制。与汤普森、⑦德鲁兹和德拉瓦利·波辛⑧,还有蒂得曼⑨建议的投票过程不同,需求显示过程无须选民方面的特殊信仰。从根本上来说,这个过程提供了一种环境,鼓励其中的每位选民正确显示其偏好。这是利用一种特殊的——确实奇异的——税收机制来完成的,这种机制对真实的偏好表述给予奖励,对于隐瞒或伪造给予惩罚。

为了说明这个过程,我们不从克拉克的第一篇论文研究的问题——单维公共产品最佳数量的选择——入手,而是从更简单的不连续选项中的选择事例开始讨论,克拉克在其第二篇论文中曾含糊地讨论过这个问题。为了简化,我们将从两个选项开始,这两个选项可以被看作是两种政策,也可以看作是两位候选人。然后,我们将表明,这个过程如何能扩展到两个以上的选项。在用这些简单的事例介绍了这个主题之后,我们将要转向对公共产品最佳数量的选择。

---

⑤ T. Groves and M. Leob, "Incentives and Public Inputs," *Journal of Public Economy* 4(August 1975):211–216.

⑥ H. R. Bowen, "The Interpretation of Voting in the Allocation of Economic Resources," *Quarterly Journal of Economics* 58(November 1943):32–42.

⑦ E. Thompson, "A Pareto Optimal Group Decision Process," *Papers on Non-Market Decision Making* 1(1965):133–140.

⑧ J. H. Dreze and D. de la Vallee Poussin, " A Tâtonnement Process for Public Goods," *Review of Economic Studies* 38(April 1971):133–150.

⑨ T. N. Tideman, "The Efficient Provision of Public Goods," in Mishkin, ed., *Public Prices for Public Products*.

两个选项之间的选择

假定必须在指定为 A 和 B 的两个选项之间进行集体选择，我们描述的规则包括，请每个人说明他喜好哪个选项，以及他愿意花多少钱来确保获得他喜好的那个选项，而不是另一个选项。我们很快就能表明，为什么他会得到一种做出真实反应的鼓励。在表 1 中，我们表明了三位选民中每人对这两个选项的"投票"情况。选项 A 对于喜好它的选民总共值 70 美元，并被选中了，因为根据规则，选项 B 对其支持者的价值较少。

表 1　两种选项的总计偏好（以美元计）

选民	选项的差额价值	
	A	B
1	30	0
2	0	60
3	40	0
总计	70	60

现在我们来说说为什么选民受到了正确表达其偏好的激励。有一种"克拉克税"在起着杠杆调节作用，而且正如我们以前说过的，这是一种奇异的税。我们向每位选民询问，如果他没有投票，会发生什么结果。例如，如果选民 1 没有投票，那么，结果会是选项 A 总共收到 40 美元，而选项 B 收到 60 美元；因此，选项 B 就会赢。我们向选民 1 收取 20 美元，那是使对 A 的"投票"与对 B 的"投票"等值所必需的数量。同理，选民 3 付了 30 美元的税。选民 2 不付税，因为他的票没有改变

结果。请注意,假如选民 1 对 A 有所保留,少说了他的偏好 10 美元,他支付的税额会与他所缴的钱完全一样多;如果他保留的偏好还要多于 10 美元,B 就会被选中。而且选民 1 会愿意以 20 美元的价格选 A 而不选 B。同样,如果有位选民过度表达了他的偏好,无论是说多了而没有改变选择的结果,或没有改变他的付费,或其他结果(也就是说,假如选民 2 说,B 对他值 100 美元),他都用自己的行为改变了结果,而且为他的选择多付了费,超过了 B 对其所值。

为了一般地描述决定规则,定义 S_A 为所有喜好 A 而不喜好 B 的选民为选 A 而不选 B 同意支付的钱数之和。以同样的方式定义 S_B。集体选择的规则就会是:如果 $S_A > S_B$,选 A;如果 $S_B > S_A$,选 B;如果 $S_A = S_B$,抛硬币决定。真实反应的激励产生于"克拉克税",一个规则:当,且唯一当,选民的投票改变了结果时,选民必须支付其出价的一定比例作为费用。任何改变了结果的选民都必须支付 $|S_A - S_B|$,不计算他自己的选票。在平局的情况下,抛硬币来决定,每个抛硬币得到赢的一面结果的选民,都被看作是改变了结果。如果没有某人的投票就产生平局,此人不用付费。

实际上,这个规则给了每位选民这样的选择:要么(1)对没有他的投票会产生何种结果不闻不问;要么(2)以其他选民报出的净损失为代价,付费改变结果。如果某位选民喜欢的结果对他的价值低于另一选项对其他选民的价值,那么,他会选(1),只要他是真实反应,就会出现这个结果。如果对他的价值大于对其他人的净价值之和,那么,他会选(2),这也会在真实反应时出现。如果对他的价值正好与其他人报出的净价值相等,那么,这两种可能性对他就无差别了,只要他的反应真实,我们就抛硬币来决定。一个不真实的反应不能给反应者带来好处,而且还带有使其待遇比真实反应时恶化的风险。如果他低估了对他的价值,他可能放过了一个机会,以有吸引力的价格获得他想要结果。如果他夸大了对他的价值,他可能最终得为获得自己的选择付出更多的代价,超出对其所值。

　　用财产权来说明这一规则的特点,人们或许可以称之为"弃权后果为应得之权利",因为如果弃权对选民没有成本的话,就会出现这个结果;而如果他的选票改变了集体选择,他就必须得付费。这与多数决规则有着某种同类相似性。在多数决规则中,选民唯一享有的权利是,对于并非他自己愿望的多数人的愿望,只有在其他人全都形成平局的情况,他才可以决定问题。

　　用这种方法从选民那里收集到的任何款项必须浪费掉,或给予非选民,以保证正确的激励。如果选民得到收集的钱款,他们的份额有可能增加,从而会扭曲对他们的激励。然而,如果这笔收入在所有选民中平均分配,如果有 100 多名或 100 名左右的选民,扭曲的作用会降低到最小程度。对于大多数选民,最有可能的是没有哪张选票能改变结果,因此在最多情况下,将收不到投票税。我们将会对在连续变量的决策背景下,缺乏预算平衡的重要性进行更为详细的讨论。

　　在所有投票表决方法中的一个严重问题是激励投票的缺点。需求显示过程也不例外。只有一个完全工具性的理由能使一个人去投票,就是他的票将会起到决定性作用的可能性。不去投票带有的风险是,放过了以优惠价格改变结果的机会,但是起决定性作用的概率常常太小,足以使人们有理由断定,还是不值得为投票表决付出努力。即使人们确实决定去投票,他们通常也没有动力对他们的选票在集体决策过程中的作用进行认真的研究,因为从进一步收集信息,或是从已经掌握的信息做出反应可能获得的收益,常常少于成本。因此,可以预期,投票表决是在信息不充分的情况下进行。需求显示过程对于这个由唐斯表述的一般规则没有例外。⑩

当一个人的偏好没有得到他该得的报酬时，他就承受了很大损失，但是这并不是说他没有动机夸大价值差。如果一位选民料定会输，补偿其损失的允诺会促使他把损失说得更大些。对于所产生的没有补偿的损失，需求显示过程与多数决规则相似。在多数决规则中，每个选民都必须接受多数的选择。他在那个问题上能起决定性作用的唯一机会是，每一边的其他选民人数相等。同样，在需求显示过程中，每个选民都必须接受这样一个结果：如果他不愿对自己的偏好支付足够的费用使其总值更高，他就必须接受其他人对与他自己利益相反的其他选项付出的总值。

或许有人会反对说，需求显示过程会允许没收充公行为。如果有一项提案要把某人的住房拆掉，在那个房址上建个公园，而且如果其他人都说从公园的受益大于居住者的损失，那么，这位居住者就失去了他的房产。如果没有宪法对这种提案的限制可以考虑的话，需求显示过程确实会具有这种没收充公的特征。在这方面，这种方法也像多数决规则一样，多数决规则具有同样的没收充公的可能性。合理的期盼是，在利用需求显示过程进行集体选择时，人们会要求宪法的制约，这种制约会对公然再分配的可能加以限制。比如，一项将某人的房产充公的提案，或许只有在此人得到合理补偿的情况下才是可以采纳的。

几个不连续选项之间的选择

我们现在来表明，当存在两个以上的不连续选项时，需求显示过程

---

⑩ A. Downs, *An Economic Theory of Democracy* (New York: Harper & Row, 1957).

如何运作。在表 2 中有三位选民,用数字来表示,有三种选择,用字母来表示。表 2 中的数字只是在表 1 表示的两个选项中增加了第三个选项 C 获得的,同时保留选民愿意对 A 和 B 之间做出选择的差额,就像在表 1 中一样。与任何两种选择相伴的数字之间的差,可以解释为选民愿意为这个选项而不是另一个选项付出的钱数。这种解释是否合法将在下面予以讨论。

表 2　三种选项的总偏好(以美元计)

选民	选项的差额价值			税	投票的净福利
	A	B	C		
1	50	20	0	30	20
2	0	60	20	0	0
3	40	0	50	30	10
总计	90	80	70	…	…
	未标记选票之和				
对于 1:2+3	40	60	70	…	…
对于 2:1+3	90	20	50		
对于 3:1+2	50	80	20		

人们可能会注意到,当使用多数决规则时,对偏好进行等级排序会产生循环选择。而用需求显示过程确定集体选择,我们只要对各栏求和,并选出总数最高的选项,在表 2 这个例子中是 A。尽管有可能出现平局,却没有循环,也不可能出现循环。

表 2 的下面部分计算出了每位选民应缴的税。把其他选民的投票加在一起的和,就是选民 1 的税,得到 70 美元的选项 C 就会是选中的项。选民 1 要缴的税是 70 美元减 40 美元,或者说,是 30 美元,而选民

1 此时的状况要比如果他弃权好 20 美元(50 美元—30 美元)。请注意,如果他对自己的偏好有足够的了解从而避免被征税的话,比如说,如果他说 A 对他只有 25 美元的好处,C 还是会被选中,而选民 1 会比他正确表达其偏好时的状况差一些。选民 2 不必付税,因为他的选票没有改变结果;选民 3 要交 30 美元(80 美元—50 美元)的税,并获得净利益 10 美元(40 美元—30 美元)。这些税相当重,但那是因为我们只有这么少的选民。如果有许多选民的话,总税收即使不为零,也会是相对微不足道的,这种概率很高。

我们下一步要研究的是,这个建议的方法是否会产生一些"不相关选项的独立性"结果。如果从表 2 中拿掉选项 C,会产生什么不同吗?先来看选民 1。他在表 2 中报告的选 A 不选 B 的差额价值是 30 美元。如果不考虑 C,选民 1 就不会再花 50 美元选 A 不选 C 了,他会更富有一些,而且他或许会把他额外的财富增添到选 A 不选 B 的报价中,比如说,从 30 美元提高到 32 美元。可以想见,这种财富效应能够改变结果。

表 3 三个选项可能出现的循环(以美元计)

	选 A 不选 B		选 B 不选 C		选 A 不选 C	
1	32	0	22	0	50	0
2	0	31	0	21	0	51

然而,我们并不认为这就是人们常说的"对不相关选项的依赖"那种意义。选项 C 是相关的,因为 C 的出现或缺失影响了选民 1 的财富。如果 A 拥有一个比萨店,并同 B 商议着把店卖给 B,而 C 在街对面开了另一家比萨店,这显然会影响到 A 与 B 之间的讨价还价。然而,我们并不认为,说这种情况"缺乏对不相关选项的独立性"是适当的。但是,围绕着阿罗定理这一标准的一般争议观点认为,我们只应该

讨论需求显示过程中的财富效应,而不要打算澄清这个语言问题。

用另一种方式来解释这个问题,当我们坚持说,每位选民都按一种线性标准安排选项,以便这一标准中任何一对选项的数字之差代表了他为选这个而不是那个选项愿意支付的数额时,我们并没给财富效应留下余地。选民1的真实愿望很可能是付22美元选B不选C,付32美元选A不选B,但是只付50美元(而不是54美元)选A不选C,因为,如果他已经付了22美元从C转向B,他就会比一开始就选B时要穷一些。由于他的财富少了,他为从B转向A只愿意付28美元而不是32美元就是理性的。线性标准并没有让选民1说出这些财富效应,所以他做出妥协,只说出了表2中的那些数值。

或许可以建议,要求这些选民报告他们对所有成双成对选项的偏好,以便有可能在决定过程中考虑到财富效应。但是,这么做又会再次造成循环的可能性。来看看表3中表示的两位选民。

选民1具有前述的偏好。选民2具有与之相反顺序、大致同等量级但是对财富效应较少线性的偏好。当对这些偏好求和时,我们看到的集体选择是选A不选B,选B不选C,但也有选C不选A。这个非传递性问题或许可以用穆恩和普尔曼[11]描述的如"竞赛矩阵"(tournament matrix)这类分析工具来解决,但是尚不清楚的是,那么,克拉克税该如何计算得出。再有,只要出现循环,就会存在对策略性不当表述的激励。因此,最好要求每位选民都递交一份对其偏好的线性表述,让他在其中做出必要的大致区分。那么,如果他能猜出哪个选项没有他的选票也会当选,真正与那个选项做一番比较就将符合他的利益。

---

[11] J. W. Moon and N. J. Pullman, "On Generalized Tournament Matrices," *Society for Industrial and Applied mathematics Review* 12(July 1970):389-394.

一个简单的连续应用

现在,我们来研究一下克拉克在其发表在《公共选择》上的文章[12]中所阐述的那个具体例子。假定有一种可以任意数量购进的公共产品。为了易于制图,我们假定这种公共产品按每单位1美元出售,而且购买数量不限。因此,在图1中位于"1美元/单位"处的线表示的是购买不同数量这种公共产品的社会成本表。克拉克分析过程的第一阶段是把总成本分摊到每个选民。我们暂且假定,这个份额是随意分摊的,对于第 i 个选民的份额,用 P_i 线来表示。(我们将在后面讨论,如何有可能大致估计在这些份额分配中的林达尔条件。)现在,要求选民说明他们对公共产品的需求曲线(第 i 个选民的需求曲线用 D_i 线表示)。那么,这些曲线的纵向和就得出了总需求曲线 AD(总的付款意愿)。在 AD 线与成本曲线,也就是1美元/单位线,相交的那一点,就是要购买的公共产品的有效数量。当然,这是萨缪尔森均衡,并有许多精细的特征,尽管没有林达尔均衡那么多,我们不久后就会谈到林达尔均衡了。

我们如何鼓励选民 i,其实还有所有其他选民,正确显示他们的真实需求曲线呢?答案就是,告诉每位选民,如果按如下计算,他就得交克拉克税。当所有选票都收齐时,选民 i 的税将由除了选民 i 之外的所有选民的需求曲线(纵向)求和来计算,产生曲线 $AD - D_i$,并得到这一曲线与 $\$1 - P_i$ 线的交叉点,那就是除了选民 i 之外的所有选民将支付的税收成本份额。图1中这个交叉点出现在数量 A。这就是

---

[12] Clarke, "Multipart Pricing of Public Goods."

160 第三部分 需求显示过程

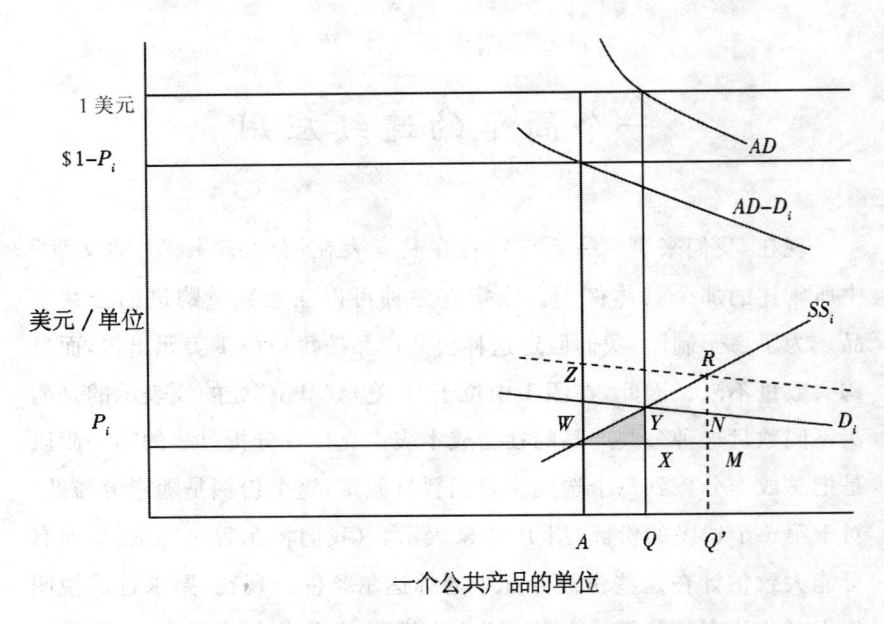

图1 对所得福利超过了其分得税收份额的人征收的税

如果选民 i 报告了一个完全可通融的(也即，在横轴上)需求表时会采购的公共产品数量，与他的成本份额是一样的。这样的一张选票，答应为一个人分摊到的份额付款，无论其他人想要买的数量是多少，就相当于在不连续选择中进行了连续的弃权选择。有了选民 i 的"弃权"，(其他人)显示出的需求就会与他们的成本份额相交于 A，而选民 i 的支付额将会是 A 左边 P_i 下边的四边形。为了计算选民 i 不"弃权"时的税，我们决定从曲线 $AD-D_i$ 取出补贴量，那是选民 i 会不得不支付的，为使所有其他选民都对由数量 A 发生的任何变化无动于衷的数量。这个在任何数量上每单位必需的补贴，就是在总成本与其他人愿意支付的总价之间的数量差。我们把这类由 $\$1-(AD-D_i)$ 计算得出的数量表称为"综合供应表"(synthetic supply schedule)。可以把这种表看作是，在允许从总成本中对给其他人的商品价值做出一个抵消之后，用公共产品的额外单位供应选民 i 的最终边际社会成本。这个表在图 1 中以线 SS_i 表示。SSi 表是 $AD - D_i$ 的一个镜像（mirror image）。在这个例子中，我们假定，选民 i 在 A 点有比他的成本份额更高的付款愿望。这意味着，包括他的需求在内的效应是要增加数量。综合供应曲线与 i 的需求的交叉点在数量 Q，而且 Q 点也是公共产品的最佳数量，因为该点也是 AD 与 \$1 线相交的点。

这个要支付给除了 i 之外的其他个人，以便使他们对从 A 移动到 Q 无异议的数量，由 SS_i 之下的区域表示，同时选民 i 的所得由他的需求曲线之下的区域表示。选民 i 支付了一个复合税（a composite tax），那时如果他弃权就要支付的标准费用，加上克拉克税，就是从 A 到 Q，SS_i 线下面的区域。总税额相当于他分得的 Q 单位的公共产品的成本（Q 线左边和 P_i 下面的四边形），加上带阴影的三角形 WXY。对于所有选民来说，这类四边形的总和足以支付公共产品的总成本。带阴影的三角形以及给其他选民的相当数量肯定被浪费掉了，或是给了非选民，以保持所有的激励都是正确的。⑬

假定选民 i 为了尽力增加他的最终福利而没有正确表示其需求曲线。他从投票表决中已经得到的福利是三角形 WYZ。显然，把他的需求说得比实际情况少，会缩小他的三角形。另外，如果他把他的需求说得多于实际情况，以致选定的数量会是，比如说 Q'，他增加的税收就会是 $QQ'RY$，同时他增加的福利则会只有 $QQ'NY$。他在正确表达其需求曲线时的情况最好。

必须提到的是，在这些需求曲线的具体说明中有一个非常小的概念问题。需求的数量取决于收入，也取决于价格，而某人收入的一个决

---

⑬ 对于成双社区，避免浪费的一种可能，是就交换他们过度收取的这些税收达成一致意见。

定因素就是他必须支付的克拉克税。由于一个人的克拉克税取决于由其他人详细列出的需求曲线，每个人在逻辑上都可以说，在其他所有人列出需求曲线之前，他不可能说明他的需求曲线。然而，这不是一个实际问题，因为正像我们将在下面表明的那样，克拉克税非常少，而且在大多数情况下，克拉克税的不确定性非常小，因为它只取决于补偿其他选民的总愿望的弹性，而且无论如何，人们都能轻易地受到引导而报出能反映他们对自己收入最佳猜测的需求曲线。

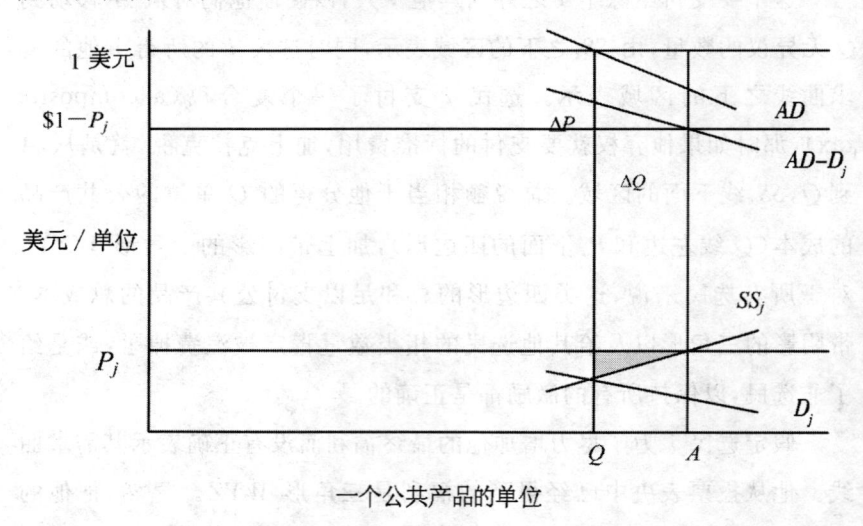

图 2 对所得福利少于其分得税收份额的人征收的税

在图 2 中，我们假定 j，考虑到他的税收份额，想要减少其他选民会选择的公共产品数量。正如在图 1 中那样，D_j 表示他对公共产品的真正需求，数量 A 表示如果他选择弃权会购买的数量，也就是，所有其他选民的需求曲线的总和与他们承担的税的价格份额在该点相交。在这种情况下，正如在图 1 中一样，SS_j 线表示了每单位的补偿率，那是要向其他选民支付，以对他们从 A 点做出任何公共产品数量的变化进行补偿所必需的。在 A 点的左边，SS_j 或许可以解释为，当公共产品的数量减少,而且其他人由于体验到的收入损失的总数量导致的税额减少时,j 可以得到的减税率。正如在图 1 中一样,这笔补偿实际上是不会支付的,但将向 j 按这个数量征税。

再说一遍,j 的需求曲线与综合供应曲线相交的点表示的是公共产品的最佳数量,Q' 它也是 AD 与 1 美元/单位线相交时的数量。在这种情况下,如果 j 弃权,Q 不大可能被选中。那么,选民 j 付出一笔相当于 Q 线左边和他所得税额下面的四边形的税,还要加上阴影三角形。这个四边形足以支付提供公共产品的成本中他的那一份;阴影的三角形,还要再说一遍,被浪费掉了,或是给了非选民。我们将把在这些情形中正确表达其需求曲线将使此人福利最大化的问题留给读者去证明。它与图 1 中的证明基本上是一样的。

对于选民 i 和 j 成立的事实对于其他选民也成立。选民们受到这个特别税收方法的驱动,去准确地表达他们真实的需求曲线。然而,这种动力,由图 1 中的三角形 WYZ 表示,通常都非常小,大致与阴影三角形的部分一样大小。

要了解克拉克税到底有多小,请注意图 2 中的阴影三角形是四边标着 ΔP 和 ΔQ 的那个图形的镜像。如果 $AD - P_j$ 的弹性是 η,那么 $\Delta Q = \eta Q \Delta P / (1 - P_j)$,因此三角形的面积就是 $1/2 \eta Q (\Delta P)^2 / (1 - P_j)$。当选民的数量增加时,分母趋近于 1,因此如果 η 处于 2 的数量级上,那么每位选民的克拉克税大致是 Q/N。ΔP 的值与选民数量(N)有关;如果 $(\Delta P)^2$ 的平均值大于 $1/N^2$,那会不大合情理。因此,如果典型的选民的资源成本份额是 Q/N,他的克拉克税就在 $1/N$ 乘以其资源成本的数量级上,而所有克拉克税的总和则在一个选民的税额的数量级上。因此,如果美国的老百姓要对联邦年度预算投票表决的话,居民区要征收的所有克拉克税总计为 2 000 美元,或者说,每人千分之一美分。

当三角形趋于零,承担麻烦去表达个人需求曲线的动力也趋于零。当每位选民把他自己的利益最大化时,这种方法可以防止欺骗,并能提出社会范围内公共产品的最佳数量,但是当 N 很大时,会出现唐斯悖论(Downs paradox):选民们几乎没有要去投票的动力了。

由于从这个过程中产生出的额外税收是那么小,而且肯定小于在任何情况下管理任何稍微大一点的群体的行政管理成本,这个额外税收就应该被忽略。这可能相当混乱,但是在福利经济学中,忽略形成决策的成本是很正常的事。如果将克拉克税看作决策成本的一部分,那么它就应该被忽略。相反,如果没有忽略这个额外税收,由其他过程规定的决策过程的成本也应该包括在内。我们建议简单地废弃这个额外税收,而不要去寻求某种复杂的、可能达成或可能不会达成同样结果的平衡预算过程。我们觉得,我们这个建议是一个重要贡献。这也是为什么福利经济学家(包括我们自己)感到那么难以精通这个过程的原因之一。

至此,我们已经产生了萨缪尔森均衡(Samuelson equilibrium),我们现在要指出,怎样大致得出林达尔均衡。为了说明这一点,我们只要将全部支出的基本份额以任意方式分配给这个人。假定如果不是任意分配的话,我们指定某人来做这件事,约定我们将从他的工资中减去三角形之和的某个倍数付给全体选民。[14] 这会促使分配到固定份额的这个人尽量把三角形缩减到最小。在这个限度内,如果他能够完美地实现他的目标,就不会有三角形,也不会有损失了,我们就会有一个完美的林达尔均衡,每位选民都根据他的边际估价支付公共产品费用。

官方的份额分配不大可能做得十全十美,但是,用高级计量经济学

---

[14] 大概选定"确定税额的人"("tax setter")的最佳方法应该是征求出价。当然,防范贿赂行为会是必要的。

方法,他或许可以做得非常好。然而,应该强调的是,有一类信息是他在给任何人分配税收份额时不能利用的:个人在先前选择上的表现。这位选民,在对每个决策作选择时,一定不要为了那个今后能改变其最低税额的可能性而牺牲最佳条件,因为这种改变将会促使他误报其需求曲线。

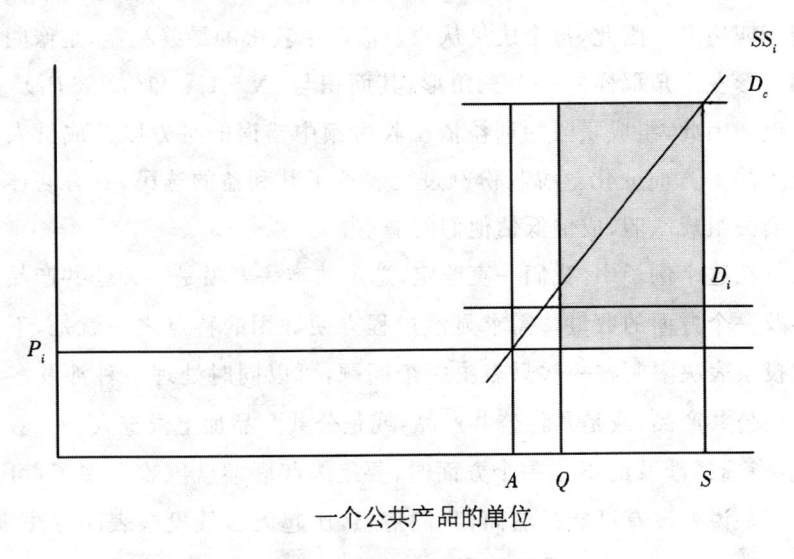

一个公共产品的单位

图 3 联盟的策略计算

正如在所有投票表决方法中一样,有一种联盟扭曲结果的可能性。考虑到一个由 N 个人组成的联盟,这些人相等的利益均大于其相等的税收份额,他们的策略就尤其具有这种可能性。在图 3 中,选民 i 的需求表 D_i 表示为一条横线,因为高度的变化对于他和他的联盟可能具有的潜在作用范围一般来说可以忽略不计。更高的横线 D_c 表示的是 i 在考虑到 $D_i - P_i$ 的利益,也即其联盟中每个成员从选定的数量中每增加一个单位可能获得的利益时,可能表达的需求。从 A 到 S 的距离是从 A 到 Q 的距离的 N 倍,一张诚实的选票可以使结果在这个距离中移动。当这个联盟中的 N 个人以这种方式投票时,与诚实的投票表决相比较,效果是使 $N(N-1)$ 倍的选择在从 A 到 Q 的距离中移动。联盟活动给每个成员带来的总利益,以其标准税收份额尚未支付的利益来说,是 $N(N-1)(D_i-P_i)(Q-A)$,也即阴影四边形。每个成员从联盟活动得到的额外税,区别于他的标准税份额,是综合供应表下面的阴影四边形。因此,每个成员从联盟活动中获得的最终利益,是像阴影四边形左上角那样的一个三角形,其面积与 $(N-1)^2$ 和 $(D_i-P_i)^2$ 成比例。因此,组成联盟的利益依税收份额中错误的平方以及成员人数减 1 的平方而变化。税收份额过度表达了其利益的选民,具有同样的机会去组成联盟,成倍低估他们的需求。

在这个例子中,我们一直假定,选定的唯一事项是一种公共产品只涉及一个方面的数量。需求显示过程方便好用的特点之一就是,不必把投票表决限制在一次只表决一个问题,可以同时处理一种涉及多方面的公共产品,或是几种公共产品,或是公共产品加上候选人。一般来说,当选择涉及的不止一个方面时,要组织起联盟就困难得多了,可这并不是说就没有可能。然而,我们猜想,比起大多数投票表决方法来,需求显示过程不大容易受到联盟扭曲的影响。

如果一种公共产品的选定数量没有影响到对其他公共产品的需求,将投票表决方法扩展到多于一个物品的选择就是简单易行的。但是,如果某些物品的选定数量影响到对其他物品的需求,就必须有一个同时的解决方案。在这个选择过程中,人们可能会忽略相互影响,而依赖个人在报告自己的需求表时对可能会选中的其他物品数量的估计。但是选民们做出的任何错误估计都会导致不必要的无效率。

在概念层面上,可以要求所有选民报告他们对每种物品在与其他公共产品的每种组合上的边际评估表,尽管要是真打算这么做,数据的问题会很难办。如果不可能获得数据,或是不可能对数据进行操作,在适当的边际条件都能同时满足的地方,对一个均衡的确认基本上会无异于计算对私人物品的竞争性均衡。格罗夫斯和莱迪亚德[15]提出了这样一种做法的具体理论基础。

在最近的出版物[16]中,我们建议将这个过程用于许多其他问题,诸如收入再分配和不良行为需求曲线,以及用作福利指标。我们还将讨论其在现实政府结构中的实际应用。但是,本文的目的在于解释这种方法,并阐释它如何解决了大量从前被认为是无法解决的问题。这个过程并不违背阿罗定理,但它因不能满足阿罗的假定而避免了阿罗定理的问题。但是,在我们看来,如果把阿罗定理看作一个结果,认为不可能设计出良好的投票表决过程,那么,这个过程就解决了阿罗提出的实际问题。

---

[15] T. Groves and J. Ledyard,"Optimal Allocation of Public Goods:A Solution to the 'Free Rider Problem.'" Discussion Paper 144(Evanston,Ill.:Center for mathematical Studies in Economics & Management Science,Northwestern university,May 1975).

[16] 如有需要,可获赠油印的初稿。

作为一种福利指标的
需求显示过程*

现在有很长一段时间,福利经济学一直处于令人相当不满意的境地,福利经济学的根本原则已经成为公共选择的一种规则,却没有导致任何具体的决策。传统的图表如图 1 所示。当两人社会(由 x 和 y 组成)处于 O 点,那么,所有处于 A 象限的点都优于 O 点,所有处于 C 象限的点都劣于 O 点。关于象限 B 和 D,除了补贴有可能产生一个从这两个象限的部分向 A 象限的移动之外,没有什么可说的。[1] 如果对于总消费有某种自然约束(如黑实线所示),以致只有处于这个约束之上或之下的点才是实际可能的消费,那么显然,对于这一约束之内的任一点,如 O,至少这个约束有一部分处于象限 A。从约束线内的任一点,通过向约束线上的点移动,都有可能形成明确的改进。

任何移入 A 象限的移动都是一个帕累托改进,而任何最小规模的一系列这种移动都将会最终达到约束线的某个部分。遗憾的是,在约束线上有无数的点,而传统的分析并没有告诉我们该选哪个点。而且,当我们遇到如何才能从 A 点移动到约束线上的某个特定点的问题时,传统福利经济学的特点就是认输了事。

需求显示过程的第一个优点(但得承认,这是个非常小的优点)是,

---

* 承克卢瓦学术出版社的亲切许可,重印自《公共选择》29(1977 年春季特别增刊):第 51-63 页。

[1] Gordon Tullock,"The cost of Transfer," *Kyklos* 24,fasc.4(1971):629-643.

它将会从约束线上选中一个特定的点,尽管不一定是在象限 A。由于还有许多其他方法也会选出一个特定的点,比如让塔洛克来决定,产生一个随机的数字等,这是个微弱无力的表扬,但至少是一个优点,即便不是个了不起的大优点。

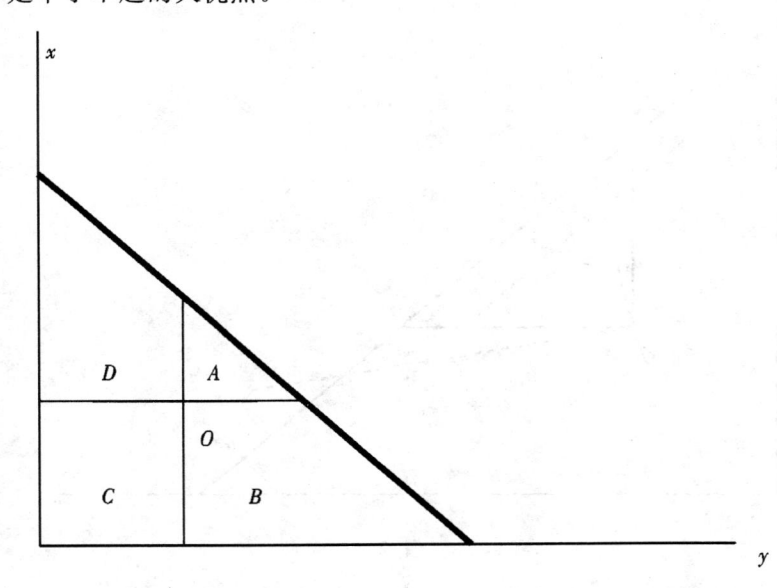

图 1

我们想要做的是,选出约束线上的最佳点。本文的目的是要说明,需求显示过程满足了这个要求。我将由用需求显示过程找出约束线上点的问题开始讨论。在这里,这个问题将完全变成一个定义的事情,但在现实世界中(作为与数学的对立面),这个目标实现了。其次,我将转向找出的这个点是否优于其他可能的点的问题。关于这一点的讨论必须推迟到第一个问题处理完之后才能进行。

为了讨论向约束线移动的问题,我们来看图 2。再说一遍,我们有 x 和 y 两个人,目前处于 O 点,还有一条约束线。有些点,如 A 点,从今后不可能做出帕累托改进的意义上说是帕累托最优的。但是,我们怎么才能从 O 到达 A 呢？如果有某个解围之神（*deus ex machina*）能轻易地下道命令，问题就解决了。然而，即便是在这样的情况下，解围之神肯定至少也得动用一些资源来确定该选哪个点。

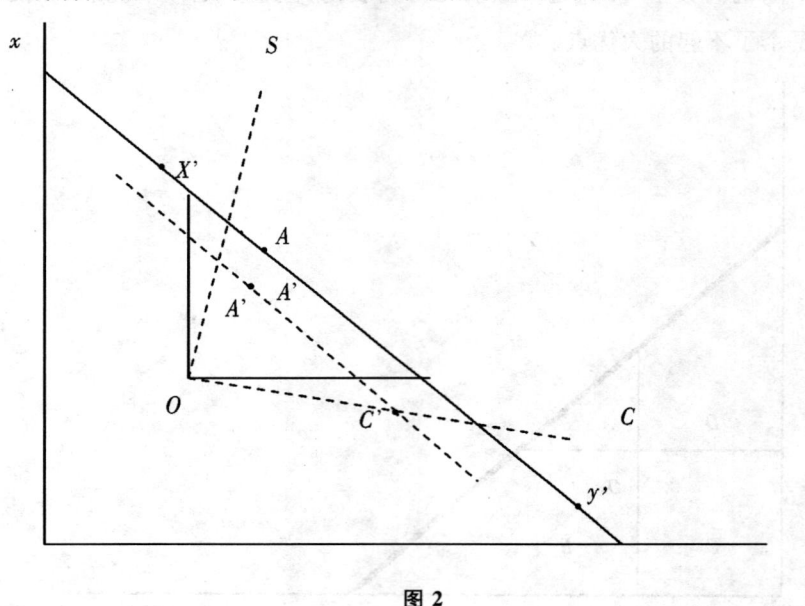

图 2

另一方面，这一方或那一方可以得到全面控制。例如，如果 x 是命令者，他大概不用花很多时间（因此也将不用投入资源）就能决定向约束线与 x 轴相交的点移动。如果 y 的福利恰好包括在 x 的偏好函数中，那么他将会选择约束线上的另外某点，比如说 x'。或许这一点有可能转变为在常见的帕累托象限之内，但是更有可能的是在帕累托象限之外，就像在这个例子中的情况。

同样，如果 y 是命令者，有可能选中的是约束线与 y 轴的截距或如 y' 这样的点。既然这两种方法中的哪一种都不大可能导致帕累托改进，如果我们想要导致帕累托改进的变化，就必须使用某种能将 x 和 y 的偏好整合的方法。这种方法必然将涉及资源，这一点由一条新的约束线指出,在这里是由通过 A' 和 C' 的线表示。

在阅读有关帕累托最优的文献时,并不清楚帕累托边界是否像以往画的那样,有意考虑到了决策成本和向边界移动的成本。如果它确实考虑了,那么原来的约束线将会出现在实际可能线下面,实际可能线可以通过让某个局外人下令移动而获得。为实现我们的目的,我们将假定,传统的生产约束不包括谈判磋商或无论哪种偏好总合方法的成本。

然而,一旦我们决定把决策成本整合到我们的模型中,决策使用的特定方法就变得重要了。有些方法成本高昂,有些则成本相对低廉。例如,人们通常认为谈判的成本非常高,如果参与的人员数目很多的话,成本就尤其高。确实,谈判成本太高了,以致非常常见的是,在人数众多的情况下,没人努力去争取一致同意的结果。即便是在只有两方的情况下,如图 2 所示,谈判过程也可能成本高昂,特别是由于最佳谈判技巧包括不如实表达自己的偏好,而在两方都不如实表达他们的偏好时,取得理想协议的机会就会丧失,因为两方的对赌赌注可以很大。

在本质上,我们可以有一整套生产约束,每一种都反映了同样的自然状态,但是使用不同的偏好总合技术。那条离 O 点最远并在 O 点之上的约束线,大概是真正的帕累托最优约束,而其他的约束线都会代表协议过程中错误的技术选择。

上述这个讨论,在福利经济学中不常见,却是必要的,因为正如事实发生的那样,需求显示过程以一种特别明显和确实的方式表述了谈判成本或协议成本,而其他达成社会决策的方法常常隐匿了这些成本。在需求显示过程的事例中,实际上必须摒弃一种可确认的资源价值。如果我们讨论的是两方社会,如图 2 所示,这个价值的数量恐怕非常大,尽管在多方的情况下,正如蒂尔曼和塔洛克所证明的,[②]这个数量是微小的。

实际上,我猜想,在大多数参与方数量不限的情况下,需求显示过程都无疑是提高效率最廉价的方法。因此,如果我们使用需求显示过程,虚线就会比我们使用其他方法离约束线更近。所以,在这个意义上,需求显示过程较为优越。

例如,把需求显示过程与普通的谈判磋商做一比较。在需求显示过程中,无论哪一方都没有理由不去正确表达其偏好,而如果有了适当的谈判,交易就将做成,完全取消了在普通的谈判磋商中非常重要的详细投资策略研讨、使用计谋和拖延。然而,有一个克拉克税,是直接的浪费。因此,我现在要做的事就是对上述两个数量的各自大小做一个猜测,这两个数量还都没有被测算过,而其中的一个——传统的谈判磋商成本——往往会非常大。但是,考虑到对于大多数个人来说克拉克税的微小程度,我认为,大多数读者都愿意加入到这个经验性猜测中来。如果是这样,那么,在没有神力干预就没有比它更好的方法的意义上,需求显示过程就是唯一真正帕累托最优的决策途径。

在现实世界中,当我们与许多人打交道时,我们习惯性地选择不能保证帕累托最优改进的那些方法。例如,多数表决能够严重地伤害相当大数量的选民。一项远离少数的资源再分配不大可能是帕累托改进的,即便在这种再分配已不可能再加以改进的意义上,最终结果是帕累托最优,也是如此。

然而,人们并非完全念念不忘自我,而且在一定程度上,人们确实把他人的福祉记挂在心。这种记挂他人福祉的事,如果指的是利他主

[②] T. Nicolaus and Gordon Tullock, "A New and Superior Process for Making Social Choices," *Journal of Political Economy* 84(December 1976):1145–1160.

义时就是正面的;但也可以是负面的。在负面的情况下,我会遵从生物学家称之为"掐架(spite)"。例如,假定 x 觉得,他至少要从 y 的任何福祉改进中得到某些好处。在这种情况下,他在图 2 中的"无差异曲线"就不会是从 O 开始的一条横线,而是虚线 OC,而 OC' 点将会是他可以接受的离开 O 的一个移动。但是,如果 y 肯定讨厌 x,而且觉得 x 的任何福祉改进都会是对他的伤害,那么他的无差异曲线或许是 OS 线,而不是纵向的实线。

需求显示过程能够考虑到这种人际间的比较,因此,像 C' 这样的点会是在需求显示过程下的结果,尽管某个靠近理想象限中心的点更有可能成为结果。③

需求显示过程具有吸引人的特性,可以对几乎任何事物做比较精确的测定,包括福利转移可以获得的收益。糟糕的是,在这个领域中通过收入再分配寻求的目标还不够具体,不足以利用这种方法的额外能力同时了解人们是否实现了转移支付的支持者通常喜欢的目标。④ 来看一下图 3,它代表的是一个两人社会。其中的一人,C,对另一人 I(或穷人)很宽容。从 C 转移支付美元给 I 的成本用 1 美元线表示,而且我们假定,这条线也表示 I 对这种转移支付的需求,也就是说,那是 I 愿意为得到这笔转移支付而付出的钱数。此外,C 要求以通常的方式向 I 做转移支付,由 CC 线表示。

---

③ 请注意,当双方都考虑到对方的偏好时,帕累托最优移动的面积将会是一个象限这一点并不明显。如果双方都喜欢对方,并都从对方的福祉改进中受益,那么,帕累托移动可以开始的那个面积会大于一个正三角形;如果他们都讨厌对方,那个面积就会小于一个正三角形;如果一方喜欢另一方,而对方报以仇恨(就像图 2 中虚线 OS 和 OC 表示的那样),那个面积就会要么大于、要么小于一个正三角形。

④ 这个问题在戈登·塔洛克的《为转移支付显示需求》一文中有相当详细的讨论。Gordon Tullock, "Revealing the Demand for Transfers," in Richard D. Auster and B. Sears, eds., *American Re-evolution*, *Papers and Proceedings* (forthcoming,1977).

在帕累托的世界中，C 会向 I 转移支付 P 数量，或在 P 点之外的数量，在那里他的收益相等于他的成本。然而，请注意，从整个社会的角度来看，这里有一个机会成本。如果我们把双方的需求相加求和，我们就得到 B 线，而使社会的满意度达到最大的量不是 P，而是 M。实际上，灰色三角形是一个机会成本，它在帕累托方法中丢失了。

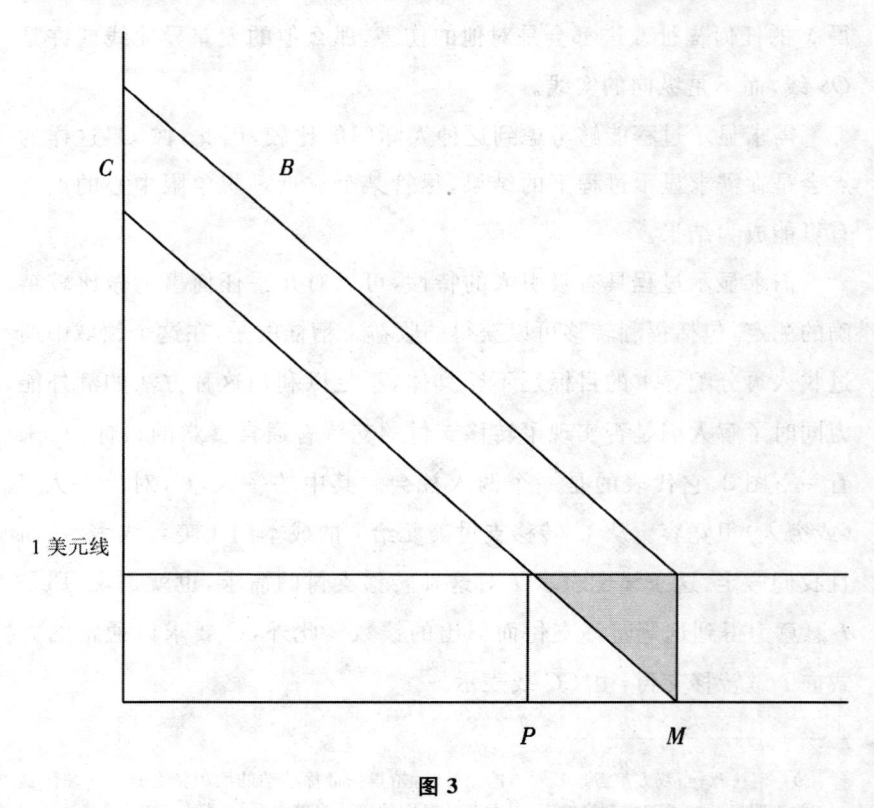

图 3

需求显示过程可以得到调整，要么实现 P，要么实现 M。但是，如果规定要它实现 M，那么浪费的资源与灰色三角形是同等数量级的。因此，每种方法中都有一个纯粹浪费的数量。在帕累托方法中，它是一个未得到利用的机会，而在需求显示过程中，它是一个直接的浪费。据我们目前的了解,在现存的文献中绝对没有任何东西能告诉我们,该选择哪一个备选项。⑤

但是这个关于"效用可能相互依赖"的讨论一向主要被用于指出它们对传统帕累托方法的相关性。假定到目前为止读者已经同意,需求显示过程本身在把交易成本考虑在内的现实世界的定义中是帕累托最优的,⑥我现在就要转而谈谈由需求显示过程在帕累托边界上选择的点是否确实优于其他点的问题。到目前为止,我们将假定每个人的福祉同社会中所有其他人的福祉是完全无差异的。只有当我们充分讨论了这个主题后,我们才能讨论相互依存的效用函数。

在对作为一项福利指标的需求显示过程做进一步的讨论之前,我必须坦率地承认:一般来说,需求显示过程不能提供一种全面的福利解决方案。它显示出对各种公共产品或私人物品的需求,但是这种需求必须由实际的支付愿望来表达。因此,个人至少必须完全控制着什么东西,可以用它们进行这些支付。这一点在理论上是重要的,但在实际上没有那么重要。它的确意味着,许多现存的数学证明和命题不能适用于需求显示过程。此外,如果我们把经济学家在做的事看作经济学,我们会发现,经济学极少会考虑获得全面最优的努力。

人们通常谈论的问题有:是否要降低关税?收入越多所得税的缴纳比例也越高是否是最佳选择?或者修建某个快捷公交系统是否合理?所有这些问题都适于用需求显示过程来解决。需求显示过程甚至看来会适合全面经济计划那类做法,那是共产党人经常宣称他们所实行的做法。由于大多数共产党人在实践中并没有打算要控制在这种计划下工作生活的老百姓的开支细节,老百姓还是有可能从给他们用于

---

⑤ 再说一遍,塔洛克的《为转移支付显示需求》一文中对这些问题有更为详细的讨论。

⑥ 实际上,我们需要对带有"交易"性质的各种方法的成本进行实证研究。在这个领域,我的论点可能总会被适当的经验证据否定。

个人消费的微薄报酬中拿出无论多少的一部分,对需求显示过程下的各种计划进行投票。但是,在中国共产党的文献中断断续续提到的那种实际上的综合消费计划,⑦将会是不可能实现的。因此,需求显示过程的这种局限看来尽管对数理经济学家无疑具有很大的重要性,但不大可能对其他人也有多大的重要性。再者,需求显示过程肯定应该进入数理经济学家的效用函数,因为它立刻就能为他们提供一个广大的领域,他们可以在这个领域中用多少代的博士论文和学术刊物上的文章等来重新论证现已存在的各种定理。

第二个局限也产生于这个过程是一个"需求"显示过程的事实。显然,这一过程的结果要受到资源初次分配的影响,因为,无论是以财富形式还是以某种其他资源的形式拥有许多资源的人,将强烈影响到这个结果。

或许在这里停下来并解释我说的"某种其他资源"是什么意思才是明智的。假如我们没有把独裁统治只定义为独裁者实际上所有大权在握并且毫不关心其他人的偏好,那就有可能通过需求显示过程实行独裁统治或实行寡头政治。历史上还不曾存在过这样的独裁者。独裁统治是一种政府形式,其中一人拥有的权力要比任何其他人多许多,但他的权力还不是无所不能的。一个明显的事例是,假定这位独裁者下令让他的个人卫队相互射杀,就难以办到。

假定我们对这位独裁者的权力进行概念化处理,假定他的权力是普通百姓权力的 1000 倍,假定每位部长的权力是普通百姓的 100 倍,每位秘密警察成员的权力是普通百姓的 10 倍,然后,我们使用需求显示过程,给这位独裁者 100 万分,给他的每位官员 10 万分,每个卫士 1

---

⑦ 严格地讲,他们并没有说消费是受到计划约束的,但是他们长篇大论地讨论一个好的共产党员应该把他的时间和精力用在什么地方。

万分,每个百姓个人 1000 分。用这些分数可以在需求显示过程中决定政府的政策。由于这些分数是稀缺的,分数就有了价值;而在产生的结果中,这位独裁者会和在普通独裁统治条件下一样,有更多的附加发言权。其实,实行独裁统治将会是高效的方式。

请注意,这套方法可以用于我们希望做的任何其他资源分配。例如,如果我们想成为平等主义者,我们可以分配给每个百姓 1 万分,让他们在需求显示过程中使用这些选票。但是,这也确实有缺点,尽管它能够获得政府政策的一个最佳选择,但政府部门和私营部门的界限却会无效。而且,用这套方法也不可能对真正的林德尔税进行评估。我们将会有一个高效的公共部门和一个高效的私营部门,但是我们将会对这两个部门是否处于正确的规模一无所知。当然,如果我们允许个人卖出他们的分数换取现金,我们就会移动到一种全面均衡,同时最初平等分配的点数就成为一种财富再分配的做法。

现在,让我们暂且假定,我们用同私人物品打交道的方式与政府打交道,也就是说,我们允许拥有大量资源的人们支付资源来购买政府政策,就如他们支付资源购买凯迪拉克牌汽车一样,分配的问题先放在一边,以后再讨论。在这样的条件下,需求显示过程将会总是选择位于帕累托边界上的点,该点将整个社会的消费者剩余之和最大化。这正是市场本身所做的事,但是当我们谈到公共产品或具有某种程度外部性的产品时,市场就不再能有效地发挥这种作用了。

"选择帕累托最优边界上的点,能使百姓的消费者剩余最大化(无论用什么样的**价值尺度**来测定他们的消费者剩余)"的论点,实际上是个人的最大化之一。预计到今后会有非常多的决策,并尽力推断出以各种方法进行决策时我可能得到的收入,我应该选择能给我带来最高折现值的方法。通常情况下,除非我拥有特殊信息,否则,这将会意味着,这种方法是把最高折现值给了一个随机选定的个人。⑧ 这就是需求显示过程的结果。假如某人用一种非利己主义的方法来处理这些事情,并想谈谈集体状态的改善,根据"需求显示过程使消费者剩余的总和最大化"这个理由,也能够支持这一过程。

在我看来,这是支持把需求显示过程用作一种福利准则的主要的、具有压倒性强势的论点,但是还有一些小论点能得出同样的结论。首先,如果你厌恶风险,需求显示过程比投票表决具有明显的优点。一般来说,对某个问题感受强烈的人要比对它感受不大强烈的人对这个问题更有发言权,这往往会降低风险。其次但大概更为重要的是,任何商品或服务对任何人都有递减的边际效用,而这往往意味着,每样东西几乎谁都至少会得到点儿。由于我对有利于我的某项服务第一个单位的价值评估,大于别的人对某种不同服务第 100 个单位的价值评估,结果是,我将得到我的第一个单位,而在多数表决的情况下,我或许就得不到了。从某种意义上说,需求显示过程往往在帕累托象限中沿 45°线向外移动,尽管这种趋势并不特别强。

但是,使用需求显示过程有一个困难,这个困难与我们可以称为"补偿步骤"(compensated moves)的措施有关。假定现状发生了一个变化,这个变化将使蒂德曼得到 5 美元的好处,而使塔洛克受到 1 美元的伤害。在传统的帕累托方法中,我可以和他讨价还价,而且,如果我们确实就此事达成了一项协议,他会付给我 1 到 5 美元之间某个数量的钱,作为我答应移动到新点的补偿。这将帕累托象限中没有的一个运动转变成了一个帕累托象限运动。在需求显示过程中,我们会直接移动到那个位置,而补偿并非必要。我曾推荐使用林德尔税,在这个事例中,林德尔税对于塔洛克会产生一个负数,而对蒂德曼产生一个正

---

⑧ 请注意,再说一遍,我们将财富和收入分配的问题置于一边了。

数,有了这个结果,我们就会再一次回到传统的帕累托象限。但是,假定我们使用了没有林德尔税的需求显示过程,或是假定(这种假定似乎并非特别不可能)林德尔税的计算不够完善,以致个人没有得到完全的补偿,我们是否还会喜欢做出这种移动的方法呢?

从事先的角度看这件事,我们似乎很可能会喜欢这种类型的方法。我们不可能事先说出我们将会是赢家还是输家,而赌一把是个好办法。而且,前面提到的厌恶风险的特点会适用于这个事例,也就是说,赌一把通常不会使输家实际支付特别大的成本。

在上述所有事例中,我一直假定,无论用哪种方法,个人对于选定的决策方法在今后可能产生的结果一无所知或知之甚少。如果我们将个人对他自己在社会中的权力和财富的了解置于一边,这看来是现实的。也就是说,生活在同一个社会中的有钱有势的人和穷人会合理地猜到:在今后的决策中,有钱有势的人将会比穷人过得好。既然我们没有改变财富和权力的比率——那是下面的分配问题要谈的事——这就是自然而然的事。

富人不会知道在哪种情况下他会有所得,但会知道他在使用需求显示过程方法时得到的会比在使用任何其他一种平等考虑双方资源禀赋差异的方法时得到的多。同样,穷人会知道,他不会过得像富人那么好,但会知道,他会过得比在使用任何其他方法时都好。对这个问题的规范讨论是困难的,因为隐含的备选项——一人一票的多数决——本身是把富人作为反对穷人的力量而予以大大削减的制度。[9] 如果我们从现状开始,现状中的个人在与公共部门打交道时是相对平等的,而在

---

[9] 见詹姆斯·M.布坎南著《福利国家中授权经营的政治经济学》(James M Buchanan, "The Political Economy of Franchise in the Welfare State," in R. T. Seldon, ed., *Capitalism and Freedom: Problems and Prospects*, Charlottesville: University Press of Virginia, 1975, 52-77.)。请注意,在实践中,民主并不全都那么平等。

私营部门中则有巨大的财富差异,这在最初计算资源时应该予以考虑。

个人能够利用他在私营部门的"政治"资源,或是在政治部门的"私人"资源对资源分配方法重新进行安排。通过这种重新安排,每个人肯定都能使自己的待遇得到改善。可想而知,当不可能进行这样的交易时,他就无法调整这两个部门之间的资源利用了,即便(不大可能)他在政府部门和私营部门中都处于极好的调整位置也不行。

但是,到此为止,我们还只是从外围来讨论财富和收入分配的问题。实际上这是个极为困难的问题,我已另用整篇文章专门谈这个问题。[10] 但是,这个问题之所以困难,原因并非需求显示过程不适于处理这类问题,而是由于这个问题本身还没有得到恰当论述。尽管有大量文献讨论相对平等政策的合理性或不合理性,但这种讨论隐含了一种假定,即这将是很不成熟的一种政策。需求显示过程使任何再分配制度都有可能大大改进其结构细节。遗憾的是,这个结果却提出了"我们究竟想从收入再分配中得到什么"的一系列问题。一份非常细心的文献调查研究似乎表明,这些问题先前还不曾得到论证。因此,如何利用需求显示过程的细节问题尚悬而未决,原因不在于与需求显示过程有关的技术,而在于与各种再分配模式的合理性有关的价值判断。

我们可以从一个相当简单的问题开始讨论。几乎每个政府行为都会产生社会财富再分配方面的副产品。像决定修路,改变"扰民法"(Nuisance Act),或建一座新邮局这类小事情,实际上都改变着百姓的财富。从传统上来说,除非这些变化由特别突然的自然灾害造成,并且落入某个严格限定的法律分类中,否则受害者是得不到补偿的,也不会对受益者征收任何特别的税。推测的原因是行政管理的复杂性。我们根本没办法计算出适当的个人税额和补偿支付额。

---

[10] Tullock, *Revealing the Demand for Transfers*.

需求显示过程允许使用(近似的)林德尔税,而林德尔税在许多情况下都会是负值。因此,我们至少可以近似地进行征税和补偿。这是政府政策制定领域中一个全新的领域,但是在我看来,它是一个能使大多数人因执行这个程序受益的领域。暂且假定,我们能够非常精确地征收林德尔税,我们就能向各种政府政策变革的受益人征税,并用这些税收补偿那些受到伤害的人,从而大大改进我们社会的工作。至少,它将会消灭所有政策作为最终原因造成的伤害多于受益的情况。而且,我们大多数人大概都厌恶风险,因此,消灭掉一种非常重大的风险将会是可取的。

这个分析完全建立在"可以适当精确地征收林德尔税"这一假定基础之上。我们认为这是可以做到的,但也完全有可能出现特殊情况——例如,为某条街道重铺路面——我们不可能精确地征税。在这件事情上,上述机会不可能存在。不管怎么说,在这件事情上,在需求显示过程的辅助下征收林德尔税的问题在其他地方还是得到了解决。这显然是一个需要进行大量详细实证调查研究的领域。

更重要的是,需求显示过程没有多大困难就能够被用于评估个人偏好函数的相互依存度,也就是说,A对B有正面或负面感觉的程度,然后将它们一并考虑。这种评估根据需求来测定,这意味着,它用A和B在需求显示过程一开始时拥有的资源来测定。我推测,激进的平等主义者会认为,在我们开始使用需求显示过程之前,所有的东西都是平等分配的。但是,除非他们认定这种分配应该无视人们的偏好来进行,否则似乎就没有理由相信,这确实是适当的政策。然而,持这种观点的大有人在,假定他们确实是这样认为的,我们就会指出,一旦你完成了资源的平等分配,需求显示过程就会成为资源进一步分配的最佳方式。

我觉得,根本问题是另一个问题:决策人的界定。在目前的条件下,我们有时候允许接受再分配的人们对再分配投票,有时候不允许。这种事情最明显的例子表现在对待外国人的时候。大体上说来,没有哪个美国人会像几百万孟加拉人那般贫穷。每当做出一个决定,把美国政府的资金分配给美国公民时,我们就让接受者投票。每当做出一个关于把多少钱转给更贫穷的孟加拉国公民的决定时,我们就不允许他们投票。

无论在什么样的表决程序下,这样的决定都造成了再分配数量上的极大不同。我在一份细心的文献调查研究中尚未能找到超出简单传统做法来区分允许投票者和不允许投票者的论点。[11] 作为一个历史事实,许多民主国家还不允许转移支付的接受者对转移支付的规模进行投票。这曾是几乎贯穿整个 19 世纪英国法律的一部分,而且直到最近,在许多美国社区中还在非正式地执行。我对此无可述评,但是我应该说,一旦这个初步的问题得到解决,那么需求显示过程在这两种状态下都可以使用。

但是,在收入再分配方面,大多数人心中还有另一种混乱,因为他们本来想到的就是相对不完善的决策程序。他们通常赞同收入再分配,但是对它有一些隐含的限制条件。他们并不真的想要所有的人都得到平等对待,特别是,他们甚至并不真的想要自己国家的所有百姓都得到平等对待。

因此,对再分配的数量限制似乎是与我讨论过这件事情的大多数人偏好函数的一部分。一般来说,这些限制没有明确规定,而且甚至直到你开始指出一项真正平等的政策会有多么激进之前,人们其实在日常的言谈话语中都不会提及这些限制。在这样的情况下,我们对执行

---

[11] 肯定有些我们可以称为"源于"传统的论点,也就是说,由于我们成为美国人已经有很长时间了,我们对其他美国人的感觉,要比我们对外国人的感觉更强烈。

这些限制没什么可说，但我们确实感到，使用需求显示过程肯定不会更难，而是很可能会容易得多。

　　福利经济学家已经非常习惯在他们的计算中寻求帕累托最优，以致抛弃帕累托最优并用什么东西取而代之的建议，很可能会让他们气得要命。我们的这种方法，从一个定义上说是帕累托最优的，可如果你不想使用那个定义，我就会说，它比帕累托最优还要好。它选的是一个点，而不是一个区域，而且那个点将整个社会的消费者剩余之和最大化了。在我看来，它显然比帕累托最优更好，但我并不想说它是至高无上的福利指标。

需求显示过程、联盟与公共产品

尽管需求显示过程不能不受纯粹数学意义上联盟构成的影响,但从所有实际的目的来说,当用于任何有众多数量选民的选举时,需求显示过程还是会不受影响。在需求显示过程中结成联盟的问题与提供公共产品或组织卡特尔的标准经济学问题非常相似。有少数几个参与者时可以控制,但有许多人参与时就不可能控制了。

为了搞清楚这一点,来看一次简单的在两位候选人之间进行的总统选举。实际上,这种二选一的情况是联盟相对容易组织的一种情况,因此,如果联盟在这里不大可能发生,那么在更为复杂的事例中——有两个以上候选人参选的总统选举,或是沿着一轴或多轴对公共利益的数量进行选择时——联盟就更不可能发生了。

那么,来考虑一下,在华莱士与里根之间进行的一场选举中,有位喜好华莱士的人。他觉得如果华莱士获胜的话,他将会得到的好处是100美元。他正在琢磨着与许多其他有着同样喜好的人结成一个联盟,以便控制选举结果。只是为了简化,假定有100万情同此心的选民,他们全都同意把他们的偏好评估为200美元,而不是100美元,因为这将增加华莱士获胜的可能性,而他们从增加华莱士获胜的事先概率中的所得,也将少于他们每个人被"套牢",不得不支付100美元到200美元之间某个数量的克拉克税的事先概率。显然,对于华莱士的各个同党而言,这是一种他们完全有可能发现自己身陷其中的情形。在这样的条件下,第一件要说的事就是,加入了这个联盟,华莱士的同党只对100美元而不是200美元投赞成票才是明智的。他的这种选择只会以非常微小的数量降低华莱士获胜的概率,还会消除他不得不为赢得华莱士的竞选胜利而支付介于100到200美元之间一笔钱的可能。

再来仔细观察一下这件事。当一个对华莱士的实际偏好水平只有100美元的人选择了赞成200美元的投票时,他要么对这次表决没有影响,就像他投了反对100美元的票一样,要么他就得付一个超过100美元的税。所以,他投票赞成100美元总会使他的处境好一些,而如果他没有参与其他人结成的联盟,他也总会过得好一些。这将被看作一个典型的公共产品问题,因此,我们有可能从大的联盟预见到许多这类缺点。

但是,根本的问题甚至还要更糟。为什么拥护华莱士的选民就真的该加入到这个联盟中呢?他可以直接告诉有可能组织联盟的人,他真的并不喜欢华莱士,他对这种选举无所谓;要么他也可以说,尽管他的确赞成华莱士当选,但赞成的程度用钱来衡量非常少,可能只值50美分或1美元。这样,他或许可以说,如果他答应为华莱士而投赞成100美元的票,他可能就得向联盟支付同样的费用,就像那些喜欢为华莱士支付100美元的人们投票赞成支付200美元一样。其实,他可以说,他已经做了大贡献,因为他出的价会是他实际所得的100倍。

再说一遍,这可以被看作一个公共产品的问题。这位选民有一个隐藏自己偏好的动机,并努力讨价还价,而我们与公共产品的私人供应打交道的经历表明,一般来说,这种类型的讨价还价问题是不可能解决的。选民要想隐藏他的偏好,是很容易做到的(毕竟没有绝对客观的标准),因此他应该能够避免加入联盟,甚至可以用点儿手段,做到只是表面上同意参加。

我们在私人生活中确实看到过两个成功组织起来的政治联盟事例。一个是普通民主政治中的一般政党;另一个是公司的接管竞买。

但是，这两种类型的政治联盟之所以能够组织起来，是因为它们每一个都有自己的独特之处，这使得组织联盟变得容易了。我们先来谈谈政党的例子。政党的组织原则决定了个人不可能就他的贡献向党讨价还价。他的确有一票，他可以投票也可以不投。他不能说，因为他的偏好比较弱，他就应该以比别人低的价格加入这个党。其实，他平日甚至没有主动的要求加入。这个政党制定了一揽子政策，然后向选民宣传推荐。这个政党通过选择各种政策，带着有足够多的选民去投票支持本党认为好于对立党派提出的一揽子政策，从而能形成多数，或在某次选举中获得无论多少取胜所必须选票数量的想法，以一种创新的精神建立联盟。选民个人根本没有机会进行讨价还价。没有理由认为，在需求显示过程中与这样一个联盟一起出现的选民，完全不会按他的真实偏好投票。任何其他的投票都会花费他的钱而又不能带给他好处。

接管竞价有些相似。一般过程是这样的：当某个公司或有钱的人或集团想要接管一家公司时，他们就秘密地偷偷摸摸地买它的股票，直到他们成为多数。这显然是困难的，所以有了接管竞价的替代。在使用接管竞价的办法时，他们只需要宣布，如果提供给他们某个数量的股票（比如说90%），他们就决定以某个价格购买这些股票。再说一遍，通过这种方式获得选票的个人没有机会进行讨价还价。其实，这就是使用这种方法的一个重要原因。除了使交易成本和谈判成本最小化之外，这种方法显然是无效率的。这种方法避免了谈判成本，而谈判成本会使接管这件事在没有接管竞价的办法时，通常就不可能做成。

因此，尽管不能用数学方法来证明，在需求显示过程下将不能形成联盟，但公共产品的理论却表明，联盟只会在有极少数选民时形成，或者说，无论如何，只有几个选民会是某个联盟的成员。要求有许多选民参与的联盟（在大多数的民主选举中，这毕竟是正常情况），是不可能组织起来的，因为建立联盟涉及谈判问题。

第四部分

寻租

关税、垄断与偷盗的福利成本[*]

近年来,已经出版了一大批旨在测定垄断和关税的福利成本的研究成果。[①] 结果无一例外地表明,这些活动只有非常小的成本。经济学家通常对此深感遗憾。这导致芒德尔在1962年评论说:"除非对于发现这些研究成果所使用的工具的有效性做一个全面的理论再考察,……否则,就会有人不可避免地得出结论说,经济学已经不再重要了。"[②]从与研究生的谈话中可以判断出,许多年轻经济学家实际上已经得出结论,认为关税和垄断都没有多大重要性。这种观点现在已经开始出现在文献中了。哈维·利本斯坦教授根据这些测算认为:"微观经济学理论注重配置效率,但把其他类型的效率排除在外,实际上,那些效率在许多情况下要更为重要得多。"[③]

我的目的是接受芒德尔的建议,走另一条研究路线,并证明"得出这些研究结果的工具"低估了关税和垄断的福利成本。古典经济学家

---

[*] 经牛津大学出版社许可,重印自《西方经济学学刊》(*Western Economic Journal* 5, June 1967:224-232)。

[①] 这些研究成果在哈维·利本斯坦所著《分配效率与"X-效率"》一文中被列成方便阅读的名录,还有一张有用的数字表,逐一计算出了每篇中的福利损失(Harvey Leibenstein, "Allocative Efficiency vs. 'X-Efficiency,'" *American Economic Review*, June 1966, 56, 392-415.)。

[②] R. A. Mundell, Review of L. H. Janssen, *Free Trade, Protection and Customs Union*, *American Economic Review*, June 1962, 52, 622.

[③] 见利本斯坦的文章,于前引书第392页。在这篇文章中,利本斯坦前后一致地使用短语"配置效率",专门指关税和垄断的缺失。

反对关税时没有关注这些琐事,而司法部在攻击垄断时也没有处理这个不大的问题。

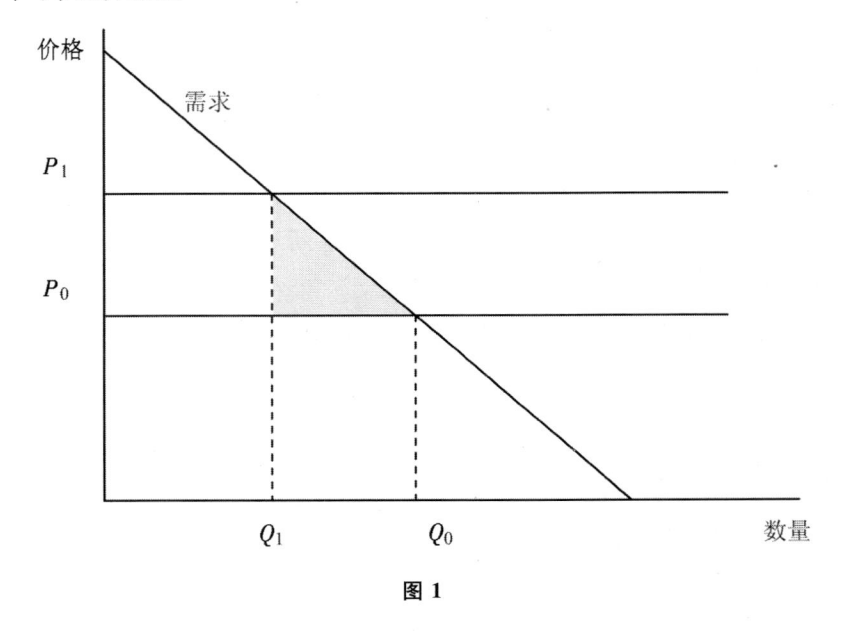

图 1

静 态

目前测定这些成本的方法,是由哈伯格教授开创的。④ 因此,我们非常简单地利用哈伯格的图形开始分析一种关税。图 1 表示了一种商品,它可以在国内以 P_1 的不变成本生产,而进口成本为 P_0。在有既定

---

④ A. C. Harberger, "Using the Resources at Hand More Effectively," *American Economic Review*, May 1959, 49, 134 – 146. 应该注意的是,哈伯格建议的方法是用于测定垄断的福利成本的,但是将这种方法扩展到关税是其他学者所为。比较细心的测定了关税的福利成本的学者,并没有完全使用这种简单的哈伯格方法,而是使用了如图 2 所示的方法。我选择从这种方法开始讨论,部分原因是它简化了阐述,部分原因在于这种做法是讨论的"常识"。

需求而没有关税时,这种商品将以 P_0 的价格卖出 Q_0 单位。如果实行了禁止性的关税,这种商品将以 P_1 的价格卖出 Q_1 单位。有人说,价格的增加只不过是一种转移支付,从社会的某些成员转移给另一些成员,而唯一的财富损失是其后产生的阴影三角形。旨在测定关税造成的福利损失的研究报告只计算了这个三角形的价值。从几何学可知,很显然,这个数量通常会很小。

这种方法忽略了相当大量的成本。首先,关税的归集包括海关监察人员等人的开支,他们做实际的收税工作,而海岸卫队则防止走私活动。再有,船主通常会雇用报关经纪人,使他们的货物尽快出关。⑤ 我们平素不大注意关税的归集成本,因为归集成本很小,但在这个事例中,归集成本很可能大于福利三角形,尽管福利三角形本身也很小。因此,只要加上归集成本,关税的"社会成本"就大大增加了。

为了提出对这种福利成本测定方法更有效的批评,我们来把这种方法用于一种标准的消费税,而不是关税。假定图 1 表示的是某个国家对某种商品的固定供应成本和下降的需求。这种商品将以 P_0 的价格卖出 Q_0 单位。现在假定征收了一种税,使该商品的价格提高到了 P_1 而销售量降到了 Q_1。这种税的福利成本由灰色三角形测定。但是进一步假定,由这笔税收得到的收入被完全浪费掉了,比如说,建了不能通行的隧道。现在,收税的全部费用加上浪费掉的开支,总共的社会成本就是福利三角形加上全部税收收入,或者说,是由以表示成本的线为边界的不规则四边形,成本加税收,还有需求函数。买了这种产品的人付出大于成本,但是没有人从这笔开支中得到好处。⑥ 这笔资金没

---

⑤ 严格来说,海关经纪业务(的费用)应该加到关税上,因此产生一个更大的福利三角形。

⑥ 政府行为或许可以稍微提高一点用于建设隧道的资源的租金,因此,专用资源的所有者或许可以稍微得到一点好处,但这种作用显然非常微小。

有形成转移支付,因为没人从这种税的存在中获益。整体经济不仅由于这个三角形更差了,也由于浪费的资源总量而更差了。

关税包含了同样的资源浪费,因此它的社会成本也不能仅由福利三角形来测定。图 1 也可用于表示某种商品的国内成本和国外成本,以及国内对它的需求。由于国内成本高于国外商品的(包括运输)成本,在不征收关税的情况下,谁都不会在国内生产这种商品。将会进口 Q_0 单位的商品,而以 P_0 表示的价格消费。现在该国开征了限制性关税,高成本的国内生产品占领了全部市场。Q_1 单位的商品以 P_1 的价格售出。福利三角形被用于测定这种活动的福利成本。[⑦] 这种方法的论据是说,消费者支付的高价格实质上是一种转移支付,并非该国经济的实际损失。但是谁得到了这个转移支付呢?资源所有者现在从事着无效率的商品生产,如果没有征收关税,他们把资源用于其他行业也会得到他们现在得到的东西。[⑧] 但是,这些资源现在是被无效利用了,P_1 到 P_0 之间的由纵轴与 Q_1 为界的四边形测定了这种浪费的社会成本。因此,这种关税的福利总成本是三角形加上它左侧大得多的四边形。

如果政府要求一个国内老行业放弃有效的生产方法而采用一种无效方法,那与上述情形是一样的。这可以在同样的图表上画图表示,而且人们一般都会同意,福利损失不会只有福利三角形那么多,而会也包括由政府规章要求的资源无效利用,由三角形左侧的四边形表示。由于关税转移生产,从出口商品的生产转移到处于竞争劣势替代进口商品的生产,实际上,是政府要求以一种无效方式获取这些商品,因此这些事例也是一样的。保护性关税的成本是三角形加上国内生产成本与这些商品可以在国外买到的价格之差。

---

⑦ Tibor Scitovsky, *Economic Theory and Western European Integration*, Stanford, 1958.

⑧ 当这个行业初次建立时,对于第一个进入者或许有相当大的暂时租金。

但是，我们来看一下在征收关税之前，某种商品国内生产的情形。图 2 表示了一种部分进口部分国内生产的商品。假定从国外进口该商品的供应弹性是无限的，但是国内生产却是在成本高于外国的条件下进行的。没有关税，价格为 P_0，国内生产者产出 D_0 单位，进口是 $Q_0 - D_0$ 单位，总消费是 Q_0。现在假定，格拉德斯通先生是总理，他对进口品征收了一项关税，并对国内产品征收了同等数量的消费税。在新价格为 P_1 时，消费者将只想要 Q_1 单位，灰色三角形测定了增加的负担。国内生产将保持 D_0，但是进口品将从 $Q_0 - D_0$ 缩减到 $Q_1 - D_0$。政府收到的税收将相当于由两条价格线纵轴（P_1）和 Q_1 为边界的整个四边形。

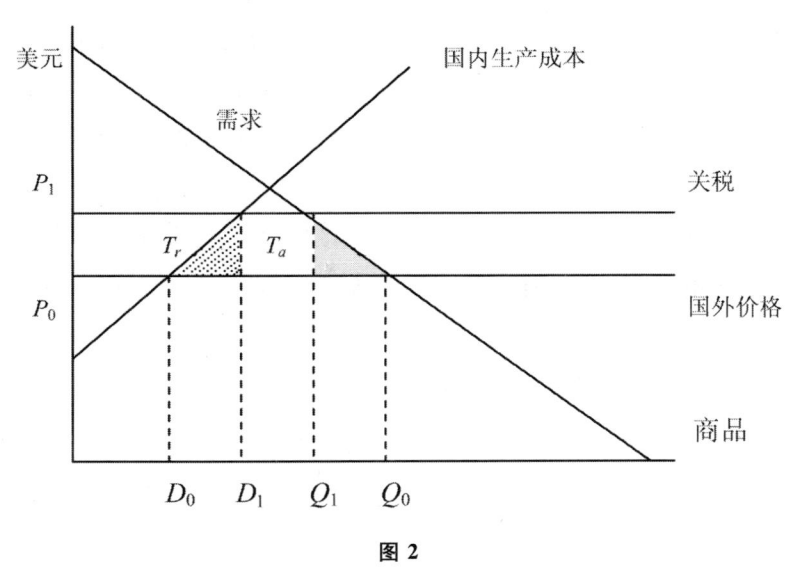

图 2

现在我们来改变一下这个例子。假定国内消费税取消了，只剩下了保护性关税。国内消费和价格会保持不变，但是国内生产会扩大到 D_1，进口会相应缩减。会出现无效利用资源去生产本该进口的商品，由黑点三角形表示。政府收入会收缩到标为 T_a 的四边形，而国内该行业的资源所有者会得到相当于不规则四边形 T_r 区域的资源量。⑨ 显然，关税的社会成本不只是灰色三角形，还要加上黑点三角形，表示的是在无效生产中最终浪费的资源。

动态：转移支付的成本

然而，不规则四边形 T_r 会表现为一个纯粹的转移支付，而且因此没有被包括到关税成本的计算中。严格来说是这样，但是动态地来看这件事，还包含了另一种社会成本，而且这种社会成本的大小是这个不规则四边形的一个函数。一般而言，各国政府不会主动征收保护性关税。他们只会因政治活动中投入了资源的游说活动或迫于压力而这么做。人们会料到，国内生产商会投入资源为关税进行游说，直到付出的最后一个美元的边际收益等同于它可能产生的转移支付的收益。可能还会有其他的利益集团试图防止这种转移支付，并投入资源，在另一个方向上影响政府。从整个社会的角度来看，这些在一定程度上可以相互抵消的开支是纯粹的浪费。这些开支没有用在增加财富上面，而是用于试图转移财富或抵制财富转移。我可以说，没有办法来测定这些开支，但是潜在收益是巨大的，而且如果投资不是也规模巨大的话，那倒是会非常令人诧异的了。

垄断包含了一种性质有点相似的成本，而且垄断也符合我无法提出一种方法来测定其社会成本的情况。但是，我将能够证明，福利三角形的方法大大低估了这些成本。这个论点照例要用图 1 那样一张图帮

---

⑨ J. Wemelsfelder, "The Short Term Effect of the Lowering of Import Duties in Germany," *Economic Journal*, March 1960, 70, 94-104.

助解释。垄断者对商品收取垄断价格 P_1,而非成本 P_0,消费量由 Q_0 下降到 Q_1。福利三角形对于社会是一个明显的损失,但是它左边的四边形只是从消费者到垄断所有者的一个转移支付。我们可以反对垄断者以我们其他人的代价来致富,但这并非国内产品的减少。

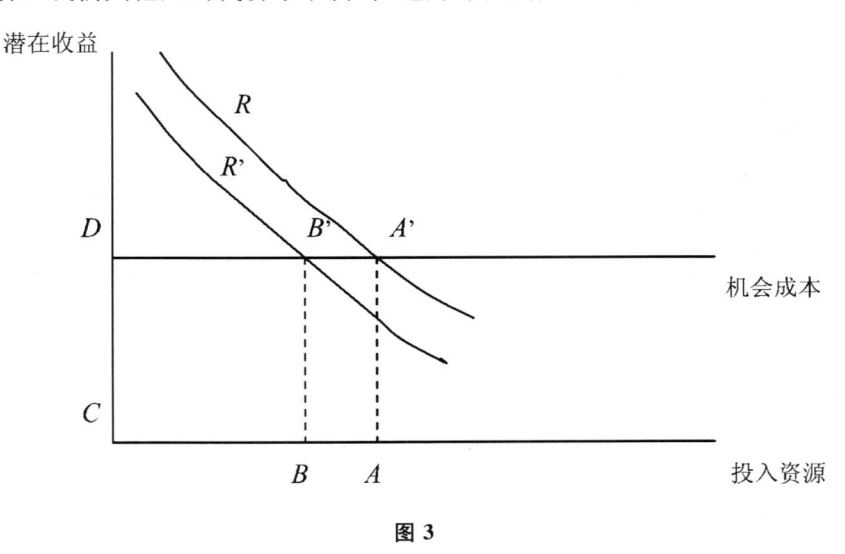

图 3

为了证明这条推理思路忽略了一些重要的成本,我想借用偷盗的经济学来解释。[10] 当然,偷盗是一种纯粹的财富转移,因此或许可以认定为根本没有福利效应。就像一次总付的税款,根本不产生福利三角

---

[10] 非法活动的经济学是一个尚未开发的领域,但是哈罗德·德姆塞茨在《交换与财产权的执行》(Harold Demsetz, "The Exchange and Enforcement of Property Rights," *Journal of Law and Economics*, October 1964, 7, 11-26)一文中简短地讨论了这个主题。J. 伦道夫·诺斯沃西的博士论文,《逃税与收税的理论》(J. Randolph Norsworthy, "A Theory of Tax Evasion and Collection," Virginia, 1966),则比较广泛地考察了非法活动的一种形式。还有两篇未发表的文章在几位学者中流传:加里·贝克尔的《政府奖惩的一种理论》(Gary Becker, "A Theory of Government Punishments and Rewards")和我自己的《法律与道德》(Tullock, "Law and Morals"),那是我四年前开始写的一本书的未发表手稿,但在这四年的时间中,它都停留在草稿形式,几乎未能取得进展。

形，因此用哈伯格的方法来测定，这种税收会显示为零社会成本。当然，这肯定不正确。尽管事实是偷盗只转移财富，但是偷盗的存在却具有非常大的福利成本。我们反偷盗的法律处理的问题并不比我们反垄断的法律处理的问题更小或是更不重要。

图 3 表示的是遇到可能做贼的人的情况。横轴表示的是努力和资本（窃贼的工具等）的数量。他有可能投资进行职业犯罪。纵轴表示了潜在收益。"机会成本"线表示的是如果他把同样的工作努力和物质资本投资于从事其他职业可能获得的收益。假定机会成本是不变的。我们先假定，拿取他人财物不违法。在这些条件下，这项活动各种投资的收益由 R 线表示。可能做贼的人会投入偷盗的资源量表示为 A，他的成本会是四边形 $AA'DC$，而他投资的纯收益会是 $A'D$ 线下的三角形区域。

一个想要保卫自己财产的人的情形也可以表示在图 3 中，当然，他也可能是想要保住自己赃物的窃贼。横轴表示的是使损失降到最小的活动所要投入的资源。⑪ 投入这种用途的每个资源单位的成本由横的机会线表示，而纵轴表示保存下来的财产。R 线现在表示的是每个"防偷盗"单位投入以保存下来的财产形式存在的收益。投入的资源总量还是 A。

这两种情形相互关联，但并不只表现为它们可以在同一张图上来表示。对于窃贼来说，R 曲线的高度取决于社会其他成员投资在锁具和其他保护装置上的资源数量。同样，要保卫自己财产的人在考虑要买多少锁具时会发现，他的 R 曲线取决于其他人在试图偷盗上投入了

---

⑪ "活动"这个词有可能造成误解。把偷盗损失降到最小的方式是尽量不让东西被偷。在偷盗为合法的世界中，我们能够预料到，这样的事实会导致生产性活动的减少和闲暇的巨大增长。

多少资源。当一个有可能做贼的人投入钱财，比如说，来改进一种撬锁方法时，那些试图保护自己财产的人的 R 曲线向下移动。同样，雇用武装守卫看守贵重物品，会使有可能做贼的人的 R 曲线向下移动。我在门上加把新锁，降低了我被盗抢的机会，但所得是否值得付出的成本，将取决于窃贼愿意为破门而入付出的努力。随着时间推移，对锁具的投资、对撬锁的回报，以及用于硝化甘油炸药和保险箱的投资，都会达到均衡。

然而，这种均衡对于社会是极为昂贵的，尽管偷盗活动实际上只是转移财富。社会成本将会是对用于偷盗活动和防止偷盗活动的资本与人力的投资。如果我们把图 3 看作代表整个社会，而不是一些个人，那么社会成本就会是由四边形 $AA'DC$ 覆盖的区域。转移本身没有社会成本，但是对于从事转移活动的人，转移活动就像任何其他活动一样，而这意味着，有大批资源可能被投入到进行转移或防止转移的尝试中。从社会作为一个整体的角度来看，这些在很大程度上相互抵消了的资源投入完全是浪费。

几乎所有采取共同面对方法来减少这类收入转移的社会都已经吸取了这个教训。这种共同面对的方法，即反偷盗的法律以及执法的警察和法院，也可以在图 3 上得到表示。现在，横轴表示的是由警察和法院投入的资源，同时横线表示他们的机会成本。投入这些活动的每个单位的资源所提供的"保护"由 R 线表示。社会将会购买 A 量的保安服务，总成本还会是以往的四边形。这种做法的效应是降低了偷盗的预期收益，也节省了私人在锁具等物品上的投资。新的收益由图 3 上的 R' 表示，而每个领域的投入资源相应减少到 B'。建立一支警察部队是否明智基本上取决于技术问题。如果在一定范围内，警察活动比私人防范措施更有效，那么 R 线的形状就会如图所示，而警察和法院的四边形就会小于从偷盗和锁具"节省下来"的两个四边形之和。[12] 当然,这就是我们通常在现实世界中所看到的情况。

但是,请注意,我们并没有把用于警察保护的投资承担到完全替代私人防范开支的程度。显然,财产所有者的一些防范开支更有效率。汽车都装配有车锁和钥匙,大概就是因为尽管警察部队的扩充可以用不装配锁和钥匙的成本来支付,但在防偷盗上不如装配锁和钥匙那么有效率。[13] 偷盗的全部社会成本是投资在偷盗活动上的努力、私人防窃贼保护,以及投在警察保护上的公共投资的总和。偷盗本身是一种纯粹的财富转移,而且没有福利成本,但是偷盗的存在,是一种有可能导致大量资源转移的活动,使资源向基本上可以相互抵消的领域和无法产生有益产品的领域转移。收入转移支付的问题不是它们直接造成福利损失,而是它们会导致人们试图利用资源获得或防止这类转移支付。一次成功的银行抢劫将启发有可能成为窃贼的人付出更大的努力,导致其他银行安装经过改进的防范设备,或许还会导致额外增加雇用警察。这些都是偷盗的社会成本,而且这些成本会非常庞大。

这是借用刑法来解释社会福利成本的问题,但我们的主要课题还是垄断。回到图1,福利三角形左边的四边形,是一个成功的垄断者能够向消费者敲诈到的收入转移。我们肯定可以料到,眼前摆着现成的这么一大笔钱,有可能成为垄断者的人都会愿意为寻求垄断权的活动投入大量资源。实际上,形成垄断所能带来的投资利润会大于这个四边形,因为这个四边形代表的只是收入转移。在对风险进行了适当的

---

[12] 可能有人会说,社会不应该对窃贼资源的节省感兴趣,因此,由警察提供的保护的价值应该只由锁具的四边形来衡量。但是,这只有在资源不会被再分配给社会可接受的生产时才是正确的。

[13] James Buchanan and Gordon Tullock,"Public and Private Interaction under Reciprocal Externality," in *The Public Economy of Urban Communities*, Julius Margolis, Ed., Washington, D.C., 1965, 52–73.

折价之后，资本价值会更值钱。在边际成本等于适当的折价收益之前，企业家都会愿意投入资源，试图形成垄断。[14] 潜在的消费者必然也会对防止财富转移感兴趣，他们应该愿意为此目的进行大量投资。可以预料到，一旦形成了垄断，双方都会为打破垄断或增强垄断付出持续的努力。这里还要再说一遍，可能会投入相当多的资源。此外，垄断的把持者会愿意为保卫他们得到这些财富转移的权力而投入非常多的钱财。

正如一次成功的偷盗将刺激其他窃贼扩大这个行当，也会要求防范措施方面更大的投资一样，每次成功形成垄断或创设一种关税，都将刺激更大的资源转移，试图组织更多的收入转移。在格兰德斯通的英国，极少有资源用于得到有利的关税待遇。在现今的美国，为此目的存在着大量有资金支持的游说集团。在英国的例子中，福利成本很低，在美国的例子中，福利成本肯定非常大。高效的警察部队减少了投入偷盗活动的资源，而自由贸易或积极的反托拉斯政策将减少投入游说活动或试图组织垄断的资源。

确认和测定这些资源的问题是一个困难的问题，部分原因在于争取形成垄断的活动是非法的。反托拉斯部门的预算和由有可能遭到检察的公司供养的大量法律工作者，都将是垄断的社会成本的明显事例，但是，这大概也只是总量的一小部分。非常稀缺的资源、熟练的管理人员，都非常有可能被投入到建立、打破和增强垄断的尝试中。说实在的，漫长的谈判可以非常昂贵，但是我们没有办法测定它们的成本。同样，一座真正的工厂可能不是为了获得直接生产的最大化效率而建立的，而是为了获得其对竞争对手的潜在威胁。再说一遍，还是不可能测

---

[14] 这里的界限非常不同寻常。为获得垄断权而增加的投资单位，并不增加潜在垄断的价值，但增加了得到垄断权的可能性。因此，它们改变的是折价率，而不是回报。

定成本。进一步的问题是,垄断的大部分成本大概已经通过没有获得垄断但是为了实现垄断的希望已经赌上资源的公司而扩散了。一场足球博彩的成本不是用赢家一方球票的成本来测定的,而是由所有球票的成本测定的。⑮ 同样,垄断的总成本也应该用为获得一个垄断权的成功与不成功的努力来测定。大多数美国工商界人士肯定了解他们得到一个合算的垄断权的可能性,因此他们在投入资源试图得到一个垄断权时,会对潜在收益打个折扣。成功的垄断者看到,他的冒险一搏得到了报偿,而失败了的"打赌者"将输掉赌局,但是投入"赌池"中的资源却难以用经济学的方法找出来。但是,不管这个测定问题,很明显的是,用于争取和反对垄断的资源是预期财富转移规模的一个函数。由于这个函数通常会很大,我们能够预料到,这种社会浪费型的投资也会很大。福利三角形的测定方法忽略了这个重要的成本,因此大大低估了垄断的福利损失。

---

⑮ 威廉·尼斯坎南博士向我建议使用这个有帮助的类似事例。

转移支付的成本[*]

大多数有关转移支付的讨论都假定，转移支付是没有成本的。它们只是在同一帕累托最优生产边界上从一点移动到另一点的运动。以效用的说法来说，转移支付实际上是移动到了帕累托最优边界的外面，因为由于效用函数的相互依赖性，在移动完成之后，人人都能感到生活得更好了。本文的主旨是要证明，转移支付很可能涉及巨大成本。此外，我们将证明，仅仅是转移支付的可能性就会要社会付出一定成本。我们被投入了一场不能不玩的博弈，而且糟糕的是，它还是负和博弈。而且，这种博弈除了适用于我们习惯上称之为"转移支付"的情况外，还适用于许多种情况。尤其是在讨价还价、自愿施舍、政府发起的收入再分配、偷盗和战争等问题上都会产生一些结构问题。我们将会看到，这里的分析将适用于所有这些问题。但是，不应该以此作为政府的收入再分配就是偷盗的证据。有利于一方而不利于另一方是完全可能的事。对于赞成收入再分配但又是坚定的和平主义者的读者，他们仍然有可能持有这两种信念；对于认为我们确实应该狠狠打击共产主义者但政府的收入再分配还是不可取的那些读者，他们也将能够仍然保持他们的那些信念。

我们就从一个简单的讨价还价的例子开始吧。假定我们有一个两

---

[*] 经布莱克维尔出版公司许可，重印自《凯可洛斯》杂志（*Kyklos* 24, fasc.4, 1971, :629 - 643）。

人社会，K 和 J 是这个社会的成员。目前，他们位于图 1 中的 O 点。大多数经济学家都会同意，移动到 O 点右上方区域的运动（移到像 A 点的位置）确定无疑是可取的，因为，这种移动至少对一人有好处，而且在大多数情况下，对两人都有好处。但是，移动到 B 点往往就不一定了。这种移动对 K 先生显然有好处，但会伤害 J 先生。帕累托解是给予补偿。因为补偿涉及的只是资源从一方到另一方的转移，资源的数量没有任何改变。这可以用一条通过 B 点的 45°斜线来表示。这条线通过 O 点的右上方，因此，K 先生和 J 先生可以通过协商，达到像 C 这样的某个点，在这一点上会有与在 B 点同样的资源投入。

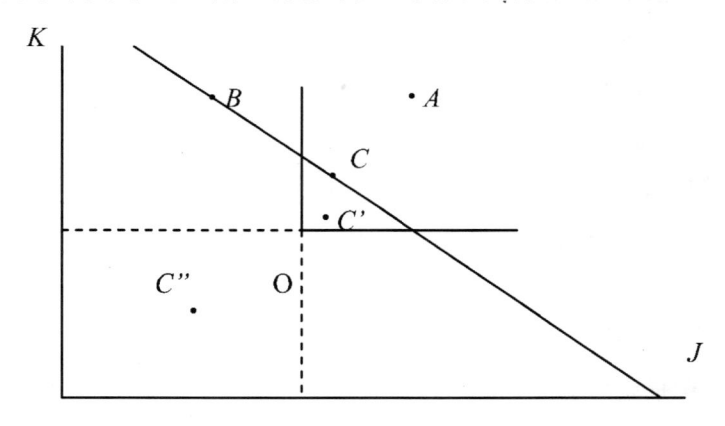

图 1

但是，这个约定俗成表述的论点并不真正符合现实。即使存在某种技术上的可能性，可以允许这个"社会"移动到 B 点，但 J 否决了这个移动，那么移动到 C 点大概会要求在 K 和 J 之间进行大量的谈判磋商。由于这种谈判磋商吸取资源，实际到达的点不会是 C，而是 B 所在线里侧的某个点，如 C'。我们其实可以想象这样一种情形：由于进行讨价还价的资源投入太大，以至最终结果落在了 C''，在原先位置的左下方。由于向右上方的移动确定无疑是可取的，那么向左下方的移动就确定无疑是不可取的。移动到虚线四边形中,就是移动到了一个至少有一人受伤害而无人得到好处的区域。只有移动到起始点的左上方或右下方区域,才会提出一个变化是可取还是不可取的问题。

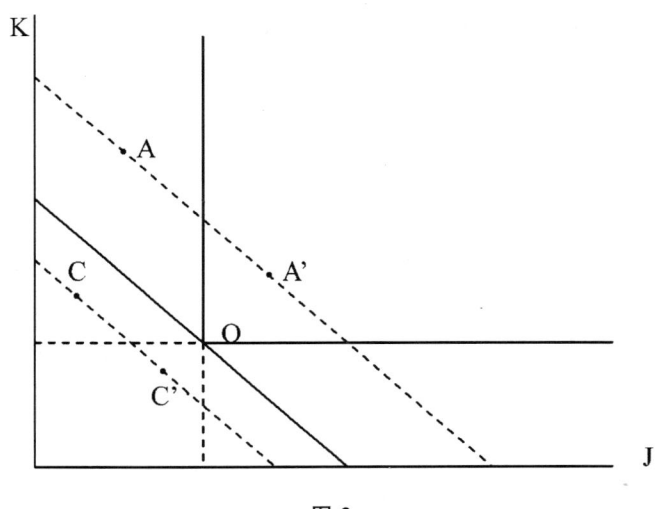

图 2

既然出现了某种技术变化,使移动到 B 成为可能,人们会预料到,双方之间的讨价还价可能导向像 C' 那样的点,而不是像 C'' 那样的点,就是因为双方肯定都是自愿进入讨价还价,不大可能会(尽管肯定地说,并非不可能)做出错误计算移动到他们实际上会遭受损失的点。如果他们在开始讨价还价之前都已经对可能出现的结果做了估计,那么他们每人肯定都预见到一个正收益。总之,人们会期待随着时间推移,这些讨价还价之前的估计会成为正确的事实,因此,自愿的讨价还价将不会导向 C'' 这样的点。

正如我们将看到的,自愿施舍和自愿的讨价还价都有这一特点,而政府收入转移支付、偷盗和战争,在这方面是不一样的。但是,在谈到这些问题之前,我们要先停一下,使用图 2 来看看帕累托原则的某些特殊方面。再次假定,我们位于 O 点。出现了某种技术变化,使社会有

可能移动到 A 点，A 点位于通过 A' 点的 45°斜线上。从 A 点的位置可知，社会有可能通过补偿达到如 A' 的点。此外，如果 J 否决了从 O 向 A 的移动，除非他得到补偿，否则 J 和 K 都将有心达成一项交易，那将落入帕累托区域中的某个地方。遗憾的是，他们每人也都有心为自己捞取大把利润，而这意味着，他们肯定都将利用资源进行彼此的讨价还价。

但是，如果提出了一个移动到 C 点的建议，我们知道，首先，补偿不可能导向 O 点右上方的某个点；在 C 点，社会可利用的资源总量实际上是减少的。其次，K 和 J 有一人将无意再进行讨价还价，因为，至少从他们之中一人的立场来看，在从 C 点可利用的资源区域中，任何位置的福利都将减少。我们可以说或者心里想到，A 所处的位置相当于 A' 一类的点，而 C 相当于 C' 一类的点，因此可以想见，在第一例中每个人都可以受益，而在第二例中，必然将有伤害。

可能有人会说，应该采用穿过 O 点的 45°线的社会变革，根据是，通过这样一个移动，社会将在某种意义上使其资源得到扩大。当然，与之相应的论点会是，出于同样的原因，永远都不应该采用像 C 那样的变革。如前所述，这触犯了关于效用比较的帕累托禁忌。但是，要用严格个人主义的和帕累托的语言为与之相似的事情辩解也是可能的。假定我们预期今后将有大量的机会开放，其中有些机会将像 A 点那样，引导社会到达穿过 O 点的 45°线上方的一个新点，还有些机会像 C 点那样，将会导向下面的一个点。进一步假定，从整体上说，我们不认为到这些变化将有利于社会中的某个人或某个集团。在这些条件下，K 和 J 或许都会同意一个一般规则：导致边界线向右外方移动的所有变化都将被接受，不论它们的分布特征如何，就是因为这一规则的折现值对于他们每个人都会是一个福利改善。请注意，生产边界大概不会让带有直线特点的线通过我们图上的 A 点。通过 A 点的线表示的是转移支付的可能性,而不是生产边界。

	T	K	L
T		3	6-
			0+
J		0+	2
L			
	6	2	

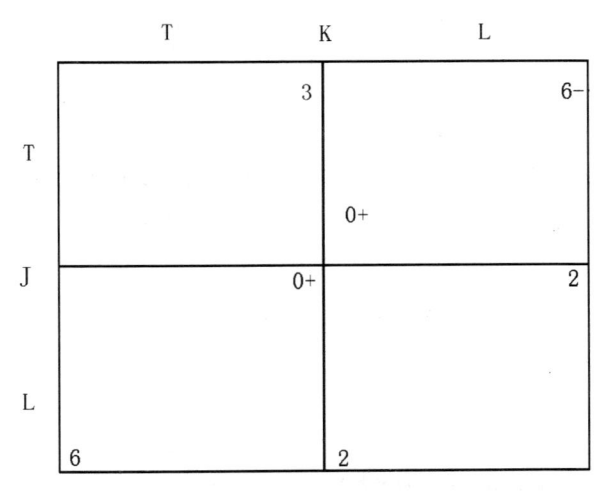

图 3

当然,这包括了一个假定,即移动的进展至少将能被足够均匀地分开,这样每方都会提前知道,他所在的位置会由许多这类技术改进而得到改善,而且哪一方都不会有太多的风险厌恶。根据同样的推理,而且争议也少得多的是,向使生产边界向回移动的点(如 C 点)所做的移动将是不可取的。大多数人大概都会同意,在通过 O 点的 45°角斜线上方发生的变化,至少有些道理可说,而在这条线下面发生的变化则是不可取的,尽管这个规则会冒犯帕累托的正统说法。

就资源投资进行的讨价还价总是一个负和博弈。举个方便的例子:假定 J 希望从 K 手里买一所房子,而且只要房价在 18 000 美元以下,买下这所房子就是有利的;而只要房价在 12 000 美元以上,K 就会愿意出售这所房子。如果他们两人都真实地说出各自的底价,他们就能平分其间的差额。然而,他们每个人都有一种动机,想让自己得到全部的议价收益,因此都不肯向对方交底。图 3 显示了这个博弈的矩阵。T 表示的是说真话,L 是说了假话。如果两人都说真话,预期结果显示在左上角;如果 J 说了真话,而 K 说了假话,那么 K 应该能得到几乎全部的差价,J 只能得到很小一部分差价;如果两人都说假话,资源投资包括找出假话,还要加上错过了交易可能性的成本,会导致右下角中的结果。当然,这可以看作一个囚徒困境博弈,其中各方(正如他们在现实生活中实际所做的一样)都想误导对方,结果就造成了一种社会损失。如果两方中的任一方选择以社会最佳的方式行动,他自己就会承担相当大的损失,而另一方就会得到很大受益。这种一般的囚徒困境矩阵具有我们将在本文中探讨的所有情形的特点。

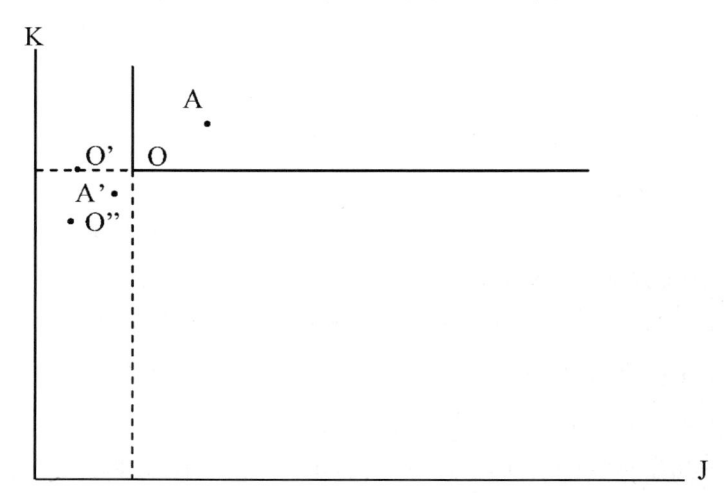

图 4

关于讨价还价的问题就说这么多,现在我们要转向自愿施舍的问题。为了讨论这个问题,我们必须重新设计一下我们到目前一直使用着的标准图形,去掉实物值和美元值,而在纵、横两轴上使用效用。①

---

① 比较讲究但复杂的方法,是保留图表中的实物值指标,但适当设计两方的无差异曲线。要了解涉及这类自愿施舍复杂性的介绍,请见托马斯·R.爱尔兰和戴维·B.约翰逊合著的《施舍的经济学》(Thomas R. Ireland and David B. Johnson, *The Economics of Charity*, ed. Gordon Tullock; Blacksburg, Va.; Center for Study of Public Choice, 1970)。

这样，再次假设 K 和 J 是一个两人社会，而这个社会处于图 4 上的 O 点。如果 K 因 J 的贫困而烦恼，他可能希望自愿给 J 一份捐赠，而这样一份捐赠会增加他的效用。如果没发生别的事，那么 K 给 J 的捐赠使社会移向 A 点，这相当于一个向外进入帕累托最优区域的一个移动。因此，就会出现的一个沿 45°线运动的移动。如果我们抽出图 4 中的实物产品说法，这个移动就是以效用来说的帕累托最优移动。这类移动大概是可能的，这个事实可以解释自愿施舍。

遗憾的是，事情没那么简单。假定 J 意识到 K 可能会给他一份慷慨的捐赠。他会广泛听取意见，以投入资源，成为一个更适合于 K 施舍的对象。这使社会移动到 O'。其实，在我最熟悉的中国乞丐的例子中，这种移动对于 J 和 K 都会降低效用水平。我以前在中国时，偶尔看到有些乞丐故意把自己弄残废，情状常常非常可怕，为的是增加他们能得到的施舍；而我常常感到，这种致残行为对我产生了相当大的负效用。

当然，在西方社会中，这些极端手段并非常态，但是任何熟悉施舍对象的人都必须认识到，他们确实在付出一定数量的资源以增加自己的收入。然而，既然潜在的施舍对象可以这样行事，潜在的赠予人往往也会投入资源来控制这种活动。这使社会移向 O''。再从历史上来看，中世纪的王公们雇用施赈官就是在努力减少王室慷慨施舍的潜在受益人为成为捐赠对象而使用的资源。在现代，这类保护是专业慈善项目管理的主要目标之一。

至此，我们已经移动进入了帕累托占优的区域。然而，应该注意到我们没有必要停留在这里。K 给 J 的捐赠还有可能使我们向 A 移动。当然，也有可能它只能使我们移动到 A'，而且因此，即使从效用的角度来说，在慈善活动出现之后，这个社会也会比没有人想到这类捐赠的可能性时状况更差了。但是，再说一遍，这种活动双方都是自愿的，因此很有可能，最终结果是一个帕累托改进，而不是帕累托占优。

正如讨价还价的例子一样,也像我们不久将要讨论的其他事例一样,问题在于,尽管实际的施舍活动对双方都有好处,但仅仅是施舍的可能性就会引起任一方旨在改进他自己效用的行为和动用资源的行为。这种行为是相互抵消的,考虑的只是行为本身而忽略了最终的捐赠,使社会移动进入帕累托占优的区域。从 O'' 到 A 或 A' 的移动是帕累托最优的,从 O 到 O'' 的移动是帕累托占优的。如果有可能看到,帕累托占优的移动从来没有出现,社会显然就会从所有的慈善活动中获得纯收益。但是,没有办法提供这种保证。因此,几乎可以肯定,至少在偶然的情况下,施舍行为就像讨价还价的结果一样会出错,而最终效果是社会受到伤害。我们可以认为这是令人遗憾的事,但没有证据表明,这个世界是为我们的方便而设计的。

但是,至此我们一直在讨论的是双方自愿的活动。从某种意义上说,任何活动都是自愿的。例如,当劫匪说:"你要钱还是要命?"时,你和他达成一项对你们两人都有好处的妥协。从你的立场看,这个活动中的不自愿部分是劫匪的不请自到,而不是在劫匪露面并威胁到你的生命之后,你与他做的交易。其实,这个小小的有时用于教学中的悖论——这是或不是一项自愿交易的问题——很容易回答。这是由劫匪提出的受害者的生命与受害者的钱财之间的交易,这项交易会使双方都活得好一些。受害者唯一能抱怨的是,劫匪未经他的同意,就将他置于面对这样一项交易必须做出决定的境地。劫匪的出现急剧降低了他的效用。他后来同劫匪达成的交易改善了他和劫匪两人的效用。因此,这项交易可以分为两种行为,其中的第一种不是帕累托最优,而第二种则是帕累托最优。

然而,回到我们的主题,偷盗、战争和政府的收入再分配,全都不是双方自愿进入的转移支付,但从某种意义上说,双方都对整个活动感到满意。请注意,政府的收入再分配只在一定程度上是非自愿的。身兼纳税人和公民两种身份的人大概会对向别人提供施舍感兴趣，并可能选择国家作为一种合作媒介，服务于这个目的。只要这是事实，收入的再分配就是自愿的，而且应该按自愿行为进行分析。但是很有可能的是，政府把收入再分配做过了头，超出了为再分配好处付款的人的效用。那么，下面出现的论点就只适用于政府收入再分配中并非以特殊方式组织自愿捐赠的部分。根据我的主观判断，我认为，由政府办理的收入转移支付中大约90%是这种性质的，但是我的这种猜测可能大错特错。我认为，我们全都会同意，一些重大的再分配项目，如：农业补贴计划、用一般纳税人的钱为私人飞机提供昂贵设施，使之能廉价而方便地飞行，或是通过限制钢的进口向钢厂主做转移支付等，都不是"捐赠人"一方经过仔细考虑做出捐赠意愿的结果。它们是受益人一方活动，可能还要加上实际付款人一方无所谓或者更可能是无知与政治弱点共同作用的结果。

那么，我们现在来考察一下这种再分配。请注意，无论是以实物还是以效用来计量的总产出都没有增长。因此，实物的转移支付落在一条笔直的45°斜线上。可以料到，这样的转移支付对于社会中的效率没有改进。受伤害者的牺牲将和受益者的收获一样多。② 假定我们现在处于图 5 中的 O 点。某个压力集团——比如说，塔尔萨（Tulsa）的老百姓，他们想让自己的城市成为一个深水港——投入了一定数量的资源去游说国会。这使社会移动到 O'。他们将会投入的资源数量，在一定程度上会是他们所期望的资源反向投资（counter-investment）的一个函数，但我们要把这个讨论推迟一会儿。

有些人不愿把他们的税款用于疏浚河道使塔尔萨成为一个深水

---

② 严格来说，这并不是分析下述情况的必要条件。有可能，"捐赠人"宁愿不捐赠这个数量，但他可能要求从捐赠物得到一定效用，哪怕对他来说价值没有那么大。这会导致更为详细的分析，但对我们的结论并没有根本的改变。

港，在我们的图中表示为 K。他们现在投入资源用于游说，反对这项举措。结果是使社会移动到 $O"$。然后国会采取行动了。如果疏浚河道到塔尔萨的举措落空了，我们仍会处于 $O"$。可悲的是，在现实世界中，这项举措得到了支持。因此，有了一笔由 K 付给 J 的资源转移支付。由于游说活动已经降低了资源总量，这就是从 $O"$ 做出的 $45°$ 移动。③ 如果塔尔萨的百姓——在图表中由 J 表示——计算得当，资源的转移支付将会作为整个交易的结果使他们受益，也就是说，他们将会到达某个像 A 这样的点。如果他们的计算不当，转移支付可能会少于在争取疏浚活动中投入资源的损失，因此，他们最终会到达 A'。

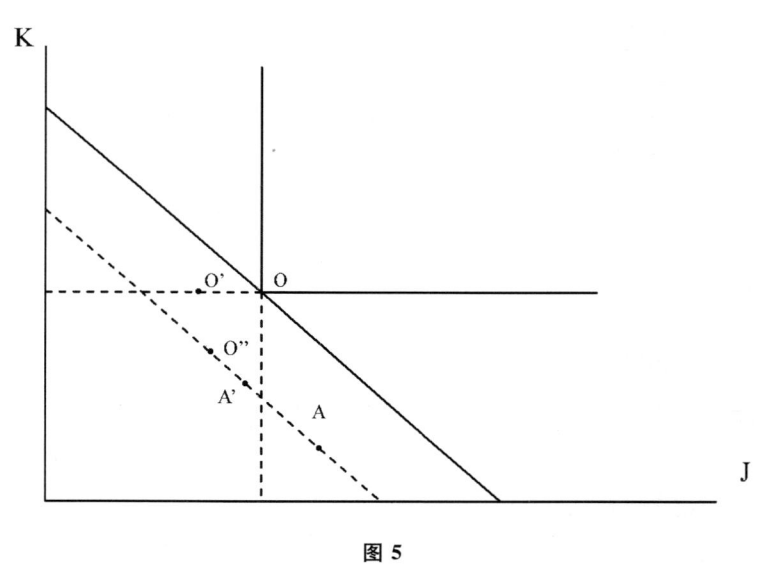

图 5

---

③ 在这种转移支付中或其本身可以是一个使社会陷于贫困的移动。也就是说，疏浚活动对于塔尔萨老百姓的价值，远低于它对其他人的成本。在这样的情况下，这种移动会沿着比 $45°$ 更陡的斜线进行。它会是一个无效率的转移支付。尽管在现实世界中，个别的转移支付可能具有这种无效率，但是，把我们的讨论限定在转移支付中及其本身并不包含这种无效率的简单事例中，还是明智的。

我认为，仅从进行游说以造成这类转移支付的那些人的立场来看此事，我们可以假定：如果转移支付成功了，结果会是他们由游说活动得到了一笔净利润。如果转移支付不成功，他们当然就失败了。一连串几个这类活动的折现值会是什么样，我们说不出。很可能是如 A' 点那样的某个点。但是如果我们假定，人人都想要得到这类转移支付，而且他们有一种倾向，要抹杀社会不同成员之间的差异，那么显然，我们最终就到达了帕累托占优的区域。无论如何有两点是明确的：其一是，从总体上来说，这个活动没有给"社会"带来好处；其二是，如果要问我们是否愿意在今后再让这类活动出现，在不了解我们是否会成为这些活动的受益者还是牺牲品的情况下，我们会说不愿意。一连串这类再分配活动的事前价值对于一般人来说是负值。

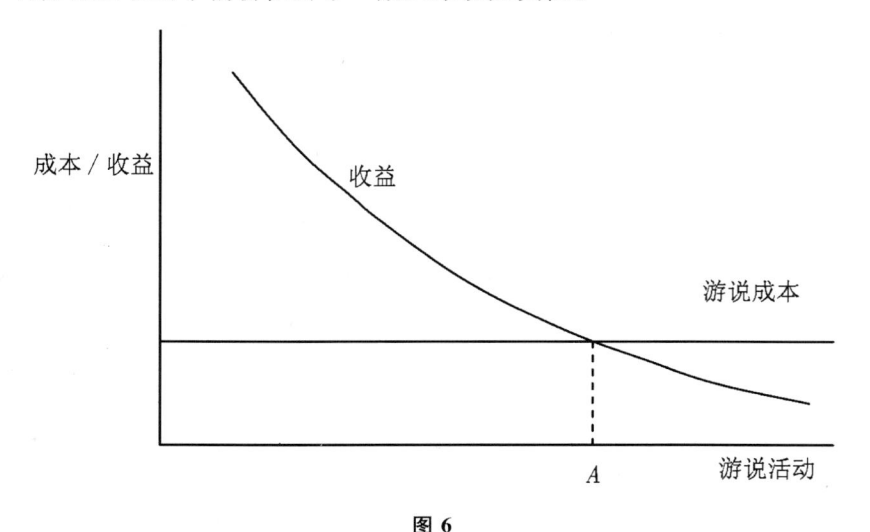

图 6

我们来简短地看看某一方所做的计算，这方认为自己要么对通过游说从别人那里得到转移支付感兴趣，要么对避免别人从他自己这里获取转移支付感兴趣。在这样的情况下，他投入资源进行游说，如图 6 所示。游说的成本由游说本身的成本和可能从游说获得的好处来衡量

（假定他的对手投入了一个固定数量反向游说的成本），用图中的曲线表示。他会选择投入数量 A 进行游说活动，还会购买某种成功的概率。从他的角度看，这是他的资源事前的明智投资。事后，他有可能赢，也可能输，但是随时间推移，一个总要做这样计算的政策，加上对游说活动的适量投入，会使他的收入流最大化。

然而，请注意，我们已经假定另一方的游说活动是固定不变的。在现实世界中，这两方中的每一方都将会按对手的活动调整自己的游说活动，而最终结果会是一张标准的反应图。假定事事正常，图上的两条曲线相交于一个均衡点。由于用于游说的资源是可以自行抵消的——J 的资源在一定程度上抵消了 K 的资源——它们代表了社会的净损失。如果我们能够事先预言结果，接受结果而不投入资源，双方就都可以受益。然而，在现实世界中，个人不对游说进行投资会是不合理的，而我们能够预料到，在有可能获得转移支付的那些情况下，这种类型的囚徒困境将导致对游说的大规模投资。

本文的标题是《转移支付的成本》。正如从图中可以看出的，本文也可以被称为《抵制转移支付的成本》。问题在于，转移支付的可能性导致人们要么为获得转移支付，要么为防止转移支付而投入资源。希望得到转移支付的人们将投入资源，直到为获得转移支付的概率投入最后一美元的回报值一美元。反对转移支付的人也将以同样的方式进行投资。总有一方会赢，但是从社会的角度来看，争执双方投入的资源完全浪费掉了。

当然，没有一种先验的论点说这方或那方是愿意取消这种争执的。如果我们回到格兰德斯通的英国海关——那里政府大体上不从事转移支付，而且各方都知道，为了他们自己的利益而在这个海关实行一种变革的游说成本，几乎肯定会大大超过可以获得的利益——我们就会看到，几乎没有这类资源投入。然而，如果存在相反的情形——人们广泛认为,任何有关转移支付的提议都会自动通过,因此投入资源来抵制转移支付都是白费——还是一样,也不会有多少用于争执的资源被浪费掉。当然,由于对转移支付没有多少抵制的缘故,也不会为获得转移支付而投入多少资源。④ 或许有人会在这两种对转移支付一般态度的社会情况之间做选择,但这就超出本文讨论的范围了。

关于政府实施的收入或财富再分配就谈这么多了。人们很容易就能看到,可以用同样的方法分析战争和偷盗,而且,如果我们改换一下标题的话,其实就能在同样的图表上显示这种分析。⑤ 在这每种情况下,为获得转移支付可以投入资源,而且在每种情况下,如果对方只投入极少的资源,这就将是一个获利丰厚的活动。例如,与世界上最富的国家为邻的墨西哥人,生活非常贫困。而且,据我所知,他们非常讨厌美国人。这样,征服美国,对于墨西哥就是非常可取的事。当然,他们没有来征服美国,原因是以我们目前的武器装备水平,征服美国是他们在军事上根本做不到的事情。然而,如果我们单方面解除了武装,并因此使征服美国不用花什么钱,那他们再不采取行动就是傻瓜了。不必说,我们的军事力量目前并不是针对墨西哥人的。我们的军事力量针对的是另一些敌人,那些敌人非常强大,以致必须保有极大的武力优势,大大超越墨西哥人所保有的武力。在这样的情况下,我们大概不会从墨西哥人的敌意中受到什么伤害,而墨西哥人也完全不必担心我们会攻击他们。

但是,如果有两个大国,全都武装到了牙齿,那么他们之间的冲突很可能是成本大于收益。因此,人们会预料到,从总体上看,他们会选择不要挑起冲突——尽管武器装备竞赛也是一种冲突形式。但是,应

---

④ 或许会有大量投资用于决定哪些转移支付将付诸实施。
⑤ 这也适用于各种革命。

该注意的是,这只是因为武器装备的水平已经很高,因此冲突的成本会非常巨大。如果双方中有一方,或是双方都可以倒退到冲突成本很低的一点,大概就会再现战争利润。例如,看看北越政府第一次推翻柬埔寨政府的尝试吧。既然柬埔寨已经做了军事准备,在我看来,不管事后结果如何,尝试这种企图的决定还是个事前合理的决定。

总之,按习惯来说,转移支付在经济上是没有成本的,而且提出的基本上都是非经济问题。我不希望同那种说"转移支付通常提出的都是非经济问题"的说法进行争论,本文的关键就是要指出,转移支付确实也包含纯粹的经济成本。转移支付本身可以没有成本,但是转移支付的可能性导致个人和群体要么为了获得一笔转移支付,要么为了抵制从他们自身拿走一笔转移支付而投入资源。这些资源是纯粹的社会浪费。转移支付导致争执,而从社会整体的角度看,争执总是社会浪费的一个例子。令人感到遗憾的是,人们非常普遍地认为,个人从事这种活动是非常合理的。

再论转移支付的福利成本[*]

我认为,在许多情况下,为收入的转移支付进行游说产生了公共的善和恶,这是不可否认的。如果是这样,那么,用于获得这样一种转移支付的投资会少于这一转移支付的全部折现值。正如我将在下面谈到的,这对于我们在民主国家中看到的非常大量的收入转移支付在不同中间收入群体之间转来转去从而自行抵消这一事实,提供了一种解释。

但是,在谈这件事之前,我想要讨论一下转移支付机制的政治成本。布朗宁在他的最后评论中谈到"立法者花费了那么多时间来设计多种再分配项目",结果"他们不大了解政府的其他项目"的这种成本,当然是非常正确的。[①] 实际上,我们或许可以把这些项目中的许多项目称为"瓦格纳式的游说"。[②] 国会议员认为,他们选区的选民对得到本区内的计划项目感兴趣,而对其他计划几乎都不感兴趣。因此,他们把大部分时间用于为本区争取转移支付。有些国会议员也专门为社会中的特殊群体争取转移支付,他们是本区的代表,但也是更大范围人群

---

[*] 经布莱克维尔出版公司许可,重印自《凯可洛斯》杂志(*Kyklos* 27, fasc. 2, 1974, 378–381)。

[①] Edgar K. Browning, "On the Welfare Cost of Transfers," *Kyklos* Vol. 27(1974), p. 377.

[②] Richard E. Wagner, "Pressure Groups and Political Entrepreneurs: A Review Article," *Papers on Non-Market Decision Making*, 1, 1966, pp. 161–170.

的代表：老年人、农民等。③ 可以肯定，以立法者的时间这种非常稀缺的资源来衡量，这种成本必定是巨大的。而且，这种成本也必定具有我在原来那篇文章中谈到的抵消特点。但是，我们还可以走得更远一些。另一群积极从事游说活动的人是每个政府部门中的官员。这些官员感兴趣的基本上是通过扩大他们所在的部门给他们自己转移支付，但社会成本必定是巨大的。④ 再说一遍，部门之间的竞争会引起我在原来那篇文章中表述的现象。

然而请注意，在这两个事例中，这种游说的实际效果要比直接的资源成本大得多，因为有大量没有涉足游说活动的人发现，他们自己也受到了游说结果的影响。美国内政部与陆军工兵之间就拨款问题引起的争议，会导致这两个部门的资源投入。这种投入很可能会使他们争夺的拨款在两部门之间发生转变，但价值大打折扣。这种拨款对整体经济的影响可能要广泛得多。但是，由于实际争执只涉及争取和反对拨款的人，我们会预期，对整体经济的影响往往相对随机。如果是这样，我们会预期，这种争执结果引起的转移支付对整体经济的影响只会恰巧符合某种社会政策的想法。从根本上说，那只会是一种随机的转移支付。

在我原来的那篇文章中，我主要谈的是这类转移支付，即：只对某些有限人群有相当具体而有限直接影响的拨款或项目的决定。布朗宁把"税制改革"作为一个典型事例，并且说："正如大多数再分配收入的其他政府项目一样，……突出特点是，税制改革把一组数百万人的收入

---

③ 尽管本文和布朗宁的文章都主要依据美国的数据，但据我所知，这些现象在民主国家内普遍存在。《凯可洛斯》(*Kyklos*)杂志的一位编辑，有一次曾向我讲述了瑞士政府决定在哪里体现国家作用(*Nationalstrassen*)的方法。我由此得出结论，我的看法并非特别有争议，至少在《凯可洛斯》杂志是这样。

④ David L. Shapiro, "Can Public Investment Have a Positive Rate of Return?" *Journal of Political Economy*, Vol. 81(1973), March/April, pp. 401–413.

转移给了另外一组有着同样规模的人。"他的例子是"所得税结构的累进程度"。他强调的是："对游说活动没有自愿奉献"造成了这个问题。⑤

显然，我们谈的是不同类型的项目，而我愿意说明，布朗宁描述的那类项目相对罕见。首先，来看看事实，新的马斯格雷夫夫妇所著教科书对这种情况已经概括得相当清楚了。⑥ 美国人税收总负担大致同他们的收入成比例，从长期来看，收入大约为每年 5700 美元到 35 000 美元。⑦ 收入低于 5700 美元，税就少些，超过 35 000 美元后，税就上升了，尽管上升幅度也并非不合理。如果有人转而看看政府行为的最终结果，⑧ 出现的情况也差不多。换言之，我们税收和政府活动的最终效果并不是特别累进的。⑨

在实践中，似乎大多数政府都认为有必要建立一种名义上的累进税制，而这种税制肯定只是名义上累进的这一事实，无疑具有一些实际影响。例如在美国，税制结构中所有根本性的改变，都明确无误地要求增加名义累进程度。但是在实践中，这种累进性大多是幻想而非现实。因此，在布朗宁说的这件事上几乎没有什么游说活动，政府在这方面没

---

⑤ Browning,"On the Welfare Cost of Transfers," p.374.

⑥ Richard A. Musgrave and Peggy B. Musgrave, *Public Finance and Theory in Practice*, New York, McGraw-Hill, 1973.

⑦ 同⑥,p.369。

⑧ 同⑥,p.376。

⑨ 其实，在我看来，它可能累退得很厉害。政府给予的服务通常用其资源成本来估价。看来许多这类服务，如初级教育，实际上的价值对于穷人要比对于富人少很多。如果是这样，据此对各级政府提供服务的价值进行调整，我们或许会看到，在中期内（这个范围毕竟包括了差不多全部人口），政府进行收入分配的最终效果比没有这种政府活动时明显不平等。再说一遍，尽管我使用的是美国的数据，但我认为这是大多数民主国家的特点。要了解英国这种情况的数据，见阿德里安·L. 韦布和杰克·E. B. 西夫合著的《收入再分配与福利国家》(Adrian L. Webb and Jack E. B. Sieve, *Income Redistribution and the Welfare State*, London, Social Administration Research Trust, 1971)。

有什么明显的特殊政策,也是事实。然而,实际的"所得税结构的累进程度"是极为激烈的游说活动对无数具体条款作用的结果。

如果有人具体研究一下美国的所得税,他会看到大量的法律和规定。在这大量文献之中,是数量庞大的有利于各种各样特殊小型群体的具体条款。我料想布朗宁不会否认这一点,而且我相信,这些条款都是由特殊群体积极的游说活动加进去的。当然,在许多情况下,游说者是国会议员,而不是专业人员,但是私人游说者也起了重要作用。

由于这些条款通常是公共善(或恶),即使通常只是为非常小的一群人——可能有1万人吧,布朗宁提出的理论解释看来也适用于这里。其实,我认为它确实适用。但是,我们确实看到了这些从事院外活动的游说集团。我们来看看这是如何发生的吧。

如果我们认为政府的某种行动将影响很多人,通常的事实是,它将以不同的方式影响不同的人。可能有些人受到的影响非常大,而有些人受到的影响不大。如果有些人受到的影响非常大,对他们来说,投入资源尝试改变政府的政策,可能就是明智之举。

一般来说,从他们的角度看,这样一种投资的合理性,首先将取决于改变政府政策对他们会有多少回报,其次取决于产生反对派的可能性。如果没有反对派——也就是说,另一方没有人会受到特别的损害,那么,产生变化的成本就会低很多,其实,就只剩下克服政府体制惰性的成本了。然而,如果另一方有同样强烈的利益,就可能发生争执。无论如何,情况肯定千差万别,但其中至少有些人投入一定资源进行争取或反对变化的游说是明智的。

就是因为这些人为促成这类变化确实投入了资源,那么我在我原来那篇文章中提出的论点就趋向于是事实,尽管其强度已被淡化了。有些人受到再分配变化的影响,但这种影响还不值得他们花时间投入资源做出反应。结果对于他们往往是随机的。再分配的改变有些将使他们受益,有些将使他们受损。我们会预料,从人口整体来看,没有参与积极游说活动的个人,往往所得与所失一样多。布朗宁给出的美国转移支付数值总计有 1500 亿美元。我认为没有理由怀疑这个数值,但是应该指出,由富人转给穷人的转移支付只是这个数值中很小的一部分。⑩

然而,大量的转移支付在构成社会主体的广大人群中转来转去,并付出了大量的税。虽然这群人中的个别成员可能承受了非常显著的负转移支付,或者作为参与抽彩的结果得到了显著的正利益,但是他们中的大多数人肯定最终得到的是与开始时差不多同样的收入,当然,除非过重的负担减少了他们的总收入。此外,对获得转移支付或防止转移支付感兴趣的人们确实投入了资源,并有了一个成本。这个成本与他们得到或防止的转移支付相联系,而不论是什么转移支付。因此,社会中的人口要么投入资源进行游说活动,要么参与了一场抽彩。第一组人数大概不多,我原来对他们的描述多少是正确的。第二组的人数要大得多,他们有过重的负担,但一般来说,没有得到净转移支付。

---

⑩ 偶尔可以在文献中看到一些指责,说富人实际上并没有因税收制度遭受任何负的转移支付。经过仔细阅读,人们常会发现,作者真正的感受是,转移支付制度应该从富人那里拿走比现在更多的收入,而不是现在这样,使他们没有损失。

争 夺 援 助[*]

很长时间以来,经济学家已经知道,大多数社会形态有不止一种均衡。尤其是,有一种反映了帕累托最优边界上某点的协议均衡,它代表的是社会成员之间的合作。当由于这样或那样的原因不可能达成协议时,就会出现第二种为人熟知的均衡——独立调整均衡。独立调整均衡导致的各方满意程度通常不如合作均衡。从理想状态来说,国家的作用就是影响这种独立调整均衡,以导致较好的结果。尽管经济学家偶尔也会研究独立调整均衡,但是通常都会把他们的研究限定于合作均衡。

独立调整均衡可以用来分析许多非常令人不快的局面,那是经济学家相对来说极少考虑到的。但是在本文中,我将讨论独立调整均衡在政治领域中的一种特殊应用。关键是要指出,独立均衡分析具有价值,并鼓励其他学者来使用它。

我要先来谈一件前些时候出现在弗吉尼亚州布莱克斯堡的事。当地报纸刊登了一篇文章,说明该市道路维修和建设规划。大约两周后,同一份报纸报道了大量道路维修合同承包的事。值得注意的是,道路维修"规划"中的道路都不包括在承包出去的招标项目中。一开始,我对这个现象感到困惑,但经过一番思考之后,我才意识到,规划中的道

---

[*] 经克鲁瓦学术出版公司的亲切许可,重印自《公共选择》杂志(*Public Choice* 21, Spring 1975:41-51)。

路全都很重要,都有充分的理由获得公平的机会让弗吉尼亚州政府支付所有(或大部分)成本。因此,布莱克斯堡市拟订了上述规划,现在正与州政府进行谈判。对于州政府明确表态不会给予赞助的那些道路,该市就要靠自己筹资去进行维修了。

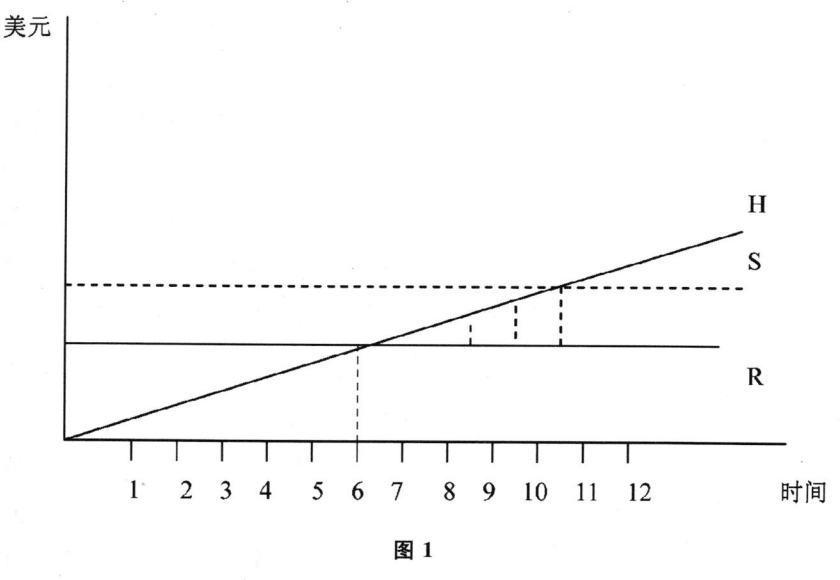

图 1

请注意这个现象。构思一个"规划"的目的不是指导这个城市的行动,而是劝说州政府采取行动。此外,重要道路的维修实际上被推迟了,而不大重要道路的维修倒是能立马开工。当然,也有可能在招标承包出去之前,不重要的道路路况已经恶化,比重要道路的路况更糟糕。但是,即使最重要的道路路况已经很差也可能得不到维修,为什么会是这样?根本的理由是:重要道路立即维修,就得由该市负担全额成本;推迟一些时日,就有一定机会让别的什么人支付所有或部分成本。因此,拖延是明智的。对于不大重要的道路,情况正好相反。

然而,让我们更加正规地看看这件事。在图 1 中,纵轴表示的是美元,要么是成本,要么是收益;横轴表示的是时间,表示的是由某个任意点开始的年份。在这个事例中,我们假定,某条路在第一年已经完全重新铺过路面,在任一年重铺路面的成本用 R 线表示。这个成本是经过简化的。我假定,这条路的实际维修有形成本不会受到这条路毁损状况的影响,人们也没有期望这种情况今后有所改变。此外,我假定,这条路最终还是会得到维修,也就是说,人们不会让它就那么坏下去。在结论没有什么区别的情况下,可以建立起不包括这两个限制条件的比较一般的(也是比较复杂的)模型。但是,加入了这两个限制条件,某年的修路成本就变成了没等到来年而放弃了的那笔钱的利息。如果重铺路面的成本是 10 万美元,而当前利率是 10%,那么今年修路而非等到明年,县里就得支付 1 万美元利息。如果县里(筹款后)打算推迟几年再办,那么利息当然就会是复利了。遗憾的是,这一点不可能在一个简单的图形上来表示。但是,还要再说一遍,引入这个复杂性不会对推理线索或是结论造成任何重大区别。

  H 线表示的是让这条路得不到维修的状况再延续一年的社会成本(工程设备的损耗、延误,等)。应该注意的是,在布莱克斯堡,修路必须在夏天进行,这使修路时间被分成了以一年为周期的几个不连续期间。H 线不断向斜上方发展。在初期,在铺路过程中由路面的坑洼不平和其他问题给汽车造成的不便、不适和可能的实质性损害是很小的。随着时间推移,这种损害在加大。假定这个城市完全靠自己集资修路,而当地市政委员会也充分代表了当地百姓的利益,那么这条路将在第六年底重铺路面。从这一点考虑,等一年重铺路面的成本会上升,超过修路成本。当然,"市政委员会充分表达了其百姓偏好"的假设是个不大可能的假设;但是,市政委员会很可能比任何更高层的政府机构都能更好地表达当地百姓的偏好。

  然而,假定州政府有一个道路改造计划。此外再假定,由州政府拨付的修路款项数量不能满足修路的实际需要(不是没有可能的假设),

而且，道路委员会把这笔钱用在了最急需维修的道路上。再说一遍，这不是个没有可能的假设，政治上的考虑当然会是重要的。在这样的情况下，市政委员会必须做一些计算。如果州政府为另外一些道路提供的修路资金数量及修复程度，可以在第六年内完成这条路的维修，那就没有问题了。布莱克斯堡市能够把全部负担转嫁给州政府。然而，这是非常不大可能发生的巧合。人们通常会假定，修路资金要么不足，要么过多。

我们从假定全部修路资金现在供应短缺开始吧。由于该市意识到，州政府将不会在第六年承担它的道路维修费用，因为还有另外一些道路已经更加破败不堪，它必须做出一个估计：如果它决心依赖州政府的话，修路大概会耽搁多久。假定州里的修路资金还有一定数量可用，州政府可能会看到，当一年后继续使用这笔钱的成本是在 S 线而不是 R 线时，所有的道路都能得到维修。在这样的情况下，该市将会预期，它的道路将在第九年得到维修。这意味着在等待州政府行动的三年时间中，路况会逐渐恶化。我用这个事例画了图 1，以表明该市花在这额外三年等待上的成本，大致与它现在就自己集资修路的成本是一样的。①

因此，如果该市认为州政府的修路标准高于 S 线，也就是说，拖延会超过三年，它就会选择在第六年底自己来修路；如果该市认为拖延会少于三年，它就会依赖州政府来修路。从当地社区的角度看，这会是一个利润最大化的决定。但是请注意，市里可能会做出错误估计。或许可用的修路资金不够多，结果在第六年后的三年（第九年）中路况已经坏到了不能用的程度，道路才能得到维修。如果资金非常有限，他们就

---

① 请注意，我在这个等式的两边都未加复利。在现实世界中，为为期三年做的一个决定大概得考虑到复利的因素，因此也会更加复杂。

会仅限于修路况更差的路。在这样的情况下,该市在第九年还得再做一次估计。它因没有修路而已经出现的成本,当然,就是沉没成本。它还得确定,再拖上一两年,州政府是否就会来修这条路。用我画的图,从第九年再拖一年,对于该市还是可以承受的;但是如果从第九年起还要再拖延的时间超过一年,那么该市最好还是自己来修路。如果出现了这种意外,即使该市在第十年自己来修这条路,最终结果也会不如它在第六年时修路。此外,如果该市在第九年得出结论说,再耽搁一年路况也不会坏到州政府会来维修的程度,那么它就会自己承担修路,而因三年未修路造成的损失,就会是该市的一个净损失。

  这个问题只在地方一级不会出现。在艾森豪威尔政府执政初期,曾经有一次高速路收费站(divided center)的大发展,用收取过路费限制进入高速路。这些高速路的发展极为迅速,而且看起来大概会以同样的速度继续发展。这一点特别值得注意是因为,支付很大部分道路建设费用的汽油税是通过使用高速路的汽油归集的,却没有用在高速路建设上。使用高速路的个人必须缴纳通常用于扶持高速路系统发展的税,还要再付过路费。如果联邦和州政府决定减免在高速路上消费的汽油税,把它转给公路收费当局的话,对这些高速路发展速度的估计再高也不为过。遗憾的是,这种发展并未出现。艾森豪威尔总统想出了个主意:联邦政府应该建设州际公路系统,对汽油征收一种特别税,让所有司机支付成本。这个新项目宣布之后,地方政府放弃了所有收费高速路的建设计划。结果,自从联邦政府采用了非常像我描述的上级政府与布莱克斯堡打交道的规划,限制进入高速路的收费站的发展明显受阻,并导致了这类高速路建设的长期延迟。据当地记载,布莱克斯堡只是到了1972年才完全整合到全国范围的州际公路系统中。

  布莱克斯堡还有另一个引人注目的事例。15年前,布莱克斯堡是个非常小的城镇,医疗设施缺乏,它的医疗服务要靠大约10英里外的县政府所在地的医院。由于弗吉尼亚工艺学院和州立大学的迅速发展壮大,布莱克斯堡现在已经成长为这个县里最大的市了。看来在布莱克斯堡建一所医院是合理的,尤其是县政府所在地的医院已经变得陈旧过时了。布莱克斯堡试图获得联邦政府的资金,建立一所新医院,并为此付出了数年的努力。最终,它认定联邦资助前景渺茫,就通过发行部分债券筹集资金建立了一所医院,但那是一家主要以营利为目的的私人医院。数年的耽搁显然是为获得联邦资金的努力而付出的成本。这是为获得一笔转移支付做出的尝试,而这种尝试也是有成本的。

但是,个别城市决定推迟某些设施的建设是合理的,因为上级政府确有一定机会无偿(当然,也可能是提供补贴)提供这种设施。唯一的问题是这两个收入流的折现值,而且如果为了在以后从上级政府得到一笔资助,成本在即期(immediate future)被吸收,这个现值常常会高一些。当然,应该注意的是,想要"帮助"当地城市的愿望并不意味着这是上级政府进行这种支付的唯一动机。比如,高速路的建设具有非常明显的外部性。弗吉尼亚州确有正当的理由看到布莱克斯堡市在维修街道方面拿出比它本该出的更多一些的钱。这是因为,布莱克斯堡市将不会把使用布莱克斯堡街道的非市民考虑在内。

关于维修街道的理想情形,当然应该是维克里的方案:用精确的电子设备进行控制,使每个驾车驶过街道的人都要为他使用了街道的某个部分而缴纳适当的费用。收费道路大致就是这种理想状态。在不可能做到条条道路都收费时,上级政府给下级政府的支付可以是将外部性内化的一种合理方式。当这个问题并不急迫,地方政府不可能为了增加支付而在一定程度上扭曲它的行为模式时,这种支付通常也就不可能得到安排。当上级给地方政府的支付是以"帮助"这些地方政府的愿望为动机时,转移支付的根本问题就出现了。在这样的情况下,地方政府被迫为获得转移支付而竞争,而我们讨论过的与图1相联系的那类问题也将出现。

注意，假如由中央政府提供的维修街道的资金数量只是拉低了 S 线，低到足以使该市通过推迟维修获利，该市本身就从收到这笔转移支付获益了。但是，如果我们意识到，一般地方在得到这些支付时还必须拿出同样多的税款作为配套资金，而且各地之间为获得这类支付竞争的结果是道路维修的普遍延迟，那么，中央政府提供补贴的最终效果，实际上就是伤害了各地的百姓。他们最终的处境比这个项目开始之前还要糟糕。

当然，对这个问题的一个解决办法就是给予足够的拨款，以满足得到补贴的公共服务的需求，不论是哪种公共服务。作为在这个方向上的一个步骤，如果州提供的资金数量正好能把 S 线降到 R 线，那么我们这个市最终会得到与没有州的修路项目时同样的道路维修。假定这是个一般的市，它也会拿出同等数量的税来配套。遗憾的是，这种解决办法不大可能实行，因为不同地方对道路维修服务有不同的需求，因此通常也会以不同的资助水平为目标。不论怎样，中央项目将对其整个辖区提供同等水平的服务，而这是无效率的。

中央政府的资金可以很多，多到足以完全替代地方的开支而有余。例如，假定中央政府拨出了足够的资金，使 S 线降低到了 H 线与 4 的交点。在这种情况下，该市会每四年重铺一次路面。在这种安排下，假定忽略税收成本，该市的状态显然会比每六年重铺一次路面的状态好。然而，如果州干脆把每四年重铺一次路面的全部费用一下子给到该市，而该市实际上还是每六年重铺一次路面，那么该市的状态还要更好一些。正像以前讨论过的维修不足一样，道路的过度维修也导致社会浪费。

但是到目前为止，我们都假定，州在决定帮助某个下属地方时，只看那个地方对某种服务的"必需"程度有多大。这样，那个地方得到的信息是要创造"必需",并因此造成较低水平的满意度。州里想要帮助各个地方解决"医院设施不足"问题的愿望,实际上造成了医院设施不足的问题。医院设施最差的地方才能得到援助。

顺带说一下,我要提到一块有趣的牌匾,那至少是在几年前就安放在俄亥俄州托莱多机场入口处的水泥墙上了。牌匾上是艾森豪威尔总统致托莱多市的一封信。总统在信中祝贺该市自力更生建起了他们的机场,没要联邦政府一分钱。他清楚地指出,他认为这是非常值得称赞,甚至是高尚的行为。但是,为了不致在全国的其他地方引起任何误解,他又继续说道,当然,那些不能自建机场的地方必须得到联邦的援助。我对这话的理解是,托莱多的老百姓再也不可能去自建他们的机场了。

另一种解决办法是提供足够的资源,好让各地在它们认为自己值得提供某种服务之前就提供这种服务。但这种办法肯定也会导致社会的净损失,尽管性质不同。那么,这种类型的规划项目总会造成损失,而这种损失来自潜在援助接受者之间为得到这笔收入进行的竞争。地方让自己的医院条件恶化,是因为地方觉得联邦政府将会重建医院。这与中国乞丐为向路人讨到钱而把自己弄残废是一样的情形。在这两个事例中,个人的行为都是合理的,但这两个事例的最终效果是降低了幸福程度。

至此,我们一直在分析上级政府在下属地方之间分配转移支付可能使用的方法。当然,还有其他方法。但是,从根本上说,我认为这些方法都可以归为三个一般类别。第一类我已经讨论过了,是根据对援助的"必需"进行分配。正如我们已经指出的,这导致了潜在援助接受者之间"创造必需"的竞争。第二类就是根据随意选择进行的直接收入转移支付。第三类方法是尝试对地方进行事后监督。这两种方法都将在下面进行讨论。

先来谈谈简单的收入转移支付。它们具有负所得税那样的吸引力。比如说,假定上级政府按人头分配给各个地方政府一笔资金,这笔资金可以按地方政府的意愿使用。显然,这种分配的效果就是使地方政府能够减税。由于一般的地方政府在得到分配给它的资金时还得付出同样多的税金作为配套,收入效应就没有了,因此它只能购买与没有这笔分配资金时同样多的服务和商品。收到的资金大于配套资金的地方将获得财富增值,因此将多花钱;收到的资金少于配套资金的地方将出现财富减值,因此将少花钱。但是,从根本上说,这种方法把实际上把使用这笔钱的权力交给了地方政府,而且只是略有些无效率。

然而,这种方法有一个严重的弊病,它使各地不可能去实验将非常低的税与非常少量的服务结合到一起。或许这样的实验是不可取的,但我们至少必须注意到,是这种做法使这类实验不可能进行。无论如何,使用这种做法,各地方之间不会出现争夺资金的竞争,因此不会出现我们上面描述的那种类型的争执。② 请注意,补贴并不一定要按人头来分配,只要是以各地不能通过改变行为多得补贴的办法分配就可以了。当然,在游说等方面会投入大量资金,为的是让上级政府采用某种有利于某个地方的方法来分配补贴。

第三类方法是目前广泛使用的方法,由多种努力构成,包括防止地方政府要么完全按自己的意愿花钱,这是在第二类方法下可以做到的;要么故意"创造必需",那是在第一种方法下可以做到的。这些方法都很复杂,而且也不是特别有效。从根本上说,它们要么包含某种激励支付,意在引导地方政府走向中央政府认为是正确的方向;要么是对地方政府所花的中央政府的资金进行直接的行政管理控制。

---

② 在特殊条件下,这也不完全是事实。布莱克斯堡市在扩张,并且相当随意地将大学校园包括进来,理由是弗吉尼亚州已经按人头支付给了地方政府一定数量的资金,而实际上,学生们相对来说几乎不消费政府服务。有可能失去这笔财产的县政府,自然会很生气。

这个问题与已经导致大多数大型公司管理权下放的问题非常相似。中央政府对任何地方情况的了解根本不可能有当地政府了解得那么多,因此,如果中央政府打算建立明确的规章制度或进行细致的管理,那就会立刻导致地方政府旨在利用这种中央管理的各种活动。其实,那很可能远不如地方政府对资金的管理来得有效,因为中央政府控制者的官僚体制被大量地方的计划人员、城市工程人员、主管人员助理的官僚体制所抵消。所有这些人员的存在,几乎全都为了一个目的:在既定的限制条件下,从中央政府搞到尽可能多的资金。

在可以得到中央政府资助的地区出现地方官员的激增,这种现象通常是从"计划"的合理性来讨论的。这是一种误解。这些官员存在的目的在一定程度上就是通过准备计划帮助地方获得中央政府的资金,这些计划不仅是为了地方使用,也是为了应付中央政府的监督。举个例子,几乎所有学术界人士对此都有深刻印象。像大多数大专院校一样,弗吉尼亚工业学院现在也设了一位"研究院长"(Dean of Research)。根据组织图表,研究院长负责的是学院的研究工作,而他的实际职责是帮助学院从华盛顿和各个基金会找来研究资助。其实,作为这些职责的一部分,他确实对学院实际在进行的研究工作施加了某种影响。他努力推动研究工作向能得到更多资金的方向发展。他也要做出判断:学院研究经费分配给某个潜在研究领域的钱,是否超过了它可能带来的钱。但是,这位研究院长的存在与校园内的实际研究几乎毫无关系,他做的大量工作是筹集资金。

不只是计划人员和研究院长这类专职官员基本上在从事从上级组织弄钱的工作,许多标准的行政管理人员也已成为这个方面的专家。现如今,大区的校监(school superintendent of a large system)往往更操心的是从华盛顿或州或私人基金会筹款,而不是学校体制的实际管理。可以肯定,随着时间推移,这种做法必定导致降低对当地活动的监管效率,还要付出较高的行政管理成本。有的地方花高价聘请了非常能干的校监,他擅长从华盛顿弄到钱,这个地方在同其他地方的竞争中就确实做得不错。但是,存在这种竞争意味着,各个地方投入进行推销的大量资源在华盛顿基本上相互抵消了。

这种局面可以用图 2 加以说明。纵轴表示的是美元数量,横轴表示的是从华盛顿可能得到的资助收入。请注意,确定的 100 美元会与横轴上二分之一得到 200 美元的机会、三分之一得到 300 美元的机会等处在同一个位置。换言之,没有表示出风险因素。在现实世界中,地方也会有风险厌恶,因此这个简单图表就不得不复杂化了。在这个图表中假定,地方投入了资源努力从华盛顿得到资助,是想得到直接的不附加条件的支付金额,大概是因为它的"计划"官僚体制补充了新成员。这个成本用 C 线表示。

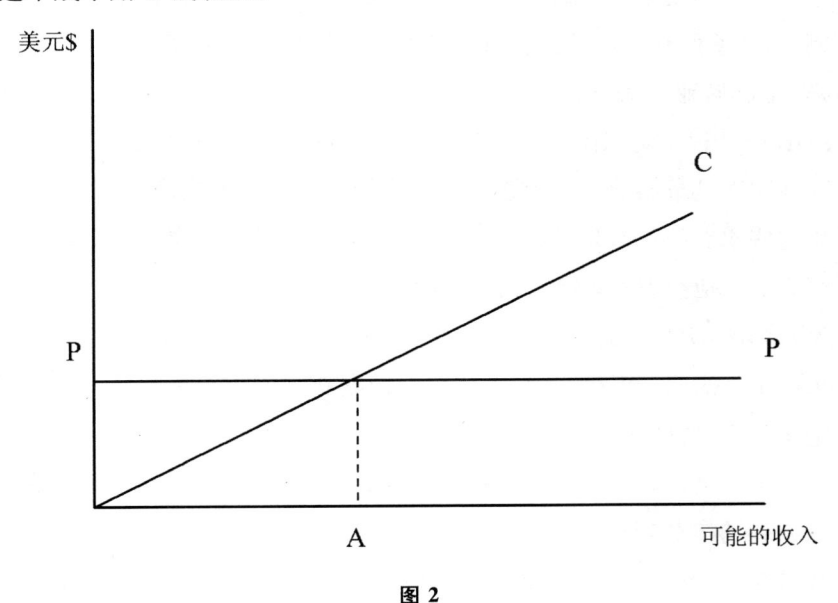

图 2

一开始,我们用不变价值代表收入,也就是说,在横轴上的每单位收入用代表固定数量美元的 PP 线来表示。该地努力获得转移支付的投资面临着收入递减,成本和收入两线相交于 A 点。因此,该地将会投入的总量由 C 线下面 A 点左边的三角形表示,而得到的总收入相当于 A 点左边的四边形。从该地的角度看,这种操作会有利可图。如果我们考虑到,全国性政府有某种官僚体制来监管这笔资金的分配,从该地加上全国性政府的角度看,这种操作就可能有利,也可能无利。然而,从社会整体的角度看,用于产生这种资助的资金,以及全国性政府用于监督被取消的这种产生的资金肯定都是合理的。而该地与其他地方之间的竞争,加上全国性政府作为这种竞争仲裁人的作用,才导致浪费。

但是,全国性政府常常并不直接给地方政府不附加条件的支付。拨付的资金必须以特定方式支出,要么地方政府必须采取某种形式的活动才能得到资金。我还记得曾听过南加州大学校长讲过一个计划,要拆除一个邻近的黑人贫民区,为这所大学建几个运动场,这是联邦政府城市更新计划的一部分。他谈到了为这个目的将会得到的资金数量,但马上又说,这还不十分"清楚"。有可能必须从这笔资助中拿出大约 25% 用于其他发展计划等。那些计划对于运动场的建设并非必须,但它们是联邦政府这个规划项目整体内容的一部分。该校为搞到这类款项聘请了一位专家,而这位专家说,校方必须花费相当大一笔钱,准备某些计划和研究文件,而这些文件并非校方的兴趣所在。他们大概对联邦政府也没有多大兴趣。为什么联邦政府要对他们提出这些要求,将在下面进行讨论。

当联邦政府没有提供无附加条件的资助时,图 2 中的 PP 线就变得有点不一样了。假定联邦政府有一个规划项目,能为布莱克斯堡市提供获得一笔钱的机会。但是,这笔钱必须用于布莱克斯堡市并不认为是最优先要办的事情上。如果联邦政府只管给他们支付金额,他们就会把这笔钱用于,比如说,改善街道状况;但是,这份资助只能用于改善娱乐设施。在这样的情况下,这笔资助对于布莱克斯堡市的价值,就没有它对联邦政府的价值多了,因此,PP 线的位置就会比如果联邦政府只管提供支付金额时低。③

搞到这笔资助不只会降低它对地方政府的价值,大概 PP 线还应该画得向下倾斜,以表示地方政府将首先尝试搞到那些规划项目中对它有最大价值的钱,然后才去搞那些规划项目中对它有较低价值的钱,等等,但是这一点尚不确定。地方政府应该对这些资金对于联邦政府的实际美元成本不感兴趣,而只对给它们自己带来的好处和产生好处的成本感兴趣。因此,假定有两个政府规划项目,其中一个规划项目将花费联邦政府 50 万美元,而地方政府认为它提供的好处只值 5 万美元;另一个项目将花费联邦政府 5 万美元,而地方政府认为它提供的好处只值 4 万美元。如果在这个地方政府的估计中,获得这两笔资助的成本是一样的,该市的领导人肯定会选第一个项目。

给地方的政府资助通常都伴有一些特殊要求,而地方的行为就是要在相当大的程度上调整获得这类资助的合理性。这个事实意味着,资助款对地方的价值总是低于对中央政府的价值。再说一遍,各地之间为获得资助进行的竞争可以造成对地方和国家非常大的成本。但是请注意,资助款对地方的价值低于支付金额的事实,并不一定是说应该允许地方以不受约束的方式来花这笔钱。如果中央政府的目标不是帮助地方,而只是要将某些外部性内部化,否则地方就会无视这些外部性的存在,那么,尽管中央政府的资助款对于地方的价值低于其实际的支付金额,限制也是有道理的。

---

③ 资助的价值对于联邦政府和美国其他地方更高,也是可能的,尽管从地方政府的角度看会更低。这一点将在下面进一步讨论。

然而，如果给地方的资助完全是从使地方受益的愿望出发的，那么，我们所描述的成本就是对因资助所获好处的净抵消，而且存在明显的社会浪费。由于在许多事例中对于资助附加的开支限制并不代表着对于价值的一般认同，这一点尤为正确。中央政府的官僚们在大量相互竞争的客户之间分配资金，他们很可能会提出发放这些资金的一些标准。这些标准一方面代表着他们自己的口味，另一方面是为了减少他们决策的麻烦。一般而言，尽管官僚们都喜爱权力，但他们通常并不喜欢做最终会否决申请人的事。因此，在审查过程中用基本上是随意的要求来减少申请人的数量，是对这些官僚处境的改善。由于提出这些要求就像个人的决定那样很好地体现了官员的权力，这就更是对官员处境的改善了。对想要得到中央资金的地方滥加限制，地方还得照做，这是纯粹的社会浪费，只有个别官员能从中获益，以此降低他们的主观决策成本。

过渡收益陷阱[*]

1. 引言

现代政府的主要活动之一,是将一些特权颁发给有政治影响的各种人群。例如,空中交通由民用航空委员会组织卡特尔,水陆交通由州际商务委员会组织卡特尔,联邦储备委员会和各种其他政府机构防止我们的银行账户得到"过高"的利率。然而,从总体上来看,这些受保护行业的利润记录似乎与不受保护行业的没有什么根本不同。这提出了为什么这些特权看来没做多少好事的问题。[①]

2. 总的论点

本文的目的是讨论这种显然长期没有营利能力的政府援助项目。为了对总的局面有个预先了解,我的论题将是:当政府为一群人建立特权时,形成的只是过渡收益。最初受益人的继承者,通常都将赚不到太

---

* 经兰德公司(RAND)许可,重印自《贝尔经济学杂志》(Bell journal of Economics 6, Autumn 1975:671-678.Copyright 1975)。

① 所有这些曾使大卫·弗里德曼提出了他所谓的"弗里德曼的第二法则"供人们思考,而别人称之为"弗里德曼二世的法则"。这一法则是说"政府不能放弃任何一点东西"。

大的利润,而且遗憾的是,他们常常会受到取消原来赠与的伤害。[②] 其实,我们将要讨论的是:什么是帕累托边界的无效部分,这似乎有些文不对题。

尽管政府的有些限制显然是为有利于特殊人群而设计的,但这并不是说,这是产生这类特权的唯一途径。例如,制药业曾艰苦地同1962年立法进行斗争。自从该法生效以来,制药商在总体上已经对该法感到满意,因为它产生的结果是减少了疯狂的竞争,而他们的利润差不多和从前一样大,还没有了引进新药和改进药品的风险。[③] 即使在有些事例中,政府的规章制度显然是为了帮助某个团体的意愿而出台的,可最终结果却常常是,至少某些内容并不有利于受益团体。显然,政府在以各种神秘的方式表演着它的奇迹,而且就连组织绝佳的压力集团也无法完全控制这种表演。

3. 出租车的牌照

我们来看一个非常简单的政府创造垄断的例子。这个例子就是出租车的牌照制度,尽管我简化了的叙述将不完全符合纽约的这一制度。在图1中,我用通常向下倾斜的线表示对出租车服务的需求,标明为

---

② 要了解对于私人垄断的类似分析,请见布坎南和塔洛克合著的《垄断的"死去的手"》(J. M. Buchanan and G. Tullock,"The 'Dead Hand' of Monopoly", *Antitrust Law and Economics Review* 1, Summer 1968)。要了解更早的有些同样意思的分析,请见斯蒂格勒的文章《资本主义与垄断竞争:I.寡头垄断理论——门格尔论述的垄断与寡头垄断》(G. J. Stigler, "Capitalism and Monopolistic Competition: I. The Theory of Oligopoly—Monopoly and Oligopoly by Merger," *American Economic Review* 40(2), May 1950:23 – 37)。

③ S. Peltzman, "An Evaluation of Consumer Protection Legislation: The 1962 Drug Amendments," *Journal of Political Economy* 81, (September/October 1973):1049 – 1091; especially 1086 – 1089.

D；出租车的服务成本用一条横线表示，标明为 P。在竞争环境中，价格也要根据成本来确定，而 C 个单位的出租车服务会以价格 P 购买。由于出租车的供应受到限制，价格上升到 P'，而且当然，现在有了一个可观的垄断利润，由通常的四边形表示。此刻，我们暂且不理睬这种变化对现在出现了空驶的出租车起了什么作用，只关心在新的特许管理下有权开车的人，也就是拥有出租车牌照的出租车主和司机们。显然，他们得到了大量好处。

然而，假设又过了一些年。现在，出租车业已经充分考虑到了资本价值的垄断利润。新进入这个行业的人只需购买牌照即可执业，但他们只能得到正常利润。④ 而且，还在继续干的原来的车主有相当于牌照价值的机会成本，而他们从这牌照上也只能得到正常收入。当然，消费者的情况更糟了。

我们能否提出一个补偿计划，从而使我们走出这一团糟的情况呢？通常情况下，这个问题的答案是"不能"，因为这意味着交易成本太高了。如果我们不论用什么办法能识别出那些现在不用出租车但稍微降点价就会使用出租车的人，并向他们征税，从而导致图 1 中沿虚线进行的负担分配，那就会有可能逐渐从目前的出租车主那里买回垄断权，并由此使每个人都受益。遗憾的是，我们没有办法做到这一点，因此我把这种情形称作"帕累托边界上的无效率点"。

可能有一种办法，能使我们走出这个陷阱。行业垄断组织有可能因这样或那样的原因而没有效率。在纽约，出租车牌照的数量已经有很长时间保持不变了。在这段时间中，对出租车的需求以及出租车的成本似乎不大可能持续不变，使得数量不变的出租车获得最大化的垄

---

④ R. D. Auster, "The GPITPC and Institutional Entropy," *Public Choice* 19（Fall 1974）:77 - 83.

断利润。对其他管制行业或特权领域的简短考察经常会得出同样的结论。垄断的所有者没有高效地剥削消费者，不是因为他们太傻，而是因为涉及利用政府的政治问题太大。出租车数量的任何变化，除了翻一番或两番，都会要求给牌照部分价值，除非是有意要改变不同牌照的所有权比例。这些问题使一个牌照的个人所有者突然发现，如果他想有权经营 1.07 辆（或 0.93 辆）出租车，他就得预先排除通过改变出租车数量获得政治成功的可能性。要让所有出租车主都能同意这一提议，所需的交易成本肯定是极大的。

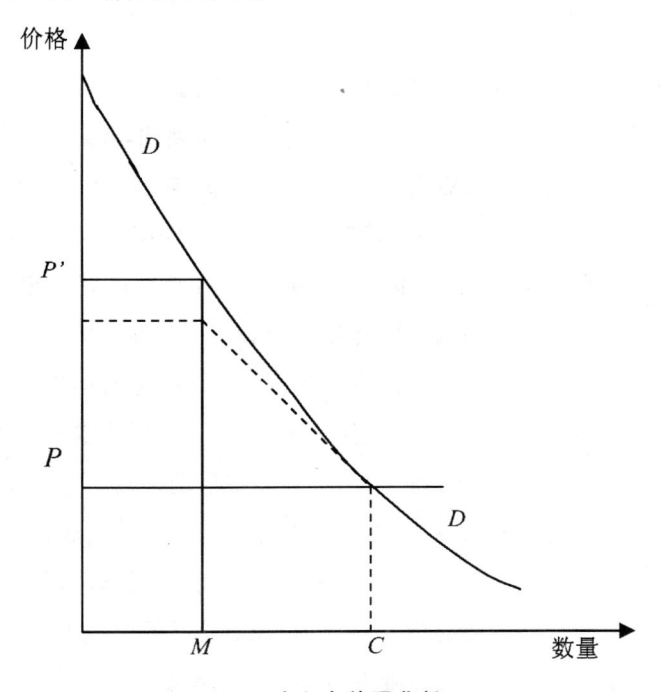

图 1　出租车牌照垄断

注意，即使是在过渡期间，这种卡特尔协议的组织者或受益者常常能获得的收益也是很小的。在图 1 中，当引入卡特尔时，全部产出的单位数量就出现了急剧下降。显然，以这种方式减少生产能力的成本可能相当大,而且必须有人来承担。在纽约出租车牌照的这个例子中,实际上是所有存量出租车承担了这个成本,而且在短期内,几乎没有多大影响。后来,当对出租车的需求上升,出租车业务的增长就受到了牌照的限制。为了实现直接利润,就会有必要处置一些生产性资产,以获得垄断收益。当然,这并非这类垄断的独特之处。

4. 蓝色法规*

为了举例说明这类事情起作用的方式,我要提出我自己的解释,以说明商界常常支持蓝色法规的原因。当然,商界并非支持蓝色法规的主要力量。假设一个社区有一定数量的超市,它们都是一周七天开门营业。有人提议说,超市必须依法在周日全天停业。只要让商店开门营业就会产生一些不能全部取消的成本,如:必须得有一定的人员值班,灯光必须开亮到一定程度,冷暖空调必须用与商店关门时有点区别的方式来操作,等等。因此,减少了商店开门营业的时间确实会减少总成本。在本质上,每次销售都会使成本下降一点,因为消费者被迫更密集地成群到来,并由此可以产生出各种经济活动。在一定意义上,要求超市的商店在周日关门,在效果上与毁掉七分之一的商店相似。

如果有一家私营企业收购了所有这些商店,以提取垄断租金,它会发现必须降低它的营业能力。为此,这家企业大概会关闭一些商店并在一定程度上减少商店的营业时间,以寻求降低营业能力这两种方式最能营利的组合。但是,这并非真的是蓝色法规的商界支持者们可以

---

* 指美国殖民地时期,清教徒社团颁行的一些规定,如周日禁止营业、饮酒及娱乐等世俗活动。美国独立战争后大部分州已终止执行这些规定。——译者

获得的一个政治机遇,因此,他们的垄断将不如一家私营垄断企业有效率。

那么,迫使商店在周日关门的结果应该是利润的暂时上升。如果这些商店处于高度竞争的环境,这个利润将完全被竞争消耗掉;但是许多零售店是处于垄断竞争环境,这将部分地保护它们不出意外。再有,节省下来的大量成本将不可避免地传导给消费者,而消费者大概会愿意多付一点小钱,以换取让商店一周中每天开业的较多方便。

但是,一旦蓝色法规开始实施,商店就在其资本的正常收益之上运营,而消费者发现他们的购物环境比他们想要的拥挤。在这样的情况下,就很有可能要建新的商店。那么,我们最终将处于这样的情形:商店比从前更多了,而所有商店的收益再一次回到正常。消费者得到的服务并不那么好,所以我们付出了一个社会成本。但是,政府在实践中不大可能向消费者征税,并用税款向各个商店买回它们原先的状况。另一方面,尽管店主现在赚取的是正常利润,但蓝色法规的废止对他们会很不方便。随着蓝色法规的废止,他们中的一些人肯定会在周日开业,而一周六天开业时节省下的成本又将重新付出。他们会遭受到非常大的过渡损失。

5. 关联现象

实行蓝色法规的过渡收益极小。在其他事例中,可能有相当大的初始收益。一个新的工会组织将现有员工的工资提高了15%,[5]这确

---

[5] 当然,在通常情况下,随着员工总数的减少,有些人即使是在这种时候也会受到伤害。

实使现有在职员工的福利得到很大改善。然而,从本质上说,这只是给现有工人的一个资本赠与,对于新工人,这并非一个很大的利益,从长期来看,行业中的新工人将取代现有工人。由于这个行业中的工资水平比其他行业平均高15%,想来做工的人立刻增多,比可以雇用的人数多很多。在这样的情况下,就必须实行某种定量配给就业岗位的办法。如果这种方法是一种直接世袭的方法,也就是说,要想进厂上班,你就得是前工会会员的孩子,那么,收益就被永久地留在这些家庭中了。

然而,更为常见的是,通过年资条款实行高薪岗位的定量配给方法。资深员工对他们的岗位有一种规定的权利。[6] 既然工作人员队伍并不很稳定,这就意味着失业的全部负担都落到了新工人头上。自早年以来,雇主无论如何都将限制就业,并投资于节省劳力的设备(因为他付出了较高的工资)。这个现象可能意味着,工会的新人在很长时间内都会是年资很低的工人,只能间歇就业。这种情况大概渐趋均衡,使成为工会会员的贴现终生收入流(也就是说,先是长期的间歇就业,然后得到高薪就业)与在非工会岗位上的收益相等。一旦实现了这种均衡(对于所有老工会,这种均衡肯定已经实现了),我们就再一次处于这种情形:谁都不会因工会的存在而比没有组织起工会时过得好一些。遗憾的是,如果终止工会,就会产生无谓的社会损失,还将有许多人、工会会员损失巨大。过渡收益完全"沉没"了,但巨大过渡损失的可能性仍然存在。

农业也有类似的情形存在。农产品价值中很大一部分收益是农业调整署最初工作的结果,它们被迅速投入到土地价值中变成资本。在

---

[6] 在一些低收入职业中,现在出现了一种相反的现象。失业保险费率现在很高,足以使资深员工一方产生定期带薪休假的愿望,结果是出现了所谓的"倒序年资"(reverse seniority)。

开始实行农业调整计划时,无论谁拥有土地,都获益甚丰,但这些收益都完全资本化了。我们现在陷入了出现重大社会损失的情形,但是终止这个农业调整计划会使一个强大的政治集团遭受过渡损失。从一个人的收入高于如果这个制度从来不曾建立时他应得收入的意义上说,现在没有人获益,当然,除了那些从父母那里得到大量遗产的人,他们的收入会比没有接受遗产时多。

另一个例子是,大多数政府部门中现在的付酬高于竞争性工资。在本质上,这种付酬依赖于这样一个事实,即政府雇员的家庭目前构成了选民的三分之一。⑦ 政府雇员用一种奇特的方式使收益资本化。假定某类政府雇员的付酬高于吸引适当数量合格人员的必要工资,那就会有过多的人想要得到这个工作。他们必须以某种方式进行定量配给,而美国政府使用的方式(其实,许多地方政府也用这种方式)是公务员考试。如果按市场水平付酬,那么,公务员考试就会多少是不必要的。这些工作的候选人数量也会是大致所需的数量,还会使用私营行业中选择适当雇员的方法。

另一方面,如果付酬高于吸引适当劳力所需标准,那么公务员考试就会成为定量配给工具的一种形式。考试的难度得加大,超过必要程度,或是包括进一些无关的事情,如对于美国历史的了解。结果,雇员的水平实际上超过了工作本身所要求的水平,尽管对考试并非如此。在均衡情况下,选择做公务员的那些人会期望得到如果他们在私营行业工作大致同样的贴现终生收入,私营行业原本就要求高于公务员的

---

⑦ 这个估计有点不确实,但是政府雇员确实占全部受雇人数的大约19%。他们去投票的频率要比非政府雇员多大约50%,因此计算为约三分之一。要了解有关这点的调查情况,见博彻丁编辑的《预算与官僚》(T. E. Borcherding, ed., *Budgets and Bureaucrats*, Durham, N.C.: Duke University Press, 1977)。目前,理查德 L. 莫斯(Richard L. Moss)正在进行一项更为详细的有关这一事项的调查,作为他在弗吉尼亚工业学院博士论文的一部分。

人员素质。

　　有些人现在已有工作，但他们的天赋能力可以使他们同样胜任更好的工作。从这个意义上说，社会付出了重大成本。例如，私人邮局现在与政府邮政管理局的竞争非常成功。在私人邮局是合法的地区，他们雇用的人员素质通常比邮政管理局雇用的人员素质低得多，所付工资也低得多。应该强调的是，尽管这是事实，但他们也因雇员而增添了更多工作。在邮政管理局内已经形成了只在一天中部分时间工作的习惯，许多信件邮递员完成一天工作的时间远不足八小时的规定时间。⑧

　　在公务雇员的这个例子中，员工工资的最初增长本质上是纯粹的转移支付。只是随着时间推移，当高工资吸引到高素质的劳力时，才产生出与转移支付本身没有联系的社会成本。然而，至于我们已经讨论过的其他大多数活动，受益人得到的好处来自经济的变化，这种变化本身并非纯粹的转移支付。在大多数事例中，这些变化是由某种垄断特权造成的。

　　当然，任何经济学家都会说，作为转移财富的一种方式，纯粹的转移支付好于建立垄断特权。的确，在农业补贴计划的例子中，经济学家就出来证明说，所有受益人都应该以比其他人口都少的成本得到同样的福利。这是过去很常见的事。

　　这个论点有点过于简单了，因为它一开始就假定转移支付的全部成本就是其税率。当然，还有一种超额负担附着在每种税上，而这种超额负担，正如在图1中所示，可以大致看作垄断的超额负担。然而，如果你看看政府的各项规章制度，那常常是为特殊集团提供特别好处而制定的，你肯定会承认，一套设计良好的税制可以以受害人小得多的代价为受益人产生同样多的收入。这常常也是事实。

---

　　⑧ "Mail Carrier Likes His Job," *Washington Post*, (June 14, 1974): A-7.

那么，为什么要采用效率不高的办法呢？据我所知，对此只有两种解释。第一种解释是个老观点，建立在信息成本的基础上。⑨ 这里不再重复这种解释的全部细节，⑩它只是说，要使对某个特殊阶级有好处的提案获得通过，就要使这种好处的成本对于非常大量将会受到它伤害的选民不明显。这反过来要求补贴方面一定程度的复杂设计，由直接税筹集的直接现金支付通常不大会满足这个要求。

除了这种解释，鲁宾最近提出了另一种解释。⑪ 他指出，几乎所有国家每年都会重新考虑预算分配。另一方面，一旦制度建立，就不会再自动进行定期的重新审查，其持续存在也不再要求立法机构投票明确表示赞成。那么，在这样的情况下，如果我手中有一个项目，由国库一年拨付我 100 万美元，我将不得不面对每年对这 100 万美元拨款的一系列投票。另一方面，如果通过法律的重新安排，我得到了一年价值 100 万美元的垄断权，这个垄断权会持续存在（而且在很大程度上大概没人注意），直到有明确的努力来终止这一安排。在第一种情况下，我不得不每年重新进行游说；而在第二种情况下，一旦我获得了垄断权，不出现什么麻烦事我就一直拥有它。

鲁宾指出，在这样的情况下，压力集团会愿意选择不需要连续预算拨款的特惠好处，只是因为它比较便宜。他们只要付出一次游说努力，然后，可能在七八年后，如果这个问题提出进一步讨论，再进行一次辩护就行了。这与作为制订预算过程的一个部分每年都提出这个问题进行不断游说的做法，大相径庭。

---

⑨ G. Tullock, *Toward a Mathematics of Politics* (Ann Arbor: University of Michigan Press, 1967).

⑩ 同⑨，第 103 - 106 页。

⑪ P. H. Rubin, "On the Form of Special Interest Legislation," *Public Choice* 21 (Spring 1975): 79 - 90.

这种或那种解释（或两者）是否正确，或者是否还有第三种解释可以替代或补充这些解释，对于我们目前关注的事情并不重要。这种制度在我们的社会中非常广泛地存在，而且社会成本巨大，这是不争的事实。一般来说，这些既得利益已长时间存在，这也是事实。在这种制度首次建立时，它们是过渡利益。到了现在，没有谁还能从这种制度得到明确的好处，还有大量无谓的损失。然而，如果这种制度被终止了，又会有许多人遭受大量的过渡成本。在许多情况下，这些过渡成本很大，足以使对损失者的补偿成为社会的一个超额负担。这种负担会与目前这种制度的成本是同等数量级的。

6. 摘要与结论

对于一位经济学家，要提出对付这种局面的建议是很困难的。正如本文的题目所说，这是个陷阱。我能强烈推荐的是，我们今后要尽量避免跌入这类陷阱。但是，对我们已经陷进去的问题怎么解决？对于那些从行业重组中已经获得了效益的事例，我们大概可以补贴目前的受益人；但是在我看来，这在政治上的可能性很小。在为补贴必须征税产生的超额负担与无谓损失同样巨大的情况下，即使是在理论上也找不出替代办法。假定这类制度普遍存在，而且还有非常大的无谓损失，可以想见，同时取消所有这些制度会给几乎每个人带来收益。个人会失去他的特权，但会从他人失去特权中获益。这种变动是否会是真正帕累托最优的，令人怀疑，但有可能接近于帕累托最优。至于它的政治可行性，我认为很低，我想我就不必解释其中的原因了吧。

总之，这种沉闷说法的寓意是，我们应该在今后避免跌入这种陷阱。我们的前人犯了严重的错误，我们至今还受到这些错误的牵累，但是我们至少能够努力，防止我们的后人承受甚至更大的这类无谓损失。

有 效 寻 租[*]

本书中的大部分论文都含蓄或明确地假定,寻租活动使得到的全部租打了折扣。遗憾的是,这并不一定是事实,现实情况要复杂得多。这里的问题是,平均成本和边际成本不一定是一回事。

这令人惊讶,因为在竞争均衡中,平均成本和边际成本是相等的,而寻租通常也是个竞争行业。如果边际成本持续上升,那么,边际成本和平均成本就将不同了。[①] 在普通行业中,单个企业的平均成本曲线常常是 U 形的,在初期有规模经济,而到后期则有规模不经济了。在均衡状态下,各公司将在这个成本曲线的底部运行,因此平均成本和边际成本将是等同的。

边际成本和平均成本的相等还有第二个而且是重要得多的原因,那就是,如果任何生产所使用的某种资源的成本持续上升,那么,那种资源的所有者就将收取边际成本。从事加工制造业的人(或者不论我们是从事什么活动的)将面对一个合并了原来要素所有者的这些租的成本。因此,"相对于规模成本不变"的假设对于实际应用是恰当的。

遗憾的是,在寻租情况下,这两条理由的有效性都是不确定的。首

---

[*] 经许可,重印自布坎南、托利森和塔洛克合编的《面向寻租社会的一种理论》(*Toward a Theory of the Rent-Seeking Society*, ed. James M. Buchanan, Robert D. Tollison, and Gordon Tullock. College Station:Texas A&M University Press,1980,97 – 112)。

[①] 如果边际成本持续下降,这显然也是事实。

先,似乎没有独特的规模经济。例如,正像我们所见到的,在同政府打交道时,大型石油和天然气生产商这样的庞大产业没有小石油公司做得那么好,也不如家庭在天然气使用方面做得那么好。一般来说,似乎没有增加寻租回报的余地。但是,还得承认这是个实证问题,而在此刻,我们几乎没有多少数据。无论如何,假定那些曲线都是 U 形的,而且竞争将会使我们调整到这些曲线的最低点,这是危险的。由于没有明显的理由可以说明,为什么所有的寻租者都应该具有同样的效率,上述假定尤其危险。

其次,也是更重要的理由,为什么我们通常能够假定供给曲线从长期来看是平的,是说如果供给持续增长,工厂主一般就能通过在边际价值上售出他们的要素而获得全部租,因此,这些企业面对的基本上就是平的供给价格。遗憾的是,这一点只能有限地用于寻租。例如,假设我们在华盛顿组织了一个院外活动集团,目的是提高牛奶价格,但是未获成功。我们不能只是把我们收集到的大量合同、造成的影响、过去的贿赂等等都转让给钢铁制造商的院外活动集团。一般来说,我们的投资太特殊了,而且在许多情况下,它们事关某个组织非常特殊和具体的良好意愿。是的,我们可以把我们的说客连同他们的关系,或许还有我们的邮寄名录,都出卖给钢铁院外活动集团,但是我们大概还得以适当的费用再把所有这些东西买回来。我们的投资还没有得到报偿,但是已经没有东西可转让了。

同样,说客个人花费了大量时间培育与国会议员和政府官员的关系,并了解政府规章管理中的各种细节。他不可能把这些联系、关系和知识轻易地转让给一个年轻同事,即使他想改变自己的业务方向。年轻同事必须从头开始,自己逐步成长。因此,在大多数的寻租事例中,供给曲线看来很可能是从其最开始的点向右上方倾斜的。这意味着,即使我们能找到一种均衡,寻租活动也很可能具有不同的边际成本和平均成本。

或许当有着连续向上倾斜的供给曲线和一个竞争行业时,就不会存在均衡了。但这并非事实,尽管此时的均衡有点不同寻常的性质。处理这种均衡所要求的分析工具,大多取自博弈论,而非古典经济学。

在我的文章《论庭审的有效组织》②中,我采用了一种博弈。我认为这种博弈与庭审有很多相似之处,或者说,其实与任何其他的两方冲突都相似。在其最简单的形式中,我们假定两方参与了一种规则有些不同寻常的博彩。每一方都可以按自己的愿望购买彩票,多少不限,1美元1张。然后将彩票放入一个滚筒中,由一人来抽签摸彩,谁得到这张彩票,谁就赢得奖金。这样,A 成功的概率由方程式(1)表示,因为他握有的彩票数量为 A,而滚筒中的彩票总数量为 $A + B$。

$$P_A = \frac{A}{A+B} \tag{1}$$

在前面提到的文章中,我指出,这个模型可以通过在其中进行多种修正而一般化,而我现在的目的就是使它完全一般化。③

那么,我们来假定,一个富裕的怪人拿出了 100 美元作为 A 与 B 之间博彩的奖金。注意,花在买彩票上的钱归博彩业所有,不加到奖金上。这使得这个博弈相当于寻租,其中的资源也被浪费掉了。

每个人应该投入多少钱呢?从每一方的角度看,这个问题的答案显然取决于他认为对方会怎么做。这里,直到本文以后的部分,我打算使用一种非常特别的对个人知识的假设。我打算假定,如果有一种正

---

② Gordon Tullock,"On the Efficient Organization of Trials," *Kyklos*, 28(1975): 745 - 762.

③ 要了解这个模型先前的一般化和在武器竞赛中的运用,见塔洛克著《社会的两难困境:战争与革命的经济学》(Gordon Tullock, *The Social Dilemma: THE Economics of War and Revolution*, Blacksburg, Va: Center for Study of Public Choice, 1974, 87 - 125)。

确的个人策略解决方案,那么,每个参与者都会假定,对方也会想出那个正确方案是什么。换言之,如果这个博弈中的正确策略是玩 50 美元,每一方都会假定对方在玩 50 美元,而且如果这就是这种情况下的最佳数量,他就只会给自己买 50 美元的彩票。

实际上,这个博弈的最佳策略不是买 50 美元彩票,而是买 25 美元彩票。解释非常简单:假设我买了 25 美元彩票而你买了 50 美元彩票。我有三分之一的机会得到 100 美元,你有三分之二的机会。因此,我的投资的现值是 33.33 美元,而你的是 66.66 美元;要么在这个例子中有同样百分比的获得机会。但是,假设你决定把你购买彩票的钱降到 40 美元,我还是 25 美元。你的投资省下了 10 美元,但是你预期的现值降低到了 61.53 美元,你的状况只好了 5 美元。当然,我也从你降低的购买值中得到好处。

你可以不断降低你的赌注和利润,直到你也到达 25 美元。比如说,你的购买从 26 美元降到 25 美元,你的投资的现值也会从 50.98 美元降到 50 美元,而你的投资省下了 1 美元。但是,如果降低到 25 美元以下,你就会费钱了。如果你降到 24 美元,你的投资的价值就会下降 1.02 美元,而你只省下了 1 美元。当然,根据假定,我一直只买 25 美元彩票。

我假定,我已经说过的"25 美元对于双方都是均衡的"是显而易见的,也就是说,离开了这一点,会使这方或那方付出代价。但是,这并不是说,如果对方犯了个错误,我就能通过付出 25 美元得到最大化的收益。比如,如果对方付了 50 美元,而我付了 24 美元而不是 25 美元,我节省了 1 美元,但我的预期收益只减少了 0.9 美元。实际上,我的最佳投资是 17 美元。但是,如果我们假定在这个博弈中每一方都知道对方投入了多少钱,而且据此来调整自己的投资,最终结果肯定是每方大致为 25 美元。④ 这个博弈显然是一个可以获利的博弈，但实际上，它给一般的经济学家留下不大可能获利的印象。然而，它是这样一个事例，尽管我们处于边际平衡上，但其中还是赚到了边际下利润。乍一看，大多数人都会觉得，适当的赌注是 50 美元，但是它使总收益等于总成本，而不是等于边际收益。

再重复一遍，这个推理线索依赖于"每个人都能找出正确策略"的假定，如果有一种正确策略，而且他们假定对方的人也能够找出这种策略。这与约翰·冯·诺伊曼开始创立博弈论时遇到的问题相似，而且我认为，如果我们假定这类问题是由寻租提出的，这套假设并非过于不合理。

但是，没有理由说明为什么在我们的博弈中的奇数就应该是赌注的一个简单线性函数。例如，它们可以是像方程式（2）中的一个指数函数：

$$P_A = \frac{A^r}{A^r + B^r} \tag{2}$$

当然，还有许多可以替代的其他函数，但是在本文中，我们将坚持使用指数函数。

也可能有两个以上的人一起玩，在这种情况下我们会有方程式（3）：

$$P_A = \frac{A^r}{A^r + B^r, \cdots, n^r} \tag{3}$$

个人的投资不必得到同样的收益。其实，在许多事例中，我们都会希望这种情形没有偏袒。比如说，我们希望通过公务员考试的概率不

---

④ 在这里，或是在本文以后的工作中，如果有一家保险公司总是愿意以其真实的保险计算的价值去买一个出价，推理过程也不会有什么不同。比如，你已经出了 25 美元，而对方也出了 25 美元，它会给你 50 美元，但如果你出了 26 美元，对方出了 25 美元，它会带给你 50.98 美元。但是寻租通常都会有风险，因此，我要使这里的例子保持有风险的形式。

单是花在死记硬背上的时间数量的函数,而是能让其他类型的优点也起到重要作用。这就要在我们的方程式中以某种偏袒来表示,使一方用钱买到的彩票多于另一方。

表1 个人投资(N个人,无偏袒,以指数表示)

指数	参与人数				
	2	4	10		15
1/3	8.33	6.25	3.00		2.07
1/2	12.50	9.37	4.50	I	3.11
1	25.00	18.75	9.00		6.22
2	50.00	37.50	18.00		12.44
3	75.00	56.25	27.00		18.67
5	125.00	93.75	45.00	II	31.11
8	200.00	150.00	72.00		49.78
12	300.00	225.00	III 108.00		74.67

我们将由改变边际成本曲线的形状和参加博弈的人数开始讨论,而把偏袒留到以后讨论。表1表示的是博弈参与者个人的均衡支付,有不同的指数(这意味着不同的边际成本结构)和参与者人数的变化。表2表示的是如果所有参与者都采取均衡策略,他们付款的总数量。

我已经画了一些线条,把这两张表都分出了 I、II、III 三个区域。我们暂且先来讨论 I 区。这个区域中所有参与者的均衡价格加起来得出了一个相当于或少于总价格的支付。换句话说,如果参与者都上场的话,他们的预期会是正值的博弈。尽管我们是从这些博弈开始的,但正如我们将在下面看到的,在有些情况下,我们会被迫在 II 区和 III 区中进行博弈,而这两个区域中的预期都是负值。

表 2 投资总和（N 个人，无偏袒，以指数表示）

指数	参与人数					
	2	4	10	15		极限
1/3	16.66	25.00	30.00	31.05		33.30
1/2	25.00	37.40	45.00	46.65	I	50.00
1	50.00	75.00	90.00	93.30		100.00
2	100.00	150.00	180.00	186.60		200.00
3	150.00	225.00	270.00	280.05		300.00
5	250.00	375.00	450.00	466.65	II	500.00
8	400.00	600.00	720.00	746.70		800.00
12	600.00	900.00	1080.00	III 1120.05		1200.00

如果我们来看 I 区，立刻就能明白，随着参与者人数的增加，单个人的付款额下降，但付款总量上升。从某种意义上说，这里发生的事就是垄断利润被竞争掉了。然而，请注意，当指数是三分之一或二分之一时，即使是在极限人数的情况下，参与者整体能有 66.66 美元或 50 美元的利润。因此，还是有些利润的。由于成本曲线很陡地斜向上方，这些结果在某种程度上与直觉相悖。有人或许可以假定有一个正的投资收益，对于更多的参与者，这总是合理的，因此也拉低了利润。然而，在这种情况下，每增加一个参与者，就会使先前所有参与者以及他自己的付款下降，当参与者趋于无限时，至少在预期的意义上，极限就会成为无限参与者有巨大利润的地方。

从整个表上来看，在 I、II、III 区，当我们从左向右移动时，个人付款下降，而总付款上升。从这一点，我们可以推断出一种政策含义，尽管这是一种政策含义，但许多人可能会依据道德标准来反对它。显然，如果有人打算分配租，裙带关系就是件好事情，因为它减少了参与者数量,并因此减少了总投资。这是赞成世袭君主制的经典论点之一。把一个特别能捞取租金的职位(rent－rich job)的候选人减少到一个,可以排除像内战、暗杀等这类寻租活动。当然,这里也是有成本的。如果我们减少竞争某个职位的人数,你可能会排除了最好的候选人,甚至是最好的2000位候选人。这个成本必须用寻租成本的减少来抵消。

另一方面,有许多寻租的事例并不是那种我们特别在乎谁得到了租的那种事。在这类事情上——如政府任命,那里有大量非法来源的收入;压力集团从政府获得特殊援助,等等——我们会认为根本没有租,即使肯定有租,谁得到租也没有什么大不同。在这些事例中,减少寻租的措施显然是明确收益。因此,如果理查德·戴利市长把所有比较有油水的职位都任命给他的近亲属,社会的节约或许是相当大的。

如果我们顺着表往下看,数字也是稳步上升的。例如,从三分之一指数对应的两位参与者来看,它代表了一条极陡的上升成本曲线,到指数为2时,曲线平得多了,而个人的和总的付款增加了六倍。这也说明了一个政策结论。从总体上看,建立制度使边际成本曲线非常陡地上升将会是合理的。比如说,公务员考试应该设计得范围尽可能大,致使死记硬背的收益变小,或者换句话说,致使改善某人级别的边际成本迅速上升。同样,如果腐败政府的政治任命进行得迅速而且非常武断,以致没有太多资源投入进行寻租,那就比较好。

但是,还要说一遍,这也是有成本的。要把公务员考试设计得不易准备,却能进行有效选择可能是困难的。⑤ 这里再说一遍,如果我们在考虑任命的是一些我们宁愿不存在的职位,目的是通过政治操纵等手段获取利润,那么在顺着我们的表向下移动时就没有特别的损失。因

---

⑤ 还有另一种解决办法,就是使公务员的薪水保持在相当于私企薪水的同一水平上。在这样的情况下,就不会有寻租了。但是,考虑到公务员的政治权力,我怀疑这是否有可能实行。

此,那些使影响政府的活动更昂贵也更困难的法律——如竞选献金法——由于使边际成本曲线的上升更陡,而可能具有相当大的负收益。然而,这也涉及一大笔开支。对竞选献金的实际限制是以非常不对称的方式设计的,因此这些限制增加了某些潜在院外活动者的成本,而不增加其他人的成本。从这个过程中是否能获得一个社会净收益,还是很难说的事。

对于 I 区就说这么多了。现在我们要转向 II 和 III 区。在 II 区,个人参与者的付款总和大于奖金,也就是说,这是一个负和博弈,而不是像在 I 区是正和博弈。在 III 区,参与者个人的付款也大于奖金。或许显而易见的是,没有人会去玩这种游戏;但遗憾的是,事实并非如此。

在冯·诺伊曼开始研究博弈论之前,研究概率的学者将打赌的情形分为两类:赌单纯机遇和赌策略。我们可以举两个简单的例子。如果史密斯抛硬币,琼斯报出结果,只要史密斯没有足够的技巧能实际控制这枚硬币,这就是赌单纯机遇。如果这枚硬币不符合规则,史密斯在这种情况下有可能算错几率。但即使如此,也还是赌单纯机遇。在这个游戏中,经过适当计算的数学几率是 50∶50,这没有什么大问题。

但是,来看一个非常相似的游戏。史密斯选择硬币的哪一面朝上,并用手遮住硬币,直到琼斯说出要正面还是要反面。这时再来看这枚硬币,如果琼斯猜对了,史密斯付钱给他;如果琼斯猜错了,他付钱给史密斯。这就是赌策略的游戏。关于这种情况的早期作者都推论说,这个游戏没有恰当的解,因为如果有恰当的解,双方都会把它找出来。因此,比如说,对于史密斯,恰当的做法是要正面,他就会知道琼斯了解这是恰当的做法,因此,史密斯就该要反面。当然,如果恰当的做法是要反面,那琼斯也会知道,因此应该要的就是正面。可以看出,这是说谎者悖论的一个例子。

早期的概率研究者认为,这种情况没有恰当的解,并认为这是一种赌策略的游戏，大致相当于放弃研究了。但冯·诺伊曼发现，这类游戏或许还是有解的（不一定就有，但可能有）。在猜硬币正反面的游戏中，没有简单的解，但是在许多现实世界的情形中，史密斯可以有一种策略，即使琼斯能猜出这一策略并做出最好的回应，他也还是可以获胜。

如果有这样一种策略，它被称为鞍点（saddle point）。冯·诺伊曼还指出，人们不只应该研究单纯策略，还应该研究混合策略。而且，在零和博弈中也总有某种带有鞍点的混合策略。这个证明也可以扩展到差异博弈（differential game），也就是我们现在正在讨论的这种博弈，但遗憾的是，它只适用于零和博弈，而我们的博弈不是零和博弈。[⑥]

均衡的一个更广的概念由纳什提出，但遗憾的是，在 II 区和 III 区中的博弈在 0 处都有非常显著的不连续性。因此，这里没有纳什均衡。这些博弈既没有占优势的单纯策略、鞍点，也没有占优势的混合策略。它们是最古老意义上的策略游戏，是我们无法提供解的游戏。

现在我们来重新考察一下解的意思，以便把这个问题弄清楚。如果有这样一个解，无论谁都能算出它来。因此，史密斯肯定会在知道琼斯准确预计到他会做什么的情况下选择自己的策略。没有哪种自然法则说所有的博弈都得有这类的解，而且遗憾的是，这些游戏都在这个无解的类别之中。

举个简单的例子。看一下表 1 中的博弈，其中有两位参与者，还是史密斯和琼斯。假定成本函数的指数是 3，表中显示的个人付款是 75 美元，两位参与者各付 75 美元，他们合计就付出了 150 美元，而奖金只有 100 美元。每人付出 75 美元为的是得到二分之一获得 50 美元的机会，这显得很愚蠢。

然而，让我们顺着导致两方都付 75 美元投资的推理线索想一想。

[⑥] 当然，除了那些沿着 I 区和 II 区边界的博弈之外。

比方说,假设我们从每一方付款 50 美元开始。史密斯提高到 51 美元。由于指数是 3,他将胜出的概率增加的部分就值 1 个多美元了——实际上,还要大得多。如果琼斯跟进,他的投资也能得 1 个多美元。通过一系列这类小的步骤,每一步都是可获利的投资,最终两方都将到达 75 美元,在这一点上,两方中的任一方都不再想把出价提高或降低一点儿。他们处于边际调整中,尽管总的状况显见并不令人满意。

但是总的状况如何呢?比如说,假设琼斯决定不再玩了。显然,琼斯的退出意味着史密斯笃定成功,而其实他大概会后悔投入了 75 美元而没投 1 美元,但是尽管如此,他的投资还将赚到不错的利润。

这里我们再回到猜硬币正反面游戏的陷阱。如果在这个游戏中,最该做的事(合理的策略)是不再玩了,那么顺理成章就该放进 1 美元。另一方面,如果合理的策略是继续玩下去,而有人预计到对方也会这样想,所以他会投资,那么合理的做法就是袖手旁观,因为你打算在各方投入了 75 美元时才结束。没有固定的解。

在现实世界中,类似这样的游戏出现次数很多。实际上,打扑克就是一个例子,大多数现实世界中的谈判也是这类事情的例子。在打扑克中,没有社会浪费,因为参与各方大概都从这个游戏中得到了愉悦。谈判,尽管常常会涉及一些浪费,但浪费数量不大,因为策略操纵中涉及的浪费可能多于由信息转让带来的补偿,这种信息转让可以带来更好的结果。但是这在我们的游戏中不可能。在现实世界中可能会有某种这类的效应部分抵消寻租的浪费。然而,在大多数寻租事例中,这种抵消显然只能是部分的;而在许多寻租事例中,在将会产生租的活动里或租本身,具有负的社会价值。在这样的情况下,不仅确实有寻租的浪费,而且还因这种租本身而有了社会净浪费。

在现实世界中,寻租的解颇为常见的是结束于我们这个例子中的 75 美元,而不是结束于零,因为通常赌博不允许赌注下了之后再收回。

换句话说,沉没成本是真正地沉没了,你不能撤回你的出价。比如,如果我打算下力气通过一个考试,或是投入一定数量的钱到华盛顿进行游说活动,目的是要为公共选择的研究人员提高工资。一旦钱被花出去了,我就不能把它要回来了。如果我是处于这种竞争性博弈中,现有投资的沉没成本就意味着,我还会做进一步投资,继续与其他为考试而学习的人或是与其他雇用说客的人进行竞争。在某种意义上,有一个最佳数量的事实令人鼓舞——在我们现在使用的这个例子中,即使先前的成本全都沉没了,我们的投资也将不会超过 75 美元。尽管沉没成本是真正地沉没了,但投资于这种赌博的钱还是数量有限的。

注意,这个游戏可能有一种率先承诺的策略(precommitment strategy)。⑦ 如果有一方先付了 75 美元,并明确这笔钱不会撤回,第二方合情合理的政策是不付钱;因此,在这个例子中,率先承诺付钱的人赚到 25 美元的利润。

遗憾的是,这种分析虽然真实,但并非很有帮助。它只意味着有另一种率先承诺的游戏在玩。我们必须得研究那个游戏的参数,还要研究表 1 和表 2 中游戏的参数,才能决定投入这两者中的资源总和。如果毫无准备,看起来大多数率先承诺的游戏就会极为昂贵,因为率先承诺方必须对非常少的信息进行大量投资。你肯定会愿意先他人而动,而这意味着你在不大知情的情况下率先行动了。⑧ 但是,无论如何,这种率先承诺的游戏会有一些参数,而且如果我们研究它们,然后将它们与你做了率先承诺的游戏中的参数合并,我们就能获得总成本。我想

---

⑦ Thomas C. Schelling, *The Strategy of Conflict* (Cambridge, Mass.: Harvard University Press, 1960).

⑧ 作为这个问题的一个有趣杂闻,本文初稿的一位评审人否定了我上面的这段话,根据是第一方不应该投入 75 美元,而是小一点的接近于 55 美元的某个数,那就足以阻止另一方了。然而,请注意,如果有人暂停下来,不去猜测实际的最佳数字,另一方就会率先投入自己的 75 美元。

这大概会产生少量的社会浪费。

　　III 区的情形甚至还要奇怪。这里的均衡涉及每个参与者的投入都多于提供的总奖金。大概只有重新强调在表 1 中表明的付款意义才是合情合理的。这些付款是所有各方适当计算了别人会如何做,然后对他们自己的出价做了微小调整,并在实现了适当的边际调整并最终停止调整时才会达到的付款额。当然,这些付款并不是全面均衡的。

　　再说一遍,简单的做法——不玩这类游戏——是不正确的,因为如果这么做正确,那么,那些违背正确做法的人反倒能挣到大量利润。来看杰弗里·布伦纳设计的一个游戏吧,那是当指数上升到无限大时表 1 的极限。在这个游戏中,有 100 美元放在那,并将被卖给出价最高者,但所有的出价都将保留,也就是说,一旦你出了价,就不能减少。在这样的情况下,谁也不会一开始就出价高于 100 美元,但应该出多少,并不明确。其次,假定出了的价不能撤回,但可以提高。这时,没有均衡最大化的出价。换句话说,如果能使你成为最高出价者,只要低于 100 美元,把你的出价提高到现有水平之上总是合理的。危险显而易见,但是拒绝玩这个游戏不是一个均衡策略,也是显而易见的,原因就在于上面提到的说谎者悖论。

　　对于 II 区和 III 区中的博弈,正式理论几乎没有谈到。显然,在这些区域中,猜测他人将会怎么做的能力、解释表面现象的能力等收益极高;而在这些区域中,也很可能会出现对于社会作为一个整体而言的极大浪费。令人感到遗憾的是,在某些事例中,寻租往往就发生在这些区域。

　　显然,好的社会政策就应该尽量避免有可能导致这种浪费的博弈。再说一遍,我们应该尽可能使资源进一步投入的报酬比较低,或者换句话说,使成本曲线急剧上升。

　　降低社会成本的一个办法是在选择过程中采用偏袒。请注意,我们通常都把偏袒当作一件坏事,但是可以从正确决策的方向偏袒一个人。比如,公务员考试或许可以这样设计:使之非常可能选拔出有必需天资或做了极刻苦准备的人。这会是有利于有适当天资者的一种偏袒,但也会是件好事。同样,我们会愿意法院的诉讼程序中有这样的偏袒:无论谁是对的一方,都不必为打赢官司而进行大量投资。如果能做到这一点,那么错的一方也不会付出大量投资,因为不值得这么做。

另一方面,偏袒至少在道德上是说不过去的。我们上面曾谈到戴利市长给自己亲戚任命的事,而这就会是一种偏袒。在这个事例中,偏袒大概能减少寻租总量,而不降低芝加哥市政府的职能效率。但是在许多事例中,这类偏袒确实会降低效率。

表3 个人投资(两方,有偏袒,指数表示)

指数	偏袒			
	2	4	10	15
1	22.22	16.00	8.3	5.9
2	44.44	32.00	16.53 I	11.72
3	66.67	48.00	24.79	17.58
5	111.11	80.00	41.32	29.30
8	177.78	128.00	66.12 II	46.88
12	266.67	192.00 III	99.17	70.31

看来,偏袒与我们上面讨论的对参与者人数的限制颇为相似。只是我们没有从总体上削减一些参与者,而是给予参与者不同的权重。例如,假定同样是1美元投资,但给参与者 A 的票是其他人的5倍。这将使游戏有利于他,尽管没有绝对禁止他人买票。这种偏袒也与设

计考试以选出有天赋的人颇为相似。如果 A 花 1 小时的死记硬背就能把在公务员考试中可能得到的成绩提高到 B 花 5 小时才能得到的成绩，那么，这种考试制度就是偏袒有利于 A 的，而我们会预期，寻租的总成本会下降。

我们来看一看表 3。在这张表中只有两方参与竞争，因为无论如何，多于两方的情况在数学上都是复杂的，需要用三维图表来表示。最上面一行表示的是偏袒一位参与者的程度，在这里就用他每 1 美元得到的票数来表示，假定另一个处于不利地位的人 1 美元只能得到 1 张票。我们省略了表 1 中更小的指数，因为显而易见的是，偏袒非常急剧地降低了寻租总量。

表 4 是表 3 中两位参与者付款的总和，在这种情况下，表中数字常常只是将表 3 中的数字翻了一番。

利用我们的简单数学工具得出的结果是，两位参与者——其中一人得到偏袒，另一人没得到偏袒——进行了同样的投资。这有点儿违背直觉，但并不过分，因为我们大多数人对这些事情没有很强的直觉。无论如何，这可能只是我们选择的一种人为的特定数学公式。

人们立即就会注意到的是，表 3 中的 I 区要比表 1 和表 2 中没有偏袒时的 I 区大很多。的确，就拿指数 8 来看，它表示的是很平的成本曲线，15 的偏袒程度仍然使这个游戏处于 I 区中。因此，这种偏袒确实对减少寻租起了很大作用。

一般来说，这种偏袒比起先前减少寻租的建议更易于用对社会有益的办法来安排。再说一遍，把人员选拔程序设计成便于以对最佳人选个人相对较低的成本选中他，就是这种安排的例子。另一种办法会是某种大大有利于高效或"正确"政策的政策选择过程。如果我们能够进行设计，这两种办法都会起大作用，不仅能减少寻租活动，还能普遍提高政府效能。因此，在我看来，即使忽略寻租带来的节约，把这种非常特殊的偏袒引入寻租,在许多领域也会是可取的。

表 4 投资之和(两方,有偏袒,指数表示)

指数	偏袒			
	2	4	10	15
1	44.44	32.00	16.60	11.80
2	88.88	64.00	30.06 I	23.44
3	133.34	96.00	49.58	35.16
5	222.22	160.00	82.64	59.60
8	355.56	256.00	132.24 II	93.76
12	533.34	384.00 III	198.34	140.62

然而,必须承认,对于许多寻租活动,根本就很难找到实行偏袒的办法,或是能以导致较好结果的方式实行偏袒。再说一遍,如果我们假定戴利市长并不只限于给亲戚任命,而是依据与其关系的远近给他的亲戚们不同的好处,我们就有了一种能够减少寻租的偏袒制度。但是,这并不能导致在任何意义上较好的结果。同样,对竞选献金的限制以及试图影响政府政策的其他办法,都会在加重某些人的负担时减少另一些人的负担。从这种意义上说,这些办法都是带有偏袒的,而这种偏袒是否会导致比没有这些偏袒时较好的政策选择,还不清楚。因此,寻租总量减少的可能性便是唯一的收获了。

如此这般,对寻租和减少寻租社会成本方法的初步考察就结束了。当我和同事们讨论这个问题时,我发现,II 区和 III 区有趣的智力问题往往支配了讨论。这的确是非常有意思的智力问题,但我们面对的真正问题是要降低寻租的社会成本,而讨论这个问题通常都将使我们进入 I 区。因此,我希望本文的结果不是对已得到公认的 II 区和 III 区有趣智力问题的数学检验,而是对切实可行的降低寻租成本方法的考察。

数学补充,或节省劳力的计算方法

在我一开始着手准备本文时,我发现必须解出的一些方程都是高阶方程,就干脆派给我的研究生助手威廉·J.亨特一个任务,让他用便携式计算器算出大致结果。他很快发现,1栏有着相当令人不可思议的规律,而这意味着,即使这些方程都是高阶方程,求解这些方程也并不是太困难的事。然而,在我还没腾出工夫来求解,心中还隐隐害怕这个问题时,我和同事尼古拉斯·蒂德曼共进午餐,谈起了这个问题,而他就在一张餐巾纸上解决了它。这给出了我们用于表1和表2的方程。既然发现了这个简单算法,在准备表3和表4时,我们再次求助于蒂德曼,而他以同样的速度义务提供了帮助。这就是我们使用的公式:

$$P_A = R \frac{N-1}{N^2} \qquad \text{(用于表1、表2)}$$

$$P_A = R \frac{b}{(b+1)^2} \qquad \text{(用于表3、表4)}$$

其中:

P_A = 均衡投资,

R = 指数,或供应曲线的斜率,

N = 参与者的人数,

b = 偏袒的权重。

寻 租[*]

"寻租"一词是由安妮·O.克鲁格首先使用的,①但相关的理论此前已由戈登·塔洛克提出。② 借用图1可以清楚地解释这个基本的和非常简单的概念。像以往一样,我们用横轴表示已售出某种商品的数量,纵轴表示这种商品的价格。在竞争状态下,标为 PP 的直线表示成本,也表示价格。需求曲线为 DD,Q 就是以 P 价格售出的数量。如果形成垄断,会以 P' 价格售出 Q' 单位数量。

传统的垄断理论认为,灰色三角形(图1中的B区)表示社会的净损失。它代表的是原本可以从购买 QQ' 单位商品获得的消费者剩余,而现在这部分商品既未生产出来也未被购买。另一方面,由点构成的四边形(图1中的B区),传统上一直被简单地看作由消费者给垄断者的转移支付。由于消费者和垄断者都是同一个社会的成员,这种转移支付不存在社会的净损失。

这种观点常常使初学经济学的学生不快(因为他们不喜欢垄断者),但是尽管如此,在对寻租问题的研究工作获得进展之前,大多数经

---

* 经帕尔格雷夫—麦克米兰公司许可,重印自《新帕尔格雷夫经济学大辞典》,卷四(*The New Palgrave: A Dictionary of Economics*, vol.4, ed. John Eatwell, Murray Milgate, and Peter Newman, London: Macmillan, 1987),第 147-149 页。

① A.O.Krueger, "The Political Economy of the Rent-Seeking Society," *American Economic Review* 64(1974): 291-303.

② G.Tullock, "The Welfare Cost of Tariffs, Monopolies, and Theft," *Western Economic Journal* (now *Economic Inquiry*) 5(1967): 224-232.

济学家仍然认为这种观点是正确的。然而，这种观点的根本问题是，它假定创造垄断是无需成本的，或许是由上帝创造的吧，而实际上，创造垄断确实要耗费许多实际资源。

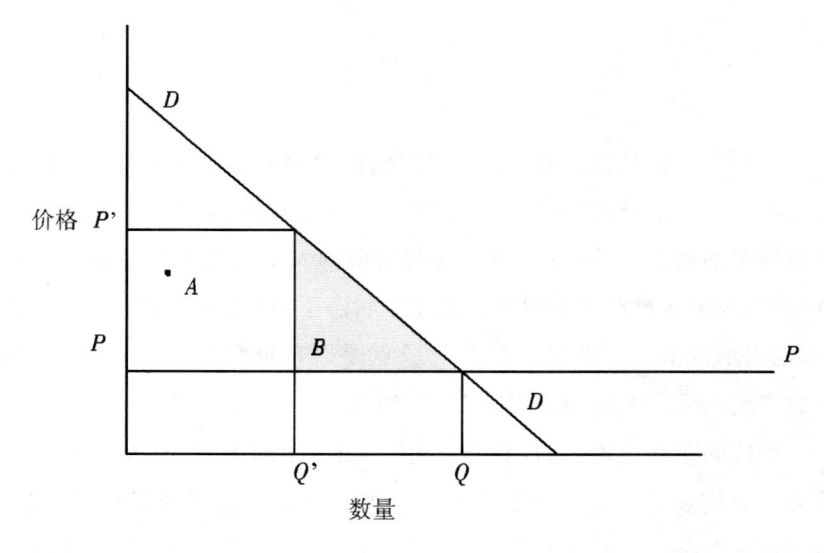

```
                    D
                  ／|
                ／  |
              ／    |
            ／      |
   价格 P'_____  |
          |    · A| ／|
          |       |／ |
        P |_____B___|_____ P
          |       |   |＼ D
          |       |   |  ＼
          |_____|___|____＼_____
                  Q'   Q
                    数量
```

图 1

对寻租的讨论往往大多集中于那些由政府创办或保护的垄断，或许是因为这些垄断被看作最普遍也最强大的缘故。然而，应该牢记的是，纯粹的私人垄断是可能存在的，有些也确实存在。既然当前政府创立的垄断（或增加某类人收入的形形色色的措施）频繁发生，集中精力研究这类活动或许不无道理。但是，正如我们将在下面指出的，私人的寻租活动也会在一些重要领域导致社会的净损失。

在塔洛克和克鲁格最早的文章中都曾假定，无论是由私人出资还是由政府出资，追求利润的工商界人士都会愿意投入资源，努力获得垄断，直到投入的最后 1 美元刚好与获得垄断可能得到的改进达到完全平衡时为止。由此推断，图 1 中带点的四边形（A 区）将会被耗尽。尽管这种假定尚存疑,③但我们现在还将继续假定,实际上不存在由消费者给垄断者的转移支付,倒是存在一种由于资源被用于非生产性活动(如设置贸易限制这类消极的生产活动)而产生的社会损失。相信这一假定恐怕不能完全适用生产活动的全部领域,这在理论上解释得通,但是正如社会成本可能被低估一样,社会成本也可能被高估。下面将更详细地讨论这个问题。

引用一句寻租理论中常用的格言:"创造垄断的活动是一个竞争性行业。"由于这个原因,可以预见,在一定时间内,总会有相当多的人至少把部分资源投入获得垄断的努力,但只有少数人能够成功。这就像抽彩,许多人都买了彩票,但只有极少数人赢得大笔的钱,其余的人都亏了,亏的多少取决于他们投入了多少。当然,在几乎所有现存的抽彩活动中,赌客投入的资源总量无疑都大大超过获得收益的总量,但在这里还是假定,用于寻租的资源总量等于全部的垄断利润。

因此,创造垄断的活动能够吸收大量资源,尤其是吸收致力于这种艰难但高回报活动的具有过人天赋的人员资源。不仅如此,创造垄断的活动还导致社会财富的大量再分配。假设有十位不同的游说者代表十个不同的利益集团去到华盛顿,每位游说者在两三年中花费100万美元,寄望于影响国会让他们享有垄断权。只有一位游说者获得了成功,而这个垄断权就变成了1000万美元的折现值。失败的游说者为成功者提供了大量的资源再分配。

一般来说,这种再分配与资源的大量浪费同时出现,既因为从事创造垄断活动的高智商人员本可以从事其他更具生产性的事情,也因为创造垄断的活动把经济对资源的利用进一步扭曲了。此外,尽管到目

---

③ G. Tullock, "Efficient Rent Seeking," in J. Buchanan, R. Tollison, and G. Tullock, eds. *Toward a Theory of the Rent-Seeking Society* (College Station: Texas A&M University Press, 1980): 91-112.

前为止主要讨论的是垄断，但在实际的市场过程中，许多可能的干预手段也提出了同样的问题。简单的最高或最低限价都可以具有巨大的再分配效应，而可能得到好处的人因此就会将大量资源用于获得这种效应。当然，有许多这种情形，一位游说者在尽力推动实行某项限制，而另一位游说者则尽力反对实行这一限制。这第二种活动有时被称为"避租"（rent avoidance）。避租的成本也很高，而且如果没有寻租活动当然也就不会有避租。

另一个领域就是直接转移支付了。为了向 B 付款的目的而向 A 征税，将会导致 B 方要求征税和 A 方反对征税的游说活动。这两种游说活动的总量很可能恰好等于转移支付（或防止进行转移支付）的总量，尽管如果游说成功，企业家中的这个人或那个人当然会有收益。假定 A 投入 50 美元用于游说从 B 征收 100 美元，而 B 也投入 50 美元用于游说反对征收。无论结果如何，有一方会从游说中获得 50 美元，而社会则损失了 100 美元。

要说"社会中的每个人都处于一样好的寻租地位"，那当然并非事实。有些利益集团比其他集团更乐意组织起来，我们就预期它们会赢。然而，这类利益集团有许多，而且任何人只要在华盛顿待了些时间，就会很快意识到，从事这类活动的是一大行业。

然而，实际的社会成本显然要比在华盛顿的各种游说组织花费的成本大得多。尤其是，寻租组织通常必须以显然无效率的方式进行直接的生产活动，因为必须在生产过程中采用某种欺骗手段。1937 年，美国民用航空委员会（US Civil Aeronautics Board）组建，要对机票购买者征收直接税付给航空公司的股东，当时在政治上是行不通的。然而，具有同样效果的行业管制在政治上却是可行的，这种管制让航线使用者为航空公司所有者每个美元的利润付出了高得多的费用。由于有效率的方法会过于公开，而且超出民用航空委员会的权限，因此有必要使用无效率方法向潜在受益人转移资金,这常常是寻租的主要成本之一。如果议案是为了股东的利益而对航线使用者征税的话,避租游说者的日子就太好过了。

请注意,这个例子中反对寻租的理由恰好也是反对政治腐败的理由。假定你所在的社会实行外汇管制制度,而通过向外汇管制部门的官员行贿有可能买到外币。这是克鲁格研究的那类情形,[④]她搞到了土耳其和印度社会总成本的指标。在这两个国家必须行贿的数量是尽人皆知的;这笔费用占全部交易总量的 7%－15%不等。

在习惯上,经济学家往往把这种贿赂本身看作合理的,因为它能打通不合理的管制。但是,这种贿赂导致寻租。在这个例子中,寻租不是来自对使用者的许可,而是来自对可以获得贿赂的职位的竞争。有个遍及不发达国家的事实,许多人接受了相当好的但对他们今后的生活没有真正实践价值的教育,但长期在玩弄复杂的政治伎俩,寄望于被任命为,比如说,孟买的海关稽查员。由于这些年轻人可以自由选择职业,他们从这个职业获得的预期回报大概和从任何其他职业得到的一样多。不同的是,比如说,一位医生一旦完成了医学院的学业就立刻开始挣钱了;而一个学了经济学现在正努力得到海关稽查员任命的年轻人会有相当长的一段时间得不到任命。确实,可能有足够多的候补人选,而他可能只有在五人中选一的机会得到这一任命。寻租的总成本是不适当的教育和五个人的政治伎俩,其中只有一人能得到任命。

至此,我们一直假定寻租的总成本是在图1中由带点的四边形(A区)代表的收入流的折现值。这个假定是"产生了"垄断或其他特权函数的一种特殊形式。这个函数肯定是线性的,投入的每个美元都与前

---

④ Krueger,"The Political Economy of the Rent-Seeking Society."

一个美元在实现垄断的概率上具有完全相同的回报。[⑤] 大多数函数不具有这种形式,相反,它们要么是递增的成本函数,要么是递减的成本函数。

如果组织私人垄断或是通过影响政府授予公共垄断权是规模不经济的,那么,即便我们假定的是一个完全竞争市场,完全能够自由进入,寻租的总投资也将少于由这个市场产生的租金总量。如果有规模经济,情形更不寻常,要么根本不存在均衡,要么存在一种伪均衡,此时为获得租金的总投资大于租金本身。这被称为伪均衡,因为尽管它满足了均衡的所有数学要求,但假定人们会为了50∶50获得100美元的机会而付出75美元,那显然是荒谬的。

显然,必须进行实证研究,而且必须努力测定适用于寻租的生产函数。但是,到目前为止,还没有人能提出很好的办法进行这种测定。看起来,测定产生政治影响的成本很可能要比测定私人垄断的成本容易一些,只是因为许多用于影响政府的开支可以有账可查。另一方面,私人垄断的成本往往容易隐瞒得多。这并不意味着这些成本不存在。

读者无疑想要知道,租金到底怎么了?为什么我们要这么关心寻租呢?答案是,寻租这个术语本身就不贴切。显然,如果租金产生于发现了一种癌症的治疗方法并为此申请专利时,我们绝不反对租金。我们也不会反对像迈克尔·杰克逊那样的流行歌星通过出众的天赋和大量个人努力建立起的用自己的人力资本所获得的巨额租金。另一方面,我们确实反对汽车制造商通过实行进口汽车配额增加其财产的租金,也反对他的雇员增加他们工会会员的租金。所有这些都是经济租金,但严格地讲,"寻租"只适用于后者。它的含义或许可以扩大到从本身有害的活动寻租。想找到癌症治愈方法的人是在从事一种对社会显

[⑤] Tullock,"Efficient Rent Seeking."

然无害的活动。因此,我们立刻可以看出,旨在获取租金的活动包括了完整的一系列活动,而"寻租"这个词只能用于其中的部分活动。

"寻租"分析是近年来经济理论领域中最有刺激性的领域之一。人们意识到,几乎所有经济学初级教材对于垄断的社会成本的解释都是错误的,或者至少是非常不完整的。这种意识来得令人惊讶。为纠正这个错误,有必要修订大部分经济理论。历史也需要修订。J.P.摩根是一位卡特尔的组织者,他在世的大部分时间中的垄断行为已为众所周知。就他为此大量收费这一事实而言,收费是导致这些垄断的部分寻租成本。人们可能会据理力争说,作为金融体系的一个稳定因素,摩根对于美国的回馈已多于他在行业垄断活动中造成的社会成本而有余。但有一笔极大的寻租成本是显而易见的事。这笔成本是垄断全部成本之外的成本。

目前,对寻租的研究已经在相当大程度上改变了我们看待事物的方式。我们现在谈到,大量政府活动是这个人或那个人的寻租活动。人们都知道,特殊利益是存在的,但我们往往习惯于大大低估了它的成本,因为我们只看到经济中出现扭曲的全部成本。社会的实际成本要大得多,说实在的,大规模的游说业就是一大社会成本。这种认识是新的,尽管大概任何想到这种事的人肯定一直以为,这些特别有才华的人在其他活动中能产出更多。

第五部分

再分配政治学

为遗产继承辩护*

尽管早期的经济学家都对研究遗产继承的合理性感兴趣,但相对而言,经济学近年来却一直没怎么讨论这个问题。我还没能付出任何认真的努力,用福利经济学的方法研究这个问题。然而,为财富的遗产继承辩护这个问题还是同我们有很大关系。许多人并不反对资本主义制度的其他方面,但却把财富的遗产继承当做例外。近年来对这一问题的相对忽视,似乎是因为那些喜好私有产权的人把遗产继承看作是必须详细说明的概念,而反对私有产权的人觉得遗产继承显然是错误的。正如我们将在下面看到的,这两种立场都大可质疑。

关于遗产继承,有一些传统论点。当然,最主要的一个观点是保存资本。然而,据我所知,这个论点从来没有得到详细阐述,也没有人用现代福利经济学的方法对它进行讨论。[1] 偶尔还能见到另外两种论点。有人辩称,巨额财产的继承人能免受社会压力。他们中的大多数人大概都会利用这种自由,而不必承受我们其他人在进行空闲时间业

---

* 经许可,重印自《法与经济学杂志》(*Journal of Law and Economics* 14,October 1971,465－474)。

[1] 这一点在文献中尚未做到像人们所期望的那般有力。但在下述文章中确有讨论:G.E.胡佛的《遗产税的经济作用》(G.E. Hoover, The Economic Effects of Inheritance Taxes, 17 *American Economic Review* 38, 1927)和阿尔文·H.约翰逊的《遗产税的公共资本化》(Alvin H. Johnson, Public Capitalization of the Inheritance Tax, 22 *Journal of Political Economy* 160, 1914)。约翰逊教授的文章很有意思,因为他提出,让政府把全部遗产税的收入投入资本市场,以抵消资本的减少。当然,要使这种方法起作用,"遗产需求"的弹性必须小于1,而他并没有强调这一点。

余活动消费时所承受的负担。然而,只有如罗伯特·玻意耳*等少数人,利用他们的机会承担起对人类有大益的活动。可以想见,这少数人的贡献是巨大的。但据我所知,还没有人详细考察过这种事情。

最后一种论点(这在某种意义上将与本文后面将要表述的观点有关)认为,我们允许人们把钱财留给他们愿意留给的人,不是出于遗产受赠人的利益,而是因为我们对立遗嘱者感兴趣。从这种见解来看,我们只是迫于私有财产的逻辑,才允许一个人不仅能在生前赠送私有财产,而且在死后也能赠送私有财产。在这些形式中,这种论点本来是很抽象的,但正如我们将看到的,用严格的福利经济学术语可以对此做出非常相似的解释。

看来,对一个显然重要的政策问题所作的这种不够严谨的讨论,在相当大的程度上转变成了一个事实,即有关遗产继承的决策已经与另外一些问题混淆在一起了。首先,许多人喜欢把收入平等作为政府的政策。其次,有许多人喜欢计划的由中央控制的经济,以反对市场经济。第三,许多人觉得政府应该至少在最低程度上有一种政策,把一定数量的资本投入到经济中。通常,这个类别中的人喜欢更多资本投资,但是没有逻辑上的理由能说明,为什么有人会不喜欢较少的资本投资。② 实际上,这些问题与容许遗产继承是不是合理并无关系,我很快就会证明这一点。然而我认为,许多想到这个问题的人,已经把它同遗产继承的问题混为一谈了。这使遗产继承的问题显得异常复杂,而且造成了对讨论的限制。

在证明这些问题并不一定与是不是应该容许遗产继承的决策有关

---

* Robert Boyle,1627—1691,英国物理学家,化学家和自然哲学家,伦敦皇家学会创始人之一。——译者

② Gurdon Tullock,The Social Rate of Discount and the Optimal Rate of Investment: Comment,78 *Quarterly Journal of Economics* 331(1964).

之前，我想要稍微转移话题来解释一下我所说的容许不容许遗产继承是什么意思。在本质上，我们将讨论是不是应该容许遗产继承的问题，也就是说，对继承的财富征收100%的税是不是合理。我们要讨论的不是这样一个100%的税在行政管理上是否可行，因为它可能使人们放弃钱财规避征税；也不是要只讨论把遗产税作为国库收入的目的。然而，正如将要证明的那样，赞成遗产继承的观点也是赞成要使遗产税成为带来最大纯收入水平或低于这一水平的税的观点。如果30%的遗产税能比90%的遗产税带来更多的收入，那么本文提供的论点就会指出，应该选择30%的税。

但是，回到我们的主题，我现在要证明我所说的四个问题本来就是彼此没有联系的。作为一个极端的例子，可能存在对积累资本的数量有明确政策规定，并在财富继承方面有激进平等目标的社会主义国家。我要说，这种情况下的财富继承实际上会提高这类国家的效率。另一方面，可能存在完全自由放任的市场经济，政府不做任何努力来影响资本的净积累率，也不影响收入的平等再分配，同时还禁止继承。对这个例子，我还要再说一遍，禁止继承是无效率的。还可能存在这些因素的所有各种逻辑组合，而其中所有容许继承的情况都是高效率的。用四个变量，每个变量有两个值，我们就得到了如图1所示的一个16元矩阵。③

保留遗产继承的其他变量的八种可能组合，如双线纵栏左侧所示；没有遗产继承的那些情况如右侧所示。有遗产继承的每一种可能情形用一个字母表示，其相应的不容许遗产继承的情况用有上标符号的字母表示。我的论点是，根据标准的福利经济学原则，在每一种情况中，

---

③　当然，这些变量实际上可以取许多中间值，但是为了简化，我们将假定每种情况要么存在要么不存在一种既定的制度。

容许遗产继承的国家都是较好的，A 好于 A'，H 好于 H'。

然而，在进入一般性讨论之前，我认为，证明这四个可能变量其实是独立的，才是可取的。再有，还应该谈到管理某些政府控制的有效方法。例如，人们普遍相信，一个社会主义经济学家的由政府管理经济的经济政策，必定伴随着政府对资本积累的控制。这并非事实。没有理由认为这个政府不能单独从证券的自愿销售中获得其资本，同时还能管理经济的其他部分。[④] 因此，政府会从社会成员中获取有关他们想要投资多少的信息，确定当时的实际投资生产率，并利用这些数据获得最佳数量的投资。政府本身能够决定这些投资将用于什么地方。

		有遗产继承		无遗产继承	
		市场经济	政府经营的经济	市场经济	政府经营的经济
没有政府的资本政策	无收入再分配	A	B	A'	B'
	收入再分配	C	D	C'	D'
有政府的资本政策	无收入再分配	E	F	E'	F'
	收入再分配	G	H	D'	H'

图 1

---

④ 无论是单一的一般政府债券，还是带有不同风险程度的一系列不同证券，都按不同价格出售。前者大概会更有效益。

相反的政策——政府控制资本形成率而不控制整个经济——也同样容易。如果政府认为资本投资太少，它可以规定对资本投资的补贴；如果政府认为资本投资太多，它可以对资本投资征税。请注意，为达到这个目的，政府必须对资本积累的"正确数量"有所认识，这与普通的均衡概念无关。在一定意义上，这种认识会无视老百姓的投资偏好。但是，无论我们赞同与否，其理论上的可能性都不容置疑。

最后，收入再分配可能与根据其他变量形成的几乎任何一套政策相结合。一般来说——假定政府有某个收入再分配政策，无论是由富人给穷人还是由穷人给富人，也无论是由我们这些人给农民或石油商——如果通过直接税和支付来办理，而不是试图改变生产结构对某些特定人群带来间接的好处和伤害，这种收入再分配就能得到最有效的管理。

假定政府有某项资本政策，也就是说，政府觉得"低于"一般情况的资本积累不是最佳的，当然也包括政府在其他领域的政策，并希望改变这种情况。为了简化，我们假定政府认为应该积累更多的资本。一种广泛流传的看法似乎是，政府增加资本投资的政策必须也有必要采取政府对所有投资的实际管理形式。这并不真实。假定人们根据自己的计算，把他们10％的钱储存起来，而政府通过神的指示了解到，正确的数量是20％。把这笔钱变成投资的一个办法是，对老百姓的收入征收20％的税，并把这笔钱用于政府的直接投资。第二个办法是，对老百姓的收入征收不到20％的税，把征税得到的钱用于补贴新的投资。第三个可用的办法是，对老百姓的收入征收10％的税并用于直接投资，考虑到现行利率，这种投资是达不到标准的。如果政府具有无限的能力，可以对补贴的多少给予区别对待，应该还能有比这三种办法更有效的办法，并对指定的超标准投资给予不同的补贴，以便从远低于10％的税收中获得其20％的总投资。

当然，也有可能把这三种办法用不同方式组合起来使用。显然，最后三种办法中的任何一种，或是它们的任何组合，都要好于第一种。在这每一种情况下，允许个人对自己花掉多少收入，以及在储蓄和投资之间如何划分进行决策的程度，大于把直接税变为 20% 投资时允许个人进行决策的程度。因此，如果不采用由政府直接管理所有投资的第一个政策，社会中的每个人都会过得好一些，只因为每个人都从这个决定中获得了一些额外的自由。对于不想把自己正好 20% 的收入用于投资的人，这个收益会特别大。一般来说，如果想大幅度增加投资，补贴是最有效率的方法；如果只想小幅度增加投资，向超标准领域直接投资是高效的。

请注意，如果我们不相信市场经济，或者由政府完全经营工农业部门，这就会是事实。如果个人自愿购买政府带有适当税金或补贴的证券，并确认他们购买的是"正确"的总量，政府对于应该投资多少的决策就会得到比较有效的执行。因此，一个高效的社会主义政府就会有一个它自己的债券市场（苏联在过去的许多年里确实有这样的市场），并会通过这个市场获得用于投资的资本。只有当这个政府不参与为百姓提供最佳条件时，它才能利用政府的力量不仅直接决定该投资多少，而且能直接决定该由谁来投资。

然而，人们或许认为，完全平等主义的收入再分配计划要求没收性的遗产税，或至少与这种税一致。这不是事实。其实，没收性的遗产税是使收入平等的一种坏办法。任何可取的收入平等化程度都可以通过征收适当的所得税获得。由于遗产的收受人将得到的遗产数量是按时间随机配置的结果，没收性的遗产税就会成为对某个收入来源的随机性税收。对单一收入来源征收的特别税与普遍的所得税相结合，是实现收入平等的无效率方法。如果我们假定美国政府不仅有一项旨在实现某种平等程度的所得税，而且还要根据（非常正确地）经济学家高于平均水平收入的状况每年再对经济学家额外收一笔5000美元的税,这一点或许就可以清楚地得到理解了。显然,这种组合相比于单一税种会是实现收入平等目标的一种低效率方式,因为在有些情况下,这种特别税会落到本来已经不大富裕的人头上。由于任何可取的平等程度都可以通过负所得税获得,为此目的而额外征收特别税就是既无效率,也不可取的了。

然而,有人可能会说,我们不光想要收入平等,还想要更大程度的财富平等。在这种情况下,直接使财富平等的税收会是最佳制度。其实,对财富的一种特定形式征税几乎必定都无法减少社会中财富不平等的数量。已经有大量研究试图确定对财富征收什么样的税可以相当于某个水平的遗产税。这些非常复杂的论文之所以复杂,根本原因就在于这样一个事实——作为财富平等化的工具,任何对财富按年度征收的税都要比征收遗产税有效得多;而且,很难为那些非常无效率的税种计算出可以替代的同等数量的有效税种。⑤ 再说一遍,对如房子这类特定的财富形式征税无法实现财富的平等化。对财富平等化感兴趣的人们应该直接研究这个问题,并利用有效的工具,而不是通过一套愚蠢的办法间接研究这个问题。

最后几段篇幅专门用来证明图1所示的四个变量实际上是各不相干的。它们几乎可以以任何方式组合起来。图1现在证明的还是征遗

---

⑤ 参见1950年出版的费雅科斯基—布雷迪著《遗产税的平等化效应》(G. Z. Fijalkowski-Bereday, The Equalizing Effects of the Death Duties, 2 *Oxford Economic Papers* (n.s.) 176);1944年出版的维克里著《继承税的合理化》(William S. Vickrey, The Rationalization of Succession Taxation, 12 *Econometrica* 215);1942年出版的卡尔多著《资本税的收入负担》(Nicholas Kaldor, The Income Burden of Capital Taxes, 9 *Review of Economic Studies* 138),该文重印于1959年出版,马斯格雷夫和舒普主编的《课税经济学读本》,第393页(R. A. Musgrave and C. S. Shoup eds. *Readings in the Economics of Taxation*);1949年出版的庇古著第三版《公共财政研究》第13章(A. C. Pigou, *A Study in Public Finance*, Ch. 13, 3rd ed.)。

产税不可取。我不想对八种可能的情况进行逐一讨论,但我认为,如果我能证明遗产税在两种极端的情况下不可取——一种是 A,A',不实行收入再分配也没有政府资本政策的市场经济情况;另一种是 H,H',政府用收入再分配和政府的资本政策管理经济的情况——我就阐明了我的论点。其他格子的情况就留给读者去思考了。

我们从 A,A' 开始讨论。假定有一个没有资本政策也不实行收入再分配的自由市场政府,这个政府正在考虑对所有的遗产征收 100% 的税。我们先来讨论这种税对某人生前的影响,然后再来讨论对他死后的影响。颁布这样一种没收性遗产税的第一个后果会是,积累资本的动机会比没有这种税时少得多。其实,大家都会打算在他们去世的那天一文不名。养老金市场会变得非常红火。⑥

那么,来看一个现在还活着但意识到他快死了的人。显然,有了没收性的遗产税,他不会打算留下财产。⑦ 显然,由于他失去了一定程度可能得到的自由,他的生活状况恶化了。在这种税颁布之前,他可能存了钱,如果他愿意,他能把这些钱留给他的继承人;但有了这种税之后,他就不能再这么做了。社会中并没有什么人的收益能抵消他自由的这种减少。

其实,正如我们以前提到的,他从积攒钱财获得的收益的减少一向就是被用于反对遗产税的一种论点。有了 100% 的遗产税,资本投资肯定将少于没有这种税时的情况。但是,为了说明这个论点,必须相信,在允许征收遗产税的制度下,资本积累的数量会超过不许可征收这种税时的数量。有了这个假定,那么遗产税当然就能够用适当的投资

---

⑥ 有人会对这一点感兴趣。目前的大量储蓄或许是由于这样一个事实,即出于各种原因,人们并没有像在理论上可能的那样广泛利用养老金。不利于养老金的法律大概是增加投资率的上佳之策。

⑦ 当然,除非他想给政府送个礼。这样的礼物可能没有 100% 的遗产税。

补贴来抵消。这种补贴不会改变人们想要死时一文不名的倾向,但会意味着人们将会比没有这种补贴时储存更多的钱来买养老金,以备晚年之需。有遗产税的情况和这样一种补贴会使此人死前的生活下降,就是因为没有遗产税也能获得同样多的资本投资,但对一般人都不会有为了支付补贴而额外征收的税。因此,取消遗产税会对没有这种税时将要支付补贴的人有利,而没人会受到伤害。但是,正如我以前所说,所有这些要求假定我们了解资本投资的理想数量。然而,那些确实了解没有遗产税资本积累就会太少的人将会发现,这一点是非常有说服力的。

继续来说我们的例子,现在假定我们选定的这个人死了。国家没有获得资金,因为他一直靠养老金生活,所以不纳税。如果不是这样,他本可以存下钱来,而能够继承他的钱的那些人现在生活得比在先前的制度下差了。没有人受益。其实,再说一遍,社会中的资本量减少了这个事实可以被看作非常一般的损失。然而我认为,在这一点上支持遗产税的人会说,遗产税的取消确实会使还没有收到遗产的人受益,因为社会中现在已没有比他们更富裕的人了。换句话说,他们通常会嫉妒已经收到了遗产的人,而这是一种消灭了遗产继承即可消灭掉的外部性。正如我在上面指出的,如果把这看作是建立一种制度的良好社会理由,适当的制度是一种适度的、收入越高纳税也越多的所得税或财富税,而不是遗产税。然而,此刻假定的是社会没有一种收入再分配政策,因此,我们可以假定,嫉妒比自己富裕的人的并不是占主导的社会动机。

因此,我们已经证明了 A 比 A' 好。然而,我们的证据是个与没收性遗产税有关的证据,而纳税人对此的充分适应就是不剩一点钱也不缴税。如果我们假定养老金市场发展得不够充分,以致大家都能把自己的全部财富投到这种工具上,那么,这个证据就失效了,但从长期看,社会是不均衡的。⑧

然而,对遗产征税是不可取的这一点尚未得到证明。如果以不到100%的任何税率对遗产征税,大概至少有些人会选择给他们的继承人留下一些钱,因此,政府有了一个收入,可以抵消遗产税的影响。

然而,虽然我们在这里不能证明这种税不明智,我们却可以相当迅速地证明,如果这种税大于能带来最大收益的税,它就是不明智的。例如,假定10%的遗产税会导致很多人选择给他们的继承人留下钱财,结果总共收到了1亿美元的税款。另一方面,假定75%的遗产税会大大减少想要给其继承人留下钱财的人数,结果政府的总收入只有比如说7500万美元了。到目前为止我们提出的论点就会指出,第一种税显然要比第二种税占优势。换言之,为了符合甚至令人起疑的帕累托最优,遗产税必须要么使用可从遗产税得到最大收入的税率,要么使用更低一些的税率。

请注意,这样的税将持续降低社会中可用的总资本。因此,如果你相信资本产生外部性,这样的税也会因那些外部性的理由而成为占优势的政策。

我们或许要暂时从图1中的 A 格移动到 E 格,以便对资本问题进行多一点的讨论。假定政府至少部分利用从遗产税得到的收入去补贴投资。可能出现的情况是(尽管我非常怀疑这种情况)产生了某种纯利润,也就是说,在像以前一样实行了一种合并遗产税和对资本的补贴之后,我们有可能获得同样的投资净水平,而且还能剩下一些钱供国家使用。出于这两种情况下对储蓄需求相对弹性的判断,我怀疑这不是实情,但我们还是可以探讨这种可能性。如果这是实情,那么再说一遍,

---

⑧ 养老金或其他类型死亡即终止的收入的作用在很大程度上控制着储蓄的数量,以至于像社会保障管理局这样的机构和私人养老金显著减少了资本投资总量。

人们可以说最佳方法不能包括遗产税和补贴,这两者的组合会高于带来最大货币量所必需的成本,而这最大货币量可由这个多种政策的组合获得。当然,这个最大货币量不一定非得特别高。

在方格 E, E' 中的其他可能性,也就是对资本投资的补贴抵消了遗产税,这种补贴变成了超过遗产税收入的费用,那就显然是不可取的。如果出现了这种情况,方格 E 显然优于方格 E'。请注意,这些一般原则将适用于所有政府具有支持资本积累政策的情况。在所有这些情况中,我们在上面给出的推理指出,不要遗产税会优于要遗产税,从遗产税或遗产税与补贴的组合中可以获得最大收入的情况除外;在这类情况中,税额会等于或低于收入的最大水平。换言之,没有站得住的理由可以限制遗产继承。但是,根据与我们选择对黄油征税大致相同的推理,我们就是会选择征税。

然而,我们现在要转向方格 H, H',在那里,试图调节资本的政府实行一种收入再分配政策(我们要假定这是一种平等的再分配政策,而不是不平等或横向的收入再分配政策),还有政府对经济的直接控制。在这种情况下,再说一遍,遗产继承的制度优于不许遗产继承的制度。我先前已经证明,即便是在这些制度下,通过政府债券市场(可以补贴利率销售债券)把谁该为资本项目投资的决策留给百姓个人去做,而不是由政府直接决定应该储蓄多少和谁应该储蓄,那才是可取的。然而,让我们暂且忽视这个证据,而假定我们与之打交道的政府是毛主义政府,除了少量个人用品外,它不允许百姓获得任何资本资产。

再说一遍,允许这种少量私有财产继承的论点还是很令人信服的。如果不允许遗产继承,人们就会多方打听,租用而非购买这些物品。租用而非购买这些物品的人因此而受到一定程度的伤害;而在他死后,他的潜在继承人也受到了伤害。没有人从这种制度中获益。

然而,如果我们假定,实行这些政策的政府确实允许人们决定每个人该储蓄多少,那么,支持遗产继承的论点就与自由市场体制下的那些论点非常相似了。应该注意的是,在实行高度平等政策和政府证券是产生收入的唯一资产的情况下,人们不会以增加今后的收入为目的进行储蓄,而会以为他们自己或他们的继承人今后获得闲暇而储蓄。结果很可能是,这种储蓄的动机很弱,而且因此,对储蓄的补贴有可能会非常高。但是,这个论点是站得住脚的。如果禁止人们向他们的继承人过继财产,人们生前就会受到伤害,因为这种做法剥夺了他们本来可能选择的一个选项。假定可以得到国家养老金(这类养老金的缺失会无效率),在他们死后,他们的潜在继承人会受到伤害。没有人会从这两种变化中获益。

我们可以逐一讨论图1中所有其他方格对的情况,但那会冗长而乏味。一般原则还是适用的:运用严格的福利经济学方法,我们可以表明,允许财富继承是一项可取的政策。而且我们还可以表明,尽管从收入的角度没有理由说为什么遗产就比汽油更该免税,但是,任何把税额提高到收入最大点之上的做法从来都不是最优政策。

再为遗产继承辩护*

格林、爱尔兰和科勒的评论都对我的原文提出了相当技术性的反对意见。然而,读着这些评论,使我想做出一些略微宽泛一些的反应。首先,不允许遗产继承的世界会是一个最为异常的世界。一个有一妻两孩和一大笔住房抵押贷款的男人,不可能连一张在他死亡时偿还抵押贷款的保险单都没有。如果房子为他所有,没有抵押贷款的牵连,他甚至不能把房子留给他的妻子。就连死者最不起眼的财产都会归国家所有,而不归他的家庭所有。

在这样的情况下,人们会期望社会拥有的资本最好由养老金公司或相对年轻的人来掌握。利息率会非常高,而资本积累率会低得多。我们目前的情况是,年轻人的家庭花的比挣的多,而老年人的家庭花的比挣的少很多。其实,我们会遇到与此相反的情形,因为对于老年人的家庭而言,存钱或是拿着钱不花是不明智的。

我以为这并非格林、爱尔兰和科勒心中所想要的。实际上,他们大概并不赞成取消所有的遗产继承,而是只反对大量遗产继承。然而,选择了为限制遗产继承辩解的人似乎确实应该提供一套准则,有了这些准则我们才能决定应该限制哪一种遗产继承,限制多少。其实,我认为在他们这么做了之前,我们还不应该拿他们当真。

---

* 经许可重印自《法与经济学杂志》(*Journal of Law and Economics* 16, October 1973, 428 – 428)。

然而,转向比较技术性的讨论,这三个人都把他们的论点建立在对人们偏好的检验之上。经济学家一般都试图避免这类分析,因为就算假设了一套适当的偏好,你小心谨慎提出的那些事情也都需要解释得通。尽管如此,我并不认为这些论点不合规则,只是很难操作。

格林从不可饶恕的嫉妒之罪的一个非常特殊的变例谈起。在一定意义上,我关于人的本质的看法要比他的好。由于我通常都被看作一个犬儒主义者,这是个爽快的改变。为什么"嫉妒可以常常因相信别人有的东西自己没有,对此别人没办法,他自己也没办法而产生"这种看法会导致应该限制财产继承,在我看来理由并不好理解。不同的遗传构成肯定会落入这个分类,正如不同的童年环境和幸运一样。我们在现实世界中观察到的非常大的一部分收入差异,大概都是遗传和(或)环境因素造成的结果。剩下的部分在很大程度上或许是运气造成的,而运气似乎也会处于格林向我们保证将导致嫉妒的领域。

然而,我以为,他在这里只是把他的立场说得太广泛了,事实上,他确实常常感到继承来的物质财富在本质上比继承来的基因产生了更多的负面外部性。我很怀疑是这么回事。

如果你对某人说起比他富裕的人,常见的情况是,他会告诉你那同继承来的财富有关,即使这并非事实。大体来说,如果我比另一个人穷,因为他继承了钱财,这并不让我丢脸。另一方面,如果我们在同一起跑线起步,而他赢了比赛,那么这就表明,他不仅比我富裕,还比我优秀。在这种情况下,我可能愿意(许多人显然确实愿意)认为,他受益于继承来的财富而不是受益于继承来的基因。无论如何,许多人明显的作为就像这是他们偏好函数的一部分。此刻,如果我看到有人比我富裕,我可以对这个事实为自己找个借口,说他的财富是继承来的。如果我们取消了财富继承,我就不再能这么说了,而在个人满意度上的成本或许非常巨大。但是在这里,我正像格林教授一样在检验人们的偏好,而这一点确实是一个困难的研究领域。

在技术层面上,用格林的论点来看,这个问题就是他还没有证明外部性是帕累托最优的。其实,我自己的个人感觉是,格林教授对他隔壁邻居的善意情感大概要比他的嫉妒情感更强烈。我猜想,如果他听说他邻居的火险已经失效,他有绝对可靠的机会去烧掉那个人的房子,他是不会利用这个机会的。他确实对他的邻居能有这份继承来的财产感到愤恨,但这种愤恨并没有强烈到足以使他用纯粹破坏性的手段真正加害对方。

但是,我可能错了,或许格林教授所说的嫉妒强烈程度在这个例子中是正确的。然而,请注意,如果他提议征收一种税,这种税高于使税收收入最大化的税,他实质上就减少了他邻居的财富,同时也减少了某个穷人的财富。否则,那个穷人本可以得到以收入转移方式从那个税中归集到的资金,而且在事后,还能得到某人留在信托财产中给格林邻居的财富。当然,这后一个人已经死了,但是任何改变今后对遗产继承法律的提议都会涉及这三个人。因此,哪怕在我上面设定的情况下格林教授或许愿意烧掉他邻居的房子,我怀疑,他由此得到的愉悦能抵消掉他从伤害了邻居、伤害了那个穷人,以及因没收性的遗产税伤害了潜在的立遗嘱者加起来所得到的不快。当然,我可能错了,但是无论如何我都非常怀疑,有着这种特殊嫉妒的人会和嫉妒他人因品质优秀而致富的人一样多。社会里也会有支持贵族的人,因此他们本身也是支持继承财产的人。我应该想到,这最后一伙人无论如何也应该抵消掉格林的那伙人。

爱尔兰教授和一位律师结了婚。当我提到剩余财产可以当做允许他所认为的有一套特殊动机的人们避开财产税获得资金的一种方式时,他娶了她,并收到了一份剩余财产,是在这个术语完全正确无误的技术定义上。他关于这个技术定义的论点是正确的。我过去一直在思考所有那些允许一个人获得他生前对自己财富控制可用的方法,而不是售出所有财产,也不是把终生利益转给别的人。对这类安排大致没有限制,只是在某些情况下有必要向一位瑞士银行家进行咨询。其实,据我所知,即使有人知道了这种事情,它也并不违法。

然而,在我看来,有非常多的人为了爱尔兰提出的理由而对掌握财富感兴趣这一点似乎很可疑。作为怀疑的依据,我要指出美国剩余财产法的不成熟性质,还要一并指出一个事实,即我所说的那种收入转移的机会极少得到利用。① 在这种情况下,在我看来,这种特殊动机不大会导致留下非常多的钱,让财产税去没收。

当然,国家是有可能通过适当立法"来防止一般的剩余财产权",而且国家也确实可以通过一项反对养老金的法律,并以此破坏我的整个论点。然而,我可以肯定,格林和爱尔兰两位教授不会赞成这种显然不是帕累托最优的立法。尽管有一些例外,但他们还是赞成让人们按他们希望的方式处理其钱财。我对他们所说的这种特殊例外还是相当惊讶的。

科勒对我的论文所持的反对意见依赖于这种可能性,即有些人或许不愿意有留钱给他们继承人的机会,因为他们想要花掉所有的钱而不让他们的继承人意识到这是他们的选择。我不否认会有这类人,尽管我怀疑会有很多这样的人。然而,为了证明这引起了帕累托最优证据的诸多问题,就有必要证明,为了使这些人在变化发生之后还能像以前一样富裕所必需的全部补偿会大于有着相反兴趣的人们所能得到的好处。由于有着相反兴趣的人在数量上要大很多,而且他们的个人兴

---

① 请注意,应该把这些剩余财产明确区别于规避遗产税的信托财产,后者在美国是很常见的做法。卖掉剩余财产会使一个人的生前开支最大化,同时还能保留对财富的控制,以获得爱尔兰所说的满足。建立一个标准的避税信托财产减少了立遗嘱人生前对其财富的控制,但是增加了他能留给他的继承人的财产数量。

趣也会强得多，因此在我看来，这不大会发生。

　　这里有一个讨价还价的问题。如果我们假定，我们是在征收100%遗产税的情况下开始讨论，并提议将100%遗产税改变为一种可使潜在收入最大化的遗产税，但是作为这种改变的一部分，要补偿有着我们称之为"科勒动机"的那些人。那么，声称处于这种立场会有利可图。当然，大多数这类声称都是虚伪的，但它们可以创造出非常高的交易成本。在讨论帕累托最优改变时，我们通常都会忽视这类成本。无论如何，如果我们从没有100%遗产税的现状开始讨论，并提出改变到这种水平的税，有着"科勒式"动机的人们就不大可能会愿意补偿所有受到伤害的人。

无慈悲心的施舍[*]

假如我理解现代知识分子中的共同看法,收入再分配就被看作一个相当简单而且几乎完全是道德方面的事情。从根本上说,有两种理论。第一种理论认为,我们之中的富裕人士把国家用作向穷人馈赠礼物的机制。这种理论在詹姆斯·罗杰斯和哈罗德·霍克曼的文章《帕累托最优的再分配》中得到了充分的体现。① 第二种理论我要称之为"唐斯理论"(Downsian),说的是在一个民主国家内,穷人能够利用他们的选票从社会的其余部分获得转移支付。② 这两种理论有时候合并,形成这样的观点:大部分人口利用民主过程从富人手中取钱交给穷人。尽管我只是简要地表述了这两种理论的观点,但我认为,它们加在一起就成为再分配的标准理由。遗憾的是,这些道德方法在本质上不能解释我们社会中大多数的再分配。它们确实解释了其中的一小部分再分配,这倒也是事实,但是大部分再分配来自其他动机,实现的也是其他目的。由于这两种理论大概相当牢固地扎根在读者心中,我想在

---

* 经牛津大学出版社许可,重印自《西方经济学刊》(Westtern Economic Journal 9, December 1971:379 – 392)。

① 见 J. 罗杰斯和 H. 霍克曼的文章《帕累托最优的再分配》(J. Rodgers and H. Hochman, "Pareto Optimal Redistribution," *American Economic Review* 59, September 1969, 542 – 557)。当然,霍克曼和罗杰斯在讨论这个问题时要比我在这个段落中所指出的复杂得多。但是,他们的文章是支持上面概述的这种理论要点的。这篇文章吸引了大量评论,许多评论都明显地没有原著那么复杂。

② A. Downs, *An Economic Theory of Democracy* (New York: Harper, 1957). 特别见其中的第 198 – 201 页。

开始正式分析之前简要地讨论一下再分配的事实。

首先,穷人的选票以及他们得到的再分配数量在一定意义上是他们投票程度的函数。③ 因此,穷人得到的钱至少必须表现为穷人对其政治力量的利用,而不是从社会其余部分得到的慈善捐助。这似乎会指出,上述的第一种理论无论如何不可能是一种完整的解释。

其次,任何考察过现代世界中穷人状况的人肯定都意识到,民主并不能带给他们非常多的捐助。我们来看看美国。联邦政府正式列出的福利开支大约是每年1000亿美元。这大概足够支付给我们国家中最底层的五分之一中每个有1万美元收入的四口之家,哪怕他们还有其他收入来源。显然,他们并没有得到这类好处。威斯康星大学贫困问题研究所做了另一种计算,结果表明,向穷人发放的福利款项总共为400亿美元。④ 如果是向穷人发现金,这也会足够发给我们人口最底层的五分之一中每个有4000美元收入的四口之家。但是显然,他们也没有得到哪怕是接近于这么多的捐助。⑤ 美国参议员亚伯拉罕·里比科夫在评论卫生教育和福利部时说:"在1972财年,打算用于贫困项目的311亿美元,如果直接发放给贫困的四口之家,每个家庭大概可以得到4800美元,比贫困线几乎高出1000美元。"

我们再来看看给穷人的实际救助支付,结果是,它们加到一起离国民收入的1%还差得远。这个数量显然不只是能简单说明"穷人利用

---

③ 见弗赖伊和温特斯著《再分配的政治》(B. R. Fry and R. F. Winters, "The Politics of Redistribution," *American Political Science Review* 64, June 1970, 508 – 522)。要了解对"为什么穷人的政治影响低于他们人均投票表决力量明显赋予他们的影响程度"这一问题缘由的讨论,亦可参见弗赖斯著《为什么高收入者更多参与政治?》(B. Fry, "Why Do High Income People Participate More in Politics?" *Public Choice* 11, Fall 1971, 101 – 105)。

④ 见兰普曼的文章《作为社会过程的转移支付和再分配》(R. J. Lampman, "Transfer and Redistribution as Social Process"),油印稿。兰普曼的研究使用的是1967年的数据。

⑤ 这种计算过高估计了给穷人转移支付。造成这种情况的原因将在下文中讨论。

他们的选票获得转移支付"的假设。其实,如果联邦预算只按按纳税人的投票潜力划分纳税人,穷人得到的数量显然就会比他们应该得到的数量少。

在其他民主国家,情况也没有什么大不同。韦布和西夫在把英国 1937 年的数字与 1959 年的数字进行了比较后得出结论:"……对最终收入不平等的评价在这 20 年间始终存在,而这 20 年却见证了'福利国家'的确立、成长和一定程度的稳定。"⑥假定英国政府把大量收入在人口中来回转移,那就证明,这种转移的主要作用,大概还有主要目的,不可能是帮助穷人。在平均的个人所得收入被以这样或那样的方式征税 30% 以上,而且国防负担大大低于其在 1937 年的水平的情况下,如果帮助穷人确实是英国政府的目的,它显然有大量的资源可用于这个目的。

我们暂且把有关再分配经验事实的进一步讨论置于一边,先来看一看在民主国家的比较正式的再分配理论方面有哪些成果。⑦ 目前的第一个成果是唐斯的论点,即:民主将总会导致收入从富人到穷人的转移。其实,他把这一点看作民主存在的主要理由。我们可以拿这个论点同本杰明·沃德的观点作一对照,沃德的观点认为,民主国家中的再分配在本质上是不确定的。⑧ 最后,还有一种在《同意的计算》⑨中表述

---

⑥ 见韦布和西夫的著作《收入再分配与福利国家》(A. L. Webb and J. E. B. Sieve, *Income Redistribution and the Welfare State*, London: Social Administration Research Trust, 1971)。这个评论特别有启迪作用,因为韦布和西夫都是英国福利国家的大力鼓吹者,而他们这本著作的主题是论述福利国家的作用在统计学方面的改进。

⑦ 本文完全关注的是民主国家的再分配,因为这是我们对政治学知识了解得最深入的一个领域。我不愿留下这样的暗示,说我相信专制国家中的再分配进行得更好一些。

⑧ 见沃德的文章《多数决原则与分配》(B. Ward, "Majority Rule and Allocation," *Journal of Conflict Resolution* 5, December 1961, 379 – 389)。请注意,沃德实际上在证明,在所有这类事例中都会存在循环多数。然而,由于这个过程必须停止,而且在观察到的现实中确实停止在了某个点上,他证明这个过程不确定的论述并非一个不公平的总结。

⑨ J. M. Buchana and G. Tullock, *The Calculus of Consent: Logical Foundations of Constitutional Democracy* (Ann Arbor: University of Michigan Press, 1962): 144 – 145.

的观点,认为民主国家中表决过程的本质是,将真正的资源从富人那里转移出去,尽管并不能确定谁将得到这些资源。我赞成布坎南和塔洛克的观点,这谁都不会感到惊讶;但是沃德模型将被用来补充这一观点,指出政治过程的实际产出并非事先确定的。⑩

唐斯模型和沃德模型之间的本质区别在于,唐斯明确假定,再分配肯定沿着由最穷的人到最富的人排列成的一维连续统(one-dimensional continuum)发生。一眼看上去,似乎没有明显的理由能说明,为什么底层 51% 的人口会利用他们的多数地位从富人那里拿钱,更有可能的倒是,上层的 51% 会利用他们的多数地位从穷人那里拿钱。其实,占人口 2% 处于中线上的人口会是在这种选择中起决定性作用的因素,而且因此,我们或许可以预期,钱会从两端流向中间。

当然,实际上富人比较有钱,因此可以承受较重的税。所以,接受一个富人进入赞成从 49% 的非成员人口中转移钱的联盟的成本高于允许一个穷人进入联盟的成本。继威廉·赖克之后,人们因此可以预期,表决联盟会以使富裕成员人数降到最低的方式构成。其实,这就是唐斯模型中的真正要素,是布坎南—塔洛克模型的部分要素;还必须承认,是沃德模型的修正。

如果占主导地位的联盟有可能由占底层 51% 的人口构成,这并不能说明这个联盟将如何分配得到的钱。而且很显然的是,这个联盟中肯定包含了许多按一般定义并非穷人的人。如果我们同意说人口底层 10% 的人是穷人,那么他们只构成这个底层 51% 的联盟中的 20%。如果我们再大方一些,把人口中的 20% 定义为穷人,那么他们就构成这个联盟中的 40%。显然,这个少数并不能支配这个联盟。如果他们每

---

⑩ 使用塔洛克在《一个简单的代数政治交易模型》(G. Tullock, "A Simple Algebraic Logrolling Model," *American Economic Review* 60, June 1970, 419–426)一文中表述的方法,可以使这两个模型相适应。

人得到的钱多于联盟中的其他人，他们就能支配这个联盟了，但中下阶层的人总是宽容大度的。

再来看看正式的议价理论。很显然的是，任何转移支付机制都必须至少为这个底层51%联盟中的上层提供与这个联盟中其他人一样多的钱，因为如果这个联盟做不到这一点，49%不是联盟成员的人就会轻易地收买这个联盟中2%的上层，结成另一个联盟，从高层收入组中拨出少量钱财转移给这个小小的2%的人，而不给其他人。其实，这样一个联盟或许会把这个人口底层的全部转移支付拿走，而不是拿走高层的收入。至此的推理表明，底层51%中的上层得到的转移支付远比下层的人多得多。限制大量资源从富人转移给底层联盟中的上层的唯一因素（不是这个上层成员一方的慈悲心肠）看来是这样一种可能性，即富人会试图与非常穷的人结成联盟。

如果我们看看现实世界，我们确实能看到这类联盟尝试的某些迹象。有些人坚持认为，所有转移支付都应该仅限于支付给通过严格手段确定的非常穷的人。在这些人中，很可能富人是主流。当然，即便是从自私的角度来看，这也是可以理解的。作为结成联盟的回报，他们可以给现在的穷人更多的钱，超过穷人现在所能得到的钱，那么这个联盟将终止向底层51%中的上层人所做的转移支付，并得到一个净利润。到目前为止，已经存在的联盟之所以能够形成，大多是因为穷人算错了账。穷人意识到，富人的利益显然不会与穷人的利益一致，但是他们没有意识到，收入分布中从第20%到第51%的人的利益也与穷人的利益不一致。因此，他们往往愿意与第二组人结成联盟，而不是与第一组人结成联盟。

这种情形很有意思。我们可以暂停一会儿，先用一个三人模型来考察一下它。假定有富人 A 先生，中产阶级 B 先生和穷人 C 先生。B 和 C 两位先生结成联盟，目的是从 A 先生那里挤出钱来，而我们一开始先假定挤出的钱可以在 B 和 C 两人中间平分。再进一步假定，C 先生的年收入在拿到转移支付之前是 1000 美元，B 先生的年收入是 2000 美元，A 先生的年收入是 3000 美元。显然，如果外部规定转移数量是 500 美元，但可以由 A 先生决定如何分配，他会把这所有 500 美元都给 C 先生。⑪ 他会认为，在 C 先生的年收入没有达到 2000 美元之前，要补贴 B 先生是不合理的。B 先生得到的那些钱的原因就是因为他想要那么多钱，而不是因为这几个有关人士中任何人的慈悲心而得到的这么多钱。

既然如此，A 先生显然会愿意与 C 先生结成联盟，从 A 转移给 C 先生 300 美元，而不给 B 先生钱。这会有利于 C 先生；而且一般来说，似乎只有在信息不实、智商低和（或）要求低的情况下，我们才能看到穷人不愿结成这种联盟。其实，如果穷人完全依赖富人的慈悲心，他们有可能会得到更多的钱。如果完全让 A 先生自己来决定，他很可能会愿意给 C 先生 250 多美元，尽管他拒绝拿出 500 美元给 B 先生和 C 先生各 250 美元。毕竟大多数人在一定程度上都是有慈悲心的，如果非常穷的人依赖富人的施舍，他们完全可能比现在过得好。

例如，在一个社会组织中，所有的转移支付都由一个特殊选民群体提供。这个群体由收入最高的 10% 的人构成，他们向自己征税，目的是使其他人受益。这可能导致向真正的穷人提供比他们现在得到的更多转移支付。如果我们把高收入群体的转移支付总量确定在目前水平的地方，但是让他们完全自由地决定这笔钱怎么用，可以肯定，他们会把这笔钱中更多的部分用于非常穷的人。

然而，到目前为止，我们还是不现实地假定，转移支付必须沿单一

---

⑪ 这样的一个决定或许也可以由纳税人来做，允许他们在税收的退税部分做上"记号"，用于其他转移支付项目。

维度的连续统分配给不同的收入群体。如果我们看看现实世界,我们会看到大量的转移支付分给了并非由收入定义的人群:农民、大学生、油井所有者、拥有私人飞机的人、无论收入多少的老年人,而且完全有可能,知识阶层成为转移支付的主要受益人,尽管这些群体中的大多数成员绝不是穷人。[12]

如果我们接受现实世界的情形,我们就会认为,社会中的转移支付分给了有组织的群体,而这些有组织群体大体是根据他们的政治力量得到这些转移支付的(看来这是对现实世界的一个正确表述),那我们就没有理由期望穷人会做得特别好。根本的问题是,他们很难组织起来。因此,我们在现实世界中确实观察到的大量转移支付基本上都表现为沃德的证明,并由布坎南—塔洛克选票交易过程做了补充:仅在极偶然的情况下,人口底层 10%—15% 的人才能受益。由于上述原因,我们会预料到,最高收入人群会非常不喜欢这些转移支付,而他们也确实是这样的。兰普曼的研究表明,从高收入纳税等级拿走的转移支付大约占他们收入的 13%。然而,我们会预期,这些转移支付的受益人不会特别集中于穷人,而且确实,考虑到穷人在政治上的无能,谁都可能认为,他们会表现得非常差,而这就是我们在现实世界中所看到的情况。

一个有点匆忙的考察看来会指出,民主国家中取自富人收入的实际百分比是富人能够轻易迁徙的反函数。非常小的国家,如瑞士、瑞典和卢森堡,没有认真地向富人收税,对富人征税的百分比甚至与他们对人口的其余部分征税的百分比是一样的。中等国家,像英、德、法、意等

---

[12] 把知识分子包括进来本来是一个主观猜测,依据的是人们对情况的一般了解。在我看来,知识分子很可能是我们社会中源于新政的许多变化的主要受益人,他们通过对教育过程和媒体的控制,已经能够把非常大量的资源装入自己的口袋。然而,据我所知,到目前为止还没有证明或反对这一观点的统计证据。

国,在向富人收税方面处于较好的地位,而美国则能够对高收入等级征收非常有效的累进税。据我所知,归集到的累进税的实际数量还没有像税务表上规定的那么高累进程度的情况,但累进税在大国还是事实。

我们再来看看开支方面,那里呈现的是完全不同的情景。在得到开支方面,任何个人的选票与其他个人的选票价值是一样多的。的确,信息灵通的富人有能力安排大量竞选开支,他们可以比没有这种优势的人得到税收总额中大得多的部分。[13] 从收到的款项中减去纳税支付,一个富人可能会产生一定的负值,而且尽管并不肯定,但大概人口的其余部分会是一个正值。第二个合计数值不一定为正的原因是转移支付制度本身固有的某种无效率。[14] 在这种情况下,尽管富人受到了伤害,但人口的其余部分有可能赚到很少的或负的利润。

因此,重复说一遍,我们会预期,在民主国家,会有一些钱从富人手里转移出去,但并没有明显的理由说这些转移的钱肯定会给穷人。在现实世界中,我们确实看到这种模式。然而,这种模式在现代国家中被看作收入再分配中相对小的部分。经济学家经常指出,在典型的现代国家中,从富人的收入中没收的全部数额只占现存政府日常开支的很小部分。另一方面,谁都不会怀疑,大量的收入再分配确实以政治过程的方式出现。然而,这些再分配并非是从富人到穷人的转移支付资金中的主要部分,而是在中产阶级中的资金转移。这些转移资金的大部分来自收入位居第 20% 到第 90% 之间的人,而且其中的大部分也流向同样的收入等级。当然,这个范围的人拥有最大的应纳税收入,而且这个范围也是民主国家中政治权力最集中的地方。

这些转移支付并没有满足平等原则。从根本上说,它们是因这样

---

[13] Frey, "Why Do High Income People Participate More in Politics?"

[14] W. A. Niskanen, *Bureaucracy and Representative Government* (Chicago: Aldine - Atherton, 1971).

或那样的原因而从政治上不强大的人群向政治上强大的人群所做的转移支付。在各个民主国家中,农民总是做得非常好。从实践方面看,美国在支持其农业计划方面浪费的资源大概比几乎所有其他西方国家都少。这可能会使美国人感到惊讶,因为他们已经习惯于我们非常无效率的转移支付方法——从总体上来说,是把钱在富裕程度大致相当的人之间转来转去。但是对共同市场中发生的事情所做的考察,可以很快地使他们相信,美国人在这方面是幸运的。

农业计划还不是唯一的例子,社会保障总署把年轻人的钱转移支付给老年人,不论后者的收入如何。其实,在这件事上,这种制度极大地损害了非常穷的人。由于付给社会保障总署的钱是以税收的方式归集的,穷人把他们微薄工资中的很大的一部分交给了社会保障总署。然而,如果他们非常穷,也就是说,在他们晚年需要公共救助时,那么当地政府就将从他们得到的钱中扣除社会保障支付。从他们的角度来看,这个结果就是他们付了税,但没有得到净效益。这肯定导致从非常穷的人那里转移走了很大一笔资源。

城市重建计划是我们看到的另一个明显的,甚至是令人反感的这种类型再分配的事例。当然,另一大事例就是拿补贴的公共教育制度。在大学层次,公共教育是向富裕人群再分配的明显事例。一般来说,能够进入大学学习的学生,特别是拿到奖学金的学生,都有足够的天赋,所以他们进入大学就会有终生收入远在一般人之上的前景。以纳税人的损失为代价,他们被赋予了甚至更高的预期终生收入。但是,即便我们看看较低层次的学校,那里也存在大致相同的问题。首先,这些钱显然是从社会中没有孩子的人转移给了有孩子的人——当然,还不说转移给他们自己孩子的钱。

然而其次,可以相当肯定的是,哪怕是在小学层次,教育的回报也因先天基因和后天家庭环境而非常不同。因此,从一生都有好收入的角度说,教育的实际回报对于有天赋和背景的人要大大高于那些天赋差又没有背景的人。如果我们关心的是相对平等的措施,我们就会直接向这两类人支付,以对每方都最适宜的方式向他们投资。通过强制转移支付以使无论如何都会富裕的人得到最大利益,而使可能穷困的人得到最小利益,我们就使一般百姓更富,而穷人更穷。

这些事例只不过是大千世界中的一小部分。在最民主的国家中,从任何实际的意义上说,穷人从社会得到的转移支付显然相对小,尽管并非是零。虽然通过政府行为再分配的款项数额非常大,但是在中等收入阶层内部来回往复的转移支付构成了大部分这种再分配。出现这些转移支付的原因是显而易见的。获得这样的转移支付是一项资源的合理投资,而人们确实把他们的资源投入其中了。从任何意义上讲,这种现象令人感到惊异的唯一事情是注意到这个现象的人太少了。几乎所有标准的再分配讨论都暗示说通常是从富人向穷人再分配。有些再分配确实是这样进行的,但是相对于中产阶级内部的再分配,那只是极少的现象。我发现,对从富人到穷人的再分配这种非常少见现象的集中讨论,以及对主要现象——用政治组织的说法来讲的中等收入群体内部来回往复的再分配——的全面忽视,最值得注意。

我觉得,对这种值得注意的集中研究转移支付中的少数现象而忽视大部分现象的情况需要进行某种解释。遗憾的是,我能提供的唯一解释主要是心理上的。这个解释将在下面略述,但是我要先向读者道歉,因为我采用的是一种有关个人心理的不严格的讨论,而不是比较能令人满意的解释。

我们必须先来谈谈一种受过良好检验的心理现象:"减少认知失调"(reduction of cognitive dissonance)。在某种程度上,个人的世界观受到潜意识中减少内部不和谐愿望的影响,这种认识已经根深蒂固。因此,一个人愿意毫不虚伪地相信某些符合动机 A 的活动也符合动机

B，即使客观地看，两者并不相符。之所以出现这种情况，就是因为哪怕是对个人自己，他都不想承认他漠视动机 B。不必说，这种现象仅在当动机 A 和动机 B 会在客观上导致不同行为时才出现，并且只在这个人实际上认为动机 A 比动机 B 更重要的地方才出现。

我们大多数人都受过训练向自己提出这种性质的问题。我们所有的人从很小的时候就被告知，我们应该有仁爱慈悲之心，帮助穷人，并做各种各样的其他好事。另一方面，我们大多数人都有很强的自利心。"如果一个人拿走了你的外套，你还应该给他你的斗篷"，这样的命令不能用来描述最大多数人的平常行为。但是，它描述了人们所说的话。其实，如果观察我们大学中的同事，我们会看到，他们表述出来的看法大都符合道德上设定的动机，如"爱你的邻居"和"把你的所有都赠送给穷人"。另一方面，看看他们的实际行为，结果就是他们极少为穷人做出牺牲。

那么显然，他们看到了这两种相互冲突的动机——自己的收入自己花和帮助穷人，而且这将会引起某种内部的紧张。或许我应该说，在我的课堂上，我一般都要告诉我的学生，如果他们真的想帮助穷人，他们就应该找两份工作，尽可能刻苦勤奋地干活，然后扣除活命所必需的最低数额，把他们的所有收入都赠给南亚次大陆的居民。他们通常都会拒绝这种行为模式，但是通常都不愿承认，他们拒绝的理由就是他们并不真的那么有慈悲仁爱之心。[15]

说真的，要是我问问我的学生或教员同事他们个人给过穷人多少钱，得到的回答常常是很小的数量——在许多情况下为零。他们对这种态度有非常相同的解释：他们更喜欢政府的慈善活动。他们极少解

---

[15] 我得说，一般而言，越是左倾的学生，他在处理这类问题上就比较言行一致。这不是因为右倾的人都愿意承认自己行为自私，而只是因为他们对待这个问题不像新左派那么困窘。因为不那么困窘，他们不大可能急着申辩。

释为什么他们应该利用政府渠道来做慈善活动,尤其是从不正确地谈及为此而确实存在着的真正外部性的论点。⑯ 然而,他们有时候会声称,对他们来说,投票支持慈善活动要比他们自己做出慈善捐助更有效率,因为这样做还能带来其他人的钱。

假定有人建议我给穷人 100 美元。再进一步假定,这个建议有两种选择形式。选择 1:我从口袋里掏出 100 美元做善事。选择 2:我们投票表决我是否应该被征收这 100 美元支付给慈善活动。对于我,直接付款的成本是 100 美元。然而,投票表决是否该征收这笔钱的成本,对于我,可以根据我对自己的选票对最终投票结果影响的估计而给 100 美元打个折扣。假定投票的人有 10 万美元以上,为对我自己征收的这个特别税进行投票的打折成本就小得难以察觉。因此,如果我觉得只有一点儿善心,我就不会支付 100 美元,而会投票表决。我会在充分意识到许多其他人也会对这个问题进行投票表决,以及我这一票对最终结果几乎不起作用这一事实的情况下利用投票表决。因此,对我来说投票的成本很小。换句话来说就是,我要求实行投票表决的行为成本极低,尽管它指的是 100 美元的捐助,而私人捐助的成本很高。在这样的情况下,谁都会预言,我更可能会为慈善活动投票而不是自己承担施舍。

在这里,"减少认知失调"的现象又出现了。如果我既有"自己挣钱自己花"的自私愿望,又有"我必须有善心"的感觉,我的明智做法就带着善心去投票,但自私地去行事。在讨论中,我也打算给我的选票增加分量,使它比实际应有的分量大得多,并憎恨告诉我说那选票几乎不起作用的人。在这个问题上,那种对"私人施舍不好,所有的再分配都应

---

⑯ 关于一个不可能被指责为社会主义者的人对这些理由的表述,请看米尔顿·弗里德曼著《资本主义与自由》(Milton Friedman, *Capitalism and Freedom*, Chicago: University of Chicago Press,1962)。

该是公共行为"道德规则的解释变得明白无误了。它为敦促政府再分配同时几乎不做牺牲的"道德"行为提供了合理解释。它使一个人能在两种心理世界中都处于最佳状态。

由这一现象可以进一步得出一些隐含意义。当我所在的投票群体规模增大时,我那一票能够影响最终结果的可能性减小。请考虑以下几种情况:我付 100 美元做善事;对地方政府征收我 100 美元的税用于慈善目的这件事投票表决;对州政府为同样目的征收同样的税投票表决;最后对全国性政府为同样目的征收同样的税投票表决。显然,对我而言的成本是顺这个次序单调递减的:我会愿意为全国性政府的税投票,而不愿意为州政府投票;我会愿意为州政府的税投票,而不愿意为地方政府投票;我会愿意为地方政府的税投票,而不愿意自己直接付款。这种现象很可能解释了慈善活动从地方政府向全国性政府转移的趋势。从投票者的角度看,他可以获得在全国性投票中"行善"比他在地方投票中"行善"更便宜的满足感。

然而请注意,这里有存在囚徒困境的可能性。囚徒困境有可能导致投票决定成为一个必须遵守的决定。假定有个议案,要对美国所有年收入高于 6000 美元的人征收 100 美元的税,目的是分配给穷人。每个人或许都觉得自己的票实际上没分量,但他可以从对慈善活动的投票表决中得到某种快意,因此参与对这个议案的投票。这就意味着,这个议案会通过成为法律,而每个人都要实际被征收 100 美元。注意,这里没有计算错误。像在往常的囚徒困境中一样,这个人对他投票赞成或反对这种税的成本评估会是正确的。然而,票数的总计却意味着,他会看到自己处于囚徒困境矩阵的右下角,而不是左上角,而且得为行善付出比他真正愿意付出更多的钱。他本来想以折扣价买到一份来自"慈善法案"的满足感,却看到他不得不支付全价。

因此,这个推理线索指出,对慈善问题投票表决有可能导致对施舍的过度投资。但是,我怀疑事实如此。首先,我所描述的导致内部认知失调减少的各种动机在相当大的程度上仅限于上层阶级。我们知识分子是主要持有这种态度的人,但是我们,加上祖先是英国新教徒的美国人中我们的同事和上层犹太人,在美国人口中只占少数。蓝领的大多数人不大有这种类型的认识,而且由于我们是自由投票,实际上不会使我们花费太多。

然而,还有一种可以想到的现象有可能将我们置于囚徒困境之中。出于我在下面会解释的原因,知识分子可能实际上不投慈善事业的票,但肯定会对它夸夸其谈。在一般的大学团体中,坦率地说自己反对慈善事业因为他愿意自己的钱自己花的人,将会承受非常大的私人成本。另一方面,主张各种慈善活动并为它们而从事政治活动的人,通常会得到明显的私人回报。因此,一般的知识分子,无论是否倾向于我们所描述的投票方式,都肯定会倾向于参加支持政府慈善事业的政治活动。经过长时期后,这有可能改变社会的一般舆论,以致政府变得愈加慈悲为怀,而因此囚徒困境可能以构成舆论过程的方式长期存在。我认为,这种解释并不要求对我们选举制度的结构做一番更详细的说明,但我得出这种认识的理由却要求这种说明。

到目前为止,我使用的模型一直假定对慈善转移支付有直接投票。在现实世界中我们并没有看到这一点。在民主国家中的实际情况是,我们只是定期投票,而且我们的选票向这位政界人士传达的技术意义上的信息很少。这位政界人士提供了各种问题和议案的一揽子方案,并按这个一揽子整体方案当选或落选。因此,很难确定他在哪个问题上立场的分量在他的选举中起了决定作用。然而,一般来说相当清楚的是,大多数政界人士都把政府转移支付资金的决定过程当作收买接受资金者选票的主要途径,而不是要争取好心关注这些人福祉的人的选票。

因此，一个恳求得到大学教授选票的政界人士，通常会对我们必须如何帮助穷人做出许多解释。然而，这只不过是减少教授们心里的"认知失调"的努力。真正说明问题的是，他强调他认为以下事情有多么重要：促进研究、教育得到更多资金、所得税法为学术界提供比现在更多的避税漏洞，等等。学术界通常很能把所有这些事情合理化为慈善活动，尤其是在候选人对帮助穷人也做出一些说明的情况下。最终产品不是我所描述的导致对慈善事业过度投资的囚徒困境，而是各种各样的压力集团——包括知识分子压力集团——得到非常大的转移支付。

这种现象使我推测，仅靠纯粹的慈善捐助而不利用他们选票的分量得到资金，穷人是否可能做得好一些。我可以想象的是，如果从任何政府部门得到了大笔资金的人全都被剥夺了对那个政府部门的投票权，穷人就会做得比他们现在做得好一些。然而，这只是推测。

至此，本文一直是描述性的而非规范性的。但是，我担心，我的大部分读者会觉得，这在本质上是对我所描述的事情的一种谴责。他们大概会期待我现在就拿出个补救措施。实际上，我并不完全确定这种情况是否需要一个补救措施。秉持着应该有善心的道德感但又利用政治过程没有付出多少实际成本的个人，是在把他们的个人偏好最大化，而且他们也可能受到伤害。也就是说，如果他们被迫比较精确地计算他们行为的实际效果，他们可能得到较低的满意度。要说民主政府不该向选民提供这种类型的满意度，在我看来理由并不充分。

然而，对于那些心中不安并且想"做些事情"的人，我可以建议三种行动方针。第一种方针，也是我可以肯定大多数因本文而心中不安的人都会愿意采取的方针，就是否认事实，并继续用私人开支上的自私和政治活动中的"慷慨"高高兴兴地减少认知失调。我想，对大多数人而言，这是效用最大化的方针。

对于觉得不可能这么做的人，还有两种可行的方针。他们可以采取行动使现实与所说的相符，也就是说，他们可以试着让人们在行动上与在言语中一样的慷慨慈悲；或者反过来，让他们说的与做的一样，也就是说，改变人们的说法，使他们实际地描述他们所做，而不是只表达对流行理念的忠诚。我自己主张后者，而且我其实怀疑我们是否能做到这一点：让穷人能得到比现在更多的钱。既然现在给穷人的转移支付与给其他人的真正巨大的转移支付混淆在一起，选民非常理性的做法就是尽力限制转移支付总量。我认为，如果允许对向穷人直接付款进行投票表决，人们可能会选择给穷人更多的钱。当然，这还是个猜测。

因此，如果有人认为，应该对我所描述的情况做些什么，那么我以为，改变我们所说的方式会比改变我们的行为方式容易。而且，如果我们改变所说的方式，我们将能更好地了解这个真实的世界（包括我们自己的和我们朋友们的偏好），因此可能会以一种比较有效的方式行事。穷人也会和我们其余的人一起从这种改变中受益。

再分配的说辞与现实*

在做会长致辞时,人们在习惯上都是从说明自己多么高兴开始。我比大多数会长都有更强烈的理由感到高兴。我好容易才得到允许在《南部经济学刊》上发表文章。在此之前,这个令人敬畏的机构的审稿人员一直拒绝刊登我发给他们的所有文章。然而,我最终有权在这份学刊上发表一篇未经审查的论文,并因此不必担心这次再被拒绝。听众或许会觉得,这虽然对我不错,但对于这份学刊却颇刻薄。但是鉴于南部经济学会的神圣传统,学刊编辑和审稿人员也不可能做出什么改变。如果有什么责难的话,请责难我,而不要责难这份学刊的管理人员。①

在某种意义上,不会面对审稿人员这一事实是重要的,因为在本文中我打算对收入再分配进行讨论,并打破其中许多秘而不宣的禁忌。其实,我想说,目前关于收入再分配的大多数讨论都有很大的缺陷。这不仅包括罗尔斯,还包括经济学界大多数成员通常对这个主题所论,而且大概还包括本文可能的审稿人员所想。

我要非常简短地审视一下作为哲学对立面的关于收入再分配的现存经济学文献。首先,有许多经济学家都只是说,经济学对这个问题没

---

* 在南部经济学会第五十届年会上的会长致辞。1980年12月8日于华盛顿。经南部经济学会许可,重印自《南部经济学刊》(*Southern Economic Journal* 47, April 1981, 895-907)。

① 我偶尔得到许可为这份学刊作书评。

什么可说的,因为有人有所得,有人有所失,但是用经济学工具我们不能说这是好事还是坏事。霍奇曼和罗杰斯②开创了讨论收入再分配的另一个传统,实际上只把政府看作在从事将富裕美国百姓的自愿转移支付转交给不大富裕的美国民众的组织工作。十分有趣的是,政府应该被用作实施这种转移支付的机构的理由首先是由米尔顿·弗里德曼说明的。③ 这种再分配具有实际上不涉及再分配的有趣特征,因为做出捐赠的人们是在使他们自己的效用最大化,并因此而过得更好。人的偏好如此安排的一个例子就是:1 美元的收入可以使两个人得到十足 1 美元价值的受益。捐赠者由对他来讲是最佳的花钱方式而获得了1 美元价值,也就是说,他给了穷人一份捐赠,穷人得到了那 1 美元。在几乎是纯哲学的意义上可以说,这里没有人为了向他人提供好处而真正被迫降低自己的生活水准。强迫是必要的,但只是为了避免免费搭车。

用最纯粹的术语来说,捐赠者能够一致同意使用强制办法的地方,就是迫使他们中的每个人进行一定规模的捐赠。这个问题与雇用警察很相似。当然,在实践中,什么地方都不会有与现存近乎完全一样的事,但是我绝不怀疑,这动机实际上是美国收入再分配的若干理由之一。我们将在下面表明,这是一个相对小的动机,而主要的动机则往往导致无效率和扭曲。这种动机在执行过程中实际上改善了美国经济的效率。

然而,本文的主旨并不是说霍奇曼、罗杰斯和弗里德曼就是正确的,而是说有大量其他关于收入再分配的论点是错误的。我要稍稍离

---

② Harold M. Hochman and James D. Rodgers, "Pareto Optimal Redistribution," *American Economic Review* 59(September 1969):542–557.

③ Milton Friedman, *Capitalism and Freedom* (Chicago: University of Chicago Press, 1962), 191–192.

开主题来谈谈我最近访问过的一个国家——南非,④以此开始我的讨论。在南非,如果你无视只有白人能够投票这一事实,那么白人实行的是一种非常民主的制度。他们已经利用这一制度为白人,特别是为一半受雇于政府的南非白人的利益,建立起一个相当复杂的福利国家。大量转移支付给了"穷困白人",而"穷困白人"的定义大致来说就是:收入低于大部分白人,但比大部分黑人的收入只高三倍的人。

　　黑人也是接受这种由白人而来的转移支付的主体。这些转移支付数量不大但是真实的。可想而知,我得承认尽管我认为这不是事实,但那些管理着这类转移支付的白人得到的好处要大于处于转移支付计划之外的黑人得到的好处。然而我认为,确实有资源实际转移给南非人口中的黑人,虽然数量不大。但是,黑人对此颇多怨言,因为他们得服从大量歧视性的规章制度。这些歧视性规定本来大都有些小小令人不快的地方,但至少令一半黑人待在过去称为保留地而现在称为黑人居留地的规定,使大部分黑人不可能最好地利用他们的人力资源。应该顺便说到的是,黑人的人力资本要比白人低得多,因此,在完全自由的经济中,黑人的收入不仅会大大低于白人的收入,而且远远比不上他们在现行制度下的收入。

　　当一个黑人在约翰内斯堡或不论什么地方得到了工作许可,那么他还要服从对其可做工作的进一步管制,但这些管制一般来说似乎不是非常重要。有一些例外,比如允许一些如南非白人农场主那样的白人雇主,以相当低的费用为自己保证充足的劳动力供应,但那相对来说是不多见的现象。当然,在城市里也有大量非法移民隐藏在南非经济的缝隙中工作。其实,作为其"自由化"政策的一部分,南非现任政府已

---

④　这里对南非的讨论实在是过于简单的,但是我认为这个讨论恰当地表现了南非各种制度的精神。

经放宽了对他们的限制，并允许许多非法移民变为合法。正如人们会料到的，这个政策的结果是使所有黑人的工资上涨，但从前是合法工作而现在面临更多竞争的黑人的工资却下降了。城市中有专门的警察对付黑人，他们有权粗暴地驱逐黑人，尽管黑人也有可能向法院申诉。

大多数听我讲述了这种制度的人都感到震惊。事实是，这种制度同美国，其实还有所有的西欧国家，过去使用的制度是一样的。我们传统中的唯一区别在于，我们并不把外国人真的当人。我所说的南非对待其黑人的做法与美国对待墨西哥人的做法是一样的。他们被我们称为移民管制的规定限制在他们的"居留地"内。那些进入了美国的人，如果是合法进入的，要服从对他们能做什么的限制；而那些大量非法进入美国的人，要受到粗暴的驱逐，尽管再说一遍，如果他们愿意，他们有权向法院申诉。结果，墨西哥人的生活水准比没有这种规定时低了许多。

在这方面，比起像瑞典或瑞士那样的国家，美国与南非的做法尚有距离。在瑞典和瑞士，劳动力中的绝大部分都是以合法身份进入这两个国家的，实际上就像南非黑人得到在约翰内斯堡的工作许可，他们一般被限定在低收入岗位就业，当然，这些岗位的收入要比如果他们没在那里把价格压下来，也不是作为瑞典人、瑞士人或南非白人劳工的补充时低得多。结果，瑞典人、瑞士人和南非白人的生活水准要比没有外来劳工和黑人时高，土耳其人、南斯拉夫人和祖鲁人的生活水准也比根本不允许他们移民进入高阶层地区时高，但明显低于如果允许他们自由移民时的情况。

在美国与墨西哥人，瑞典人与土耳其人，瑞士人与南斯拉夫人、意大利人等为一方，而南非和黑人为另一方的事例中，可以强调的唯一区别在于，南非黑人是南非的公民。当然，从法律上说他们不是公民，而且其实南非政府正在建立全套各种各样形式的"国"（states），好让黑人成为其他国家的公民,但最先进的自由思想认为,他们应该是南非的公民。

但是,为什么在瑞典的土耳其人就应该像在南非的黑人一样受到歧视呢?为什么南非政府禁止超过固定配额的人离开新班图斯坦到约翰内斯堡找工作,就比瑞典政府禁止超过固定配额的土耳其人在瑞典找工作更坏呢?现在英国确实已经改变了它的公民定义,那些拿着英国护照作为英国人在世界周游但并不定居在英国的人将成为英国正式公民。⑤ 但就此而论,当英国的工党在1945年当政英帝国时,他们为什么给印度独立,而不是邀请印度人派个代表团到英国国会下院呢?⑥ 当然,结果是印度人会立即接管下院,因为他们的公民权在数量上要比英国人的大得多,但是为什么没有这么做呢?

我想,大多数人会认为这些问题简直是愚蠢。我们心中已经建立起一种非常非常强烈的情感,不希望我们的收入大幅度下降。我刚刚提出的那些建议会导致瑞典人、瑞士人、南非的英籍人和美国公民的收入大幅度下降。而且,它们还与一种特殊的传统,民族主义传统相抵触。我们对待自己的父老乡亲与对待其他人类是不一样的。

现在,我并不是说我们应该接纳任何想到美国来找工作的墨西哥人或印度人。其实,我认为那将会非常急剧地降低美国人的生活水准,尽管就我自己的特例而言可能会是个改善。我想说的是,我们应该意

---

⑤ 实际上他们是女王的臣民。
⑥ 弗雷德里克·哈耶克有一次曾注意到:
例如,如果一位英国的无产者有平等的权利分享现在由他的国家的资本资源得到的收入,并能控制这些收入的使用,因为那是由剥削产生的,那么根据同样的原则,所有的印度人都应该有权利不仅享有这些收入,而且有权控制英国资本一定比例份额的使用……
但是,社会主义者认真思考的是现存资本资源在世界人民中的平等分配(Friedrich A. Hayed, *The Road to Serfdom*, Chicago: Phoenix Books, 1994, 222 – 225)。

识到,我们拒绝这么做的动机纯粹是自私的。⑦ 我们想要保持我们的生活水准,我们愿意为此目的的让印度南部的人死去。但是我们不想这么说。这就是在对这个问题的讨论中占主导地位的伪善。

　　这里的听众都是经济学家,所以我不必向你们复述各种数字。你们全都了解美国人和西北欧人的收入与居住在印度和赞比亚那样的国家中大多数人的收入之间巨大的差异。而且,比如说,把我们的一半收入转移给他们没有技术上的困难,尽管当然要花一点工夫去组织。请注意,即便西北欧人、美国人、澳大利亚人和日本人,等等,决心把他们目前的一半收入捐给世界上的贫困地区,他们的支出水平也还会继续显著高于他们的施舍对象的支出。如果我们相信常常被看作为收入再分配辩解的勒纳解释——收入和财富的边际效用递减,转移支付就应该导致世界总体效用的非常大幅度的增加。

　　近来,威利·勃兰特担任了一个委员会的负责人,该委员会由世界发达地区软心肠的专业人士和世界穷困地区的一伙代表组成。他们虚张声势地发布了一个报告,⑧指出世界上的贫困地区情况有多么恶劣。尽管对不理想的援助有各种言辞激烈的表述,但他们实际的原则建议是一张时间表:在 1985 年,发达国家给欠发达国家的转移支付应该是发达国家收入 1% 的十分之七,而在 2000 年,这一比例达到 1%。⑨ 极少见到如此事倍功半的情况。而且,就连如此极为谨慎的建议,似乎也没有任何能得到真正执行的前景。再说一遍,我并不反对这一政策。我太愿意保持我目前的生活习惯了,即使我意识到,如果我把我的一半

---

　　⑦ 要了解一种不自私的论点,见查尔斯·R. 拜茨著《政治理论与国际关系》(Charles R. Beitz, *Political Theory and International Relations*, Princeton: Princeton University Press, 1979)。

　　⑧ International Commission on International Development Issue, *North-South: A Program for Survival* (Cambridge, Mass.: MIT Press, 1980).

　　⑨ 见前引书,第 291 页。还有其他一些建议,但它们同样不重要。

收入给了世界上的穷困地区大概能救活 30 个孩子。

其实,我们不必在这里只考虑政府行为。如果我们之中有任何人愿意为这个任务献出他的一半收入,并不怕麻烦确认这笔钱实际支付了,那就会使印度南部大约 20 个百姓的生活水平大致翻上一番。我认为在座的听众中实际上没有人想利用这个机会,我还认为,你们中的大多数人会尽快把这件事从你们的记忆库中抹掉。其实,你们中的有些人已经拿出大量时间提出了为什么这是不可能的事的合理解释。正如本杰明·富兰克林曾经说过的:"成为一名理性动物实在是太有利了,因为这样能使我们对自己选择的任何事情都做出合理的解释。"

请注意,我并非在批评你们,或者说,我更关心我们自己人的舒适,而不关心防止世界上其他地方的饥荒。在我看来,这是非常正常的人类行为。我也不是在批评你们通常会避免想到这种事情。毕竟是,一个人干吗要去想自己能做而不打算做的事来折磨自己呢。我所说的是,我们不应该为我们的收入转移支付计划找一个合理的解释,而这种解释并不符合我们的行为。相对于更加细致精确的思想,这必定将导致在我们的收入再分配实际目标实现方面效率的减少。[⑩]

以罗尔斯为例。我在这里讨论的只是他的论点的一个方面,就是说,我们在做收入转移支付的决策时,应该就像我们处于无知之幕后面。他特别说,这只是对一个"隔绝的"社会采取的办法。[⑪] 换言之,在

[⑩] 但是,请看我为吉多·卡拉布雷西和菲利普·博比特所著《悲惨的选择》(Guido Calabreis and Philip Bobbit, *Tragic Choice*, New York: W. W. Norton & Co., 1978) 一书做的书评,发表在《纽约大学法律评论》上,题目是《避免困难的抉择》(Gordon Tullock, "Avoiding Difficult Decisions," *New York University Law Review* 54, April 1979:267 – 279)。

[⑪] 罗尔斯在谈论这个主题时有些压抑不住。我能够找到的讨论只在一段的后半部分,那段的前半部分旨在讨论国际法。他在这里说:

"如果有可能把社会的基本结构暂时设计成一个与其他社会隔绝的封闭系统,用公式来表示这个社会基本结构的一个合理的正义概念,我会感到满意。这个特例的重要性是明显的,不必解释。自然可以推测说,一旦我们为这个例子找到一种坚实的理论,根据

无知之幕后面,你只知道你是个美国公民。现在对此只有两种解释。第一种解释是,他说的是真实的世界。移民法,我们社会中许多非法墨西哥人的存在,还有就在我们隔壁的所有大约5000万愿意进入美国的墨西哥人的存在,古巴人和海地人的存在——更不必说印度和埃及百姓的存在,在决定收入再分配时全都应该不予理睬。

为什么呢?我能想到的唯一解释是:想到他们会感到痛苦。从我们作为人类而不是作为美国公民谈论处于无知幕后的那一刻起,罗尔斯的推理方法就指出,美国公民的收入应该极大地降低。如果这一点已经明确指出,我将会预言,罗尔斯的这本书就不会像现在这样成为畅销书,它也不会引起巨大的、主要是赞成这本书的公众讨论。我们在现实世界中真正看到的,是一个非常复杂的收入转移支付制度,它主要在各国内部进行。

其实,在印度旅行的好心人,看到那个国家几乎所有国民都处于令人憎恶的贫穷状态,就会抱怨印度政府没有在国内实行足够的再分配。他们显然从来没有感到,通过送掉他们自己的收入与一般印度人收入差额的一半,他们自己就能够实际提高很大数量印度人的生活水准。

他们肯定从来不想过多表露对这一事实的赞同,即对于印度政府面对的问题而言,他们的财政资源非常非常少;而美国和西欧的财政资源非常大,足够使我们能轻易给印度穷人更多的转移支付,大大超过他

这种理论,剩下的有关正义的问题都将迎刃而解。对这种理论做适当修正,这样的一种理论应该能为解决这些其他问题中的某些问题提供钥匙。"[约翰·罗尔斯著《正义论》(John Rawls, *A Theory of justice*, Cambridge, Mass.: The Belknap Press of Harvard University Press,1971),第8页]

请注意,在世界的形式上,我们确实有一个"隔绝于其他社会的封闭系统"。我们也有美国在经验上肯定不与墨西哥隔绝、瑞典肯定不与土耳其隔绝、南非白人肯定不与南非黑人隔绝的其他系统。如果我们把这个世界作为一个封闭系统来接受,罗尔斯就是在呼吁我们向印度、非洲等地的老百姓提供巨大的转移支付。倘若我们说的是任何一个小一点的地方,那都不符合罗尔斯的条件。

们从印度政府所能得到的绝对最大数量。当然,来访者常常说美国和欧洲的援助计划应该更大些,这也是事实,而且考虑到这些援助计划微不足道的规模,这是个很容易得出的论点。但是他们从来不建议说,我们认为所有的人类大致都是相同的人,说目前给一个居住在哈莱姆的因没有彩色电视而感到受歧视的美国人的转移支付,可以送到印度南部去,在那里一年可以防止15个到20个生命死于营养不良。[12] 然而,我们实际上看到的是,美国和西欧都在把大规模的转移支付用于他们认为是穷人的自己的百姓,而按世界标准来看,这些人显然是富人,通常处于世界收入分布的最高10%之中,而不是转移给非常穷的人。

现在重申一遍,我并不是在批评有关国家一方的行为。实际上,这符合我自己的偏好。然而我在说的是,我们应该用真实的语言来谈论这件事。我们不应该假装在做根本没做的事,而应该尽力弄清我们自己的动机,以便我们能选择适合我们想要做的事情的制度,而不选择把说想要做当做抚慰心灵的制度。

应该指出的是,富裕各国中的转移支付实际上低于贫穷各国的实际收入,尽管低得不太多。任何人群中的收入转移支付将低于那个人群中的标准总收入(尽管它们或许可以增加总效用),因为它使劳动力的边际收益降低,同时往往抵消掉财富效应。使穷人富一些,使富人穷一些。这样做的经验方法相对困难,但是负所得税的实验似乎指出,一个不太激进的收入再分配计划大约会使生产减少10%。[13]

---

[12] 在这点上,我经常遇到的合理化解释之一是有关向印度南部转移支付的人口效应。对美国的"需抚养孩子的援助计划"的人口效应通常被忽视。然而,无论如何,如果这是一件令人担心的事,转移支付可以附带适当的生育控制手段。总之,如果通过生育控制而不是饥荒使人口减少,转移支付在印度南部的效用会更高。

[13] Michael C. Keeley, Philip K. Robins, Robert G. Spiegelman, and Richard W. West, "The Estimation of Labor Supply Models Using Experimental Data," *American Economic Review* 68(December 1978):873-887.

由于许多事情都有一个世界市场,这就会意味着,由于有富国的转移支付计划,富国的大规模生产在穷国产生的剩余价值减少了。换言之,穷国从富国购买的东西将会贵一些,而穷国卖给富国的东西会比没有转移支付计划时价格低一些。

顺便说一下,应该说至少有一种可能性:从富国向穷国的直接的大规模的转移支付实际上会提高标准的生产率。劳动力的边际效用在穷国和富国当然都会下降,但是在富国每个人减少的实际收入或许可以部分或者全部地抵消递减效应,结果使工作量大体保持不变。在穷国,由贫困引起的营养不良、体质衰弱等会降低一个人工所能完成的工作。或许这些转移支付通过解除这些身体限制可以在那里产出更多的工作量。但这只是一种可能性。我不愿强调其现实性。

至此,我已经从根本上说明了收入再分配政策的标准合理化解释站不住脚。那么,我们为什么要进行转移支付呢?不管怎么说,转移支付肯定是大多数现代国家的一种极端重要的职能。而且从历史上来看,这种职能通常也是重要的,尽管没有现在这么重要。

我认为,有许多动机导致了收入再分配。首先,而且肯定也是最重要的,就是再分配的潜在接受者有得到转移支付的愿望。由于捐赠者通常不愿给想要钱的人钱,这就导致了我将在下面描述的各种相当复杂的政治困难。然而,我认为无可怀疑的是,这是现代国家中对收入转移支付的最大单一解释。转移的收入中只有很小一部分给了穷人,这个事实当然就是上述动机显而易见的证据。还要再说一遍,这里的人都是经济学家,而我认为你们都很熟悉数不清的范例:如果我们的转移支付都集中给了穷人,穷人就会变得富裕起来,甚至用美国标准来说也是如此;但事实却是,尽管有了所有的转移支付,他们还是离令人羡慕的状态差得很远。[14]

---

[14] 当然,从印度百姓的角度来看,他们的确显得富裕了。

但是，我要暂且把这个动机放在一边，而转向另一套我认为无可否认地对我们的收入再分配政策具有某种效应的动机。第一个是我要称之为"慈悲心"的动机，霍奇曼和罗杰斯称之为"相互依赖效用函数"，而这其实大致就是对比我们自己过得差的人感到可怜，并想为他们做些事的倾向。所有人类至少都在一定程度上具有这种动机，但是还应该说，对于大多数人，这种动机并不强烈。我想估计一下在座听众认为他们的收入中有多大比例实际上给了他们直系家庭之外比他们更穷的人。[15] 如果你们中有人给出了超过 5% 的收入，那你要么是笃信宗教的人，要么就是非同寻常的人。笃信宗教的人缴纳什一税，据说摩门教徒的这种税高达约 16%，但并非出于慈悲的动机，而是出于不愿在地狱中被烧死的愿望。这是一种强制的转移支付，尽管这种强制不是通过真正的威胁进行，而是通过一种神秘的威胁进行。但如果人们信仰神秘，它就如同真正的威胁一样真实了。

看一下所得税的数字，对于慈善转移支付来说，5% 确实是非常夸张的一个数字。[16] 换个角度看一下政府包括施舍在内的数字，我们看到转移给穷人的数量还是大大低于国民生产总值的 5%。其实，我总是对这些数量如此之小感到吃惊，因为穷人毕竟能够投票，而且人们会预料，穷人愿意对答应给他们更多支付的人给予集中的政治支持。考虑到穷人拥有的票数，他们似乎不大会像你们想象的那样远离政治过程。

---

[15] 在这整个讨论中，我谈的都只是家庭之外的转移支付。家庭之内的转移支付当然是非常多的。

[16] 所得税的数字有些难以解释，因为其中包括了作为施舍的宗教捐赠。它们在全部捐赠中显然占到大约三分之二，而这一大笔钱当然并没有拿去帮助穷人，而是用于建教堂、支付牧师的工资等。

其实，尽管有各种各样向贫困宣战的说辞，还是不能明确地说，穷人确实比他们在1850年时的状态有所好转。莱伯格特⑰已经收集了一些数字。这些数字表明，我们曾有过非常低的收入，大约仅为我们历史上大多数时期普通劳工所得的25%—30%。他的数字不大令人满意，不是因为他无能，而是因为他能用来工作的数据太少，但那是据我所知质量最好的数字。我常常想知道，在19世纪，在有地方政府支付和私人捐赠共同帮助穷人的情况下，穷人们是否会比现在他们有主要由联邦政府（部分由州政府）提供资金的计划项目下过得好一些。如果在座听众有谁在寻找博士论文题目的话，我认为这就是有用的一个。

当你在地理距离和社会距离上远离仁慈之人时，慈悲心的动机很可能往往会弱化。如果是这样，这往往表明，你自己国家的百姓应该得到比别人更好的待遇。但是，这也会表明，你那个阶层的人或居住在你所在城镇的人，应该得到比你国家中不是你那个阶层或不是你那个城镇居民的其他人更好的待遇。我并不认为这种动机能够解释本国公民与外国人的明显差异，但它可能确实往往增强了指向同一方向的其他因素。

第二个真正的动机就是嫉妒，但我不了解它有多么强烈。这是一项道德原罪，但也是我们所有人都具有的一种倾向。很难避免这样的表达，说"嫉妒是大多数国家收入再分配项目的重要部分"。在大多数现代国家，富人事实上支付的税款份额比他们的收入所占比例要大。然而应该说，有些富人当然是利用政府得到了那大笔收入，但纠正这种事情的方法肯定不是对所有高收入人群征收高额税收。尽管有税收，也还有大量需要堵塞富人漏税的事要做，而对我们其余人的漏税还几

---

⑰ Stanley Lebergott, *Wealth and Want* (Princeton, N.J.: Princeton University Press, 1975), 57.

乎没有人关注。再说一遍，你们都是经济学家，而我认为我不必向你们解释这些漏税的事。

当有消息爆料说，有 200 人经调整后的总收入超过一年 10 万美元，而他们并未纳税。消息一出，群情激愤。这正是对第二个动机的一种说明，而且是一个特别好的说明，因为这些人未纳税的理由是，由于美国内税局公布的特殊规定，他们被迫报上了经过调整的总收入数字，而这个数字大大超过了他们的实际收入。税款是按他们的实际收入计算的，而不是按经过调整的总收入计算。[18]

经济学家非常普遍地认为，所得税表以及遗产税表的上限已经足够高了，以致实际税收能够通过降低税率而增加。如果是这样，那么显然嫉妒是唯一的解释，尽管这可以被称为"负的效用相互依赖"。

在这里或许可以说点个人经历的小事。我发表过一篇文章，其中谈到遗产税应该被降低到能使税收最大化的程度。[19] 这受到三位经济学家的严厉批评。这三个人谁都不否认现行税率高于能使税收最大化的程度，但他们三人又全都觉得这种税应该增加或者至少保持不变。[20] 这肯定是嫉妒动机的一个鲜明例子。

关于嫉妒，我猜想许多人都会认为，仅仅提到它就是批评，而我们必须要么隐藏它，要么反对它。倘若我是位牧师，我或许会同意；但我是位经济学家，而且我像所有经济学家一样接受效用函数。我发现自

---

[18] Roger Freeman, "Tax Loopholes: A Legend and Reality," *AEI Hoover Policy Study* (May 1973): 19-26.

[19] Gordon Tullock, "Inheritance Justified," *Journal of Law and Economics* 14 (October 1971): 465-474.

[20] See Kenneth Greene, "Inheritance Unjustified," *Journal of Law and Economics* 16 (October 1973): 417-419; Thomas Ireland, "Inheritance Justified: Comment," *Journal of Law and Economics* 16 (October 1973): 421-422; Rolline Koller II, "Inheritance Justified," *Journal of Law and Economics* 16 (October 1973): 423-424; and Gordon Tullock, "Inheritance Rejustified: Reply," *Journal of Law and Economics* 16 (October 1973): 425-428.

己有着周期性的嫉妒心理。举例来说,当所有经济学家都能在《南部经济学刊》上发表文章而我却被拒绝的时候。我不明白为什么我们不应该指望在考虑真正的偏好时把政府政策考虑在内。

当然,这里应该说,从社会的角度看,嫉妒确实具有一个令人遗憾的特点——降低工资总额。如果我挣了1美元,而你感到嫉妒,这1美元的社会净效应就少于1美元了,因为尽管它给了我价值1美元的效用,它却给了你一个负效用。这有些牵强,但是除了讲道理外,我想不出还能做些什么。当然,如果嫉妒足够强烈,那么从我手里拿去这1美元或许会给其他人一种完全的满足感,这种满足感大于我失去1美元的损失。因此,如果我们有办法来衡量先天的效用,抢劫洛克菲勒家或许是对社会有好处的。

收入再分配的第三个论点是我在文献中很少看到的。[21] 我在谈话中其实有时候提到它,就是保险动机。如果建立了一种制度,当我收入高时就对我收税,在我收入低时就给我补贴,那么风险就降低了一些。应该说,这个论点也为南非的政策,以及所有着重向自己的公民提供转移支付的其他政府,提供了直接和间接的辩护。南非白人可能破产,但他不会变成黑人。同样,我可能被迫破产,但我不会变成墨西哥人。英国白人不会变成一个不是白人但持有的护照不允许在英国居住也不能享受福利国家份额的英国人。

当然,还有更多同类事情的微妙例子。执政的共产党实际在做的一件事,是做出一些安排,使遇到困难的共产党员不至于落到与他们社会中普通公民同样的生活水平。[22] 英国过去是一个为破落的名门世家

---

[21] 当然布坎南和塔洛克合著的《同意的计算》[James M. Buchanan and Gordon Tullock, *The Calculus of Consent: Logical Foundations of Constitutional Democracy* (Ann Arbor: University of Michigan Press, 1962)]是个例外,见第14章。

[22] 当然,政治性的困难除外。

提供援助的社会,为的是不要看到上层阶级的成员跌落到普通工人的生活水平。在其他地区也可以看到同样的一些制度。

但是,至此我们谈论的还是人们所说的"一般动机"。在前面,我曾表达了一种观点,认为我们社会中收入转移支付最重要的理由莫过于"转移支付的接受者想要得到转移支付的愿望"。农业计划、文职人员(几乎我们所有在座者都在从事的一种活动)的高工资、为本来就具有天赋已经能够挣到即使没有补助也比一般人收入高的收入的人们提供一定补助的人力资本开发、旨在从美国的油井所有者向阿拉伯酋长们(占三分之二)和美国的消费者(占三分之一)大规模转移财富的价格管制,这些都是例子。

这些转移支付都有一个显而易见的特点,即它们都是无效率的。举个例子:从油井所有者转给美国消费者和阿拉伯人的转移支付。在我看来,阿拉伯人对于导致这种转移支付的制度实际上毫无办法。他们是美国政客为了美国消费者的利益所实行计划的受益人。在本质上,每次实际转移给消费者1美元,从政客们和消费者的角度看,就有2美元被浪费掉了。这是因为唯一简单直接办理转移支付的办法将不会使阿拉伯人受益,而且还得向油井所有者征税,再用这种税收直接补贴消费者的一般开支。这在政治上显然是不可能做到的,因此采用了极为无效率的方案。

再有,这种讨论通常是以非常容易令人误解的词语进行的。我还能记起,1973年阿拉伯石油禁运初期在匹兹堡的情形,几乎每天匹兹堡的报纸都有两大篇重要报道。一篇是对阿拉伯计划抬高了美国石油价格的比较实事求是的讨论。另一篇是对美国石油公司提高石油价格的谴责。由于石油公司对于整个事件是近乎完全清白的旁观者,对此只能有一种解释,就是美国人有可能没有多大困难就能惩罚石油公司,但是与阿拉伯人打交道的唯一途径会涉及对中东的入侵,而大多数人连想都不愿想到这件事。

我提到这个事例是因为它很典型，代表了大多数就是由于接受者想得到转移支付而造成的转移支付的特征。这些转移支付的特征就是极为无效率。除了我们料到的这种从实际边际产品转走收入的边际收益的无效率和寻租的无效率之外，通常还有另一种非常大的无效率，来自这种转移支付必须像别的什么事情一样隐匿起来的事实。对消费小麦的人群征收的税明明白白，在用于支付给麦农现金时是有收据的，这会使麦农和消费者双方都受益，并使他们比在现行农业计划下生活得更好。再有，大多数经济学家对此都了然于胸。其实，当我1930年还在芝加哥大学上学时，这件事常常被当做政府不称职的标准例子提出。但是这样一种明明白白的税永远都不会行得通。

在上述油井所有者对消费者和阿拉伯酋长的事例中，消费者在数量上要比油井所有者多得多。然而，大多数的政府转移支付都转移给了人数少、政治上有影响力的人群，如农民、公务员、想送孩子上大学的人，等等。如果选择明明白白支付现金的方法，这些转移支付就会行不通了。这简直是有点太明白不过的事了。一般来说，在这些事例中欺骗是必要的，而且欺骗不能采取直接撒谎的方式——它必须采取建立一个结构的方式，声称为了做其他什么事而搞到转移支付。㉓ 由这种类型的欺骗产生的相对无效率，比起边际扭曲或寻租成本要大得非常之多了。㉔

这些无效率其实是非常大的。然而，对于这种无效率我们能做些

㉓ 要了解对"错误指示困惑"的有益讨论，请见芬格、霍尔和尼尔森合著的文章《行政管理性保护的政治经济学》[J. M. Finger, H. K. Hall, and D. R. Nelson, "Political Economy of Administered Protection," (Washington, D.C.: U.S. Treasury Department, Office of Trade Research, 1980).]。

㉔ 当然，它也可以就被看作寻租成本的一部分。

什么还不清楚。经济学家长期以来都在谈论把政府作为提供公共产品或处理外部性的一种机制。无可否认,政府确实可以这么做,但是为了做到这一点,政府必须使用强制力量,而人们会根据政治影响力的大小利用这些强制力量实现对自己的好处。这对于追求利润最大化的人们似乎是一件明确的事。

作为一种历史事实,看来国家的产生就出于实行强制转移的愿望,而开始生产公共产品和处理外部性则是一种副产品。对于国家的起源,我们没有精确的数据,但是我们确实据有的证据表明,当在暴力组织方面有比较优势的某个人或小集团夺取了一定范围的土地,迫使居住在那里的人们向他们进行转移支付的时候,国家就存在了。据有这片土地,保护这片土地不让其他"政府"插手显然是必要的,为的是保住税收收入,同时也防止其他具有优势的私人犯罪。筑路,出现在国家历史的最初期,当然一开始时是简单的土路,目的是在所有这些活动中改进军事效率,特别是在镇压当地起义暴动时。

当然,我们不应对此表示惊讶。作为经济学家,我们预料到人们将生产汽车,不是因为他们想帮助消费者,而是因为他们想挣钱。国家一开始建立就是因为有人想要挣钱,而不是因为他想要提供公共产品,这个事实也是利润最大化的一种解释。当然,纵观整个历史,大多数政府已经把非常直接地从普通百姓收取税收向国王、贵族、政府官员等作转移支付当作它们的一个主要目标,这也是事实。

事实上,在大多数情况下,普通百姓很可能也从中做了一笔好交易,因为他比没有政府时生活得好了。只有在我们比较这种剥削国与理想国时(这种比较只在要移民时存在),我们才能说剥削国不好。

然而,任何经济学家在看到现存的民主国家按照政治权利和组织把那么多钱在中产阶级中来回转移时,通常却会非常公正地感到震惊。由改变努力和投资、寻租成本、使用欺骗的必要性,以及有时候改变整个社会本质的副产品而产生的无效率无比巨大。问题是,我们对此能做些什么呢?

首先要说的是,如果我们打算提供公共产品,这是大多数经济学家使用的政府存在的合理解释,㉕我们就必须使用强制税收,并强制购买各种资源,当然包括政府官员的服务。那么,一旦这个国家存在,它就将改变这个社会中各种各样的人们得到的收入。政府需要的商品的生产者将看到他们的收入高了一些;承担着税赋的人将看到他们的收入低了,等等。因此,收入转移支付是这个制度的根本性质。即便我们有一个实际上遵循帕累托最优规则总是补偿失败者的社会,这也是事实。总会有一些人从政府活动中得到的比其他人多,而且有人大概还什么都没得到,因为他们的损失刚好得到补偿。

当然,真正的政府都不是帕累托最优的,而且我认为,大多数经济学家心底里对这种事情的想法是:政府就该承担它的大部分活动,只要心里有个相当简单明了的成本效益分析就行了。政府承担那些效益大于成本的活动,并选择只有最小过度负担的税收。㉖那么,收入再分配应该由一个完全独立的组织来进行,这个组织对高收入人群安排一些税收,支付给低收入人群。其实,这就是马斯格雷夫三个政府功能中的两个。

我不想说这就是个可以想到的理想制度,尽管我认为我们可以通过需求显示过程做得更好,但是没有哪个真正的政府愿意去做这件事。将会有一些有权力的人,哪怕只是很适度的权力,能够为了他们自己的利益运用那种权力去改变购买和税收模式。我们对此所能期待的最好的事情就是,使这成为一个相对少的现象。再有,当我们自己(主要是

㉕ 我在这里包括了向穷人的转移支付,因为这是一般民众想要的。这个转移支付的数量很小,但不是零。

㉖ 当然,这些计算常常做得很糟糕。

其工资由强制税收支付的政府官员）来看这件事时，我们大概不仅应该支持减少这一现象，而且本来就应该视其为使我们自己收入最大化的办法。

　　但是，暂且假定我们确实想要这样一种制度，在其中由从人口的一部分转移给另一部分的收入转移支付产生的浪费，就是政治过程和压力的结果，这种压力来自未对纳税最少的人的压力进行适当计算的转移支付的收纳者，我们能做些什么呢？遗憾的是，还真没有太多即刻能行的直接办法可用。如果政府用竞争招标的办法购买所有东西，那么，有一种类型的收入转移支付可以在一定程度上减少。然而，为更多购买其产品而施加压力仍然符合各种生产商的最佳利益，而对个别生产者来说，还是会试图提供比招标所要求质量更低的产品。在当代的情况下，精确制订标书的问题太难解决了，以致尽管协商投标有转移支付的大量机会，可能实际上还是比竞争招标更有效率。[27] 似乎并不存在可与竞争性招标相类似的税收办法，因此可以肯定，税收会是无效率和收入转移支付的来源。一种非常传统的经济学建议是实行某种非常广义的税，无论是所得税、支出税、增值税还是什么别的税，那或许可以把这个领域中的转移支付可能性降到最低程度，但肯定不能消灭转移支付。

　　其次，这两种类型的建议多少都假定这个问题已经得到解决了。如果人们能利用政治力量为自己揽得转移支付，而其他人觉得有必要利用政治力量尝试避开这种转移支付的伤害，他们很可能会为反对这种类型的税和开支及其他事而斗争。如果我们有本事让政府接受使这种转移支付降到最低的购买和税收政策，似乎没有任何明显的理由可

---

　　[27] 我曾在一家向政府大量销售水轮调节器的公司工作过。在好多年中，他们的销售人员成功地逐渐调整了政府规定的水轮调节器规格，以致他们实际上获得了垄断地位。给他们的转移支付大概是很多的，尽管他们生产的调节器确实质量上佳。

以说,为什么我们就没有本事几乎不顾及我们现有的购买和税收政策而将这种转移支付降到最低。

我认为,在这个领域只有一个亮点。那就是,一般来说,转移支付必得欺骗。如果转移支付是直言不讳光明正大的,它们通常都通不过民主过程。这似乎表明,经济学家可以通过他们的教育职能发挥一些影响。当然,我不想在这里夸大经济学家的重要性,但事实仍然是,民用航空局正在消失的过程中,州际商务委员会能够实行的管制力比过去小了,通信委员会也在采取行动减少其转移支付并产生更多的竞争性市场。这些都是政治机器对一个简单的经济论点做出非常强烈反应的事例。结果,经济学家就能够来说服民众了。对于上述三个机构,大多数人其实总是受到它们伤害的,而且只要少数人能从保守他们仍然存在这个秘密得到实惠,事情就还会如此。打破这个秘密是困难的,因为一般人都没有多大兴趣去了解比如说民用航空局的活动。但是,要打破这个秘密并非完全不可能,而且我们应当尽力而为。

但是,这个非常小的改革建议并非本文的主旨。我的主旨就是,我们应该停止在再分配问题上自己骗自己。我们有点想帮助穷人,这导致某些政府政策。我们也有某种使收入保险的愿望,而且在一定程度上,我们也嫉妒富人。这三种动机都能导致某种收入再分配,但大概数量相当少。然而,这些动机不一定就是特别高尚的。为收入再分配进行复杂详尽的道德辩解,通常并不能用以解释我们看到的世界中的实际政策。收入再分配的最大单一根源就是收纳者想得到这笔钱的愿望。

这导致了我们看到的数量巨大的再分配,分给了从任何外部特征来看都不特别应该得到这笔钱的人。大概是因为我偶尔去访问艾奥瓦州的埃尔多拉,它就紧挨着当时美国最富裕的格兰迪县,我往往会把农民看作受益于这种转移支付的极端例子,但是还有许多其他例子。实际上,在这间屋子里就有许多例子。我不想说在这个讲台上是否也有许多例子。尽管我们个人可以从这些转移支付获益,但它们全都是负和博弈,而且是极端的负和博弈。社会作为一个整体受到伤害,而我们也因它们的整个网络受到伤害。如果我们能够摆脱这些转移支付,我们会活得更好些。如果摆脱办不到,我们至少应该说出事实真相。

第六部分

官僚体制

官僚体制的动态假说[*]

在我为威廉·尼斯坎南所著《官僚体制与代议制政府》[①]一书写的书评中,我为官僚体制的成长提出了一种理论解释。简要地说,图 1(复制于原书评)中把各种规模官僚体制的成本表示为横线,一般百姓的需求表示为 C 线,官僚的需求表示为 B 线。官僚的需求较高,因为他们不仅获得服务,还获得薪水。政治人意识到某种混合需求曲线的存在,如 B,C,并"购买了"适度规模的官僚体制,表示为横轴上的 B,C。与普通百姓想要的 C 比较,这是个规模过于庞大的政府。这种制度能导致(而这是我在那篇书评中提出的要点)官僚体制的持续扩张,因为如果国会在一个时期扩大了官僚体制规模,那就意味着,下个时期有了更多的官僚,结果 B,C 线向右移到 B',C'线。

请注意,同样的现象会影响任何一个向民主政府提供资源的人。然而,在官僚体制的情况下,这大概会更为重要,因为给官僚们 100 万美元的工资,很可能要比付给其他要素生产者 100 万美元能买到更多的选票,因为其他要素生产者除了雇用员工外,当然还要为购买别的东西付出更多成本。然而,在本文的余下部分提出的理论,适用于政府使

---

[*] 经克卢瓦学术出版社友好许可,重印自《公共选择》(Public Choice 19,Fall 1974:127-131)。

[①] (Chicago:Aldine-Atherton,1971.)由戈登·塔洛克做书评,载于《公共选择》杂志(Public Choice,12,Spring,1972,119-124)。威廉·尼斯坎南已经友好地看过本文,并提出了一些有用的改进意见。

用的所有要素。幸运的是,这并没有引起本文非常一般水平分析上的太大问题。倘若沿着这些路线能有进一步的工作,毫无疑问,那就必须进行仔细的调查研究。

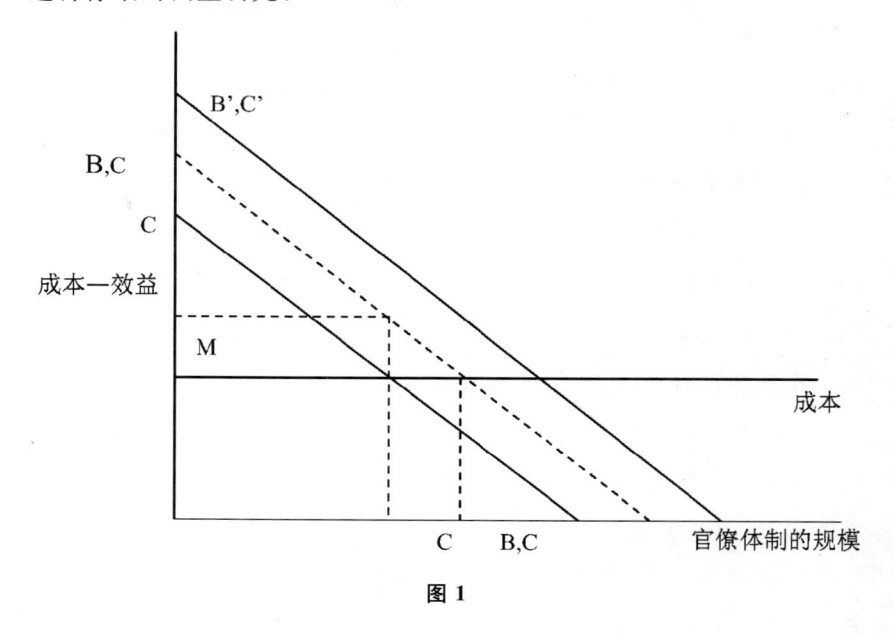

图 1

从现存官僚体制成员的角度来看,有一种较好的解决方案。与其增加官僚的数量,不如增加每位官僚的工资,从而使政府购买的数量达到 C,但单位成本为 M,官僚们就会得到一个租,相当于成本线之上到 C 左边的四边形。当然,这是获得了一些垄断利润的剥削性垄断。但是由于不能剥夺官僚们的选票,很难看到对此还能更多地做些什么。

在图 2 中,我画了一个大致相同的图表,但是为了简化省略了 B'、C' 和 B,C 线。D 和 D'线是关于官僚体制内部就业与工资动态进程的两种假说。D 表示的情况是,官僚们从我们可以称为"站立式起跑点"(standing start)的地方开始,最大限度地利用他们的权力。他们大概对雇用新的官僚来替代已经死亡或退休的官僚不感兴趣。随时间推移,这会使他们比在图 1 所示的情况下干得更好;但是另一方面,由于官僚的数量下降了,他们的政治权力也会下降(图 1 中的 B,C 线往往会离 C 越来越近)。结果,尽管人均收入有可能持续上升,官僚体制的总开支却往往会越来越接近 C 线。我不能说,这种发展是否会遵循图 2 中我作为动态路径画出的 D 线,但是遵循那个性质的某种一般曲线看来是很可能的事。

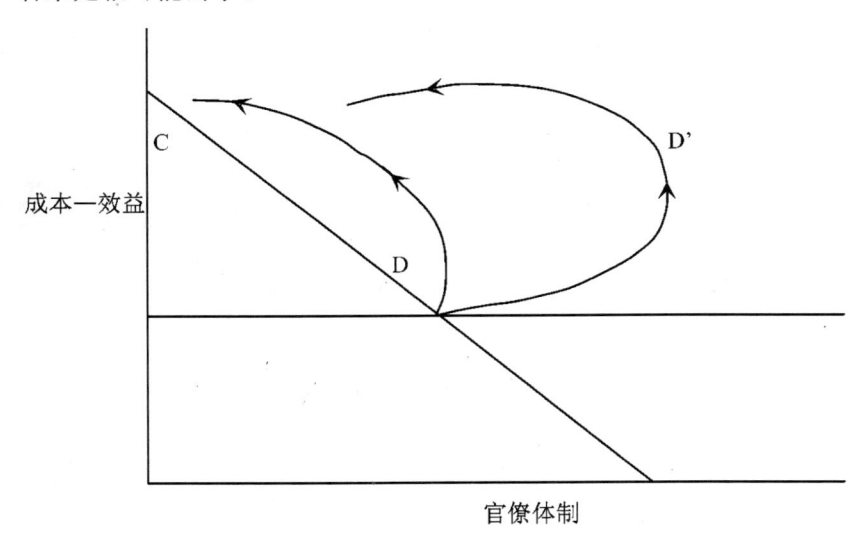

图 2

我们在现实世界中并没有见到这类事情最简单的形式,其原因大概就是官僚们实际上并没有足够的政治权力去实现它。以尼斯坎南等人[②]为首的制度学派论点认为,官僚体制往往将自己的规模最大化,因此必须直接限制收入的日益增长。大多数现代官僚体制的结构是这样的:没有雇用人员总数的显著增加,就很难使个人的收益有大的改善。

---

② 包括我本人。见戈登·塔洛克著《官僚体制的政治》(Gordon Tullock, *The Politics of Bureaucracy*, Washington, D.C.: Public Affairs Press, 1965, pp. 134 – 136)。

在本质上,官僚体制的扩张通过增加必要的监管人员数量提高了现有官僚的收入。

这些限制存在的原因大概就是,回溯到文官制度建立的那个时代,官僚们的政治能力非常低下,因为他们的人数非常少。在这样的情况下,我们可以预料,在早期,官僚们会主要利用自己的能力去增加官僚的数量。然而,随着数量的增加,他们会越来越多地运用自己的能力去直接增加工资。在某种意义上,官僚个人会尽力增加自己的工资,但是,他会意识到,从增加官僚数量所得的政治收益将使他能够在下一阶段有更多的政治能力为自己增加工资。

如果是这样,当官僚体制的能力增强时,人们会预料,越来越多的政治租会采取增加工资的形式,而规模扩大形式的政治租将变得越来越少。在这种情况下,我们或许可以预料,一条如 D' 的线将成为官僚体制增长的动态路径。

有一些迹象表明,事实上,这确实代表了美国官僚体制的发展。目前,美国官僚体制工资的上升,特别是作为官僚们联合起来的结果,肯定要比其数量的上升给人的印象更深刻。但这是个短期现象,而我还想不出过硬的理由能确信这个现象会持续。

然而,请注意,D 和 D' 线都有弯回的部分,也就是说,官僚们的政治能力在这些部分会由于官僚数量的下降而下降。当官僚的数量下降时,尚不清楚他们是否还能保留实际的政治能力把握自己的高工资。因此,可能只有 D' 线下滑向左边第一个箭头的部分才是现实的。

与这个假说有关的问题是,很难想出任何实验办法来验证这个假说。这些曲线的精确形态并不是确定的,我也不知道我们处于这些曲线的哪一点上。最后,但绝不是说,我认为符合我们社会的 D' 曲线(正如读者可能已经推理出的)有两种形式,一种停止不前,另一种继续发展。其实,它有三种形式。大量美国南部的官僚体制已经用减少每个官僚必须待在办公室里时间的办法成功地维护了对官僚自己的政治支持。因此,他们以对纳税人来说相对低的成本录用了非常多的官僚。为官僚实际付出的时间已经支付了过多的钱,但是总产出非常低。这导致了官僚选民的大量增加,并因此形成了很大的政治能力,并使 D'线急剧右转;但同时,即使官僚们发现有必要另找工作,他们也能得到非常高的小时工资。

而且,这个假说难以得到验证的事实并不能证明它不真实。遗憾的是,这也不能证明它真实。然而,我希望的是,有人能想出验证这个大致看来有道理、也大致看来符合现实世界行为的假说的办法。

扩大的公共部门*：
瓦格纳平方值

詹姆斯·M.布坎南与戈登·塔洛克

自第二次世界大战以来，所有民主国家中政府开支占总开支的份额都已经大幅增长。由这个记录推理出的常识是，政府的实际规模增长了。莫里斯·贝克①已经证明这个推理有误。由于"政府服务价格的上升大大快于总产出的价格指数"，②大多数西方民主国家中公共部门的实际规模其实下降了，而在其他国家这一规模的上升也一定是适度的。贝克的数据以美国作为一个孤例表明，美国公共部门的实际规模（开支）从1950年占国内生产总值的20%增长到1970年的24%，明显小于同期公共开支占国内生产总值31%的增长。由这些结果，贝克乐观地推断说："就实际情况来看，大多数发达经济体中公共部门增长的时代已经结束。"③我们读到的取得一致意见的数据不是这样。我们从这个记录中推断出，公共部门的增长其实可能改变了形式，但是，长期发展的预言必须被视为相当可信的凶兆。数据表明，公共部门在这个术语的实际意义上已经"不受控制"了。

---

* 经克卢瓦学术出版社的友好许可，重印自《公共选择》(Public Choice 31, Fall 1977：147-150)。

① Morris Beck, "The Expanding Public Sector：Some Contrary Evidence," *National Tax Journal* 39 (March 1976)：15-21.

② 同①，第18页。

③ 同①，第15页。

不只是在美国,在许多其他民主国家也一样,公务员日益增长的工资是"政府价格指数增长比较大的主要因素"。④ 因此直到1950年,由于美国及其他民主国家的政府规模增长得非常迅速,那时付给公务员的工资显然很高,不仅足以吸引替代人员,而且足以扩大录用雇员。因此,我认为我们可以确信,在1950年,适当算上所有的临时补贴,普通邮局职员挣到的收入不少于他在其他就业岗位上可能挣到的收入。其实,那时美国政府工人的收入高于一般服务业工人的收入。那么,为什么政府的工资和薪水会比非政府部门的薪金高呢?

表1 政府雇员的工资占非政府雇员工资的百分比

分类	1952	1972
所有联邦政府雇员	101	129
文职人员	128	155
军职人员	82	103
所有州和地方政府雇员	101	110
私营服务业	79	80

资料来源:《美国统计摘要》,卷75和卷95(华盛顿:美国商务部,1954年,1974年);《美国历史统计:殖民时代到1970年》,第I部分和第II部分(华盛顿:美国商务部,1975年)。

事实无可争议。表1指出了各种类型公共部门雇员的比较工资水平,也列出了一般服务业的工资水平。前者的相对增长是清楚的,尤其是联邦政府文职人员的工资水平令人印象深刻。⑤ 我们遇到了个谜:

---

④ 同①,第16页。
⑤ 军职人员的工资很难超过经济领域中的一般水平,这一事实是值得注意的,特别是对废除奴隶制之后征召入伍的军人,以及在人们都认可应该给从事高技术活动的军职人员高工资百分比。

在那个时期,为什么公务员的工资增长得如此迅速?

唯一的解释已经有了。据我们所知,工资增长得如此迅速得益于公务员自己的政治能力。根据简单明了的公共选择理论假说,我们可以预言,官僚们的选票会部分用于扩大他们所在机构的规模,部分用于提高他们自己的工资。⑥ 只要部门或机构还是比较小的,其规模的扩张大概就能向雇员提供最具吸引力的工资。然而,随着机构变大,官僚体制的成员就会在全体选民中占有越来越大的份额,公务员利用投票表决权扩大工资的可能性直接变为现实。贝克的数据可以表明,不仅是美国,而且大多数民主国家都已经走过了机构绝对规模的扩张阶段,现在走入了官僚工资扩张的阶段。

有时候,这也说明政府天生具有的落后性,因为它是一个劳动密集和资本密集的行业。据我们所知,对这个问题所做的唯一实证调查研究指出,即便是政府的文职部门也是资本密集的。⑦ 此外,很难说大量的军事部门不是非常资本密集的。请注意,军事部门的工资低于政府中非军事部门的工资。

政府预算成分中的其他变化与上述情况相同并支持了那些情况。最近这段期间,转移支付成为政府预算中扩张最为迅速的组成部分。转移支付预算也为在预算结果中有直接金钱利益的一伙选民提供了行动期望。只要转移支付的接受者构成了全体选民中的一小部分,他们就能对转移支付预算的整体规模施加相对适度的影响。然而,一旦这个群体变大了,它显然就能发挥更大的政治能力。直到最近——如果我们从历史时间来说——那些在民主国家中得到转移支付的人并不允

---

⑥ 见戈登·塔洛克的文章《官僚体制的动态假说》(Gordon Tullock, "Dynamic Hypothesis on Bureaucracy," *Public Choice* 19, Fall 1974:127-131)。

⑦ See William Paul Orzechowski, "Labor Intensity, Productivity and the Growth of the Federal Sector," *Public Choice* 19, Fall 1974:123-126.

许进行投票。⑧

有一种办法可以看到政府雇员工资不成比例的增长,就是区分"市场工资"和"转移支付"部分。这会使我们能像看待其他转移支付一样看待政府工资中的一部分。这导出了我们所说的"瓦格纳平方值"假说。在西方民主国家,政府实际雇用的人口份额可以达到它的最大值,但这并不意味着政府预算正在向它在国民生产总值或国内生产总值中占有最大份额的方向移动,因为转移支付的接受者(官僚和其他人)很可能会不断提高自己的收入。这个过程大概有一定限度,但这在理论上和实践中都尚不确定。

如果作为总开支一部分的政府开支持续扩张,但是政府产出没有相应的增长(即便用投入来衡量政府产出,但这种方法本身正日益变得可疑),对非政府部门就业的资源回报肯定就会产生向下的压力。由于货币供应稳定增长和向下的工资刚性,将产生一定的失业。如果货币当局对此做出的反应是提高货币供应增长速率,就会产生通货膨胀。20世纪70年代出现的经济"滞胀"问题,至少能用本文中提出的这个假说得到部分解释。与这一假说完全相符的数据现在已经可以找到了。在公共部门的发展已经不再与政府服务最终"购买者"的意愿有关的意义上,公共部门确实已经"不受控制"了。

---

⑧ 在现在的日子里,很难意识到这是个多么令人震惊的变化。然而,近至1914年,A. V.迪基在谈及一项仅覆盖英国穷人中的一小部分,并在当时是唯一允许收受者投票的旧时代年金法时说:"一个懂道理也有善心的人肯定会好好问问自己:作为一个整体的英国是否能从以年金的形式为穷人救助的收受者立法而受益,能与为犯人保留参加国会议员选举的权利是一回事吗?"见《19世纪英国法与公共舆论关系演讲集》(*Lectures on the Relation Between Law and Public Opinion in England in the Nineteenth Century*, 2nd ed. London: Macmillan and Co., 1963, p. xxxv)。

第七部分

社会的两难困境

丛林的边缘*

人类有着大型精细的社会结构,这种存在很难用本能的理由加以解释。这套丛书的要点是探讨财产权的基础,并试图根据个人利益最大化的假设来解释这些基础。一般而言,我们一直在使用自然分布的布什模型,我们在其中遵循着"老办法,简单计划;让他来选择谁有能力,让他决定谁能做"。给这个模型加上另一个个人利益最大化的规则,这就是本文的目的。我认为,这个规则可以被视为所有人际合作的基础。

然而,我一开始就要对布什的基本模型做出两点稍微的修正。第一,即便是在布什的自然状态下,合作组织也可以存在。狮群是通过其内部个别成员的力量和好斗性来起作用的。但是在狮群捕猎时,某个级别低的成员更有效率,它可以吃到的东西比靠它自己打猎时可能吃到的更多。同样,我们或许可以认为,存在根据布什计划组织起来的从事战斗或努力控制或奴役其他个人或群体的组织。我认为这并不是一个重要的修正,但它确实提供了一种初步的群体结构,这种结构使我们能摆脱那个"人必须睡觉"的霍布斯问题。一个有 10 个成员的群体可以按纯粹的布什-霍布斯模型组织自己,但是如果一个群体中有 100 个奴隶,他们能够施加的控制或许要比统治精英中任何一个精英对其

---

* 经许可,重印自戈登·塔洛克编辑的《无政府理论探索》(Gordon Tullock, ed. *Explorations in the Theory of Anarchy*, Blacksburg: Va.: Center for Study of Public Choice, 1972, 65 – 75)。

他精英施加的控制大得多。

我的第二个修正更重要一些,而且这是一种努力,以修正我认为布什模型中存在的一个缺点。当有个强者能攫取他希望得到的一切时,没有任何正经理由可以相信成员之间能进行交易。如果有人假定一个有组织的群体在剥削一大群臣民时就更是如此。我以为,通过对有关进化和生物学的一些推理,我们能够推断出人类社会存在的某种显然是正确的事,而这种事能够说明,除了直截了当或补充性的使用纯粹的强制办法外,使用交易的必要性。

来看看狮群吧。假定世界具有马尔萨斯所说的性质,那么必定会有一个时期,狮群中的高级成员吃到的食物数量远不足以完全满足他们自己的需要,更不要说还能剩下足够的食物以保持低级成员的健康。在这样的情况下,最强壮的成员少吃一些食物并不会对它们的健康状况有太大影响,但却会非常有益于虚弱的成员。然而,进化没有办法能直接作用于对强壮者一方的限制。如果这种限制是他们体质中内在的一个遗传部分,这种限制肯定就会意味着,它们不如其他同样强壮但没有这种限制的狮子易于存活。基因库总是会向完全吃饱食物的方向发展。当然,基因库也会防止狮子因吃到过量的食物变得肥胖而不够强壮。

在观察狮子、狗和人在为他们想要的东西产生冲突,而那个东西的数量不足以在很大程度上满足需要时,我们就看到他们之间大量的威胁行为,有时候还要打斗起来。从一个层面说,这种行为从弱者的角度来看显得很愚蠢。假定有一定数量的肉和两只想吃肉的狮子,一只个头大,一只个头小。如果它们为争食打起来,大个头狮子胜算在握,而小个头狮子不仅什么都吃不到,还可能严重受伤。[①] 但是,我们确实看

[①] 阿德里说,与其他狮子的争斗是导致狮子死亡的主要原因。见其著作《非洲的起源》(Ardrey, *African Genesis*, New York: Delta, 1963, pp. 41, 103)。

到偶尔的打斗和大量在这种情况下只能被描述为打斗威胁的行为。此外,大个头狮子有时也会撤退。

假定大个头狮子确实偶尔会撤退,小个头狮子的行为就成为合理的了。其实,小个头狮子是合理地谋划了不合理行为。它努力制造大个头狮子身体受伤的机会,哪怕这种机会能使自己受到大得多的伤害;由此它把食物和打斗对大个头狮子的综合吸引力降低到如果小个头狮子撤退只留下食物时的水平之下。小个头狮子也应该有一定的好斗性,那就会使它的进化成功率达到最大。然而请注意,这要求小个头狮子有时候要打斗,而且要斗狠。由于在打斗开始的那一刻,优势完全不在小个头狮子一边,在这样的情况下,为了获得更多的存活机会,小个头狮子就得再次不合理地行动。

我以为,使这一点成为可能的机制就是"发脾气"。个体对它们经过理性思考想要的东西发出威胁的吼声。然而,正如有时候我们看到大个头动物的打斗一样,小个头动物真正的认真打斗要暂时以一种不合理的方式进行。你用你方不合理的行为威胁你的对手,而这种威胁其实是合理的。因此,一种内在的遗传反应模式,就像你偶尔会做出的不合理行为那样,从长期看有可能非常合理。

那么,这种类型的发脾气就自动产生了一个讨价还价的范围。再一次假定,一只大个头狮子和一只小个头狮子为争一块肉而相互咆哮。假定进化把它们的行为设计成基本合理的。大个头狮子会从每单位食物获得一定利益。此外,它吃进的每单位食物都增加小个头狮子发脾气和打斗的可能性,在这种打斗中小个头狮子将被杀死,但大个头狮子将有可能受伤,而伤情超过单位食物的价值。大个头狮子在吃进食物时,它对食物的需求曲线当然会下降。另一方面,当大个头狮子吃进每一口时,小个头狮子对食物的需求曲线会上升。如果小个头狮子利用机会攻击大个头狮子,它存活的可能性大概要比它等在一边不吃高一些；但是在大多数情况下，促使小个头狮子在初期就进行打斗的内在机制，会增加这种基因延续的可能性。无论如何，如果出现了打斗，最终结果就是这两只狮子的预期寿命下降。此外，打斗的可能性持续增加这两只狮子各自的成本。在这样的情况下，将打斗的危险降低到零的某种契约就是可取的。

我们在动物中间没有看到这种讨价还价。有一种持续的威胁，持续增加打斗的可能性，但真正的打斗只偶尔发生。这大概是由于对在动物所具有的非常简单的大脑和沟通系统中能做什么样的设计存在限制。人的计算能力要大得多，能够有意识地进行这些情况下的交易。然而请注意，对于个大体强的人来说交易大多是合理的，因此，弱者发脾气和发起攻击的可能性——即便他发起攻击会得到一个负的折现值——是必然的事。发脾气的概率和发起攻击的可能性会具有存活价值，即使这种攻击本身通常也会有负的回报。在个大体强的人打算随时间推移继续剥削弱小的人，因此在杀掉弱小者是最愚蠢之举的情况下尤其如此。这样，历史上观察到的事实——奴隶主一般都会使用正面激励的方法促使他们的奴隶多干活——就解释得通了。

当然，这个问题与博弈论中的问题非常相似。许多矩阵的最优解是混合策略。混合策略至少提供给一位个人参与者应邀表现一种其实是最坏策略的某种概率。然而，采用有时候他能在其中进行这种明显是愚蠢行为的混合策略是最理想的。人类大概不会第15次采取危险策略，因为当第15次来临时，他们就会合理地计算出这种策略已经不牢靠了。然而，一种内在的自动的生物学的机制——发脾气——能给出同样的结果。

但是，对于"为什么我们会预料到完全依赖强制和体能不会是最理想的方法"这个问题的原因就说这么多了。如果我们假定这种方法不够理想，也就是说，有时候有个交易范围，那么，持续交易约束（discipline of continuous dealings)就变得重要了。举例来说,假定我们首先考虑了一种情况,其中有一位强者和一位弱者占据了同一块地盘,但是弱者的身体条件没有能力供养这两个人。因此,强者自己从事某种生产,另外,掠夺弱者到他认为可行的最大程度。假定弱者有可能发脾气,强者就会很好地接受教训,把他的掠夺行为限制在一定程度。这样,弱者实际上偶尔能拥有强者想要的东西。

强者也会有弱者想要的东西,这是很可能的事,而且交易的可能性会增加。为了使这种交易成为可能,弱者就必须确信,如果他生产的东西在质量和数量上都超过了给强者的正常缴纳,强者不能轻易没收他的东西。这样,如果强者明白事理,他就会制订一个清楚的定期掠夺计划,但也会愿意就超过定期计划的质量和数量进行交易。其中的缘故就是持续交易约束。如果强者定期没收弱者的三个椰子,但是,当弱者偶尔获得一个番木瓜并拿出来交易强者的一些产品时,强者没收了这个番木瓜;那么强者可以确信,万一弱者有了更多的番木瓜,他再也不会愿意拿出来进行交易。问题在于,今后大量交易所得利润的折现值是会大于还是会小于弱者此刻拥有的番木瓜的价值。当然,当番木瓜被抢走时,弱者发脾气的可能性也会增加。

请注意,到此为止,信用尚未进入计算之中。无论是强者还是弱者都还没有打算用现在的东西交易今后的东西。所有的契约都是同时履行的契约。至此,对于持续交易约束的唯一限制是不许没收对方拿来进行交易的任何东西,只能通过交易获取。当然,强者得有放弃一些东西以换取番木瓜的愿望。有趣的是,这些条件在动物王国中并没有明显出现,因此,在那里没有看到纯粹的交易。[2]

---

[2] 如果从整个种群的角度来看,动物或植物都有一些从事预排程序行为的事例,带有交易的一些特征。但是单个的交易似乎还不得而知。

这类交易显然能够改善双方的福利。强者为自己谋求大量的改善或许是可能的,但那将会是对他们处于新的和改善后的帕累托边界上位置的一个说明,而不是对他们向外移动的一个否定。但是请注意,只要没有财产的重大积聚,这个持续交易的变量就会持续存在。强者没有拿走弱者的财产,是为了取得今后交易利润的折现值。倘若弱者的财产变得足够大,那么这个条件就不再是真实的,对财产的攫夺就会是合理的。

至此,我们已经用武力和暴力的术语完整地讨论了这个问题,但是欺诈、偷窃和行骗也是可能发生的。这些事情很难防范,而且实际上,防范这些事情通常也要投入相当多的资源。因此,这些可能性的存在将把社会的大量精力转移到保护活动,而不是用于生产,结果总产品就会减少。

作为第三个问题,至此尚未提到信用。然而,偶尔也会发生没有同时付款的交易,即 A 必须今天做事,而 B 在明天给予某种行为或财产回报的交易。持续交易约束可以允许这类交易,但再说一遍,只有当 B 在明天必须给予的回报比今后利润的折现值少的情况下才允许。这个条件在每天的非法活动中都可以看到。黑市商贩和专业赌徒都非常小心地维护自己的好名声,因为那是他们能立即付款的名声,而这种名声能让他们有可能继续做生意。其实,他们大概比一位能签订契约并有法院保证契约执行的工商人士更在乎提高业绩。

至此,我们已经看到许多可以组织进行交易的情况,而交易之所以能组织进行,原因就在于持续交易约束。人们发现今后交易的折现值大于他们通过没收财产或拒绝今天付款的利润。然而,在许多情况下,我们显然不能依赖持续交易约束的这个非常简单的变体。当然,明显的情况出现在简单的财富积累达到了积累总量大于一系列交易的折现值时。假定实际上不必用今后交易的全部价值来平衡,而只需平衡全部价值产生的利润,那么肯定,通常只有相当少量的财产会具有这种特性。

信用交易提出了同样的问题。如果我们单纯依赖持续交易约束,需要在今后大额付款的交易就不可能进行了。

冈宁先生的大公司引进强力机构来处理这个问题,使积累和进入信用交易都成为可能。执行工具也可以用来对付以偷盗、窃取和行骗方式获得资金的做法。其实,强力机构是一种威胁,而不是试图持续保护所有的东西:倘若人们违犯了什么规定,就会受到严厉惩罚。惩罚的严厉程度足以使这类违规行为的折现值成为负值。这种做法可以使积累资本、从事广泛的信用交易成为可能,也可以使每个百姓不必花费太大精力去防止自己的财产被偷偷拿走。使用强力机构可以取消强者对弱者的优势,尽管这么做的论点在这里并不是那么明显。说实在的,历史上有些人生即为奴的社会。这种社会往往倾向于长时期保留奴隶。我们会预料,走出简单的布什型世界会非常有好处,即使这些好处会以非常不平等的方式分布。富人可能得到财富,而穷人的状况可能极少或根本没有改善。平等主义者可能会觉得这种前景令人痛苦,但人们(包括平等主义者)会公认,这种情况要比丛林状态好。

那么,对于社会的所有成员而言,采用某种强力机构会是可取的,尽管对于某些人要比对另一些人更可取。在建立强力机构之前,有可能将建立这样一种机构的利润按照丛林居民掌握财富的同样比例精确派发,也可能有几种方式可以调整这种派发。大部分利润可以增发给某些人,而不发给另一些人。我们应该注意到,自然状态也可能发生变化。在一开始设定的自然状态下拥有财富或收入比较少的人,在新制度下有可能会因转移支付而大大获益;而在先前的制度下干得很好的一些人,可能会发现他们的收入急剧下降。其实,我们不能脱离自然状态,我们只是改变了个人力量的技术特征。倘若我们建立一个强力机构,那些在丛林中能带来大量收入的特征现在恐怕不会再带来大量收入了。外交、说服能力,以及对他人意见和价值的细心判断,有可能使建立了强力机构的新社会中的人,对身体比他强壮得多而且在一次打斗中肯定会赢的人使用武力。这不是因为我们不再依靠武力和暴力,而是因为使用武力和暴力的技术条件发生了变化。在新的安排下,个人使用武力和暴力的能力与他个人的强壮和狡诈程度关联得不那么紧密了。

我们来对从丛林状态到有了强力机构的社会的转变状况做一个最简单的假设。假定在一个丛林中有一些种群——如狮群,而其中的一个种群成功地摧毁或奴役了所有其他种群,并建立起牢固的控制。这种控制首先将导致丛林中收入分布的重大改变:获胜种群的成员会有大得多的收入,而失败者会降低收入。对于获胜种群中的强壮成员,仅仅为了获得较弱成员的支持,就以牺牲非种群成员的利益为代价,使虚弱成员的收入得到相当大改善是合理的。新统治的凝聚力将依赖对所有成员的适当奖励。

这个新的控制集团大概会建立一种制度,以它认为是有效率的程度"剥削"其余种群。但是,如果它希望把它对其余种群的榨取最大化,它就会仔细考虑建立起一套规则,使被征服种群相互打斗的时间相对较少,或是保卫它自己的财富不被被征服种群的成员窃取,再就是从被征服种群的成员那里捞取财富。通过减少被征服种群对这些活动的投入,它就有可能使被征服种群给新的统治集团生产更大的纯收入。

在这样的情况下,持续交易约束对于被征服种群之中和之间的关系相对来说就会没有什么作用了。他们会受到统治者施加的外部约束力的控制。臣服者在自信其他臣服者没有能力拿走自己财富的情况下,会有可能积累财富;在有"契约能得到强制执行"的印象时,会有可能为今后的活动签订更大规模的契约,并利用其他在只有持续交易约束的强制机制下根本不会存在的经济机会。提供必要的强制执行机制对于统治集团是有好处的。③

如果在这个"上层阶级"统治下团结合作的人群不是这个丛林世界中的全部人口，那么就会存在与外部集团的冲突，而保护其臣民不受外部的掠夺就符合统治集团的最大利益。④

然而，还有两种我们到目前尚未讨论过的可能存在的其他社会关系。一个是统治集团与其臣民之间的关系，另一个是统治集团本身的内部关系。由于统治集团本身就是维护其臣民之间和平的警察部门，他们自己的行为，无论是统治集团对臣民的行为，还是统治集团其他成员的行为，并没有警察部门来控制。在我们现在的模型上，这是个必须再次使用持续交易约束来处理的问题。

从统治集团的角度来看，最佳政策莫过于确定一套付费标准，臣民成员必须照此向统治集团付款，并使统治集团的收入最大化。大概有两个变量。首先，向被统治者收取的各种费用等，必须尽可能安排在能为他们提供拼命工作的激励的范围内。例如，倘若统治集团把个人生产的椰子都收走，使他们不能有供养家庭的最低留存，那么人们就没有动力去生产椰子了。另一方面，如果统治集团从每个人手里收走了大量椰子，而不去关注他的家庭是否能生存，那就会在臣民中产生拼命工作的最大激励。当然，这是假定在剩余物的数量还有可能使大多数家庭继续生存下去的情况下。

除了确定对臣民收取费用的适当形式和有效约束臣民成员相互之间行为的法律之外，对于向统治者转移的总支付数量的实际决策也必须慎重。一般来说，提高臣民向统治者转移的制成品的百分比将降低

---

③ 当然，强制的程度取决于沿贝克线等进行的适当计算，但这里将不讨论这个问题。

④ 再说一遍，我们不在这里讨论投入这种保护的资源数量。但这种投入不会是无限度的。

总产量。在某一点上，因提高转移产品百分比所形成的增加量将被总产量的下降抵消。这一点就是最大税收支付能力的临界点，也是统治集团应该设定的目标区域。注意，如果统治集团明白事理，它将在这样的水平上确定这一税率：在属下臣民中尽可能造成大量的不同。这是为了激励臣民拼命工作。其实，如果他们能够因拼命工作改善自己的状况，因不拼命工作而饿死的话，他们很可能会比挣扎在饿死的边缘时生产更多的东西。

注意，这个最后规则在某种程度上既依赖于发脾气的可能性，也依赖于取得信息的困难。如果统治集团很能干，准确计算出每个臣民成员的潜在生产力，它就能确定对这些人收税的一个比率，使他们的温饱水平恰好能维持他们的最大工作水平。然而，统治集团从来就不大可能具有这种知识。此外，这种行为在相当大程度上抵消掉发脾气的可能，以及因此而导致的统治与被统治双方的损失，也是需要考虑的事。

倘若统治集团提出使用一种从被统治方收取资金的有效制度，那么它就必须建立某种管理这些转移支付的途径，并控制统治集团中个别想要超标准收税的成员。例如，假定统治集团有 100 人，而臣民有 2000 人至 3000 人。统治集团中的一个成员史密斯先生想要从被统治的一个成员琼斯先生那里多收一个椰子。如果允许史密斯这么做，那就意味着被统治者的保障以及由此而来的激励都降低了。收益完全被史密斯先生拿走了，统治集团的其他成员也分毫无获。那么，统治集团就会产生防止这类事情发生的动机。

注意，统治集团之所以有防止这种个人掠夺或是根据并非最优结构或水平掠夺的动机，原因在于持续交易约束。为了激发臣民最终能给统治者生产最大收入的行为，他们被迫使自己保持臣民可以依赖的行为模式。因此，在臣民之间交易中已经被取消了的持续交易约束，因统治者与臣民之间的交易而回归了。持续交易约束完全服从于我们先前说过的那些同样的要求。如果从单一掠夺行为获得的利润大于因取消了今后正规交易的利润而带来的损失，那么统治者就会考虑掠夺。如果臣民能有机会的话，他们几乎将总会考虑推翻这些统治者。然而请注意，在处理统治者与被统治者之间关系时，从统治集团个别成员的角度看，持续交易约束基本上是一种公共产品。由于当这次掠夺的全部利润都将归实施掠夺的那个人所有时，降低臣民保障的大部分成本将落到统治集团其他成员身上，这就会促使统治集团的个别成员去破坏能使统治集团收入最大化的一般规则。持续交易约束会表明，只要他们能做到，统治集团成员就会有为使集团成员的长期价值最大化而彼此相互约束的动机。

至此，我们已经讨论了被统治成员之间以及统治者与被统治者之间的各种关系。我们还没有讨论统治者集团成员之间的关系。这种关系可以处于彼此间的自然状态，也就是说，由剥削被统治者得来的收入会按照布什模型在统治者中进行分割。这就会像狮群一样，级别低的成员接受劣等待遇，因为那还是比不是这个狮群成员的状态要好。

但是，还有一些利润，是统治集团的成员可以通过限制他们自己的内部关系，形成一种比较有序的模式得到的。在持续交易约束不能提供保证的情况下，⑤交易的能力、资本的积累，或者超出持续交易约束可能保护的水平的其他特性，还有签订长期大数量契约的可能性，都将会成为统治集团愿意揽入自己手中的东西。这些都是通过移出布什自然状态能够获得正利润的领域。至此，我们这个主观社会已经将被统治者移出了这种自然状态，但是统治者尚未移出。

长期契约的一个特别重要的方面，是为统治集团的老年成员制定的条款。持续交易约束从没有告诉你不要去夺取老弱者的财富，因为

---

⑤ 统治集团或许可以专攻城堡和其他消费品。

他再也不会处于报复地位了。如果你想保证在晚年过上合理舒适的生活，或是在你死后⑥或你严重受伤时，你的家庭成员能过上合理舒适的生活，你就会关注从持续交易约束向强制执行协议、财产权等某些方法的转移，这些方法要好于持续交易约束。

限制统治集团个别成员对被统治者的掠夺，限制统治集团其他方面的行为，可以通过建立一些成套规则，并让这些规则得到"强制执行"做到。问题在于，建立一种在本质上将成为另一个统治集团的强制机制，就会将目前的统治集团——或其中的大部分——归入臣民的范围，同时还会使新的统治集团重新面临同样的根本问题。

最简单的解决办法是使用老式的民团或义务警员的办法。那么，假定统治集团的任何成员不论在什么时候对臣民或统治集团中的其他成员实施了未经许可的掠夺，或是没有执行契约等，所有统治集团的其余成员就会集合起来，给他一定的惩罚。采用这种制度，统治集团的成员就为执行规则而对自身征收了成本，也就是说，他们有时候必须作为民团的成员采取行动。当然，这就是贝克等人为什么要计算各种法律的最佳执行程度的原因。我们假定成本小于收益，因为这看起来合理。在这样的情况下，统治集团的成员就像臣民成员一样，受到报复的威胁而不敢违约。组织只有很小的差别。然而，统治集团的个别成员是因持续交易约束而被迫加入民团的。他们知道，如果他们不在某个特定时间加入民团，那么民团就可能在将来不给他们帮助。这样，不加入民团的折现值绝对不可能高于今后因不能得到民团的保护而产生的成本。因此，持续交易约束会引导人们成为民团成员，而这个民团会对全体人员，包括作为个人行事时的民团成员，实施一种"法规"。

---

⑥ 还不清楚家庭成员之间的亲密关系是否符合布什的自然状态，但是完全排除了家庭事务是经济学的特点。让我们寄希望于这种习惯在今后会被终止，但这也将要求进一步的研究。

注意，至此，在这个模型中还没有阻止统治阶级成员或被统治阶级成员组成反对集团并尝试打败民团的东西。大概在任何时候都会有潜在的联盟能够这么做。然而，这类联盟是否合算，还不清楚。再说一遍，这同持续交易约束有关。但是在这里，持续交易约束应该在这种组织一开始时就使其成为"非法"。如果侦察机构是高效的，它就能在这种联盟远没有那么多成功机会时觉察联盟的形成。

当然，民团是一种相对无效的机制。一般来说，我们往往会转向专业化和劳动分工。如果可以设计出某种方法防止警察这个特殊群体本身变成一个统治集团的话，以维持治安规则为目的建立一个专门的组织会是对效能的改进。实现这个目的有两种方法。第一种方法是让警察处于弱势，弱到足以使统治集团随时都能打败它。英国长期存在的没有常备军的传统就是一个例子。这种方法还可以用美国政府的普遍软弱、个人可以携带武器的规定、在武装贵族面前中世纪欧洲国王的虚弱等许多其他例子来描述。

但是，这种方法在本质上对于大型群体不大可能具有最佳效能。更为有效的方法是建立一个强力机构，但是其组织方式必须使它没有能力推翻现存政权。这样，这个强力机构就必须由相当多不同的人构成，还不能即刻就自行转变为一个统治集团。这个大型组织内部必然将会有共谋，还会有一种尽早察觉这类共谋的努力，以使它们在大到构成危险之前就被除掉。这是否可能尚不得而知。其实，政变的历史似乎可以表明，这是非常难以做到的，但也肯定并非绝对不可能。无论如何，这是大多数社会一直在依赖的机制。

那么请注意，尽管我们从霍布斯的丛林已经走过了很长的路，我们仍然得依靠体力去实施规则。我们也依然得指望持续交易约束，但持续交易约束现在只用于社会中的一小部分。只有警察部门中被要求报告其同伴警官中潜在共谋的那些成员，才会觉得有必要进行这类持续交易约束的计算。如果他们觉得共谋的折现值高于他们继续从事现在的活动可能得到的报酬，他们就不会去报告。但是，社会的其余部分面对的是效能高得多的规则体系，以及一个实施强制执行的实体。这个实体比他们单个时强大得多，以致他们不去费思量与之对抗并因此浪费资源。结果，社会能有大得多的效能。其实，文明教化的全部意义可以说就是推后丛林，并使持续交易约束退回到最小作用。然而，我们不能完全消灭这种约束，因为在最后的分析中，它们是促使规则得到强制执行唯一可以利用的动机。

最后，我还想非常简短地谈谈合作国家。我至此所说的国家都有一个统治集团和一个大得多的被统治集团。我们通常都会愿意待在比这种国家平等一些的国家，除非我们自信将处于统治集团之中。我们可以想象，这个社会整体走过了我们至此一直在说的专为统治集团所用的推理路线。当然，他们不会关注"被统治"集团内部的关系，因为这个集团并不存在。但是他们会有同样的动机在新的统治集团内部建立控制，也就是在这整个社会内建立控制，并最终得出大致相同的解决办法。人们可以根据从丛林到文明转变开始时的力量结构想象可以实现这种转变的各种途径。

然而，应该注意的是，我们在某种程度上仍然处于丛林中。在最后的分析中，我们的社会为了获得其强制执行规则的能力，得依靠武力和持续交易约束这两者的结合，也仍然是事实。当然，由于规则不好，或是由于社会失去了强制执行这些规则的愿望，这种结合可能失败；但是，即使有好的规则和充分执行这些规则的意愿，社会也将仍然建立在霍布斯丛林的基础上。

腐败与无政府主义[*]

令政治学者感到惊讶的是,许多经济学家都在为政府的腐败辩解。然而,经济学家赞成腐败的特例全都是这类情况:在政府无能的情况下,可以料到,贿赂可能导致更好的结果。最明显的例子是,在政府打算同时执行价格管制和通货膨胀政策时,受贿官员对黑市交易置之不理。同样,当人们发现,在艾森豪威尔政府时期,联邦通信委员会的成员其实是在卖出电视频道,而不是依据现存法律提供的基本不合理的原则分配电视频道时,许多经济学家都比没有这一发现时更开心。我们并没有看到经济学家认为杀人犯向法官行贿会是件好事。

然而,即便是在杀人犯的案例中,经济学家大概也没有政治学者那么强烈的反对意见,因为他们会把贿赂看作不公开的惩罚。他们认为,一个人付给法官50 000美元,从而逃避了死刑或终身监禁,与他被直接罚款50 000美元的情况大致相同。其实,如果这位法官利用他的独特地位,敲诈到他可能得到的最大贿金,这个罪犯行贿的结果不会比接受罚款的结果好多少(如果真能有什么好处的话)。① 只有当潜在的贪官污吏彼此竞争,并因此使他们索要的价格被压下来时,"行贿者"才可

---

* 经许可,重印自《无政府理论的进一步探索》(Gordon Tullock, ed., *Further Explorations in the Theory of Anarchy*, Blacksburg, Va.: Center for Study of Public Choice, 1974, 65-70)。

① 加里·贝克尔和乔治·斯蒂格勒在为弗里德曼的庆生会准备的论文中提出了这个观点,承受了很大压力。尽管这篇论文与本文以下的大部分内容没有直接关系,但对我却有很大帮助。

能得到收益。

当然,如果这个罪犯是穷人,而且他的信用记录不良,那么他能用于行贿的钱会大大低于社会对他的适当罚款;因此,他可以从行贿受贿中有所收获。说实在的,可以料到,行贿受贿的发展将迫使穷人犯重罪。[②] 当然,还有进一步的问题:贪官污吏或许可以制定法律,使他们收到的贿赂最大化。我以前在香港的时候,如果你不幸是个中国人,你又想得到汽车牌照,但香港对汽车牌照的限制使你唯一能做的事就是付给检查警官500元港币。这种贿赂并不是对准备不当就来办照的那些中国人收取的——如果是只对这些人收取,那或许可以让人相信具有社会的合理性——而是对所有中国人收取的。因此,它只会影响一项转移支付,而没有任何合理的社会效应。

然而,至此,这个讨论一直不得要领而且很不精确。我们要对这个问题进行更严格的考察。首先,我们要遵照经济学传统,假设交易成本为零。超出了传统的市场范围,这个假设是不是合乎情理完全看不清,但在这个事例中,它会产生一些有趣的结果。我会在以后的某个时候建议引入交易成本。

科斯定理认为,外部性事例中的结果不受制度的影响。这看来也适用于腐败问题。例如,假定我想杀死某个人(再重复一遍,假定交易成本为零)。如果我们的警察体系完全腐败了又没有交易成本,我会去弄清楚,警察和法院得要我多少钱才能让我去杀人而不惩罚我。另一方面,可能成为我的牺牲品的人也会去弄清楚,警察和法院得要他多少钱才会保护他。结果大概就会是出价最高者获胜。撇开分配问题不谈,[③]这

---

② Gordon Tullock, *The Logic of the Law* (New York: Basic Books, Inc. 1971), pp. 216-221.

③ 在经济学中,将分配问题与效率问题分开来谈是个惯例。我将遵循这种传统。分配的问题将在以后讨论。

个结果显然是帕累托最优的,它会保证资源的最有效配置。

我们可以把同样的推理过程用于任何其他法律。然而,是否所有的法规都会真的存在完全的腐败呢?如果腐败对每项法律都起作用的话,那么腐败看起来似乎肯定适用于所有法律,但这并非事实。

实际上,政府的完全腐败就相当于无政府状态,也就是说,等于完全没有政府。在没有政府的状态下,给人们适当的补偿,肯定就有可能激发人们去做你希望他们做的任何事情。在一个完全腐败的政府中,适当付费就能促使官员去做你希望他们做的任何事情;而且因此,这个社会与无政府社会也就毫无差别了。正如我认为是正确的,如果无政府状态下的人民像他们现在一样处处自私,我们就会有霍布斯丛林。④无论如何,我们不可能区分完全腐败的政府和无政府状态。

强调说"我们不可能区分完全腐败的政府和无政府状态",并不意味着可以使用科斯定理。在没有有效政府的情况下,不存在真正的财产。个人不可能支付贿赂,因为他们没有可靠的拥有物可用于贿赂,因而科斯定理无法一般化。除非在这个系统中有可靠的财产,否则不可能为了业绩进行财产交易,因此也不可能以购买的方式达到帕累托最优边界。行贿受贿不可能用于支持私有财产制度,因为如果私有财产要靠支付贿赂才能存在,那么,被敲诈的贿赂可以是财产的全部价值,因此,财产就没有价值了。

注意,这里有个理论要点。现代开始用外部性和交易成本的共同存在作为政府存在合理性的解释。根据常识,⑤这两个条件都是必要

---

④ 要了解对霍布斯观点各种隐含意义的讨论,请看戈登·塔洛克编辑的《无政府理论探索》(Gordon Tullock, ed., *Explorations in the Theory of Anarchy*, Blacksburg, Va.: Center for Study of Public Choice, 1972)。

⑤ 要了解全面的论述,见戈登·塔洛克著《私人需要,公共手段》(Gordon Tullock, *Private Wants, Public Means*, New York: Basic Books, Inc., 1970)。

的。我们已经成功地证明,即使没有交易成本,政府也是必要的;因为没有交易成本,就不可能存在必须实现帕累托最优的支付,除非有能保障私有财产的制度。

没有交易成本的情况就谈这么多,现在我们要引入交易成本。在这样的情况下,我们假定,要通过某种程序来选定各种政府政策,而且无论如何,选择政策的人都希望选定的政策能得到执行。如果想要这些政策得到执行而不是被规避,那么我们必须努力确保政府官员真正做他们该做的事。最原始和最简单的方法是,通过对违反政府政策的个人进行罚款,赋予官员提高一定数量收入的权力。然而要注意,只有在公共政策的设计能使个人行为受到罚款限制时,才可以使用这种方法。你不能用这种方法来建设现代的道路。在这样的制度下,你可以允许警察或法官对犯法者课以罚款,并用部分或全部罚款作为他们收入的来源。

其实,如果收到罚款的全部数量大于政府官员的纯收入,而且还能给国家带来一些收入的话,你可以把这个工作卖给政府官员。这个官员就会想方设法逮住犯法者。当然,问题是,他可能会过度执法,也就是说,向实际上没有违规的人罚款。如果我们转用其他政策,或是直接雇人来执行规则,那么我们就有了防范腐败的问题。其实,上述过度执法就是腐败的一种特殊事例。防范腐败使用的标准方法——在哪儿都一样——是使腐败得到负回报。实施某种惩罚,使聪明的政府官员因为腐败的最终成本大于利润而不选择腐化堕落。无须说,有必要考虑对受贿官员实际实施一定罚款的可能性。

这是简单明了的,但具有导致无限回归的弊病。*Quis custodiet ipsos custodies*?(谁来防止监守自盗呢?)如果我们建立一支特警来监督常规警察的腐败,那么这支特警也可以被腐化。最终我们必定会采取让某人、某个组织或某个集团来执行规则,哪怕是为违法提供了数额巨大且安全的贿赂。获得这种最终执行而不必担心贿赂的明显途径是让选择了基本政策的人做最终执行者，而无论是谁。这样，民主国家中的选民或许会被看作抵制腐败的最终执行者。糟糕的是，选民本来就不想熟悉与其选票有关的任何事情，因此，他们往往是非常不称职的警察。

在专制国家，情况要稍好一些。专制君主确有充分的理由变得消息灵通，并了解在他的体制内有什么利润是归他自己的。因此，如果他是明智的，他将防止出现我们正在讨论的这种腐败。这与现实世界中的专制君主可能不完全一样，因为许多专制君主认为给他们的某些臣民非常高的收入是合理的。有时候，臣民就是通过在民主国家意味着腐败的渠道得到这些收入的。然而我认为，可以说在大多数情况下，专制君主是了解这种付款的，而且他也把这种付款作为获得收款者服务的必要成本加以认可。

专制君主有时候会使用一种方法来改善他们对臣民的控制，这种方法也可用于民主国家。专制君主将建立不是一支而是多支秘密警察组织，每一支秘密警察组织的职责中都有对其他这种组织的侦察。当这些组织的负责人彼此抓到把柄时，他就给他们奖励，从而把他自己必须用于监督的时间和努力降到最低程度。民主国家可能使用同样的方法。其实，美国政府分为三个平等的分支，每个分支都有权检查另外两个分支，这可以被看作经过略微修正的例子。用这种方法，选民自己可以不花费太大精力就了解到引起他注意的腐败信息。因此，无限回归的问题至少可以在一定程度上得到解决，而且在那个问题成功解决之前，腐败至少已经是非常普遍的了。

然而，还有最后一个现象，任何有关腐败的论文都肯定会讨论这一现象。我现在将要讨论的这个问题是否适合"腐败"这个词还不清楚，但清楚的是，它同腐败的确有某种关联。负责政府事务的人（或人们）

可以利用他（们）的权力提高自己的收入，使之高于或超出他们为政府提供服务（这正是政府存在的合理解释）所必要的水平。例如，一位专制君主可以选择给自己一个比其服务的真实机会成本大得多的收入。其实，观察这个世界的人谁都不会怀疑，大多数专制君主就是这么做的。他们也常常把这个收入中的部分作为礼物，分给各种受青睐的人，就相当于转移支付。当然，对这种活动是没有监督的，因为在专制国家，专制君主就是最高权威。专制君主有可能因不作为和糟糕的管理为推翻他提供成功机会，但这与他的消费模式几乎没有什么关系。

民主国家提出了完全同样的问题。假定有一群选民通过对其选票的控制选择了把资金从另一些人手中转移到他们自己手中。再说一遍，据我所知，每个民主国家实际上都在做这种事情。在大多数民主国家最突出的事例大概是，非常大量的转移支付从穷人转移给了大学生。这间房子里的每个人都参与过这种回归性的转移支付。尽管有人指责说只有用外部性才能说明高等教育程序是合理的，但据我所知，还从未有人成功地提出任何经验证据，证明任何这种外部性的存在。可以相当肯定地说，补贴高等教育的真正动机就是，有一群选民——上层阶级的父母们——想要这种补贴，而且他们运用其政治势力得到了这种补贴。

由于选民是民主国家的最高权威，没有办法防范这种活动。再说一遍，选民当然可以因不作为和不称职导致他们被推翻的局面。南美最早的民主国家——乌拉圭——不久前刚被推翻。我还能预言，几乎与乌拉圭同样早的民主国家智利，不久后也将被推翻。在这两个例子中，不作为和不称职都是问题所在；而且在这两个国家都有非常多的转移支付从一部分公民转移给有政治势力的另一部分。然而，这些转移支付是否是它们被推翻的理由尚不清楚。正如我先前所说，这最后一个现象是否能落入"腐败"一词的范围，现在还完全看不清。但是显而易见的是,这一现象与腐败非常相似,而且只要能做到,我们就会愿意防范它。当然,有些人会觉得,在民主国家的情况下,这类转移支付是可取的,因为他们不顾证据地认为,这些转移支付通常都是从富人转移给穷人。在实践中,尽管有些转移支付给了穷人,而且也有相当多的转移支付从富人转出,但是转移支付的主体并没有遵循假设的过程;而且因此可以说,转移支付并没有广泛地为规范体系所掌握。然而,即使早期类型的腐败是可以治愈的,我们似乎拿它们也没什么办法。这种腐败显然是所有政府形式的内在本质。

革 命 悖 论[*]

革命是许多现代的"坚定派学者"喜欢的一个课题。在我看来,他们工作成果的数量大大超过了革命造成的突破。其实,本文的目的就是要证明,我们在文献中读到的革命形象(有坚定派学者写的,更多的是传统派学者写的)是不真实的。我希望自己还能证明,为什么这个虚假的形象对于知识分子和历史学家有那么大的吸引力。

作为起点,我们来看一个非常简单的情形。鲁里坦尼亚王国由一个恶毒、腐败、压迫和无效率的政府统治。一伙真诚正直的革命者目前正打算推翻这个政府,而我们绝对肯定地知道,倘若他们成功了,他们会建立一个善良、干净、有益和高效的政府。一位鲁里坦尼亚人该如何对待这件事呢?他有三种选择:他可以成为革命者;他可以加入压迫势力;他也可以仍旧无动于衷。[①] 我们来计算一下这三种行为带给他的回报。等式(1)表示的是对无动于衷的回报。它直接指出,这种回报是他将从一个改善了的政府得到的好处乘以革命成功的可能性。

$$P_{In} = P_g \times L_v \tag{1}$$

请注意,这种回报其实是一种公共利益。当然,他自己将从改善了的政府得到好处,而且他还可以从他感觉到自己乡亲们生活都得到改善而

---

[*] 经克卢瓦学术出版社的友好许可,重印自《公共选择》杂志(*Public Choice* 11, Fall 1971:89 - 99)。

[①] 当然,在现实世界中,在这些界限分明的选择之间有各种各样不同程度的情况,但我们所做的简化并无大碍。

受益。但在这种情况下,他将得不到特殊的对他个人的奖励。

站到革命者一边参加革命的回报由等式(2)表示。

$$P_r = P_g(L_v + L_i) + R(L_v + L_i) - P_i[1 - (L_v + L_i)] - L_w \cdot I_r + E \tag{2}$$

$$P_r = P_g L_v + P_g L_i + R_i L_v + R_i L_i - P_i + P_i L_v + P_i L_i - L_w I_r + E \tag{2a}$$

等式(2)与等式(1)有两方面不同。首先,这个人加入到革命者一边,在一定程度上增加了革命胜利的可能性,在大多数情况下增加的程度非常小。其次,这个人现在有机会获得奖励了,如果革命胜利,大概是以政府职位的形式获得奖励;如果革命失败,他可能会受到政府的惩罚。最后,他还冒了受到伤害或掉脑袋的风险。

然而请注意,一般来说,这个人参加革命实际上极少能改变革命胜利的可能性。实际上,L_i 大致为零。假定是这样,那么等式(2)可简化为近似的(3)。

$$P_r \cong P_g \cdot L_v + R_i L_v - P_i(1 - L_v) - L_w \cdot I_r + E \tag{3}$$

然而,近似的等式(3)表明了参加革命的总回报。这个人应该关心的是净回报,也就是参加革命减去如果他无动于衷可能得到回报。这由等式(4)表示。[②]

$$G_r \cong R_i \cdot L_v - P_i(1 - L_v) - L_w \cdot I_r + E \tag{4}$$

要注意,革命的公共利益方面不包含在这个等式内。原因就是,我们还在假定个人参加革命对于革命成功的概率影响极小(事实上,大致为零)。

---

② 请注意,如果这个人参加了革命而革命失败时,P_i 非常特殊的代数作用。根据代数规则,这肯定会出现一个负的数量。这个负数可以被由革命胜利的概率打了折扣产生的正数所抵消。如果我们的等式以比较清晰的方式展示了这个表达式,从直觉上看就会简单多了。然而,惩罚的比重增加,这显然是政府控制之内的事,将会大大降低 G_r,这仍然是事实。

如果这个近似的推理思路看起来令人怀疑,我们可以回到等式(2a),重新安排一下说法,从而得到等式(5),这是一个精确而非近似的表达式。

$$G_r = (R_i + P_i)L_v + (P_g + R_i + P_i)L_i - P_i - L_w I_r + E \quad (5)$$

再说一遍,除非 L_i 较大(比如说至少占 L_v 的 10%),否则很显然,等式(4)是很好的近似表达式。再说一遍,我们一直在说的是,革命本身是公共利益。据我们从萨缪尔森的基础文章所知,个人对公共利益很可能投资不足。

符号表 1

符号	定义
D_i	如果政府获胜,对这个人参加镇压革命的私人奖励。
E	参加的娱乐性价值。
G_r	这个人参加而非保持中立的机会成本(好处)。
I_r	在行动中受伤。
L_i	因这个人参加而导致的革命胜利的概率变化。
L_v	假定这个人保持中立时革命胜利的可能性。
L_w	因参加革命(或反对革命)而受伤的可能性。
P_d	参加现存政府一方革命的回报。
P_g	革命成功产生的公共利益。
P_i	如果革命失败,对这个人参加革命的个人惩罚。
P_{in}	无动于衷的总回报。
P_p	如果革命成功,政府保卫者付出的个人成本。
P_r	如果这个人参加革命,会给他的总回报。
R_i	如果革命成功,这个人因参加革命而获得的个人奖励。

但是,我们现在要转向反面的可能性——加入政府一方的革命。等式(6)表明了这种活动的回报。

$$P_d = P_g(L_v - L_i) + D_i[1 - (L_v - L_i)] - P_p(L_v - L_i) - L_w \cdot I_r + E \quad (6)$$

注意,通过降低革命胜利的概率,这个人的干涉降低了他得到公共利益的概率。再说一遍,假定此人的参与几乎没有多少影响,也就是说,L_i 近似等于零,我们看到了与等式(3)相符的等式(7)。

$$P_d \cong D_i(1-L_v) - P_p \cdot L_v - L_w \cdot I_r + E \tag{7}$$

等式(5)和等式(6)的相同意义也可以很容易地得出。

要注意,我们得到的近似结果表明,在决定是否加入和实际加入哪一方时,个人都会忽略革命的公共利益方面。重要的变量是双方对参与者提供的奖励和惩罚,以及在战斗中受伤的风险。在严肃的革命与反革命活动中,娱乐性大概不是一个重要的变量。人们为了好玩愿意冒点风险,但不会冒很大风险。然而,如果我们看一下最近在大多数民主国家中发生的学生运动那类假革命,娱乐大概就是比较重要的动机之一。学生一般都比较小心谨慎,避免任何受伤或严厉惩罚这类重大风险,同时他们获得奖励的机遇也很微小,因为他们的革命活动指向的是大学这类机构,那里几乎没有多少收益。E 不能随时测定的事实会提出经验检验的问题。幸运的是,这在严肃的革命中是个微不足道的因素。因此,在检验这个等式时可以忽略不计。

从近似等式改变到精确等式实际上没有什么困难。在这样的情况下,公共利益仍然保留在等式中,但是除非此人觉得他的参加或不参加将对结果产生重大影响,否则公共利益就只有非常微小的权重。由于大多数参加革命的人都不会有那样的幻想,革命的公共利益方面在决定是否参加革命的问题上显然只有相当小的重要性。因此,它们在决定革命的结果上也只会有相当小的重要性。奖励和惩罚的折扣值是重要因素。

这个相悖的结果给出了这篇文章的题目。它立刻就会在任何一位有适度怀疑心的学者心中引出许多问题。例如,如果公共利益方面实际上这么不重要,为什么有关革命的文献中主要的论述都集中在公共利益方面,而不是对参加革命的奖励与惩罚呢?其次,不过分简化这种情况,我们就得不出这样的结果了吗?第三,对于至此还完全是一种推导出的论点的对与错有什么经验证据吗?我们将逐一来讨论这些问题。

从讨论革命的形象问题开始,我们应该注意到,这个形象基本上是一个知识分子的形象。来看一位历史学家在研究法国大革命时的状况。他是不会因参加法国大革命而受到奖励或惩罚的,因为那革命发生在两百多年前。在这样的情况下,他唯一关心的是法国大革命的公共利益方面。他有可能因这场大革命造成的社会变革得到好处或受到伤害。他也肯定不会因对参加战斗的奖惩而得到好处或受到伤害。那么,他所关心的几乎完全是法国大革命的公共利益方面。因为公共利益的价值在潜在革命参加者个人的成本－效益计算中降至接近于零,当他们无视革命产生的公共利益的价值时,这位历史学家也无视革命给他们的个人回报,因为在他的计算中,这种个人回报的价值下降到几乎为零。那是对别人的成本和效益,与这位历史学家无关。

同样,如果撰写关于一场革命的报道的记者和纽约的社论作者确实被打动了,他们是被这场革命的公共利益方面打动的,不是被对个人的奖励/惩罚所打动的,尽管这种奖励/惩罚有可能直接导致加入战斗。说得更直接一些,每个参加革命的人或旁观的人关心的都是全部情况中对他自己最重要的部分。对旁观者有重要性的方面极少对参加者也重要,反之亦然。

在参加革命的人中,有一类人在形式上也强调公共利益。我们得到的有关革命造反的大量信息来自革命造反活动参与者的回忆,无论他们是输还是赢。这些人很少用自私的目的来解释他们的参加与不参加。其实他们普遍用自私的目的来说明对手或对立的一方,但总是用献身于公共利益来解释自己的行为。③ 这样，他们就把自己说成是光明正大，而把对方说成是阴暗龌龊。我们当然不该对这些人出于人类本性的行为感到特别惊诧，但我们还是应该对他们的叙述打折扣。

倘若我们转向革命过程中用来吸引支持的那些说法，无论是为打仗招兵买马还是争取外援，我们通常都会看到混合了公共和私人好处的一些吸引策略。一般来说，这种方法很像军队一位中负责征兵的军官的做法。他会告诉他的征兵对象，参军是爱国的，等等。他也会告诉他们许多服兵役的物质好处。其实，这是在所有与生命有关的领域中非常一般的做法。我有一天碰巧从华盛顿的马里奥特汽车旅馆门前走过，当时他们正在教新来的女服务员如何服务。当我走过的时候，我听到给她们讲课的女士在讲为什么在马里奥特旅馆服务是件荣幸的事：马里奥特旅馆的客户都是优秀客户，那里的员工一般来说都特别出色。这种对我们可以称之为"就业的公共利益"方面的要求，在任何行业中都是常见的。

由于征兵、要求人民支持(或反对)革命，以及马里奥特旅馆全都使用这种吸引手段，还有更多对个人的吸引，显然这些吸引是具有一定效力的。然而据我猜测，这种效力不大。军队为了征兵，安排用于士兵薪水的钱远多于花在爱国主义宣传上的钱。尽管如此，用两种办法共同来吸引是明智的。人们在一定程度上会因道德上和善行的冲动而行动。

这样，我们就解释了为什么知识分子和其他未参加革命的旁观者通常几乎无一例外地用公共利益来讨论革命。我们也解释了为什么参加革命的人由直接的个人奖励得到的激励要比由公共利益得到的激励

---

③ 应该注意到，一个有点相似的现象影响了学者和记者等未参与的旁观者。如果他们已经成为一方的参与者，他们往往会用个人目的来指责对方的参与者。

更强。然而,在这里我要强调,我并不是因为知识分子关注公共利益而批评他们。显然,如果我们按一般说法来评价一场革命的可取还是不可取,公共利益确实是我们应该考虑的一个方面。只有当我们打算研究革命的动力时,我们才应该考察参加者的效用算计。一般来说,知识分子旁观者对革命的可取或不可取已经做出了判断,而不是解释革命。当然必须承认,在许多情况下,他们也打算用公共利益的原则来解释革命的动力。这是令人遗憾的,但我们不能过多指责他们。由于我们在上面给出的理由,公共利益在历史学家和记者们的报道中占了优势,分析人员受到文献中公共利益优先的误导。结果,这种误导使他们相信,公共利益在参加者的计算中也占优势。我们应该避免这种错误。

因此,如果我们选择用一般的取舍标准来评价革命,我们应该看等式(1)。如果我们打算理解革命者及其对立面的活动,我们应该看等式(4)和等式(7)。策划革命或反革命活动的人应该在实际策划中使用等式(4)和等式(7),在宣传上使用等式(2)。

关于第一个问题,就讲这么多了。现在来看第二个问题——我们已经过度简化了这种情况的可能性。我们的等式显然非常简单,而且根据推理,我们显然没有落下什么重要的变量。首先,我们已经假定了一种非常简单的革命情形:一个恶毒腐败的政府受到纯洁善良的革命的攻击。现实世界显然没有这么简单。如果把革命定义为暴力推翻政府,④显然就会有好革命推翻了坏政府和坏革命推翻了好政府;但是在压倒多数的情况中,好坏的性质很难确定。从历史上看,革命的一般形式是,一个不太高效的专制政府被另一个不太高效的专制政府推翻了,几乎或完全没有带来公共利益。其实,除了统治集团名字的变化外,要

---

④ 有些人似乎会把"革命"定义为"可取的暴力推翻政府"。根据这个定义,我们下面要说的话就说不下去了。他们大概愿意接受某个意味着"暴力推翻政府"的其他词,而不在乎其道德评价,那么这个词就可以在我们余下的讨论中用来替代"革命"。

区别这前者与后者会是件难事。

对于那些带来一点公共利益的革命事例，历史学家和旁观者甚至也会用革命参加者个人的收获来讨论。例如，对于玫瑰战争*的大多数描写，极少或根本没有注意双方发布的有关好政府、基督教、道德等方面的宣传。这方面宣传非常成功的唯一例外，是亨利·图德对他在博斯沃思（Bosworth Field）杀死的那个人所做的宣传。

当然，这类革命占压倒的多数。如果我们转而看一下数量有限的政权发生了重大变化的革命，我认为很难说，改良的革命在数量上超过了为害的革命。在大多数现代社论评论家的判断中，在希腊、巴西和阿根廷发生的推翻前政权的军事政变全都明显降低了这些国家的公共福利。这种判断正确与否与我们的目的无关。实际上，确实有许多事例证明这类政变是有害的。此外，在大多数情况下，仅仅是由打仗和混乱造成的成本就非常大。而且因此，如果有人感到政权更替的好处足以支付这个成本，那么他就会出于公共利益的理由赞成革命。

这样，现在再来看我们的等式，它们就该得到修正，以指出由革命产生的公共利益有可能是负值。倘若革命党提出建立一个效率不高的体制——比如说，它支持集体农庄，而我们都知道那种农业经营方式在历史上产生的恶劣结果——那么，我们公式中的公共利益就会是负值，而非正值。然而，这点现实还不能贬低我们已经得出的结论。人们都会因个人回报而参加革命或加入镇压，而极少注意到公共利益。另一方面，记者们则会主要谈到公共利益的方面。

我们的等式可能被认为缺少现实性的另一个方面与它们的一般化方法有关。我们等式中的公共利益，正如我们到目前为止对它们的解

---

* 发生于 1455—1488 年的英国兰开斯特王朝与约克王朝之间的英格兰王位争夺战。因双方分别选择了红玫瑰和白玫瑰作为家徽而得名，又称蔷薇战争。——译者

释那样,是覆盖全社会的公共利益。注意,这不是这些等式的一个必要特征。假定社会中的某个群体有机会从革命获益,大概就会有另一个群体因革命受损。公共利益在这里只适用于这两个群体。然而,这不会对我们的等式造成差异。其实在这个方面,我们的等式同曼库尔·奥尔森对政治社会中压力集团的分析非常相似。⑤ 跟着奥尔森,我们实际上嫁接出了革命理论的副产品。

我们的等式中可能不现实的另一个因素对于大多数公共利益的讨论都是根本性的。从萨缪尔森开始对这个领域感兴趣的时候起,公共利益通常一直用对个人的私人利益来分析。这样,如果我们把警察部门看作萨缪尔森式的公共利益,再看看萨氏的等式,我因警察部门的存在而获益,就是因为我不想遭到抢劫、谋杀等。我未必会考虑到对其他人的好处。显然,人类大都至少会对他人的幸福安康有一定的关心,而因此这是不现实的。然而,这是在几乎全部正式的有关公共利益的文献中都不现实的一个因素,并不仅单独限于我们对革命的分析。

然而,这个不现实因素并非公共利益文献中的一个必要方面。此外,个别学者一直避免这个简化。我从警察部门得到的好处并不完全代表 我得到了保护不受各种犯罪侵害这一事实。我知道,我也从其他人得到好处中获益。显然,大多数人都至少在某种程度上关心他人的幸福。⑥ 这样,我对我从革命所得收益的评价就会不只包括我的直接个人所得,还要包括我所感到的愉快或痛苦,那是我的偏好函数和其他人的偏好函数之间相互依存的一个结果。在这方面,革命很像任何一种其他慈善活动。

---

⑤ Mancur Olson, *The Logic of Collective Action* (Cambridge, Mass.: Harvard University Press, 1965).

⑥ 大概是从反面关心;肯尼思·博尔丁已经做了大量工作,呼吁关注人类生活中恶意的作用。

然而，这里的一个根本问题是规模。讨论公共利益而丝毫没有注意到这种相互依存的学者已经简化了现实，但简化得不太多。正如我们所看到的，大多数人对他们自己与对他人的好处之间的边际判断，大约在将 5% 他们所能支配的资源用于帮助"他人"时达到。因此，我们可以预料，个人或许会出于给他人好处的理由愿意帮助革命做些事情。然而，我们这里有一个经验难题：对个人愿为他人奉献程度的测定。到目前为止，已经完成的工作没有给人留下多少印象。然而，从数量级上看似乎也没有错：如果我们的等式中至少在这方面有许多过度简化的危险，数量级上肯定就会出错了。说实在的，即使出现了个人对他人幸福评价非常高的情况，这些等式也不会不正确。那只意味着，革命的公共利益方面比个人不介意他人幸福时价值更大罢了。

这将我们带到第三个问题：经验证据。要说的第一件事情是，还没有以分辨革命动机为目的的仔细的实证检验。关于"公共利益"的假设在文献中占据了压倒的优势。其实，据我所知，本文是第一篇说这一假设可能错了的文章。在这样的情况下，难怪没有人对此进行正式的检验。

此外，还没有人收集检验这两个假设所必需的详细数据。在我看来，正式的统计检验似乎还根本不可能进行，尽管这些检验也确实困难。在不成功的革命案例中困难会特别大，因为已有的记录极少。然而，从参加革命所期望的个人奖励的事前价值进行近似的估计还是有可能的。在我看来，这类研究会非常重要，而且我会高兴看到有人来承担这种研究。

但是，在这里进行这种研究并非我意。相反，我建议非常粗浅地看一下实际的革命史，搞清楚这些数据与我的革命理论副产品是相冲突还是给予了支持。首先，必须承认大多数革命都对政府政策有一定影响。处于顶层的人员变换了，而这通常意味着，政府政策至少也有了一定变化。然而,在大多数情况下,很难说这就是革命的主要目标。在大多数情况下,新政府与从前的政府毕竟很相像。大多数颠覆活动发生在南美或非洲,并且也就是发生了高层人事变动。新的高级官员会告诉大家(他们自己可能也非常相信),他们会比前任政府好。然而,很难拿这种声明真的当回事。

不能认真对待这类声明的原因之一就在于,在大多数革命中,推翻现政府的人原本就是革命前那个政府中的高官。如果前政府政策的本质对他们构成了深重压迫,他们就不大可能在这些政策上给予足够的合作,升任这么高的级别。在专制政权中任高官但并非最高长官的人,不大可能比政府外的人对专制主义的政策更为不满。这样,如果我们相信革命的公共利益动机,我们会预料,这些高官不大可能比政府外的人更愿意推翻政府。

然而,由革命的私人利益理论可以得出相反的结论。革命的最大利润往往惠及以下这些人:(1)最可能最终当上政府首脑的人;(2)在推翻现政府的活动中最可能获得成功的人。他们是从革命得到最高折现值、付出最低折现成本的人。因此,由革命的私人利益理论,我们会预料,在推翻政府的活动中有极好成功机会,而且如获成功也会在新政府中处于高位的资深官员,会是革命者的最普遍类型。对历史的粗浅考察似乎表明,私人利益理论得到了经验数据的支持。不必说,就这一点尚需更仔细和充分的研究。

另一个明显的经验研究领域是对革命者期望的研究。我的印象是,他们一般都期望在革命建立的新政府中有个好职位。我的另一个印象是,革命领导人不断用这样的观点鼓励其追随者。换言之,他们为自己保留了私人利益。我认识的那些满口革命的人总是非常理所当然地认为,自己会在"新耶路撒冷"有个好位子,这是千真万确的事。当然,向他们提出这样的问题通常必须非常小心,而他们在回答你时通常一开始总会说,他们一心一意支持革命,因为革命是正确的、高尚的历史使命。

列宁是另一个例子。列宁以提出了职业革命家的思想而著称于世。他认为,在发动革命时,非职业革命者不值得信任;他想要的是专职从事革命活动的人和得到革命组织支持的人。显然,他的革命理论有一个副产品,尽管我怀疑他是否曾经承认过这一点。

最后,我们来看看那些吵吵闹闹的"革命者"——目前激进的左派学生。值得注意的是,这些学生虽然大谈公共利益,事实上却极少用行动证明他们会为公共利益献身。其实,他们的"革命"活动最令人怀疑的一个特征是,他们最关心的是把私人成本降到最低。无论何时何地,主要需求之一是:不要在革命不成功时因受惩罚而付出私人成本。此外,他们通常精心安排活动地点,如在大学校园中,他们自信在那里不会对他们有太大的惩罚。显然,即使完全推翻了现代世界中所有的大学,也不会对任何政府有重大影响。对一所大学的攻击带来的利益有限,无论是私利还是公共利益,但它付出的成本也非常小。其实,这可以是革命的娱乐价值成为主导动机的少数事例之一。

我不会愿意说,上述几段内容包含的经验信息是决定性的。但是显然,这些信息确实证明,事实并没有以压倒优势反驳革命的副产品理论。此外,假定前面建立在公共利益理论基础上的对革命的理论讨论是事实,非常令人鼓舞的是,持有这种观点的学者所搜集到的资料也可以用来支持这种副产品理论。

总之,在我看来,有关这一观点"革命是由希望获得私人利益的人发动的,并产生了公共利益这类副产品"的理论论述是非常有力的。到现在为止,还没有对这一观点进行过正式的经验检验,但是对经验事实的初步观察似乎会支持这种副产品理论。当然,这是个悖论。革命是文献中论述详细、卷帙浩繁的一个主题。但如果我是对的,所有这些文献就都错了。

理性与革命[*]

在 1994 年 1 月的《理性与社会》杂志中,我的《革命悖论》一文两次被称为开创性的,①一次被称为经典的。② 大部分其他文章显然也是重要的。然而,这些作者中的大部分人都把他们的主要注意力用于证明我没有考虑到的其他因素。我对这些关注表示感谢,但对我的文章未能解决所有问题并不特别想认错。

有趣的是,两位称我的文章为开创性文章的作者只提到了我最初发表在《公共选择》上的这篇文章,只有马勒和威德③列出了收入《社会的两难困境》一书中稍加修订的版本。那本书中还有其他四章与革命问题有关。④ 糟糕的是,这本书脱销了,不久前的第二印次也已经销售一空。但是任何人只须支付成本,我都愿意寄给他这几章的复印件,还有另一篇我写的关于游击战争的文章。

我必须同意,我最初的文章是不完整的。事实上,自从写完了这篇文章,我对文章中讨论的一些问题就改变了看法。我不太反对或许可以期待的修订。但是我要指出,我的文章讨论的是革命,不是街头

---

* 经塞奇出版公司许可,重印自《理性与社会》(*Rationality and Society* 7,January 1995: 116 – 128)。Copyright 1995 by Sage Publication,Inc.
① 前引书,第 9 页和第 73 页。
② 前引书,第 5 页。
③ 前引书,第 40 – 57 页。
④ Gordon Tullock, *The Social Dilemma: Economics of War and Revolution* (Blacksburg, Va.: Center for Study of Public Choice, 1974) Chaps. 4, 6, 7, and 8.

暴乱。

我改变看法的一个重要原因是马勒和奥普先前的文章,⑤1994年1月刊登的马勒和威德的文章是那篇文章的一个逻辑扩充。这也是一项实验室的实验工作,它表明在囚徒困境中你并非100%没有合作的机会。我也已经不那么醉心于完全信息假设。看来完全信息在许多领域中已非常接近于现实,并大大简化了计算,但是没有哪位有课堂教学经验的老师能够真正相信,人人都是信息完全灵通的。

可以说,实验工作有着各种各样的困难。当主体获得经验改变了行为时,缺乏完全信息是显而易见的事。作为一项通则,人们对于所说问题做的实验越多,也就是说,他们处理那个问题的经验越多,产生的争论就越大,个人自行其是的次数也就越多,你得到的合作就越少。但是,你总能得到一些合作。其实,正如实验已经证明的那样,他们好像最多只能得到大约5%的合作。

前些时候,我在另一本著作⑥中得出了一个结论:一般来说,人们只有5%的利他之心。也就是说,大多数人愿意将他们5%的财富拿出来接济生活不如他们的人。这是个平均数,有些人给得多些,有些人给得少些。

因此,对于至少有极少数人愿意下大力气去做对自己几乎无利可图但可以帮助他人的事,我并不特别吃惊。有的人会愿意付出他们的生命。60%的荣誉勋章是在人们死后颁发的。

在大多数的示威活动中,示威者做出的贡献实际上非常小。只是在警察几乎不可能用机枪扫射他们时,他们才会现身在示威活动中。

---

⑤ Edward N. Muller and Karl-Dieter Opp, "Rational Choice and Rebellious Collective Action," *American Political Science Review* 80 (1986):471-489.

⑥ Gordon Tullock, *The Economics of Income Redistribution* (Dordrecht: Kluwer, [1983] 1984).

在任何大型群体中,大概都会有少数几个人愿意在最后关头挺身而出。如果是因宗教信仰激发他们行动的,就更是如此,因为从他们的角度看,死亡只不过是去往天堂的捷径。我会说,与科雷什*一起死去的人们都是对这种现象不大了解的人。

马勒、迪茨和芬克尔对秘鲁的研究,[7]我得说,表现出对支持"光明之路"[8]的信息了解甚差。该研究似乎表明,有一伙对现政府不满的人,他们彼此有许多联系,并认为自己会取得成功。他们似乎已经想到,他们的个人活动将会对他们的成功有相当大的影响。他们看来是有着密切联系的一伙人,并且相互增强了彼此的幻觉。他们根据得到的"信息"合理行事,但收集信息的策略不佳。

有个事实在一定程度上破坏了对他们观点的报道:光明之路是一个极端暴力组织,甚至乐于杀害被认为是反对它或对它热情不高的组织成员。

在我原来的等式中,我用字母 E 表示动乱的娱乐价值。这是故意为了照顾到在我写那篇文章时在美国大多数校园中正在引发骚乱的学生们。在总统将 104 名学生除名后,我所在校园中的这些骚乱迅速平息。其余的学生一下子变得守法了,尽管不必说,他们充分行使了他们自由演说的权利。

现在,我愿遵从西尔弗[9],并用 V 来表示"精神收入"(Psychic In-

---

* 指大卫·科雷什(David Koresh),美国邪教大卫教派的头子,曾制造了轰动世界的美国"大卫教事件",导致 74 名邪教徒葬身火海。——译者

[7] Edward N. Muller, Henry A. Dietz, and Steven E. Finkel, "Discontent and the Expected Utility of Revolution: The Case of Peru," *American Political Science Review* 85 (1991):1261-1282.

[8] 光明之路,就像黑手党,是利用强迫得到合作的一个适当事例。

[9] Morris Silver, "Political Revolution and Repression: An Economic Approach," *Public Choice* (Spring;1974):89-199.

come)。换言之,我现在认为这个因素应该急剧扩大,以包括各种能使人们从骚乱,实际上是反叛的行为,或冒着军事镇压危险的行为中得到满足的事情的影响。据我所知,还没有测定这种影响的指标。

至于对公共利益,我愿意严守我的5%。当然,这是个平均值。有很小的少数派愿意冒大风险;大多数人只会做出微小的牺牲,但是总的平均值显示,有相当多的人愿意为穷人或公共利益至少做出一点儿牺牲。打算获得这种"精神价值"的人们,在搜集信息时,很可能没有他们在购买物质好处时算计得那么仔细。

这种囚徒困境的根本重要性在于,它指出了,为使事情办成,在许多情况下我们必须"强迫自己"。5%的合作比例并没有特别改变这一点,尽管它确实意味着推理线索有一点儿复杂。这不是说根本没有人愿意合作,而是说合作非常有限。要完成修桥、筑路和组织军队这类事情,还必须依靠强迫。

有一个比较一般的观点。经济学的各种定理已经过统计工具的检验。这意味着,从严格意义上说,我们还从来没有检验过它们是否实际适用于个人,而不是适用于一个群体的核心倾向。[10] 对于大多数目标,这是适当的。即使在美国有一些富人在没有美国国税局的情况下也会缴纳他们"那份公平的"税,但这并不意味着我们就不需要美国国税局。[11]

然而,当我们转过来看成功的革命时,在所有我熟悉的事例中都有政府内部的分裂。官员们并不持有保持中立的观点,因此《革命悖论》一文中的等式并不适用于他们。[12] 这样,我们会料到,官员们几乎总会

---

[10] 马勒和奥普的文章在一定程度上是个例外。

[11] 另一方面,在美国还有一些富人,即使有美国国税性局,他们也成功地没缴纳他们的税。

[12] Tullock, *The Social Dilemma*, pp. 60, 78.

参加推翻政府的尝试,无论是作为政府的捍卫者还是作为政府的攻击者;如果有的话,也只有极个别人保持中立。这解释了我所说的"浪漫革命"的缺失。

最后,我还想讲一点有关东欧的事情,我认为有些人对这些事情有误解。共产党人建立了稳固的、高集权和高压迫的政权,一个可以说是备受厌恶,而且在东欧肯定几乎遭到人人憎恨的政权。这个政权非常强大,因此许多受雇来实施高压政治的人,足以轻而易举地把人民镇压下去。

他们让一个人来当头儿,戈尔巴乔夫。戈氏不喜欢这种制度,特别不喜欢使用暴力。我们得多谢戈尔巴乔夫,不是因为他曾细心地制订计划,而是因为他显然在选择这个或那个政策上犹疑不决。尽管如此,他其实还是用去除武力和暴力威胁终止了这种制度。即使是最冷酷的专制政权也不会抵御防范它自己的专制君主。

这种情况在东德达到了极致。在东德,除了有几位高官是例外之外,大概没人真正喜欢那个政权。东德政权非常依赖俄军占领的现实威胁。一旦明确俄国不会使用武力,并有可能真正防止东德政权的德国雇员使用武力,东德体制就垮台了。

特殊的垮台出现在一些街头示威之后。人们感到小型示威即使不是完全安全,至少不是特别危险,但这会导致更大的示威,并最终导致警察消失不见。最早参加这类示威活动的人无疑是要冒一定风险的,但风险并不太大。他们孩子的教育有可能受到干涉,但不会全家被送到古拉格去。⑬

值得注意的是,戈尔巴乔夫并没有完全控制所有共产党国家的秘

---

⑬ 远在戈尔巴乔夫当政之前,蒂伯·梅琴在班上提出了一些轻率的问题。结果他妈妈遭到警察讨厌的盘问,而他也被转学到一所教砌砖的中等专业学校上学。

密警察。五个国家有各自的镇压结构:罗马尼亚、中国、朝鲜、越南和古巴。罗马尼亚政权的垮台显然是由于专制者一方的不作为导致的,但是其他四国依旧与我们同在。中国和越南看来已经决定放弃他们的信仰并变成资本主义,而另外两个国家也在努力奋斗,不断改善他们百姓的生活。

除了这五个国家,所有垮台的共产党国家都是在俄国的镇压机器失灵后从内部垮台的。少数勇敢的人愿意冒最小的危险,而一旦明白他们连最小的危险也不用冒时,政府就垮台了。在许多事例中,政府领导人看到了"墙上的不祥之兆",[14]并自己把它涂掉了。

在我看来,依据"囚徒困境"和"革命悖论"所做的经济推理部分需要修正,但这种修正并非根本性的。我们已经接受了围绕主流的许多不正常情况。在有些情况中,数字将会很大,但是在所有情况中数字至少在修正我们的推理。公开自焚[15]导致南越吴庭艳之死的佛教僧侣是为他们自认的宗教善行献身。在这个事例中,他们通过美国媒体超常规的宣传报道产生了重大影响。显然,这种行为只是围绕着主要信息的一定数量的噪声。

---

[14] Mene Tekel Uphsarin.《圣经》中的故事,这是在伯沙撒王举行宴会时出现在王宫墙上的文字,但以理向伯沙撒王解释说,这是王国即将灭亡的预言。

[15] 他们显然先用了麻醉剂。

第八部分

社会成本问题

相互外部性条件下的公私互动*

詹姆斯·M.布坎南与戈登·塔洛克

当与帕累托相关的外部性(Pareto-relevant externalities)仍存在于均衡中时,市场组织不能产生满足帕累托最优(Pareto optimality)必要条件的结果。这种陈述是同义反复,但也准确反映了理论福利经济学有重要意义的部分内容。由这一陈述得出了第二个类似的同义反复陈述:假定在目前的市场中有与帕累托相关的外部性存在,集体组织能够改变结果,以保证达到帕累托福利面(Pareto welfare surface)。尽管这里没有理由不同意这些陈述,但是下面不大为人熟悉的陈述当然也是无可争议的:假定在目前的政治均衡中有与帕累托相关的外部性存在,市场组织能够改变结果,以保证达到帕累托福利面。

我们建议,在有一种特殊类型的外部性关系存在时,扩展对市场组织和集体组织这两方面的分析。我们将证明,这种扩展引入的复杂性是通常没有考虑到的,尽管它们对这两种组织替代选项的任何比较性的评估都是重要的。

我们把这种分析限定在涉及相互外部性的那些活动。那就是说,某个群体内单个单位的行为对这个群体的其余成员产生了外部效应,同时,这个群体内的另一单个单位的行为也对第一个单位产生了外部

---

* 经许可重印自《城市社区的公共经济学》(Julius Margolis, ed. *The Public Economy of Urban Communities*, Washington, D.C.: Resources for the future, 1965, 52 – 73)。

效应。① 由于支持集体化的论点在很大程度上依赖有重大意义的外部经济(external economies)的存在,我们将只在这个事例中考虑忽略外部不经济(external diseconomies)。假定存在任何有关相互外部性特征的活动,私人组织或市场组织都将使许多人自动承担起这种活动。如果没有市政府来行使这些职能,百姓就会独立地私自雇用保安和守夜人,为狗接种预防狂犬病的疫苗,安装防火设备,在春天种植花木,在冬天清扫街上的积雪,送孩子去学校,油漆住房的外墙,养鸟。这个单子可以轻易地加长。显然,在许多这类活动中,每个人的私人活动都对社区中的某个人或所有其他人产生了相应的外部经济。

在这类活动中,作为个人独立反应相互影响的结果,可能存在也可能不存在确定的均衡。这种均衡如果存在,花费的资源可能会比满足帕累托最优必要条件所必需的资源更多或更少。② 在市场组织的功效堪与集体组织的功效匹敌之前,必须仔细考察独立行为下的相互调整过程。

---

① 要了解外部性的定义,以及帕累托相关外部性与帕累托不相关外部性的仔细区分,见布坎南与斯塔布尔宾合著的论文《外部性》(James M. Buchanan and William C. Stubblebine, "Externality," *Economica* 29, November 1962:371-384.)。要了解介绍相互外部性事例某些复杂性的一篇重要论文,并了解进一步发展了与这里讨论的那些问题有关的一些思想尚未发表的论文,见戴维斯和温斯通合著的《外部性、福利和博弈论》(Otto Davis and Andrew Whinston, "Externalities, Welfare, and the Theory of Games," *Journal of Political Economy* 70, June 1962:241-262.),以及戴维斯和温斯通合著但尚未发表的手稿《公共支出理论的某些基础》(Davis and Whinston, "Some Foundations of Public Expenditure Theory.")。拉尔夫·特维的《论社会成本与私人成本之间的背离》(Ralph Turvey, "On Divergencies Between Social Cost and Private Cost")总结了最近的发展。

② 要了解对"私人调整可以产生比最优开支更多的费用"这一点的证明,见布坎南和卡弗格利斯合著的文章《关于公共产品供给的笔记》(James M. Buchanan and M. Z. Kafoglis, "A Note on Public Goods Supply," *American Economic Review* 52, June 1963:403-414.)。

私人调整与集体调整

市场调整

来看一个简单例子。防止传染性疾病的免疫接种保护接种了疫苗的个人,但同时也减少了社区中其他人得这种病的可能性。如果除了一个人,社区中的所有其他人都得到了保护,那么这个人也不可能得病,因为已经没有人能传染给他这种病了。在世界均等模型(world-of-equals model)下的这类情形,由图1的图形表示。

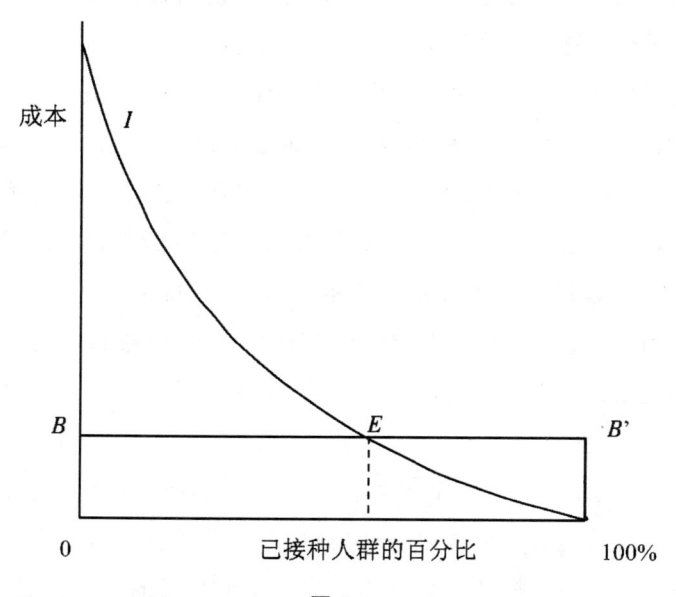

图1

首先来看一个不连续的例子。假定一针疫苗在一定的相关时间段内对接种疫苗的人提供完全的保护。如果有人没接种疫苗,他感染这种病的几率会随着同一社区内其他成员接种疫苗人数的上升而下降。假定这种病是痛苦的,要付出一定"成本",但不致命。图1中的纵轴表示的是成本,以美元计,要么是接种疫苗的成本,要么是经过适当计算得出的与得病的痛苦和不便相当的预计美元数。从概念上说,人们可以把后者看作是对这种病提供全面疾病保障的一份保险单目前的保费。③ 横轴表示的是这个人群中已接种疫苗人口的百分比;假定这个人群是封闭的。对于个人来说,接种疫苗的成本表示为 $0B$,预期的得病成本由曲线 I 表示,该曲线可以被称为"外部经济曲线"。

如果所有的个人决定都可以同时做出,在这个简单系统内就不存在稳定均衡的位置。起初,假定成本如图1所描述的,这个人群的所有成员都购买了接种疫苗。而一旦决定之后,所有成员都想改变这个决定。如果假定这项免疫活动只持续一段时间,同时调整模型就会在所有人都接种和无人接种之间产生一个循环摆动。如果做一个合理的假设,个人按某种时间序列做出决定,哪怕他们在相关的目的上基本还是保持一致,这个模型就会产生完全不同的结果。换句话说,必要假定只有一个,就是"有人率先行动"。在这样的情况下,只要得病的折价成本或预期成本超过了接种疫苗的成本,人们就将持续花钱去接种疫苗。均衡在图1中的 E 点达到。注意,在这个位置,已接种疫苗的人和没有接种疫苗的人处于大致相等的情形。那些买了保险的人缴纳的保费等于接种疫苗的成本。

E 点表示的是,当每个人独自行动时的群体均衡位置。注意,尽管个人的行动是彼此独立的,他们确实考虑到了自己行为中存在的外部经济。个人在曲线 I 上的位置不取决于他自己的行为,而取决于这

---

③ 如果这个世界均等的假设应该放松的话,每个人当然就会有一条不同的外部经济曲线。这个增加了复杂性的因素不会改变这个分析的基本结论。

个人群中所有其他人的行为。这个位置成为他做出自己决定的基础。当然,没有办法确定哪些人会有免疫力,哪些人不会有。

集体调整

假定该模型使用的条件没有改变,在私人调整时达到的群体均衡位置必须可与在集体调整时达到的群体均衡位置相比。像以前一样,假定该群体中的所有成员在相关目的上完全一致。集体活动将如何影响,如图1中所示,单个人所遇到的两个成本函数呢?由于这个模型中的人们被假定为均等的,税收集资将按人征收同样的费用。由此可得出一个税收成本函数 T。T 在图2中从0延伸到 B'。只有在整个群体中的每个人都接种了疫苗时,人均税收成本才会等同于私下购买一针疫苗时的成本。

在集体组织的情况下,假定这个群体整体决定接种疫苗总人数的百分比,而且一旦定下来,就以某种随机方式选定要去接种疫苗的人。这样,无论这个集体的决定如何,个人都有一定机会进入已免疫的人群。在得出集体组织的外部经济曲线时,必须考虑到这个事实。对于这个群体的每个接种水平,都有可能计算出患病的预期成本。当个人参与集体决策过程时,这些成本将变得与个人相关。④ 由于不论在哪种百分比的水平上,个人进入已免疫人群的概率均为正值,假定该模型的基本参数保持不变,集体的外部经济曲线,如图2中 I' 所示,将位于图1整个范围中的相似曲线 I 之下。

---

④ 注意,这个"外部经济"曲线与由私人调整模型得出的那个外部经济曲线相似,但并非同一。对于每个集体免疫水平,都可能得出一条完整的曲线,与图1中建立的曲线完全一样。就此而言,图1中的曲线是在集体免疫水平为零的基础上画出的。图2中的合成"外部经济"曲线 I' 描绘出在全部这些曲线上点的运行轨迹,表明了集体免疫的每个水平。

图 2

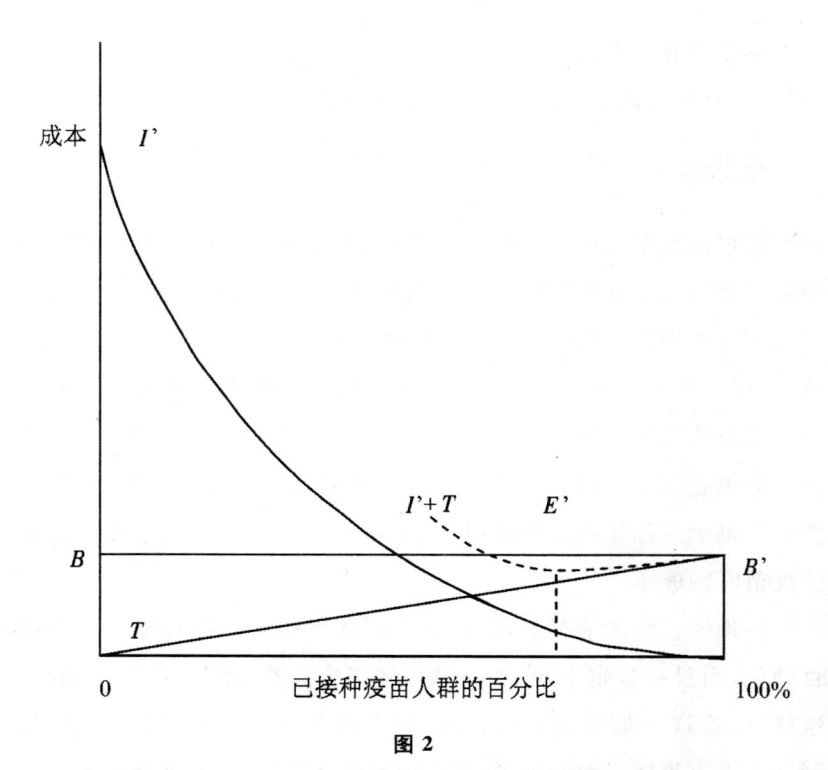

利用图 2 中的两个成本函数，I' 和 T，描述集体组织中群体均衡的位置就变得可能了。这个位置并不由两条曲线的交叉点表示。而且在集体调整模型中，总成本曲线与在私人调整模型中不同，个人能够通过某种政治投票的办法为这个"群体"选择位置。对于个人，最佳位置由总成本曲线 $I' + T$ 的低点表示，这个低点得自这两个要素的纵向和。⑤ 这个"解"在私人调整达到的均衡位置的右下方。换言之，集体调整产生了比独立调整或市场调整时更高的免疫程度和更低的个人成本。

---

⑤ 这里的架构与詹姆斯·M.布坎南和戈登·塔洛克在《同意的计算：宪政民主的逻辑基础》一书中分析政治投票规则时使用的那些架构很相似。

对于这个严格正统的结果当然没有什么可大惊小怪的。然而,引入的架构确实会让人们把注意力集中到这个模型中通常未曾考虑的一两个特点上来。注意,即使在理想的集体均衡中,边际的外部经济仍然存在。被排除的是与帕累托相关的外部性,不是全部外部性。其次,这个模型把注意力吸引到了"为什么在独立调整下未能达到理想解或最佳解"这个问题上。回头再看该模型的保险费版。为什么理性的保险企业没有给它自己的客户一些补贴,鼓励他们去接种疫苗呢?如果只有一家保险企业,执行补贴政策,直到出现与集体调整会达到的同样免疫数量的点时,显然会增加利润。当然,仅有一家企业时,它或许会走得更远,并且或许会利用其垄断地位。然而,就算有许多保险企业,每家企业也都会发现,在一定程度上补贴接种疫苗是有利可图的。然而,人们无须依赖该模型的保险版。没有防范疾病的保险,只要与帕累托相关的外部性仍然存在,个人"贿赂"群体中的其他人,或彼此贿赂,以确保能接种疫苗,就还是合理的。当然,正是在大型群体中组织这样的贿赂或补贴所需的成本,而不是外部性的存在,在本质上提供了集体组织的合法基础。

交易外部性的市场

对于由人际关系形成的市场组织而言,这种成本障碍指出了市场理论在发展中出现的一种非常奇怪的现象。经济学家常常假定,市场可以完善地起到交换商品和服务的作用,但是市场对于产生外部效应的那些活动的交换却根本不起作用。实际上,倘若市场在一种比较包容的意义上可以"完善"地发挥作用,所有的交易所得都会被取消,包括那些根据定义在与帕累托相关的外部性出现时的所得。在这个较广的交易模型中,"完善的"市场保证了"最佳的"结果。当然,在现实世界中,市场多多少少对商品和服务的交换起作用,也对外部性的交换起作用。区别只在于程度,而不在于种类。为外部性进行的"选票交易"确实存在,而试图将这些外部性内部化的制度也不断涌现。在这类由人际关系形成的市场组织中的成本障碍,要比目前普通商品和服务市场中出现的那些成本障碍更为严重,但是这些成本不一定是不可克服的。⑥

分配公平

这个模型还指出了另一个常常会被忽视的重要问题。正如图 2 中的成本函数所表明的,倘若集体组织能理想运行,它只能保证总人口中的一部分人接种疫苗。在现实世界中,这个结果可能不会出现。通常公认的公平原则可能要求这类情况中的所有人接种疫苗,或者使所有自愿接种疫苗的人都得到免费接种。在已经做出的假定条件下,这些可选项会产生同样的结果:大家都会得到接种。注意,这个解并不代表对私人调整的任何改善。所有人都将得到接种;更多的资源将投入到疫苗生产和诊所;保险成本将为零;税收将更高。假定对个人的选择自由有什么偏袒的话,这个解将不如私人市场调整那么令人满意。当与"理想的"免疫方法相比较时,这种公平解包含了一种相对的过度扩展,而私人调整过程则包含了一种相对的扩展不足。这两个与成本等值的无效率结果是由"接种可由不变成本获得"这个假定产生的。如果提高成本是这种服务的特征,这个公平解就会无效,即使对于极权主义者也是如此。如果成本不断下降,公平解就会总是高效的解。

这一点的实践意义在于,为了实现集体组织下可以接受的效能,可能有必要设计一些工具,从总人口中选出直接受益的那些成员。这意

---

⑥ 除了先前引用的那些文章,还应注意到科斯的重要论文《社会成本问题》(Ronald H. Coase, "The Problem of Social Cost," *Journal of Law and Economics* 3, October 1960:1 – 44.)。

味着，一定不能表现出违反公认的不歧视标准。通过某些分类可以广泛实现可取的结果，比如，只让儿童和老年人得到免疫接种。可选的办法还有：引入直接使用者定价机制；对选择了支付直接使用者费用的所有人提供免费接种疫苗。这种费用可以定在会产生大致最优结果的水平上。无论如何，不管是行政管理规定还是直接使用者定价，一旦启用，就必须大致"正确"。如果不正确，可能造成特别的制度不经济，而这种制度不经济是在公私组织的比较性价值评估中必须予以考虑的。

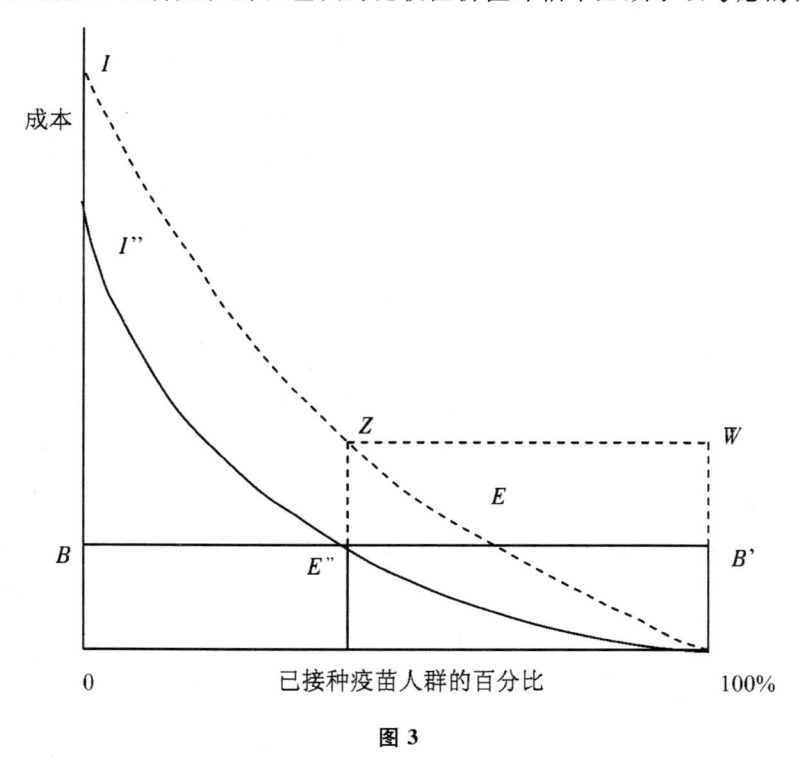

图 3

没有相关外部性的集体化

有一个有用的样板事例通常没有受到注意但将会很有帮助。它涉及的是市场组织中没有相关外部性特征那种活动的集体化。例如,假定出于某种错误,防止传染性疾病的免疫接种没有被集体化,相反,倒是这种疾病的医疗被集体化了。(英国国民健康保险制度目前的做法就是,提供免费的住院治疗,但对药品收取少量费用。这可能是部分适用于现实世界的一个例子。)这种情况由图3描述,其中使用的假设条件与前相同。对个人而言,得病的预期成本减少了,因为有"免费"提供的治疗。外部经济曲线变为I'',明显低于图1中的I(在图3中用虚线表示),而且可以低于图2中的I',尽管并不一定如此。接种疫苗的成本不变。因此,独立调整将在E''产生群体均衡。注意,在这种方案下,接种疫苗的人比完全是私人组织时要少,而患病的人会多。然而,每个人都将负担与私人调整时同样的直接成本。以税收支付的治疗成本(tax-costs of treatment)统统超支。这个人群这些成本的数量由四边形$E''ZWB'$表示。对这个结果不必吃惊。治病是"免费的",个人因这一事实而调整自己的行为。根据假定,治疗在本质上不涉及相关的外部经济,因此只有全部成本使用者定价才能排除这些安排中的无效率。但是,这种定价当然会破坏集体化的基本原理。

这个例子的具体细节并不重要。然而应该注意的是,当一种不产生有重大意义外部效应的活动被集体化时,必然会导致资源利用的一定扭曲,除非商品和服务是通过以市场价格自愿购买的方法分配的。这一点既显而易见,又习以为常,但它确实是在全部有关将外部性集体化的讨论中往往不受重视的意见。在这些事例中,建立政府失效基础上支持去集体化的论点,与建立在市场失效基础上支持去市场化的论点完全一致。

税收的额外负担

在这一点上,就像经济学家在讨论问题时一样正规,我们已经假

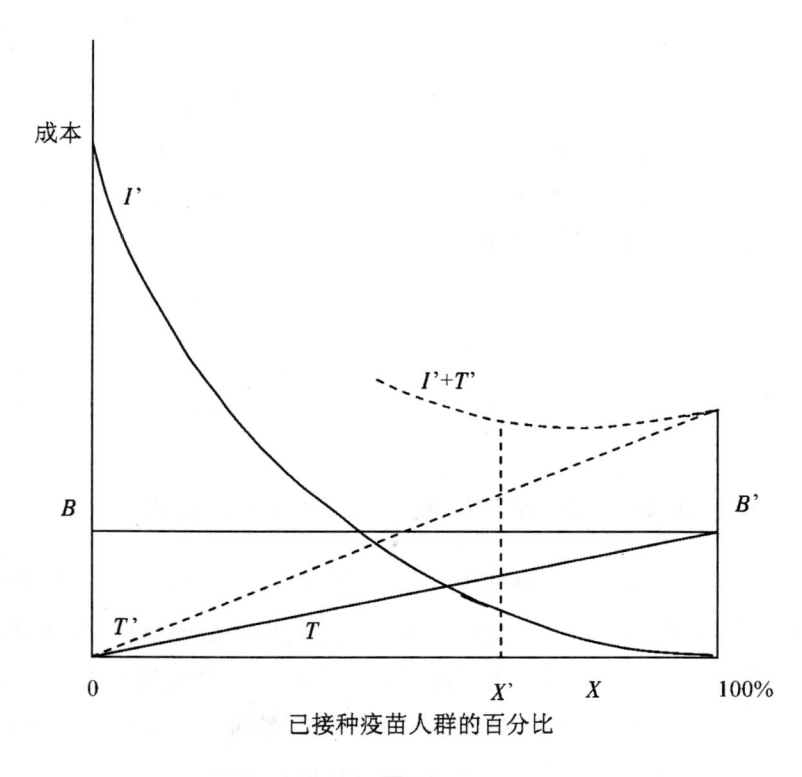

相互外部性条件下的公私互动　393

成本

I'

$I'+T'$

B ─────────── B'

T'

T

0　　　　　　　　X'　X　100%
已接种疫苗人群的百分比

图 4

定,用税收支持的集体活动在资金上的额外负担为零。如果有人想要完成肯定与任一可选组织形式之间的决定相关的外部性目录,这个因素就必须合并到模型中。人们广泛承认,凡是税收,只要不是纯粹假定为一笔付清的形式,就会改变个人选择的条件,由此在一定程度上扭曲他的行为。这种可能性可以毫无困难地引入简单的几何学模型。在图4中,图2被复制其中,只有在这里才允许一定程度的额外税收负担。税收曲线 T 向上移到比如说 T'。这又使总成本曲线 $I'+T'$ 上移,而且正如画出的图形那样,这使"最佳"位置向左移。倘若这个能提高税收收入的额外负担足够大,在集体调整下实现的最后结果实际上没有市场调整下实现的最后结果"高效",尽管得承认,在市场调整中存在没有内部化的以及相应的相互外部经济。意思很清楚：实际上，税收额外负担的规模应该与任何组织选择中的其他外部性一起考虑。

这一点与其他几点一样也是显而易见的，但是在讨论中似乎罕见被明确提出。成本效益分析现在已经变成了时髦的消遣，但却几乎没有人注意到，额外负担有可能通过税收增加既定的国库收入总额。

多 重 选 项

有着多重选项的市场调整：不平等分配的情况

在第一部分引入的模型中，一直假定每个人只是在两个选项中进行选择：他要么接种疫苗，要么不接种。在比较一般的情况下，他可以在多个选项中进行选择。为了说明的连续性，还用免疫接种模型，可以认为这个人不接种、接种了一针、两针、三针，等等。每增加一针接种，此人就得到对这种疾病的更多防护，同时也对他的乡亲们产生了外部利益，但是从没有把他患病的风险降到零。小儿麻痹症疫苗在这里提供了部分适用于现实世界的例子。假定相互外部性的关系扩展到这个人群的每个成员都可以进行的所有可能的活动范围。

举例说明这一模型的一种方式如图5的矩阵所示。这里考虑的是一个由A、B两人构成的群体。每个人都可以选择不接种，或是在每个时间段中接种任意多针，但不得超过四针，从而产生了一个25元矩阵。为方便起见，回报是用成本负值来衡量的。因此，每个"参与者"都会尝试将他的相应支出最小化。在每个矩阵单元格中包含了几个值，这些值可以按以下方法来读：每个单元格中左上角的值是预期的患病成本，由接触疾病的概率和一旦患病的遭罪成本计算得出。为了简化，这也可以被看作是每个期间的一笔保险费成本。左下角的值是接种疫苗的成本,假定为1针10美元。这两个成本之和得出右下角的值,给出了这个人的总成本,在这个支出矩阵中表示的是A。A将尝试最小化这个右下角的数字。还是为了简化说明,假定A和B在相关各方面是完全一致的。表现B的矩阵就由表现A的矩阵转换而来。因此,比如说,A_3B_1单元格中右下角的数字给出了A的总成本是35.5美元,那么B_3A_1单元格中给出的B的总成本肯定也是35.5美元。人们可以用这种方法计算出每个格中对B的成本。把这些成本与A的成本相加,就得到了一个社会总成本数字,表示为每个单元格中右上角的值。

B\A	A_0		A_1		A_2		A_3		A_4	
B_4	30	70	12	62	4	64	2	72	0	80
	0	30	10	22	20	24	30	32	40	40
B_3	50	86	22	67.5	8	63	3	68	0	72
	0	50	10	35.5	20	28	30	34	40	40
B_2	62	96	27	70	12	64	5	63	0	64
	0	62	10	37	20	32	30	35	40	40
B_1	70	110	28	78	13	70	5.5	67.5	0	62
	0	70	10	39	20	33	30	35.5	40	40
B_0	75	150	30	110	14	96	6	86	0	70
	0	75	10	40	20	34	30	36	40	40

图 5

现在来看一下私人组织的调整过程。假定没有出现战略行为因素,这个假定的合理性将在本文的后面予以说明。在这样的情况下,每个人在每个时期将购买两针疫苗。无论出于何种原因,如果发现有除 $(A_2 B_2)$ 外的某个单元格的情况存在,两人之一或两人共同就会发现改变自己的行为是有利的。然而,注意,社会最佳状态处于 $(A_4 B_1)$ 或 $(A_1 B_4)$。此时,通过两人之间服务的明显不平等分配可以使总成本最小化(总效益最大化)。当然,这种结果显然源于矩阵表中的赋值。尽管如此,这个结果是有趣的,因为它表明了一种可能支持集体化的重要基础,那是极少有讨论涉及的。为了要实现效率,这类相互外部经济可能只有通过集体组织才能使十分不平等的服务分配得到执行。在这种情况下,集体化可以在分配中做一个特殊的技术改善,而这种改善在私人调整下不可能完成。这在现实世界的某些公共服务中似乎相当普遍。警察不会以同样的密度巡逻每条街道。国防设施也只将其服务集中于战略方面。

有多重选项的市场调整:平等分配的情况

尽管在某些情况中为了保证全面的效率,服务的不平等分配是重要的,但是回到平等分配模型也将是有利的,因此有必要多做一点分析。继续假定这个人群中的人们都是大致一样的。与图5相似但有着不同回报的矩阵用图6表示。注意,这里的每个人只想接种一针,谁都不会接种第二针,因为他拿不准另一个人是否会照样做。然而,如果双方达成一个协议,双方都接种两针,那么每一方的状况都会更好一些。当然,这是传统的相互外部经济的情况,在这里作为囚徒困境博弈的一个版本提出。然而要注意,如果要由集体决定接种疫苗,将服务免费提供给个人,也就是说,接受服务与纳税完全脱钩,A和B都会接种四针。考虑到这个矩阵的回报,这种局面不如私人调整时那么可取。这种免费的在一定程度上可分割的服务,导致个人扩大消费到边际价值评估为零的点,产生了过度利用。[⑦]

B \ A	A_0	A_1	A_2	A_3	A_4
B_4	13　58 X 0　13	8　61 10　18	2　63 20　22	0　70 30　30	0　80 Z 40　40
B_3	14　52 X 0　15	9　55 10　20	3　56 20　23	2　64 30　32	0　70 40　40
B_2	21　50 X 0　21	12　49 O 10　20	4　48 O' 20　24	3　56 30　33	1　63 40　41
B_1	26　56.6 0　26	15　50 10　25	7　49 O 20　27	5　55 30　35	3　61 40　43
B_0	30　60 0　30	19.5　56.5 10　29.5	10　50 X 20　29	7　52 30　37	5　58 40　45

图 6

图 6 的矩阵中有五个单元格标记了 X。这些单元格代表着在 B 方每个可能的选择确定之后,对 A 最佳的情况。注意,这些"A 最佳"单元格的配置有一些具体特征。它一般是北—西北走向,对 A 而言的总成本随着向这个方向的移动而越来越低。这些低点的运行轨迹称为

[⑦] 苏联领导人大概出于意识形态的理由,以远低于成本的价格分配面包,他们还常常讨论使面包"免费"供应。这种做法已经导致奇怪但是可预见的结果,包括用面包而不是谷物喂牛。甚至连秘密警察都没有办法迫使消费者的行为按马克思的方式对待面包。

"A 的河(A's river)",因为人们可以把这些标有 X 的单元格看作是这个矩阵在第三维成本面(third-dimensional cost surface)上那些最低点运行的轨迹。

另有三个单元格标记了 O,它们构成了一系列表明社会成本低于 A_1B_1 的位置,A_1B_1 是独立调整的均衡位置。A_2B_2 单元格标记了 O',对于这个群体中的两个人都是单一"最佳",两个 O 单元格中的任一格都会是比私人均衡更好的位置。这整套单元格可以称为"社会供应范围(social provision area)"。

连续的变体

把混合有离散的和不连续选项的矩阵表转换为比较熟悉的连续变体的情况,相对容易一些。图 7 就是把与图 6 中那些数字相似的关系转变为连续时的情况。"河"现在变成了一条平滑曲线。私人均衡表示为由原点出发,沿 45°角延伸,与标记为 R 的河相交的直线。这条 45°的直线当然是完全一致的人和活动平等分配的结果。对于 B,也有可能画一条"河"的曲线,那将是在上述限制条件下对于 A 所画河曲线的转换。两条"河"当然都会在同一点上与 45°线相交,标记为图 7 中的 E。

这个结构具有从两人情形毫无困难地转变为 n 人情形的方便。只要保留"所有人在相关方面都是一样的"这个假定,这里的分析就无须改变。在一轴上我们只测定"除 A 外所有其他人"的活动。假定供应的规模是适当的,仍然可以利用 45°线的结构。该线上的任何点都代表 n 个人的群体中所有成员平等的服务消费。

在两人模型中,我们曾随意假定,个人不能从事战略磋商行为。这个假定的基础现在可以阐明了,而且利用这个假定,两人模型可以用于实现适用于 n 人群体的结果。在 n 人群体中,单一的个人,如 A,将会

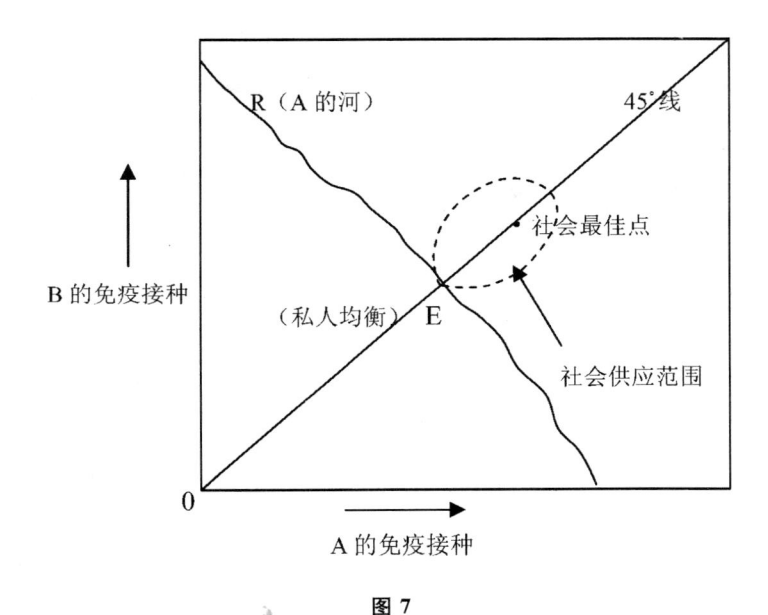

相互外部性条件下的公私互动　399

```
     R（A 的河）            45°线
            
B 的免疫接种
                      ·社会最佳点
          （私人均衡） E
                          社会供应范围
  0
            A 的免疫接种

                图 7
```

意识到,该群体中($n-1$)其他人的行为将影响他自己的效用。认识到这种外部性,他将据此调整自己的行为。但是,他不会认为自己的行为有足够的重要性去影响其他人的总体行为。因此,他的调整或使他的活动顺应他所处的环境是合理行为。当然,这同竞争市场中有关买卖者个人行为的标准假设至少是相似的。

　　图 8 说明的是 n 人模型。除了用"除 A 外的所有人"替代了 B 这个事实外,它与图 7 是一样的。"A 的河"像以前一样画在上面,群体均衡的位置完全处于私人调整的下面,E 仍由河与 45°线的交点确定。这个位置不会是最佳的。如果有可能联合行动,在 E 点的东北方肯定有一些对 A 并且也对该群体中所有其他成员都比 E 要好的点。从拓扑学的角度看,"河"代表的是第三维成本面上低点的运行轨迹,正如 A 在独立行事时遇到的一样。该群体中的其余成员将遇到相似的成本面,在这个成本面上可有相似的"河"流过。最后的位置将由每个人的

独立行为决定。要转移进首选的范围，就是我们称为"社会供应"的范围，就要有联合行动。对于 A 以及该群体中的其余每个人，这些点中的每个点在成本面上都低于 E。但是如果允许独立调整的话，对于 A 以及其余每个人，每个点都为沿着河各点所控制。

额外负担条件

额外负担条件必须合并到几何模型中。如果集体化必须包括具有"分配—激励效应"的征税，"社会供应"的范围就会小于在额外负担为零时所指出的范围（在图 8 中由虚线的椭圆范围表示）。当然，有可能由税收归集产生的外部成本会完全消除集体化的任何净好处。但是，故意画出的图例表明，即便有一定正的税收额外负担，社会供应范围仍旧如图 8 中的封闭实线所示。这个范围内的任何位置都是对 A 和该群体中所有其他成员相对于 E 的改善。在这个范围内的单一最佳位

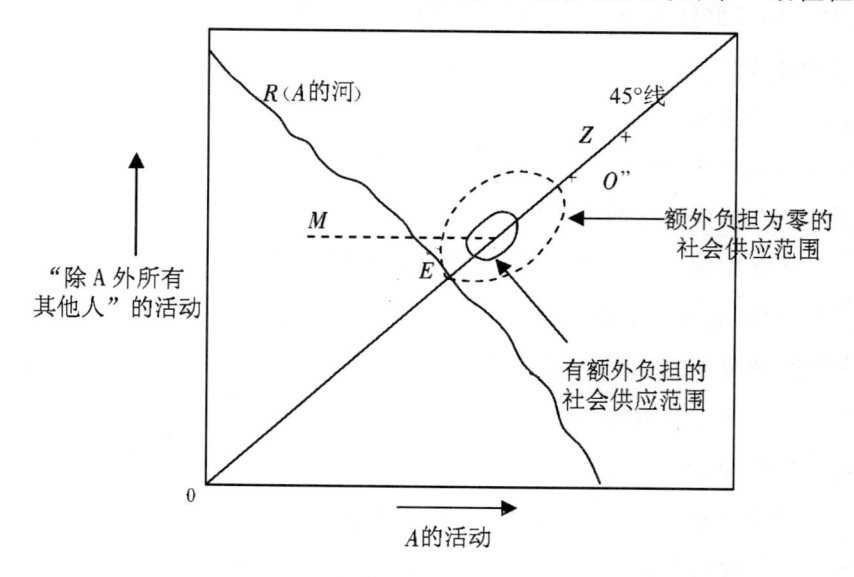

图 8

置表示为 O'。由于我们假定该活动或服务是平均分配的，该点将处于 45°线上。

定量配给的困难

我们再次强调，在这个结构中没有什么特别新的东西，但指出某些必须予以考虑的复杂特点确实会有帮助。图 8 中表示了社会供应范围。这是从私人组织转换过来的，对于集体组织或是政治组织，这个社会供应范围应该到达 E 的位置。只有当该群体能保证最后位置落于首选范围内时，这个转换才是高效的。但是，在这种保证出现之前，必须要分别解决两个问题。第一个问题是，正如前面对离散情况的讨论所说的，除非引入行政管理控制或价格配给，否则，集体调整有可能造成对可用设施的过度使用。比如说，假定政府用一般税收收入资助这里所说的活动，还用原来的例子来说，就是向所有想要接种疫苗的人，无论人数有多少，都提供免费的接种。满足这种"必需"得做预算，这在现实世界的财务活动中并非完全罕见，但肯定会导致在图 8 中如 Z 表示的某个位置。这个位置显然不如 E 可取。

一旦个人能够利用集体提供的服务减少他人可获得的服务量时，这个问题就变得严重了。因此，对于一个萨缪尔森意义上严格定义的纯粹集体产品（pure collective good），这个问题不必提出。然而，众所周知，极少有什么商品和服务是完全看不见的。大多数集体服务都包含了看得见和看不见的两种因素。因此，为了留在社会供应范围，除了对活动的集体调整外，还必须引入其他东西。各种各样执行必要定量配给的行政管理方案是大家都熟悉的。警察提供的保护是一般性的，但不能要求每家门前都站上个警察。如果着火了，消防员会应召救火，但他们只能偶尔从树上解救宠物猫，而且对于假报警会有严厉的罚款。通常情况下，市政垃圾工人只收集某些种类的废物。

使政府保持高效的这第一个问题，习惯上一向被认为是公共财政理论的问题。有一个历史悠久的原理说，政府不能够有效地放弃这样一些服务：对这些服务的需求有价格弹性，弹性的范围在成本价格与零之间。在这里，以不同的说法解释了对这个问题的处理，但从根本上说仍然是在正统的传统之内。

集体化后的砍价

政府效能的第二个问题也提出了价格理论中一个熟悉的问题。据我们所知，这个问题在公共产品和服务的供应方面还没有得到发展。在这里，价格理论的类推是卡特尔协议的执行。参与协议的每个合伙人都有"砍价"的机会，并因此为自己保住差别利润（differential profit），尽管他也意识到，如果参与协议的各方都这么做，大家都会遭受损失。[8] 竞争压力常常被保持在十分强大的程度，足以令数目众多的群体内发生砍价，直至和除非以某种方式对所有可能的削价竞争者实行严厉的制裁。

同样的分析显然也适用于某项活动集体化后有效社会供应范围内的其余问题。来看图 8。请注意，由于有"河"的存在，为了达到其成本面的最低点，A 将总想东西方向移动（他能移动的唯一方式）。假定现在这一活动集体化了，而且已经达到了其最佳位置 O'。A 看到自己处于 45°线上的 O' 点。显然，如果他还有私自行动的自由，他会发现移动到 M 点对他更好，M 点是横向穿过 O' 点的平面中的最低点。如果他能成功地到达 M 点，他会比在 O' 点过得好。但是，由于我们假定所有个人都同样行事，这个群体将最终再次抵达 E 点，而 E 点的位

---

[8] 纳特最近在他未发表的手稿《两家卖方垄断、垄断与新兴的竞争》（G. Warren Nutter,"Duopoly, Oligopoly, and Emerging Competition"）中提出了一个概括的"欺骗理论"，这个理论确实在很大程度上澄清了标准的经济理论解释。

置不如 O' 点。实际上，他们的状况将比一开始时差，因为他们将承担由税收带给所讨论活动供应方的额外负担。

政府活动日益增加的瓦格纳法则

前一段中讨论的关键问题值得做一些细致的探讨，因为它提出了对政府活动不断增加的瓦格纳法则的一种解释。提出的问题是，这个人如何在社会供应范围移动，又为什么要移动？如果该活动已集体化，此人大概就会被强制征收一些税。因此，他就没有办法通过自己的独立行动，减少向这个群体提供服务的成本中他自己的那一份额。如果他完全可以进行私自调整的话，他会移动到 M 并减少成本。由于他不能这么做，他就不想从 O' 移动到 M 了。欺骗的问题也就不会出现。

如果讨论中的这项活动与此人有可能调整的其他活动完全无关，也不会有类似的欺骗过程发生。没有什么事会促使此人去打破集体化坚持的固有协议。然而大家都知道，有许多单独的活动，无论是公共组织的还是私人组织的，都与个人决定的算计相互依赖。还说那个免疫的例子。在私人均衡位置 E 点，假定此人完全依据他人的外部行动进行调整。他确信能获得指定针数的疫苗，他也会采取其他与直接免疫有密切关系的行动。假定这些行动中包括在垃圾处理方面保持一定的卫生标准。现在假定该社区的免疫计划由集体提供，此人移动到了 O' 位置。尽管没有什么事促使他改变自己对这项服务的消费，假定与理想的定量配给方案同时实行强制性税收，与私下购买了免疫有关服务的人相比，他就会处于不均衡。如果像已经假定的那样，A 在 E 点是完全均衡的，那么在 O' 点，他就会发现自己享用了没有必要的卫生高水平。他将能够，也将愿意降低他在卫生方面的私人开支。作为这个调整过程的结果，所有个人都会发现，就这种病的免疫而言，O' 点已经不再是最佳的。私人调整过程的作用是增加了由直接免疫产生的外部经济的价值。因此,过去被认为在与密切相关活动的决定水平方面为最佳的 O' 点,现在却具有了非最佳的特性。尽管这个群体事实上已经把免疫接种集体化了,但它仍然处于外部经济的困境中。这样便有了一种激励因素,促使它将免疫进一步扩大到比如说 O'' 点。社会供应的整个范围转移到了东北,而这在图8中没有表示。一旦私人调整过程再次发生,那么出于同样的原因,在集体选择中合理的个人行为将进一步提高该活动的水平。螺旋上升的过程将持续,同时公共开支上升,私人开支下降,直至达到某个位置,在这个位置上,免疫和在此人个人控制下的其他活动之间的相互依赖变得微乎其微。

如果考虑到由公共供应产生的额外负担,最终结果不合理的可能性上升。回到图8,假定社会先前已经从 E 移动到 O',然后在其他活动中发生的私人调整使政府供应的扩展成为可取的。由于已经采取了移动到 O' 的步骤,就必须使附加的额外负担少于预期收益才行。通过这种作用,调整过程可能会取消公共供应的净效益。为了避免这个结果,可能必须采取以下措施:在每次调整之前,不仅要考虑到额外负担,而且必须预知私人对每项服务新安排的调整。

这里提到的关系在实践中的表现在许多新兴城市中肯定是丰富的。没有集体的防火设施,私房主都会买灭火器,还会采用私人的喷洒系统。一旦设立了集体的消防队,这些个人的防火设施就不再添置了。一旦市政提供了防火保护,理性的私房主、潜在的私房主,都会依靠市政防火保护;而且由于他们这么做了,对市政保护进一步扩大投资就成为必要。在老城市中,假定可以找到制度性工具,使个人或私人防火装置替代集体防护成为可能,可以预见,这种替代也会实现增加的效能。投资于更多更好的锁具,在边际上,大概会比额外增加警察部门有更大的收益。

在这些事例中,集体供应的服务私人供应的服务加入了某种替代关系，这看来是最为现实的情况，尽管也有作为补充的情况。例如，公共园林的供应可以鼓励人们增加其在野餐用具和设备上的私人购买。买了这些用具和设备又会使他们更爱外出野餐，为此，对公共园林的更多投资就成为必要。结果是一样的，公共开支的螺旋扩张会持续，直到所有第二轮的私人行为调整产生出某种全面的均衡。

政府间的应用实例

这里分析的调整机制可以毫无困难地应用于政府间的财政关系。人们普遍看到，当联邦政府开始补贴州政府在某些职能上的开支时，似乎就会有一种无情的趋势，使联邦开支完全取代州和地方开支。当然，州和地方政府是在调整到它们各自的多方面最佳水平，用这一事实就可以很容易对此做出解释，正像它们所做的那样，它们还在进一步创造必需，以扩大联邦的开支。从这一点来看，各种有条件补助金（conditional grants-in-aid）的配套资金可以被看作是旨在限制州和地方政府行为的一种工具，以保证在社会供应范围内能为某种职能留下位置。配套资金类似于一种行政管理要求，要求所有的大商店提供自己的自动喷水灭火系统，即使有了市政消防队之后也是这样。

集体化与增长

需要多说一点的是，在20世纪60年代中期，对任何与经济不搭界事物的讨论，都必须在什么地方引入模型对增长的影响，或是增长对模型的影响。从效能的角度讲，增长的事实确实影响到某些活动该由公众组织还是私人组织的决定吗？人们似乎都同意，增长确实改变了这个问题的条件，但是对这种影响的走向却存在广泛的争议。使用本文中对这个问题提出的模型会有益处。

回到图 6 中的矩阵示例。假定出现增长个人的收入就增加。在较高的个人收入水平下,得病的机会成本的货币价值也上升了。就这一事例而言,如果人们可以假定,这些机会成本只包含因不能挣工资而损失的时间,加倍的个人收入就将会使生病的机会成本翻番。那么,图 6 中每个单元格中左上角的数字也会翻番。再假定接种疫苗的成本没有增加,依旧是每针 10 美元。图 9 表现了由图 6 做出的必要改变。由增长方式导致的变化以后再谈。

B \ A	A_0		A_1		A_2		A_3		A_4	
B_4	26	76	16	72	4 X	66	0	70	0	80
	0	26	10	26	20	24	30	30	40	40
B_3	30	74	20	70	6 X	62	42	68	0	70
	0	30	10	30	20	26	30	34	40	40
B_2	42	80	24	68	8 X'	56	6	62	2	66
	0	42	10	34	20	28	30	36	40	42
B_1	52	102	30	80	14 X	68	10	70	6	72
	0	52	10	40	20	34	30	40	40	46
B_0	60	120	40	102	18 X	80	14	74	10	76
	0	60	10	50	20	38	30	44	40	50

图 9

考察这两个矩阵中标有 X 的单元格,就能注意到结果中非常剧烈的变化。图 9 展示了"列优先";无论 B 采取什么行动,A 都会发现接种两针疫苗是有益的。由于与 B 对应的矩阵只是与 A 对应矩阵的转换,B 也将接种两针疫苗。因此,私人调整将达到社会最优。没有比标有 X' 的单元格更好的社会效应,这个位置实现了私人均衡。没有社会供应范围。

注意,收入增长的事实没有消灭外部经济,外部经济仍像以前一样存在。已经完成的变化是,在图 6 的私人均衡解中与帕累托相关的外部经济,转变为了图 9 的私人均衡解中与帕累托不相关的外部经济。个人 A 的状况继续受到 B 的免疫水平影响,B 接种疫苗的针数越多,A 觉得自己过得越好。当 A 沿这个矩阵中的任一列向北移动时,A 的总成本下降。对 B 也是同理,当然,是在转换矩阵中,"河水仍然顺着山坡往下流"。然而,在图 9 中的均衡位置 X',A 和 B 不可能通过彼此协商达到另一个比 X' 更好的位置。两个人都会愿意为了他自己或是为了他的同伴能多接种 1 针疫苗捐献出 2 美元,但是相对于 10 美元的成本来说,这样也还差 6 美元。

当然,图 9 的矩阵只是一个简单的数字例子,是为使 X' 点符合愿望而随意构建的,但是如果小心使用这个结果,还是可以得出普遍适用性。只要经济增长和发展的过程能提高个人因私自行动失败造成的机会成本,使之高于这个过程给该项活动本身增加的私人成本,肯定就会出现使独立的或私人的调整均衡向经济增长和发展过程中的社会最优转化的倾向。"最优"是用权威的帕累托标准定义的。当社会富裕起来时,外部经济就变得关系不大了。在发展过程的某一点上,外部经济可以变得完全没有关系,而且如果是这样,如果该项活动先前已经集体化,现在就应该回归私人组织。

可以用实践中的事例来说明这些普遍结果。要说"当一个社区中的平均收入水平上升时,支持政府或集体资助小学学费的外部效益或溢出效益论就变得越来越不相关了",这种说法大概是正确的。从纯粹效能的角度看,支持美国医疗社会化的情况,在1964年不像在1938年时那么强烈,而与这个问题有关的其他因素并未改变。

为了全面,应该注意到,经济增长的过程在某些情况下可以使外部经济变得更加复杂。例如,如果个人收入增长一倍,生病的机会成本也增长一倍(如图6到图9之间的情形),接种疫苗的成本也应该增长一倍,外部经济保持相关。在这里,重要的是产生相互外部效应行为的机会成本(效益)与执行这一活动的直接成本之间的关系。随着经济进步,假定前者的增长比后者的增长更为迅速看来是合理的,尽管特殊情况可以改变这种关系。

这一分析并不是要说明,从全面来考虑,当经济发展在继续时,经济的总体集体化必须下降。造成改变化的其他要素肯定会引入一些不同的、在某种程度上具有抵消作用的因素。说"支持公共部门扩张的外部经济论将随着时间推移而减少"看来是可靠的,正像这种论点所说的那样。然而,人们之间大概还会出现其他相互关系,大部分是外部不经济的关系。为了实现可以接受的效能,必须采取另外的集体行动。总而言之,当人们富裕起来时,在获得可能的联合活动不可分割的利益方面,他们对邻居的合作会依赖得越来越少,而对某种集体机制的依赖会越来越多,以防止他们自己还有他们的邻居们彼此施加对双方都不利的成本。从其最广泛的意义上说,"堵塞"代替了"合作",成为集体行动背后的根本动机。

从分析的角度说,外部不经济与外部经济根本就是对等的。然而,如果这个命题得到认可,公共开支问题随时间推移而增长的趋势就有了一些重要的含义。在与帕累托相关的外部不经济的情况中,必要的集体行动常常可以通过引进简单的行政管理规则而得以执行。例如,市政当局完全可以禁止在公共海滩上使用晶体管无线电接收装置。相反，如果同一个市政当局想看到当地所有小学生都能吃上热的午餐，它通常会出钱提供这类午餐。当然，它也可能只是要求所有孩子购买热的午餐。但是，相对于将行政管理规则在外部不经济方面的应用，分配的顾虑会阻碍将这些规则扩大应用到外部经济性方面。

不对称的相互性

人与人不平等的世界

还有个扩展这些模型的任务，以使这些模型能用于包含有不平等人们的社会群体与我们所讨论的相互外部关系有关的方面。像以前一样，从一个两人矩阵开始说明是有帮助的。图 10 复制了图 6 中与个人 A 对应的支出。现在假定，个人 B 与 A 不平等了，而是相对贫穷。因此，对 B 而言的效益（机会成本）的货币价值对 B 要比对 A 低。为了简化，假定这些价值只有对 A 价值的一半。在这种情况下，B 对应的矩阵不再是 A 对应矩阵的转换，而是每个单元格中左上角数字减半后矩阵的转换。与 B 对应的实际支出在图 10 中表示为带括号的数字。假定接种疫苗的价格与从前保持不变。

对 A 的最佳价值保持不变，由标注有 X 的单元格表示。然而，请注意，B 的行为将显著不同。正如这个例子中计算出的数字所示，B 发现自己处于"行优先"地位。不管 A 做了什么或可能做什么，B 都会发现，自己无论做多少免疫都不会有好处。标注有 B 的单元格记录了在 A 所有可能行为时对 B 都是最优的价值。在这种情况下，单元格 $A_2 B_0$ 变为私人调整均衡。还要注意，这也是在修正了这套支付后的集体

B\A	A_0	A_1	A_2	A_3	A_4
B_4	13　55.8 (2.5) X 0　　13 (40) (42.5)	8　59.5 (1.5) 10　18 (40) (41.5)	2　62.5 (0.5) 20　22 (40) (40.5)	0　70 (0) 30　30 (40) (40)	0　80 (0) 40　40 (40) (40)
B_3	15　48.5 (3.5) X 0　　15 (30) (33.5)	10　52.5 (2.5) 10　20 (30) (32.5)	3　53.5 (1.5) 20　23 (30) (31.5)	2　63 (1) 30　32 (30) (31)	0　70 (0) 40　40 (30) (30)
B_2	21　45.5 (4.5) X 0　　21 (20) (24.5)	12　45.5 (3.5) 10　22 (20) (23.5)	4　46 (2) 20　24 (20) (22)	3　54.5 (1.5) 30　33 (20) (21.5)	1　62 (1) 40　41 (20) (21)
B_1	26　46 (10) 0　　26 (10) (20)	15　42.5 (7.5) X 10　25 (10) (17.5)	7　43 (6) 20　27 (10) (16)	5　55 (5) 30　35 (10) (15)	3　57 (4) 40　43 (10) (14)
B_0	30　45 (15) B 0　　30 (0) (15)	20　43 (13) B 10　30 (0) (13)	9　39.5 (10.5) XB 20　29 (0) (10.5)	7　44.5 (7.5) B 30　37 (0) (7.5)	5　51 (6.5) B 40　45 (0) (6.5)

图 10

最优或社会最优。当然，这个结果不必是个一般结果。然而它确实指出，私人调整事实上可以产生社会最优解，即使存在相互外部经济也是如此。

差别定价

当引入了人与人不平等的世界，特别是在考察了集体化这个选项后，"个人面对的将是所讨论服务的统一价格"这个假定就变得非常不现实了。可以让穷人购买服务的价格低于富人购买服务的价格。在医疗保健的例子中更真实一些的是，人们可以假定，疫苗的私人供应商可以让穷人以比富人低的价格接种疫苗。当然，这会改变私人调整的解。这种定价变化有可能使私人调整的解更接近于满足帕累托最优的必要条件，但也有可能不接近。改变到帕累托边界的关系取决于相互外部性的精确本质，参考引进差别定价的特殊形式。

税-价格中的差别对待

对于这个讨论而言，一个更有趣也更实用的模型是，假定服务已集体化，而为提供多种服务组合，需要以某种熟悉的税收为基础筹集资金。例如，假定与 A 和 B 相对应的支付情形用图 10 来表示。但是这项活动现在由集体组织管理，而用于接种疫苗的直接开支由征收比例所得税取得的资金筹集。假定 A 的收入是 B 收入的两倍，因此，在每次的总开支中，A 将支付三分之二，B 只支付三分之一。这种改变的结果在图 11 中表示。

每个单元格左上角的数字与图 10 中相同，因为生病的机会成本没有改变。同样，每个单元格右上角的数字也没有改变。对于这个群体总体而言，机会成本和直接成本也都没有改变。然而，每个单元格中直接成本的分配已经改变。注意，比如说，单元格 A_0B_1；在私人调整的情

B \ A	A_0	A_1	A_2	A_3	A_4
B_4	13　55.4 (2.5) X 26.6　39.6 (13.3)(15.8)	8　59.4 (1.5) 33.3　41.3 (16.6)(18.1)	2　62.5 (0.5) 40　42 (20)　(20.5)	1　69.9 (0) 46.6　46.6 (23.3)(23.3)	0　79.9 (0) 53.3　53.3 (26.6)(26.6)
B_3	15　48.5 (3.5) X 20　35 (10)　(13.5)	10　52.4 (2.5) 26.6　36.6 (13.3)(15.8)	3　54.4 (1.5) 33.3　36.3 (16.6)(18.1)	2　63 (1) 40　42 (20)　(21)	0　69.6 (0) 46.6　46.6 (23.3)(23.3)
B_2	21　45.5 (4.5) B 13.3　34.3 (6.6)(11.1)	12　45.5 (3.5) B 20　32 (10)　(13.5)	4　45.9 (2) BX 26.6　30.6 (13.3)(15.3)	3　54.5 (1.5) 33.3　36.3 (16.6)(18.1)	1　62 (1) 40　41 (20)　(21)
B_1	26　45.9 (10) 6.6　32.6 (3.3)(13.3)	15　42.4 (7.5) C 13.3　28.3 (6.6)(14.1)	7　43 (6) X 20　27 (10)　(16)	5　49.5 (5) 26.6　31.6 (13.3)(18.3)	3　56.9 (4) 33.3　36.3 (16.6)(20.6)
B_0	30　45 (15) 0　30 (0)　(15)	20　42.9 (13) 6.6　26.6 (3.3)(16.3)	9　39.4 (10.5) XO' 13.3　22.3 (6.6)(17.1)	7　44.5 (7.5) B 20　27 (10)　(17.5)	5　51.4 (6.5) B 26.6　31.6 (13.3)(19.8)

图 11

况下，B 接种每针疫苗付 10 美元，A 不付钱，因为他没接种。但是在比例所得税的模型下，为这同一个具体活动，B 只付总成本 10 美元的三分之一，而 A 要付三分之二。每个单元格右下角的数字（表示的是个人支付成本总额）出现了适当的变化，以反映这个直接成本分配上的变化。

显然，对个人来说的可取位置将因这种成本分配上的变化而改变。当然，个人调整是不可能的，因为假定的是这种活动现在已经集体化。但是，描绘这些条件改变后个人的最佳位置，对于评价可能出现的集体结果是有帮助的。标注了 X 的单元格给出了 A 在考虑到 B 的每个活动水平时可能选择的位置。同样，标注了 B 的单元格给出了 B 在考虑到 A 的每个活动水平时可能选择的位置。

现在假定，两个人必须就任何一种集体解达成一致意见，但是某种宪法规定要求实行比例税制。这种情况中的政治均衡位置在单元格 A_1B_1，标记为 C，可以通过考察达成协议的过程来表示。显然，两个人都会同意从没有活动的单元格 A_0B_0 移动到 A_1B_1。然而至少有一人会拒绝除此之外向任何方向的移动。注意，政治均衡解并非修改了支付后的社会最优解。这在图 10 中由单元格 B_0A_2 表示，在图 11 中这个单元格标记为 O'。

这个结论中没有特别新的东西。不应该期望集体组织产生最优结果，除非税-价格的结构能够保证帕累托条件得到满足。而且，这还将证明，其实在任何熟悉的税制基础上的税收分配都极不可能产生最优结果。这个模型是有帮助的，因为它确实指出了税-价格结构与可能出现的政治解之间的必要沟通。

在比较真实的环境中，为了实现集体决策，必须按照不同的政治规则考虑大型群体。两人模型可以在有限但确有帮助的程度上用于这种联系。例如，假定穷人是大多数，而多数决是通行规则，尽管宪法要求的比例税制仍然有效。在这种情况下,可以预言,会出现一个近似于 A_0B_2 单元格表示的解。另一方面,如果在同样的环境中,富人是大多数,可以预言结果会是单元格 A_2B_0。

结　　论

在本文中,我们已经尝试着,利用一些非常简单的事例和非常初步的模型,来考察在出现了相互外部经济时的调整过程。已经提出的几个要点,可能在比较仓促的外部经济与不经济的讨论中还没有被充分认识到。社会决定对于产生相互外部经济活动的基本组织结构的重要性不可低估。大概,本文提出的一个主要论点是,与这种社会决定有关的复杂事务要比草率考察中可能出现的多。从根本上说,结果是负面的。指出某些结果未能产生理想的可取结果,要比提出可替代的将能产生理想可取结果的制度安排容易得多。对于理论政治经济学中已经得到改进的分析,最大的需要恐怕莫过于对人们,无论是公众还是私人,从事经济活动的制度过程,进行更仔细一些的识别和分析。

社会成本与政府行动[*]

在我出生的美国伊利诺伊州,其实在美洲两大陆的大多数地方也一样,主要的害虫是常见的蚊子。在第二次世界大战期间,随着 DDT 的开发利用,有了可用于减少蚊子数量的廉价方法。在战后的那些年里,有非常多的社区雇用飞机低空飞过城市上空,喷洒 DDT。近来这种办法已经很少用了。减少这类喷洒的数量,在一定程度上是因为意识到,DDT 的喷洒除了能减少蚊子的数量外对自然环境还有其他影响,而且这些影响中有些是非常恶劣的;还有部分原因在于空调进入了家庭。住在有空调的家中的人,不大可能像住在没有空调的家中的人那样,花许多时间待在户外。近年来,虽然用飞机喷洒灭蚊的次数已经显著下降,但是在其他领域已经采用了大量灭蚊既不那么有效,价格又昂贵的其他技术。这些技术的使用还不像比如说 10 年到 15 年前的飞机喷洒那么普遍。

读者可能会感到奇怪:为什么对社会成本的讨论会从这个技术性的讨论开始,而不是从当地的一个非同寻常的问题开始。原因很简单:从这个简单的事例中几乎可以看到所有有关政府应该承担什么类型活动决定的问题。此外,传统的解决办法对这个问题绝对束手无策。在社会成本、外部性以及我们可以称之为政府部门经济学的这个领域中,

---

[*] 经美国经济学会许可,重印自《美国经济评论》(*American Economic Review* 59, May 1969:189 - 197)。

在谈到新的发现时,最大的问题之一就是,人们通常从很小的时候起就已经学到了现存的传统。那些还没有接受现存传统的人们,通常学会了攻击现存传统,而这种攻击从许多方面说,不过是另一种传统罢了。因此,对政府活动的讨论瞬间就撞上了人们顽固持有的各种思想的障碍。然而如果我们讨论的是消灭蚊子,我们通常就会看到,完全没有这些传统或反传统,因此可以带着较少的情感障碍去讨论这个问题。

那么,回到蚊子问题。假设我们是处于1952年,住在衣阿华州的一个小城镇,那里的蚊子实在厉害。我们可以在自家后院喷药,从当地的超市买来合适的杀虫剂,喷到我们的后院里,大概也会喷洒到邻居家院子里一点药。这种喷洒会在这个区域里普遍减少蚊子的数量,部分原因是杀死了我们喷药时刚好待在那里的蚊子,还有部分原因是在植物上留下了杀虫剂的残留物,而蚊子落在这些残留物上就可能被杀死。尽管如此,这还会是减少蚊子数量非常昂贵而并非特别有效的方法。

然而,还有另一种灭蚊的方法可用。我们可以花上50美元,雇一架飞机,用飞机给整个小城镇喷药,使用的浓度可以让我和所有其他百姓都得到显著的灭蚊效果。像手工喷洒一样,这种方法可以强化灭蚊,杀死更多的蚊子。这种情形由图1所示。某人对灭蚊的需求由通常的斜线表示。如果他选用手工喷洒,那么标为1美元的线表示杀死"1单位"蚊子的成本。此人将选择购买A单位,而他为此花费的总成本由A左边的四边形表示。此人将不会对雇用飞机感兴趣,从他的角度看,手工喷洒绝对胜过飞机喷洒。他可以在自己的后院想要杀多少蚊子就杀多少,手工喷洒比飞机喷洒便宜多了。

但是,如果此人联合城里的其他百姓一起雇飞机,情况很快就发生了变化。假定这个城市有1000个百姓,他们一起雇飞机。他们每个人在后院灭蚊的成本降到了每单位5美分,而总消费数量会上升到C。在这样的情况下,整个灭蚊需求都会使用飞机喷洒,而不用手工喷洒,因为，再说一遍，这种方法有绝对的技术优势。

显然，如果可以选择的话，此人会选择飞机喷洒灭蚊，而不选择花钱买 A 单位手工灭蚊。因此，这就成为集体供应灭蚊的良好理由。然而，假定不是由某个政府机构承担灭蚊，而是由几个人自己出钱雇一架飞机。在这样的情况下，雇飞机的成本就取决于出钱的人数和每个人出钱的多少。假如只有 500 人愿意出钱，那么飞机灭蚊的成本（每单位）就会是 10 美分，而他们会选择购买 B 单位。

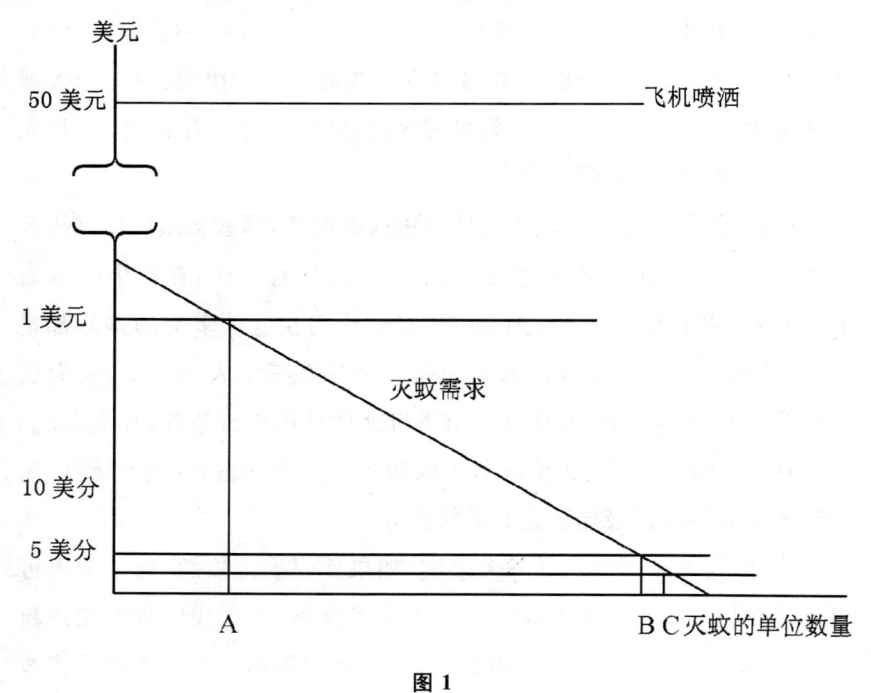

图 1

假定采用了这种自愿购买灭蚊服务的方法，此人不付他的 10 美分是合理的。如果他不是出钱人群中的一员，他就免费得到灭蚊服务。另一方面，如果他决定付钱，我们假定他付的钱用于为整个城镇购买了另一次飞行时间，那么，他在自家后院灭蚊的价格就是每单位 50 美元。

这个价格显然高出了他想要支付的数量。此人绝不可能会自愿出这笔钱。通常只有政府能够提供飞机喷洒。①

这样看来,我们就有了一个相当明确的理由,由一家政府机构迫使这个小城镇的百姓每人出资 5 美分雇飞机。有了这种安排,百姓自己会过得更好,而且他们大概也会支持这么做。然而,这个讨论至此的一个隐含假设是,每个百姓都有完全一样的灭蚊需求。这大概不真实。这意味着,对于该买多少灭蚊单位必须做出一个决定。为了做出这个决定,我们转来看图 2。在图 2 中我们表现了三位百姓(A、B、C 三位先生)的灭蚊需求曲线。注意,如果没有形成雇飞机的决定,这三个人就会使用手工喷洒,并购买不同数量的灭蚊单位:A 先生买 a' 单位,B 先生买 b' 单位,C 先生买 c' 单位。

然而,如果决定雇飞机并集体提供灭蚊服务,那就必须做出该买多少灭蚊服务的决定。要注意,这三个人对此各有主张,在图中表示为 a、b 和 c。我仔细构建了这个事例,好让他们在这件事上的偏好都是所谓"单峰"的。② 如果我们面对的是一个只有三个人的社会,他们通过多数决来做出决定,而且对雇用飞机这件具体事有争议,那么,我们就会预言,他们会购买 b 单位的灭蚊服务。这意味着,A 先生和 C 先生都未能获得他们最佳数量的灭蚊服务。

当然,这并未遵循这样一个事实:如果使用手工喷洒,这三个人可以对他们想要购买多少灭蚊服务做出完善调整,并且我们肯定能预料到,如果使用飞机喷洒,在大多数情况下,他们将不会获得准确最优数量的灭蚊服务,那么,手工喷洒就更好。这只是说,应该考虑到,飞机喷

---

① 有时候非正式的压力可以在很大程度上起到像政府那样的作用。然而,作为一般规则,人类的经验似乎表明,非正式压力是不够的,而且在此类事情上,我们通常使用政府压力。

② 参见邓肯·布莱克《委员会与选举的理论》(Duncan Black, *The Theory of Committees and Elections*, Cambridge, 1958)。

酒会有一个成本。再次假定我们这个社会有 1000 人,我要对我使用手工喷洒的愿望(也就是说,在手工灭蚊时我会购买多少灭蚊单位数量)与我认为的对集体供应时所获数量可能的表决结果做一个比较。我会预料,集体供应不会刚好产生我想要的那个价格数量。由此并不会出现这种情况:我会支持在我们所说的市场供应下的准确调整,反对集体安排下的不完善调整。其实我认为,在蚊子特厉害的那些地区的人们,在遇到我所说的这种问题时,大多数都会选择集体供应。但是请注意,这意味着,他们是根据自己的偏好次序选择了一个次优的资源安排。在一定的意义上,集体决策过程的选择对他们施加了一种外部性。他们将不再能够做出理想的调整。

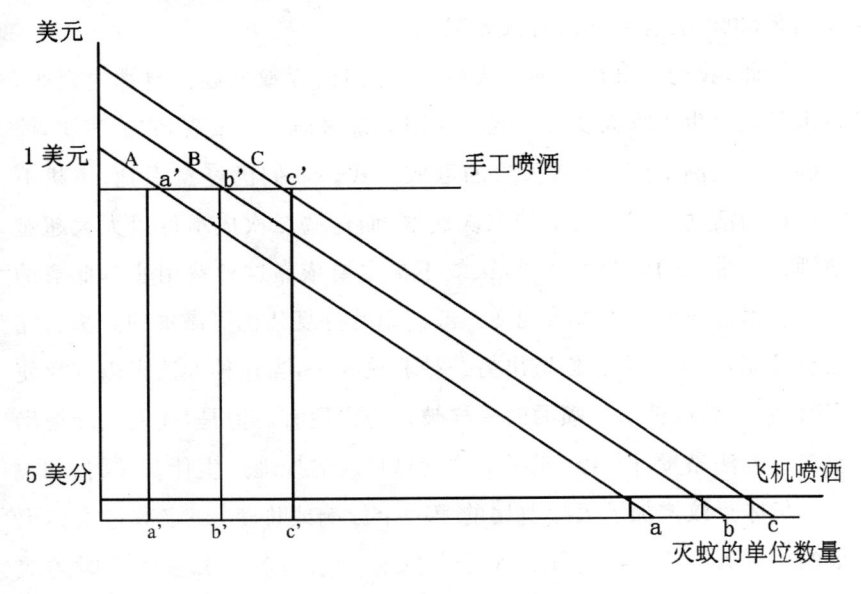

图 2

现在我们来探讨一下处理灭蚊事项的这个政府机构的理想规模。首先我们应该注意到,飞机喷洒这种技术是受条件限制的。为了取得高效率,飞机应该喷洒全城和附近某些蚊子繁殖的区域。想要只喷洒一半城市，得到的保护会大大少于一半。换句话说，那会是很糟糕的做法。因此，决定雇用飞机的最小规模的政府机构，会是我们中西部的小城镇。

用非常相似的办法，我们可以确定政府灭蚊机构的最大规模。一般来说，每次这种机构规模的上升，都会减少最后供应将非常接近于某个百姓愿望的可能性。在像灭蚊这样的事情上，尤其如此，因为可以推测，不同社区的蚊子滋生水平不同。一般来说，当这类政府机构的规模上升时，外部性内部化的数量也会上升，但是政府活动对任何选民个人意愿的调整下降。在灭蚊这个事例中，找出这两个因素导致非常明确的看法：衣阿华的这个小城镇应该自己提供灭蚊服务。当然，如果是其他问题，也许会有另外的解决方案。

至此，我们一直在谈的是大约10年前的灭蚊问题。自那时以来，技术已经发生了很大变化。我们仅限讨论这样一些发现，它们表明，简单的飞机喷洒DDT并非灭蚊的可取方式。人们已经意识到，飞机喷洒这样的活动会产生大量的二次成本，而这些二次成本可以大大超过喷洒过程带来的效益。结果，灭蚊不再主要依靠这种费用非常低廉的杀灭技术。我们无须去谈现在一般使用的更复杂也更昂贵的办法。完全有可能，明天有人会创造出另一种驱蚊办法，当这种办法得以广泛使用时，它会像以前飞机喷洒时一样被认为很便宜。但是，我们只能指出现在的方法昂贵，而且还想了解这会对目前的推理产生什么样的影响。

集体灭蚊增加了灭蚊费用的第一个影响或许是，一定数量集体灭蚊的单位灭蚊成本会等于或高于某人在自家后院中私自喷洒时的成本。这种情况容易处理，适当的决定当然就是完全放弃所有集体灭蚊的努力。第二个或许会发生的影响（也容易处理）是，无论使用公共的还是私人的办法，灭蚊都变得太昂贵，以致对个人而言都不再可取。这里还要再说一遍，适当的解决办法是不再用公共的灭蚊办法，而且我们会料到，也不会再有私人灭蚊了。这两个都是容易解决的问题，而且对于这两种情况，我们都不必做进一步的分析。

然而，有趣的问题是，就获得一定的灭蚊数量而言，如果使用多种减少蚊子数量的公共手段（比如说，对蚊子的繁殖区域进行专门处理），仍然是比私人喷洒便宜的方法，但是差别变得不大时，我们该怎么做。我用图3来说明这个问题。

这里我们假设存在集体灭蚊的方法，而且在这个城镇中的所有成员每人都必须为每单位灭蚊成本支付95美分，而私人灭蚊成本仍然是每单位1美元时，集体灭蚊就算得上是高效了。如果只有B先生明确知道集体灭蚊是可取的，他以95美分的价格购买 x 灭蚊单位，而不是以市场经济下的1美元价格购买 b 灭蚊单位，他的生活会好一些。他的净效益由图3中横向向左倾斜的灰色区域测定。

然而，如果我们考虑的是由三人构成的社会（A、B、C三位先生），局面就比较复杂了。比如说，A先生从新建立的灭蚊水平获益，表示为横向左上角的不等边四边形。即便是以新的价格，他也因必须购买比他想要的更多的灭蚊单位而受损，表示为纵向的灰色三角形。显然，他的生活在集体灭蚊下要比个人灭蚊时差多了。C先生受到的影响比较模糊。他的总收益是B先生的总收益加上带小点的三角形。然而，他因无法自行购买更多的灭蚊单位遭受的损失由灰色三角形表示。这个损失只是在他不可能（由于技术的或法律的理由）以他以前自行购买灭蚊单位时同样的价格来补充集体灭蚊时才发生。如果公共灭蚊实际上降低了额外灭蚊单位的成本（可想而知），他有可能获益。如果公共灭蚊没有完全阻止私人灭蚊，但只是使私人的补充灭蚊非常无效率（在我的想象中这是很普遍的情况），那么C先生对应的供应曲线就有点像横虚线，并会购买 $(c'-x)$ 的私人灭蚊单位。在新安排下C先生的总成本会是这条横虚线与1美元线之间的不等边四边形。如果这个区域小于左边新供应量的四边形,他就会得到净收益。

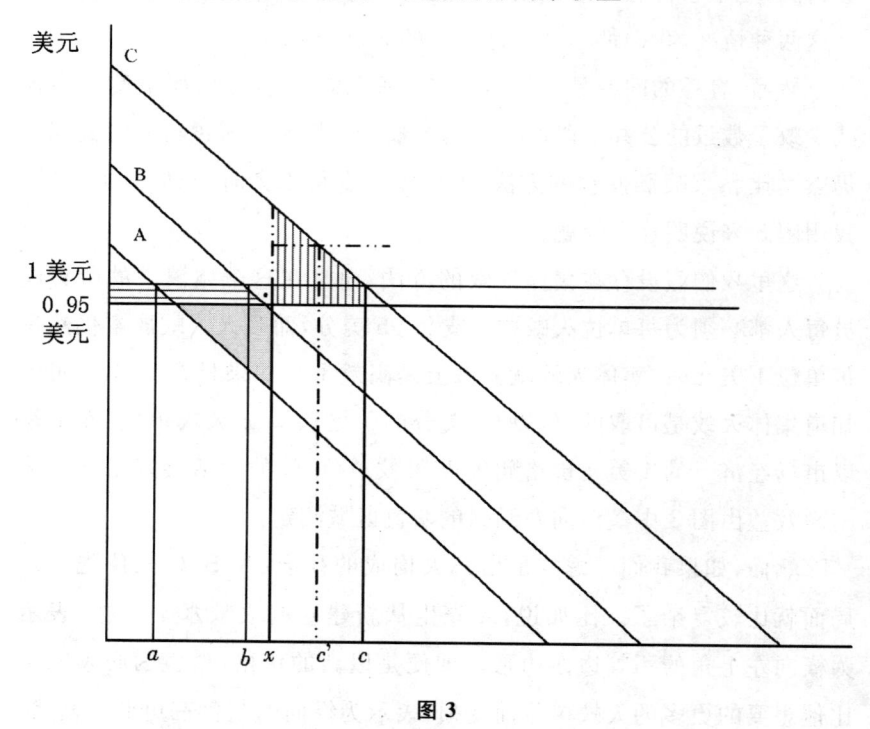

美元

C

B

A

1 美元
0.95
美元

a　　　b x　c′ c

图 3

现在,自然而然地提出了这个问题:假定是在这个三人小社会中,实行公共灭蚊是否可取?如果实行公共灭蚊使 A、C 两位先生受损而使 B 先生受益,那么一般的福利经济学家就会研究 B 先生能否补偿 A、C 两位先生的损失。如果集体灭蚊使 B、C 两位先生受益而使 A 先生受损(这也是非常可能的),那么当然,那将更有可能给予补偿。糟糕的是,当我们谈的是公共产品,而且这个公共产品的消费数量是由投票或其他集体过程(collective process)决定时,补偿在现实世界中就几乎不可能了。

问题在于,我们将无法确定补偿的数量。A 大概还没有多想他对"集体 x 灭蚊单位加适当税收"的组合应该要求多少补偿。如果被问到这个非常陌生的问题,他绝对不愿正确表达他自己的感受。如果我们谈的不是这个三人小社会,这会是特别真实的情况。A 先生或许会担心,如果他要求的损失补偿数额过大,整个计划就会作废。这就限制了他夸大其可能遭受损失的程度。同样,即使 B 和 C 先生受益,如果我们去问他们,但没打算问出个准确数字的话,他们大概也很难会被迫给自己的受益定个货币价值。

作为一般原则,想让选民就某个问题投票表决,用他们的个人剩余来相互补贴他们的个人损失,这是政治上行不通的主张。因此,我们不能使用传统的福利经济学方法,让受益的人直接付钱给受损的人。然而,在福利经济学家的工具箱里还有另一个非常有争议的工具。有些(绝不是所有)福利经济学家会认为,即使我们能够计算出可能支付的数额,也没有必要一定这么做。按照这种思路,即使有了社会净效益,我们也不必去想用什么方式分配它。这种使用帕累托原则的方法是有争议的,而我并不想在这里认可它。然而,这种方法有一个变体,那显然是值得重视的,而且我们也将使用这个变体。

根据这个变体,如果我们预料到今后要做大量决策,而我们说不出谁将会从每一个这样的集体决策中受益或受损,但可以预料到,大部分社会成员会发现自己有时候会受益,有时候会受损,那么,简单计算是否有净效益并可用于所有这些决策的规则,大概就是给社会每个成员一个正的未来折扣收入流(positive discounted future income stream)。可以说,用这种观点,如果我们发现了"净收益",我们就可以使用集体灭蚊而不必担心有人受损(特别是 A 先生)。要注意的是,使用这种观点涉及收入转移。A 先生受损,B 先生受益,C 先生依据这个问题的具体参数要么受益要么受损。这种转移支付显然不是我们会积极支持的事情。尤其是,作为一般规则,社会中关注某种物品限制消费的大部分成员往往是比较穷的成员,这一点更为真实。因此我们现在谈到的这类转移支付往往成了从社会中的穷人向富人的转移支付。贫穷的 A 先生更穷了，中产阶级 B 先生得了好处，而上层阶级的 C 先生获得净收益。

要注意到，让我们选择集体灭蚊还是私人灭蚊的基本参数，本质上都是技术性的。因此，停下一会儿去研究一下集体灭蚊技术优势的本质究竟是什么，是有道理的。乍一看，人们可能会认为，那不过就是个普通的规模经济的例子，但是显然不是这么回事。通用汽车公司在雪佛兰汽车的生产中肯定已经实现了最大的规模经济，但我们并没有发现这里必须使用集体供应。通用汽车公司可以把它的小汽车卖给分散在美国各地的人，却不大担心隔壁买了雪佛兰车的邻居也有一辆福特车。

飞机喷洒灭蚊的特别之处在于，一般来说，一次在一个城市做这件事不可能经济。为了要使飞机喷洒有经济性，必须喷洒相对广泛的区域；部分原因在于飞机必须从机场飞到它实施喷洒的地方，部分原因在于这种喷洒往往会覆盖周围的几个住宅区。如果这些住宅区中只有一个肯付钱用飞机喷洒，其他住宅区就会免费搭车，得到这项服务。那么，这个问题是地理上的相邻性。地理相邻性是几乎所有我们会选择集体供应的这类区域的基本特征。只有消费者是相互邻居时才能获得的规模经济，与没有这种地理相邻性也能获得的规模经济，两者之间的区别是根本性的。

作为公共产品的公共决策*

指出公共产品的存在,以及私人市场难以解决由这些公共产品产生的问题,以此来解释政府的称心如意,现在已经成为经济学中的正统思想。① 本文的主题是,政府本身的运转提出了一个新的和极为难以解决的公共产品问题。来看一位联邦法官,他正在对某个案件做出裁决。他的裁决直接产生了外部性——这个外部性落在了该案件的参与者头上。除了这些非常有限的外部性之外,他还参与了一个公共产品的生产——执法。比如说,如果他决心做出一个与法律不一致的判决,他就不仅改变了这桩案件的局面,而且在一定意义上,改变了今后的法律。

这后一现象在法官实际上是在立法的那些案件中最为重要,他们的裁决产生了纯粹的公共善(或公共恶)。然而请注意,几乎没有给法

---

* 经芝加哥大学出版社许可,重印自《政治经济学刊》(*Journal of Political Economy* 79, July/August 1971:913-918. Copyright 1971 by The University of Chicago Press. All rights reserved.)

① 这个传统始于保罗·萨缪尔森的文章《公共开支的纯理论》(Paul Samuelson, "The Pure Theory of Public Expenditure," *Review of Economics and Statistics* 36, November 1954:87-89)。更多的事例见马斯格雷夫著《公共财政理论》(Richard A. Musgrave, *The Theory of Public Finance*, New York: McGraw-Hill, 1959),布坎南与塔洛克著《同意的计算》(James M. Buchanan and Gordon Tullock, *The Calculus of Consent: Logical Foundations of Constitutional Democracy*, Ann Arbor: University of Michigan Press, 1962)及许多其他人的著作。简单的口号"公共产品"隐藏了一大堆难题。就本文而言,我要跳过这些问题,因为,正如我们将要看到的,这里讨论的公共产品特别简单明了。

官自身的私人激励,促使他做出"正当"裁决。假定他做出了一个裁决,导致犯罪率上升。犯罪率的上升有可能影响到整个国家,但是这位法官和他的近亲属成为受害者的可能性与其他人受到的伤害相比会非常低。同样的原则也适用于法官将犯罪的定义延伸到先前并未被当作是犯罪行为的情况。

再说一遍,法官自己极不可能受到那种行为的伤害,因此,他是在没有私人受益(或受损)的情况下创造了一项公共善(或公共恶)。他不可能被撤职,他的工资也不会被削减;实际上,在给法院其他成员加薪时,甚至想要不给他加薪也是不可能的。是的,在某些案件中,这位法官的裁决并非终审判决,还可以有上诉。然而,撤销原判可能有伤其自尊,但并不能真正伤害这位法官。最高法院的法官甚至不受这种控制。所以,法官就处于其行为能产生公共善或公共恶的地位,在这里,他的这些裁决几乎没有私人成本或私人效益。

如果这位法官在任何裁决中都不受私人动机的影响,那么,公共善对他自身非常微弱的影响足以使他做出正确裁决。他不会成为免费搭车者,因为做出"错误"裁决不会使他受益。这大概就是我们对政府官员中可能产生的利益冲突那么担忧的原因。但是,使某人强烈关注一个正确结果总比使他只有微弱关心要好。此外,这位法官有相当强烈的私人动机,可以导致他做出一个裁决,而这个裁决违背了使他的公共善生产最大化的原则。他可以是(而且很有可能是)免费搭车者。

首先,即便这位法官与正在考虑的问题没有利益冲突,他也可以有偏向。尤其是,他个人的道德体系并非立法者的道德体系。在这样的情况下,如果他遵从立法者的看法而不是他自己的看法,他会承担一定的私人成本。当然,他也可以有一种道德体系,比如说,既认为对杀人犯执行死刑是件坏事,但也认为法官应该遵从立法机构的意志。在这种情况下,法律若规定了死刑,他就会遇到道德冲突;若执法,他也会付出一定的个人成本。这个私人成本会被公共善抵消。②

　　我不知道这个私人成本有多么重要。当我还是个法学院的学生时,有大量关于法官"个人素质"("fireside" equities)、法官共同使用的语言,以及对道德的普遍认识的讨论,而不是对法律的讨论。这个问题特别严重,因为不同的法官可以有不同的个人道德体系,结果,"法律"可以因法官不同而有很大差异。作为一种猜测,我会认为法官在很大程度上受到其个人偏好的影响,而且当他们的个人偏好因各种原因中的一个而与法律冲突时,相对来说,法律公共善的方面就会相对受到轻视。

　　然而,这个问题的另一个也是更重要的方面,与这位法官用于裁决的精力和思想有关。对他而言,这是个纯粹的私人成本。他可以迅速解决问题,而不加多少思考。但是,如果他想要确认他做出的是"正确"的裁决,他就得拿出大量时间来思考这个问题。这是个私人成本,而这个裁决将主要产生公共善。③ 公共善的一般推理会暗示,他会以这项私人开支的少量投入获得公共善方面更好的抉择。

　　至此,我一直在谈法官,因为他们是几乎完美的示例。大多数其他政府官员也是例子。其实,许多有着决策责任的人,其责任会在他们的私人成本与他们正在生产的公共善与恶之间引起更为严重的冲突。来看一般的公务员。尽管因办事无效率不是不能解雇他,但要想解雇他是极为困难的。在这样的情况下,如果他做了个决定,如果他的偏好与大多数人的偏好发生了冲突,没有强有力的理由能说明,为什么他就不

---

② 许多反对死刑的人认为,死刑不会产生公共善,因为它不会影响谋杀率。在这个事例中,如果这位法官判决死刑,他做得最好也只是使现存法律产生了公共善的发展,而不是执行了他自己的偏好。

③ 法官很可能有时候会从思考面对的问题中得到愉悦,但是只是为了使法官愉悦而把大量精力用于这些问题,肯定不是社会最优的情况。

该按自己的偏好做决定。另外,他也没有特别强烈的理由要极度努力地工作。

如果在某个问题上,他有着非常强烈的成见,这最后一个因素就可能特别重要。他会极其不愿为了找出他的判断是好还是坏这个特殊目的而不怕麻烦地研究这个问题。如果他的判断不对,对他几乎没有成本,而工作及改变主意的成本却是相当大的。此外,发现他在某些问题上的判断不对可能意味着,他在过去已经做了许多错误决定,并因此已经造成了许多伤害。避免承认这类错误的意愿太容易理解了。因此,有许多私人成本可以用来反对精心准确决策的公共善。不必说,同样的一般原则也适用于穿军装的官僚们。

至此,我们一直在谈基本没有可能被解雇的政府官员。在民主国家中,最重要职位的官员们并非不能被解雇。选民可以解雇政界人士,而且他们即使不能控制法官,显然对公务员确实有一定的控制。那么,政界人士就受到激励去考虑他们的决策对自己未来前程的影响,而且因此,对于他们产生合理决策的智力努力,确实有重要的私人成本,也有私人效益。在这方面,他们同为市场生产商品的企业雇员是相似的。遗憾的是,在民选政界人士与私营公司的高管之间还有一个重大区别。

例如通用汽车公司。他们有位雇员为雪佛兰汽车设计保险杠。此人能从设计一个更好的保险杠得到的直接好处大概非常小。他可以买一辆雪佛兰车,也可以不买。如果他确实买了,一个设计良好的保险杠对他的影响相对于对整个国家的影响实在太小。此外,他的保险杠生产对于通用汽车公司是一件"公共产品",也就是说,它将影响到通用汽车公司的利润。然而,由于他设计了一个质量低劣的保险杠,造成通用汽车公司销售缩水,对于这位设计师个人的伤害也大大小于对于通用汽车公司的伤害。通用汽车处理这个问题的办法是,让他付出一个私人成本,以促使他为自己的私人原因生产这个"公共产品"——设计质量良好的保险杠。

回到我们的政府事例,这位政界人士也受到像通用汽车公司雇员一样的约束。如果他使选民不高兴,选民可以轻易地解雇他。此外,他也确实对公务员甚至是联邦法官今后的职业前程有一些影响(从得到薪酬的角度说)。这个影响比我们通常预料的对经济中市场部分的影响要小得多,但绝不是零。在这里,我们遇到了另一个非常重要的公共产品问题。老百姓个人在选择他要购买的小汽车时,是在做私人决定,所有的成本都将由他自己承担。他会因此付出最佳数量的精力,找出最适合他的汽车。此外,如果他做了个错误的决定,除了他自己没有人会为他埋单。另一方面,如果他想到投票,就像肯尼思·阿罗④指出的那样:"由于任何个人的选票影响极小,不值得让选民去搜集信息,除非他在这个首倡问题上的利益大于搜集信息的成本。"当选民投出他的选票时,他是生产了一个公共产品。如果说他有什么理由去搜集他的选票投得是否适当的信息,那理由也非常不充分。投错了选票对他可能产生的成本微不足道。

在这样的情况下,我们会预料到,这位选民不会费心去变得消息灵通。选民掌握的信息数据看来证实了这个假设。不知道他们选的国会议员姓甚名谁的人大有人在。对于政治问题的错误判断,以及由此认定"各个党派都在承诺与他们实际提供的承诺直接相悖的事情"的认识再正常不过。假如有公共产品理论,这就是我们所能想到和看到的。这样,当最终消费者做出决定在私人市场上购买用于生产自用物品的东西时,市场与政治之间就有了根本的区别。当他在"公共市场"中投出了自己的一票时,他是在生产一个公共产品。由于购买和投票都会

---

④ Kenneth Arrow,"Tullock and an Existence Theorem," *Public Choice* 6(Spring 1969):105-111.

产生私人信息成本,我们会预料到,这些私人成本会出现在它们的边际效用与改善后的决策对这个人的边际效用实现平衡的点上。在选票的情况下,这点接近于零。

在私人市场中,企业家最终是繁荣昌盛还是走投无路,取决于他们向人们销售的商品和服务,那些人是为他们自己的利益购买私人产品。在公共市场中,政治"企业家"在向有着错误判断的个人销售公共产品时的成功与失败,将主要取决于其他人而不取决于他们自己。这两个市场中的信息状况非常不同,而我们也会料到,公共市场中消费者的满意度会远低于私人市场,只因消费者在公共市场中作决策时,明显地投入了少得多的精力。这里,公共产品定理再次指出,理性的个人做出的选择,从社会角度看不是最优的。

回到本文的主题,民主政府——现在通常被解释为在经济过程中处理公共产品的一种努力——自身产生了极为难以解决的公共产品问题。公共决策过程是产生公共产品的一个程序,而涉及这个程序的个人,无论是选民、法官、立法者还是公务员,全都想把它当作任何其他公共产品一样对待。因此,我们可以预料,他们在考虑公共决策时投入的"私人成本"将少于最优。

已经指出了一个重大问题,照例也应说明解决办法。遗憾的是,在这个问题上,我做不到,尽管有一种情况可能是有解决办法的。围绕大城市的地区的地方政府常常相互争夺居民。个人要决定在哪里居住,就要考虑到每个郊区中政府的各种服务和税收对他个人的影响。如果是这样,这个决定就是个私人决定,主要的成本将由做出决定的个人承担。然而,即便是这样,也没有一个类似于汽车那样的私人产品,因为社区的政府不是由追求利润的人任命的(那些人总想使他们的消费者人数最大化),而是由大多数消费者自己通过投票市场任命的。个人尽管有强烈的动机仔细考虑他将要在哪个社区居住,可一旦进驻,他明智行使其选票就的动机变弱了。由于他面对的各种选项全都以这种公共产品依赖（public-good-dependent）的方式来管理，"根据需求进行调整"的倾向会比如果这些郊区是追求利润的公司时弱得多。要将这种解决办法用于主要的政府部门将会有极大困难，但是，理想的办法值得进一步研究。

这项研究的最终产品令人非常压抑。私人市场只能为那些可以充分内部化的外部性提供的适当解决办法。可以充分内部化更多"公共产品"的公共市场，在其决策过程中产生了一种极端的公共产品问题。这样，我们就要在全面产生带有偏袒决策的私人市场与平等而全面产生不妥当决策的公共市场之间做出抉择。

没有利润的信息[*]

慈善活动是我们经济中的重要部分，但是经济学家对它们的注意却少得可怜。① 组织大型慈善机构的常见方法是建立非营利公司，而经济学家对这些公司的关注还要更少。当人们记起大多数经济学家都受聘于非营利组织，并因此会有绝佳的机会用他们的分析工具分析这种组织形式时，这一点尤其令人吃惊。本文将是对慈善经济学这个相对未开发领域的一次出击，其基本工具将是以安东尼·唐斯方式②使用的信息成本-效益分析。然而，分析并非本文的唯一目的，本文最后将对制度改革提出建议。

人类大都有慈悲情怀，而且大部分人都至少为慈善目的分配了一定资源。有时候，这些慈悲情怀导致向个人的直接捐赠，但是更常见的是，某个非营利组织被用作捐赠的中介。这种非营利机构可以是政府，在这种情况下，慈悲为怀的个人通过投票或施加压力，支持把税收款项用于对他希望帮助的个人或群体有好处的事情；非营利机构也可以是私人慈善机构，在这种情况下，个人通常向比如说哈佛大学或是癌症基

---

* 经克卢瓦学术出版社的友好许可，重印自《非市场决策论文集 I》(*Papers on Non-Market Decision Making* 1,1966:141-159)。

① 当然，有一些慈善领域的调查。见迪金森编辑的《慈善事业与公共政策》(Frank G. Dickinson, ed. *Philanthropy and Public Policy*, New York: National Bureau of Economic Research,1962)和对"经济理论与非营利企业"问题的小组讨论(the panel on "Economic Theory and Non-Profit Enterprise," *American Economic Review*, May 1965, pp.472-509)。

② Anthony Downs, *An Economic Theory of Democracy* (New York: Harper & Bros., 1957), pp.207-260.

金捐款。③尽管这些机构的形式不同,本文考察的问题却不大受这个差异的影响。因此,本文将主要讨论向私人慈善机构所做的捐赠,偶尔参考政府机构和税收款项为慈善目的使用。

经济学课程经常会在一些地方谈到慈善捐赠的效果,即:做出慈善捐赠的决定在经济上并不比买辆车的决定更不理性。两者都是用收入"购买"满足感,两者都增加效用。本文的目的并不是要提出与这种传统的慈善活动个人理性观点相反的看法,而是说,尽管如此,在把资源用于慈善目的时,确实存在一种非常近似于非理性的因素。慈善捐赠的捐赠人,无论他们是向心脏病基金做出捐赠的个人还是纳税的选民,他们往往异乎寻常地不了解自己捐赠的效果。④ 信息不畅的结果是,慈善活动很可能规划不周或办得不好。一旦这个问题被认识,讨论做出改进就变得有可能了。

最近一次讨论得出的结论说:"在许多令人伤感的事例中……捐赠人只是希望用一定量的捐赠释放他们的道德责任,却并不在乎这些捐赠是否有什么结果。实际上,通过像联邦基金这样的工具,他们既逃避了对不同组织进行精心选择的责任,也为接受捐赠的组织避免对资金有效使用进行审计找到了借口。"⑤这描述了大部分慈善活动的状况,

---

③ 在哈佛大学和癌症基金的事例中,慈善动机可以是非常间接的。捐助人不是直接向穷人和受压迫者提供帮助,而是通过增加我们的知识做出旨在改善这种情况的贡献。他也可能对向交响乐团提供一笔捐助来改进文化感兴趣。

④ 慈善事业中一个普遍而广为人知的信息问题产生了一个事实,即捐赠人几乎不可能充分了解受益人的效用情况。因此,除非是直接给钱,否则他的捐赠大概不会恰好满足受益人的愿望。我不想否认这个问题的重要性,但是本文讨论的信息难题是另一个问题。

⑤ 林德布洛姆的文章《私人的,但是不为追求利润》(Charles Lindblom, "Private—But not for Profit," *Challenge*, March-April, 1966: pp.20-23),引语摘自第22页。科缪尔的著作《改造美国梦》(Richard Cornuelle's *Reclaiming the American Dream*, Niw York: Random House, 1965)基本上就是为扩大慈善部门所做的呼吁,然而其中也满是这个领域中极为无效率的例子。

极少有人对此表示怀疑。然而，作者对他察觉到的人们把资源用于慈善事业和用于自用商品（private good）之间的明显差异并没有做出解释。在这一点上，他的态度很典型。人们已经广泛注意到，捐赠者对慈善事业本身相对缺乏兴趣，[⑥]但是甚至极少有人去尝试做出解释。

正如我们将看到的，在考虑到涉及的信息成本时，做出这种解释并不困难。然而，在尝试建立一个严格的模型之前，我们先来看一个比喻善行与恶行的例子：贝尼费克特[*]组织了个机构，叫做"冈多纳兰生病饥饿儿童救助会（Aid for the Sick and Starving Children of Gwondonaland）"，并为其活动吸收自愿捐赠。然而，这个机构并没有在冈多纳兰浪费钱财。它把收到的全部捐赠（扣除贝尼费克特的企业家利润）都专用于提高捐赠人的效用。它印制时事通讯（用的纸张看起来很便宜），上面刊出的全是感人的受苦受难的故事和它对受难者的慰藉。这些故事由可以花钱雇到的最好的写手编造出来，并在前后配上令人同情的照片，那是技艺纯熟的摄影师动用全纽约模特公司的资源拍出来的。任何捐出 10 美元以上的人，都能得到一封有着孩子手迹的"私人信函"，信中对他表示感谢并建议他做更多捐赠。任何捐出 100 美元以上的人，都能得到一件以冈多纳兰儿童名义生产的"土著工艺品"。以吸引新的捐赠者为目的的大量宣传活动也在进行。贝尼费克特这些活动的结果是，许多捐赠者一想到他们在救苦救难就有了满足感。他把捐赠者几乎全部捐赠的总价值都用在了向他们提供大量"信息"上，这些信息表明，他们的善举是必要的也是成功的。结果，捐赠者喜笑颜

[⑥] 布兰迪在他的著作《我该捐多少？》（Lilian Brandy, *How much Shall I Give*? New York：The Frontier Press, 1921, P.20）中说："'做好事'令人愉快，也就是说，一般人在打算做好事时都不要求确定的结果。"

[*] 原文是 Benefactor，并非人名，而是"捐赠者"之意。下文中的梅德尔，原文是 Meddle，也不是人名，而是"管闲事"的意思。但作者在这里是把它们当作人名使用，意在比喻。——译者

开。但是，如果这些钱真正用在了帮助孩子上，没有多少钱可以用于发送时事通讯等活动，他们就不会那么高兴了。

这件事在不是经济学家的人们中可能会引起极大的义愤，但却符合帕累托经济学的福利原则。它在捐赠者心中产生了一束温暖的光，为纽约的许多作家、模特、摄影师和印刷厂提供了就业，还为贝尼费克特提供了巨额利润。这个机构的创建提高了许多人的满足感，也没有降低任何人的满意度。提不出能做什么改变的建议，以"至少使一人受益而无人受损"。特别应该注意的是，冈多纳兰的饥饿儿童不会因这个组织而受到伤害。如果这个组织把它直接服务捐赠客户的钱拿出一部分，用于帮助冈多纳兰的儿童，孩子们当然会生活得好一些。但如果美国钢铁公司同样对他们的福利做出捐赠，他们也会生活得好一些。美国钢铁公司和这个组织的管理层主要关注的都是侍候客户，而没有向冈多纳兰儿童提供慈善捐赠，这个事实无疑令人遗憾，但它并没有真正伤害这些孩子。

关于善行就说这么多，现在来谈梅德尔(Meddle)式的恶行。梅德尔完全没受过经济学训练，甚至从来没听说过帕累托最优。梅德尔对"冈多纳兰生病饥饿儿童救助会"做了调查，并把他的研究结果发布给了报纸。他没给贝尼费特克一个适当的机会，通过选票交易来阻止发布消息。结果，捐赠者失去了做好人的热情，变得很不高兴。这家救助会雇用的模特、摄影师等人被迫另找工作；贝尼费特克进了监狱，而这意味着，纳税人必须养活他好几年。梅德尔的非经济干预与帕累托改变(Paretian change)几乎完全相悖。是有些人因为阅读报纸上这类好看的消息而感到赏心悦目，他们从梅德尔的活动中受益了。除了这些报纸读者，没有人因梅德尔的行动而生活得好一些，还有大量的人因此受到伤害。

现在，假定贝尼费特克出狱了，他变得有些忧伤，但也比较聪明了。

他另行组织了一个"比查纳兰生病和饥饿儿童救助会",旨在避免前一个救助会的悲惨结局。它不再把所有的收入花在宣传活动上,而是真的把部分收入用于养育比查纳兰饥饿的儿童。结果,它不再能像前一个救助会那样,向捐赠者分发那么多时事通讯、土著工艺品等。此外,听从律师的劝告,贝尼费特克现在确认他资料库中所有的苦难和救助记录都是真实的,这些记录都有真实的比查纳兰儿童在比查纳兰拍摄的照片说明。由于享实极少能像虚构的故事那么有意思,也由于比查纳兰人做模特不似纽约的专业模特那么好的,比查纳兰一流的摄影师也不如纽约的专业摄影师,他们的产品远没有贝尼费特克以前使用的纯粹假货有影响。结果必然是,他能够吸引到的捐赠者少了,而且一般来说,捐赠者也没有上一个救助会被揭穿真相之前的捐赠者那么满意了。在一定的意义上,在比查纳兰的开支是对另一种灾难的保险,它们保护贝尼费特克和他的捐赠者不会像上一个救助会那样因曝光而终止。

这种情况可以用火险形成之前制造商的类似情况加以说明。19世纪初的制造商,就像贝尼费特克一样,面临一种灾难的可能性,但灾难的形式是火而非曝光。⑦ 他用于防范火灾的任何资源——比如将所有易燃的原材料储存在离工厂有一定距离的地方从而造成加工成本的上升——都会要么增加他必须回收的成本,要么必须让他生产质量较差的产品。消费者只会根据产品和价格进行选择,而不会关注他的工厂明天被烧掉的相对可能性。另一方面,这位制造商既关注其产品的销售,也关注保证其工厂的安全。为防火投入的每个美元都减少了他销售产品的利润,但是增加了他在明年还能保有工厂的概率。同样,贝

---

⑦ 也像贝尼费特克一样,这种灾难可以是全面的,也可以是局部的。曝光或许只影响到少数潜在捐赠者,正如火灾或许只摧毁某个工厂的一部分。

尼费特克实际用于帮助儿童的每个美元也都减少了他能够用于改善捐赠者客户满意度的资源。

这个分析当然是不完善的。制造商的消费者对制造商今后的生活好坏漠不关心,并因此对他是否买了火险无动于衷。另一方面,如果贝尼费克特做假的事被曝光,捐赠者因此被人看作是傻子,他们就会遭受痛苦。因此,他们对可能曝光的这类信息会有些兴趣,他们也会因此关注贝尼费特克是否真是个骗子。然而请注意,这只适用于该慈善机构确实有欺骗行为的可能性。如果这个慈善机构只是极无效率,或者把它收集到的款项中不适当的部分用于吸引更多捐赠,那就不大可能会伤害到捐赠者。因此,潜在的捐赠者会关注表明该慈善机构确实进行了慈善活动的信息,但不会关注其经营效能。

例如,美国和平队在其成立初期曾贴出非常醒目的征兵海报,上面在显著位置画着一位正在做什么事的志愿者,还有一个大标语:"你在战争中做什么?"我写了信去问他到底在做什么,结果引出了长长的通信;而通信中清楚表明的是,他们不知道也不在乎他在做什么。⑧ 这位志愿者显然是个非常有魅力的年轻人,而且他肯定只有最好的心愿。按他们的意思,这就该足够了。研究他到底在做什么,或者不管那到底是什么事,它是否能帮助他所生活的波哥大郊区的居民,都不那么重要,不值得予以耐心答复。效能的问题太模糊了,构不成使"曝光"成为真正危险的可能性。

这些结果显然是荒谬的,然而,它们看起来也符合逻辑。当然,这个问题有着由"福利行业"销售的产品的特性。要是我买了一辆小汽车,然后收到了车,我必然了解它有什么缺陷。同样,要是我给一位国会议员候选人投票,因为他答应为社会科学研究提供更多资金,我将看

---

⑧ 可以推测的事情是从建一排栅栏到搭兔棚子,什么都行。

到，我自己获得研究资金也会更容易一些（如果也有足够多的其他利益集团为他或他那个党派的其他成员投票）。这两项活动都涉及为获得一个直接影响到我的结局而支付资源。由于我知道，我"买"的产品的任何缺陷都将直接对我产生不利影响，我在答应买车之前，肯定会仔细考虑，投入资源去弄明白，我买到的到底会是什么。

另一方面，对于慈善开支，产品中就不一定有能引起我注意的缺陷，而且无论如何，有缺陷也不会直接影响到我。要是我给了冈多纳兰饥饿儿童一笔捐赠，或是投票支持一位答应为那个目的动用公共资金的国会议员，我无论如何都不会因**成功**的骗局或无效率而受到伤害。只要我继续认为我的捐赠帮助了那些儿童，他们并没有得到帮助的事实并不能减少我的满足感。要是我为自己使用而买了什么物件或服务，那情况就大不一样了，因为我会自动弄明白这个产品或服务是否有什么不能满足我预期的地方。

根本问题源自产生于慈善开支和产生于直接消费物品的明显不同的满意性质。不同性质的满意导致了不同的成本与效益，那是由为获得信息而投入的资源产生的。自然而然地，这也导致了对信息的不同态度，以及努力获得信息方面的差异。对充分了解慈善开支信息的激励实在太弱，我们也应该相应预料到，重要信息会极为稀少。同样，无论是私营还是政府慈善组织的管理者都将发现，如果他们把这个事实考虑在内，他们会得到更多资金。他们是在"销售"一种由奉献而来的满足感。这种奉献是不是改善了其他什么人的境况，并不是捐赠者直接关心的事情。他关心的不是实际发生了什么事，而是他在这件事上的形象。相应地，企业家应该让这种形象闪闪发光。

为了更仔细地考察这件事情，我们要使用一点简单的代数。为了简化，我们将仅限于研究私人活动，而把政治机制搁置一边，这种机制是个人为私人收益和慈善目的都可以利用的。农民投票支持承诺增加补贴的候选人，他显然是在利用他的选票"购买"一份私人收益。另一方面，如果他投票支持一个提议削减农业补贴并让面包价格下降的人，他就是在通过政府做慈善事业。但是，我们一般将忽略这种复杂性，并假定我们谈论的是私人产品的私人购买，或是私人慈善捐赠。在这里提出的问题中，根本差异存在于私人目的和慈善目的之间，而为实现这些目的选择使用私人手段还是公共手段，没有多大重要性。

来看一个买了一辆小汽车或是为外方传教基金做了捐赠的人。他的满意度等于方程式1中表示的许多不同因子之和。

$$S = P + U + R_p + R_u + P_s - C \tag{1}$$

在这个方程式中，P是他从购买行为中实际获得的愉悦，U是他从商品或服务的消费中获得的愉悦，R_P是他对决定购买对其名誉影响的评价，R_U是他对被人看见拥有或消费这种商品或服务对其名誉影响的评价，P_s是销售者的售后活动对其满意度的提升。在大多数情况下，我们不会想到这种特殊的满意来源，但是大多数商人至少会想到一点，以使他们商品的购买者相信，他得到了个好价钱。那个告诉你说你刚买的那套西装看来非常适合你的推销员或许就是个最好的例子。在私人购买中，这是个无关紧要的因素，但在慈善活动中，它可以是个至关重要的因素。最后还有个C，购买或捐赠的成本，用于这项活动的资源可作其他用途的可能性。见表1。

如果我们考虑的是普通商品和服务的私人购买，那么显然，来自P，R_P和P_s的满意度很小，而R_U通常也将非常小。方程式2会被看作是大多数情况中近似的满意度。

$$S = U - C \tag{2}$$

另一方面，对于慈善捐赠，此人将不会使用或消费他的捐赠所提供的商品和服务。方程式3是对他这种情况的正确说明。

$$S = P + R_P + P_s - C \tag{3}$$

但是，如果假定信息并非免费可得，方程式 2 和方程式 3 就有了完全不同的效果。一个考虑购买自用商品的个人会被迫从搜集这种物品的信息开始，哪怕是牺牲真正的资源，因为他打算从消费该物品中得到他最大的满意度，而如果那物品有缺陷，他也会是受到损害的那个人。假定他需要进行选择：是把一笔资金全部用于购车，还是从那笔资金分出一部分用于了解市场情况，然后用余下的部分购车。他通常会选择后者。这减少了他用于买车的钱，但也使他不大可能后悔自己的决定。他是在为自己购买一连串今后的服务，并希望在他购买之前对这一连串服务的价值做出准确的认定。

另一方面，考虑做慈善捐赠的人在本质上是购买了一个赠品。P 和 R_P 都完全取决于其捐赠的行为。由于他显然做出了奉献，他不必对慈善团体的效能进行任何调查就可以得到因奉献而产生的满足感。其名誉的收益，R_P，取决于他人的看法，而他应该弄清他们是如何看的。但是他必须了解的是他们现在的看法，也就是说，他不必投入任何资源去弄明白该慈善团体到底拿钱做了些什么，只要了解它的声誉如何即可。⑨ 他也不必了解该慈善团体的普遍声誉，只需要了解该团体在他平日里联系的那些人中的口碑。如果那些对他有价值的人都认为这个慈善团体很好，那么他的捐赠就会改善他在他们中的声誉。确实存在一些油滑世故之人，他们不同意红十字会的做法，认为不必关注普通捐赠者。

---

⑨ 在写本文时，我曾收集了一些恳请慈善捐赠的直邮信函。取样范围不大，但包括了像心脏病基金这样一些大型的管理良好的慈善团体。值得注意的是，它们都没有提供让人可以据此推断出它们到底花了多少钱的数字，而且他们显然依赖情感上的呼吁来争取捐赠。从表面上看，设计这些宣传品（并不经常被看作是一种"公共服务"）的广告机构是在努力提升产生于付出这种行为本身的满足感，而不是在使潜在的捐赠者相信，这个慈善团体管理良好而高效。

表1. 符号表

C = 成本,已支付价格。
C_P = 生产成本,花在慈善机构可公开目标上的钱。
I = 总收入,全部的捐赠。
P = 个人从直接或通过某种集体机构,如国家向慈善机构捐赠得到的愉悦;或是个人从购买自用商品的行为中得到的愉悦。
P_R = 当组织是以营利为目的时,无论是合法的还是事实上的,所挣到的利润。
P_S = 从销售者的售后活动中得到的愉悦。
P_{SC} = 为使捐赠者或购买者更加满意而承担的售后活动的成本。
R_P = 个人对购买或捐赠对其名誉影响的评价。
R_U = 个人对拥有商品或服务对其名誉影响的评价。
S = 由交易得到的总满意度(或总满足感)。
S_C = 销售成本或宣传促销成本。
U = 由商品或服务的消费或使用产生的愉悦。

然而,如果回到方程式3,我们就会发现,有一个有助于提高潜在捐赠者满意度的因素确实指的是今后的事。P_S 就是用来说明销售者的售后活动对购买者福利的贡献的。如果慈善组织在捐赠者已经认捐后的所作所为,使大家都知道,这完全是个骗局,那么显然,P_S 实际上就会是负值。然而,暂且把这件事放在一边,慈善团体用于售后活动的资源肯定会比自用商品和服务的销售者多。对于任何妥善管理的慈善团体,捐赠者能够料到,该机构的大量出版物会向他涌来,告诉他,它的工作做得有多好,今后的开支需求又有多么大。这是合理的,因为这是该慈善团体唯一能给予其捐赠者的直接服务。用这种方式提升捐赠者的满意度,慈善团体才有可能获得今后的捐赠。

在大多数情况下,由慈善团体本身分发的资料,或是由其公关顾问安排的报道,都是其捐赠者能获得有关其活动"信息"的唯一来源。这是因为大多数慈善团体根本没有大到能以正规方式吸引大众媒体关注的程度。然而,一个慈善团体故意而为的纯粹欺骗是个例外。对于伪君子的曝光总是受欢迎的,而我们故事中的贝尼费克特无疑会成为报纸上的头条消息。另一方面,单纯的无效率⑩极少能上报纸。首先,一个慈善团体的效率是很难判定的,因此对无效率的指责对于不经意的读者有可能复杂而毫无趣味。其次,如果一则报道只是说,有一伙好心人没有做到理想的标准,那也不会引起多少兴趣。对不道德的指责通常也必须对曝光加上点儿炒作。⑪

这样,如果这个慈善团体只是无效率,捐赠者因捐赠产生的满足感不大可能降低。当然,在他认捐之后,他也无心自己再去做调查。任何他可能发现的贬损信息都只会降低他的满足感。其实在下意识层面,他大概会用"没有想好就捐了"的说法来避免有可能伤害其自尊的信息。由于报纸对无效率不感兴趣,所有的捐赠者对于指出他们被人当傻瓜了的证据都有合理的厌恶,这位捐赠者也就不大可能注意到该组织的无效率。在这样的情况下,P_s将几乎全部由该慈善团体本身为这位捐赠者提供的"信息"流构成。也有一种很小的可能性,他被发现捐赠是个骗局的消息弄得很烦,但是,慈善团体一方业绩不良的可能性却使他的满足感下降得不多。如果有人使诈,多半会成功。由于这位捐赠者向骗人却能成功掩盖其欺骗的慈善团体认捐与他向老实的慈善团

---

⑩ 注意,"无效率"常被用于外行的一般讲话中。如果我们用"效率"或"无效率"来表示它们在大多数经济讨论中的意义,那么,一个使其捐赠者的满意最大化的组织就会是高效的,无论该慈善团体可以公开的目标到底是什么。那么在本文中,"效率"将是指"该组织预定目标的效率",而不是其技术意义。

⑪ "曝光"的可能性大概降低了许多慈善团体的效率。大型慈善团体的规模很大,若要对其进行高效率的管理,就需要聘请高素质人员。然而,一个慈善团体若支付给其主要管理人员15万美元的薪金,则几乎肯定会曝出一桩大丑闻。结果,大多数慈善团体雇用不大能干的管理层,因为他们能够接受中等水平的薪水。

体认捐得到的满足感是同样的,[12]他就不会受到成功骗局的伤害。

但是,正如我们已经注意到的,欺骗并不是特别容易掩盖。报纸将会对它感兴趣,警察会对欺骗的指控进行正式调查,该组织的各种各样的员工也会有意对直接骗局"曝料"。因此,这位捐赠者至少应该愿意拿出一定资源去搞清楚,他想去认捐的那家慈善团体不是一个纯粹的骗局。无效率则是另一回事。一个慈善团体的无效率经营不是犯罪,所以警察和其他执法机构将不会关注它。它也极少会成为能吸引报纸兴趣的好故事。在这样的情况下,这位捐赠者不大可能因他认捐的这家慈善团体的无效率遭到"曝光"而感到难堪。因此,如果他真的投入资源,试图确定在他认捐之前该慈善团体的效率情况,那就是不理智的。如果该团体确实经营不良,多少还是会影响到他由捐赠得到的满足感。

慈善团体无效率的一种特殊形式,是在宣传活动中投入"过多"资源。但是这不会减少这位捐赠者的满足感,甚至还会增加满足感,除非他强烈注意到有太多的资源用在了该组织这方面的活动上。由于"太多"是个模糊概念,它不大可能出现在目前的情况下。本文余下的大部分篇幅将专门来谈这种特殊的无效率。

集中关注宣传方面的过度开支,并不是说,宣传的过度开支就是慈善组织中唯一或主要的无效率类型。最常见的无效率源自这一事实:慈善团体雇人从事各种各样故意帮助其受益人的服务。慈善团体很容易养成按员工福利而不是受益人的福利做出管理决策的习惯。无效率的另一个重要来源就是出错。例如,联邦政府的"贫苦儿童救助计划"根据一个支付方案向贫苦儿童的母亲发放救济款。该方案鼓励已有了

---

[12] 其实,正如在贝尼费特克的例子中那样,欺骗可以给其捐赠者更多的满足感。它可以把更多资源用于向捐赠者提供有利信息。

一两个孩子的母亲生养更多的孩子。由于出生率的上升肯定不是美国国会的意愿所在,这是非常无效率的。[13] 我们将不讨论这些类型的无效率,但只是因为这样的讨论需要更高级的工具,而不是本文使用的这些工具。

但是为了转到我们的主题上去,一个理想的慈善团体会尽力使其全部慈善支付最大化。将其服务的生产成本 C_P 置于方程式的左侧,将会使方程式 4 最大化。

$$C_P = I - S_C - P_{SC} \tag{4}$$

当 I 等于全部收入时,S_C 是销售成本,P_{SD} 是为提升捐赠者满足感而承担的售后活动的成本。注意,如果将这个方程式用于任何其他目的,而不是用于分析宣传促销活动的开支,这个方程式都可能导致误解。用于实际慈善产出的资金支出效率完全被忽略了。一个追求利润最大化的企业会尽力使方程式 5 中的利润 P_r 最大化。

$$P_r = I - C_P - S_C - P_{SC} \tag{5}$$

注意,这个等式适用于追求利润的汽车制造公司,也适用于为了利润而从事某种慈善活动的组织。或许,追求利润最大化的慈善团体只存在于类似于欺骗的黑社会中。有一些从事慈善团体管理业务的公司,但它们通常都不会以剩余索取权的形式提取其回报。常见的是,他们要么收取固定费用,要么依该组织的总体规模收取多少不等的薪水;而该组织会向他们提出像下面将要讨论的官僚组织一样的最大化目标。然而,人们立刻就会想象出,一个像贝尼费特克那样同政府打过交道的人,会计算出他必须把多少钱用于实际的慈善活动,并把剩下的留作自用。

---

[13] 这可能并非计算错误的结果。每当有新生儿进入该项计划时,官僚们会因他们的基金扩大而受益。看看这个机构的专业行政管理人员对国会的劝告会是很有意思的事。

大多数的慈善团体,无论是私人的还是政府的,都由专业的官僚管理。这些人的薪水并不从支出结余中提取,而是作为管理成本的一部分。一般来说,他们的声望、薪水和权力都大致依这个慈善组织的规模大小而不同。就像鲍莫尔的注重销售最大化的高管人员那样,他们志在取得最大化的总收入,正如方程式6中的 I。

$$I = C_P + S_P = P_{SC} \qquad (6)$$

这个慈善团体或机构越大,他们就过得越好。注意,如果 Pr 设为零,这个方程式就与方程式5是一样的。企业家与官僚的唯一不同在于,企业家可以利用组织的资源到牙买加旅行,而官僚只能通过组织的扩大增加自己的收入。官僚和追求利润的业主都关心扩张,但是当为了扩张而投入资源的回报低于这些资源在其私人生活中对他的价值时,私人业主就会不再为扩张而投入资源。官僚被禁止为自己花费资源,因此还会进一步扩张。

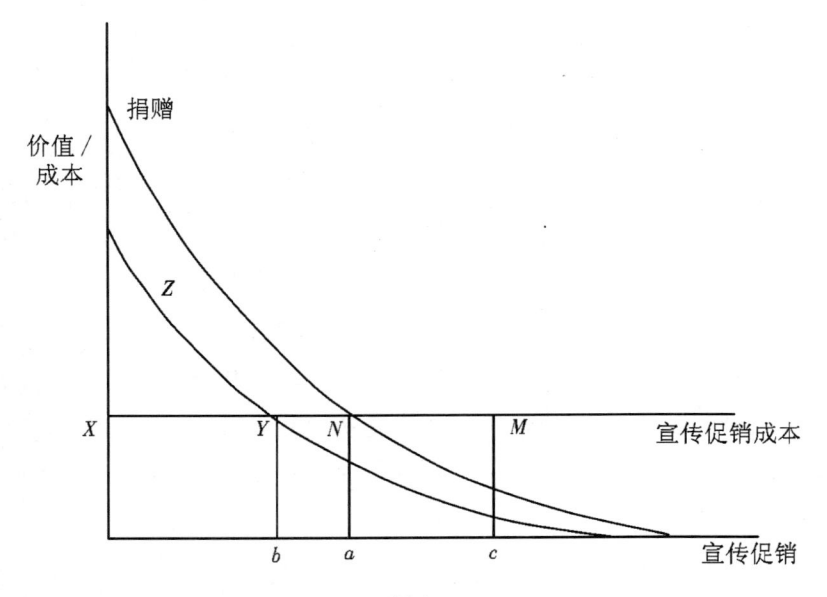

图 1

这种情况由图1的图形表示。

纵轴表示的是价值，或是收入或开支每一增量的成本。用于宣传促销（$S_c + P_{sc}$）的每1美元价值1美元，因此宣传促销的成本是一条横线。用于捐赠方面宣传促销开支的每个美元的回报用"捐赠"线表示，它展示了通常见到的递减收益。一家理想的慈善团体会把它的宣传促销活动扩大到再增加1美元的宣传能得到1美元的边际收益时，也就是到 a 点。这会留下一个由宣传促销成本线、捐赠线和纵轴构成边界的三角区域，表示的是慈善开支可以动用的数量。

然而，追求利润的企业家会意识到，他必须为慈善团体本身投入些东西，也就是说，他的利润是全部的收集所得减去宣传促销成本，再减去他打算花在慈善团体本身的无论什么费用。当他收到的捐赠增加时，他会觉得他用于慈善开支的部分也应该增加，至少是每增加1美元收入就有一部分用于慈善开支，这是合理的。为了简化，我假定，他觉得必须把大致三分之一从捐赠收到的钱用于实际慈善活动。ZN 线表示的是，在考虑到这种必要的"成本"之后剩余的数量。[14] 这样，这位私人企业家在 b 点缩减其宣传促销活动，并建立一个较小的组织。

官僚的收入和尊严会因慈善机构的规模而不同。他感兴趣的是把这个组织的资源用于宣传促销活动，目的是使该组织的规模最大化。然而，他也会像那位追求利润的企业家一样意识到，他必须至少拿出一部分资源用于该慈善团体的生产。为了简化我们再一次假设，他从收到的捐赠中拿出一个固定比例用于慈善活动，把其余部分用于宣传促销。他应该扩大这个组织，直到用于宣传促销的全部支出加上慈善团体的生产等于总收入。换句话说，直到总成本等于总收入。在图1中，

---

[14] 一般结论不会影响这条线的准确形式。只要他得到的捐赠收入上升时，他增加他的慈善"生产"，就会出现这个结果。

三角形 XZY 的面积会等于三角形 YMN 的面积。与私人业主不同，这位官僚愿意支出比如说 1.2 美元来吸收 1 美元的捐赠，因为这增加了该组织的总规模，还因为那 20 美分不会从这位官僚的口袋里出，而组织的扩大将改善他的地位。[15]

从我们的模型中，可以得出在三种不同管理类型下有关各种因素量级的一些简单结论。[16] 官僚的慈善机构在总规模上将是最大的，理想的慈善机构排在其次，而私人慈善机构排在最后。官僚企业宣传促销预算的绝对规模是最大的，理想的慈善机构和私人慈善机构依次排序。收入中用于宣传促销的百分比会是一样的。从绝对数量上说，理想慈善机构为假定的组织目标开支最多，而官僚组织和私人企业这方面的开支将依次减少。从百分比上说，理想慈善机构会将其资金的最大比例用于实际慈善活动，但是其余两家说不准谁会在这方面处于第二位。

从所有这些来看，理想慈善机构的确是理想的。遗憾的是，这种机构大概太稀少了。小型的基本上是地方办的慈善机构可以用这种方式开办，但大型的慈善机构几乎总是由其专业雇员进行控制。政府办的慈善活动，几乎从定义上说就是由官僚管理的。考虑到这一点以及由此产生的无效率，我们现在转而讨论一些可能的补救措施。首先必须承认，我对这些疾患没有真正的治愈良方，只有一些缓和剂。读者或许会找到一些我未能发现的解决之道。如果是那样，我强烈呼吁他尽快发表。慈善事业是我们经济中的一个重要部分，而且改进其效能是可取的。

根本问题就是，想要进行慈善捐赠的人并不那么想获得有关慈善机构经营业绩的信息，而盘算着买辆汽车的人却非常想弄清有关汽车

---

[15] 这个理想的慈善机构也会不愿意花 1 美元去吸收捐赠，除非预期收益高于 1 美元，否则这个机构就会不得不从它想要最大化的慈善开支中拿出这个差额。

[16] 这里的推理与阿门·阿尔奇安论述利润作用的著作中的推理非常相像。

的信息。然而,潜在的捐赠者不关注准确信息并不是事实,只是他的动机较弱。如果信息随手可得,且花费极少,他或许有兴趣去看看。这样,强迫提供信息的意见看来会很强烈。购买消费品、股票,或借钱的人,都有强烈动机去搜寻有关事项的信息,但我们也依法要求承办商向他们提供大量信息。既然在慈善机构的问题上,搜寻信息的动机较弱,要求慈善机构提供价格低廉的信息看来更为可取。

我们有大量法律要求私营企业向潜在的购买者提供信息,比如说,在罐头盒上打印标签,说明盒里的内容,而有关慈善团体的这类立法却完全缺失。这一事实大概主要反映了人们确实不大关注他们的慈善捐赠。他们模模糊糊地认为,慈善团体,从定义上说就是在做好事,因此,不必像监督追求利润的商人们那样监督它们。这既反映了人们对慈善组织的了解很差,也使有关信息的披露更加恶化。迫使慈善团体随时向潜在的捐赠者提供可用信息,说不上会派上什么用场,但可以改善这个"第三部门"的效能。[17]

遗憾的是,政府迫使慈善机构提供信息的行动,不大可能对政府自己经营的大型而重要的慈善团体产生太大影响。然而,即使这样也还可以做些事情,如要求公开所有记录。瑞典在最大可能的规模上做这件事,[18]而美国也已经开始在贫困项目上有了一个适度的开端。[19] 要求

---

[17] Richard Cornuelle, *Reclaiming the American Dream*.

[18] 见罗瓦特著《行政管理的秘密知多少?》(Donald C. Rowat, "How much Administrative Secrecy," *Canadian Journal of Ecomomics and Political Science*, November, 1965)。一个在美国国会连续三届委员会中提交的议案已经死亡,该议案提出了大致一样的一套制度。

[19] 《纽约时报》1966年3月24日第一页上刊登了这样一段话:"今天,全美国的地方扶贫机构都接到命令,公开它们的全部账目,接受公众审查,有求必应。该命令包括公开所有的财务记录、联邦基金申请书、公开会议备忘录,和签订合约的细节。"请注意,要求扶贫项目负责人所做的这类公开仅限于**地方一级**,而且没有要求提供其个人记录。即便是这种温和措施,也立刻引起了参议员贾维茨的反对。他显然担心,对扶贫组织活动的充分了解会阻碍其增长。

所有政府的和私人的慈善团体开放它们的记录,任由有兴趣的人士查询,[20]会是明智的第一步。

第二项改革,遗憾的是只适用于私人慈善团体,就是或许可以通过一个相当于标签法的法规。应该要求慈善团体,在直接或间用于吸引资金的每张印制品上都要附带一个对其资源如何利用的功能性说明。[21] 尤其是,这个预算应该侧重说明该慈善团体的行政管理规模及宣传促销活动的规模。由于许多慈善团体利用大量自愿的工作人员,这些工作人员也应包括在内。很难估价家庭主妇为心脏病基金会吸引资金花费的时间,因此,对于自愿工作人员可以用小时数而非美元数进行统计。慈善团体的额外印制费用,会像印制汤品罐头盒上内容标签的费用一样微不足道,而且考虑到信息状况的不同,非常可能会影响"消费者"的决定。

但是,如果只是让慈善团体的公关顾问拿出详细的预算,那会很容易造成误解。在这里,我们需要一个像证券交易委员会那样的机构来设定标准。要求每家大规模吸收资金的慈善团体按照股票发行要求的招股说明书模式做一综述并备案,看来是合理的。政府的委员会可以为这种说明书规定标准,提出一些原则,使潜在的捐赠者都能仅仅通过阅读这个文件而获得对该慈善团体实际运行的准确理解。为了测定实际用于宣传促销和行政管理的资源数量,这些资源数量与直接用于慈善团体受益人的资源是相对立的,开发一套规则,既会特别重要,也会特别困难。这些规则也会适用于印制用于吸引资金的每张印制品的预算,而这个委员会也会要求预算准确无误。

按照《证券交易法》,招股说明书必须分发给该证券的任何潜在购

---

[20] 为了防止有人没事找事,或许可以稍微收点费。

[21] 为了减少诱惑,应该张榜公布上年的开支,而不是来年的计划。如果这个慈善团体也想公布未来的预算,没人会反对,但是这会被看作是一个有约束力的承诺。

买者。如果慈善团体也照此办理,那对它们会是太大的负担,而且也确实没有必要。[22] 使这类说明书易于通过邮件获得,或是通过在慈善团体每个办事处或基地的展示获得,就足够了。通过使信息非常易于获得,所有这些步骤都会使潜在的捐赠者多少有可能获得有关一个慈善团体的知识,尽管他们想了解这些知识的动机极其微弱。购买股票和债券的人在购买这些证券之前大概有极强的动机去了解这些证券。此外,这些证券中的大部分是由非常老练的投资银行家或投资者购买的。在这样的情况下,可以预料,改善获得信息的渠道只会有边际效益。[23] 但是,慈善团体的"购买者"对他们自我牺牲的目标并不想获得多少信息,而且他们也几乎都不是这个领域中的专业人员。[24] 在这种情况下,减少给他们提供信息的成本就会有相当可观的大效益。

然而,让信息更加准确、公开只是一种缓和剂,还是要呼吁更为剧烈的制度变革。本文的主要目的,并不是要推动任何一种具体的改革,就像我认为会是可取的那样,而是要引起人们对一个普遍被忽视的领域的注意。我们经济中的慈善部门显然应该得到比目前更多的研究。我们可以希望,进一步的研究会提出进一步的改革建议。经济学家通常提出一些制度建议,旨在"像看不见的手"那样指导自私的人们去服务于他人的最佳利益。在慈善活动中,根本动机是帮助他人的愿望,而且这个动机也显然使许多学者相信,制度架构是无关紧要的。在某种意义上,捐赠者的良好意愿代替了精心的制度设计。当然,通往地狱之路铺满了良好愿望。幸运的是,我们目前的慈善组织还不会导致灾难,只是会引起严重的浪费。如果我们想要这个"第三部门"不只是"好

---

[22] 在大多数情况下,这些说明书还没读过就被扔掉了。
[23] 近来的一些调查似乎表明,这种效应事实上要么不存在,要么很小。
[24] 比如说,在基金会里是有慈善捐赠方面的专业人员,但是他们往往把钱投给不同的组织,而不是给吸引公共捐赠的那些组织。这大概影响了他们的专业技术。

的",还要高效,我们就必须在现存的良好意愿上添加仔细的思考和合理的制度设计。

污染者的利润与政治反应*：
直接控制对税收

詹姆斯·M.布坎南与戈登·塔洛克

政治信念上有分歧的经济学家，对于惩罚税（penalty tax）在控制重大外部不经济时的良好功效却有着一致的看法，这些外部不经济涉及多方互动。然而，负责处理这些问题的政治领袖和官僚体制的行政管理者，看来还是支持直接控制。在本文中，我们的目的是要提出一种积极的外部控制理论，这种理论能解释人们经常看到的与惩罚税或罚款相对立的直接管制。在公共选择理论的政策中，[①]必须考虑到受控制工具影响的那些人的利益，也要考虑到受外部不经济影响的那些人的利益。当我们提出这个政策理论时，我们还将强调支持税收和收费的一种初步的效能依据，这种依据此前一直为经济学家所忽视。

---

* 经美国经济学会许可，重印自《美国经济评论》(*American Economic Review* 65，March 1975：139 - 147)。

我们希望感谢美国科学基金会对研究的支持。不必说，这里表达的观点是我们自己的。

① 查尔斯·戈茨对外部性控制提出了一种公共选择框架，但是他的分析仅限于确定惩罚性税收替代选项的数量(C.J.Goetz, "Political Equilibrium vs. Economic Efficiency in Effluent Pricing," in J.R.Conner and E.Loehman, eds., *Economic Decisionmaking For Environmental Control*, Gainesville, 1973.)。

一

来看一个长期均衡中的竞争行业,一个包含了大量的与 n 一样的生产企业的行业。对这个行业没有特殊的生产性投入,这个行业本身对于经济整体相对太小,从而保证了长期供给曲线是条横线。企业数量的变动反映了对该产品需求的扩张和收缩,每一次这样的变动在调整后都会回到同样的最小成本位置。假定由这个初始位置,发现了表明该行业的产品造成了令人厌恶的环境负效应的信息。这种外部不经济与产量直接相连,而且我们假定,没有可用的技术能成为生产这种私人产品的替代手段,同时又不会造成这种附带的公共恶。我们进一步假定,这种外部损害函数与该行业的产量呈线性相关。无论产量多少,这种私人产品每单位产生的公共恶数量相同。② 我们假定,这种损害是可以测定的,也可以准确监控。

这是为使用惩罚税或追加罚款而有意设计的理想化状态。通过对该行业中所有企业的单位产出征收一种税(那是可以准确计算的),政府确保能使利润最大化的决定产生一个新的也是降低了的行业产量,那是帕累托最优产量。从短期来看,这些企业将遭受损失。从长期来看,企业将离开这个行业。当留下的企业再次获得了投资的正常利润时,就会达到新的平衡。对于消费者,该产品的价格将上涨,将全部惩

---

② 这种假定简化了实施强制性税收的意义。要了解有些复杂的情况,见戴维斯和温斯顿的文章《外部性、福利与博弈论》(Otto Davis and Andrew Whinston, "Externalities, Welfare, and Theory of Games," *Journal of Political Economy* 70, June 1962:241－262),还有韦利斯的文章《论外部不经济与政府辅助的看不见的手》(Stanislaw Wellisz, "On External Diseconomies and the Government‐Assisted Invisible Hand," *Economica* 31, November 1964:345－362)。

罚税包含其中。

没有人会对这种税在实现高效解决方案上的功效持异议,但我们应该注意到,在这种背景下,由直接管制得到的相同结果似乎也能确保同样好的效果。决策者,只要了解个人需求函数、企业和行业生产函数,以及外部损害函数,就可以轻易计算出并规定行业产量中符合帕累托高效的数量(Pareto-efficient quantity)。③ 由于所有企业在这里讨论的极端模型中都是一样的,决策者完全可以分配给每个企业在目标行业产量中确定的份额。那么,这就要求每个企业按百分之 X 的比率减少自己的产量,这个百分率表示的是,初始均衡产量与按社会有效的行业管制分配的产量之间的差。④

支持惩罚税的标准论点极少能适用这种背景。这些论点除了测定外部损害之外,一向都把研究集中在界定高效行业产量的困难,以及研究从企业和行业取得生产和成本函数数据的困难。有了对损害的准确测定,适当的税收就能够确保一种有效的解决方案,而不需要独立计算这个解决方案本身。或是,使用一种目标或标准方法,计算出总量,并可以选择一种税作为工具,在缺乏有关企业生产函数的情况下实现这个目标。⑤

在完全信息模型中,这些论点都不适用。然而,有一个重要的经济依据支持惩罚税,而不支持直接控制工具。这个依据一直为经济学家

---

③ Allen V. Kneese and Blair T. Bower, *Managing Water Quality: Economics, Technology, Institutions* (Baltimore:Johns Hopkins Press,1968),p.135.

④ 放弃这个"企业都是一样的"假设,不会产生什么问题,只要我们保留管制人员了解生产函数的假设就可以了。

⑤ 这是威廉·鲍莫尔采用的方法。他提出,选定一个产量的目标水平,并利用税收确保以高效的方式达到这个目标。见鲍莫尔的文章《论税收和外部性的控制》(W.J.Baumol, "On Taxation and the Control of Externalities," *American Economic Review* 62,June 1972: 307-322.)。

所忽视。从严格的效率理由来看,惩罚税也还是首选工具,但是,大概更重要的是,一旦结果被计算出来,也便于执行。⑥ 实行适当选择的惩罚税,企业只能在行业产量的有效数量上达到均衡。在实施这种税后,只是在有足够数量的企业离开这个行业之后,每个留在行业中的企业才会在其成本曲线的最低点实现长期调整。在这种均衡状态下,不存在任何激励使企业通过改变开工率(rate of use of plant)来修改短期产出率,也不存在任何激励使企业在长期通过改变规模来改变产量。没有对资源进出这个行业的激励。只要归集这种税,相对来说,就无须多少约束管理。

这种正统的价格理论范式可以使惩罚税工具与直接管制之间的差异看得更清楚。假定不征收理想的惩罚税,充分了解情况的决策者选择了指导所有处于初始竞争均衡中的企业减少产量,达到在该行业实现目标效益指标所要求的分配水平。不征税。来看图1,它描述了个别企业的情形。当每个企业生产了一个产量 q_i 时,达到了初始竞争均衡。在管制的情况下,指导产量为 q_0,但不征税。在产量为 q_0 时,企业数量不变,价格高于边际成本(比如说,价格处于 P')。因此,该企业不处于短期均衡,而且如果可能,它会在现有的工厂中扩大产量。更重要的是,尽管每家企业都在以略高于效益所要求的成本生产指定给它的产量配额,仍可以激励资源进入这个行业。管理者面临一个在维度上与征税情况不同的约束管理任务。他必须确保单个企业不违反指定配额,他也必须设法阻止新的进入者。如果这位管理者在这两大任务中有一个失败,想要得到的结果就不能实现。产量配额将被打破,行业

---

⑥ 见乔治·海的文章《对国外石油的进口控制:关税还是配额?》(George A. Hay, "Import Controls on Foreign Oil: Tariff or Quota?" *American Economic Review* 61, September 1971:688-691.)。他关于对石油实行进口配额与税的讨论比较提出了几个问题,这些问题与本文论述的那些问题有着密切关系。

生产的目标水平会走过头。

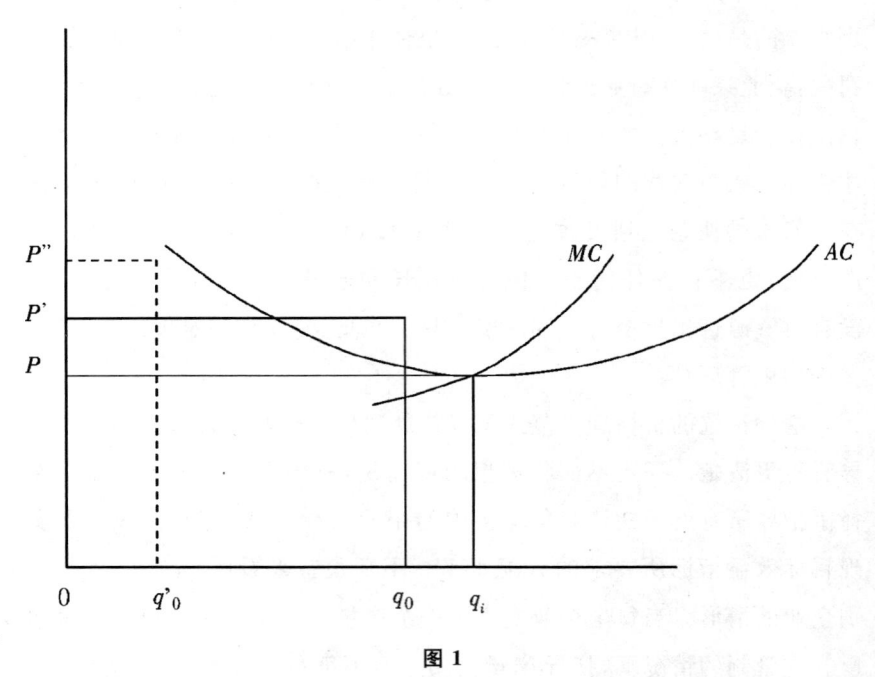

图 1

如果这位管理者向现存企业分派的是可执行的配额,并成功地防止了新的进入者,就可以实现该行业的目标结果,但仍有可能出现效益损失,因为如果各企业面对的是 U 形长期平均成本曲线,该行业的产出将按高于必要的平均成本生产。从理想的情况说,管制可能必须伴随着将全部生产配额分派给该行业中最初选定数量的企业。这个政策将使受到优待的企业处于边际调整,而没有可能破坏管制目的的企业内部调整的激励。但是,甚至不仅是在一般的配额分派情况下,还将有对企业进入这个行业的强烈激励,并至少能得到一定比例因限制行业产量而产生的租。如果对这个压力的反应应该是在未改变的目标行业产量中重新分派配额比例,以让所有潜在进入者都能得到一定比例,同时又让所有实际存在的和潜在的企业,都有一个平等的配额依据,最终结果可以相当于熟悉的卡特尔均衡。没有哪家企业能挣到高于正常回报的利润,但这个行业的特点将是有太多的企业,每个企业都在无效率地按分派给它的产量生产。

二

当我们按上面描述的方式考察针对政策工具进行的行为调整时,一种政策理论就出现了。甚至在存在完全信息的情况下,从效益角度看,管制也不是太可取,但是管制将受到一些人的欢迎,这些人的行为受到这两种政策工具中这种或那种的约束。来看在完全竞争行业中单独一家企业的境地,由图1所示。在征税的情况下,必定会出现短期亏损,而这家企业只能在有足够多的竞争者把资源转移到其他行业之后,才能获得正常回报。无论这家企业是留在调整后的行业中,还是撤出投资另谋出路,税收都减少了这家企业潜在收入流的现值。从这个行业中的企业主和雇员的私人利益来说,他们都会反对这个税。相形之下,管制下的企业却可以因实施了减少行业总产出的直接控制而获得很好的现金收益。通过对现有企业实行生产配额分配实现的限制,即便是在短期也会出现纯利润,而且在工厂进行调整之后,利润很可能还会上升。结果,这个意义上的管制在形式上等同于指导性的卡特尔,尽管个别企业分到的配额会落到平均成本低于价格的有限范围内。当然,这样一个范围必须存在,但是管制的约束条件可能很严厉,足以使企业陷入在短期,甚至可能在长期,出现亏损的境地,哪怕产品价格已经提高。图1中的对 q'_0 的限制描述了这样一个结果,此时的价格为 P'' 。

尽管每家企业都有打破管制下分到的配额进行生产的动机,采用执行配额的政策仍然符合企业的利益。如果现有企业预见到了限制进入的困难，如果他们提前料到政府的决策人也得顾及所有进入者，支持通过管制进行限制的激励因素就还会存在，尽管这种因素的力量会降低一些。在最后的卡特尔均衡中，所有企业都将只能得到正常的回报。但是在调整到这种均衡的过程中，所有手握生产配额的企业，都将完全可以获得高于正常的回报。即使严厉的限制措施造成了企业的短期亏损，这些亏损也将少于收税情况下的亏损。这期间的租可以是很大的正数，就算是负数，也不会有在收税情况下负得那么多。因此，生产企业总会反对征收惩罚税。但是，就算根本没有考虑到征税，他们也可能非常支持限制行业产出的直接管制。当他们面对非此即彼的选择时，他们总会喜欢管制而反对税收。

三

在还没有讨论到的两种理想解决方案之间有一个区别，一旦人们意识到了这个区别，关于政策选择的肯定性假设的依据就会消失。从配置的角度说，假定我们对执行成本的差异忽略不计，直接管制能够产生相当于惩罚税的结果。但是从分配的角度说，结果就不一样了。征税意味着政府归集了收入（在惩罚性税率的情况下是储蓄），而这些收入必须花掉。那些预见到可以从税收的利用中得到好处的人，无论是从提供公开供应物品中得到好处，还是从减少其他税中得到好处，都应该更喜欢税收这个选项，而且他们应该在政治过程中使人们了解这一偏好。当受益者包括了社会的所有或大部分成员时，惩罚税将获胜。政界人士在对百姓的压力做出反应时，应该留意大多数的受益人，而不必在意某个行业中不满的成员。然而，这种政治选择背景是人们都熟悉的,其中一个小型的有着强烈可确认意愿的和活力四射的利益压力集团,可以对做出政治选择有更大的影响,而人数多得多的大多数人却影响不大。这个集团中的每一个人可能都期盼着为次大的小集团保住利益。

还有另外一个理由,可以用创新型的外部控制政策预见到这个结果。惩罚税是对财产权的立法改变,而且因此,它将被受到影响的行业中的业主和雇员看作是财产的没收充公。立法机构哪怕是在按多数决原则正常行使职能,可能也不愿意征收被看作是惩罚性的税。因此,当人们知道除了惩罚税外还存在管制这个选项时,当受影响行业的代表被看作强烈喜好这一选项时,对立法者选择直接控制政策的诱惑就会是压倒性的,哪怕他是个经济理论家,而且还是特别好的一个。公认的道德规范会支持这一立场,强行破坏财产价值可以让人想到公正的补偿。[7]

如果政策选项应该被看作是真正的威克塞尔框架(Wicksellian framework),政治经济学家或许还会期待,应该支持更好的惩罚税。如果这位经济学家把他对惩罚税的推荐同随之产生的税收返还联系在一起,退税给在那个行业中遭受了潜在资本损失的人,比起只提出单向或单边政策使用规范,他或许会更为成功。如果用税收收入去补贴该行业中因这种税遭受了资本损失的人,而且如果这种补贴与产出率没有关系,那么安排一种双向的税可以消除源自该行业的反对意见,同时还可保证高效的结果。然而在这方面,经济学家们自己已经不合格了。相对来说,有极少数从事政策辩护的现代经济学家,一向愿意接受威克

---

[7] 要了解对公正补偿的综合讨论,见米歇尔曼的文章《财产、效用和公平:对"公正补偿"法道德基础的评论》(Frank J. Michelman, "Property, Utility, and Fairness: Comments on the Ethical Foundations of 'Just Compensation' Law," *Harvard Law Review* 80, April 1967: 1165 – 1257.)。

塞尔的方法论框架,当然,这个框架确实要求赋予现状中已存在权利一些公认的合法性。[8]

四

至此,我们已经提出了一种政策理论,来解决由产品产生的外部不经济。这个安排潜在地使某个单个生产行业成员的利益与社会中大多数人的利益相对立。然而,外部不经济可能出现在消费中,而不出现在生产中,而且这是一种普遍现象。为分析起见,我们可以假定,所有人都发现自己处于相互外部不经济的局面中。就这一点来说,交通堵塞是个熟悉的例子。

问题在于,决定处于这种互动中的人们是否愿意通过社会的政治程序来取得效果的一个因素是,要么对人们本身征收一种惩罚税,要么实施直接控制。我们仍然使用生产外部性模型中引入的完全信息假设。为了简化,这里来看一个两人模型,其中每个人都在实行控制之前的均衡中消费同等数量的商品,或完成同等数量的活动,但是其中的需求弹性是不一样的。图 2 描述了在 E 点每人消费 Q 量的初始均衡。已经发现存在相互外部不经济。这个社会可以 T 量征收准确测定的惩罚税,这样,A 的消费将降低到 Q_a,而 B 的消费将减少到 Q_b;总消费量由 $2Q$ 减少到 $(Q_a + Q_b)$,但 A 与 B 仍处于均衡中。在新的价格 P' 点,其中包括了税,这两个人谁都不想比指定数量多消费或少消费。政府归集了税收,数量为 $[2(PP'JH)+(HJLK)]$。另一个办法是,

---

[8] 要了解对威克塞尔方法的具体讨论,见布坎南的文章《规范经济学、福利经济学和政治经济学》(J. M. Buchanan, "Positive Economics, Welfare Economics, and Political Economy," *Journal of Law and Economics* 2 ,October 1959:124 – 138.)。

这社会只给每个人分配限定数量的配额。如果政府拥有需求函数的全面信息，它可以把 A 的配额减少到 Q_a，B 的配额减少到 Q_b，以保证取得与向他们分派税收时完全一样的结果。然而，在使用配额的情况下，A 和 B 都会发现，他们不在均衡状态了；而且如果允许进行数量调整的话，两人都将愿意扩大他们的消费率。

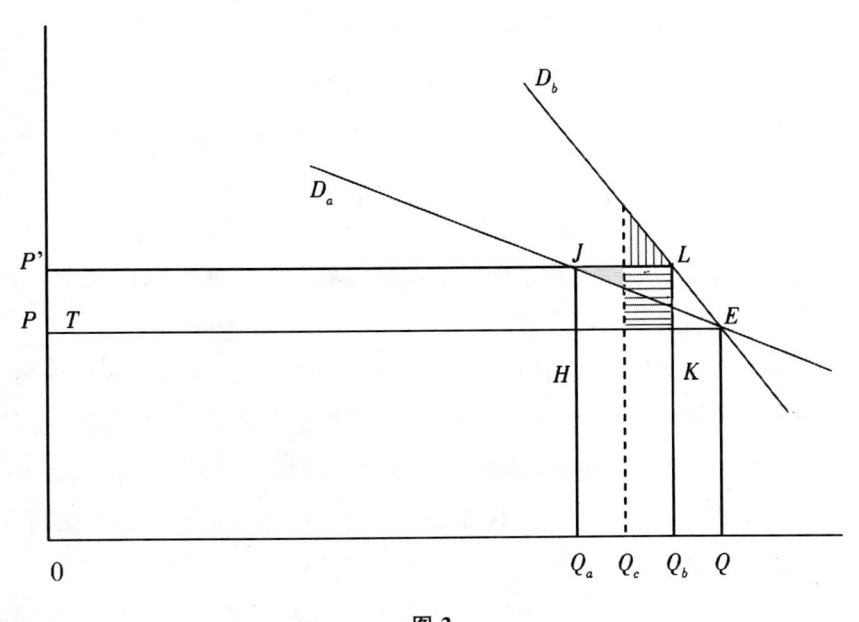

图 2

针对上述配额方案（我们可以称之为"理想化的配额方案"）来考察理想的税收，将会有用处。如果人们料到，从税收收入中根本得不到现金形式的补贴、公共产品福利，或者其他减税，A 和 B 显然都将宁愿要直接管制。相对于惩罚税时可能产生的损失，配额方案下消费者剩余的损失微不足道。假定两种工具都实现了同样的全面外部控制目标，每个人都会自愿用边际数量调整来换取在直接管制下提供的更有利的边际内条件（infra-marginal terms）。

在极端的财政幻想下,个人有可能忽略从税收得到的效益,但是按照一以贯之的方法论规则,我们必须允许人们至少在一定程度上认识到财政账目的效益方面。我们要允许把按惩罚税征集的全部收入按平等的份额退回给所有纳税人。在这种安排下,每个人能期望得到如上面图 2 中指示数量的一半。简化来说,每人期望拿回的数量为 $PP'JH$(那是他个人支付的部分),加上由 $JHKL$ 四边形表示的一半数量。这个四边形的全部数量是由 B 支付的。从对图 2 的考察来看,在这些假设条件下,个人 A 显然会支持惩罚税。个人 B 的情况则不同,他宁愿要直接管制。他将得到一个差额收益(differential gain),由图 2 中的横条区域表示,它等于在这种选项下个人 A 将遭受的差额损失(differential loss)。在这个理想化的税收和理想化的配额制的比较中,只要这个政策结果受到两方的影响,它就是一个和局(standoff)。

由于宪法的和其他的原因,在民主秩序中运行的管制机构极少会实行不成比例配额分配。一种看来更可接受的管制选择是,将配额按初始消费率进行比例分配,旨在将消费总量降低到目标标准指定的水平。图 2 的结构为把这种替代办法同理想税收进行比较提供了便利,其中的初始消费率是均等的。在这个新方案中,分配给每人一个配额 Q_c,允许他以初始价格 P 购买这个配额。我们想要拿这种安排与理想的税收相比较,再次假定税收收入完全按每人均等数额作为补贴返还。正如在第一个方案中一样,这两个人在数量 Q_c 和价格 P 都是不均衡的。这个模型与理想化的配额方案之间的区别在于这一事实:在 Q_c 点,两人的边际估值不同。即便是在总量限制已经确定的情况下,也有尚未从交易中开发出的收益(unexploited gains-from-trade)。

配额与钱相交换,将会对这两个人彼此都有利,但是在这一点上,我们假定并未发生这类交换,要么是因为他们被禁止这么做,要么是因为交易成本太高。个人 A 将继续拥护收税的办法,但是他的差额收益将比在理想化的配额方案下小一些。在现在考察的模型中，A 在理想税收下的差额收益由图 2 中的黑色三角形表示。个人 B 可以像在前一个模型中一样赞成配额，也可以不赞成，他在这两个选项之间的选择，以理想税收为一方，以在价格为 P 时对 Q_c 的限制为另一方，将取决于图 2 中横条区域和竖条区域的可比大小。如图所示，他往往会支持配额方案，但是如果 B 的需求曲线充分倾斜，三角形的面积超过四边形的面积显然也是可能的。无论如何，这两个人对这两个选项的选择最终与由理想税收和理想化的配额代表的那些选择没有多大差别。

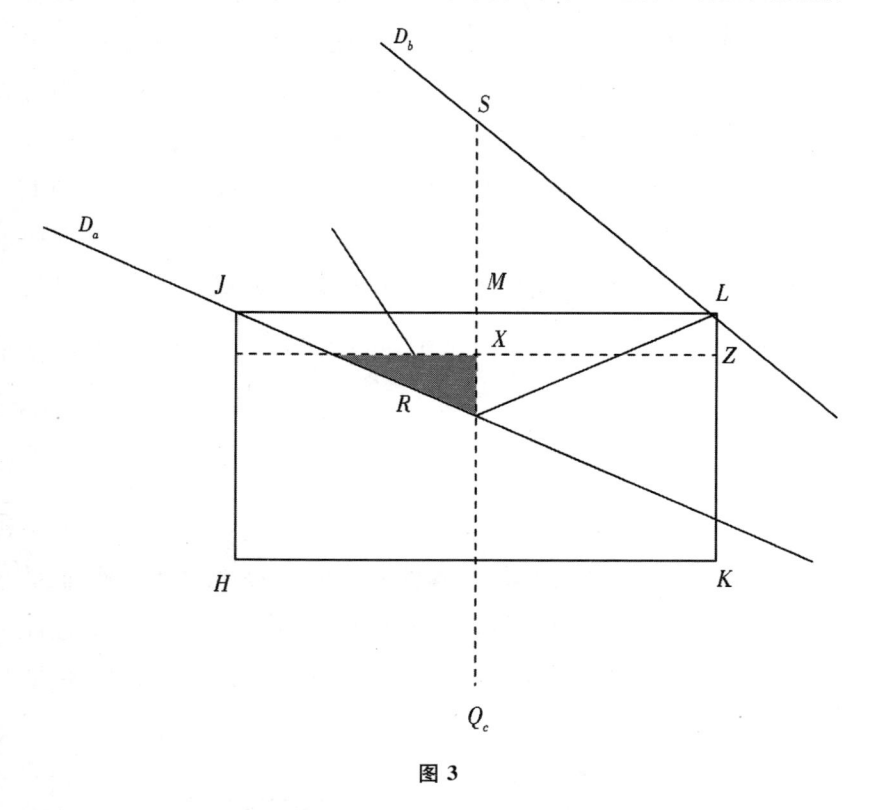

图 3

现在，我们要一面继续保持这个模型的所有假设，一面放弃那个

"A 与 B 之间未发生交换"的假定。为了便于用几何图形表示,图 3 放大了图 2 中的有关部分。由于每一方最初都得了一个消费量 Q_c,个人 A 将会愿意以在其边际估值之上的任何价格向个人 B 售出一些单位。因此,个人 B 面对的有可能提供的最低供应价格表由图 3 中的 RL 线表示。B 愿意为购买配额之外单位支付的最高价格是他的边际估值,用 SL 线表示。三角形 RLS 的面积表示由交易得到的收益。这些收益的分配,当然将在严格的两人背景下,由与讨价还价有关的技巧来决定,但我们假定个人 B 是买方,他想向 A 购买消费配额单位,但也只是在 A 赞成配额方法而不是税收时才会这么做。为了做成买卖,买方 B 必须保证 A 至少能得到相当于图 3 中 RML 面积的纯收益,他自己在这一分肥中得到 MSL 的收益。但是在这一安排中,两个人对政策替代选项无差异。这种方法处于帕累托边界上,而且,配额方案加上交换过程中产生的配置和分配结果,与在理想税收情况下产生的那些结果是一样的。这成为我们所考察的背景下类似于科斯定理的结果。⑨

五

这些有点不确定的结果,除了提供了一种积极的政策理论外,似乎也没说出什么东西。这种政策理论近似于已提出的生产的外部性理论。然而,在提出这样一种理论时,这种比较是一个必要的阶段。回忆

---

⑨ 见科斯的文章《社会成本问题》(Ronald H. Coase, "The Problem of Social Cost," *Journal of Law and Economics* 3, October 1960:1 - 44.)。要了解与科斯定理有关的扩展,见布坎南的文章《科斯定理与国家理论》(J. M. Buchanan, "The Coase Theorem and the Theory of the State," *Natural Resources Journal* 13, October 1973:579 - 594.)。

一下,我们是在实行惩罚税又有预期税收返还这样最有利的可能假设条件下进行的这些比较。在现实世界中,个人将不会预料到这些交了 1 美元还能拿回 1 美元的情况,他们往往至少会对他们所期望的好处的价值打个折扣。

比如说,在实行惩罚税的情况下,每个人的期望是从所缴纳的每个美元税收中可以得到 80 美分的好处。请考虑一下,这个单一的变动对我们所做最后一个比较的结果会产生什么影响,那个结果涉及按比例的配额分配,同时还有自由市场的配额。在这种情况下,买方 B 可以向卖方 A 开出高于 A 所要求数量的条件,使 A 更喜欢配额选项。A 从惩罚税能得到的差额收益降低到了图 3 中的黑色三角形面积。由于 B 支付给了 A 一个用 RML 的面积测定的量,B 改善了 A 相对于惩罚税时的境况。而且在这一过程中,B 也为自己收获了一个由 $MXZL$ 的面积测定的差额收益。两个充分了解各个选项的人都将更喜欢配额制,而政治领袖大概也将以选择管制来做出回应。

同样的推理可以随时得到扩展,以适用于任何配额制。在最先考察的理想化的配额分配中,我们证明了一个人会支持惩罚税,而另一个人会支持配额制。支持惩罚税的 A,没有损失消费者剩余,而且确实期望通过税收返还获得一笔转移收入。然而,当我们修正了对返还收入或好处期望值的假定时,这个结论就不一定成立了。个人 A 当然会期望拿回由 B 支付的税收收入中的部分好处,这个部分是超过 A 自己所做贡献的部分。然而,如果个人 A 将同样的折扣因素用于所有通过惩罚税收到的税收收入,无谓损失就会不只抵消了收入转移效应,还会更大。对图 2 的考察表明,在假定好处为 80% 的情况下,由五分之一的 $PP'JH$ 面积表示的是 A 从他缴付的税收得到的无谓损失。这个无谓损失很可能会大于他所期望的收入转移值,这个值由图 2 中带横线区域的 80% 表示。一旦我们在个人对税收返还的期望中引进了任何看似合理的折扣因素，要证明这两个人在私人利益引导下都会支持直接管制，就相对容易了。

六

我们已经用非常抽象和简化的模型，为生产互动和消费互动提出了一种积极的外部性控制政策理论。这些模型能使我们把对政策框架的影响隔离出来，而这种影响一向为人们所忽视。在民主国家中，对不同政策工具的选择肯定会影响到受这些政策工具影响的人们的偏好。公共选择方法把注意力集中于个人对不同政策工具的选择，使我们能够建立一些假定，来说明直接管制普遍流行的原因。[⑩]

对于还想继续支持惩罚税的经济学家，这项分析建议，他们最好变成善良的威克塞尔派人士，并开始找出和创造一些制度安排，使主要受惩罚税影响的人们能够接受它。

[⑩] 本文中提出的分析，大多可以多多少少直接适用于1973年末和1974年初能源危机中提出的政策选项。要了解这些适用情况，见布坎南和蒂德尔曼的文章《汽油配额与市场定价：政治民主中的公共选择》(J. M. Buchanan and Nicolaus Tideman, "Gasoline Rationing and Market Pricing: Public Choice in Political Democracy," Research paper No. 808231－1－12, Center for Study of Public Choice, Virginia Polytechnic Institute and State University, January 1974.)。

污染者的利润与政治反应[*]：直接控制对税收：答复

詹姆斯·M.布坎南与戈登·塔洛克

上面发表的三篇评论基本上是对我们原文的改善和扩展。我们对这几篇文章只有很少异议。罗伯特·梅因和查尔斯·贝尔德的评论指出了我们原文中的一个错误。我们后悔出了错（澳大利亚莫纳什大学的 Yew-Kwang Ng 在与我们的私人通信中首先指出了这个错误），但也为这个错误并没有对我们的基本结论造成灾难性的后果而高兴。另外两篇评论是由菲利普·科埃略和加里·约埃所做，介绍了一些不同于我们所讨论的制度结构。这不是批评，考察许多不同的制度结构显然是可取的。科埃略的评论考虑到一种情况：一旦发布了生产配额，就可以自由买卖这些配额。在与科埃略的分析完全一致的框架中，由他的过程得出的结果似乎是过渡均衡，而非最终均衡。由于配额是完全可分的，也由于没有交易成本，在生产的最小平均成本水平上经营的小型企业，可以用比特大型企业更高的价格购买配额。然而，这里的真正问题是，这些配额的可出售程度，以及管理配额方案的政府机构对这种转移所做的行政管理限制。我们将在下面再来讨论这个问题。①

---

* 经美国经济学会许可，重印自《美国经济评论》(*American Economic Review* 66, December 1976：983-984)。

① J. M. Buchanan and G. Tullock, "Polluters' Profits and Political Response：Direct Controls versus Taxes," *American Economic Review* 65，(March 1975)：139-147；R. S.

约埃的评论在技术上看来是正确的,但与我们的论点没有密切关系。原来的生产者肯定会更喜欢行政机关做了评估的配额,而不喜欢约埃所讨论的戴尔斯式的污染许可证(Dales-like licenses)。在某种意义上,他的许可证是一套不同的、但是非常高效的税收。②

科埃略和约埃的评论都提出了有关方法论的问题,那超出了对控制污染选择办法的讨论范围。这些问题与分析者选择的模型有关。使用什么样的制度限制条件?允许哪些条件变化?在一个交易成本基本为零的世界中,效率总会存在,而且经济学家几乎帮不上什么忙。但是我们观察到的分配结果却似乎向我们表明了无效率。我们试图用我们的标准工具来"解释"这些结果。解释的成功或失败取决于明确地或暗中引入这一分析的限制条件是否合理。在我们的原文中,我们试图对广泛使用配额做出解释,尽管经济学家是偏好税收的。我们并没有说,观察到的结果描述了一种真正的"制度均衡"。在这一点上,也和在其他许多地方一样,最终的选择和判断肯定基本上还属于美学范围。

各篇评论都没有提到支持配额的规范性论点,那是我们的分析中已经得到公认的第二论点。可以肯定的是,观察到的配额反映了管制者的政治力量,但是即便没有效能标准,这项政策本身也有规范性的优点。任何污染控制方案的实施,都要从现有生产者那里拿走财产,理所当然地是为了促进"公共善"。在这种情况下,支持补贴的论点似乎与那些情形别无二致,如:某人的房子因建设州际高速公路而被拆除。我

Main and C. W. Baird,"Polluters' Profits and Political Response:Direct Controls versus Taxes:Comment," *American Economic Review* 66,(December 1976):979–980; P. R. P. Coelho,"Polluters' Profits and Political Response:Direct Controls versus Taxes:Comment," *American Economic Review* 66,(December 1976):976–978; G. W. Yohe,"Polluters' Profits and Political Response:Direct Controls versus Taxes:Comment," *American Economic Review* 66,(December 1976):981–982.

② J. H. Dales,*Pollution*,*Property and Prices*(Toronto,1968).

们无须力争说,配额方案一定就是向生产者提供这类补贴时的高效方法。但是,从制度的角度说,它可以是介于没收价值充公与威克塞尔的有效补贴之间的政治上可行的一个中间站(way-station)。当时机和地点都成为可能时,我们当然应该推荐后者,作为增强我们政治和经济这两个过程中效能的手段。

鹰、鸽与免费搭车者*

许多经济学家现在都熟悉了约翰·梅纳德·史密斯的鹰/鸽均衡。然而,有的人可能还不熟悉,而且由于史密斯的工作将会是本文的基础,我一开始要对它做一个非常简单的概括。① 假定有一种鸟——从现在起,我们称之为"鸽子"(pigeons)——至少它们的部分行为是由遗传得来的,而且可能的行为有两种。有着"鹰"基因的那些鸽子,在它们接近食物的时候,如果有另一只鸽子在,它们就会攻击它;而如果它们在吃食,有另一只鸽子在靠近,它们也会发起攻击。

另一方面,有着"鸽"(doves)基因的鸽子,如果有另一只鸽子在,它们就会抢上前开始吃食,但是如果先占了食物的鸽子发起攻击,它们就会逃走。要是在它们吃食时出现了另一只鸽子,除非那只鸽子表现出进攻的迹象,如果是那样,它们就会飞走,否则它们就继续吃食。

---

* 经布莱克维尔出版公司的许可,重印自《凯克洛斯》杂志(*Kyklos* 45, fasc.1, 1982:25-36)。

① 对于对《进化的稳定策略》(Evolutionary Stable Strategies)一文更感兴趣的那些人,最好从史密斯的《进化与博弈论》(John Maynard Smith, *Evolution and the Theory of Games*, Cambridge: Cambridge University Press, 1982)一书开始。请注意,他的论述远超过我正在说的部分。此外,自1982年以来,史密斯本人和各色的其他学者已经在这方面又做了大量工作。查诺夫的《性别配置理论》(Eric L. Charnov, *The Theory of Sex Allocation*, Princeton: Princeton University Press, 1982)就是个好例子。这本新添进来的书十分复杂,还包括了大量初始模型的扩展,以及在生物学领域中的实证检验。此外,任何经济学家也都可以通过阅读自从把这些方法用于人类实践以来的大量资料而受益。然而,就我的目的而言,这里使用的非常简单的模型就很合适。

显然，在清一色由"鸽"构成的种群中有一只"鹰"，[②]它会享有极大优势，因为它总可以把其他鸽子从食物边驱赶开。但是，如果在这个种群中还有其他的鹰，这种优势至少在一定程度上就会被这一事实抵消：它会加入鹰与鹰之间的打斗，受了伤，或是被杀死。当这个种群中鹰的百分比增加时，成为鹰的优势就下降了，而且我们最终会看到这样一种局面：与另一只鹰打斗而受伤的危险，很可能会像因营养不良而被其他鹰击败一样，成为进化失败的一个原因。

当然，在这个例子中还看不出会有一种混合均衡，但是有一些并非不靠谱的参数。如果鹰的数量稀少，它会一代一代地增加，直到在与另一只鹰的打斗中受伤的危险等同于营养不良对鸽的危险。[③]

所有这些都是非常简化的。或许有两种以上的类型，而且个别鸽子或许会采取混合策略，从而导致非常复杂的结果。这些问题可以由生物学家进行长篇大论，但在这里可以略去。

现在，我们来谈谈免费搭车。尽管仅仅由于鹰的存在，鸽就已经输了，但它们却能从鹰之间的打斗中获益。当一只鹰杀死或重伤了另一只鹰时，它就提高了鸽的平均寿命，尽管鸽为产生这个结果没做任何事情。这非常类似于人类中的免费搭车。一只非常好战的鹰，杀死了许多别的鹰，就使鸽在无须任何投入的情况下大量获益。经济学家会料到，当有免费搭车者存在时，由此发生的均衡不会是高效的。

一个生物体系中的效率不好定义。生物学家通常极少注意到福利经济学家所说的"效率"，而当他们确实注意到的时候，他们使用一种非

---

② 从现在起，我将省略这个引号。读者应该记住，我们谈的是鸽子，但是它们有不同的基因类型。自然选择的过程作用于这些基因。

③ 一个全是鹰的均衡或许在适当的参数下可能出现。这种均衡不会受到鸽的侵袭。另一方面，一个全是鸽的体系，会很容易受到鹰的侵袭。

常简陋的量度标准——生物量(weight of biomass)。④ 然而很清楚的是,每当有鹰受伤或被杀死,鸽的数量就会增加。

但是,最佳状态或许要求另外一些控制。如果它们在其中活动的环境是一个相当于能减少食物资源总量的"过度放牧"环境,那么,让鸽成倍繁殖而没有鹰的制止,可以导致环境恶化。必然的结果是,鸽的总数会减少,甚至少于它们在与鹰竞争时的数量。

这类问题已经给我们国家公园系统的管理人员带来了大量麻烦,因为消灭了一种食肉动物——狼,加上所有食肉动物中的最高效者——人类不愿去剔除羊群中的老弱病残,已经导致了西部山区中的过度放牧和各种严重困难。

同类事情中一个更直接的例子是鸽子,它在我们的许多大城市中是令人讨厌的动物,但是很容易用毒杀或类似方法清除。环境保护主义者认为,不应该容许这些"非自然的"做法,并因此非常认真地在我们的大城市中引入了猎鹰形式的"鹰"。猎鹰得以繁荣兴盛,而鸽子却遭了灾。显然,环境保护主义者觉得最好用猎鹰来杀死鸽子,而不要毒杀。出于某种理由,人工引进猎鹰被看作是一种自然方式。

结果,猎鹰在大城市的人工环境中绝对兴高采烈——在摩天大厦上筑窝搭巢,等等。然而,猎鹰是胡吃滥造的动物,和鸽子一起把城市弄得乱七八糟。曼哈顿的人工环境中实现了鹰/鸽某种均衡的生态环境,很难说是自然方法的一个好榜样。而且,由于猎鹰必须被人工引进,就更是如此。⑤

---

④ 生物学家大量使用另一种形式的效益。有许多文章考察这种或那种植物或动物的特性。生物学家认为,进化将选择一种高效的设计方案。这是可以检验的,而且已经进行了许多这类检验。

⑤ 这种情形可能达不成均衡,因为它看起来几乎是完美的洛特卡-沃尔特拉循环(Lotka-Voltera cycle)。

回到我们的鸽子的两种形式。如果我们假定,一个城市所能供养的鸽子的最大数量要用效率来衡量,那么,第一步最好是消灭鹰。假定鸽子主要用人们的废弃物来喂养,辅以小孩子及其他人随意扔给它们的一些食物,那么,说大量鸽子会损害环境,所以必须控制它们的种群数量,那是不能令人信服的。鸽群的扩大会受到食物供应的限制,而后,营养不良会阻碍鸽群数量的进一步的增长。

我不打算说,这实际上是高效的。它显然包括了多种价值假设,而且极少有人对到底应该有多少鸽子做过任何价值假设。关键是,我们这个事例中的自然均衡含有免费搭车。没有鹰,鸽会过得好些,而鹰的相互残杀也会对鸽有利。

从根本上说,我在本文中的论点将是,人类社会也常常有类似的均衡问题。不同的人遵循不同的行为模式。当任何个人改变其行为模式都不能有所得时,这些不同的行为模式可能就形成了一种均衡。当然,在这种情况下,行为模式的选择主要是一种自觉的决定,而不是一种进化决定。进化只在不成功的企业行将破产时才会发生。

即便这个体系处于均衡,而且大家都在对自己的行为模式进行自愿选择,也可以有免费搭车。在下面这个事例中,证明理论的无奈很容易,但是要提出任何改变社会的办法,以消灭这种无奈却很难。这些情形中的免费搭车,尽管从技术上说是无效率的,却可能是最优的。

我们还是来看事例吧。第一个事例说的是普通的零售市场,我们在美国许多地方都可以看到这种市场。许多人几乎从不进行比较购物,他们只看东西。如果东西看起来值那个标价,而且是自己需要的,他们就买下来。他们不打算弄清楚这里是不是附近卖这个产品最便宜的地方。这是一种可能的行为模式,而且是众多的人在购物时采用最多的行为模式。

还有另一种可能的行为模式,也是人们广泛采用的。有些人非常仔细地进行价格比较,浏览周日版报纸中附赠的厚厚的广告增刊,对几家商店进行查对比照,等等。粗心的购物者依赖这些人去证实,商家的定价确实没有很大不同。显然,他们是在搭那些比较购物者的便车。因此,结果在技术上肯定是无效率的,因为没有足够的资源投入到比较购物中。

当然,人们不会干脆利落地分为这两类人。大家都会至少偶尔对两家不同商店的价格进行比较,但是人与人之间在比较购物的数量上却是因人而异,因所购物品而异,⑥因时间而异,差别很大。由于许多妇女现在参加了工作,相对于大量妇女是普通家庭妇女时,这种情况大概已经少得多了。

但是我们还是坚持两种行为模式吧。在鸽子的例子中,也有许多不同的行为模式,但是我们的模型只考虑了其中的两种,而且这个模型对于理解较为复杂的现实世界很有帮助。

来看一位细心的比较购物者。她一次只观察一个价格,然后到另一家商店,弄清他们的价格如何。⑦ 第二家店的价格比第一家价格低的机会为二分之一。如果她继续比下去,第三家店的价格有三分之一的机会比第二家的低,依次类推。她做的观察越多,看到的最低价格越低。

但是,她从增加的观察中得到的改善下降了,而且她最终面临的情况是,再增加一次观察可能得到的改善甚至低于她为这次观察付出的成本。因此,她停了下来。

有些购物者确实做了相当多的观察。这个事实对所有商家施加了压力,迫使他们至少让自己的价格保持在可与其竞争者的价格竞争的

---

⑥ 马歇尔·杰文斯以此为基础,构建了他的一部侦探小说〔《湖边谋杀案》(*Murder on the Margin*)〕的破案过程。

⑦ 要么,她也可以在周日的报纸上翻看不同店家的广告。

最低水平上。但我们在这里还是别夸大事实。显然,成功经营零售业的秘密是对细心购物者少收费,对粗心购物者多收费。各种各样的办法如廉价销售或折本大甩卖都被用来吸引细心的购物者。粗心购物者可能会错过廉价销售而在价格上升时买东西,或是在一家商店没有对某项商品大甩卖时买东西。尽管如此,细心的消费者无疑还是为粗心的消费者提供了好处。倘若所有的粗心购物者不管用什么方式组织起来,向细心购物者付款,让他们再细心一些,那将会对双方都有好处。

然而,这一帕累托移动是不可能组织起来的。必需品的定价千差万别,更不可能确定多少会是正确的数量。但是,这些事情至少在理论上是可能的。

当然,在现实世界中,不同的人比较购物的次数完全不同,也没有一个简单的办法可以把他们分为两类。然而,几乎不做购物比较的人搭了多做购物比较的人的便车,这仍然是事实。做一定购物比较但做得不多的人,既为他人提供了好处,也在一定程度上搭了做许多购物比较的人的便车。

这种情形完全类似于鹰/鸽的情形。没有人想要改变这种情形,也就是说,这种情形是稳定的。某位粗心的消费者转变为做大量查对比照的消费者,会对商家的标价提供更多监督,从而改善粗心购物者的处境。同时这也会意味着,增加的这一监督会导致细心购物者之一至少放弃一次观察,因为其实已经有别的人在做这件事了。此外,它还包含免费搭车,因此,在人类社会中,我们可以说,在理论上,它是无效率的。另一方面,我们似乎也只能这样去行事。

我感到自信,至少有些新的信息经济学的拥护者将会争辩说,商家,尤其是那些对薄利多销感兴趣的商家,将会尽力用广告或其他办法解决这些问题。这显然是事实。但只要有大量的人怕麻烦而不去看百货商店或超市的广告,商家就不会完全解决这个问题。其实,我们总能看到一些价格上的差异。在现实世界的零售市场中,真正的"统一价"是极为罕见的。

我们很容易就能想到存在这种情形的许多其他事例。不同的人可以采用不同的策略,所有策略对个人都是最佳的,但是有些人搭乘了已存在的其他人的便车。这导致了投资不足和搭便车现象。因此,在通常使用这一术语的技术意义上,"搭便车"对社会来说是无效率的。

在如股票市场那样有组织的市场中可以看到搭便车的一个好例子。我们只考察购买股票的两种基本策略。一种策略是多少以随机的方式购买股票。另一种策略,银行和专业投资者都遵循这种策略,是进行非常谨慎的调查,以预见未来的价格,然后抢先买入以获取利润。我将把仔细做研究的人称为"学者",把任意做出随机选择的人称为"任意投资者"。还有第三类人,"无知者(unwashed)",将在下面解释。这描述了股市实际运行的情况,显然但只在有限的程度上令人感到遗憾。有许多人进行随机购买,还有许多人花了大量时间研究股市,并从这种活动中收取回报。应该说,在股市中做得最好的人,显然是那些有特殊途径能获得信息的人。

当有人利用这类私人信息进行交易时,我可以接受这样的论点:内幕交易不应该是非法的。无论这种交易是合法还是非法,信息不会为市场中的每个人,包括随机购买者,同时了解到。

反对内幕交易的法律背后的根本压力,很可能来自会从禁止内幕交易受益的一伙人——专业的经纪人和投资者。如果在这类信息出现在证券报价机或《华尔街日报》之前没有人从事信息交易,那些能最快接触到证券报价机,并且可能也是买卖股票最快的人,也就是专业的经纪人,就会比市场中的其他人在时间上抢占先机。他们的交易成本也会低很多。如果先有内幕交易,然后再把情况公开,尽管对经纪人来说时间上的先机仍然存在,但其价值已经降得非常低了。

一般的投资人会去打听信息，并在内部人士或专业人士出手之后采取行动。反对内幕交易的法规说，股票交易应该是专业人员的事而非企业高管的事。这意味着，一家公司不得给它的高管开低工资，而是让他们到股市上赚钱，因为高管们在股市上可能赚到的利润是专业投机者应该赚到的。

但是，把这个问题放在一边，这里的情形就是搭便车，和我们以前讨论过的情形一样。实际上，个别从事仔细调查研究的学者只会把调查研究深入到一定程度，使他们的投资收益能偿付自己的工作就够了。这意味着，从整个市场来考虑，他们将不会把调查研究进行到最佳程度。这个市场对未来的预言将不会那么准确，而如果我们能把这类研究进行得更广泛深入，情况就会好得多。当然，让个人承担调查研究的责任，并不是使这种研究更广泛深入的一个好办法。

但是，这里有个现实问题。向公众出售信息的专业投资者，无论是用什么方式出售，互助基金还是咨询通讯（advisory newsletters），似乎都不会比任意投资者做得好。老美国电报电话公司（AT&T）在被拆解之前，在美国各地都设有地方委员会。这些委员会由当地的著名工商业人士构成，主要从事公关活动。然而，AT&T 必须得给他们找些事情做，因此让他们管理该公司非常可观的金融投资事务。尽管这些人无可否认都是高素质人士，但一项统计调查指出，随机的买进和卖出会有同样好的结果，而且肯定比较便宜。⑧

这个问题可以部分用投机者的选择过程来解释。假定有一伙年轻人从哈佛商学院来到华尔街，而且他们全都立刻就开始为公众或为他们的直接雇主提供投资咨询服务，并用他们自己的账户投资。过了一些时候，他们中的有些人不再做咨询，而是完全靠自己的投机天赋生

---

⑧ 与一位前高管爱德华·扎雅克博士（Dr. Edward Zajac）的私下谈话。

活。这些是做得好的人。那些自己的投资做得不好的人还在继续做咨询。

这能说明咨询意见为什么并不特别正确,但不能说明人们为什么要去买这些咨询意见。有两类这种意见的潜在购买者:第一类是大投资公司,它们实际上是为自己的账户购买。这种生意可能没有你想象的那么大。但是,从亚利桑那州一位经济学教授的角度来看,它还是挺大的。这些大投机商大概在非常大的程度上要靠尽早得到信息。

他们是否违反了内幕交易法规,还不清楚;但是清楚的是,他们知道什么事会发生,并能在一般交易员知道之前,据此采取行动。因此,他们会首先按进入市场的新信息行动。其实,"你无法打败市场"的各种证明通常依赖每天的数据。关于某个公司的新信息可能在第一个半小时内就传遍整个市场。当然,正是这些消息灵通的大型交易商的存在,使市场能根据信息进行调整。某人必须了解新信息,并根据它采取行动。这种行动就是快买或快卖。

出售信息的人很多,但他们的预言并不准。问题是人们为什么要花费心思去买这些信息。我打算把对罗伯特·席勒"噪音交易者"(Noise Trader)⑨的讨论推迟几段,先来考察一些其他问题。

许多投资者在市场中投资,在某种程度上,似乎是因为他们能从中得到娱乐。应该指出的是,如果你相信,就像一位办有一份小型通讯的股市咨询人员相信的那样,这个国家是由一小撮富人的阴谋集团掌控的,他们相互用隐藏在连环漫画里的密码信息联系沟通;如果你能破译这些信息,那么你的读者的操作就会大致接近真实的随机状态。

在拉斯维加斯,大多数赌客的行为就好像是他们认为存在某种聪明的玩法。一般来说,这种聪明玩法并不在于了解胜负的可能性,因而

---

⑨ Robert Shiller, *Market Volatility* (Cambridge, Mass.: MIT Press, 1989).

能把你输钱的比率降到最低。当然,事实上在拉斯维加斯只有一丁点儿赌博。正如杰克·赫希雷弗(Jack Hirshleifer)指出的,老虎机、轮盘赌什么的几天玩下来,结果真的是完全可以预料的。实际上,玩家大概也是知道这一点的,但他们无论如何也要赌。

有几家娱乐场开办了免费学校,传授"玩轮盘赌如何获胜"。从他们登广告办学这个事实看,他们至少拉到一些人去上课。去上课的人肯定并不真的认为,管理人员在教他们如何把钱从管理人员手里拿走。不管怎么说,他们从这种活动中得到了乐趣。

股票市场中的许多人大概以同样的方式行事。我称这些投资者为"无知者"。如果你处于通货膨胀的经济体,把钱投到股市是保值的好办法。每个月投入太多的钱,或是直接随便投入,是愚蠢的。算计一下你该买哪只股卖哪只股是挺好玩的事,而且花费不多。如果缺少大多数投机者拥有的信息,买和卖就非常接近于随机,这对不了解信息的人是个理想的办法。

用这种随机买卖的方法,他们本该做得很好,但大概没有做到。但是,这类投机相对于真正的赌博有一个优点:赌博有负面的社会意义,而股市投机没有。

我们假定,学者实际上在仔细研究这个领域,并对下一步会发生的事情做出决定,他们做出正确选择的机会要比随机高。但是,他们通常无法搞到巨额资金。此外,有些学者做出决定早于其他人。随着这些研究结果逐渐发生作用,市场很可能就将开始向上或向下移动。

但如果是这样,对于无知投机者,按照下一步会发生什么的信息在股市中动作就并非不合理了。如果他们看到的是上涨,那可能是一个随机波动,可以是对新信息的即时调整,也可以是对某个行业正在改善状态的缓慢调整,这种改善是通过学者的仔细观察看到的。在价格上涨时买进会推动价格的进一步上涨,因此并非不合理。

这里应该记住的是，每次有人买进，就有人卖出，因此必定有不同的看法。无知者的行为往往会夸大学者们初步投资的作用。此外，有些非常粗心的无知投机者可能没有注意到起初的上涨，但是注意到了后来的上涨，而后来的上涨是某些注意到了起初上涨的那些无知者推动。必然的结果是，市场会定期过度反应。这就是席勒的研究[⑩]所表明的市场现象。

如果无知者以这种方式行为，那么市场价格的微小波动往往会发展为大震荡，这是无知者在数量上要远远超过学者的结果。一旦价格开始上行，而学者认定价格已经太高了，那些今天才刚听说两周前美国钢铁公司的股价已经开始上涨的无知者大众，将可以完全抵消学者们非常有限的金融资源。当然，这同席勒的"噪音交易者"现象还略有不同。

遗憾的是，它甚至还要更复杂一些。学者在股市中赚钱的方法之一，而且大概也真的是对最低投资提供最高回报的方法，就是不要成为掌握股票基本原理的专家，而要成为股市中目前四处徘徊的谣传的专家。

用经过略微删改的凯恩斯爵士的话说，如果突然出现的谣传就是为了要让人听到，那么在大部分股东听到之前，谣传首先会被专家听到。专业人员练就了一种本事，能猜测出这些一时甚嚣尘上的消息中有哪些会流行，以多快的速度流行，能持续多长时间，等等。当然，这是凯恩斯对于这一问题的辩驳：被选中的不是最漂亮的女孩，而是将被其他人认为是最漂亮的女孩。

当然，凯恩斯指出，在这个过程中还有一些下一步的阶段。既然有大量不了解情况的人，可以预料，会出现没有基本面支持的价格的大规

---

⑩ 见前引书。

模运动。席勒已经证明,这种运动事实上确实存在。

但是请注意,如果我们考察的只是个别交易者,我们对此无可指摘。选择了不想变得见多识广的交易者,无疑对该如何投资自己的时间做了个好决定。他可以任意投资,因为他认为仔细研究的回报,恐怕会不及他的时间成本。学者做出的决定也是合理的,而且这是我们在零售市场中看到的那种鹰/鸽均衡的另一个例子。

然而,在这个事例中,有点讽刺意味的是,要是无知者根本不做研究,市场会运行得更好。要是研究市场基本面的学者与任意投资者之间有明确分工,股价就会相当接近于学者所预言的价格。任何人都不会想成为猜测无知者行为的专家。在这种情况下,有一点知识,即使说不上危险,至少也是不需要的。

我们也不能指摘无知者,只因他们采取了一种至少能给自己一点欢娱又花费不多的做法。从证券市场高效运行的角度说,如果他们停下来,那会是件好事。但是,为了使社会总体能有一个比较高效的市场,放弃自己从目前的投资方法中得到的少量欢娱,去做出自己的微薄贡献,这对一般的投资者会是不合理的。

在这里,我们再次有了一个鹰/鸽均衡。学者们无心投入足够的资源进行研究,去减少相对于社会最优数量的随机变量。注意,在这里的限制是对他们资金的限制,也是对他们投入时间的限制。要是他们有更多的资金,他们投入的时间会更少。[11] 但是,即便对他们能够投入的资金没有限制,他们也不会把其他投资者的方便考虑在内。

我们再次看到了一种市场实现了均衡的局面,市场中的每个人都尽力而为,做到最好,但是其中有些人显然在搭他人工作的便车。再说

---

[11] 不指出"使内部交易自由进行大概可以改善市场对于无知者的质量",我还不能离开这个主题。这种改善是通过迅速调整实现的,而且也有可能使各个公司向其高级管理人员支付较少的薪酬。

一遍，我想不出有什么办法能改善这种局面。市场中充满了这类搭便车行为。

糟糕的是，主要的替代办法——等级制结构[12]，具有同样的现象，只是表现形式略有不同。级别低的官员要是明白事理，他们就会下力气去弄明白自己的上级想要什么，而不费脑筋去想今后发展的好办法。

尼斯坎南在担任福特汽车公司经济部主任时被"炒了鱿鱼"，因为他拒绝支持对日本汽车的进口限制，不认为那是对美国整体有益的事。其实，他甚至也不认为这对福特汽车公司是件好事。炒他的人，考德威尔，曾是美国近代史上一家大型汽车公司中较为成功的总裁之一。在他们的最后对话中，考德威尔说："比尔，我注意到在福特汽车公司升职的人，都等着他们的上级做出决定，然后说些建设性的意见。"这几乎是对等级制结构中免费搭车现象的完美描述。

免费搭车是我们社会中的流行病。我们当然应该尽自己所能减少这种病，而且在许多情况下，确有可能减少或消灭这种病。但是，那就必须沿着这些思路适当节制我们的雄心壮志。无论何时，只要我们看到了免费搭车的事例，我们就该想到用什么办法来消灭它。但是，如果答案是"没办法"，我们也不该特别惊异。

---

[12] 论述这个主题的书汗牛充栋，但是我自己的书是《官僚体制的政治》(*The Politics of Bureaucracy*, Washington, D.C.: Public Affairs Press, 1965)。

第九部分

法与经济学

犯罪行为研究的经济学方法[*]

在各种犯罪行为研究的方法之中,从经济学视角进行研究是最欠开发和利用的方面之一。[①] 本文的目的是要证明经济学方法的效用,并介绍一些简单的计算工具在法律两个领域中的应用,这两个领域都是读者有相当多个人经历的领域——车辆违规和逃税。在车辆违规的事例中,我们的体验不仅充分,而且我们心里对这种违规的后果也有非常清楚明确的主张。对逃税的认识和体验相对于交通违规就非常少了。我们中的大多数人至少打算在所得税表上虚报开支,而且我们发现,要理解其他人实际上经常在这么做的理由并不是一件困难的事。

讨论车辆违规和逃税,除了有读者基于经历的知识外,还有另外一个优势。这些法律中的习惯因素都极小。我们有关犯罪的大多数法律来自远古,因此也包含了各种离奇古怪的犄角旮旯。机动车辆法几乎完全是20世纪的产物,而且定期会有非常大的改动。同样,所得税法

---

[*] 经布莱克维尔出版公司许可,重印自《社会科学季刊》(*Social Science Quarterly*,50,June 1969:59 – 71)。

本文是一个大规划的一部分。这个规划努力用经济学的推理方法来研究多方面的法律问题,包括比这里讨论的更为严重的犯罪行为。

[①] 说这种方法新,只是就20世纪而言。边泌、穆勒和许多19世纪的学者都用非常类似的方法研究犯罪行为。遗憾的是,19世纪的学者还无法利用福利经济学的现代工具或成本-效益分析,因此他们不能像现在这样在某个案例中表达他们强烈的立场。要了解大致同样方法在近期的事例,见加里·贝克尔的《犯罪行为与惩罚:一种经济学方法》(Gary Becker,"Crime and Punishment: An Economic Approach," *Journal of Political Economy*,74,March-April,1968,pp.169 – 217)。

在很大程度上也是近期发展的产物,而且不断地为立法规定和各种行政机构的作为所修改。这样,当我们讨论这些问题时,就不必去考虑无法追忆的传统所造成的重压了。

违法停放车辆

我们先来看所有违规事件中最普通也最简单的事情——违法停放车辆。这是个新问题。在往昔,没有那么多的停驶车辆,不需要制定专门的停车法。然而,当普通人都开始买汽车,车辆的数量达到了这种程度:如果任由人们随意沿街停放车辆,就会导致严重的交通堵塞。停车位的数量有限,而且按"先到先用"的原则进行定量分配似乎一直不能令人满意。② 无论如何,主管的政府机构决定,应该"更公平"地分配停车位;它还决定,个人在占用停车位的规定时间——常常是1小时——后应该腾空车位。

然后,如何保证遵守规定的问题就提出来了。选择的办法是:不守规,就罚款。警察得到通知,对超过限时停车的车辆贴"罚单",然后这些车的车主就被课以小额罚款,比如说10美元。这样,个人可以选择要么在规定时间内移走车辆,要么不管它继续停车,碰碰运气,看能否被罚上10美元。显然,罚款的多少与任何车主被逮到的可能性在很大程度上取决于超时停车的时间有多少。其实,个人可能面对的是一张超时停车的"价格表",而且只是在挪车带来的不便大于被罚款的适当折扣成本时才会这么做。③

---

② 我们现在讨论的是最早提出的停车管制方法。近来咪表(占道停车计时收费器)的发明已经大大改变了这种局面。我们将在后面讨论这种情况。

③ 我要感谢亚历山大·卡夫卡教授提供的这个"价格表"的比喻。他追随他自己的教授坚持认为,整个刑事法规就是各种行为的一张价格表。

然而，并非所有的超时停车都是故意决定的结果。大量这种行为显然出于心不在焉，还有部分情况是由于车主完全不能控制的原因。尽管如此，我们一般并不觉得应该免除这种罚款。缺乏犯罪故意，或是根本没有犯罪故意，不能成为借口。当我还在华盛顿的国务院工作时，我的一位上司一周能接到好几张罚单。我认为自己很了解他，完全能肯定，所有这些违规都不是他有意识地故意为之。他可能是在参加某个活动，忘记了应该挪走他的车。哥伦比亚特区是在对他的心不在焉征税。

我可以说，华盛顿哥伦比亚特区的警察部门并不特别讨厌我的这位上司。显然，他们认为罚款得来的收入对于贴罚单和偶尔把他的车拖走带来的不便来说是划算的。然而，假定他们想让他不再违反停车法，只要大幅度提高罚款似乎就够了。对10美元不上心，不一定意味着对100美元，甚至1000美元也不上心。面对高额罚款，他会感到更大的压力，迫使自己记住这件事，尽可能避免在公共街道上停车，并安排他的秘书提醒他。其实，他在犯这些"罪"时根本没考虑过罚款，但这一事实并不能说明，他在面对高额罚款时就不会做出停止犯"罪"的反应。

然而，至此，我们只是简单地假定，目标是通过执行一项法律来制止乱停车。至于该项法律是否通情达理，或者说，该用多少努力来执行这一法律的问题，还没做过讨论。为了讨论这个问题，我们要转向一种比较现代的技术，并讨论安装了咪表的停车场。在这种停车场，政府实际上只是将停车位租给想要使用的人。政府可以使用不保证市场供需平衡的价格，因为政府可以有除了提供服务取得利润之外的其他目标，但这并没有太大改变我们的问题。为了简化，我们假定政府还是按保证市场供需平衡的价格收费。政府将试图使总收入最大化，总收入包括由罚款而来的收入，以及投入咪表的硬币减去执行成本的收入。这里,我们不必提出一个方程式,或者试图解决这个问题,但这显然是个经营活动的研究中非常普通的问题。我们没有理由期待这种研究会有什么不同。

其他有关汽车的法规

然而,停车显然是个小问题;实际上,选了这个问题来讨论就是因为它容易讨论。在这里,除了准确计算外,与商界人士每天所做的事没有什么不同。要了解一个稍微复杂点的问题,可以来看另一个交通违规——超速行驶。因汽车肇事死亡的人数、人员受伤的程度和物质损害程度,这些大概都是汽车行驶速度的函数。④ 通过执行法定最高限速,我们可以减少所有这些现象。另一方面,法定最高限速肯定至少给某些人带来了不便,而且这些人可以很多。降低时速导致的实在物质成本,可以用行车增加的时间乘以人口中一般人员的人均小时挣钱数额很容易地粗略计算出来。当然,这是一个近似值,排除了如某些人从高速驾驶中得到的愉悦,以及由交通速度减慢导致的经济活动转移这样一些因素。尽管如此,我们还是可以使用这个近似值,⑤连同因交通事故造成的死亡、受伤和物质损坏的成本,计算出最佳限速,那就会是能使所有这些分类的总成本降至最低的限速。这种计算应以"社会成

---

④ 近来出版的拉尔夫·纳德的著作《任何速度皆不安全》(Ralph Nader, *Unsafe at any Speed*)使这种关系有点模糊了。可以将汽车设计得能降低事故死亡率,以及可以把高速公路设计得能减少事故,这都无疑是事实。近来发现了一些通过改进高速路路面减少侧滑的办法。这大概表明,高速路的改进要比汽车的重新设计有更大的潜力。尽管如此,对于现有的小汽车和高速路来说,超速还是能死人。

⑤ 对于反对使用近似值的人,可以进行更精细的研究,把更多因交通放慢加大的成本考虑进去。

本"进行,因为要搜集全体人口的数据。然而,个人可以把这些数字看作是对他们个人最佳速度的精算估值。

据我所知,还不曾有人用相当直接和准确的办法做过这些计算。之所以会出现这种遗漏,原因大概是,谁都不愿意有意识地和公开地赋予死亡和伤残一个价值,然后再与耽搁造成的物质成本进行严格比较。当我向人们指出,单纯降低限速(并改善执行情况)就可以减少因高速路交通事故造成的死亡人数时,他们通常都表现出很勉强的样子,不愿考虑这个问题。他们有时候想使自己相信,降低速度不会有所说的那种效果,但是更多的时候是,他们迅速地转移话题。为了方便,他们不愿意接受大幅度降低限速,但是也不愿意有意识地把他们的方便与死亡进行权衡。但这是限速背后的真实想法。我们计算被迫放慢行驶的成本和事故成本,并选择能带给我们最佳结果的限速。由于我们不愿自觉地去做这件事,我们大概不会去好好计算。如果我们愿意坦率地看待这件事情,自觉地给人的生命一个价值,我们肯定能得到更好的结果。

来看一个不愿意想到我们可以以自己的方便来衡量死亡和伤残价值的例子。我的一位同事承担了一项对弗吉尼亚高速公路委员会用于确定如何改善道路方法的研究。他发现,他们按照这样的顺序来考虑现在对今后工作的规划:速度、美观和安全。照顾到美观,就是要在拨款中规定一个固定部分用于建设路边公园等。关于速度,他们对高速路的使用进行了仔细研究,使用了统计方法,以预测在各种可能的变化下最终能节省的时间。正是改善这些方法的可能性,使他们邀请我的这位同事去进行他的研究。另一方面,对于安全,他们根本没有系统的考虑。

显然,他们在设计道路时确实考虑到了安全,花了很多钱,使用各种技术来降低出事故的可能性。但是,他们没有任何的公式或规则可以用来决定在安全方面应该花多少钱,或是应该投资建设哪个具体项目。他们肯定使用了某种平衡规则。然而,这种规则还埋在他们的潜意识之中,哪怕他们在其他问题上使用了相当精细和先进的技术。当人们记起,如果有什么交换价值,能使花在安全上的费用多少变得容易计算时,这一点尤其值得引起注意。

例如,如果确定,一次致命的事故用司机们的不便来衡量(用增加的行车时间来计算),"价值"50万美元,那么,使用对事故和交通量的统计,就有可能计算出在安全方面该花多少钱,在限速方面该花多少钱。由于高速公路委员会没有把它所有的钱用于安全,某些这类事故的"价格"就必须由造成事故的原因承担,但是老于世故的工程技术人员甚至连对自己都不愿承认,就是这么回事。或许更令人吃惊的是,我的同事完全赞同他们的态度。这位同事基本上是个"科学"类型的人,对于统计决策有着极大兴趣。他觉得,这里就是个不该进行精心分析的地方。他不想把死亡与他的方便进行比较,不想让其他开车行驶在高速路的人自觉地想到死亡,也不想与我讨论这个问题。

表 1　限速的效果

限速(英里/小时)	每 100 百万英里死亡人数	耽搁的成本(美元)
10	1	50 000 000 000.00
20	2	35 000 000 000.00
30	4	22 000 000 000.00
40	8	15 000 000 000.00
50	16	5 000 000 000.00
60	32	2 000 000 000.00
70	64	500 000 000.00

但是,即便我们不喜欢用批评的眼光来考察我们的决策过程,有关

限速的决策也显然是根据低速的不便与预计最高死亡与伤残数量之间的平衡做出的。我们不愿自觉想到这个问题的事实产生了双重不幸，因为无论用多么仔细和科学的办法，此事的难度足以使我们不大可能做出最佳决策。这个问题在两方面都是随机的，因为以某种速度驾车不一定就出事故，只是产生了一种出事故的概率。同样，超速行驶也并不总能为我们提供方便，所以我们的不便也只是一种随机概率。还会有一些收集数据的问题，这是我们现在还没遇到的（主要是因为我们还没有想清楚这个问题），以及对某些参数做出合理估计的问题。为了解决这个问题，我们需要一张非常像表 1 的概率表。显然，用这张表，再加上一件事，一个死亡和耽搁的转换因子，我们就可以轻易地计算出将会把使用道路的"成本"降到最小的限速。⑥

同样明显的是，现在也没有进行这类直接计算，而我们的限速是根据对一系列防止事故与不便的权衡确定的。现行办法与我所描述的办法之间唯一的不同在于，我们对于不得不承认我们使用了一种转换比率感到恐惧，在这种转换比率中，人的生命价值仅被用一定数量有限的不便来计算，而且我们拒绝自觉去计算，因此也就否定了现代统计方法的利用。

既然已经有了限速，我们现在来看看它的执行。例如，如果限速是 50 英里/小时，那么，超过这个速度驾驶的人不见得就会自动出事故。按 51 英里/小时速度驾驶的人也不见得就比按限速驾驶的人更容易出事故。执行而非控制问题自身的本质，支配着简单限速法规的使用。如果我们有什么办法能按每英里不同的速度对人们征收街道使用

---

⑥ 注意，我没有考虑除死亡之外的所有后果，而且假定这是决定限速的唯一变量。当然，这些都是简化的假设，为的是让我的表述简单，让我的解释容易。如果有人明确打算利用我建议的方法，必须有复杂得多的数据。当然，这里的数字只是为了说明的目的而假设的。

费,⑦将会产生比简单限速更好的调节。实际上,警察和法院确实做了与此非常相似的事情,对大幅度超速的人处以比一般超速高得多的罚款。但是,我们还是只研究简单情况,其中只有单一速度限制、没有超速高额罚款。

这一法规的执行方法在某些方面是最为怪异的。首先,如果有人看到另一人违反了限速法规并且报告了警察,警察会拒绝采取行动。有一个特殊的例外,我们会在后面用脚注说明,除非有位警官看到你超速,否则你不会因超速被罚款。想想看,夜里行窃的人对于警察的同样做法会做什么。

第二件怪事是,确定罚款数额与违反限速的人的心态无关。⑧ 以时速 70 英里驾车是被罚款 100 美元还是被判 10 年监禁,取决于一些你无法控制的事件。例如,假定有两人驾车在高速路上以 70 英里的速度转弯。第一个人看到对面路边有辆警车,吃了罚单,交了罚款。第二个人与和他走在同向路上的一台拖拉机不期而遇,而逆向路上有一连串小汽车。在随后发生的撞车中,拖拉机司机死了,结果小车司机可以被判 10 年监禁。⑨ 我们可以假定这两个人都出于同样的动机而超速,但第二个人运气不好。我们通常喜欢依据被告的行为确定罚款,而不考虑超出其控制的外部环境。(唯一考虑外部环境的情形涉及实施谋杀造成死亡的规定,无论故意与否。)

当人们记起,因在车祸中致人死亡而有可能被送去坐 10 年牢的这

---

⑦ 不必说,以 50 英里/小时的速度在区内建设街道行驶的成本,会高于在开放的乡下地方行驶的成本。

⑧ 在某些特例中还有个别部分的和不完全的例外。超速行驶送妻子到医院生孩子的人,大概最能吸引报纸的注意。

⑨ 注意,交通肇事只在警官看到的情况下才会起诉的规定不适用于严重事故的情况。可以想象,第三位司机以同样的速度转弯,但既没遇上警察,也没遇上拖拉机。当然,即使他的违规被报告给了警察,他也不会被罚款。

个人,几乎可以肯定不是有意这么做的时,这项执法中的又一怪事就得到了特别关注。他之所以高速行驶,是因为急着赶到什么地方去,这是一种一旦被查到通常只会处以轻微罚款的行为。重判并非由于他的行为恶劣,而是因为他"抽了个下下签"。这种情况在那些并非少见的事例中甚至更为明显,如:出事故不是因为有意违法,而是因为技术不熟练或是情绪应激(不知所措)。在普通的驾驶中,我们常常碰到一个判断上的小错就能造成死亡的情形。一个并非有意心不在焉驾驶的人完全可以在距离判断上失误,并试图在空间不够的情况下超车。一个易于应激的人在遇到紧急突发事件时可能会"惊呆",从而导致本来轻易可以避免的事故。在这些事例中,尽管被告完全没有"犯罪故意",却很可能被判入狱。"如果一个司机,实际上以陪审团认为对其他道路使用者有危险的方式驾驶,……那么在是否有罪的问题上,判定的关键不是他是否故意不计后果、粗心大意、一时疏忽,或虽不胜任但已尽力。"[10]

  正如每个学过博弈论的人都知道的,混合策略的结果可以好于单纯策略。因此,对于超速行驶,把三种不同的处理方式结合起来,可能好于进行单一重罚的简单规则,无论你是撞上了什么人,还是在犯罪时恰好碰到了个警察。但是,尽管我们必须承认这种可能性,但似乎更有可能的是,依据个人故意所做单一处罚在防止超速方面更有效。对于我所概括的这些非常怪异的规则,或许原因就在于法院制度的运行。如果有个讨厌我的人指控我说,他看见我超速了,而我否认,法院没有别的办法,只能根据我们脸上的表情判断谁说了谎。由于"只要假装好人能受益,不老实可以无时不在脸面上表现为老实",从表情判断显然不是个好办法。因此,在我们目前的法院制度下,如果允许人们只说他们看见某某这么做了就能进行检举,几乎肯定意味着,会有数不清的恶

---

[10] Hill v. Baxter, 1QB (1958), p.277.

意中伤事件提交给法院,而法院也会在处理这些事件时造成许许多多的错误。

同样,根据被告无法控制的因素,对超速行驶采用两种惩罚措施,大概也是法院执行的结果。对每次超速定罪处以很重的罚款或是短期监禁,会受到法官的抵制,他们并不真的认为超速是很严重的罪,除非造成了人员死亡。对此不能提出确实的证据,但至少有些迹象可以说明这一点。在弗吉尼亚,在许多州也是一样,多次交通肇事定罪可以导致吊销驾照。但州政府很难让法官执行这一规定。在现代生活条件下,吊销司机的驾照真的是件难事,而法官们显然不愿意由于违规者此前已经两次被定罪,现在就因一次超速行驶而吊销他的驾照。同样,如果吊销了一个司机的驾照,无论他怎么驾驶,只要没撞死人,法院就不大可能再对此人处以重罚。[①]

法院效能的问题大概造成了车辆交通法的另一件怪事,即:一个人几乎不可能为自己受到的指控辩护。无论有没有其他证据,警官的证词通常都会被采纳。此外,一般来说,如果被告认罪,对一般交通违法的处罚轻;不认罪,处罚重。例如,对违法停车,如果认错,通常只罚一两个美元,但你要是不认错,可以罚 10 到 20 美元。这等于为被告认错减少了罚款。几乎每个与交通法院打交道的人都会意识到,大多数吃了罚单的人其实都是有罪责的,但是那些没有罪责的人不管怎么说通常也都会认罚,就是这个制度造成的。

显然,我们可以把同样的思路用于处理交通法规的所有其他部分。这个问题基本上是个技术问题。利用某种交换价值和从统计及其他来

---

① 考虑到执行的难度,对驾照进行限制而非吊销很可能会更明智一些。限制多次罪犯的驾照只能在某个限制区域内使用,包括他家、一两个购物中心和他的就业地点,加上比如说 30 英里/小时的限速。这对不愿意完全取消驾照的法官或许会有吸引力。法官也可能更倾向于对违反这些限制的人重判,但对没有驾照却继续开车去工作的人轻判。

源获得的证据,我们可以计算出一个使某个目标函数最优化的交通法规。在实践中我们并没有这么做,那是因为我们不愿意为生命确定一个交换价值。尽管如此,我们用目前的办法也得出了大致同样的结果,只是正确性和准确度不高。

逃 税

现在来看所得税法。我们必须从一开始就注意到,看来几乎人人都能得到特殊对待。目前的法律和规章制度充斥着对特殊人群做出的大量特殊规定,特别富裕的人或是大公司,成功获得特别税收待遇的事例,多得数也数不清。尽管如此,我们还是能考察现行税法该如何执行。

遗憾的是,即使在执行方面,税法也尽是漏洞。首先,大量具有特殊条件的人(马上就能想起的特殊阶层有医生、女服务员和农民)可以逃避所得税。人们也广泛相信,某些群体(尤其是农民)能够利用其政治力量让美国国税局在查验他们的逃税行为时,不要像对其他群体的逃税那么上心。但是,我们可以认为,税法中既包含了一系列给个人的特权,也包含了只适用于某些阶层的避税指导。因此,在了解了这个原本非常简单的立法中所有的漏洞之后,真正的税法已残缺不全。

还有进一步的难题。个人大概对他人缴纳的税都是感兴趣的,因为他想要他们购买政府的服务。他宁愿只让自己免税,遗憾的是,这是不可能的。从一定意义上说,他是在用对他自己的收入征收的税,换取他从整个社会购买政府服务中获得的好处。显然,这并不是说,政府目前的服务量对于每个人都是最佳的。要是我觉得今天购买的政府服务总量过多了(也就是说,低税率和低水平服务是可取的),相对来说,我大概会对大家全面逃税感到高兴。另一方面,要是我觉得现有的政府服务水平太低,应该提高税率,我可能觉得"强制执行"是可取的。

即使我对目前政府的开支水平感到满意,那显然也并不意味着,我会非常支持税法的有效执行。我或许会支持采用相对高税率的税法,也支持允许大量逃税以降低税率的执行办法,还支持能保证带来等量收入的更好的执行办法。如果我有理由相信,我特别有把握逃过这些税,我肯定会支持前者。但是,即便我认为每个人都有同样的逃税能力,我或许还是宁愿要高税率和高逃税水平。然而,在我看来,大多数人都会喜欢在纯收入既定的情况下尽可能低的税率。我还不能证明这就是最佳状态,[12]但我确实认为,把这作为适当的社会目标是合理的。无论如何,我们要在这个假设的基础上进行进一步的计算。调整这些计算使之适用于有关这件事的其他假设会相对容易。

在这种情况下,根据这些假设,政府从各种执行水平征得的税收可以由方程式 1 计算得出。这个方程式看起来很长,其实真的简单(符号定义见表 2)。

$$T_R = L_C \cdot R \times I + (1 - L_C) \cdot I' \times L_D \cdot P - C_R \tag{1}$$

等号右边的第一项是个人完全遵守税法的可能性,乘以税率和收入。注意,这是故意弄得有点含糊其辞的。它可以被看作是任何人支付的税,也可以看作是整个经济体支付的税,取决于我们对收入的定义。在这之上,我们添加了个人试图将其部分或全部收入逃税的概率,乘以发现他逃税的概率,乘以他因逃税将被迫支付的罚款。这样就得出了社会能收到的总收入。当然,维护检查和税收归集制度的成本要从这个结果中减去,即最后一项 C_R。

---

[12] 我真诚地希望,有些读者能够修正这个陈述。

表 2　符号定义

C_P = 执行的私人成本（包括错误罚税的成本）
C_R = 保护收入服务的成本
I = 收入
I' = 部分收入
L_C = 服从的可能性
L_D = 查到逃税的可能性
N = 社会的税收收益率（尚未减去过度负担）
P = 已查出不服从的惩罚比率
R = 税率
T_R = 税收收入（扣除直接执行成本后的净值）

此刻，对这个纳税人承担风险的可能忽略不计，有利于确定其应税收入中可以合法避税部分的条件为：

$$L_D \cdot P \cdot I' < R \cdot I' \tag{2}$$

这就是说，如果查证的可能性乘以他必须对查证支付的罚款小于他应该守法支付的税率，他会相应地尝试逃税。应该注意的是，在这个不等式和前面的等式中都有一个隐含假设：如果发现此人逃税，他有能力支付罚款。理由就是，一般来说，那些不愿付所得税的人都很富有。

但是，尽管这是个很好的近似值，但毕竟不太精确。所得税征收部门有时候确实想把某些逃税的人送入监狱。一般来说，美国国税局对付逃税有两种办法。如果你"偷税漏税"(tax saving)，这是他们比较容易查到的，他们通常会调整你的退税并稍微收你一点利息。另一方面，如果你做了他们不易查到的事，通常这意味着直接撒谎，他们会处以重得多的罚款。从他们的角度来看，这无疑是把执行成本降至最低的一种合乎情理的方法。

在所得税查处过程中还有另一件怪事。警察本人（也就是国税局的人）在不怀疑有技术上被称为逃税的事情时，常常当面就认定欠税。

这常常是完全合法的举动。在小来小去的事情上，个人会付款，尽管他也会向做认定的人报怨。在这种事情上，正如在其他小打小闹的索赔官司上一样，完全可能双方都很不精确。由于这些问题都不大，使用比较便宜但相对不精确的办法是最佳的。然而，对于重大问题，就要遵守非常细致的法律程序。首先，通过国税局的行政管理渠道来处理，只在所有管理手段都无效时才移送正规法院。人们可以预料，处理会非常慎重，也极少出错，而且可以肯定，实际情况就是这样。

然而，回到我们最基本的方程式，应该注意到，平静服从的可能性（也就是所得税纳税人不逃税的可能性）是查证逃税可能性的一个函数，如方程式 3 所示。

$$L_C = g(L_D) \qquad (3)$$

而查证逃税的可能性又是两件事的一个函数，如方程式 4 所示。

$$L_D = h_1(C_R) + h_2(C_P) \qquad (4)$$

当然，其中之一是我们投入收税服务的资源量，第二是我们迫使私人纳税者投入的用于保存记录、将所得税申报书存档，以及做其他能够比较容易执行这项税法的事情的资源。这样，方程式 1 就不完整了。方程式 5 表示了从这项税中最终得到的社会效益或损失，包括了因素 C。

$$N = L_C \cdot R \cdot I + (1 - L_C) \cdot I' \cdot L_D \cdot P - C_R - C_P \qquad (5)$$

应该注意到，为了进行这些计算，我已经省略了过度负担的问题。

C_P 项非常有意思，也非常易于理解。它不仅包括了填报所得税表的麻烦，我们全都知道那可以相当麻烦，还包括了保留这些表格记录所必须做的事，国税局可以调查这些记录。它包括了审计我们的可能性，哪怕我们没有违法，而不包括我们如果违法就会出现的罚款。这种罚款包括在 P 项里。然而，它还包括了大量其他不显眼的事情。它包括在国税局调查某人（不是我们自己）违反国税法的可能性时，我们偶尔可能遭受的不便。出于某种原因，我们或许持有国税局需要的证据，并被迫提交证据。它也包括国税局错误地怀疑我们,然后处以不正确罚款的可能性。最后,它当然还包括上述所有这些事情所涉及的法律开支。所以,这绝不是个小数字。

然而,这个问题还是相对容易应付,只应使 N 最大化。[13] 对这个方程式的考察指出了一些从表面看不大可能出现的后果。例如,我们可以支持不断增加强制执行,哪怕我们知道这可能会增加我们自己的付款。还要注意到,在这个方程式中并没有假设我们会守法而他人会不守法。假如我们真的相信,政府的钱用在了该用的地方,那么我们从 N 的增加中会得到某种性质的纯收益。是的,我们方程式中的 N 代表了这种纯收益非常原始的状态,因为它用的是一个总数字而非边际数字,但是我们不必为此担心。

正如上面提到的,我们或许会觉得,加入某种风险厌恶因素是可取的。如果对逃税的罚款数额巨大,比如说,是其所逃税款的 25 倍,而且如果我们觉得有公正的可能性,是国税局在认定罚款时做错了,那么, C_P 项的值可以很大。这可能也会使 N 的值达到最大,但是如果我们都是不愿冒风险的人,我们会支持一个较低的 N 值,以避免冒险被罚这么一大笔款。

但这些都是细节。从根本上说,我们可以由这里谈到的那一套方程式计算出一个最佳的税收执行政策。我认为,如果读者考虑一下他自己的反应,他会意识到,他对所得税征收部门的态度是建立在这种形式的推理上的。当然,他确实希望所得税征收部门给他特殊待遇,他也会尽力去争取获得这种待遇。但是只要考虑到这种特殊待遇,他的行为就会由方程式 2 恰当地描述出来。他的与在此期间一般社会政策有

---

[13] J. 兰道夫·诺斯沃西已经研究了美国国税局的程序,假设他们的行为要符合使 T_R 最大化的指示。他的方法与我们的方法很不一样,但是他的博士论文《逃税》(J. Randolph Norsworthy. *Tax Evasion*, University of Virginia, 1965)非常值得研究。

关的行为会多少由方程式 5 中想要使 N 最大化的愿望描述出来。可能有些人对他们自己付的所得税有着强烈的道德感,但我从来都不属于这种人。我的大多数朋友们会谈到所得税可取,但我也发现,当讨论到细节时,他们谈的也是如何能逃脱处罚。实际上,我猜想,在税收执行的问题上,道德考虑比税法中其他的无论哪个方面都更不重要。

法律制度的成本[*]

沃伦·F.施瓦茨与戈登·塔洛克

导　言

　　在法律制度(legal system)缺失的情况下,一个人采取增加社会总产品的行为只能是不得已而为之,为的是占有由这种行为产生的好处,查出并击退他人窃取这些好处的努力。这样的安排会从两方面对打算采取生产行为的人带来沉重的成本:一方面他是否有能力保住自己创造的成果尚在未定之天,另一方面,他还得同时投入资源去侦查和防范他人的为害活动。法律制度可以减少这些成本,界定个人对社会产品的权利,提供一种手段以解决对与规定定义有关的事实产生的争议,并可以集结待命,支持权威机构解决争端的决定,使用足够的资源去战胜个别人私自破坏法律的努力。

　　因此,法律制度的效能既是权利界定的一个函数,又是调集政府力量支持那些权利所使用手段的一个函数。近来已经有许多学者注意到了各种权利配置的效能,对不同法定程序效能的评估也已经开始。然

---

[*] 经许可,重印自《法律研究杂志》(*Journal of Legal Studies* 4, January 1975:75-82)。我们希望感谢杰里·马肖(Jerry Mashaw)和约翰·穆尔(John Moore),他们提出了宝贵建议。当然,对可能仍然存在的错误,他们没有责任。

而,还没有把法律制度作为一个整体进行审视。[1] 因此,在讨论权利有效分配的问题时,在习惯上都把执行成本置于一边;同样,也没有使用任何精确的公式评估执行机制,以说明法定程序的"产出"是如何通过"有效"的权利分配对社会可实现收益做出贡献的。

在本文中,我们将设法确定一个意在增强效能的法律制度的成本,并提出将这些成本最小化的模型。我们的方法提供了一种手段,使传统上被看作是"实体的"和"程序的"因素能系统地融为一体。

在决定是否应该采用一种法律管理制度(legal regime)时,当然必须确定和量化效益与成本。然而,本文并没有花很大篇幅来讨论确定由某种法律安排提供的效益这个问题。相反,我们做了两个不牢靠的假设。我们认为,这两个假设对于大多数(即便不是全部)意在增强效能的法律安排是真实的。第一个假设是,如果坚持增加成本与效益之间的相应联系,就像成本与效益实际存在的那样,也像相关决策人员运用成本和效益时那样,这种安排就会增强效能。这种说法常常指的是将社会成本或效益"内部化"。第二个假设是,如果违法没有成本,法律制度就是在激励违法。

这些假设对于公、私法律制度都是成立的。例如,有人知道自己将在六个月后需要一所房子住。他可以等待,并对到时候空出的房子进行挑选;他也可以签个合同让人为他建一所房子。同样,某个小区的居民可以让房主自行选择这样一些事务,如:临街的房子将往后移多少,

---

[1] 有大量著作考察了所研究的法律管理制度的程序方面和实体方面。举例来说,卡拉布雷西的著作《事故的成本》(Guido Calabresi, *The Costs of Accidents* 28 [1970]);波斯纳的文章《法律程序和司法管理的一种经济方法》(Richard A. Posner, "An Economic Approach to Legal Procedure and Judicial Administration," 2 *Journal of Legal Studies* 399, 402 [1973]);塔洛克的著作《法律的逻辑》(Gordon Tullock, *The Logic of the Law* 133 [1971])。然而,据我们所知,对于评估一种法律制度的总体效能,尚未有理论提出。

是否可以挂出"待售"的牌子；或者也可以让有管辖权的政府部门发布规范这些行为的规定。就自愿安排和由政府发布规定这两者而言，如果它们确实都增强了效能，那肯定是因为，额外增加的机会超过了法律管理制度带来的成本，从而增加了可实现的社会产品。然而，这些安排有一个不可避免的后果：服从这些安排的各方不得不按与其自身利益相反的方式行事（暂且不谈制裁）。因为增强这些法律管理制度效能的关键在于人，他们依据对他人的后果决定自己如何行事——根据定义，这些后果不会通过私下磋商实现。这样，增强效能的法律管理制度就形成了对违法的激励，而且因此，把其成功寄托在实施制裁上。对于相关决策人员来说，这些制裁使他们行为的外部成本和效益内部化了。

根据这些假设，每种法律管理制度有三种类型的成本（全都看作"事前的"）。第一种，每一方都必须计算因其他方可预料的违法行为造成的损害，把这种损害当作一种成本，即"违法成本"(cost of breach)。第二种，所有各方都要考虑执行法律过程中必须付出的成本，即"执行成本"(cost of enforcement)。第三种，如果执行机制不能保证完全准确，每一方都有受到错误制裁的危险，哪怕他没有违反管理规定，即"出错成本"(cost of error)。违法成本和出错成本将以两种方式出现，具体以哪一种方式出现取决于做出违法抉择时的交易成本。从我们将在以后解释的计算的角度来看，如果可以预料到将出现违法事件，协商将导致额外付费，由履约获益的人将向打算毁约的人付费，促使他改变主意去履约。同样，因实施制裁的可能性而阻碍了采取行动履约的人，可以花钱免责。然而，如果这些付费在"事后"看不可取，它们在"事前"就必须被算作是这种协商安排的成本。而且，如果"事后"的交易成本太高，那么，肯定就会出现实际的违法成本，或各方渴望进行的行动未能实行的成本。②

打算订立契约的各方或打算制定法律的立法机构,(如果合理行事)将想尽办法把这些成本的总和最小化。③ 对于正在研究的每种可选法律管理制度,④这样最小化了的成本将与因效能增强获得的效益不相上下,而提供最大纯效益的管理制度将被选中。

执 行 成 本

当一个人在选择是守法还是违法时,影响他的因素有:首先,如果他确实违法,可实行制裁的预期价值——也就是,所说制裁乘以该制裁的实施概率得出的量值(我们要称这为"有效制裁",而把作为罚款的固定数量称为"名义制裁");其次,认定违法问题的活动对他产生的成本。⑤ 如果出现违法,实施制裁的可能性是因检查违规、向有管辖权的法庭提供资料,以及向法院安排人员而出现的成本的函数。在使总成本最小化的安排中(也就是说,是执行所要求的成本,而不是投入),各方因此必须进行两种基本的计算。首先,他们必须确定实现某种有效

---

② 当然,这个分析是建立在科斯教授的经典论述之上的,他论述了面对不同法律规则时的有效适应。见科斯的文章《社会成本问题》(Ronald H. Coase, "The Problem of Social Cost," 3 *Journal of Law and Economics* 1, 1960)。

③ 如果施加的制裁已经对违法者造成了损害,这个计算就要包括弥补真假两种违法索赔的价值。

④ 我们也曾假定,该制度的实际目标在管理条例中已经得到充分的理解和表达。因此,没有不确定的成本。结果,也就不存在由执法行动产生的减少不确定性形式的效益。

⑤ 在每次相应的计算中,必须考虑到执行成本的数量。这种执行成本肯定得由进行这一计算的人来承担,它生产于各种不可预测的事情。由于我们在本文中不谈如何有效分配执行成本的问题,我们只是假设,各方所承担的相对份额对各自的计算产生的影响并不重要。我们也假定风险中性。

制裁的总成本。其次,他们必须搞清楚,如果有效制裁偏离了既定方案将导致的成本。

在做这些计算时,首先必须谈到的问题是如何确定各方想要控制企图违约者行为的有效制裁。从习惯上讲,在合同中,有效制裁被看作是履约给受约人带来的价值。在更为一般的情况下,可以说,有效制裁相当于其他人受益于遵守管理当局规定的价值。在这里,我们将不考虑如何确定适当的有效制裁,只是假定,对于可取的有效制裁已经取得了一致意见。

由于有效制裁是名义制裁和其实施概率的乘积,因此影响这两个基本决定因素中任一因素的因子都可被用来使总成本最小化。我们假定,当有权对争议做出裁决的人或人们得到了更多信息时,或者,当雇用了更多熟练人员进行决策时,实施制裁的概率可以升高。在确定提高实施制裁的概率最有效的方式时,当然必须了解用于搜集信息或聘请更好法官的各项开支将会产生什么影响。然而,关于这一点确实没有多少定量研究,而我们也将仅仅假定,生产函数中增加了的开支提高了实施制裁的概率。

在这个一般假设下,为了使高效产生可取有效制裁的成本最小化,必须解决许多问题。有三种类型的执行成本会影响到实施制裁的概率。这些执行成本相互依赖,但依照在不同时间和完全不同的限制条件下做出的选择而出现。

第一种执行成本,我们称之为"固定执行成本"。要建立一个法庭,使它能够根据该法庭可获得的有关争议信息提出一些假设,以假定的准确度判决案件,这个成本就是必需的。所有受益于该法庭有权执行所有法律条例的人都要付出这个成本。法庭以一定百分比正确结案的能力会影响到个人决定;在任何情况下,只要犯法没有成本,就会出现犯法。因此,法庭的能力是法庭有权执行法律条例的所有受益人的公共产品。

第二种类型的执行成本,是确定其他方是否遵守管理规定的成本。我们称这些成本为"监控成本"。无论实际上有没有出现诉讼,这些成本都一定会出现。因为,如果一个能从履约受益的人了解到出现了违约,或是他已经建立了一套监控系统,一旦出现违约,必能查出,那么,有义务履约的人考虑到法庭拿到违约证据时可能做出的判决,可能会自愿纠正违约或是首先决定守约。然而,用于监控以及对实际或潜在违约者做出反应的开销,又受到对成本的假设和对执行活动结果假设的影响。

第三种类型的执行成本,是向有权判决案件的人或人们提供与违约索赔有关资料的成本。我们称这些成本为"可变执行成本"。这些成本与前一项成本的有些方面有"对接"(jointness)。若非首次搜集到的信息,不能用信息来说服法官。这样,一个花费了监控成本的人将在自愿服从和占优势的诉讼这两种情形中考虑信息的价值。然而,在避免出现向案件判决者提供信息的成本方面,各方有着共同的利益。如果他们能就诉讼的结果达成一致意见,那就没有理由花费这种成本。

确定这些成本的有效组合,并想出一种办法促进有效开支,显然是非常复杂的问题。在本文中,我们将不再深入探讨这些问题,只是假定这些问题已经解决了。换句话说,我们规定每个美元都是有效支出的,不论是作为固定执行成本、监控成本,还是可变执行成本,而且,实施名义制裁的概率因此而提高也是已知的。

有了这一假定,这个问题还未解决:我们希望花钱得到的实施制裁概率到底是多大?最先的反应是,从效能的角度说,要尽可能的小。由于提高实施制裁概率的代价高昂,而且只要提高名义制裁就可以将有效制裁设定在合意的水平,为什么不采取一种将高名义制裁与低实施制裁概率相结合的解决方案呢?⑥

答案是,如果用于执行的资源缩减,那将导致对实际违规实施制裁的概率较低,但同时也会导致虚假违法索赔成功的概率较高,那么,出错成本就增加了。⑦ 而且,这种作用会因这种解决方案所采用的高名义制裁而增强。对于虚假违法索赔成功的较高概率,有必要使用高名义制裁,因为人们假定,即使确实出现违法,制裁也只会时有时无。

我们无法全面地详细阐述真实索赔下降的概率与虚假索赔上升的概率之间的关系,前者指的是将成功提出和执行的真实索赔,后者指的是在引进了各种类型执行成本后因成本缩减将成功获得的虚假索赔。然而,我们能够确定一个重要的方面,其中减少用于执行的资源会大大增加虚假索赔成功的可能性。如果减少开支采取的是降低固定执行成本的形式,必然的结果是降低判决案件的准确性,但保持监控成本和可变执行成本不变。由于准确性的减少与大大超过可取有效制裁的名义制裁相互配合,结果将大大提高虚假索赔的值。在理论上,虚假索赔的值从完全准确时的零开始,随准确性的下降和名义制裁的上升而上升。这个值是在选择名义制裁与产生可取有效制裁所必需的概率组合时必须考虑到的成本。

那么,总而言之,实现可取有效制裁的高效率办法是,在边际执行成本等于由虚假索赔导致的边际出错成本的地方,选择实施制裁概率与名义制裁的组合。

---

⑥ 见贝克尔的文章《犯罪与惩罚:一种经济方法》(Gary S. Becker, "Crime and Punishment: An Economic Approach," 76 *Journal of Political Economy* 169, 180-184 [1968]);布雷特和埃尔津加的文章《反托拉斯处罚与对风险的态度:一种经济分析》(William Breit and Kenneth G. Elzinga, "Antitrust Penalties and Attitudes Toward Risk: An Economic Analysis," 86 *Harvard Law Review* 693 [1973])。

⑦ 在确定一项索赔是假的之后,原则上可以提出一种办法重新调整一系列的成本。当然,这会增加总执行成本。我们将这种可能性置于一边。

还有一类进一步的成本必须予以考虑。我们一直假定,如果有一定量资源被用于执行,从而产生了实施某种制裁的概率时,就有可能提前对事实进行分类。我们也一直假定,争取有效制裁并使有效制裁的成本最小化是可取的。然而在许多事例中,产生出的概率似乎会与可取的概率不一样。当事双方都将能接触到与争议有关的各种事实,也都至少能在一定程度上意识到这种不一致。如果出现这种不一致,有效制裁也将出现不同,除非有什么办法能在事后通过修正名义制裁做出补偿。而且,实现一种与规定制裁略有不同的有效制裁,比起产生准确的有效制裁,成本可以显著减少。如果有效制裁与可取制裁不一样,无论是故意的还是疏忽所致,成本的结果也会不同。在有效制裁"门槛太低"的情况下,原本打算阻止的行为将会出现。如果有效制裁"门槛太高",原本打算许可的行为反而将会受到阻止。正如上面指出的,如果事后协商的成本不太大,行为上将不会出现偏离,在制裁"门槛太低"时,甚至会出现权利人付给义务人一笔钱,以促使义务人践约的情况;在有效制裁"门槛太高"的情况下,义务人将支付额外费用给权利人,以促使权利人允许义务人不践约。无论如何,由于这些支付代表了不情愿的财富转移支付,它们必须被算作事前评估法律协议效能的成本。

结 论

我们的分析对于公共政策有多重含义。首先,"执行成本可以由提高名义制裁,抵消实施制裁概率出现的下降,而得到有效节约",这种说法有严格的限制。这样一种解决方案需要承担高额的出错成本,如果节约是因固定执行成本缩减导致的,而固定执行成本的缩减导致判决准确度的下降,那就更是如此。

其次,考虑到有效制裁是名义制裁与其实施概率的乘积这一事实,以及实施概率很难事前预言的事实,如果能够设计一种方法,在出现争议后,为了产生一种有效制裁而把这些变量提高或降低到某一点,或许可以增强效能。例如,可以想见,在违法发生时,法官在听取案件后认为事实清楚可信,那么从实施制裁概率的角度看,确定制裁程度的决断力可以成为实现可取有效制裁的手段。执行费用或许同样可以"微调"。例如,检察官和警察或许可以在违反某一法令的所有情况中,依据同样的名义制裁分配执行资源,以便在所有案件中实现同样的实施概率,大概是为了有意要使所有这些违法活动得到同样的有效制裁。

我们的分析中含有的第三个政策问题,是诉讼成本在当事各方(将他们各自应付的比例置于一边)与国家之间的分配。如果用花费固定执行成本得到的正确决策能力是一种公共产品,所有人都能从守法中受益,那么单独通过"用者付费"为诉讼提供资金就会是无效率的——假定"用者"指的是诉讼各方。这种说法对目前实行的做法做出了解释:对于法官的全部机会成本和诉讼中使用的实物设施,不向诉讼人收费。

我们提出的固定执行成本和可变执行成本的区分还有一层含义。当知道争议有利可图时,诉讼人提出使用可变成本的选择,这些成本大部分由他们负担;而在不能对固定执行成本做出选择时,通过表现在效能方面的妥协,这些可变成本是可以避免的。因此,在设计固定成本与可变成本的组合时,主要依赖可变成本会是明智的。我们现行的民事诉讼制度非常重视审判前的相关信息透露(在这种透露中法官的作用比较小),以促进妥协,并减少在实际审判中使用的资源。这看来与重视可变执行成本的基本原理是一致的。

我们分析的最后一层含义是,在理论上和实践中,要确定制定一种法律管理制度的各项成本有多么复杂。然而,在我们看来,这个结论似乎并没有导致这样的答案：由于拥有法律看来带来了大量无法计量的成本，我们必须减少法律。因为，正如我们在一开始试图澄清的那样，任何效能的说法都要求以财产权的管控制度为前提。我们说了许多，但对这种制度应该是个什么样子的问题，却没有提供显而易见的答案。

论高效的审判组织[*]

自亚里士多德以来,经济学家已经意识到,经济的高效运行要求存在稳固的财产权。甚至对于社会主义者,这也是事实,尽管他们对财产的认识有所不同。盗窃国家财产,在俄国毕竟也是比较严重的(而且显然也是比较普遍的)一种犯罪。履行合同,以及执行防止人们彼此造成负面外部性的各种规则,也是传统经济学的一部分。所有这些通常都含蓄而非明确地假定,有某种执行机制将会监督这些规则得到执行。

这种执行机制可以从两方面进行分析:第一,确定谁破坏了规则、合约或/和侵犯了他人财产的机制;第二,实际的强力机构,迫使违规的人停止违规,或者,如果违规已经发生,对违规的人实施某种制裁。本文关注的是第一种机制,也就是实际的法院程序。尽管本文的标题非常宽泛,我实际上将仅限于对两种不同程序进行比较,并将提出一个非常简化的模型,甚至只有两个因素。[①]

在西方国家中,有两种基本的法院审判方式。一种传承自罗马法,为大多数大陆国家所用;另一种则继承了中世纪的先例,为盎格鲁-撒克逊各国所用。在这两种方法之间有许多不同,但本文将只讨论其中的一种。盎格鲁-撒克逊各国采用的方法被称为对抗制(adversary system),因为这种诉讼活动以诉讼双方为主,在有些案件中,以代表国

---

[*] 经布莱克维尔出版公司许可,重印自《凯可洛斯》杂志(*Kyklos* 28,fasc.4,1975:745-762)。

[①] 对这个问题更为一般的讨论,最终将出现在我现在正在写的一本书中。

家的检察官为主。它继承的是决斗审判(trial by battle)，出庭的政府官员只是引导人们注意双方的争论。在近代，证据和论点由双方提供；一位司法官员，由司法官员组成的委员会，或是一组应征而来的公民个人(称为陪审员)来决定谁赢。

另一种方法为大陆国家所用，通常被称为纠问制(inquisitorial system)。在纠问制中，法官或法官们实际上是在对案件进行独立调查，而当事双方起的作用要小得多。本文的主题是，在选择审判程序方面，罗马的法理学家是对的，而建立了对抗制的中世纪封建领主是错的。但这只是为了提醒读者，本文使用的推理思路将不去严格地证明这一命题。② 为了证明纠问制优于对抗制，有必要做进一步的经验研究。在本文中，我只是要建立一个理论架构，以便对这两种方法进行分析，并提出一个非常强烈的论点：纠问制更好。

在实践中，纠问制中当然也必须有一些对抗因素，因为当事双方在法庭上都被赋予了某种角色；而对抗制中也有一些纠问因素，因为法官（在极少情况下，还有陪审团）也要对案件做一定直接调查。例如，法官偶尔也会向证人提几个问题。

来看对抗型活动中一方的情形。他可以在请律师、调查事实、为自己作证——真证或伪证等方面投入不同数量的资源。由于他对案情非常了解，能够估计出另一方在他的案件中将投入多少资源，因此他应该对自己投入各种资源的大致成功概率心中有数。在图 1 中，P_1 线表示的是"对先生"一方在某个诉讼中投入各种资源的成功概率。

我们假定，正如本文中通篇使用的那样，当事双方被称为"对先生"(R)和"错先生"(W)，而且正如他们的名字所示，"对先生"实际上会赢

---

② 要了解作为盎格鲁-撒克逊制度对立面的欧洲制度的"常识性"论点，请看戈登·塔洛克著《法律的逻辑》(Gordon Tullock, *The Logic of the Law*, New York, Basic Books, Inc., 1971)。

(如果我们有神圣的正义)。那么，P_1线表示的是，他在他的案件中用每项投入资源买到的成功概率。该投资显示出边际生产率递减，这与我们预料到的情况一样。"对先生"的嗜好由几条无差异曲线描述，而他的满足点(bliss point)位于左上角，在这一点，他确定成功无疑而资源投入为零。他选择使用的资源量，在他的最大可能无差异曲线与生产函数线相切的地方，结果，他投入的资源为 I，而获得的成功概率为 I'，如图所示。

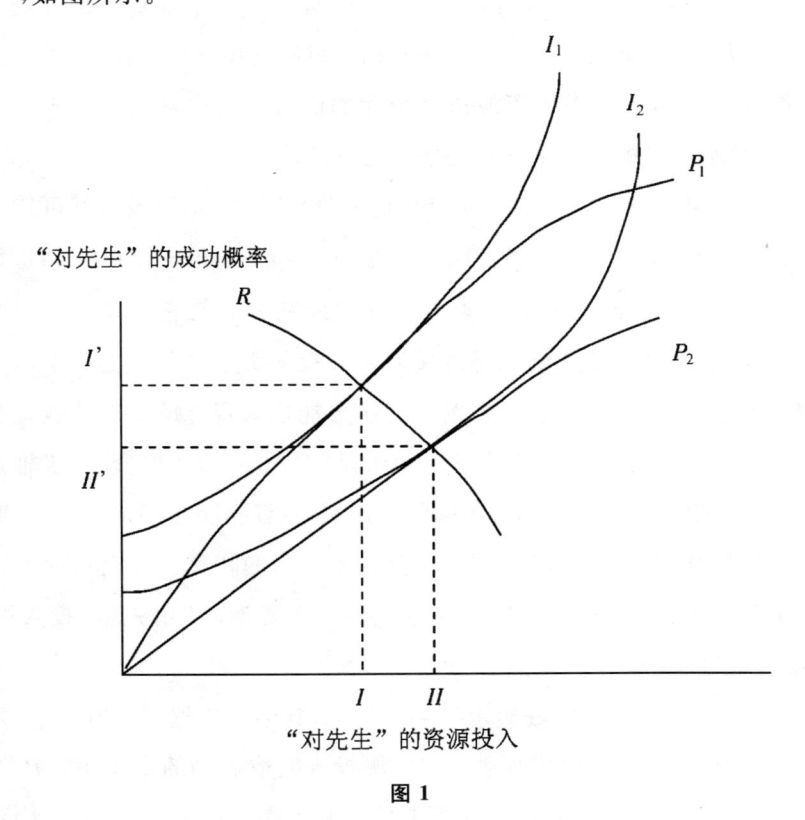

图 1

这个案件可以得到的证据多少是不变的，但是另一方投入的资源可以调整。假定"对先生"没有想到"错先生"投入的资源数量会产生出

曲线 P_1，而是认为"错先生"会投入更多的资源，因此，"对先生"每一投资的成功概率就会降低，由此产生曲线 P_2。他不得不对较低的无差异曲线 I_2 感到满意。在这样的情况下，他会投入 II 资源并获得 II' 成功概率。

注意，尽管在这个案例中，"错先生"增加资源投入导致"对先生"既增加资源又减少了成功的可能性，但这并非普遍现象。在投入的资源或证据非常有利于一方的情况下，处于强势的一方增加资源可以改变局面，以致另一方将减少资源投入并相应提高输掉官司的概率（见下面的图3）。它取决于投入资源边际美元的回报。当这种回报少于1美元时，就会产生减少资源而不是增加资源的动机。

我们再来看看"错先生"所有可能的资源投入，每一投入都可能伴随着一个对"对先生"的产生风险函数（risk-production function），如 P_1 或 P_2，而"对先生"将有一条无差异曲线在某点与它相切。可以画出一条线，将所有这类的点都连接起来。在图1中这条线的一个部分表示为 R 线，它是"对先生"对"错先生"可能投入资源的反应曲线。在图2中，表示了双方的反应曲线。纵轴是"对先生"投入的资源，横轴是"错先生"投入的资源。倘若边际收益递减，且证据相当接近于对等，两条曲线就将有如图所示的形状，以及如图所示的相交。相交点就是这个模型的均衡点，它将会在"对先生"投入 R 资源和"错先生"投入 W 资源时出现。

在图3中，我用 P 线表示了一种情况，其中的证据非常有利于"对先生"，因此，他可以用相对适中的资源投入换取成功的高概率。P_1 线非常陡地向上走，当然，在非常高的位置与无差异曲线相切，表示相对低的资源投入和成功的高概率。然而，或许证据确实起了误导作用，因此，"对先生"会难以提高他的成功概率。P_2 线表示了这种情况，它与

"对先生" R 的资源

"错先生"的资源

图 2

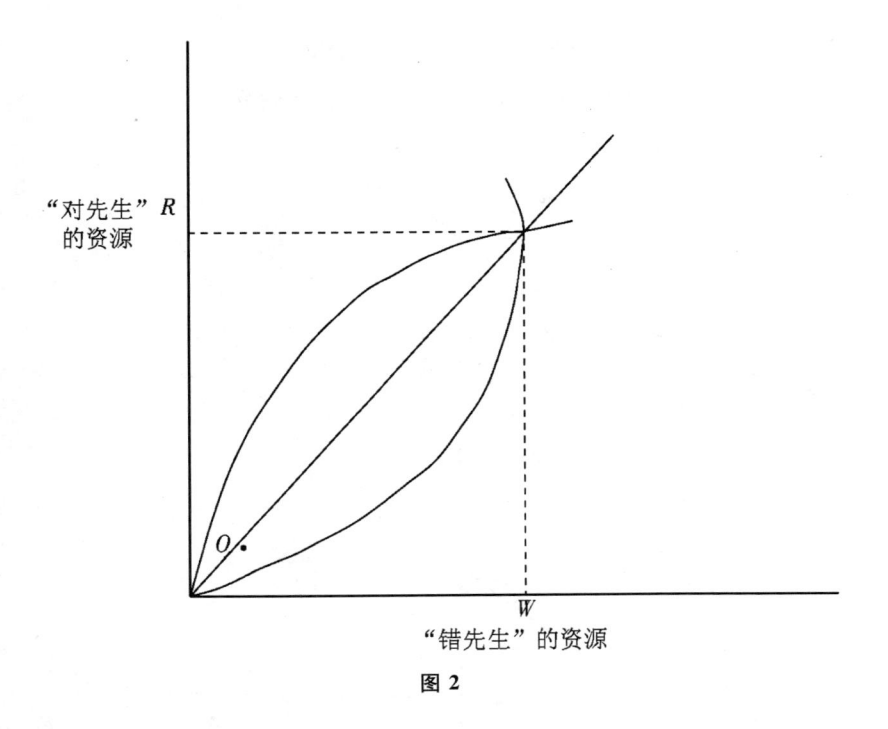

无差异曲线 II_2 相切，也就是低的那条无差异曲线，表明了"对先生"在这种情况下所能做到的最好程度。人们将看到，"对先生"会选择在不利于他的案件中投入较少资源，而在非常有利于他的案件中投入较多资源。但这只是我画的这些线的一种假象。后一种情况的反应曲线用图 4 表示，而均衡点当然非常接近于横轴。

从经济的视角来看，图 2 再清楚不过地表明，结果往往不是最优的。我从均衡点画了一条线到原点，并在上面放了个 O 点。O 点对于当事双方有着同样的成功概率，但是投入的资源少得多。显然，它优于均衡的解决方案。图 4 中的 O 点也是这样。唯一的问题是，O 点是否有存在的可能。顺带说一下，我们的图表也可用于处理国际问题中武器竞赛。在没有形成协议的武器竞赛中，交汇点就会是均衡点，而如果没有预料中的欺骗，O 点就是武器协议的结果。③

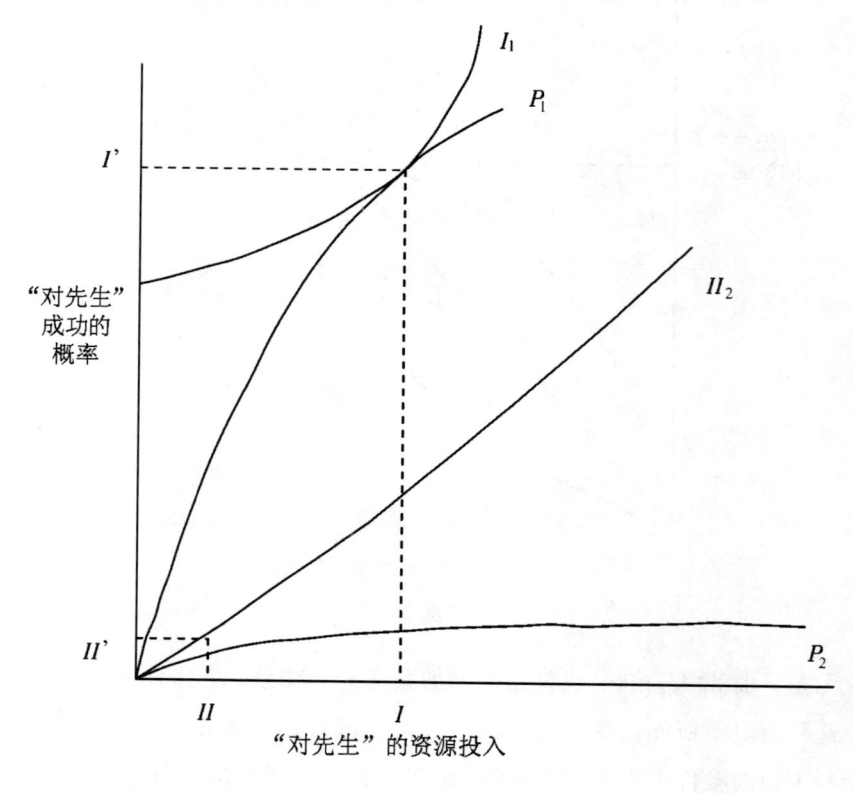

图 3

纵轴："对先生"成功的概率
横轴："对先生"的资源投入

现在我想介绍一个我发明的游戏，它对分析法院的活动有帮助。假定有一笔钱拿出来作为某种形式抽彩的奖金。这个抽彩只有两位竞争者，他们每人都可以按自己的意愿购买彩票，数量不限，1 元 1 张。随机抽取一张彩票，其所有者就可能获得那笔奖金。注意，买彩票的钱

---

③ 这个分析原本是用另外一些方法提出的。但是在我的书《社会的两难困境：战争与革命的经济学》(*The Social Dilemma: The Economics of War and Revolution*, Blacksburg, Va., Center for Study of public Choice, 1974)中，我使用了几乎与本文中一样的那些图来论述这个问题。

并不加入到奖金中。这个游戏对双方的回报由(1)中的方程对来表示。

$$V_R = D \cdot \frac{R}{R+W} - R$$
$$V_W = D \cdot \frac{W}{R+W} - W \qquad (1)$$

例如,"对先生"的**事前**价值是奖金(D)乘以"对先生"购买的彩票将被抽中的概率[$R/(R+W)$],减去"对先生"买彩票的钱数(R)。"错先生"的价值相应如此。显然,我们可以解出这一"方程对",尽管在现实世界中我们会想加进风险厌恶的因素。

当然,这一"方程对"会产生与图 1 中所画的那些线具有同样性质的两条线,和与图 2 中表示的同样的反应函数对。成功的概率是资源的一个函数,也取决于对方投入的资源,并显示出递减的边际收益。无差异曲线也会像我们正规审判中的形态一样。

这个游戏可以改变,以便画出许多不同类型的审判制度的图形。例如,在英国,败诉方支付胜诉方的律师费。要改变上述方程式以把这一点考虑进去很容易办到。然而,在这里,我们只对一种类型的改变感兴趣。给定的方程式是平等主义的,也就是说,它们表明,就事物的本质而言,当事双方具有同样的内在获胜可能性。在现实世界中,在案件中可以使用物证意味着,当事双方极少有完全一样的获胜概率。这可以通过以多种方式调整方程非常容易地得到处理。

例如,我们可以改变游戏规则,让"对先生"可以用 1 元钱买两张彩票,而"错先生"仍然只能用 1 元钱买 1 张彩票。这会使"对先生"的购买增值。其实,有许多这类复杂情况都可以很容易地放进这个游戏。但是,由于我们对于现实世界中审判的参数了解得不太多,我们似乎没有太大的理由让这个讨论极为复杂。有各种条件不能使审判达到完全平等,例如在证据有利于一方的情况时,对这些条件的回报无疑非常复杂,但是此刻,我们还是使用一个非常简单的函数。在这个游戏的一个

"对先生"的资源

"错先生"的资源

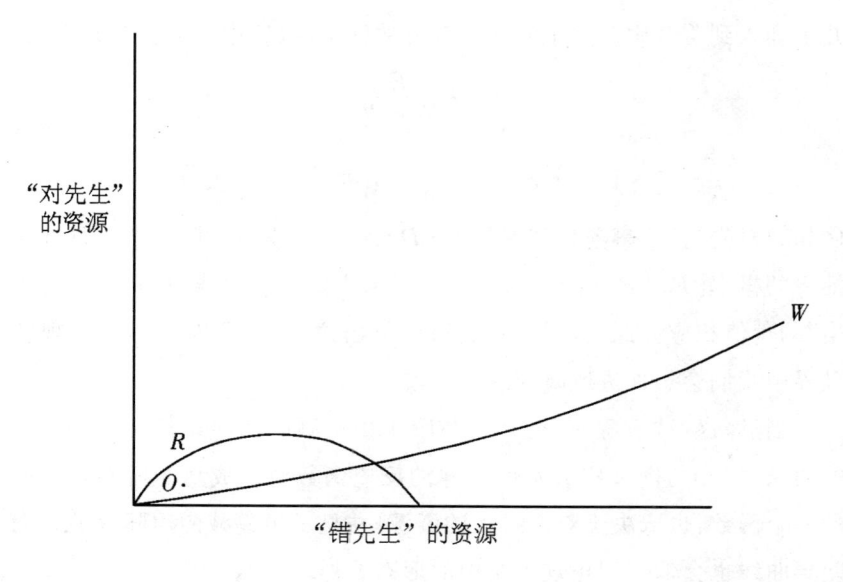

图 4

变体中,"对先生"的 1 元钱可以买到的彩票数是 R 乘以某个证据(E)的函数,由(2)中的方程对表示。

$$V_R = D \cdot \frac{f(E)R}{f(E)R + W} - R$$
$$V_W = D \cdot \frac{W}{f(E)R + W} - R \tag{2}$$

为了使我们将在不久后要讨论的问题容易一些,我愿意进一步简化这些方程,并改变它们对这个游戏中成功概率的表述。这使我们能够放弃部分方程,如(3)中的方程对所示。

$$P_R = \frac{f(E)R}{f(E)R + W}$$
$$P_W = \frac{W}{f(E)R + W} \tag{3}$$

注意,我把证据函数附加到 R 而不是附加到 R 和 W 两方的理由,只是因为它们会是不同的函数,而且,对它们的确切形态我们一无所知。使这件事的复杂程度超出我们讨论问题的必要,似乎是浪费时间。

在这种形式中,方程(3)以一种特别纯粹的形式显示出外部性与对抗活动的结合。应该注意到,一方在每种情况下投入的资源都会对另一方产生损害,损害的程度与对他自己的受益程度完全一样。在这里,我们有完全的100%的外部性。如果我的获胜可能性增加了1%,我就自动将你的获胜可能性减少了1%。在这种情况下,我将选择的对于社会是最优的资源投入,可能就是把这件事看得稍微轻点。

在这种联系中,我收集了一些经验信息,遗憾的是,使用的方法是所有方法中最原始的那种,也就是,向执业律师提问。这么做可能是值得的。与我讨论了这个问题的执业律师都同意,在一桩有两方当事人的诉讼中,每一方通常支付争议所涉数量三分之一的诉讼费。这意味着,正如读者能很容易看到的,假如争议的是1000元,666元将用于审判过程,还有法院的成本。显然,这是一种非常昂贵的活动,尽管事实上,它的昂贵本身并不能证明它不高效。

至此,我们几乎是专门讨论了对抗审理,而没有讨论纠问审理,因此我还没有完成我的承诺,对这两者进行比较。为了进行这种比较,我要引进另外一个方程对,方程(4)。

$$\begin{aligned} P_R &= \frac{f(E)R}{f(E)R+W} + g(E,J) \\ P_W &= \frac{W}{f(E)R+W} - g(E,J) \end{aligned} \tag{4}$$

这当然与方程(3)是一样的,除了右边已经增加的一项。这一项表示的是在实际案件审判过程中投入的资源,这部分内容到目前为止我们还不曾考虑过。这个函数被认为是改善了"对先生"的机会,因为证据(E)变好了一些,也因为投入案件审判(J)的资源增加了。

有了这个更改,我们现在可以更一般地讨论这个问题了。显然,提高决策人员的技能和勤奋可以提高案件判决的准确性。然而,这项变更不属于我们先前讨论的那种外部性。来看审判中一种与众不同的资源投入方式,大概最易于看到两者的区别。假定不让当事双方决定他们打算给自己的律师付多少诉讼费,而让他们自己决定愿意出多少钱请一位法官。每一方都可以随意出钱,无论多少;然后,权力机构会用双方拿出的这些钱,为这桩案子请能够请到的最好的法官。当然,他们不会告诉这位法官,哪一方拿出的钱多。

要不是假定随机选用法官,或是我们计划不周,如果可用的资源较多,总能请到一位好法官。④ 那么,如果我们用一大笔钱请了一位资历好,更有可能得出对的结论的定案者,那将与"错先生"要请位好法官的意愿相反,因此,他恐怕会一分钱不出。另一方面,"对先生"会想让最好的法官出庭,也会愿意支付适当的费用。但是,如果这桩案子在他看来是件容易办的案子,他愿意支付的数量就会比他认为是难案时少,因此只能请一位资历很差的法官。

然而,这个小小的想象实验最有趣的特点不在于"对先生"的投资,而在于"错先生"的投资。"错先生"会根本不想改进这位审判员的质量,因为审判员越好,他就输得越惨。在对抗制的情况下,他可能有强烈意愿去请最好的律师,为他的合法辩护花大笔的钱。相反,在请法官的情况下,他根本就不想投入一分钱。

当本文在巴塞尔被口头宣讲时,彼得·伯恩霍尔茨建议说,一位好法官其实改变了图 1 中所示的当事双方最初的生产函数,因为好法官提高了"对先生"的生产函数,降低了"错先生"的生产函数。这样,法官质量的每一改善往往都会使案件朝着适当的方向移动。

本文的要点在于比较欧洲方法(纠问制)与盎格鲁-撒克逊国家使

---

④ 无须说,要是请一个法官委员会而不是一位法官,请一位技术专家而不是一位法律专家,等等,会更为明智。

用的方法(对抗制)。可以看到,这两种方法之间的根本区别就在于:投入"方程对"两部分中的资源数量。对抗审理几乎把它从 R 和 W 拿到的资源都投进了(4);而纠问审理则几乎把它拿到的所有资源都投给了 J。至此,当我们在谈对抗审理时假定 $g(E,J)$ 为零,我们已经简化了这种情况。我们还可以做一补充简化,假定在欧洲,R 和 W 均为零。

当然,在实践中,在对抗审理的审判过程中多少有些资源投入,而在纠问审理中,当事双方也确实能做一些可以影响到结果的事。所以,这里是强调了一方面因素,但并不是绝对排除另一个因素。尽管如此,我们从这个简化模型中得出的一般结论,不会有大错。

正如将要看到的,两种方法之间的根本区别在于 W,它出现在所有的方程中。其实,在对抗审理中,大量的资源是由想故意误导审判人员的人投入的。例如,在美国一般的法院案件中,每方的投入占总投入资源的 45%,政府出资 10%,用于提供实际的案件判定机构。这就意味着,法院使用的资源中有 55% 旨在得出正确结果,45% 旨在得出错误结果。在纠问制下,假定政府出资 90%,用于聘请法官委员会(而后,他们将进行基本上是独立的调查),只有 5% 由当事双方出资。这样,想要得到正确结果的人们出资 95%,只有 5% 是由蓄意捣乱的人出资。我们通常会预料到,纠问制的准确度会高于对抗制。同样可以肯定的是,用更少的资源可以得到同样的准确度。

这个推理思路太简单了,以致我总是很难懂得,为什么盎格鲁-撒克逊的法院制度还能持续。它起源于决斗审判;在法律确实是强者意志的时代,这就够了。其实,那是非常理性的。它的持续大概可以用已确立习俗的惯性来解释,但是习俗确实在变化。

当然,有一个力量强大的利益集团指望着保留盎格鲁-撒克逊法院的现状。在盎格鲁-撒克逊国家中(尤其是在美国),人均的律师数量比实行纠问制需要的数量高很多倍。我们的人均法官数量大概也比瑞典或瑞士那样的国家多,尽管那些国家更注重法官的判决。他们的法院制度有更高的内在准确性,而这意味着,提交给法院的案件较少。而且,一旦有案件提交到法院,法官就能决定对这个案件要花多少时间,而不是要当事各方决定;结果,这些案件常常又快又准确地得到处理。

从我们的制度改变到大陆的制度,有可能确实会取消对律师90%的需求。当然,这种说法并不含有如下假设:我们的律师把他们的全部时间都用在了法院。其实,律师花在法院的时间相对来说极少。然而,真遇到移送法院的案子,他们给出的意见却在很大程度上受到他们预期的法院审理类型的影响。此外,他们还要花大量时间准备案件,对案件进行协商。所有这些活动都要比在欧洲便宜得多。

当然,如果对律师的需求下降90%,确实会使目前的这个专业衰竭。大量律师会为非常有限的业务打得不可开交,他们中的许多人会改行去做吸尘器推销员,法学院也会被迫关门,大量已经积累起来的人力资本会不再有用,而且,说到底,法学专业会遭受巨大的灾难性打击。⑤ 在这种情况下,律师们反对启用欧洲大陆使用的法律制度的意见就是可以理解的了。然而,尽管我已经谈到了人们可以预料的反对改变的两个理由,这些理由在思想上不值得尊重,但是为我们的现行方式辩护的律师们确实提出了一些支持这一方式的论点。我在与一般的美国律师交谈时常常首先遇到的,就是怀疑还有其他方式存在的表情。他们通常也会告诉我(而且是一成不变地),对欧洲的做法有几种荒诞说法,如:要迫使被告证明自己无罪,而不是要求检方证明被告有罪。但是,一旦有人戳穿了这种烟幕,看到的可能就是思想上对我们这种方

---

⑤ 我个人的意见是,社会得到利益会非常大,足以得到一个帕累托最佳移动,也就是说,我们可以完全补偿他们的损失,并还能得到收益。

式的辩护。

这种辩护的要点是,法官的积极性不足,因此他不会尽力工作。而当事双方,无论对他们有着怎样的议论,都有强烈的获胜愿望,因此可以期望他们为得到有利判决而投入大量资源。法官对案件没有个人的指望,不会投入许多资源,因此根据这个论点,法官也不会做出公正合理的判决。⑥

为了讨论这种情况,我们应该从准确性的实际问题说起。法律研究几乎已经完全避免谈及法院多么经常办错案这个问题。但是,我有办法把一些有关准确性的证据收集到一起,主要是利用为其他目的而取得的数据,并从准确性的角度来解释这些数据。例如,牛津大学的一个研究小组,在 28 个案件中,安排了一个正规的经过挑选的陪审团,然后,从这个正规的陪审团名单中抽出 12 个人,坐在旁听席的前面,听取案情。而后,他们离开去商讨案情并对案件投票。⑦ 如我所说,对 28 个案件这么做了。对其中的 21 个案件,两个陪审团的意见一致,还有 7 个案件,意见不一致。在这 7 个有不一致意见的案件上,两个陪审团中有一个错了,这肯定是事实;而且这提供了证据:这些陪审团的判决至少有八分之一是错的。⑧

显然,这个研究设计远不够完善,尤其是做出的判决不会算数的那

---

⑥ 要了解对司法官员动力不足这个一般问题的讨论,请看戈登·塔洛克的文章《作为公共产品的公共决策》(Gordon Tullock, "Public Decisions as Public Goods," *Journal of Political Economy*, Vol.79, 1971, July/August, PP.913 – 918)。

⑦ 见埃文思的文章《研究小组报告说,影子陪审员不同意我们法院的判决,四案有一》(Peter Evans, "Shadow' jurors disagreed with one court verdict in four, penal research report says," *The (London) Times*, 18 December 1974, p.4)。这是下述著作的一个简本:麦凯布与珀维斯著《影子陪审团在工作》(Sarah McCabe and Robert Purves, *The Shadow Jury at Work*, Oxford, Basil Blackwell, 1974)。

⑧ 实际上,肯定证明了在四分之一的案件中有不同意见的错误百分比,还要稍高于八分之一,因为至少在有些案件中,两个陪审团都错了。

个陪审团,它付出的努力大概要比判决算数的陪审团付出的努力少。尽管如此,这也是个证据。

芝加哥大学的陪审团研究计划做了个实验,这个实验可以被看作是对于法院准确性的一般测试。让法官们传阅一张问卷,要求他们对自己的判决和已经听说的陪审团的判决做下记号。⑨ 再说一遍,如果法官与陪审团的意见不符,必有一方为错。而粗略的计算表明,这两个判决方的错误大致为同一数量级。⑩ 第三个测试,芝加哥大学的陪审团研究计划对两个法律案件做了录音,然后把录音播放给参与实验的一些"陪审团"听。⑪ 在这个事例中,各个陪审团之间在错误率上的差别要比可以解释的八分之一大得多。但我相信,用这两个事例来解释要比用正常情况更难。

当然,所有这些并非表明,纠问制就会比对抗制好。八分之一的错误率是很高的,但是可想而知,纠问制的错误率还会更高有可能是事实。然而,我们能够做出大量改进,这肯定也是事实。遗憾的是,据我所知,对于欧洲法院的准确性,还绝对没有经验证据。

当然,在做这种类型的研究时遇到的问题之一,是法院有权防止自己被调查,而且他们也不想被调查。一般来说,我们接受这样的观点:

---

⑨ Harry Kalven, Jr., and Hans Zeisel, *The American Jury*, Boston, Little, Brown & Company, 1966, pp. 12 – 139.

⑩ 这些资料已经出版,但出版的形式使它们除了能做非常粗略的计算外,不可能有任何用处。

⑪ 例见西蒙的文章《陪审员的身份与能力》(Rita James Simon, "Status and Competence of Jurors," *American Journal of Sociology*, Vol. 64, 1959, pp. 563 – 570);《陪审团的审理:一个重要的评估》("Trial by Jury: A Critical Assessment," in *Applied Sociology: Opportunities and Problems*, ed. By A. W. Gouldner and S. M. Miller, New York, The Free Press, 1965, pp. 294 – 307);《陪审员对专业精神病学证词的评估》("Jurors' Evaluation of Expert Psychiatric Testimony," in *The Sociology of Law: Interdisciplinary Readings*, ed. By Rita James Simon, San Francisco, Chandler Publishing Co., 1968, pp. 314 – 328)。

试图避免调查的人之所以这么做,是因为调查会暴露出不能使他们得到赞扬的事情。但是必须承认,法院可以有不想被调查的正当理由。人们可能认为,如果司法制度被各种神话和魔力所包围,它会工作得好一些,而让每个关心法院的人都知道法院经常出错则不然。

不说这个了,我们现在转而谈谈第二个问题,法官工作得有多辛苦。再说一遍,法官已经阻止了对这件事的认真调查,但是有一些散在的证据。⑫ 可以相当肯定的是,法官和陪审团在办案时都不是特别有积极性,因此应该对"把什么事都交给他们去办不可取"的观点说上两句。应该指出,在欧洲有各种各样的办法防止法官有强烈动机,而在盎格鲁-撒克逊的方式中没有。法官的生涯是按晋升、定期调动等来组织的。这种情况对于大陆方式中的法官激励较大,而对盎格鲁-撒克逊方式中的法官没多少激励。陪审员肯定都是被征用的非专业人士,实际上不会想努力工作,而且也确实不努力。

实际上,没有理由认为,在这两种方式中法官和陪审员的积极性得到了最佳程度的调动,而且应该有进一步的研究,提出一些能够更好调动他们积极性的制度。然而,此刻应该指出,积极性不足的问题对于陪审团和盎格鲁-撒克逊的法官们更为严重,而欧洲的法官们要好一些。

---

⑫ 例如,罗伯特·吉莱斯皮引用了一份对所有 336 位美国地区法院法官的官方研究,该研究"要求这些法官保留他们在从 1969 年 10 月到 1970 年 2 月的大约 95 个工作日中从事司法活动的定时日记"。实际上只有大约三分之二的法官填了表,大概是精力最旺盛的那三分之二法官。我认为,他们不可能低估他们的工作量。结果是平均每天有 4.2 小时用于"司法活动"。见吉莱斯皮的文章《对法院服务需求的定量研究:对联邦地区法院案件分量的批评》(Robert W. Gillespie, "Measuring the Demand for Court Services: A Critique of the Federal District Courts Case Weight," *Journal of the American Statistical Association*, Vol. 69, March 1974, pp. 38-53)。我熟悉的其他研究产生出了大致同样的画面。当然,应该提到,所有比较细致的研究都已经表明,个别法官工作得非常辛苦,因为他们显然把自己的工作当成了嗜好。这种情况与学术生活非常相似,那里有许多教员并不很努力工作,但有一些人对自己的学科深感兴趣,他们确实在努力工作。

确实，在盎格鲁－撒克逊的对抗审理程序中，当事双方都有强烈意愿投入大量资源去陈述他们的案件；但是这个案件却是要在一伙非专业人士（陪审团的情况）和智力平平的人（任何情况）面前陈述；无论如何，他们不是一些努力思考想弄明白案情的人。结果，双方的论点不大可能被表现得对听众动人心弦，哪怕是在只有打动心弦才能得知真相的情况下。

再有，这两种法院审判方式都有一个缺点：有关的公共官员缺乏积极性。这个缺点对于欧洲方式是否多一些，对于盎格鲁－撒克逊的方式少一些，并不明显；但是，公共官员在欧洲方式中显然起着更大作用。这样，可想而知，至少法官的积极性不足会抵消当事双方的过度投资而有余。这正是本文一直主要担心的问题。

本文读者将不会放过这个问题：就个人而言，我赞成欧洲方式。在我看来，支持欧洲方式的理论依据似乎要比反对它的那些意见强有力得多。但是我不能肯定。在整个法律研究领域，不科学的方法其实一直占据着优势，在比较诉讼中做出判决的那些方法时，尤其如此。本文一直努力把这种研究置于坚实的理论基础上。没有进一步的研究，特别是经验研究，就不可能确定大陆方式优于盎格鲁－撒克逊方式，但是假设肯定是朝着这个方向做出的。

论高效的审判组织[*]

对麦克切斯尼和奥道弗与韦茨曼的答复

麦克切尼斯和奥道弗与韦茨曼的这两篇批评文章包含了许许多多与我针锋相对的论点。这些论点主要以非常简短的形式表达,但是合理的答复很难以同样简短的形式做出。因此,即使我只打算答复他们提出的无论哪一个论点,我的答复也会超过这两篇文章的总和。由于杂志的版面紧张,我决定仅限于答复几个主要问题。这不是因为我同意那些小的批评,而是鉴于版面有限,对于那么多的问题,实在难以一一答复。

那么,来谈谈这些文章对我的观点的主要抨击吧。这两篇文章中令人感兴趣的特点之一,就是它们都认为,当事双方经常尽力避免通过对抗审判解决争端的这一事实,正是这种审判制度优越性的证明。正常的假设会是,如果当事双方面对的是一种无效率的法律制度,他们就会要么转向仲裁,要么转向审判前和解(pretrial settlement)。另一方面,如果我们假定有一种神圣高效的法律制度,它总能以零成本得出正确的结论,那么显然,对抗制和纠问制就都会消失不见了。

麦克切斯尼显然认为,仲裁只在英美法管辖范围内才有。这可不是事实。另一方面,奥道弗和韦茨曼强调了审判前和解,显然把它当作

---

[*] 经布莱克维尔出版公司许可,重印自《凯可洛斯》杂志(*Kyklos* 30, fasc. 3, 1977:517 – 519)。

了英美法的一个特点。仲裁法庭哪里都有。应该承认的是,人们会认为,在基本法律制度非常有效率的地方,仲裁法庭用得少一些;而在基本法律制度不大有效率的地方,仲裁法庭会用得多一些。因此,人们也会预料到,仲裁在对抗制管辖范围内用得比在纠问制管辖范围内用得更普遍。而且,据我能看到的情况而言,这确实正确无误。其实,这已经导致了某种规模经济,结果正如麦克切斯尼指出的,伦敦存在的大量仲裁法庭吸引了全世界的仲裁案件。这样,尽管我同意麦克切斯尼所说,让当事双方通过实验决定他们喜欢哪一种法庭是可取的,但说"这就表明对抗制优于纠问制",肯定不是事实。①

审判前和解是任何法律制度的特征,而不只是对抗制的特征。此外,美国诉讼数量巨多,这似乎会表明,我们的审判前和解相对于欧洲大陆是稀少的,而欧洲大陆实际诉讼数量要少得多。但是,无论这个论点是否能得到认可,可以明确的是,法庭的效率会改变审判前和解的性质。

如果法院在判决合同案件时很高效,那么,合同双方往往在执行合同时会谨慎行事。然而,如果双方在有关合同意义的观点上有实质性的分歧,他们也会愿意找法院解决,因为这是一种相对低成本的而且是准确的办法。另一方面,如果法院是无效率的,一方会觉得自己能逃脱惩罚——或者无论如何,诉讼的成本太高,足以使另一方愿意接受一种有利的解决方案——随意破坏合同的现象就更易于发生。另一方面,真正的意见分歧更易于达成妥协,而不是对簿公堂,因为双方不信任法

---

① 法律研究的问题之一就是,主导这一领域的法官在自己的实践活动中几乎没有做过任何实验工作。因此,不能断定仲裁法庭基本上是纠问式的,对抗式的,还是两者的一定程度混合。我的印象是,仲裁法庭基本上是纠问式的,但在英美国家,仲裁法庭在基本程序之上建有一种"应有过程(due process)"的外表,故意使人确信,这些正规法院将会执行它们的裁决。

院的效能。② 注意,在这里,法院的无效率既可以是要么做出"不公"的判决,要么高收费,或两者兼而有之。但是无论如何,审判前和解的存在并不能成为支持对抗制或纠问制的论点。

批评我的人们提出的另一个论点,与法律实际形成过程中普通法管辖权法律程序的作用有关。请注意,这并不要求对抗式审判,而是要求纠问式审判。传统的罗马法和传统的伊斯兰教法都由"普通法"的方法发展而来。然而,这两种情况中的法院制度却都是纠问式的,而非对抗式。因此严格地说,这是转移注意力的闲扯。

然而,我偶尔会反对这种制定法律的特殊方法。我的反对意见已经在别的地方记录在案。③ 因此我在这里就不打算谈它们了,只是有两点意见或许应该提及。首先,法院显然已经开始意识到,实行这种法律有多种难处。美国最高法院刚刚表示支持 ④一个低级法院的判决。在那个判决中,芝加哥法院拒绝援引某个案件作为判例,根据的理由是,法律已经过于复杂了。此外,美国行政法的数量现在也变得非常庞大,以至于相当明显的是,我们正在向着把行政解释而不是法院解释当作我们"填隙式"制定法律基本方法的方向发展。⑤

在盎格鲁-撒克逊的法院审判方式中,根据当事双方在法官面前的陈述,他们可以创造出新的法律。这种方式的缺点之一,是对当事双方本身实施惩罚。如果有关某个问题的法律实际上并不明确,那么法

---

② 奥道弗与韦茨曼说:"无疑,费用高昂的可能性以及官司的拖延,形成了促使在审判前各阶段的初期达成和解的因素。"引自他们的文章《论高效的审判组织:一份评论》("On the Efficient Organization of Trials: A Comment," *Kyklos*, Vol.30, 1977, p.3)。

③ 见戈登·塔洛克的文章《作为立法机构的法院》(Gordon Tullock, "Courts as Legislatures")。那是提交给1976年1月在加州旧金山市召开的"法与自由"研讨会的论文。

④ 没有观点。

⑤ 在这里,正如在许多其他领域一样,我宁愿要欧洲产生行政法的方法也不愿要美国的方法。但这一点与这里的评论无关。

官的判决将使当事双方都得服从一种事后法(an *ex post facto* law)。一般来说,我们不喜欢这么做,尽管这偶尔也是事实,即:没有哪部法律在制定时能够十分精确,足以将这类案件降低到零。然而似乎有可能的是,在盎格鲁-撒克逊的审判方式中,尤其是在美国,法律的不确定程度要比实际需要的程度高很多。批评我的人们指出,在许多诉讼案件中,当事双方谁对谁错,并不一定十分明显。我认为他们夸大了这个问题。我认为,当事双方确实常常完全有意识地知道他们在做什么。[6] 但是,就算批评我的人是对的,在批评我们的法律方面,肯定再也没有什么比说"在我们的法律内,除了花大价钱打官司,再没有办法能使人们弄清自己的权利"更令人费解的了。在用盎格鲁-撒克逊的审判方式处理的许多案件中,在法官开口说话之前,法庭中就没人知道谁对谁错。事实是,这类案件的数量太多了,足以让批评我的人把它们看作是正常情况;而这个事实正是对那种法律制度的强烈谴责。

  传统制度会有自己的卫道士,这是预料之中的事。值得注意的是,卫道士们还没有搜罗到经验证据,也没有真正试图讨论我的理论架构。我希望,将有其他一些人能够接替这第一轮的批评人士,把更多的精力放在对这两种审判方式的分析上。

---

  [6] 就在水门事件的案件之一被判决之前,蔡平(Chapin)说:"在审判室中只有一个人肯定知道我是有罪还是无辜,而那个人就是我。"他是对的,尽管没有强烈的理由认为,他会诚实地向法庭说明这一点。我认为,这是正常的情形。

司法错误与一项改革建议*

I.J.古德与戈登·塔洛克

在讨论本文的技术方面之前,我们坚持认为,法官或法庭,特别是美国的最高法院,是可能出错的。无论哪个人为的机构如果被认为一贯正确,那是很反常的;但许多人确实认为,最高法院不可能出错。有一位政治学教授,无意中听到我们两人之间讨论司法出错次数的对话。他说,在这种背景下,"错误"毫无意义。他记起一句能说明这位法律现实主义者观点的成语,说:法官说法律是什么,法律就是什么。他的结论简单而绝对:"法院做出的判决,那就是法律。"

这是一种特别贴切的说法,因为这同一位教授永远都不会说:"国会通过了一项法律,那就是法律,因此你也不能说它是错的。"他也肯定不会说:"总统的决定,其中有许多是不能上诉的,不可能是错的。"也不会说:"英国上议院的决定,或教皇权威性的讲话,不可能出错。"在这每一例中的决定,一旦做出,就是不可上诉的,并作为法律约束某个人群。还可以有更多的事例。英国下议院、斯大林还活着的时候、伊迪·阿明**还掌权的时候,全都做出过不能上诉的决定,但是显然可以是错的。

此外,我们的同事非常经常地批评美国最高法院的具体判决,他使

---

* 经许可,重印自《法律研究期刊》(*Journal of Legal Studies* 13,June 1984:289 - 298)。

** Idi Amin,1971 - 1979 年间任乌干达总统,是军事独裁者,后被推翻,逃亡到利比亚,后死于沙特阿拉伯。——译者

用的语言表明,他认为那些判决毕竟都错了。由于他是一位激烈的民主党人,他批评的是伯格案件中的判决,而且他还可以恰当地指出,在沃伦担任首席大法官的时候,"这种事情"根本就没发生过。我们的另一位同事有着完全相反的个性,但同样认为,最高法院的其他判决存在错误。

这里碰巧发生的是:一个判决是否可以上诉的问题,一直混同于这一判决是否可以是错误的问题。毫无疑问,最高法院判决了某个案件,①在某种意义上,那就几乎是无法上诉的了,因为诉讼必须在某个地方终止。按照伊斯兰法律——伊斯兰法律本身是一个非常复杂也非常脆弱的法律体系——案件终止于初审法院。我们怀疑,是否有过哪位伊斯兰学者曾断言:事实证明,所有的判决都是正确的。今天,在美国、英国和其他普通法的国家,大多数案件终止于初审法院。再说一遍,我们认为,没有人声称这类判决因此就都是正确的。此外,如果我们接受传统美国司法理论背后的思想,任何由陪审团对事实问题做出的判决,在很大程度上可以不再由审理法官复审,而且实际上免于上诉复审。我们认为,也不会有人说,这证明陪审团总是正确的。

任何一位定案者(或定案机构)肯定使用了一些含蓄的或明确的原则。这些含蓄的原则可以是我们内心里不赞成的,但它们肯定存在。我们全都希望,法院使用合理的而非不合理的原则,而且确实,较高级别的法院总是写出长篇大论的司法意见,说明为什么他们做出了某个具体的决定。他们之所以这么做,大概是在努力使人们相信,那个决定确实是正确的。至此,我们一直在谈"对"和"错",就好像对和错具有明

---

① 法院可以重审这个案件,偶尔也有政府的其他部门推翻了最高法院的定案。举个非常著名的例子,德雷德·斯科特案,就在葛底斯堡翻案了。见德雷德诉斯坦福德案,60 U.S. 393 (1856)。

确的意义。如果确实如此,道德哲学家们就不会有必要写下自苏格拉底时期以来那么多的东西了。用现代字眼来说,人们或许可以把一个"道德上正确"的判决定义为使预期社会效用最大化的判决,但是这样一种带有福利色彩的定义很难应用。就我们的目的而言,使用另一种定义似乎更为可取。

人们经常不正确地说,要是某人对正确结论没有一定的外部知识,他就没有办法说明一个法院会多么经常地犯错误。其实,不论什么时候,只要在一位法官和一个陪审团之间、两位法官之间、两个法院之间有了分歧,他们之中必有一方是错的,无论"错"的精确意义如何,只要我们用两价逻辑(two-valued logic)假定,一个法院的判决依照那种错的意义要么对,要么错。当然,也有可能法官和陪审团(还有其他人)都错了,但是人们可以由已经产生的不同意见的数量计算出必定会出错的最小值。塔洛克已经在两本书中使用了这种方法,但仅仅计算了初审法院在刑事案件中出错的可能性,基本上是利用法官与陪审团之间,或不同陪审团之间的意见分歧。[②] 在这里,我们打算研究美国最高法院中的法官,而且我们将使用好得多的统计方法。

我们将使用合理的标准,根据法院的投票结果估计司法裁定中的出错百分比。然后,我们再用我们的结果提出可能的改革建议。

对与错的建议解释及其含义

为了在不提出任何具体原则的情况下对司法错误有个明确的认

[②] Gordon Tullock, *The Logic of the Law* (1971), and *Trials on Trial: The Pure Theory of Legal Procedure* (1980).

识,我们引进了一套相当于统计学家之瓮*的司法方法。我们来看一下所有被认为适于到最高法院工作的人。这大概是一大群杰出的律师,其中的有些人当然是法学教授、一些下级法院的法官和一些执业律师。③ 实际上,在这个范围内只有九位是最高法院的成员,而且他们并不是真正随机抽到的样本,但如果我们考虑一下使人能当选为最高法院成员的那些特点,显然,与当选相关的其实是一些偶然因素,而且个人偏好也非常重要。假定最高法院是这个更大范围中相当好的代表性样本,那么,这看来符合事实。

注意,从操作的角度说,我们无法定义这个更大范围。由于我们只是打算在纯理论的意义上使用它,这一点并不重要;但是如果读者愿意,他可以把自己当作是那种在现任大法官实际上都已选定的时期内,被认真考虑要任命到最高法院的人。这会使最高法院的潜在成员数量比其本身的成员数量大得多。

有了这个庞大的、理想化的人群,④就我们的目的而言,对的判决将是这个扩大了的人群中大多数人会做出的判决。注意,正是"对"的定义把"最高法院将是对的"的估计概率最大化了。倘若我们有某种"对"与"错"的外部标准,那么有两种结果必居其一:(1)在我们使用的这个人群中的法官和其与会者接受了这个标准,这样,我们的裁定规则会对"判决是对的"概率做出正确的估计;(2)这个"对"的原则不被最高

---

* 原文是"statistician's urn",也有"瓮问题"或"金塔问题"的说法,是概率理论中的经典问题之一。大致意思是在一个容器(瓮)内放入不同数量的黑白两色球,求随机取出一种球的概率。——译者

③ 有些人,如沃伦,是积极活动的政治家,但是他们几乎全都是从律师起步的。

④ 实际上,为了计算的目的,我们把它转化成一个无限人群,而非一个大约有 1 万人左右的有限人群,但是,结果中的差异非常小,而在数学计算中的简化却非常大。这种理想化的无限人群的假定在统计活动中早已为人们所熟悉,至少从 R. A. 费希尔时代的初期就开始使用了。(费希尔[Ronald Aylmer Fisher (1890—1962)],英国统计学家和遗传生物学家,对于生物统计学有过突出贡献。——译者)

法院的成员承认,也不为从中选定大法官的人群所接受,结果,我们的方法会过高地估计"对"的概率。然而,我们不使用外部标准的真正理由是,据我所知,还不存在普遍能被接受的这种标准。⑤

假定"最高法院的成员是由这个理想化的人群中随机选出的"。严格来说,这个假定并不正确,因为他们是"政治任命"的。但是,把"政治任命"这种有偏向的选择考虑在内就会过于复杂了。⑥ 直觉上合理的假定是,如果一个不正确的估计概率是从"随机选择"的模型中得出的,而且投票结果按(r,s)划分,⑦它将会低估真正的概率,因为选择中的偏见大概会降低最高法院的可信度。

若 $r > s$,则"是"的决定,也就是大多数人的决定,更有可能是"对"而非"错"。正如大法官史蒂文斯先生所说:"法院最重要的工作,就是假定,法院大多数人的集体判断要比少数人的看法更可信。"⑧

若 $r > s$,且 $r + s = 9$(或任何其他固定值,12 会是个有趣的值),则 $r - s$ 的值越大,决定的"可信度"越高。我们的模型满足了这个适中要求。

设法官这个无限人群中的部分人在某个特定场合下会投"是"的部分为 P。这可以被看作是一个"自然概率"(physical probability)。有关这一概率值的证据可以从法院已经投票的"r,s"信息中获得。我们不知道 P 的值,事实上它肯定会因所判案件的性质,特别是所判案件

---

⑤ 我们两个人都愿意利用外部标准表达自己的观点,说明某些法院的判决是对还是错。我们相信大多数读者也会有这样的愿望。

⑥ 当然,我们可以改变范围,不仅包括智慧和信息,也包括政治偏见。这样,这个假定就会是,有许多人在智慧、信息通达,以及政治上与最高法院目前的成员非常相似。我们认为,这会是一个可以得信过的假定。

⑦ (r,s)的划分意味着,r 投票赞成"是",s 投票赞成"否"。我们要关注的只是这种"是-否"的情况,或者说,两分法的决定。

⑧ 史蒂文斯大法官在纽约大学法学院发表的演讲。《华盛顿邮报》1982 年 10 月 29 日 A-3 版报道。

的难度,而有所不同。我们不为 P 设定一个固定值,而是采用贝叶斯方法,也就是说,我们假定 P 是一个先验分布(prior distribution)。最简单也最自然的假设是贝叶斯均匀先验(uniform prior)的基本条件。然后,我们就能得出主观的、合乎逻辑或认识的概率 $P_{r,s}$,那是一个非常大的法院从无限人群随机得出的、将会同意原法院判决的概率,也就是说,如果 r>s,这个非常大法院的大多数人都将投"是"。数学的推导细节放在附录中。所得结果是

$$P_{r,s} = 1 - \frac{1}{2^{r+s+1}}\left[1 + \binom{r+s+1}{1} + \binom{r+s+1}{2} + \ldots + \binom{r+s+1}{s}\right]$$

具体数值如下:$P_{9,0} = 0.99902$,$P_{8,1} = 0.98925$,$P_{7,2} = 0.94531$,$P_{6,3} = 0.82812$,还有 $P_{5,4} = 0.62304$。可以注意到,这个公式应该也给出了 $P_{4,5}$ 的值,例如,$P_{4,5} = 0.37696$,因为 $P_{5,4} + P_{4,5} = 1$。当(r,s)=(5,4)时,法院做出错误判决的概率至少为37%。

令人感到惊奇的是,这一理论意味着,当把一枚硬币公平地抛掷 $r+s+1$ 次时,$P_{r,s}$ 与至少 $s+1$ 人时获得的概率相等。这个事实可以用来轻易恢复 $P_{r,s}$ 的数字值。

如果两个独立法院划分为(a,b)和(c,d),在某些情况下,把投票数合并为 $r=a+c$ 和 $s=b+d$ 可能是合理的,而不要认为一个法院否决了另一个法院。

美国的最高法院有9位成员,在过去很多时候还有过更少的成员,而总统有一次曾建议将成员数提高到15人。我们在表1中呈现的是从成员1人到19人组成的所有法院做出正确判决的概率。无论如何,我们不希望把我们的研究仅限于单一机构。有9位成员的法院的正确判决概率值包括在表1中。当 $19 \geqslant r \geqslant s \geqslant 0$ 时,$P_{r,s}$ 的值表示在表1中。统计学家将会注意到,这种概率非常接近于一个正态偏差的尾区概率(tail-area probability of a normal deviate),相当于

$$\frac{r-s}{(r+s+1)^{1/2}}$$

这些对 $P_{9,0},\ldots,P_{5,4}$ 的正态近似值分别为 $0.9978, 0.9866, 0.9431,$ 0.8296 和 0.6241,可用以与刚刚给出的精确值进行比较。正态近似值的错误大概小于我们基本假定中暗示的错误。我们断言,我们的理论是迄今提出的唯一最好理论。

表 1. $P_{r,s}$ 的值

r	\multicolumn{10}{c}{s}
	0	1	2	3	4	5	6	7	8	9
1	.7500	.5000								
2	.8750	.6875	.5000							
3	.9375	.8125	.6562	.5000						
4	.9688	.8906	.7734	.6367	.5000					
5	.9844	.9375	.8555	.7461	.6230	.5000				
6	.9922	.9648	.9102	.8281	.7256	.6123	.5000			
7	.9961	.9805	.9453	.8867	.8062	.7095	.6047	.5000		
8	.9980	.9893	.9673	.9270	.8666	.7880	.6964	.5982	.5000	
9	.9990	.9941	.9807	.9539	.9102	.8491	.7228	.6855	.5927	.5000
10	.9995	.9968	.9888	.9713	.9408	.8949	.9338	.7597	.6762	.5881
11	.9998	.9983	.9935	.9824	.9616	.9283	.8811	.8204	.7483	
12	.9999	.9991	.9963	.9894	.9755	.9519	.9165	.8654		
13	.9999	.9995	.9979	.9936	.9846	.9682	.9423			
14	1.0000	.9997	.9988	.9962	.9904	.9793				
15	1.0000	.9999	.9993	.9978	.9941					
16	1.0000	.9999	.9996	.9987						
17	1.0000	1.0000	.9998							

18 1.0000 1.0000

19 1.0000

注意：当一家法院的投票为 $(r,s)(r \geqslant s)$ 时，出错的概率至少为 $1-P_{r,s}$。当 $r>19$ 时，正态偏差的尾区概率 $(r-s)/(r+s+1)^{1/2}$ 与 $P_{r,s}$ 的差小于 0.0001。$r=$ 多数派法官的人数，$s=$ 少数派法官的人数。

一项改革建议

现在来谈谈我们建议的改革。这只是针对法院的正确概率低的情况，也就是说，在最高法院中五比四，或六比三的情况，此时的判决不应被看作判例。最高法院最好等待与同一法律问题有关的另一个案件，尽管当事人不同，事实也有些不同。这种方法与我们现在在最高法院出现平局的极少数案件中的处理方法很相似。在我们准备本文的时候，出现了一桩引人注意的案件。一个上诉法院否决了总统竞选中"独立开支"1000 美元的限额，该案上诉到最高法院，由于奥康纳大法官弃权，形成了四比四的平局。联邦选举委员会（FEC）决定，它将不理会上诉法院的判决，坚决执行法律，尽管法律显然与自由言论相冲突。这将导致另一桩诉讼，以及在最高法院举行的另一场听证会，其中大概将会形成一个有约束力的判决。我们的建议是，这种方法应该得到更广泛的利用。⑨

更准确地说，在确定一个判例之前，应该对 $P_{r,s}$ 的值设定一个限制。这个限制应根据宪法的一项修正案、国会的一个法案，或是最高法院的一项判决，最好是一致通过的，来确定。

---

⑨ 《华盛顿邮报》(*Washington Post*)1983 年 5 月 13 日，A-34 版。"共同事业诉施密特案"，455 美国 129(1982 年)。见 9 FEC 档案 8-9(1983 年 8 月)。

但这只是对最高法院而言，而在美国还有许多其他法院。为了简化，我们将只讨论联邦的下级法院，但原理在其他地方也适用。联邦上诉法院通常会从司法机构的更大范围抽调三人小组对案件进行听证。从表中可以看出，小组中二比一的多数做出正确判决的概率不是太高。⑩ 因此，我们建议，不要把这些判决看作是判例。这会意味着，在这个特定的巡回审判区中，初审法院可以继续根据他们自己认为法律该是什么的观点做出判决。这些案件可以上诉到上诉法院，但是应该有规定，如果这些案件上诉，上诉法院必须给它们全面听证。从可行的程度上说，复审小组最好由已经听过初审的不同法官组成。这将会持续，直到在这个巡回审判区中实现一致同意的判决。

可以认为，即便是由三位法官一致同意的判决，如果与以前的判例不符，也不该是权威性的。例如，假定在初审中有二比一的多数支持A，而在二次上诉中有三比零的多数支持 Ā。有六位法官参与审案，其中四人给出一种判决，两人给出另一种判决。回头看看我们的表1，我们会看到，在有六位法官，四比二的多数时，正确的概率不是很高。尽管如此，我们还是相信，后一个法院在长时间思考之后，对大多数诉讼案都能做出判决。结果，这个规则被用于现实世界的大量事实，而且它更具权威性。当然，这样的判决无论如何都会被最高法院保存。

上诉法院本身不会把最高法院中五比四的多数做出的判决看作是有效判例。这样，对这个巡回审判区在这类案件上形成一致同意的判决就会没有压力。上诉到最高法院的案件会经历通常的调卷令程序（certiorari process）。要是最高法院向我们征求意见，尽管我们怀疑它会这么做，我们会建议它，在正常情况下，只在下级法院就更多案件

---

⑩ 我们在这里猜想，一个纯粹主义者会说，我们必须使用不同的人群，也就是说，使用被认为符合上诉法院条件的那些人，而不是符合最高法院条件的那些人。幸运的是，这在我们的计算中没有差别。

进行了相当长时期的争论之后,才发出调卷令。这个程序的目的是对法律中的难点给予更长时间和更细致的研究,因此,最高法院在做出最终判决之前应该等待,让该法律应用于大量不同案件。[11] 注意,有必要特别指出的是,最高法院不能在发出调卷令之后又给出一个总结性意见。一旦最高法院发出了调卷令,它就被迫要对任何这类案件举行全面听证。

所有这些与我们当前的实践大不一样。这意味着,我们故意做一个拖延,希望得到改进的法律。然而,请注意,我们现在的实践,由于案件到达最高法院要花费时间,已经造成了无限拖延。案件在一个缓慢过程中向着最高法院蹒跚而行,而据我们所知,支持这一缓慢过程的唯一理由就是,我们用这种方法可以得到比其他方法更好的法律。我们的建议是,用更长一些时间的拖延得到更好一些的结果。显然,容易处理的案件会由大比例多数来决定,那就不会提出这个问题。只有在最适用案件的法律不够明确的时候,才会提出这个问题。注意,在这种方法下,个别诉讼人会得到确认,他们的案子已经定谳了。我们正式撤销先前法院判决的情况会少得多,因为非经几个案件的全面研究探讨,困难的案件和有疑点的案件不会成为判例。

虽然这种做法看起来是激进的,但它真的是目前应该被看作激进的一种做法。类似我们建议的一些意见在整个世界的普通法中一向并不罕见。例如罗马法,是由法学家的著作发展而成的,但是他们通常并没有考虑到把单个判决看作是有约束力的判例。同样,英国普通法直到很近时期才在一些法院中组织成型,每个法院都担心其特权,结果,

---

[11] 当然,有可能出现的结果是,即便是在等了三年之后,最高法院还是只有五比四的结果。这会进一步证明,这是法律上的一个真正难点,因此,进一步推迟做出终审裁决是明智的。

在多次做出同样的判决之前,单个判例不被看作完全具有约束力。[12]同样,在由《可兰经》发展而成的法律中,那本来就是伊斯兰国家的普通法,以及在整个欧洲形成的普通法中,那本来就是拿破仑废除的大陆普通法,都要求在建立判例之前有大量判决。

有一种观点认为,每次出现问题,我们都应该有确定的最终判决。这当然是人们普遍持有的看法。最高法院有一种积极的政策,在一个案件"成熟"之前,拒绝接受调卷令。我们建议最高法院接手未成熟的案件,然后对它们做出无约束力判决(nonbinding decisions)。从个别诉讼人的角度看,这将意味着,他们得到了最高法院的判决,而不是被迫在上诉法院一级止步不前;而从整个国家的角度看,它将意味着,对于那些难以做出法律判决或法律判决含糊的案件,终审决定者是非常慎重的。容易的案件,那些在这方或那方有大多数支持者的案件,将迅速定案。在我们看来,这比要求所有案件在成为判例之前都必须经数次听证的较为传统的做法要优越。

我们建议的改革,以及我们首创的对最高法院出错概率的计算,这两者在传统人士看来都非常激进。人们已经广泛持有"最高法院不可能出错"的看法,尽管从最高法院自己统计的出错次数的数字来看,很难看出这种看法有什么道理。人们也广泛持有这样的看法,"一旦最高法院接手了一桩案件,它要么必须以'不慎发出调卷令'为由退回案件,要么必须做出一个能成为有约束力判例的判决。"我们看不出这种广泛持有的看法有什么合理性,而且我们断言,我们建议的改革将会改善司法判例的质量,而代价只是使某些判例的获得慢一些。

---

[12] Bruno Leoni, *Freedom and the Law* (1961), at 87, 184-185.

附　　录

计算 $P_{r,s}$ 公式的证明

如果 P 为已知,计算 $M = 2N + 1$ 位法官(为方便起见,取奇数)将会做出"是"裁决的概率为

$$x = \sum_{v=N+1}^{2N+1} \binom{M}{v} p^v q^{M-v}$$

(其中 $q = 1 - p$)

表示最高法院将分为 (r,s) 的概率,以 P 的值和 $r + s$ 的值为条件,由下式计算得出

$$P[(r,s) \mid p, r+s]$$

然后有

$$P[(r,s) \mid p, r+s] = \binom{r+s}{s} p^r q^s$$

而这个,或只是 $p^r q^s$,是当 (r,s) 出现时,P 的**或然性**。假定 P 有从 0 到 1 的均匀先验概率,那么,其后验密度与 $p^r q^s$ 成比例。

因此,

$$E[p^v q^{m-v} \mid (r,s)] = \frac{\int_0^1 p^{v+r} q^{M-v+s} dp}{\int_0^1 p^r q^s dp}$$

$$= \frac{(v+r)!(M-v+s)!(r+s+1)!}{(M+r+s+1)!r!s!}$$

因此有

$$P_{r,s} = E[x \mid (r,s)]$$

$$= \sum_{v=N+1}^{2N+1} \frac{M!(v+r)(M-v+s)!(r+s+1)!}{v!(M-v)!(M+r+s+1)!r!s!}$$

$$= \sum_{v=(M+1)/2}^{M} \binom{v+r}{r}\binom{M+s+v}{s} \Big/ \binom{M+r+s+1}{M}$$

$$\sim \sum_{v=(M+1)/2}^{M} \left[\frac{v^r}{r!}\frac{(M-v)^s}{s!} \Big/ \frac{M^{r+s+1}}{(r+s+1)!}\right]$$

(对于大的 M),

$$= \frac{(r+s+1)!}{r!s!M^{r+s+1}} \sum_{v=(M+1)/2}^{M} v^r(M-v)^s$$

$$= \frac{(r+s+1)!}{r!s!}\frac{1}{M}\sum_{v=(M+1)/2}^{M}\left(\frac{v}{M}\right)^r\left(1-\frac{v}{M}\right)^s$$

$$\to \frac{(r+s+1)!}{r!s!}\sum\nolimits_{1/2}^{1} u^r(1-u)^s du$$

当 $M \to \infty$ 时。这个积分是个不完全贝塔函数。通过部分积分,我们能为 $P_{r,s}$ 找到一种递归关系,即,

$$p_{r,s} = p_{r+1,s-1} - \binom{r+s+1}{s}\frac{1}{2^{r+s+1}}$$

由此,我们得出

$$p_{r,s} = 1 - \frac{1}{2^{r+s+1}}\left[1 + \binom{r+s+1}{1} + \binom{r+s+1}{2} + \ldots + \binom{r+s+1}{s}\right]$$

一如正文中所述。

法院的错误*

任何人都不怀疑法院会出错,但是对那些错误一向少有研究。之所以如此,部分原因在于,经验证明,这种研究很困难,尽管我在本文中也会讨论一些经验工作;还有部分原因在于,我认为,大多数人都不愿意想到法院会犯将好人投入监狱那类错误。然而,这是个重要的题目,而本文就致力于开始提出这样一种有关这类错误的理论,并对进一步的实验工作提出建议。

错误可以出现在对法律的解释上,也可以出现在事实上。本文主要说明的是事实错误,因为在盎格鲁-撒克逊的传统中,法院的判决实际上创立了许多法律,因此,错误的意义在这里有点含糊不清。[①]

让我们假定,就像那么多谋杀推理小说中那样,一位准男爵被人发现死在了他的书房里,背上插着一把东方式样的刀。伦敦警察厅被请来勘查现场,并得出结论,是男管家杀了他,因为在准男爵的遗嘱中曾提到,给这男管家1000英镑。这位男管家会认罪吗?答案是,这主要取决于对他不利的证据有多强。

每个与警官们谈过话的人都知道,他们常常坚持认为他们知道某

---

* 经克卢瓦学术出版公司的友好许可,重印自《法与经济学的欧洲期刊》(*European Journal of Law and Economics* 1,1992:9-21)。Copyright 1992 Kluwer Academic Publishers.本文也曾在《法律经济学刊》上发表(*Journal of Legal Economics* 2,July 1992:57-70)。

① R.J. Good and Gordon Tullock, "Judicial Errors and a Proposal for Reform," *Journal of Legal Studies* 13 (2) (1984):289-298.

桩罪案是谁干的,但是证据太弱,不足以定罪。② 警察们的认识是否正确,尚需揣测,但是在许多犯罪者已认罪的案件中,不利于犯罪者的证据并不坚实。其实,有许多案件,完全不知道犯罪者是谁。

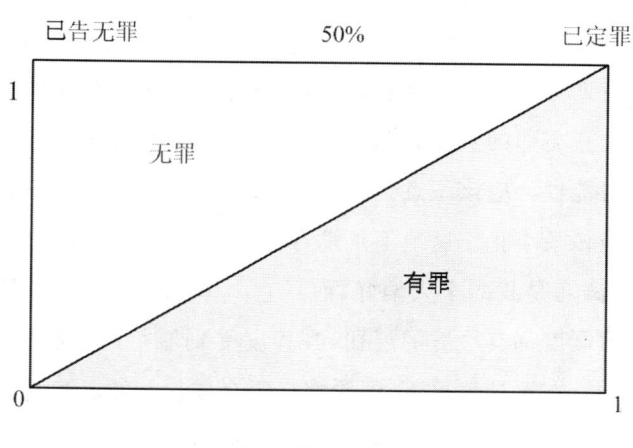

已告无罪　　　　　50%　　　　　已定罪

无罪

有罪

图1

图1试图用对证据分布的某种简单假设来分析这种情况。横轴表示的是,不利于大量不同"男管家"的证据强度,他们被牵连到多个谋杀案中。纵轴表示的是,实际上有罪的"男管家"的百分比,每个证据都不利于他们。在阴影区中的人是有罪的,其他人是无罪的。但是法院并不知道谁有罪,只知道对每个人有多少不利的证据。这样,就知道了每个人在上图中处于什么位置,比如说,横轴上的点位17意味着,在所有处于该点的有不利证据的人中,有17%确实有罪。

尔后,法院必须依据证据做出判决,而且不可避免地,在某些时候会出错。法院可沿用的法规有多种,而我将只讨论其中的一部分,从现

---

② 据《图森公民报》载:"图森警察局的侦探长迈克尔·R.尤利奇尼说,尽管侦探们认为他们知道是谁杀了米尔斯(两年前),他却不能确认,曾经实施过抓捕行动。"(*Tucson Citizen*, September 24, 1990:B-1)。

在用于民事而非刑事的规则开始,取最可能的结果,无论结果如何。所有处于横轴上50%右侧的"男管家"都会被定罪,而左侧的,都会被宣告无罪。这使总的错误量降到最小,包括1型和2型错误。有罪的"男管家"有四分之三的机会被定罪,四分之一的机会被宣告无罪。无罪的"男管家"有四分之三的机会被释放,四分之一的机会被定罪。

将会制止犯罪的实际惩罚,取决于由犯罪带来的收益,以及犯罪者被查获的可能性。应该注意到,我在全文中使用的标准是,用来制止犯罪的惩罚应该最小化。这绝不是没有争议的。我使用这一标准的根本理由是,它碰巧是我的个人偏好,而且它大体上也勾画出了其他标准。大多数法律制度都有严厉的惩罚,其程度受到罪行严重程度及定罪可能性的影响。在这种情况下,惩罚将是完全成比例的。

就上述事例而言,假定"男管家"无论如何都与一起谋杀案有牵连,因此他们被定罪的可能性由45%的线表示。另一种可能性——许多罪案没有嫌疑人——将在以后探讨。

要是我们想要阻止这种犯罪,而且要是"男管家"实施谋杀的动机就是为了得到1000英镑的遗产,那就有必要让他事先知道,如果他被逮到,然后又被定罪,他肯定会被罚款1000英镑以上。按照现在的规则,他只有四分之三的机会被逮到和定罪,假定他是风险中性的,那么,阻止他实施犯罪的最低数量罚款为1334英镑。然而,这意味着,有四分之一机会被定罪的无辜者有了一个333英镑挂零的折现罚款(a present discounted fine),这里再次假定为风险中性。

刑法的正式规定是,被告只有在不利于他的证据相当确凿时才能被定罪。那么假定,定罪所要求的证据分量给出的有罪概率为80%或更高。

必然的结果是,为了获得更高的确认有罪的可能性,有必要提高罚款。③ 在本案中,为了阻止谋杀者,他的动机是得到1000英镑,必要的罚款额就是2777.78英镑。

在这些条件下,无辜者被宣告无罪的概率低于80%,他面对4%的定罪机会。如果他被定了罪,他也会被罚款2777.78英镑;假定风险中性,对他而言,这笔罚款的折现值是111.11英镑。

以这种方式计算出的多个值展示在表1中。看起来,如果不把增加罚款数量的必要考虑在内,对于无罪者,定罪所必需的证据数量增加的好处,并不像人们想象的那么大。其实,从无罪者的角度看,如果他厌恶风险,实际上倒是有悖常理的。

表1

裁定规则	被定罪也有罪的概率	折扣值	被定罪却是无辜的概率	折扣值
40%	.85	$1190.48	.36	$428.57
50%	.75	$1333.33	.25	$333.33
60%	.64	$1562.50	.16	$250.00
70%	.51	$1960.78	.09	$176.64
80%	.36	$2777.78	.04	$111.11
90%	.19	$5263.16	.01	$52.63
99%	.019	$52631.58	.0001	$5.26

一个为自己的房子买了防火险的人,知道在他有生之年中支付的保险费,肯定要比发生火灾预期的可能损失大得多,但是为了避免剧烈

---

③ 据我所知,这个问题只在塔洛克的著作《法律的逻辑》(Gordon Tullock: *The Logic of the Law*, New York: University Press of American, 1988, [此前曾于1971年由Basic Books出版], 175-192)和《对审判的审判:诉讼程序的纯理论》(Tollock, *Trials on Trial: The Pure Theory of Legal Procedure*, New York: Columbia University Press, 1980, 182-183)中讨论过。而且,这一点是显而易见的。

的负面风险,他实际上或许宁愿要一个较低的风险概率水平,这使他愿意支付少量罚款(保险费用)的机会大得多。

我在同事中做了个不大科学的小测验,三分之二的多数宁愿相信有25%的机会被罚款1333美元,也不愿相信有1/5000的机会被罚款50251.26美元。在做这个测验时,我并没有说,我说的是法院的审判活动,或是在超出合理怀疑的情况下定人有罪的规则。这个小测验不科学,而且获得的数字也完全是随意计算得出的。然而,应该指出的是,尽管这些数字是随意计算的结果,现实世界中却肯定存在有些相似的结构。

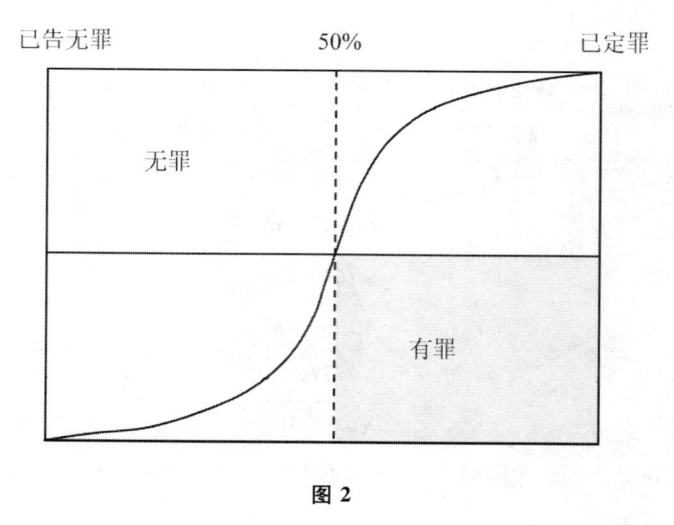

图2

但是,图1中用直线表示的函数形态,大体上没有统计性质的证据。此外,我能想到的提供这类证据的办法,费用都极为昂贵,而我并没有搜集证据必需的资源。这样,证据数量与有罪之间的关系可能会不同。图2表示了一条简单的曲线,以此代替一个正弦函数。根据直觉,我觉得这似乎比直线更合理,但我并不认为我的直觉在这里有太大的价值。

无论如何,除了使用图 2 中的函数而不是用图 1 中的函数进行计算外,表 2 与表 1 是一样的。再说一遍,注意,对于无罪的人,检方证据负担的增加并不意味着一种绝对的收益。如果他厌恶风险,他可能宁愿假定,定罪所必需的证据数量是适度的,罚款也不多,哪怕他知道,那将增加他自己被定罪的可能性。

除了法庭上的定罪外,还有庭外和解的机会,而且这种机会比庭审更为常见,诉讼费用的问题也是一样。来看一种暂不考虑庭审成本问题的庭外和解机会。在这个案件中,作为厌恶风险的结果,人们几乎无例外地都会选择庭外和解。

有一种很流行的有关和解可能性的理论,④而我认为它是错误的。这种理论认为,如果当事双方预见到不同的结果,他们通常就会和解。被告可能比检察官更认为自己会被定罪,因此,他和检察官都会把他们各自预期之间的某个值看作是可以接受的。在他们就定罪的概率取得了一致意见的时候,他们也可能和解。而当他们出现分歧,被告认为他被定罪的概率低于检察官认为的概率时,就不可能和解了。

这种理论依赖的假定是,实际的审判总是某种错误的结果。经济学家,特别是来自芝加哥的经济学家,往往觉得根本就不可能有什么错误。我不打算在这一点上与他们争论。显然,判断一个案子中谁会赢是很难的事。这个论点的普遍吸引力表现在下面引述的艾森伯格的一段话中。⑤

---

④ 要了解清楚的叙述,见普里斯特和克莱因的文章《诉讼争辩的选择》(George L. Priest and Benjamin Klein, "The Selection of Disputes for Litigation," *Journal of Legal Studies* 13,1984:1.)艾森伯格在他的文章《检验选择效应:带有实验检测的一种新的理论框架》(Theodore Eisenberg, "Testing the Selection Effect: A New Theoretical Framework with Empirical Tests," *Journal of Legal Studies* 19 (2):337-358.)中对上述文章及其后继者做了讨论、检验和否定。

⑤ Eisenberg, "Testing the Selection Effect," p.340.

在案件已经进入起诉过程并到达审判阶段的时候,当事各方就结果达成一致意见的案件就将和解。双方对于流行的裁定标准产生不同期望时,就产生审判。根据直觉,在一个简单的模型中,原告过高估计成功的误差,与被告过低估计原告成功的误差,两者的分布是一样的(也就是说,那些有争议的诉讼中有一半归因于原告的过高估计,一半归因于被告的过低估计)。[6] 同样,在极限情况下,分布相同的误差项会导致原告50%的胜诉率。

这种思路的问题是,假设律师和当事双方都想要确定谁会胜诉,而不是胜诉的概率。如果成败的可能性大约是一半对一半,哪一方都不会有足够的自信认为自己会赢。然而,一方或许会觉得他有60%的胜算,而另一方可能觉得双方势均力敌。这时即便证据是一边倒的,也会产生同样的判断困难。一些年前,有桩案件得到了公众的很大关注。一个犯有强奸罪的人,被判入狱一天,这是审判前协议的结果。每个与此案有关的人都认为,不利于被告的证据极不充分,但他不想冒审判的风险。这导致了公众的巨大义愤。有罪辩护被撤销,他公开受审并被发现是无辜的,由此表明,双方在初审中对概率的判断是准确的。

我们来想一想,如果人们所做的判断不是谁赢谁输,而是赢或输的可能性——毕竟,这在民事案件中是决定现金支付多少,或是刑事案件中决定入狱时间长短的因素。一般而言,当案件一边倒时要做出判断,与案件双方势均力敌时是一样困难的。上面给出的50%对60%可能性的案件可与证据一边倒的情况中90%对95%的一个案件相匹配。

不论如何,这里,我们有了一些经验证据:占压倒多数的刑事案件实际上是经过审判导致定罪的。这不是50%的水平。当然,民事案件在一定程度上是不同的。

---

[6] Priest and Klein,"The Selection of Disputes for Litigation," n.42.

决定庭外和解的数据很难搜集，因为，庭外和解的许多案件都采取了没经过多少磋商一方就决定接受另一方立场的形式。例如，在刑事案件中，警察确认他们不能证明一桩罪案，并因此什么也没做；而在另一些案件中，程序从警察走到检察官，或许还有一份起诉书，但检察官还是决定放弃它。

在许多民事案件中，一方或另一方想做些事情去打官司，可后来又决定不做了，结果就是，哪里都没有庭外和解的记录。

在刑事领域，这种情况特别明显。美国的绝大多数犯罪从未导致法律诉讼，因为没打算审判。在有些这类案件中，失败在于警察层面，犯罪分子逍遥法外，因为本来就没逮到。在另外一些案件中，免予起诉是检方的决定。

一般来说，检察官都想留下相当好的成功记录，而且，只要拒绝那些胜算不大的起诉案件，他们就可以获得这样的成功记录。这就是为什么检察官在他们接手审问的案件中成功率很高的原因。那不是由于他们特殊高效，而是因为他们挑选了证据充分的案件进行起诉。

诉讼费用、检察官本身，以及他们个人的愿望，都能改变这一点。我已经提到，检察官决心保持自己记录的清白。我对为大多数刑事案件辩护的公设辩护律师的动机一点都不了解。他们经常输掉官司，而且经常建议他们的客户避重就轻地认罪。找出为什么要这么做的原因，应该是件有意思的事情。

然而，再来看私人律师。他们也有类似的动机。输掉官司对律师没什么好处，尽管输掉半个官司并不会影响他的声誉。尽管如此，私人律师并不愿意为了一个证据不足的案件上法庭，并因此会向他们的客户施加相当大的压力，拒不接受这样的案子。

但是在这里，客户起着最终的决定作用，因为他们总是可以另找一位律师。律师是供应者，客户是消费者。

然而，在案件的费力程度与愿意花钱为之辩护的客户数量之间有相当强的关联。相当确定的是，多投一个美元所获得律师服务的边际价值，在有 50% 胜诉概率时要高于只有 5% 或 95% 胜诉概率的情况。因此，人们会料到，处于这个谱系两端的愿意花钱请律师的客户较少，而靠近这个谱系中间位置愿意花钱请律师的客户较多。

我曾在芝加哥做过五个月的初级律师，实践法律活动。我办了两件成功概率低的案件，多少是在无人指导的情况下自己来处理的。在一个案件中，我不仅输了，而且受到法院的申斥；而在另一个案件中，我赢了。但是，赢比输更让我的雇主难受。他显然认为，我可能做了什么不妥当的事，因为他看不出那个案件怎么就有可能赢。⑦

尽管有人认为在一边倒的案件中可用的资源较少，但这并没有告诉我们，和解发生的次数如何。当被告自己认为对方只有 80% 胜算时，他却要花 90% 的钱去和解，他会非常生气，就像他认为官司有 50% 的胜算，而他却要花 60% 的钱去和解一样生气。在一边倒的案件中，弱的一方的风险厌恶通常会比强的一方更强烈；但真正的风险小于胜率对半的案件。毕竟，我支付诉讼标的 90% 的钱实现和解，相对于通过诉讼支付全部 100% 的钱，并不是太大的改善。当然，所有这些都是要花钱的。但是，诉讼费用在一边倒的案件中比较少，因为官司中投资的回报也较低，这只会增强这种思路。

最可能赢的客户，似乎会愿意多给律师钱，而最可能输的客户则不愿意。但是正如我在前面说过的，直觉在这里并非足智多谋。在案件多少是势均力敌，而不是一边倒的情况下，我认为，这种多给律师钱的倾向确实往往会产生更多势均力敌的案件。

---

⑦ 那位客户打电话给我的雇主表示感谢，并告诉他，他不该让她不坚持打这个官司，他错了。我的雇主是个非常情绪化的人，喜怒无常，对这个电话的反应很消极。

导致这种情形出现的机制,与普里斯特和克莱因分析的原因完全不同。⑧ 来看一桩民事案件,该案至少在理论上使用了 50% 的规则。⑨ 假定原告要求被告支付 30 000 美元,再假定在这桩案件被首次认真考虑对簿公堂时,双方都认为他们将支付争议数额的三分之一,或 10 000 美元,作为诉讼费。他们双方都认为自己成功的几率为一半对一半。

那么,原告在这个案件中要被扣去 5000 美元,而被告的折现值为 -25 000 美元。这是一个非常大的讨价余地,而律师们合乎逻辑的目标,看来就是获得这个讨价余地中的一大部分。这样,原告会提出用 24 500 美元了结,而被告会还价,用 5500 美元作为合理了结。

那么,大部分的法律操纵(legal maneuvering)会采取不打算消除风险的形式,尽管有风险,但要为一方得到这个讨价余地。这种法律操纵,尽管部分表现为写恐吓信的形式,但主要是投入资源准备强有力的证据。

随着时间推移,20 000 美元的讨价余地中越来越多的部分成为沉没成本,而和解的可能性也在稳步上升。最终,就在开庭审理之前、审判进行中、偶尔在陪审团退出之后,我们看到了和解。应该指出的是,在陪审团退出之后,唯一的争论就是风险。除非当事双方对最终结果的估计不同,否则,讨价余地已经所剩无几。

这并非要否认双方会有不同,而且比如说,如果原告对自己成功的可能估计得比被告低,或许更有可能达成协议。但是,即便被告认为自

---

⑧ 《诉讼争辩的选择》("The Selection of Disputes for Litigation.")下面的内容主要摘自塔洛克的文章《协商解决》("Negotiated Settlement")。该文收入了斯科格和舒伦伯格编辑的论文集《法与经济学与法律管制的经济学》(*Law and Economics and the Economics of Legal Regulation*,Boston:Kluwer,1987,39-50)。

⑨ 例如,在刑事案件中,如果要定罪必须有 90% 的证据数量,你会料到,这个 90% 起作用的水平,与民事案件中 50% 的水平很相似。然而,既然大多数罪犯都有公设辩护律师为之辩护,这一点是否真实就根本不明显了。

己成功的可能性很高，而原告不同意，通常也还会有一个协商空间。

假定被告觉得自己有三分之二的几率能赢，而原告也认为自己有三分之二的几率获胜，那就有了一个相当大的协商空间。原告认为他现在的期望值是 10 000 美元，而被告认为他现在的期望值是 - 20 000 美元。双方的和解就是合乎情理的。⑩ 这样，我们或许会看到，双方最终还会走上法庭，尽管再说一遍，他们离法庭越近，协商空间就会越小。

总之，人们会料到，当一桩案件处于均势时，当事双方都有强烈动机和解，但强烈动机在他们与对方的协商中会造成困难。最不愉快的一方也是拖延时间最长的一方，将赚得较大利润，而讲理又愿意协商的一方将遭受损失。

然而，我并不想争辩说，事实总是对称的。一方面，在大量案件中，律师收取临时费用（contingency fee）为原告做代理。在有大量重叠的多个案件中，被告事实上是保险公司。保险公司大概是风险中性的，但会愿意建立一种强硬而成功的声誉。因此，他们或许会对一桩对半胜率的案子和解，并在他们认为结果有利于他们时开出不适当的条件。

实际的原告几乎会不顾后果地推进诉讼，因为这样做没有成本。这一方的基本决策，大概会由收了临时费用的律师做出，而他到底会做出什么决策并不十分明显。这样，我们就不该对双方在讨价策略中存在很大变数感到特别吃惊。

来看处于概率分布边缘的一种情形。我们假定，双方都认为原告有 95% 的机会能赢。在这样的情况下，相当肯定的是，他们都不会愿意把争议数量的三分之一投入作为诉讼费用。当案件的证据使原告获胜的机会很高时，律师几乎没有什么事可做。那就不会有大量的法律投资。投入法律资源的 1 美元的边际回报是相当低的。

---

⑩ 考虑到美国诉讼费对双方差距如此大的期望值之高，几乎不可能没有协商空间。

假定，还用我们那个30 000美元的案例，双方都认为原告有95%的机会获胜，因此原告把他的期望值定在28 500美元（不含诉讼费），而被告的期望值为-28 500美元。如果没有和解的话，双方打算各花1000美元的诉讼费。原告的期望值降为27 500美元，被告的期望值升为-29 500美元。讨价余地不大。

像在审判后期中对半胜率的案件那样，协商过程中的不快也不会有多少收获。因此，我们假定，经讨价后的和解会比在对半胜率的案件中更普遍。然而，之所以如此，原因并不在于在这两种案件中当事双方的信息不充分，而只是因为，在胜率为95对5的案件中讨价还价和坚持，不如在对半胜率的案件中有利可图。

这样，我就接近于接受普里斯特和克莱因的结果了，但不是通过他们的方法得出这个结果的。其实，律师们常常不善于猜测结果可能是事实；而在个别案件中陪审团的决定高度随机，这肯定也是事实。但这并不意味着有系统错误（systematic errors）。很有可能，经验丰富的律师在察看案件时会得出与原告的胜诉概率非常接近的数字。

这对胜率对半的案件和胜率为95对5的案件都会是正确的，但在后者中，艰苦的讨价获益较少。当然，在原告的职业律师面对一家保险公司时，讨价的动机不会完全抵消，所以结果是不确定的。

现在来谈证据的错误，还是要看事实而不是看法律，因为在盎格鲁-撒克逊的法院审判方式下，说"法院造成了法律的错误"，意思不明确。一个错误事实就简单得多了。

还有个定义的问题。假定油嘴滑舌的骗子史密斯先生，卖给琼斯先生一座金矿。琼斯非常愚笨、貌不惊人、常常糊里糊涂却继承了大笔钱财，而那金矿结果却证明根本没有金子。琼斯现在把史密斯告上了法庭。

所有与本案有关的律师都一致认为，史密斯欺骗了琼斯，而且应该被勒令退赔。他们可能也全都同意，史密斯，那个油嘴滑舌的家伙，在法庭上会表现出色，而琼斯在交互问讯中很可能挺不住。在这样的情况下，他们预计，琼斯至少有90%的获胜概率。

此时，如果法院判琼斯赢，或是相反，判史密斯赢，这是否是个错误呢？这接近于一个纯粹的哲学问题，而且尽管我在这里提出了这个问题，但我感到遗憾的是，我并没有能力解决这个问题。我们对准确度的检验将依赖法院的实际判决。我们将只看结果，不看证据。

很难得到法院判决准确度的经验信息。在欧洲，要求得到这样的信息，即便是例行公事，实际上也是可以做到的，于法也有据，⑪只要数一数撤销的案件，几乎就肯定能得到一个夸大了的出错数字。

在美国，由于侵权法的改变，出现了有些类似的情形。有些大公司一再被告上法庭，起因都是与产品缺陷有关的基本一样的事实。对有些这类案件，陪审团的意见严重分歧。对发生这种情况的次数统计会很有意思，但是再说一遍，这不是整个法律界的随机样本。

因此，我们得使用其他办法。一种做法是比较不同判案群体对同一案件的判决。最简单的做法是，先来看陪审团已经做出决定的案件，然后问问在场的完全有理由考虑这件事的另外一些人，他们是否同意这一决定。凯尔文和蔡塞尔在他们编辑的书《美国陪审团》中，⑫还有鲍德温和麦康维尔的书《陪审团的审判》中都使用了这种方法。⑬ 此外，这两本书都讨论了在这一领域内先前的工作，并列出了有用的书目来源。鲍德温和麦康维尔在凯尔文和蔡塞尔之后进入这项研究，做了更为全面的工作，但他们的样本也较小。由于他们的工作是在英国做

---

⑪ 在美国，宪法第七修正案使要求数据成为理论上不可能的事。在实践中，对这一规定有大量的欺骗。然而，依据事实的初审通常还是有效的。

⑫ H. Kalwen and H. Zeisel, ed., *The American Jury* (Boston: Little, Brown, 1966).

⑬ J. Baldwin and M. McConville, ed., *Jury Trials* (Oxford: Clarendon Press, 1979).

的,凯尔文和蔡塞尔的工作是在美国做的,两者间大概有些不同。

当法官与陪审团意见分歧时,很难说谁是对的,也可以说,显然有一方是错了。当他们意见一致时,他们有可能都错了。然而,确定一方或另一方或双方最低的可能出错率是相当简单的代数问题。由于美国的大量刑事审判实际上是由法官引导的,而且由于美国法官至少同陪审团同样重要,司法错误意义重大。运用代数计算,最小出错率可能是八个案件中有一个。[14]

另一种方法是,为同一案件安排几个陪审团,然后比较他们的判决结果。这已经做过数次,比较的各陪审团都确实坐在法庭中。我认为,已出版的最好的事例是麦凯布和珀维斯在《陪审团在工作》[15]一书中做的比较。在美国已经有了一些案件,但总体而言,样本太小,得不出任何可靠的结果。在英国的研究中,我们再次得到了最小出错率是八个案件中有一个的说法。[16]

另外有些人安排对法院审判进行录音或拍照,常常用演员扮作一些参加者,然后把这些录制品向大量实验陪审团的成员展示。这种做法最好的也是最近的一个事例,如黑斯蒂、彭罗德与彭宁顿的书中所述。[17]

他们的案例是,陪审团在判断一桩谋杀指控。由于受害者已死无疑,而致死原因是被告插入他身体的一把刀,唯一的争议只是这是什么

---

[14] 计算方法的讨论及一些书目,见塔洛克的著作《对审判的审判》(Tollock, *Trials on Trial*, pp.13-48)。

[15] Sara McCabe and Robert Purves, ed., *The Jury at Work* (Oxford: Basil Blackwell, 1974)。

[16] 注意,这是最小值。它要求的假定是,陪审团和法院更有可能做出的正确判决多于错误判决。与之相反的假定则意味着,出错率为八分之七。

[17] R. Hastie, S. Penrod, and N. Pennington, *Inside the Jury* (Cambridge, Mass: Harvard University Press, 1983)。

类型的谋杀——是一般杀人罪,还是一级凶杀——应该由陪审团来决定。在三分之二这类案件中,陪审团做出了法律顾问黑斯蒂、彭罗德与彭宁顿认为是正确的决定。注意,这里的准确度并不比50%高多少;但是至少没有哪个陪审团认为被告无罪。

还有其他一些实验以有些相似的方法进行,主要由芝加哥大学的陪审团研究计划实施,而这些实验通常显示出比这还要高的出错率。黑斯蒂、彭罗德与彭宁顿以及此前的研究,似乎确实选择了难于一般的案件来研究。不同水平谋杀之间的技术差异是个复杂的问题,而陪审团大概在确定某些行动是否应被划入哪一级的问题上,不会比确定会出现哪些行为更拿手。芝加哥大学的一些早期研究依据的是不寻常的非罪主张,以精神错乱为由。

看来,刑事法院系统的出错率至少为八个案件中有一个。[13] 然而,现有的实验及经验工作,几乎一直建立在对即将解决的问题完全缺乏理论思考的基础上。研究者对他们处理的问题一般都表现得极为敏感,大概是因为他们觉得,这个领域的研究会使他们陷入职业生涯的困境,或者是因为他们觉得一想到给无辜者定罪的可能性,就感到很痛苦。

这后一个问题可能是导致这种情况的原因:在大多数被告犯了罪的实验中,有罪判决的压力就不大;而涉及可能无辜被告的实验,有罪判决的压力就会大得多。对一桩谋杀做正确分类,或是确定一个实施谋杀的人是否在发疯时杀了人,对于参与者的压力也会比较小。

但是,我们需要更多和更好的实验工作。实验方法已经得到了稳步改善,但是研究者必须把更多地关注理论问题。此外,法律研究者一般也必须对法院判决中出现简单错误的可能性予以更多关注。

---

[13] 这个出错率是对已审结的案件而言的。而检察官放弃的或是被告认罪协商的那些案件中的出错率很难说。然而,检方对认罪打很大折扣的倾向证明,错误是很多的。

法律的异端*：

在1995年西部经济学会年会上的会长致辞

　　以一个笑话开始演讲总是明智之举。恰好，我就知道一个有关会长致辞的很有意思的笑话。遗憾的是，它的原创者不是我，而是许多年前经济史学会的一位会长。但是，你们比较年轻，大概还没有听说过。

　　一个学术学会的会长非常像一只昆虫。他只活一年，下了一个蛋，然后死亡。你们就要听到我的蛋了。

　　很久以前，我作为一名律师启程，写的第一本书是关于法律的经济学，①但是，其实我投身的是远离中心的黑暗，那里有美国的法与经济学运动的悲伤与切齿之痛。原因简单明了——我是个异端人士。我打算利用这个机会做一点劝人支持我的异端邪说的事。

　　我要说，我的异端邪说的根本特点就是，我对益格鲁-撒克逊普通法有大不敬。注意，我说我有大不敬，但并没说我是个彻头彻尾的反对者。我讨厌我们法律制度中的程序方法，但是实体法并不比其他任何国家的明显更糟。其实，比较常常指出，实体法律制度的重要方面大多是相似的，而不重要的方面也没有多大不同。

　　我想集中谈谈重要的法律。例如，我的第一本书解释了为什么我们要有针对偷盗、抢劫等行为的法律，而不只是承认我们已经做了的

---

　　* 经牛津大学出版社许可，重印自《经济探索》(Economic Inquiry 34,January 1996:1-9)。

　　① The Logic of the Law. New York: Basic Books, 1971.

事。在法与经济学领域中关于法的大部分工作,谈到的都是法的不大重要的部分,并证明了法院有对的时候,正如他们经常做的那样,或是证明他们也有错的时候,特别是在反托拉斯法方面。很少谈到谋杀、抢劫,甚至没有说明那些活动为什么应该是非法的。显然,这被看作是一个纯粹的道德问题。

我们来更正式地看看这件事。其实,法律由三个不同阶段构成。首先,有某种机制能侦查到犯法行为。如果是涉及刑法,我们通常依靠警察来执行;涉及民法的,受到伤害的人会期望让法院来考虑处置。法院的存在基本上就是要确定,在第一阶段没有出现错误。换句话说,法院无须找出杀人犯。法院真正要搞清楚的是,警察逮到的确实是杀人犯而不是无辜者。我们称这为审判。在这个阶段也可能有上诉。

第二个阶段是强制执行法院判决的实施或威胁。如果被告应该入狱一段时间,或是输了民事官司的人应该向打赢了官司的人支付一大笔钱,通常都会要求使用强力或强力的威胁,以保证判决得到执行。

这三种功能的组织区别,不一定要像我们在美国使用的那种。例如,在欧洲国家,调查必须受到监督,在某些案件中实际上是由受过法律训练的官员或地方官员进行的,尽管在不同国家,这种官员可以有不同的头衔。在调查中,这位法律官员名义上确定被调查者是有罪还是无辜,如果他认定被告有罪,案件就会送去审判,通常由三位法官审理。

因此,我们的方法在某种程度上把第一和第二阶段混合在了一起,而"法院"在许多方面类似处于我们的初审法院和上诉法院之间。欧洲的上诉程序与我们的完全不同。至少在理论上,美国的上诉法院只考虑法律可能出现的错误,而不考虑事实错误。我知道,上诉法院经常在这个问题上骗人,但尽管如此,它们通常还是守规矩的。在欧洲,上诉法院既考虑法律,也考虑事实。

为什么我们会认为警察不如法院准确?斯大林做了相反的假定,

而目前俄国的问题之一就是他们的法院结构薄弱。维辛斯基（Vishinsky）说过，检察官出现在法庭上，是被告有罪的最终证据。一般来说，在俄国的旧政权下，公安部门被用来决定人们是无辜还是有罪，而法院的作用很小。在某些像离婚这样的案件中，法院或许实际上可以做出判决，但是在刑事案件中，他们只是批准警察的决定。

我断定，这里没人会把这看作一个好的制度，但这难道不明显吗？在美国，大多数刑事案件没有审判。如果警察和检察官认定，他们并不能确切知道谁真的犯了罪，就会放弃进一步的调查；另一种情况是被告认罪，以换取较低的刑罚。审判只出现在刑事案中的一小部分案件，在那些正式起诉的案件中，比例甚至还要小。民事的法律争议也很少对簿公堂。

我打算在这里继续谈美国的法律制度，而不是其他安排。自动提出的问题就是，我们法院和警察的准确度有多高。如果法院非常准确，那么我们就不必担心警察出错；但是另一方面，如果警察非常准确，我们就会避免建立法院系统。警察的不准确显而易见，事实上，所有刑事案中有压倒多数的案件无果而终。而法院也有一个更困难的问题，但幸运的是，这种工作有经验可循，它有可能使法院活动保持最低的出错水平。

一开始就要说明，我所使用的经验数据都是别人收集的。你们大概知道，我非常懒，极少自己收集数据。在这个领域中收集数据的人，通常都不用这些数据来确定法院的准确度。他们有时候会坚持认为，不可能确定到底出了多少错，因为要确定法院是否有错，你必须知道什么是正确判决。严格来说，这不是事实。如果某个案件由多个法官或陪审团检验，而他们有意见分歧，一方肯定有错。如果他们意见一致，有可能他们都错了，但是利用一定数量的意见分歧，运用简单的高中代数，就能够计算出符合那种意见一致水平的最小出错率。

芝加哥大学的陪审团研究计划向法官发出了一项问卷调查,涉及3000个案件。② 在法官被问到的问题中,有一个问题是:在某个案件中,他们是否同意陪审团的决定。结果是,他们不同意的情况为四个案件中有一个。与此一致的最小出错百分比,不论是法官错了还是陪审团错了,是八分之一。在英国以改善了的形式收集到的数据与此相同,得出了大致相同的结论。③ 英国学者为各种方法上的失误而激烈批评芝加哥的陪审团研究计划。

还有处这个问题的另一个方法,就是安排几个陪审团审理一个案件,并比较他们的结论。④ 在有个案件中,芝加哥大学实际安排了三个陪审团,用不大一样的方法选出陪审员,坐在法庭中。其中一个是真正的陪审团,另外两个是实验的陪审团。在几桩案件审理下来之后,这个实验就停止了。⑤

我要说,担任陪审员的人留下了少量资料,绝不是零。他们后来写出了他们的经历,尽管他们被告知不要这样做。陪审团被告知不要讨论案件,以及直到最近才正式执行这一指示的事实表明,即便我们知道在陪审团评议室中发生的事,陪审团制度的支持者也深度怀疑到底能发现些什么。

有可能设计一些实验,人们在实验中被组织成实验陪审团,出席一个案件的审理,并记录下发生的事情。⑥ 芝加哥大学的陪审团研究计

---

② H. Kalven and H. Zeisel, *The American Jury*. Boston:Little,Brown,1966.
③ John Baldwin and Michael McConville, *Jury Trials*. Oxford:Clarendon Press,1979.
④ 由于某些原因,这里的实验从未使用过双数的法官。
⑤ 据监督这一实验的汉斯·蔡塞尔(Hans Zeisel)说,停止实验的理由很简单,从非审理陪审团得到的结论与审理陪审团的结论差距甚大。实验陪审团认为所有被告都有罪,包括两个陪审团取消了指控的案件。
⑥ 这个陪审团研究计划的一部分,实际上是对一个真正的陪审团的讨论活动进行录音。遗憾的是,这些录音带全都被毁掉了,而且命令他们毁掉录音带的法院大概觉得,这些录音带会使人怀疑陪审团制度,但它从没这么说过。

划从很早的时候起就在这么做：使用一两个案件未经加工的现场录音带，让许多不同的人群去听，并告诉他们假装是在做陪审员。他们对许多案件有不同意见，但是我不打算来讨论这些情况，而要谈谈近来由里德·黑斯蒂、斯蒂文·彭罗德和南茜·彭宁顿进行的一项好得多的研究。⑦

在这个实验中，他们选出了一个有 69 位陪审员的大陪审团。这是同一家对此感兴趣的法院合作完成的，而男女陪审员只是从通常的陪审员中抽选出来。如果他们不想参加实验，也可以不参加，而且还能留在陪审团成员中，应召参加常规案件的审理。但是没人利用这种机会。

在进行实验时，陪审员被分成了三个不同的组，每组 23 人。每组有一个不同的判决规则。这是作者的主要兴趣所在，但是从我们的角度可以置之不理。实际的实验进行得很好，而真正的案件由法官和两位检察官扮演了他们在法庭中的角色，重新审理。专业演员扮演了部分证人。这个实验用了大约两小时时间，而庭审用的时间要长得多。这之间的时间差大概是用在了律师在陪审团听证时的争吵上。

所有这些的结果表明，出错率比我们迄今看到的要高得多，但是在我看来，实验案件尽管不比普通的民事案件更难，却要比普通的刑事案件难一些。

尤其是，当一个人被刺伤致死，杀了他的人受到审判时，问题不在于被告是否杀了死者，而在于是一级或二级谋杀罪，还是一般的谋杀。两位检察官和法官一致认为，这个案件的正确判决是二级谋杀，而 69 位陪审员中有 39 位判定的是二级谋杀。你要注意了，如果是随机判决的话，明显的妥协判决绝对好于会有 23 位陪审员选择这一判决的情

---

⑦ Reid Hastie, Steven Penrod, and Nancy Pennington, *Inside the Jury*. Cambridge, Mass.: Harvard University Press, 1983.

况。然而,还是很难把这看作是杰出的成绩。出错率比先前的研究高得太多了。它只会表明,我们的法院在确认事实时,离完全准确差得太远。

在我们的法院中,至少在理论上,法官做出法律判决,如果他制造了错案,案件可以上诉到上一级法院。公众中有一种荒诞的认识,认为法官不会犯法律错误。据我所知,没有哪个了解法律事务的人不同意,法官常常会犯法律错误。如果你是在喝酒的时候与法官聊天,他很容易就会谈起他处理过的法官们犯的可怕错误,并且告诉你,有些法官傻透了。律师们不大可能会公开说这种事。

还有另外一个证据。美国的法律是按案例教科书来教的,尽管案例的重要性正在下降。课上包括对这些案件的大量讨论,学生们受到鼓励去批评法官对法律的解释。大多数学生肯定会得出结论说,案例教科书中至少三分之一的案例是错案。[8] 学生们如何表现出了对这种准确度的羡慕,我不知道,但事实是他们确实羡慕。其实,我还是知道的。

我和杰克·古德(Jack Goode)一起研究出一种方法,它使确定高层法院的最小出错率成为可能。[9] 这种方法只适用于有多于一位法官,且异议被记录在案的案件。如果有异议,必定有人错了。当然,如果没有异议,判决仍然可以是错的,但是有可能找出与这些不同意见一致的最小出错率。对于美国,这意味着我们可以得出上诉法院和最高法院的最小出错率。在最高法院分为 5∶4 的案件中,多数出错的可能性为大约 45%。

许多律师都愿意接受这样的看法:最高法院不可能出错。再说一

---

[8] 案例教科书设计的就是用冲突案例来激励讨论的。

[9] Goode and Tullock, "Judicial Errors and a Proposal for Reform," *Journal of Legal Studies*, June 1984, 67–72.

遍，如果你改变了话题，并开始谈到具体的案件，你很快就会发现，他们认为最高法院的许多判决实际上都是错的，但这并不妨碍他们老调重弹，说最高法院一贯正确。由于最高法院的判决一旦做出，就变成为法律，在一定意义上，这种说法是正确的。尽管如此，如果从界定上说，最高法院做出的任何法律判决都是正确的，不管其他任何考虑，那我们只要抛硬币猜结果就行了，这可以节省下大量的金钱。

顺便说一下，许多法律制度曾做过一些事情，非常相似于靠随机的自然现象来判决。几乎是撞大运，罗马皇帝常常是军事家，他几乎是殚精竭虑于作战，而没受过法律训练；然而，他却是终审的上诉法院，而他的决定与我们最高法院的决定具有同等效力。没有人会说，这些皇帝总是对的。

某个案件的审理必须在某一点停止，也必须得出一个最终判决。无论是由美国的最高法院来终结，还是由一位临时当上皇帝的罗马士兵在边界战斗的间歇中审理案件来终结，或是像在西欧大多数国家长期实行的那样，用折磨来终结，都必须如此。

我们必须以某种方式结束案件。这个事实并没有指出，结束案件的方式于那个案件是否正确，也没有说明，它对于今后的立法是否是个好办法。看来，我们的最高法院比起知之不多的外行人，更可能对某个案件或对今后的法律做出正确判决，但是这么说可不是溢美之词。

在这里谈法律，我想要指出，我们的许多案件由陪审团来决定。在理论上，陪审团只决定事实，而把法律判定留给法官。在确实与陪审团打过交道的人中，没有人认为，这种理论准确描述了事实。事实是，陪审团不了解大多数的法，而且无论如何，他们可以不赞成法，并决定不理睬法。

黑斯蒂、彭罗德和彭宁顿给了他们所有的陪审员一份调查问卷，让他们从容计议。在问卷中，他们向陪审员问到法官在法律方面的指导。

结果令人倍感压抑,他们只好放弃了。显然,陪审员在回忆起法官的指导时,只是略好于信口胡说。而且,这个案件还是陪审员不会有太多个人感情与法律相冲突的案件。

任何留意过美国法院审判活动的人,都会对律师辩论法律问题的激烈程度印象深刻。如果是陪审团审理,陪审团通常会免去这种辩论,而把更多时间用在呈堂证据以及发表陪审团意见上。如果法律广为人知,而且毫无歧义,这种辩论会是我们的审判中不大重要的一个部分,但现在可不是。

法律含糊其辞的另一个证据是,法院常常有意见分歧。例如,最高法院不时推翻以前的判决,常常还要加上先前的判决如何不好的评论。上诉的存在允许上级法院推翻下级法院的判决,尽管上级法院也只是在少数案件中这么做。只要读读上诉案件,就很清楚,有许多法官在造成法律方面的错误。如果法官不出错,就不会有这两类法院之间的这些区别了。考虑到盎格鲁-撒克逊法律异乎寻常的复杂和含糊,这没什么可奇怪的。

我以为,此时在听我讲演的许多优秀的法与经济学学生开始感到不明白了:这和法与经济学有什么关系吗?严格地说,关系不大,因为法与经济学的教授和研究人员常常含蓄地假定,不是明确地,是含蓄地,法院将就事实和适用法律做出正确判决。

法与经济学的专家主要致力于法律的改进。法与经济学文章的特点,要么是一种验证,说明我们普通法中的某个法律规则,就其目的而言,是最有效的法律规则;要么,在少数案件中,是改变法律规则的一种建议。你们看到的所有这些都假定,法院是对的。

如果法院有一种随机的出错率,我们就会对法院执行的法律完全不感兴趣,这并非事实。如果法院审三次有两次对,而我猜测它们做得还要好一些,那么,即便适用法律只是三对二,它也是最有效的法律,而这种情况也会是可取的。然而,如果适用法律只是审三次对两次,那么,值得付出的确保法律完善的努力显然是太低了。

当我还是个高中生的时候,计算机甚至连做梦都还想不到。我们使用的是计算尺。在使用标准的计算尺时,你被教给的是,对于任何问题,不要写下多于三位数的解。理由是,超过三位数,计算尺就不准了,而更多的位数只会让人误入歧途。

在我看来,我们在法的经济学方面有着有点类似的问题。要让现行法律完善的愿望隐含着这样的假定:计算尺可以像大型计算机一样,要算多少位就算多少位。在我看来,法与经济学的学者们不应该将他们主要的注意力放在细枝末节的改变上,而要放在我们所说的法律的主要问题上。防止谋杀、抢劫等的规定基本上是正确的。因此,我们应该感兴趣的是改进法院的效能。

我曾参加过一个由总检察长召集的委员会,研究法律改革。坐在我旁边的是位耶鲁大学的法学教授。开会之前,我向他谈起盎格鲁-撒克逊的法律方法非常反常,而且与世界上大多数国家使用的法律方法的类型不一样。他不赞成地看着我,说:"你错了,到处都在使用我们的方法。"停了一会儿,他又说:"除了在欧洲,他们那里没有公民自由。"

他的意思是,俄国,那时候还是共产党国家,还有共产党中国,更不用说还有各种非洲的部落政府,全都在使用我们的制度,而只有如瑞士和瑞典那样的荒蛮之地才不用。

我心里隐约可见他在苏黎世的班霍夫大街上遇到瑞士警察时战栗的样子。我第一次访问瑞士时,警察还佩剑呢,这肯定会使他感到他的生命有危险。我只是说了,世界上大多数其他地方使用的方法与我们的非常不同,但是我自己的猜测是,如果你是无辜的,你在瑞士或瑞典法院前会安全得多;而如果你有罪,在那些法院前要比在美国法院前危险得多。

遗憾的是,无法获得测验欧洲大陆法院准确度的经验数据,因此,我只能提出一种意见。这种意见就建立在他们调查犯罪的方法比我们的方法更合理的看法之上。那种方法的成本肯定也低得多。

显然,降低我们法院的成本和减少我们法院造成的错误,这两者都是可取的。当然,在成本与错误之间应该有某种折中。用抛硬币决定结果的办法可以降低成本,但那肯定不会使出错率降到最小。

有多种办法可以削减成本和降低出错率,但我必须停一下,来谈一个肯定使在座听众都感兴趣的问题,一个一般命题:在刑事案件中,我们想要审理偏向被告。在民事案件中,我们似乎并不认为审理应该偏向被告。

如果我们使审理偏向于被告,无辜和有罪的判定都会不大常见。[10]这意味着,为了从惩罚获得具有同样威慑力的效果,必须增大惩罚,因为有罪者得到这种判决的概率较低。这样,无辜者得到比较严厉惩罚的概率就更低。

改变《证据规则》以使审判偏向于支持被告,是否能降低判定有罪或无辜的可能性,我没有经验数据。我的文章《法院的错误》对此做了两种非常任意的计算。我问过一些同事,他们是否会宁愿选择这些计算表示出的低惩罚和高定罪的机会,而不要高惩罚和低定罪的机会。

一般来说,购买火险表明的是风险厌恶。我的同事们在我的小测验中表明了类似的风险厌恶,大多数人都选择了高定罪与低惩罚的机会。我认为,不能过分依赖这种任意性质计算产生的观点。尽管如此,使审判偏向有利于被告是否就是个好主意,还不清楚。可能是,也可能不是。我们需要进一步的研究。

我现在想要来谈谈使用陪审团的某些方面。我断定,这里没有哪

---

[10] 列宁特别认为,他们应该偏向于反对被告。

个人在面对一个自认为是困难而且重要的问题时,会建议走出去,到街上找来 12 个人,让他们去听两位训练有素的律师的辩论。

我们的法院也不信任陪审团。《证据简说》(*Evidence in a Nutshell*)一书的作者保罗·F.罗思坦(Paul F. Rothstein)说,在开始讨论证据的时候,"许多(如果不是大多数的话)排除证据的规则拒绝接纳证据,因为法官已经感到,陪审团会倾向于给证据更多作用,而他们不该这么做。也就是说,在给证据合乎逻辑的、理性的考虑,或察觉证据证明了什么时,陪审团是不可信任的。但是相反,大概是由于证据的情感影响,他们会让证据更有说服力或影响力,而他们不该这么做。这种情况可以出现在证据已经有了一些正当理由(warranted weight)的考虑时,也可以出现在证据不能说明问题时。只要存在陪审团不能合理评价证据,却会过度夸大证据作用的风险,那么没有证据进行审理反而更好。"[11]

可以看到,这种不信任的怪事就是大多数证据法的基础,尽管并非全部。这里一个有点滑稽的副作用是,法官本身实际上主持了许多审判。在这些案件中,法官受到同样的证据法的约束,而且还必须废除有可能使陪审团产生偏见的有关物证。要是你去法院旁听,你有时候会听到,法官在听证时质疑某部分证据,以便找出它是否违反了证据法。如果法官确信证据违法,他就会宣布,在以后的审理中他将不再注意这个证据。没有多少法官真正受过执行这一承诺所必需的智力训练。

人们宁愿怀疑,作为依据多个证据法(并非所有的)得出的结果,只因法院轻易忽略了某些有效证据,它就自动出错了。

让我们来谈谈某个这样的事例吧,传闻证据规则。我们非常愿意在做出判决时考虑到 A 对 B 所说的话的证词。对这种证词的考虑,不

---

[11] St. Paul, Minn. : West Publishing Co., 1970, 4 - 5.

会超过对 B 本人直接所说证词的考虑,但是通常还是会考虑它。世界上的大多数法院都遵守这一规则。我们不遵守,我们禁用传闻证据。

这不一定是对被告的保护。再引用罗思坦的话说:"假定 D 是唯一目击证人,可他现在死了;对争议问题双方都没有其他证据。如果证据(假定 D 在初审时提供的)被取信而不是被废除,陪审团很可能会得出一个正确的结论。如果我们进一步假定,D 的证词是唯一能洗清对 Q 先生的谋杀指控的证据,这个问题就变得突出了。记住,宣告无罪所必需的一切,只是合理的怀疑。但是,像这样的考虑在官方学说中似乎无处可寻,除了在形式主义的程度上,意识到在下述例外情况中传闻证据规则的必要和可靠。如果是传闻证据,而且它没有进入意识到的例外之一(这种情况大概不会发生),那它就不能被接受。然而,老百姓在做出日常生活中的重要决定时,常常会依赖他们正确评价传闻的能力。"[12]

我认为,我们可以改善的程序规则中的最后一项,就是第五修正案。这是盎格鲁-撒克逊法的独到特点,而且直到相当近的时期,它在加拿大甚至还不是事实。一个人被指控犯了某种罪,却拒绝回答与罪行有关的问题,在大多数人看来,这就是他有罪的最好证据。人们不会得出这样的结论:在有些特殊情况下,即便他没有犯罪,他也会拒绝回答问题;而是通常把这看作是他有罪的证据。

显然,陪审团就是以这种方式行事的。如果被告没有出庭作证,为自己辩护,他们大概,不确定但有可能,会把这看作是被告有罪的证据,即使法官告诉他们不该如此认为。这里有个挺有意思的问题。一些学者认为,法官告诉陪审员说,他们应该忽略被告没有出庭作证的事实,大概是要引起他们注意这个事实,并让他们有更多可能去考虑这个事

---

[12] Paul F. Rothstein, *Evidence in a Nutshell*, 119–120.

实。这样，法官是应该还是不应该指导他们忽略那个事实，就变成了一个有些争议的问题。

如果在"野蛮的"瑞典或瑞士有了犯罪嫌疑，首先会发生的事情就是，检察官向你询问事实。在法国，几乎有个仪式，带你到犯罪现场，在那里询问你。不必说，要是你不讲话不会受到折磨，而且拒绝回答这类问题也不是犯罪；而在美国，如果你有罪而说自己无罪，那就是一个罪行。在美国，不把拒绝回答看作是证据的唯一已知理由是，它是一个长期传统。

那么，有许多相当明显的途径，不要多少成本，就可以改善我们法院的准确度。另一种方法就是仔细比较我们的审判活动与其他国家的审判活动。按照我先前那位来自耶鲁的邻座暗示的观点，我们应该研究伊朗和共产党中国，以及像瑞士和瑞典那样"没有公民自由"的地方，以便确认我们的方法是否可以得到改进。

设计正式的实验或许会更好一些。我们可以使用非常简单的实验：规定一个有正确答案的问题，看法院可能使用的不同方法能在多么好的程度上找出这个答案。初期的实验无疑非常原始，没有太大帮助，但花费不大。当我们有了经验之后，我们很可能就会设计复杂得多的实验，而这种实验无疑也会花费不菲。然而，考虑到我们的审判数字，以及出错造成的社会成本，花些钱来研究这个问题看来是有道理的。

事实上，已经存在着有点儿像这样的事情。它被称为仲裁，而且实际上是一种双方同意的私人审理。大概，在事件导致仲裁之前，双方关注的是低成本和高准确度；而在原告起诉的缘由出现之后，双方中有一方，如果他认为另一方是对的，他可能不再关注高准确度。在相关事件出现之前，仲裁协议是最易于协商达成的。

这种方法或许不像它本该的那样有帮助，因为这些仲裁法庭依赖于常规法院执行其最终裁决。常规法院坚持认为，在他们执行仲裁员的裁决之前，至少要假装走一下正规的法律程序。这样，仲裁员就不能完全无所顾忌地实验各种可能的方法。而且，据我所知他们的实际做法是，他们在很大程度上似乎是像欧洲大陆法院审理民事案件时那样行事。他们从不召集陪审团。有意思的是，一般来说，也没有上诉。

在这里，我们所需要的显然是仔细审视，不是审视法律的细枝末节，而是审视我们用以执行法律的方法。这将导致与一大堆神话的冲突，大多数人一向都是按这些神话培养训练出来的。我们目前的制度并非有意设计而成，而是过去的法官、国王、主教等人心血来潮决定的结果。大陆制度与我们的制度极为不同，但同样也是这样一长串心血来潮决定的产物。

在这两种情况下，在长期没有中央计划的决定之后，在欧洲大陆主要由拿破仑颁布了法典，而在美国，则由大量专门的立法活动颁布法典。这些法典遵循的方法，在其特定地区已经约定俗成。除了继承传统，这种方法不会提出什么改进建议。我们今后应该尽力做得好一些，为此，我们需要做大量研究。经济学家要比律师更适合于从事这些研究。

陪 审 团[*]

陪审团是一种非常陈旧的制度,但并不是人类通常用于处理犯罪或争议的方法。从世界总体来看,陪审团制度的使用并不普遍。更常用的方法是一位专职法官或多位法官,或者在许多情况下,只是一位执行官,把司法判决当作自己的职责。古老不列颠帝国的地区行政长官、古老中华帝国的县官,以及罗马皇帝都是例子。

作为对陪审团研究的一个介绍,我们一开始就要探究,为什么有人想要陪审团来做判决而不是用我刚刚提到的其他两种方法。我们就从相对而言属于纯理论角度做一点儿调查研究开始谈起吧。

雅典的陪审团

例如,来看一下雅典。我要在这里强调,美国或英国的陪审团并非起源于雅典的陪审团。其实,诺曼的陪审团完全不同,而我们的制度正由此产生。既然它事实上发生于古典文艺全面复兴之前,似乎不大可能的是,参与的人中有谁在那时就已经知道了雅典的陪审团。尽管如此,十分奇怪的是,我们目前的陪审团与雅典的陪审团更相似,而不像

---

[*] 经帕尔格雷夫-麦克米兰出版公司许可,重印自《新帕尔格雷夫经济学与法大辞典》(*The New Palgrave Dictionary of Economics and the Law*, vol.2, ed. Peter Newman, London: Macmillan, 1998, 395–400)。

其历史上真正的祖先。

雅典的陪审团不只在某种意义上与我们的相似,而且在理论的调查研究方面也比我们事实上的祖先做得更通情达理。投票人口在总人口中占了很大一部分,他们集中到剧院(Pynx)对政府的各种事务进行投票。我们可以根据争议问题的重要性把他们处理的事务大致分为两类。显然,决定个人的诉讼案件往往会不如"我们是否该开战?"这样的问题重要。到剧院去投票是个单调乏味的活儿,太乏味了,以致许多公民只是偶尔去投票。用一种办法区分出不大重要的事情看来合乎情理,因此,诉讼的事就由一小伙人代表了。

这么做的方法之一,是从可能投票的选民中随机抽取样本确定代表,让代表听取证据,然后对不大重要的事情做出决定。这就是雅典人选择的方法。这么做可能有两种合理的理由。最重要的一种理由是,由于某种随机变异,它会对同一案件产生出与剧院全体公民会议会得出的同样解答。

显然,用现代的统计方法可以很容易地计算出这种随机变异,而当时的雅典人并没有这些方法。尽管如此,他们大概意识到这样一个事实,如果陪审团过去一直向全体人民提交报告的话,它偶尔也会得出与全体人民不一样的结果。从某种意义上说,它是一种近似于全体政治实体会议的低成本的方法。

至此,陪审团由随机抽取产生仍然是事实,尽管我们现在的陪审团非常小,致使随机变异大概会非常高。注意,这里的随机变异会取决于人们所说的双方证据的坚实程度。在决定性的事件中,全体公民作为一个整体的投票,大概会接近于全体一致,因此,从全体公民中随机抽出的样本往往也会接近于全体一致。在更困难的事件中,全体公民或许会分裂,这样人们也会料到,陪审团的结果也会出现大量变异。用陪审团来决定如宣战这类事情总会失败,就是这个原因。

陪审团的基本原理（一）

对于想要得到一个与全体民众会得出的类似决定的愿望，可以有两种解释。其一是，民主的情绪，大家想要什么，就该做什么。换言之，大多数就是它自己的理由。

即便有人觉得，大多数不该控制如刑事案件这类事情，他也可能觉得，如果决定总是大多数人能够接受的，最好还是维持国内的社会稳定。这样，陪审团就会产生出一个不会引发暴乱或其他困难的结果。

这种论点不仅适用于民主国家，也适用于专制国家。拿破仑曾极力主张使用陪审团。他大概对约翰·史密斯是否确实谋杀了珍妮·史密斯没有多少兴趣，但重视的是防止对案件判决结果的普遍不满。如果该案件是由人口中随机抽样产生的代表判决的，一般不大可能发生动荡，因为这些人代表的人口大概会同意这个决定，而且无论如何，不会责备专制君主。这一点是否重要，我不知道。

陪审团的基本原理 （二）

我们以后还会回来讨论使陪审团的决定与民众整体可能形成的决定一致这个问题。现在，我们要来讨论认为陪审团可取的第二个可能的理由，即：它是了解真相的好方法。辛普森先生要么杀了他的妻子，要么没杀。一个陪审团，或是像在这个案件中那样，有两个陪审团，是做出这个决定的好方法吗？

我很难相信，有人会认为这是了解真相的好方法。据我所知，在我们整个政府的或私人的决策过程中,从来不会有什么地方要找来一组12个人,这些人对要办的事一点儿都不了解,对持不同意见的双方目前的论点各有支持,但却要求他们在大多数情况下形成一致决定,然后接受他们的决定。美国宪法第七条规定:"陪审团审结的事实,除根据普通法的规定外,不得由美国的任何法院重审。"

无论如何,这绝不是说陪审团里没有偏向。今天,在1997年,我们正处于从两个陪审团对辛普森弑妻案的审判中恢复的过程中。在初审中,由10位非裔美国人、1位墨西哥裔美国人和1位白人妇女组成的陪审团认为他无辜。

民事案件由一个没有非裔美国人组成的陪审团判决。这个陪审团认为他有罪。这样,正如人们看到的,这种判决完全是按种族划分的。然而,这些是例外案件。通常情况下,陪审团不具有这种程度的种族纯度。种族混合的陪审团也并没有表现出如此明显而极端的种族决定论。

实际上,上级法院有时候能找到避免陪审团决定的途径,但是,这伙公民——他们在来到法院时几乎不了解案情,而且直到审理结束往往也还是不知情(这件事我们将在下面讨论)——经常做出最终判决,这却肯定是事实。哪怕要决定的事件是一个人的刑期,或是涉及上亿美元的民事案件,这都是事实。著名的"德士古公司诉宾州石油公司案"①涉及的金额高达5亿多美元。

或许还应该提到的是,尽管陪审团大概是衡量普通百姓能做什么的一个不错尺度,但是,在美国,大多数非联邦法官都是通过这样或那样的选举过程选出的,因此,大概往往也能反映出普通人的偏好。司法遴选过程往往很复杂,而且大概有很强的偏见,但仍然在公众的掌控之中。

---

① *Texaco, Inc. v. Pennzoil*, 729 *SW2d* 768 (Tex. 1987).

大多数州法院的法官或许并不像一个随机选定的陪审团那么接近普通百姓，但他们并没有太大的区别。在20世纪80年代，一个信奉"摩西律"（也就是把圣经当成最高法典）的人，被选进了德克萨斯最高法院。这显然是因为他与不久前死亡的一位很受欢迎的参议员同名。

陪审团的准确度

现在来把陪审团看作是确认真相的一种方法。本文的作者已经出版了几本书，其中谈到对陪审团事例中可能出错的测定方法。我还用它作为我在1995年西部经济学会年会上会长致辞的主题。[②] 我还在许多未发表的演讲稿中谈到这个问题。所有这些计算都还没有引起评论。这是非常值得注意的，因为我用来计算这些出错指标的经验数据总是由他人收集的，而他们自己从来没有用这些数据来计算法院可能的准确度。

我非常怀疑，陪审团的准确度或错误率是一个忌讳的话题。毕竟，任何人都有可能被错误地指控为犯了罪，也有可能发现，他不得不使一个12人的团体相信他是无辜的。想到这12个人有出错的可能性会令人痛苦，而且显然，大多数学者都避免这么做。

腐败的可能性

另一种可能性是这样一种感觉，认为多数人做出的决定在事实上

---

② G. Tullock, "Legal Heresy," *Economic Inquiry* 34 (1) (1996):1-9.

可能要比专业人员或高级行政人员做出的决定更正确。当我同人们谈起此事时，他们常常提出偏见和贿赂，以此作为支持陪审团的论点。我看不出有什么理由可以相信，专业人员会比全体人民更有偏见。毕竟，亚里斯泰迪斯*被放逐，苏格拉底**被杀死，而亚里士多德觉得有必要逃离雅典。当然，陪审团的偏见会偏向当前公众舆论的方向。

　　贿赂的论点在一定程度上是真实的，因为直接向大量民众行贿是难以做到的。然而，历史上的公众集会一向受到对一个提案与另一个提案合并决策的强烈影响，而第二个提案会给每个人或某个强势集团一些好处。长期以来，美国的治安法官一直从他们没收的罚款中留一半补贴自己。由于此事常遭人诟病，他们也就特别难以否认。陪审团大概也会在很大程度上像治安法官一样对同样的收费制度做出反应。幸运的是，我们这里不是这么做的。应该指出的是，公众集会和当选集会确实是这样行事的。实际上，任何民主政府的农业计划都可以用来作为一个例子。雅典本身更是一个好例子。雅典政府培养了一种习惯，在公民表决时，向每位突然改变主意来投票的人付钱。这对雅典实力的衰败起了很大作用，因为它导致金融紧缩，以及对海军拨款的减少。

　　尽管如此，如果政府确实想做的话，防止贿赂法官应该是相当容易的事。法官为了要受贿，他必须让诉讼人了解，他处于市场中。换言之，他必须谨慎地示意此事。一位真正想防止法官（或陪审团）一方腐败的警察，大概可以留心这类示意并进行抓捕。

---

　* Aristides，公元前 530? ～ 468?，雅典政治家和将军，提洛同盟的创建人。——译者
　** Socrates，公元前 469 ～ 399，古希腊哲学家。——译者

盎格鲁-撒克逊的起源

对于陪审团的基本理论讨论就说这么多了。我们将很快转向通过事实来看他们是如何表现的,但是我们首先要考察一下陪审团在大征服年代(time of the Conquest)在英格兰和诺曼底的真实历史起源。我们将看到,早期的陪审团几乎与现在的陪审团完全不同。不是选出一伙不了解案情的人,向他们呈上证据,而是人们期望陪审团,在没有证据的情况下做出陪审团自己的决定,因为人们认为被选出的人都了解真相。

应该意识到,在一个与世隔绝的小村庄里,就像大多数英格兰人居住的大约1100个小村庄那样,它的领导人会知道近来谁犯了罪,这并非一个特别不可能的假设。无论如何,在一定程度上,在先前的盎格鲁-撒克逊政府中,以及在法国的诺曼底政府中,政府使用的获得信息的办法就是,召集一小批通常是值得信任的地方乡绅名流,让他们宣誓后做出决定。例如,《英格兰土地志》(Domesday Book)看来在很大程度上就是以这种方法编辑而成的。

这种方法也被用于刑事和民事诉讼,只要在那些日子中有民事诉讼。这种方法也用于收集税收等数据。一开始,一个人被他的比较知名的邻居认为犯了罪,但没有拿出证据,他可以要求用神判法或誓不回国判案。当然,如果他是个贵族,他可以选择决斗判案。

历史的发展

陪审团由一伙人们认为他们了解被告是有罪还是无辜的人,逐渐转变为人们期望他们根据证据做出判决的一种方法。这种转变并没有详细的记载。

1219年,拉特兰会议(Lateran Council)禁止神职人员参与神判法的审判,而由于神职人员的出席在这类审判中是必需的,英格兰突然发现自己根本没有任何真正的审判程序。尽管历史在这里相当含糊,英格兰法院看来此后还是退回到了陪审团的方法。

原来的陪审团显然被认为是了解事实真相的,因此也就不必再拿出证据。但是随着时间发展,开始提交证据了。即便法律禁止被告有律师,提出可能有帮助的证据也是被告尚可以做的事情,当然,国王也可以提出另一方的证据。

这里再次出现了某种困难,但是似乎随着时间推移,决定某人该被审判的陪审团与真正从事审理的陪审团(如果公众并不完全了解被告是有罪的)变得分开了。然而,陪审团仍然非常强烈地依赖于他们自己的当地信息。其实,晚至爱德华六世执政时仍然正式规定,证据不能重于陪审团先前了解的情况。

应该强调的是,即便是在陪审团开始主要由听取证据并据此做出决定的人组成时,其成员也不是由人口中随机选定的。他们往往主要由上层阶级的公民组成。

到了现在,贵族名册中的成员享有由上议院来审理的权利,尽管有相当长一段时间,他们中并没有人利用这种权利。看来好像是,如果有人利用了这种权利,这种权利就会迅速消失。

另一方面,在美国,从一开始,我们的人口中就有比英国宽得多的一部分人群有权进入陪审团。近年来,英国也已经跟着走上这同一路径。当然,在选定谁真正可以坐入陪审席的问题上,法官可以起相当大的作用,这种安排的采用还是比较近的一种创造。

大陆的方法

如果我们离开讲英语的国家，全欧洲的陪审团仍然带有各种各样拿破仑意愿的残迹。其实，这种残迹甚至还有所扩大：西班牙刚刚采用陪审团作为其基本审判方法，而且自改革以来，俄国的有些部分也已采用了陪审团。来看一下俄国司法的性质，那大概已有所改善。在大多数拿破仑式的陪审团只剩下一些残迹的地方，现在只有非常特殊的案件才由陪审团来审理。

陪审团的方法也有很大不同。在瑞士的有些州，直到不久前还使用 15 人的陪审团，用三分之二多数定罪，而宣告无罪只要简单多数。在美国和英国的陪审团，一般要求一致同意，因此，陪审团悬而未决是非常可能的事。近年来，美国的许多州至少在民事陪审团中已经采用了 12 人中 10 人一致同意的做法，而且在有些案件中，陪审团的人数可以不按神圣的 12 人确定。本文作者曾作为专家证人被召去为一桩案件作证，那里只有六位陪审员。

近来，在许多欧洲国家还有一种让外行人士进入法院审判的努力。法庭上的法官席由一位专职法官和两位外行人士组成。外行人士的选定方法各国有所不同，但通常担任这一职位的时间都非常短。实际审判大多由专职法官领导，当然，外行可以自由提问。然后，这三位人士退席，并做出他们的决定。

支持这种做法的论点，有时候也被用来作为支持陪审团的论点，理由是，他们并不想要一种过于墨守成规的做法。坦率地说，我从来搞不懂这一点。如果你不喜欢那些法律，合情理的做法就是改变它们或是废除它们，而不是让它们留在法令全书里，可又故意不去执行。

经 验 研 究

但是回到对陪审团准确度和事实的争议上,我们发现,分散的司法意见和法律解释都说到陪审团的"大量实际经验",而几乎没有研究指出,这确实是"大量"的。然而,有些研究却使计算我们法院的准确度成为可能。

芝加哥大学的凯尔文和蔡塞尔就大约 3000 个案件向法官寄信,向他们询问有关个别案件的各种问题。这些全都是陪审团的案件,尽管大约有略多于一半的美国审判是由法官独自领导的。

问题之一是,他们是否同意陪审团的意见。有四分之一的案件,他们不同意。凯尔文和蔡塞尔[3]说,你无法说出陪审团有多准确,因为你不知道事实真相是什么,但是如果法官与陪审团的意见不一致,至少他们中有一方肯定是错的。就算他们意见一致,也有可能他们都错了。这是个高中代数里的基本问题。由凯尔文和蔡塞尔报告的数字产生的出错最小值是八个案件中有一个。

鲍德温和麦康维尔[4]在英国重复了多少有些相同的实验,但方法要复杂得多。他们的样本要小一些,但用来计算法院准确度的数字得出了与凯尔文和蔡塞尔同样的结果。注意,他们像凯尔文和蔡塞尔一样,也没有自己来计算这一准确度。

还有另一种明显的办法,可以测算陪审团的准确度,就是让许多陪审团同时参与同一个审判。只有一个案件是用这种方法实验的。那是

---

[3] H. Kalven and H. Zeisel, *The American Jury* (Boston:Little‑Brown,1966).

[4] J. Baldwin and M. McConville, *Jury Trials* (Oxford:Clarendon Press,1979).

在芝加哥,后来放弃了,也没有得出任何重要的结果。

实　　验

然而,把一个案件做成一部影片,然后放给陪审团观看,这还是可能的。大概陪审团在做决定时会不像把什么事真的托付给他们时那么尽责,但这仍然是个好的研究设计。黑斯蒂、彭罗德和彭宁顿[5]使用了这种方法。他们选了个完全真实的谋杀案,在一位庭审法官的帮助下,一个一个地选出了69位陪审员。

这些都是以正常方式召集来的普通陪审员,然后问他们是否愿意参加一个实验,如果不愿意,可以回到常规人员储备中。大约有75%的人选择了参加实验,这样,这些陪审员都是相对正常的,只是他们通过了一个非正常的简短的"一切照实陈述"的宣誓程序。那是正常审判中的一部分,允许律师为使陪审员更可能偏向于他们一边所做的事。

这个实验案件从头到尾由原案的主审法官主持,检察官和被告律师也是参加原案审理的那些人。一般来说,原案在尽可能接近的程度上得到了复制。

这里有四种可能的结果。被告做了非常无力的申诉,想说服人们相信,他的行为是自卫。这在很大程度上被忽略了。剩下的三个结果:一级谋杀、二级谋杀或一般谋杀,要由陪审团从中选定一个。陪审团的决定分化了:6人认定一级谋杀,39人认定二级谋杀,20人认定一般谋杀,还有4人无法认定。法官和两位律师认为,二级谋杀是正确的判

---

[5]　R. Hastie, S. Penrod, and N. Pennington, *Inside the Jury* (Cambridge, Mass.: Harvard University Press, 1983).

决，而且实际审判中的陪审团也得出了同样的结论。

这个实验比随机的要好，但远未出名。很可能，陪审员在基本法律问题上遇到的困难大于了解事实的困难。由于对不同类型非法谋杀的区分不是十分明确，这里的变异要比必须确定事实的那些案件大。然而，陪审团的拥护者从来都没有说，在他们必须既要判明法律问题也要判明事实时，他们不该决定案件。

黑斯蒂等人没有付出努力来计算陪审团的准确度。他们的实验是设计用来检测，在多个陪审团投票规则中哪个最好。结果对这个问题没有启发。然而，他们没能用他们的数据计算准确度，却着实说明，在这个问题上存在着某种禁忌。

在这次审理结束之后，陪审员都得到了一份测试卷，检测他们对事实和法官对法律指导的回想。陪审员回答的问题，关于事实部分的有 60% 正确，关于法律部分的有 30% 正确。

对陪审团的法律评论

至此，我一直在说，或多或少的科学研究表明了陪审团的不准确，其实不仅如此，法院本身似乎也不信任他们。有大量的规定要求把各种类型的证据排除在外。《坚果壳》丛书是为学法律的学生编的一套参考书。其中第六卷《证据简说》⑥的作者保罗·F.罗思坦总结了标准的看法：

> 许多（如果不是大多数）排除证据的规则拒绝接纳证据，因为

---

⑥ P. F. Rothstein, *Evidence in a Nutshell*, 5th ed. (St. Paul, Minn.: West Publishing Company, 1974).

法官已经感到，陪审团会倾向于给证据更多作用，而他们不该这样做。也就是说，在给证据以符合逻辑的、理性的考虑时，或是在觉察证据证明了什么时，陪审团是不可信任的。但是相反，大概是由于证据的情感影响，他们会让证据变得更有说服力和影响力，而他们不该这样。这种情况可以出现在证据已经有了一些正当理由的考虑时，也可以出现在证据不能说明问题时。只要存在陪审团不能合理评价证据却会过度夸大证据作用的风险，那么没有证据进行审理反而更好。但是显然，法院对陪审团没有太多信心。

对陪审团基本原理的进一步论述

至此，如果有人打算做的事是找出真相，我已经谈到了认为陪审团不是一种特别好的方法的理由。如果有人打算做的事是产生一种民主的结果，也就是说，要是人民作为一个整体有机会投票，他们就会投票支持陪审团的结论，陪审团就会是一个绝佳的办法。然而，如果那是我们的目的，我们可以扔掉大部分现有的法律书库，缩短法律的培训时间，由此建立大型经济体。

如果陪审团像我想的那么糟，为什么我们还要继续使用它呢？可能是我错了，但也可能有很好的理由能说明为什么一种不称职的安排还能持续。好几个世纪以来，不管人们得了什么病，医生们总要为他们放血，尽管（用肮脏的刀子）放血，几乎对什么病都没有好处。

最明显的解释就是惯性。那无疑是放血能在那么长时间内持续的各种原因之一，而且在政治事务上，惯性肯定是非常强的一个因素。

尽管惯性是一个显而易见的解释，但像我自己一样的公共选择学者，常常试图找出要么能创建某种制度，要么能保留某种制度的某个群体或某种势力。在这种情况下,明显的群体就是出庭律师。从历史上看,律师在陪审员面前辩解挣了大钱,而且,向陪审员说明一桩案件所需的时间长度和技巧,无疑要比在大陆方法中向三位法官说明时多三倍。

这似乎并不是对陪审团在历史上长期存在特别有力的解释,但是在我们历史的大部分时期里,律师已经在美国的立法机构中占据了优势。

在今日的美国,非常明显,有各种非常强大的利益集团想要保留陪审团。这些人是侵权法律师,这些人组织有序,非常富有,他们给各种政府机构的候选人大量政治献金;还有为在陪审团前作证收取高额费用的专家。他们重要的专家意见看起来很真诚,而那大概不会给法官留下印象。这股联合起来的势力可用逼迫道康宁公司(Dow-Corning)破产的一连串官司加以形象的说明,尽管证据薄弱,其实是几乎不存在科学的证据。

此外,侵权法律师都是说服普通老百姓的专家。他们已经多次击败了旨在削弱他们势力的全民公决,使用的策略基本就是像影响陪审团一样的劝诱。

再说一遍,有组织的律师能够施加的压力在过去似乎一直在减少。在英国,那里有资格出席高级法庭的律师和法律顾问看来权力不大,陪审团似乎也处在逐渐废止的过程中,在民事诉讼中已经不大用了,而且有迹象表明,在刑事案件中也将受到严格的限制。

现在对保留陪审团理由的讨论并非决定性的。其实,我的有些同事认为,惯性就是明显的和全部的解释,但我还远不能肯定他们是错的。或许,惯性只是增强了我上面谈到的那些压力集团的力量。

陪审团的选定

不同的地方有不同的规矩,但是在美国的大部分地方,特别是在州法院,允许代理律师询问有可能担任陪审员的人,并剔除一些人,要么是因为他们能使法官相信候选人会有偏见,要么是任意而为,因为他们经常可以有一定数量的任意质疑。近年来,美国最高法院已经表示出对这件事的兴趣,并判定,用任意质疑来淘汰黑人或妇女是不当行为。在辛普森案的初审中,辩方似乎利用最高法院的权力将尽可能多的白人淘汰出局,但法院并没有不当行使权力。

联邦法院在选定其陪审员时有很大自由。我自己近来的经历是在一桩相当重要的案件中,他们召集了114位陪审员,为了保证在代理律师拒绝了一些人之后,他们还能有足够的陪审员。

图森的联邦法院大法官在114位候选人之间走来走去,向他们每人问三四个问题。然后,我们换了个地方;在进行此事时,一直安静地坐在一旁的律师们成群结队地出场。而后,我们被叫回来,由那位法官宣布有14个人组成陪审团(12名正式成员,两名替补),而我们其他人就被解散了。

这是一个联邦法院,法官在这里有很大的自由裁量权,而且显然,那位大法官认为这是个适当的做法。在州法院,一般来说,这样的事会花更多的时间,而且代理律师会询问候选人,期望选定的陪审员即使不是偏向于支持他们这边,至少不会偏向于反对他们这边。

我或许应该说,如果你被召去参加陪审团,而你不想去,只要在这个询问阶段显示出偏见或语无伦次,你就会被淘汰了;说:"我完全公正,不偏不向,我只是想知道,他在那时候是不是喝醉了。"就行了。

进一步的研究

在过去,陪审员在事情结束后都要被告知,不要对人说起审议之事,而且询问审议情况被视为蔑视法庭。现在已不是这种情况,而且在庭审后,陪审员经常受到代理律师的询问,他们想知道自己哪些事做对了,哪些事做错了;还有记者的询问,他们希望能淘到消息。据我所知,学术界还没有认真拿出时间来研究这类对陪审员的询问。

在图森这里,我们将要有一项新的实验。有几次审判打算在电视摄像下进行,不只是在法庭上,而且实际上在陪审团的评议室中也如是。结果将通过有线电视播出。案件的数量不多,而我怀疑,在这样的情况下,陪审员是否还会像他们在封闭的评议室中一样行事。我不能肯定这样的信息是有价值的,但是学生们或许应该看一看。

总　　结

陪审团不是个好方法,而从个人角度来说,如果我受到错误指控,我宁愿得到一位职业法官的审理。尽管如此,说陪审员不认真对待这件事,可不是事实。我们拥有的证据表明,他们会仔细地想案情,并讨论案情。问题在于,他们可能不能全面理解案情,或者他们有严重的偏见。此外,作为一般规则,他们并不懂法,而法官的指导通常是越搞越乱。即便他们确实懂法,他们也会愿意遵循自己的道德原则,哪怕这些原则与法律相抵触。

当陪审团做出最终决定时,"美国是个法治而不是人治的国家"这种说法就是假话。

第十部分

生物经济学

作为细心购物者的煤山雀[*]

近年来,经济学与生物科学之间的相互关联,比起马尔萨斯、达尔文和华莱士那个时代来,已经不那么明显了。然而,这两个领域之间确实存在结构上的相似性,而且近来人们对生态学的兴趣已经导致许多经济学家变得关心生物学问题,而生物学家变得关心经济问题了。[①]本文之所以讨论经济学与生物学的这种相互关联,并非直接源于对污染的担心;对污染和人口问题的担心倒可能是我——一位经济学家——在读了拉克的著作[②]后产生的一个间接结果。

不管原因如何,我读了拉克的书是真的,而且我从中发现了 J. 吉布的一篇摘要,讲的是煤山雀捕食小卷叶蛾幼虫(*Ernarmonia conicolana*)的事,其中还包含一张图(复制在这里),而这张图看起来令人惊讶地像是一张标准的经济学供给与需求图表。[③] 稍做考察便发现,那并非真实的供需曲线,但尽管如此,经济学原理却确实非常易于说明煤山雀的行为。其实,可以说,煤山雀是在使它们搜寻食物供给的劳动

---

[*] 经芝加哥大学出版社许可,重印自《美国博物学家》(*American Naturalist*, 105, January-February 1971: 77 – 80. Copyright 1971 by The University of Chicago. All rights reserved.)

[①] Garrett Hardin, "The Tragedy of the Commons," *Science* 162 (1968): 1243 – 1248; Gordon Tullock, "Switching in General Predators: Comment," *Bulletin of the Ecological Society of America* 51 (1970): 21 – 23.

[②] David Lack, *Population Studies of Birds* (London: Clarendon Press, 1966), p.94.

[③] 前引书,第 396 页。

得到最大回报。当然,我们不必说,煤山雀像人类那样,以同样的方式来思考这件事。大概它们因自然选择的结果而继承了一种高效的行为模式,而自然选择会淘汰无效的可继承行为模式。

然而,在开始讨论这件事情之前,最好要非常简短地说明一下吉布搜集的数据。④ 冬天的时候,煤山雀吃在松果表层下休眠的小卷叶蛾的幼虫,它们靠敲击松果的外壳找到这些幼虫。幸运的是,从生态学家的角度看,到了春天,看一看松果就有可能发现,休眠的幼虫是被煤山雀吃掉了,还是被其他原因消灭了;或是还活着,变成了蛾子。通过考察森林中各个部分的松果,吉布首先确定了前一年秋天松果中有多少幼虫。这个结果,按照从左到右的密度顺序,由图 1 中的上线表示。轻轻画出的曲线——A、B 和 C——是我的贡献,在吉布的原图中是没有的。

阴影的部分是在每个区域中没被煤山雀捕获而存活下来的小卷叶蛾幼虫数量。阴影部分与上线之间的空间是被煤山雀吃掉的小卷叶蛾幼虫数量。据拉克说,捕食模式是"依赖于密度"(density dependent)的,而且吉布还提出了一种对"根据预期进行搜索"(hunting by expectation)概念的解释。然而,在我看来,还存在一种更简单的解释。煤山雀的行为非常像一位细心的家庭主妇,也就是说,她们在最便宜的超市购物。这种拟人的比喻看来有点奇怪,但我希望能证明,这不是误导。从某种意义上说,搜寻每条小卷叶蛾幼虫耗费精力的数量,就是煤山雀捕食幼虫必须支付的一个"价格"。显然,任何动物,为了活着,必须节约使用它为获取食物而耗费的精力。导致这种节约的继承来的行

---

④ J. Gibb, "Predation by Tits and Squirrels on the Eucosmid *Ernarmonia conicolana* (Heyl.)," *Journal of Animal Ecology* 27 (1958):375 – 396, and "Tits and Their Food Supply in English Pine Woods: A Problem in Applied Ornithology," in *Festschrift der Vogelschutzwarte f. Hessen, Rheinland – Pfalz und Saarland* (1962),58 – 66.

为模式会对于存活有价值，不仅在捕食小卷叶蛾幼虫时这样，在获取其他类型的食物时也是一样。

这向我们提出了一个非常简单的经济学问题。首先，要注意到，发现未被吃掉的幼虫必须敲打松果，敲打的数量会与任一区域内这些幼虫的密度成反比。换言之，煤山雀为它捕食的每条幼虫必须支付的"价格"，是任何既定时间内密度的倒数。就像一位细心的主妇在一家廉价店里买东西，人们会预料到，煤山雀也会在其他区域寻找它要吃的幼虫，在那些区域它消耗的精力最少。

然而，主妇与煤山雀之间有一个重要区别，那就是，主妇能够发现不同商店的价格而不影响各家商店拥有的库存；她注意到价格，但如果价格高，她就不买。而煤山雀会从一个地方飞到另一个地方，敲打许多松果来研究幼虫的密度。即使是在低密度区域（就像图中分布的右侧那样），也会消灭一定的幼虫。因此，人们会料到，煤山雀的捕食至少会在所有区域导致幼虫数量一定程度的减少。这是煤山雀与主妇购物相同的地方。然而，从根本上来说，大量的捕食行为会出现在幼虫最为普遍的那些区域。

当冬天还在继续的时候，幼虫最密的区域中的幼虫被吃得差不多了，密度就会下降，转移到别的区域就会是合理的。我们会料到，在冬天的任何时候，还活着的幼虫种群的一般结构会与图中的虚线大体一致。左侧有一个大致的平台，而右侧会多少沿着原来的密度走向发展，但略低一些。寻找过程大概会导致平台实际上有点向右倾斜，而到右边的变形点后的那部分线表示出密度逐渐接近于右侧原来的密度。到了春天，会出现与吉布的经验调查中看到的很相似的一条线。注意，这个假设是经验中可检测到的。它预计，松树林中还存活的小卷叶蛾幼虫的分布，应该在冬天里逐月沿着一组进行性下降的线发展，每条线都以左侧有个平台右侧有个弯曲形态为特征。如果经验中没有出现这种情况，这种理论就会被证伪。

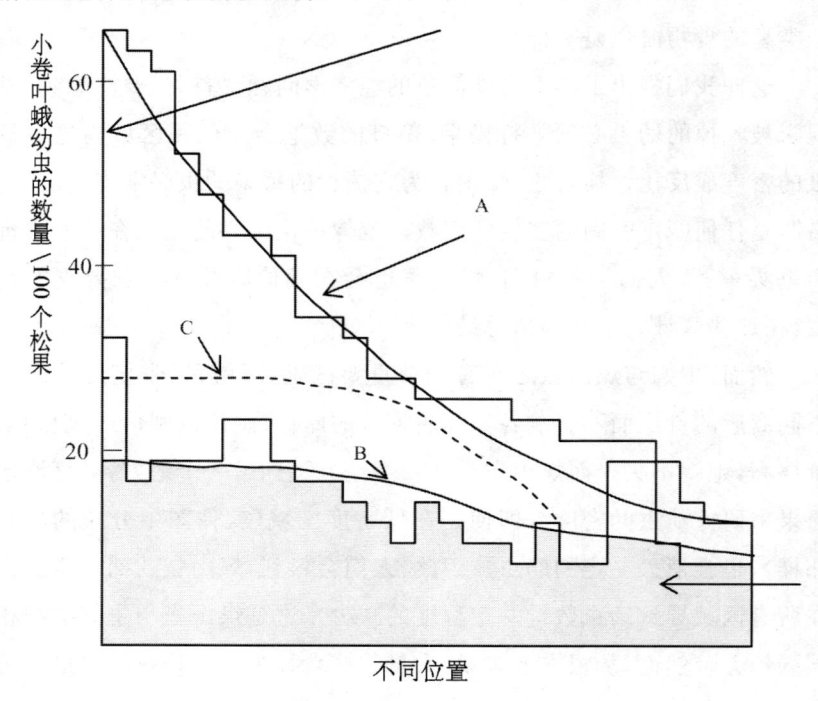

图 1

在 21 个位置中每 100 个松果内的小卷叶蛾幼虫的数量，按照幼虫初始密度的降序排列。上部（空心部分）"以天空为背景的线"表示的是幼虫的初始数量，下部（阴影部分）是 1955-1956 年冬天，山雀捕食后的数量。A 和 B 两条曲线是以天空为背景的两条线的大致目测曲线，C 曲线是在捕食季节假设的中位阶段。[5]

至此，我只是在用家庭主妇的行为做类推。然而，煤山雀的行为与人类行为的相仿并非一目了然。如果我们假定，煤山雀继承了一种高效的行为模式，那么我们也能获得同样的结果。假定煤山雀像任何其他消耗食物的动物一样，利用大量不同的食物来源，然后，固定食用一

---

[5] 从吉布的文章《山雀和松鼠的捕食》(Gibb, "Predation by Tits and Squirrels.") 中图 3 修改而来。

种供应最多而消耗精力最少的食物。由于它往往会耗尽那个区域中的食物供应,它就应该"被规划成"定期在不同的区域进行调查。如果我用天人合一论的术语(anthropomorphic term)来说,动物应该也会饿、会偷懒、有好奇心。我们不必假定,煤山雀具有近似于人类这些情感的感觉,但是,导致同样结果的一种行为模式会相当有说服力。我认为,它对于存活的价值是明显的。一种鸟类,若没有继承能使它在觅食时节省精力的行为模式,大概不会活得太长。

要知道有可能用部分经济理论来解释生物现象,生物学家可能会感到吃惊,经济学家也肯定会感到吃惊。尽管如此,在我看来,生物学家的问题十分困难,所以他们应该寻求帮助,无论是在什么地方,只要在他们看来对他们解决问题的那种能力可以有价值。那么,本文就是努力在两个领域之间建立起一个微弱的连接;尽管这两个领域一度关联密切,但现在已经渐行渐远了。这种连接还不具有太大的重要性,这个事实令人遗憾;但是,这种相互连接看来也还是值得的,尽管目前还很少。

生物外部性*

近来，人们对污染及类似问题的关注上升，这导致对生态学有兴趣的生物学家和对"外部性"①这个特殊经济领域有兴趣的经济学家之间有了相当多的接触。本文的关键是要指出，在外部性经济学与生态学问题之间有某种相互联系，这种联系不同于平常研究的那些联系。尤其是，我建议使用外部性经济学作为一种分析工具，来研究自然生态系统。植物和动物都对其他植物和动物有影响，而这些外部性的影响，在非常大的程度上，与人类相互施加的以及人类对自然界施加的外部性是一样的。

我认为，这个调查研究的结果会使生物学家有点目瞪口呆。我想我能证明，任何生态系统的顶级状态都是脆弱的。也就是说，大体上，无论人们认为这个生态系统中的个别物种有什么样的价值，和/或它们对人有哪些用处，改善这个由"自然"产生的生态系统就总是可能的。

---

* 经埃尔塞维叶出版社（Elsevier）许可，重印自《理论生物学刊》（*Journal of Theoretical Biology* 33, December 1971:565-576）。

① 否则也可以说成是邻近效应，或公共善和恶。在这个问题上，我不打算包括一个外部性的界定，因为这个词的意思将随着读者对它的适应而明确。我或许应该警告经济学家，这个词，尽管还是在正常的范围内，但将与他所熟悉的那个"外部性"有些不同的适用性。要了解近来有关生物学家与经济学家联系的一些文献，见哈丁的《公地的悲剧》（G. Hardin, "The Tragedy of the Commons," *Science* 162, 1968:1243-1248）；塔洛克的《在一般捕食者间转换》（G. Tullock, "Switching in General Predators: Comment," *Bulletin of the Ecological Society of America* 51, 1970:21-24）；和塔洛克的《作为细心购物者的煤山雀》（Tullock, "The Coal Tits as a Careful Shopper," *American Naturalist* 105, 1971:77-80）。

为了做出这样一种判断,它能适应大量不同种类价值观中的任一种,我将被迫使用一个人人皆知的经济学概念——帕累托最优(Pareto optimality),尽管是以一种激烈改革的方式来使用。帕累托最优最初是作为避免某些价值判断的方法提出的,而它也可以以类似的方式被用来对生物学系统进行评估。②

就本文而言,我打算使用一种非常简单的系统。这种简单的系统在现实世界中的任何地方都不存在——它太简单了——但它却大致接近于人们在现实世界中见到的非常普遍的情况。③ 这个系统由两个物种构成:草和某种食草动物。人们可以把旧时在美国西部的草场放牛看作是这个系统的一种近似情况。④ 我将暂且假定,只有这两个物种。使用这种简化是为了使考虑问题更容易一些,它可以证明,同样的原理适用于哪怕有许多物种的情形,以及生态非常复杂的情形。然而,这种证明将不包括在本文中,因为证明非常复杂,而结果从直觉上说是显而易见的。

在这种情况下,人们可以有把握地认为,会出现大家都知道的"过度放牧"现象。起初,牛的数量会增加,直到牛的数量正好能在最大程度上消耗掉这块土地上产出的牧草。然而,牧草在一定程度上由成熟植株产生,换句话说,牛的数量可能还会暂时增多。当它们吃掉的牧草

---

② V. Pareto, *Cours d' Economie Politique*, Rougé, *Lausanne*, 2 vols. (Geneva: Droz, 1964). 要了解这个领域的近代发展,见布坎南在《冲突解决方案学刊》上的文章(J. Buchanan, *Journal of Conflict Resolution* 6, 1962: 341, 354)。

③ 经济学家对这种情形已经有大量考察,尤其是那些关心不发达地区的经济学家,因为要研究畜牧业活动与肉类生产的关系。当然,经济学家只是从这种情形对在有关地区从事畜牧业的人类的长期影响这一个方面来考察的。我的考察将没有这种种族优越感的偏见。

④ 尽管我选择了用牛与草来形象地说明这种情形,同样的系统在许多自然情况下都存在。登普斯特(J. P. Dempster)在索思伍德编辑的《昆虫丰富》(T. R. E. Southwood, ed., *Insect Abundance*, Oxford: Blackwell Scientific Publications for the Royal Entomological Society, 1968: 8 – 17)中就提出了一个例子。

超过现有牧草所能永久维持的数量时,现有的牧草就会退回到不再完全高效的那一点。从某种意义上说,这是以草的形式为饲养更多的牛而产生的资本消耗。

为了更清楚地说明这种情形,来看图 1。在横轴上,我已经标出了这块地能产出的不同草量。那么,纵轴表示的是某人可以在短期,比如说 1 天,期待得到的增量,假定在开始时他已经获得了横轴上表示的草量。如果他现有的存量草非常少,那么在横轴的左端,在任何特定短期内的增长就会相对少。同样,如果草量已经达到了那块地能承受的最大数量,也将没有增量;因此,图中的线再次落到横轴上。

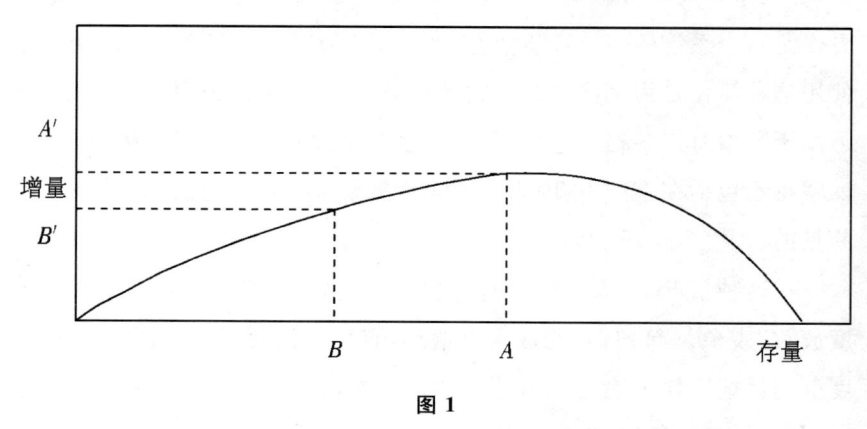

图 1

在这两点之间,当草量增加时,增量上升,并最终落下。如果有人想从这块地上收获能够产出的最大数量的草,那么他就应该选择保有 A 量的存量草,并在该期间内收获 A' 的增量。假定草的收获方式是在草场上放牧牛。此人还应该假定,图 1 中画出的线代表的是牛每天能够吃掉的草量,尽管实际上,这条线大概会比图中的实际增量低一点,因为牛在吃草时不是非常高效的,至少会糟蹋一些剩下的草。

那么,假定有人想在这块地上放牧更多的牛,超过吃 A 量草所能供养的牛的数量。那么,牛将不仅吃掉在任何特定时期内增加的草,还要吃更多的草,比如说,在横轴上 $A-B$ 量的草。必然的结果是,在下一期内能够产生的草的总量会减少,因此只能产出 B' 量的草了。在这样的情况下,牛的数量会再次下降到现有的存量草能够供养的水平,而草的存量会向左移得更远。最后,此人得到的结果是,草量稀少,放牧在草场上的几头牛,骨瘦如柴,仅剩的精力刚够它们找草吃,因此,它们的种群数量不会增加。在这样的情况下,一个新的均衡将会在 A 左边的某个地方实现。

"适应"这种遗传选择不可避免会出现这样的结果。如果有些牛的繁殖率比较低,而其他牛的繁殖率非常高,那么繁殖率低的牛就会把繁殖率保持在正好与草的供应相平衡的状态。这种状态的唯一影响会是,在每一代中,会有更多高繁殖性状的牛,而低繁殖类型的牛所占百分比更低。由过度放牧导致的死亡率会分布在这两种类型的牛中,与繁殖能力无关;因此,最终结果会是,低繁殖性状的牛逐渐消失。

然而,注意接下来的情形。通过人工限制牛的数量,人们可以增加每年产出的草的数量,从而,可以持续地生产更多的牛。通过智能管理,可能产生一种情况,其中有比自然的顶级状态下更多的草,也有更多的牛(或者说,是我们这个简单生态中的两个因素都增加)。假定图1中的 B 点就是自然顶极状态下牛的数量,它们正好消耗掉 B' 量的草。在这种情况下,暂时减少牛的数量,人们可以增加草的数量,并有可能今后在同一块土地上保持更多数量的牛。

聪明的牧场经营者就是这么做的。一个运作良好的大养牛场,可以比没有人工平衡草与牛的关系时畜养更多的肉牛。这种平衡基本上是一种人工结构,不可能出现在自然状态,而自然状态中的草和牛都会比较少。从牧场主有意识地保持良好的生态到自然的平衡生态,这种发展会包含牛的数量的自然(且暂时的)增长,然后,就会使草的供应下降。同理,从自然生态平衡向牧场主式优越生态的发展,会暂时限制牛的数量,以使草长到更高的生产效益水平。

大牧场经营者在处理这类问题时,都有一个明确的目标:他们想要牛肉生产(或不论他们养的是什么)最大化。然而,现在的系统并没有如此明显的最大化。来看图 2。在纵轴上,我规定为某个地块的产草总量;横轴表示的是牛的全部数量。由于使每头牛存活必须有最少的一定数量的草,我画了一条从原点出发的线,代表这个最少数量。在现实中,这条线大概会稍稍向下凹一点,而且不会正好遇到原点,因为事实上,当草稀少时,牛必须付出更多精力去找草。但人们可以忽略这个小小的修正。在最少量线之上和曲线下的范围 $GABC$ 中的所有点都是可行的,也就是说,在这个范围内表示的草与牛的任何组合都是可能达到的。

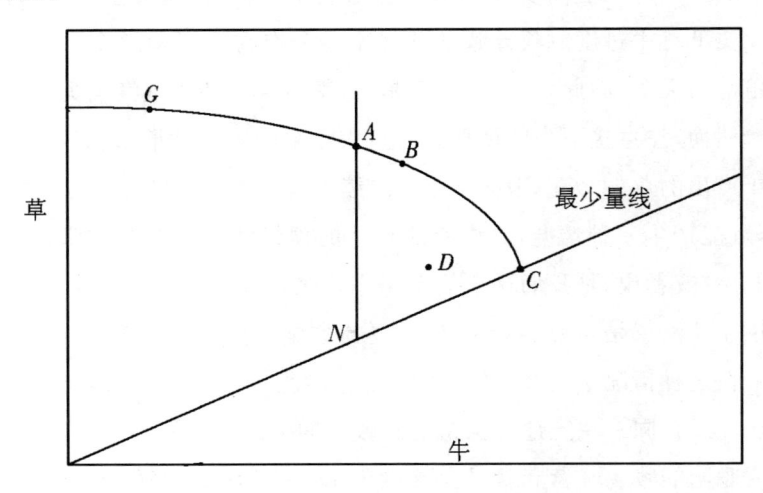

图 2

$GABC$ 线是这块土地上以各种组合养殖这两个物种的最大数量。它对应的是标准经济理论中的生产边界。可养育牛的最大数量或牛的最大数量表示为 C。同理,草的最大数量表示为 G。注意,G 并未画在纵轴上,因为我认为,牛产生的肥料至少会对草的生产有一定刺激作用。在有些情况下或许不是这样,那里草的最大化生产与牛毫无关系。在 GABC 线上的其他点代表着生产牛和草的其他组合,在每一点上,它们都达到了最大化,也就是说,不可能以同样的比率生产更多的牛或草。生产边界内和最少量线上的区域代表可以实现的牛草生产组合,但不如边界上的区域生产得多。

假定 N 是这个系统的自然均衡点。如果对牛的数量没有规定,它们就会达到这一点。三角形——以最少量线为底边,以通过 N 的纵线为左边,以右上方的 ABC 曲线为右边——内的任一点,在草和牛的生产上都优于 N。这个范围内的任一点,从增加草和牛的生产的角度讲,都要好于 N。⑤

然而,要注意,生产边界上有个好部分——从纵轴到通过 A 的纵线之间的部分。谁也不能说这个部分明显优于自然顶极状态。为了在这里做一点判断,人们必须有某种方法以牛为根据去评估草。如果有人确实觉得草比牛重要得多,他大概会以 G 为目标,尽管这会减少牛的数量。但这要求一个价值判断;从 N 向右上方移动并不要求对牛或草的相对优越性做判断,它只要求一种多了就好的感觉。因此,如果在这个三角形中的移动是向一个永久适合的系统的移动,似乎很难反驳那种认为"人们会有尽可能多的自然产品"的说法。生态学爱好者肯定不能对此有所抱怨。

然而,如果没有某种以草为根据去评估牛的方法,要确定从 N 点出发的哪种具体运动会最佳是非常难的。移出到 D 点,然后比如说,再到 B 点,明显地包括从牛和草两个角度的改善。然而,从草的角度

---

⑤ 当然,这是标准的帕累托准则,而且应该注意到,沿着通过 N 的纵线的运动会增加草的生产,但不会增加牛的生产。这样,我们就能让一个物种增加而让另一物种保持不变。这导致了那个帕累托口号:获得一个单位的福利改进而不伤害任何人。当然,在实践中,我们很少能沿着那些边界移动,并因此使两方或所有因素都受益。

看，A点会更好一些；而从牛的角度看，C点更佳。在这里，人们遇到了经济学家经常遇到的一种情况，而我将追随经济学家拒绝解决这个问题。人们会按照一种外部价值体系确定哪一个是最好的。然而，没有这样一个外部体系，所有的人都能说，那图上表示了许多优于自然均衡的点，但是没有办法在这些点中做出选择。由于任何一点都优于自然均衡，在总体上，运动到其中的任何一点都是可取的。要确定边界上的哪一点是最优的，就相当于经济学中的分配问题，而且也正像在经济学中一样，这个问题只能通过引进外部价值判断来解决。我并不反对读者引进这样一种价值判断，但是我怀疑读者们能有不同的判断。然而，可以取得一致意见的是，向右上方移动会是可取的，尽管对在这个饼形空间中的各个方向中究竟向哪个方向移动会是最好的，会有分歧。

关于这个简单的两个物种的生态系统就说这么多了。现在我要对在这个例子中使用的工具做一些比较严格的调查研究，然后指出，这些工具提供的比较一般的方法如何能被应用于一个更加现实的生态系统。首先，要注意，在图1中只有两个物种。经济学家已经发现，像这样一个只有两个变量的图形在分析多维情况时可以有很大的帮助。真正的生态系统可以被放置在一个多维空间中，让每个物种，其实是每个亚种，都处于一个独立的维度。那么，这种多维图形会有一个多维曲面，其等价物是曲线，其中会再次有一个可以达到但不是完全高效的区域。

一个简单的可以画在一张纸上的二维图形，毕竟可以被看作是那种复杂得多的图形的一个代表。作为替代，它可以被看作是一个特殊的二维空间，其中的一轴代表某个物种，另一轴代表所有其他物种的一个集合。用这种方法，每一个物种都可以被单独提出来，而它与整个生态系统（减去它自己）的相互关系就可以得到分析。这后一种方法在用于生态学问题的分析时或许不如它在经济学中那样方便，因为在经济学中，人们对购买力有着非常简单的衡量标准。可以把与单个物品作对照的形形色色物品看作是具有货币价值的，无论是什么货币。分析有着多个物种的多维空间问题，一个维度代表一个物种，最棒的办法当然会是使用笛卡尔代数的多维版本。然而，尽管这是最棒的办法，一般来说，它却也是过于单调乏味的，而且无论如何，我们极少能有足够的经验知识，使转而利用这样一种复杂的表示方法看起来合乎情理。

第二个特殊问题与价值观有关。天主教的教义认为，独自存在的自然界是为了人的利益而存在的，因此人就是生态系统的衡量标准。这很好。不必说，这会引出一个问题，就是利益究竟是什么人的利益？因此，人们会回到经济学中的分配问题。然而，这里还有个更基本的难题。现在有好多人都在说，人并不应该成为所有生态问题的衡量标准，而且人也应该考虑到其他物种的良好生存状态。在一定程度上，这些人只是没能很好地表达自己的意见。他们中的许多人实际上确实把人类的福祉当作他们的主要目标，但是觉得为人类的长远福祉计，必须对人类的现时福祉做出一些暂时的牺牲，以帮助某些其他物种活得好一些。

在这层意义上，我们的图形没有问题。效益边界上的点会是长期可持续的产出，因此人们仍然可以保留这样的愿望，使人类得到的收益最大化。在图 2 中，由于人不吃草而吃牛，人们会选择 C。然而，塞拉俱乐部（Sierra Club）*的一些成员实际上确实明显地认为，为了其他物种的长期生长，牺牲人类的某些长期目标是值得的。对他们而言，价值体系并不是那么明确无误的。

幸运的是，帕累托的工具使我们有可能在研究这个事情时没有太

---

* 美国成立最早、规模最大的基层环保组织，1892 年成立于旧金山。目前其成员已遍布北美。——译者

大的困难。⑥ 帕累托工具首先是为研究某些变化的特定目的而想出来的,这些变化可能伤害一些人而使另外一些人受益。帕累托指出,没有确实的理由可以认为,受害者和受益者是成比例的。很有可能的是,一个人认为对 A 先生是个小损害的事,对他的实际损害大于在我们看来是对 B 先生的一个重大改善的受益。因此,帕累托建议接受一个非常温和的原则:任何至少可使一人受益而不伤害任何人的变化,必定是一种改善。显然,这个规则只在一种普遍的意义上具有指导性。再来看图 2。图 2 指出,人们应该由 N 点向右上方移动,但并没有告诉我们准确的位置。这是个令人惊异的事实:这个非常简单的规则在经济学的体系中却能导致大量的计算改进。我希望能证明,它在生态学的体系中也将得到几乎是同等程度的利用。

对于那些因对不同物种的价值判断有着强烈个人情感的人们而言,这个规则不理想。他们或许非常强烈地断定,图 2 中边界上的某个点优于其他点。没有理由认为,为什么他们就不该这么断定,而且,他们当然也可以做像我所做的那样,进行一些简单的计算,这样,他们能得出一些结果,那实际上就是我得出的非常一般化的结果的特例。然而,非常一般化的结果的好处是,它们不依赖于研究者特定的价值体系。接受一个从 N 点向右上方的移动,无须对牛和草的价值做出选择。无论我是关心人类的福祉,还是关心其他某个或所有物种的良好生存状态,这样一个移动都是一种改善,哪怕它可能并不是一个朝着正好使我的特定目标最大化的点的移动。比如说,如果我喜欢草,我会把

---

⑥ 注意,严格来说,我们无法避免人类效用函数的最大化。塞拉俱乐部的成员也是人,如果他们认为人口数量少一些,红杉树的数量多一些为好,当他们以此为目标或实现了这一目标时,他们是在使他们自己的效用函数最大化。红杉树不会投票。因此,在某种意义上,任何由人执行的政策都将至少以人的一个效用函数最大化为目标,而不是为了其他目标。只在某些或所有人类的范围内才能得以考虑的非人类物种的良好生存状态,可以是让这些非人类物种的良好生存状态作为其效用函数的论据。

从 N 到 D 的移动看作是一种改善；但我会把 A 和 C 之间的任何点都看作不如 G。然而，这样一个移动仍然会是对 N 的一个改善。

　　因此，这种方法相对而言是价值中性的，只是因为它包含了极大范围内各种可能的价值取向，而没有给它自己强加任何价值评价。个人可能会把他们自己的个人价值体系看作是比这个规则更好的，而这个规则不是为了全心全意地实现他们的价值，而是为了在一个非常大的价值范围内至少给出一些好处。支持这一帕累托规则的主要论点是，它确实避免了需要哪一种更具体的规则的大多数争论。在任何具体事例的实际决策中，从一个偏好函数的方面说，肯定会比帕累托规则考虑更多的因素。图 2 中的帕累托规则表明，改进实际上是可能的，但它并没有具体说，应该进行哪一种改进。

　　现在我们来讨论一下外部性的概念。经济学中最初提出外部性，是为了分析某些市场经济运行不好的领域。对于生物学家，外部性或许比经济学中的大多数其他工具更为熟悉，只是因为污染问题是纯粹经济学意义上非常好的外部性的例子。然而，我要说的不是由人类产生的外部性，而是由动植物产生的外部性。

　　外部性非常容易理解。任何物种都会对其他一些物种的发展产生一定影响。比如，草为食草动物提供了食物，而牛吃草就减少了草的总量。在第一种情况下是正的外部性，也就是说，一个物种为其他物种提供了某种好处；在第二种情况下是负的外部性，也就是说，一个物种做的事伤害了另一物种。

　　然而，人们不必把自己限制在这些吃与被吃的非常直接的关系中。大多数植物都会向土壤和大气中释放各种化学物质。当然最明显的例子要数向大气中释放自由氧，但还有许多其他事例。仅就从土壤中发现的化学物质而言，人们已经发现，这些化学物质对土壤的作用或多或少会使土壤更适合于其他植物的生长。这就是一种外部性的例子。还有数不清的其他类似例子。其实,从真正的意义上说,整个生态科学就是专门从事这类外部性研究的。一种动物或植物的存在对于这个生态群落中的许多部分有着重要影响,而对任意一种动植物对其他动植物影响的系列化研究就是生态学的主要课题。然而,我不会去努力发掘任何现存生态学中的大量互动现象,而是要讨论这类互动现象存在的纯粹理论后果。

我要用一个非常简单的例子开始这个讨论。假定有两种通常互为近邻的植物,再进一步假定,它们每一种在自己的生命过程中都会产生一种副产品——一种对另一种植物有益的化学物质。这样,每一种植物都会由于另一种植物的出现而长得更好一些。[7] 这里有一种外部性。植物自然没有思想,并不会考虑这种外部性;但是进化将会利用这些副产品产生的效能,以及其他方面的效能选择植物。因此,人们可以讨论最高效的植物副产品产生率是多少,而且正如将会看到的,这种由自然选择选出的植物副产品的产生率不如另一种产生率。这个论点细说起来非常复杂,但是一开始可以只是假定,每一种植物可以获得两种性状,如图 3 所示。A 物种可以变为 A_1 和 A_2。而 A_2 只能在副产品对其本身性状的最大化成长是必要时才会生产这种副产品,换句话说,它没有能量"机会成本"可用于生产额外数量的副产品。另一方面,A_1 牺牲了它自己的一些成长,以便产生更多的副产品。对于物种 B,有同样的情况,B_2 带有只生产足够自己生长最大化的副产品的性状,而 B_1 带有能生产更多副产品的性状,而这种性状往往会使它自己生长得少一些。

在图 3 中,在一块混生着这些植物的空地上,人们可以期望这块地

---

[7] 在许多情况下,这种化学物质会持续存在于土壤中,以致这个区域的历史可能比它目前的使用更重要。然而,这只会增强这里讨论的这种关系。

	A_1	A	A_2
B_1	9 9		10 7
B			
B_2	7 10		8 8

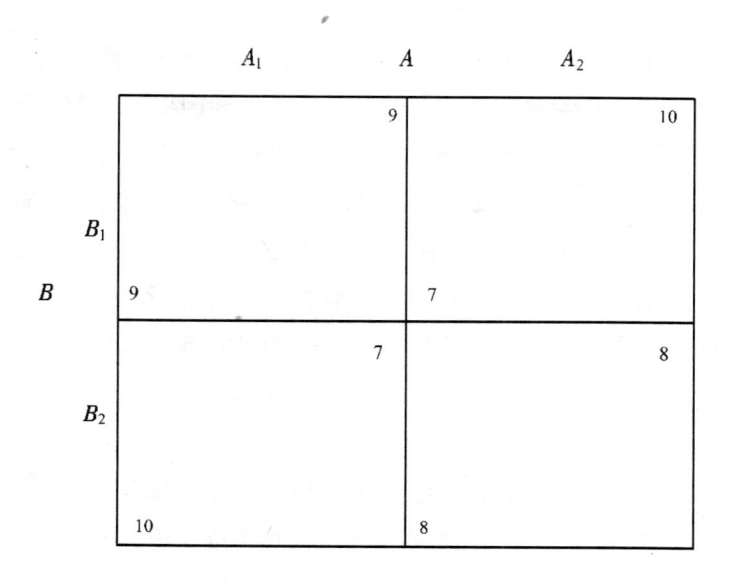

图 3

所能供养的每种植物的比重,用每个格中右上角的数字表示 A 物种,左下角的数字表示 B 物种。由于每一物种的副产品都会使另一个物种受益,而且由于在这个例子中,这种受益是"帕累托相关的",[⑧]每一种植物的比重在左上角较高,那里的每种植物在利用自己的能量为另一种植物提供"肥料",而在右下角较低,那里的每一种植物都带有"2"的性状,这种性状只是为它自己的发展最大化而忽略其他植物的发展。两种类型的植物在左上角的方块中的净比重高于右下角,因此,无论从哪一种植物的角度看,左上角都较优。

然而,要注意,这张图的结构是囚徒困境的那种结构。显然,自然选择会选出的性状不是 A_1 和 B_1,而是 A_2 和 B_2。这一点非常容易看

---

⑧ "帕累托相关"的概念相当复杂,但在这个事例里它可以被解释得非常简单。只要左上角的数字大于右下角的数字,外部性就是帕累托相关的。当然,这不一定是现实世界中的状况。我会预料到,有时候人们会发现这种情况,有时候不会。

出来：如果在一块地里混种着 A_1 和 A_2 与 B_1 或 B_2（或两种 B 的混种），只要观察一下，A_2 会长得比 A_1 快得多，正像矩阵图中表示的那样。经过数代之后，A_2 会完全替代 A_1。例如，如果在那块地里的 B 的性状恰好是 B_1，那么，一定数量带有 A_2 性状的植物种子会生长出的苗，会是同等数量带有 A_1 性状的植物种子出苗的九分之十。同理，如果那块地里 B 的性状是 B_2，A_2 的出苗率会是 A_1 的八分之七。由于那张图是对称的，同样的推理思路也适用于 B。这样，自然选择会选出的性状只能生产出比其他性状更低的植物数量。用选择性培育的办法，会有可能产生出能使这两种植物都生产得更多的性状。

不必说，图 3 中表示的那类正的外部性，不是自然界中唯一能看到的外部性。植物也会使其他植物受到极大伤害或灭绝其他植物，当然，动物也是一样。谁都可以设计一个类似于图 3 那样的例子来研究这类情况，而他也会再次看到，自然选择的最优结果将不会使两种性状都能得到最大产出。此外，这两种性状的使用只是出于简化的愿望。人们可以设计非常多数量的性状，以及不同性状的混合体，但最终结果会是一样的。再有，利用两个物种而不是一般生态中的许多物种，也只是为了说明一个事实：我在使用的是一张二维的纸。实际上，如果用更多的物种，这个论点会比用两个物种时强得多。

经济学在生物学中的应用[*]

达尔文和华莱士,两人都是生物进化的独立发现者。他们都曾特别说过,他们是在读马尔萨斯的人口论著作时,产生了生物进化的思想。由于马尔萨斯是历史上第一位经济学教授,这显然是经济学对生物学最重大的影响。特别有意思的是,马尔萨斯的人口论著作在写成大约150年后,对于研究人类已经几乎没有什么预言价值,但是对于非人类物种的研究却非常适合。在某种意义上,他与其说是经济学家,不如说是生物学家。

令人惊讶的是,在有了这样一个前途无量的开始之后,生物学和经济学却在很大程度上各自独立发展了。赫伯特·斯宾塞在他的经济学著作中利用了一些进化论,还有另外一些经济学家——阿门·阿尔奇安是立刻就能想到的名字——也在经济学中运用了进化论的思想。但是直到最近,几乎还没有任何与经济学有关的生物学证据。或许,偶尔在这两个学科中都有一些文章表现了与另一个学科的某种些许联系,但这种现象少而又少。

考虑到这两个学科基本上都涉及同样的知识结构这一事实,即在约束条件下追求结果的最大化,两者之间相对缺乏交叉激励的现象愈发令人惊诧。要是有人看一下《美国博物学家》和《美国经济评论》中目

---

[*] 经帕尔格雷夫-麦克米兰出版公司许可,重印自《新帕尔格雷夫经济学大辞典》(*The New Palgrave: A Dictionary of Economics*, vol. 1, ed. By John Eatwell, Murray Milgate, and Peter Newman, London: Macmillan, 1987, 246–247)。

前发表的文章就会知道，它们的表面相似性非常之高，而它们的基本结构也非常类似。在这两种刊物中，标准的文章都包含了最优化方法的应用，以预测现实世界的现象，然后还有统计检验。当然，在这两种刊物中也都展示了一定数量由观察或实验搜集的直接数据，但从根本上说，都依赖于他人提供的数据。

实际上，生物学和经济学之间结构上的相似性极强。生物学中的进化理论强烈蕴涵着这样的意味：植物和动物的"行为"就好像它们是在有意识地使它们未来的基因出现频率最大化。当然，没有真正的"行为"。例如，蒲公英并不做什么事。但是，选择过程加上基因的随机改变，使蒲公英越来越有效地适应它的环境。当然，其他物种也会改变，以致环境也在不断的变化之中。这就相当于射击一个随机移动的靶子。

生物学家经常使用的语言，或许会使粗心的读者认为，动植物都会自觉地做计划或是试图最大化。这当然不是生物学家的本意。实际的选择过程本身在起着一种详细规划的作用，就像人类有意识去制定一套即便不是（正如迈克尔·盖斯林强调的那样）特别聪明的决定。[①]

但是，尽管近来的经济学对生物学有了一些兴趣，但我认为，目前外表酷似经济学杂志的生物学杂志，仍然是在独立发展。人们可以看到经济学交叉激励的许多清晰事例。但本文作者在《美国博物学家》上发表了一篇四页小文却是一个孤例，其中收集了这份生物学文献其他部分引用的脚注，总量多达 53 个。[②] 这是一篇简单的经济学解释，用来说明从一种英格兰鸟观察到的摄食习性。然而，尽管还有其他同

[①] M. T. Ghiselin, *The Economy of Nature and the Evolution of Sex* (Berkeley: University of California Press, 1974).

[②] Gordon Tullock, "The Coal Tit as a Careful Shopper," *American Naturalist* 15 (January – February 1971): 77 – 80.

类事情的例子,但大部分的发展是独立进行的。

一个简单事实证明了这种独立发展:尽管这两种刊物中文章的一般结构非常相似,却有一个重要的风格上的区别。经济学文章经常采取一种理论说明的形式,是完全确定的。在引入了统计方法之后,经济学已经经受了现实世界数据的检验。生物学家则常常从概率方程开始。生物学方法显然比较高雅,但也困难得多。哪一种研究工具最有效,并不明显;但明显的是,生物学家还没有在生物学领域中模仿经济学家的方法。

在相当长的时期内,这两个学科以非常相似的理论结构在运转,却几乎没有交叉激励,这个事实要求一个说法。最可能的说法似乎是,比如说,从1860年到最近,大多数生物学家都在忙着对这个世界中无限广大的多样物种进行分类和理解。没有人准确知道到底有多少物种;数量肯定有上千万。生物学家光是想弄明白到底都有些什么物种,就倾注了大部分精力。在19世纪到20世纪初的生物学研究中,达尔文论述藤壶(barnacles)的书[3]比他论述进化的书更具代表性。

生物世界的多样性对于非生物学家来说几乎是难以置信的。在一个物种得到研究、描述并被收入研究人员的参考书中之后,这个物种的总体数量仍然太大,甚至就连这个领域中的专家们对其中一些个体也完全闻所未闻。例如,威尔逊是一位非常著名的生物学家,即使他没写过《生物社会学》这本书也是如此。[4] 他的专业领域是非人类社会。鼹鼠是一种哺乳动物,其生活模式与群居昆虫非常相似,而在正式文献

---

[3]　C. Darwin, *A Monograph of the Fossil Lepadidae; or, Pedunculated Carripedes of Great Britain and A Mongraph of the Fossil Balanidae and Verrucidae of Great Britain*, 2 vols. (London: Palaeontographical Society, 1851 and 1854), and Darwin, *A Monograph of the Sub - Class Cirripedia*, with figures of All the Species, 2 vol. (London: Ray Society, 1851 and 1854).

[4]　E. O. Wilson, *Sociobiology* (Cambridge, Mass.: Belknap, 1975).

中,群居的蜘蛛现在已经被收入编目中长达 50 年之久了。在《生物社会学》中,甚至没有迹象表明威尔逊知道它们早已存在。这并不是批评威尔逊,而是提出一个由生物界异乎寻常的多样性造成的实际问题。要是他决心读完所有的文献,找出所有的群居物种,那得花上他好几百辈子的时光呢。

不管怎么说,直到最近,这两个学科之间仍然少有联系,而且尽管现在有了较多的知识联系,那往往也是在某个非常实用的领域,特别是环境方面。例如,一位关心某些环境问题的生物学家加勒特·哈丁,重新发现了过度放牧的经济学,称之为"公地的悲剧"。当他注意到这基本上是个经济学问题时,他开始了对这方面经济学的认真研究。从那时起,他就与经济学家共同工作,提出了在这个一般领域进行研究的合作计划。[5]

这只是目前在如污染和环境退化这类问题上非常大量的合作研究中最为重要的事例。经济学对这种合作研究做出的贡献,大体在于指出,保护自然生态是有成本的。生物学家对于利用科技手段往往极为保守。经济学家则常常指出,人类的福利也牵涉其中,并提出一些折衷的建议。

经济学家长期来涉及的另一个生物学领域,是农业经济学这个特殊的学科分支。然而,应该说,在这方面双方的交叉互补非常少。在我们的农业学校中,农业经济学教授一向把改善农民的收益作为基本目标。为此,他们在许多领域进行了大量实用的经济研究。然而,一般来说,他们似乎对同在农业学校中进行的生物学研究没有什么影响。或许这里应该说的是,大量农业经济学家把他们的时间都用在了说明对

---

[5] G. Hardin and J. Baden, *Managing the Commons* (San Francisco: W. H. Freeman and Company, 1977).

农业实行经济补贴计划的合理化上,而这些计划尽管肯定使农民受益,却使其他每一个人受损。

唯一的另一个应用领域,当然是生物社会学。这个领域已经吸引了大量经济学家和其他社会学家的注意,因此在这里做一下强调说明或许是明智的:它目前还只是生物学科中的一个小分支。尽管如此,它看来仍是一个明显可以应用经济学的领域,而且这类应用已经有了。

这里的第一个问题是生物的地盘问题,这个问题常常被与我们在人类社会中看到的财产关系相混淆。实际上,生物物种没有所有权保障,而且必须以这样或那样的方式保卫自己的地盘。因此,这种情况与财产权不相干,倒是与一个地理区域内零售企业的竞争相似。洛施的工作⑥显然与这有关,而生物学家也已经很好地利用了他的工作。其实,本文的作者也已发表了两篇有关这个领域发展的文章。⑦ 好奇的读者可以在威尔逊的《生物社会学》第 272 页找到一幅洛施拍摄的照片,那是由一种地盘物种——鱼——造出来的六角形。⑧

当我们来谈更复杂的社会结构时,应用经济学也愈发困难了。再说一遍,威尔逊利用线性规划来研究群居昆虫的等级分布(distribution of Castes)。但是考察一下其著作的参考书目就会发现,他的一般性研究受社会学的影响要远大于受经济学的影响。

显性秩序(dominance order),是在动物界中发现的另一个重要的

---

⑥ A. Losch,"Population Cycles as a Cause of Business Cycles," *Quarterly Journal of Economics* 51 (August 1937):649 – 662,and A. Losch,"The Nature of Economic Regions," *Southern Economic Journal* 5 (July 1938):71 – 78.

⑦ G. Tullock,"Sociobiology and Economics," *Atlantic Economic Journal* 18 (September 1979):1 – 10; "Territorial Boundaries:An Economic View," *American Naturalist* 121 (March 1983):440 – 442.

⑧ A. Losch,*The Economics of Location*,translated by William H. Woglom (New Haven:Yale University Press,1964).

组织结构,在经济学推理中似乎还没有任何直接的类比。把经济分析用于研究显性秩序当然是可能的,但是迄今在这些方面还没有取得什么进展。没有理由认为,经济学在这里有什么比较优势。

复杂的群居昆虫群落、鼹鼠,可能有群居蜘蛛,肯定还有海绵,显然可以用经济学来分析。它们全都从事复杂的合作活动,而这种活动应该易于进行经济分析。迄今,还只有一位经济学家,本词条的作者,对这个机会感兴趣。由于他的手稿还从未发表,这个领域对任何有抱负的开拓者都是开放的。

迈克尔·盖斯林已经承担了一项认真的计划,去创办一个组织,为沟通这个鸿沟搭建桥梁。到目前为止,他的工作尚未能在这两个学科中引起多少兴趣。这并非由于有意识的反对,而是由于大多数学者发现自己深陷所在学科,抽不出身来承担额外的工作。这是狭窄的专业分工不幸毁掉了学术专业的一个特别明显的例子。

总之,经济学家与生物学家之间的合作少得令人吃惊。尽管有相似的根源又有相似的方法,这两个学科却是各走各路,自顾自。在少数几个领域中,实践问题把他们聚到一起,偶尔也有彼此互用对方领域中工具的情况。本词条讲的是经济学方法在生物学中的应用,但有一些相反影响的例子,例如,进化稳定策略(evolutionarily stable strategy)。从根本上讲,这些影响都不大。我很愿意说,这种情况正在改变,有迹象表明更多的跨学科合作正在发展。遗憾的是,这会误导读者。我希望这样的发展将会出现,但是目前的迹象是不利的。经济学分析大概在研究群居昆虫的群落时会有远大未来,但到目前为止,在这个领域内还没做出什么成绩。

（真正）原生群落的经济学*

一位法官在让学习法律的学生了解司法意见时说，他不能界定色情描写，但如果他看到，他就能识别出来。我的处境与他有些相同，我不能界定"社会"(societies)，**但如果我看到，我就能识别出来。这提出了本文要讨论的一些问题，因为我要称之为"社会"的一些事情，在他人看来可能并非社会。当然，这个问题也是由色情描写引起的。尽管如此，我认为我的读者会同意，我将要称为社会的各种事情确实与社会有相似之处，尽管它们通常并不用这种称谓来说。

无论如何，大多数人都会同意，"社会"一词有着广泛的含义，既包括人类社会，也包括许多非人类社会。明显的例子是群居昆虫。这些社会组织的经济效能是广为人知的，而过去对社会的传统解释也主要依赖于这种经济效益。更近一些时候，汉密尔顿***的利他说(altruism)，或许更贴切的说法是亲缘选择，被用来作为一种新解释。本文的主题，不是要指出有大量已存在的"社会"尚未得到讨论，而是要强

---

* 经埃尔塞维叶出版社许可，重印自《社会与生物学结构杂志》(*Journal of Social and Biological Structures* 13, 1990：151-162)。

** 英文中的这个词在中文中有不同的译法。一般来说，针对人类，译为"社会"；针对非人类，按生物学术语译作"群落"。但在英文中显然没有这种区分，这正是作者困惑之所在。同理，形容词 social 也一样，指人类时，一般译为"社会的"，而指非人类，一般译为"群居的"，但在英文中似没有分别。这里特作说明，以免译文误导读者。——译者

*** William D. Hamilton，1936~2000，英国进化生物学家，被视为生物社会学(Sociobiology，按照约定俗成的译法译出)的先驱之一。——译者

调说明，传统解释要比新解释好，尽管新解释在某些领域也确有其重要性。

我们要先从最适用新解释的社会分组开始。黄蜂科的最高级成员有一种不同寻常的繁殖方法，必然的结果是，姊妹蜂中的基因重叠度可以达到四分之三，而不是在人类或其他有性物种中看到的二分之一，或者实际上常常还达不到二分之一。但是，我们暂且把这个问题放在一边。

这种方法在蚁穴或蜂巢中达到了纯粹的形式，那里只有一只蚁后或蜂后，而且只有一只雄蚁或雄蜂可使之受精。利用汉密尔顿的利他说论点，或者再说一遍，亲缘选择，个别蚁、蜂或其他动物为什么会按照进化论，选择牺牲自己而使其姊妹的生存状态比正常状态下兄弟姊妹只有一半基因相重叠时好得多，原因是很明显的。一个极端的例子是大多数蜜蜂蜇人的情况。尽管它是在保卫蜂巢，但对这只蜜蜂来说却是自杀。另一方面，没有人曾经用这种遗传驱动来指责日本神风敢死队飞行员的动机。

在这种行为模式中，有一个特殊问题与鼹鼠有关。鼹鼠看来确实有一种与黄蜂科成员非常相似的社会秩序（尽管人们自19世纪就对黄蜂有所了解，而对鼹鼠却只是在最近才开始研究）。有一只鼠后，一些雄鼠显然什么也不干，专司使鼠后受精之事，还有一群没有性功能的雌鼠做工。这些动物，当然，都是二倍染色体的。

还有另一种与蜂类和鼹鼠没有太近关系的物种，过去被称为"白蚁"。它们有一个蚁王和一个蚁后，而蚁王有全套染色体，因此，四分之三的基因重叠就不出现了。其实，如果蚁王和蚁后因某种原因被消灭了，白蚁穴中将会产生一种集体的交配库（breeding pool），其中有许多雄蚁和雌蚁，无论哪只白蚁在个头儿上或产卵能力上都比不上白蚁后，但是无论如何，从它们之中总能产生出适当数量的新白蚁。

我们必须在这里停一下，概述一下两种可能的解释或理论。[①] 人们立刻就会注意到，这两者并非真正彼此矛盾。但如果两者同时存在，问题就是，哪一个是占优势的解释？

汉密尔顿的利他说，其实是建立在生物学家非常熟悉的命题上，即，进化选择基因，以使其群落中的二倍体基因在数量上最大化。这样，借用霍尔丹（Haldane）的一句名言："为了保护一个兄弟，我会冒50%被杀死的风险，为了保护一个表亲，我会冒25%的风险。如此等等。"每种程度的"利他"都使特殊基因的数量最大化，这种特殊基因会对整个种群的行为模式产生影响。这样，进化往往就会选择那种特殊基因，因而，人们可以预料到，我从现在开始将称之为亲缘选择的现象就会出现。

在蜜蜂科成员的例子中，这种基因重叠率可以是四分之三，而非二分之一。因此，人们可能会认为，雌蜂更可能牺牲自己——或者说，尤其是放弃交配权，而使一个姊妹的后代永世延续。而带有较少特殊设计继承模式的物种则不大会这样。

注意，尽管它们更可能牺牲自己，但也还有一个进一步的要求，即，整个体系必须是高效的。换言之，为了使亲缘选择的理论发挥作用，以自杀来保护蜂巢的工蜂的基因必须在下一代中得到增加。这是真实的，因为如果蜂巢被毁，工蜂的基因将荡然无存，工蜂的牺牲也就毫无意义。只有在蜂巢是高效时，工蜂的牺牲才具有进化的意义，而这当然确实是事实。

在胡蜂（*Vespidae*）的例子中，这两个条件——个体牺牲和巢穴高效——都存在。然而，这种特殊的繁殖方法并不适于白蚁，而且据我们

[①] 实际上还有第三种，特里弗（Triver）的相互利他说。大概是由于我把自己的大部分时间都用在了经济学和政治学上，我还从来没能认真地把它作为昆虫完全群居社会的一种解释。无论如何，它同另外两者也不是真正矛盾的。

所知,也不适于鼹鼠以及与胡蜂没有太大差异的其他群落。因此,蜜蜂、黄蜂和蚂蚁的特殊繁殖方法不一定就能产生非常相似的群落。当然,此外还有许许多多孤独的黄蜂、蜜蜂、蚂蚁等等,并不生活在大的群落中,尽管它们也有这种特殊的优势。单倍体对于昆虫的群居既非必要条件也非充分条件。

然而,这种社会组织在胡蜂中要比在蟑螂中——当然,在白蚁中也是一样[②]——更为常见,这也是事实。但是在哺乳动物中则要少见得多,其中鼹鼠仅为真正的孤例。

但是,还有许多其他群居物种。我们先来谈谈集群的腔肠动物,它们从比较小的多细胞动物发展成庞大的群落,它们的社会融合如此完整,以致有时候要用"超个体"(superorganism)这个名称来称呼它们。后者是个我们将在以后再回来讨论的问题。这些小小的珊瑚虫,每个都有一种特殊功能,而且它们实际上使用共同的消化管道,共同的循环系统,以及共同的神经系统。注意,当我说这些东西是共同的时,我并不是说有个单独的组织。它是通过单个珊瑚虫的合作统筹完成的。

在这种情况下,基因的重叠程度甚至还要大于蚁穴中的基因重叠程度,因为单个的珊瑚虫是通过无性繁殖(克隆)产生的。因此,子代水母的有性繁殖只由少数专门的珊瑚虫完成,而大多数珊瑚虫都没有直接后代。[③] 这一事实无论如何与基因会试图使其二倍体的数量最大化都不冲突,无论是从它们的特殊基因在总群落中的数量还是从出现频度的意义上说。但是,在克隆繁殖中也可以出现突变。假定一个水母中的多个珊瑚虫之一受到了一种宇宙光的打击,克隆出了一种与众不同的可生育的珊瑚虫。倘若这种珊瑚虫确实可生育,那么它大概就会

---

② E. O. Wilson, "Termites Are Almost Literally Social Cockroaches," in *Sociobiology* (Cambridge, Mass.: Belknap, 1975).

③ 除了珊瑚虫的克隆是在单个水母体内完成的之外,这就是这样的。

降低整个水母的效能。④ 如果它通过克隆产生了特别多的二倍体,它将没有能生育的后代,因为带有这种突变珊瑚虫的水母相对于没有的水母效能低。通过克隆,新的珊瑚虫会变为水母中越来越大的部分,甚至可以尝试直接繁殖另一个水母。但是珊瑚虫的无效能会通过毁灭它所在的水母而注定其自身的死亡。

这里,我们有了一种看起来非常像老式的组选择(group selection)的东西。一个突变会通过水母的死亡被选出,在这个突变中,一只珊瑚虫变得比较高效,同时降低了整个水母的效能。在单个的水母中,这种突变的珊瑚虫或许会有无数的克隆体,但是如果这会降低整个水母的效能,它们都会死掉。在这种情况下,汉密尔顿的亲缘选择也会导致同样的结果。

这种类型的克隆绝不仅限于水母。其实,有人在某些植物中也发现了这种情况。这里,我打算离开正常讨论,谈谈植物群落。例如,一个白杨林通常会由许多棵白杨树组成,这些白杨由最初的一棵或几棵白杨克隆产生。它们在地下有联系,其实就像许多其他树种的特点一样。究竟为什么这会是一种高效的安排,并不清楚。有可能,白杨林得到的收益产生于某种类型的集体自卫,以抵抗昆虫的毁害。⑤

长满悬钩子的地块甚至是更为极端的例子——有一块 2000 英亩长有悬钩子的地块,据信至少已经有 12 000 年历史,也就是说,第一丛(或蔓,或无论你想把它叫什么吧)悬钩子就是在 12 000 年前开始生长的。在这种情况下,悬钩子的地块当然就被造就为一种防御多种比昆虫大得多的毁害者的防御机制。然而,值得注意的是,悬钩子也能得到

---

④ 总是存在突变会是有利的这种可能性。由于突变只会发生在水母中的一个珊瑚虫身上,而且大概不是那种能繁殖的珊瑚虫,结果将极为复杂,但它可能会导致一种新的物种。

⑤ 迈克尔·盖斯林在私人通信中建议说,这些白杨可能缺少由种子来繁殖的机会,因此,为了存活,必须克隆。

相当好的保护,以防止昆虫的毁害,或者说,至少那是我的体验,你极少能看到像日本金龟子那类昆虫毁掉悬钩子。再说一遍,这是通过克隆做到的,而且有一种地下的相互联系。我不明白人们为什么不把这两种植物群落称作社会。除了它们是植物而不是动物外,它们满足了我们公认为社会的一切特征。

其实,整个动物界是寄生在植物界之上的。当然,也有寄生的植物,大多寄生于植物上——例如,蘑菇就寄生在死掉的植物上。还有能杀死寄主树的美丽的佛罗里达火焰藤(flame vine),也是寄生在树上——但从根本上说,植物是地球上生命的真正基础,而动物则是一种奢华的装饰穗。在像金星捕蝇草那类植物的情况,植物在一定程度上变为了捕食动物的餐具。但是"食肉"植物只把捕食动物用于满足它们生长的一小部分,尽管是必需的部分。

但是,这与对"社会"的争议不大搭界。在这个特殊的例子中,近亲属有着合作行为:这显然是一个"社会"。

也有可能,我们可以把长着某种刺样防御物的植物,如荨麻,称为是群居的,如果它们往往长在一起,哪怕没有太密切的关系。它们会彼此保护。其实,真的就像近来某些研究人员所说,如果一棵树上的寄生生物导致邻近的树产生一种自卫机制,在这种寄生生物还没在树上大批滋生之前就抵制它,那么,这种行为就表明,这个树林一般,至少在某种程度上,是群居的。

这自动提出了另一个问题。正如我已经提到,白杨和悬钩子是通过克隆生产的。有非常详细的文献认为,黄蜂独特的繁殖方法是导致这种群居性的原因,但文献中极少讨论克隆。有许多昆虫——如蚜虫——好多代都是通过克隆或一些类似机制繁殖,但似乎并非群居的。[6] 甚至还

---

[6] 在某些蚜虫物种中已经观察到了兵蚜。这似乎指出,至少有某些蚜虫是群居的。

有一些蜥蜴和鱼是靠单性生殖来产生后代的。

如果通常对于黄蜂完全是群居的解释是真实的,这些例子肯定为社会秩序提供了甚至更好的基础。据我所知,高级动物不用这种方法繁殖,尽管如我所说,植物可能用。在植物界,这里唯一的问题是,人们不愿说植物具有社会性。

但是,我们现在要转向两种甚至比腔肠动物的层次还要低的非常复杂的群落:黏液菌和海绵。在海绵最简单的形态上,它由一个活的杯形物构成,这样,水会通过杯壁上的小孔流经它,然后自杯口流出。这个杯形物的有些表面细胞抽水,另一些细胞从水中取走食物。大部分的海绵还要更复杂一些,但在同一个主题上,它们都是精细复杂之物。

事实上,尽管海绵本身只是个单一的杯形物,像有些更为原始的样本那样,它却是一个复杂的单细胞动物群落,许多海绵附着在这样一些结构上——比如说,集群腔肠动物的个体珊瑚虫——但是另外一些海绵则是像阿米巴变形虫样的游离移动体,它们通过胶质体移动,并和硅质或钙质骨针⑦合并构成在外人看来是固体杯形物的内部结构。

但是,在回头再谈海绵之前,我们先来看看黏液菌。我想要专心研究一个分类,因为这样可以以特别纯粹的方式提出问题。这种黏液菌有着复杂的生命周期;我们要从黏液菌构成像大量变形虫那样的实体,在森林的最底层蜿蜒而行的那个时候开始我们的调查研究。一般来说,它们像变形虫那样摄取食物,并希望长大。然而,在某个时间点上,大量这些变形虫模样的有机体会聚集成更大的实体,人的肉眼可以清楚看到的实体。实际上,它们可以有数英寸长。

无论如何,一旦它们聚成了这个实体,它们构成的形状粗看像一支

---

⑦ 这是大多数海绵的情况。有些海绵没有骨针;这样,能动的细胞就成了胶质体中唯一的居民。

雪茄。然而，几乎与所有其他动植物都不一样的是，它们体内没有细胞壁。各种各样共同形成这个实体的细胞核只是全都存在于，实际上是，一个非常大的整个是雪茄形的细胞中，而且，再说一遍，这个细胞可以达到两三英寸长。

这个实体现在开始穿过森林最底层的移动，方法非常像一部履带牵引车。它的底部，包括碰巧出现在那里的细胞核，保持固定。背部的细胞核和其他原生质向上向前移动，然后下移，结果整个实体就向前移动了。每只单细胞核都会在底部度过一段时光，在上升和向前移动的过程中度过一段时光。

然而，这种移动的有趣特点在于，黏液菌最终会停下来，射出一根茎，产生孢子；孢子分散开来，繁殖出下一代变形虫。不是所有的细胞核都能产生孢子，所以有些细胞核将繁殖全部的下一代，而另一些则没有后代。考虑到孢子分散和重新聚集的方式，某个雪茄中的细胞核必须来自许多不同的"父母"。因此，亲属选择就几乎无法解释某些细胞为另一些细胞所做的牺牲了。

显然，在这里，我们有了一个细胞核群落。同样清楚的是，哪部分或哪批细胞核将形成繁殖机制并生产下一代的问题，对于细胞核有着重大意义。这个繁殖过程看起来多少是随机的，因为在几代之后，那些在孢子生成方面无论用什么方式获得了优势的细胞核就会全部替代其他细胞，而在孢子生产方面的高度专业化会降低这种菌的效能，因此导致终结。所以，我们期望看到的是一种策略，它试图获得孢子生成的优势，但这种优势不能使整个有机体无法生存。

细胞核并不是为了它们的近亲属牺牲了自己；它们持续活着并能得到繁殖机会的唯一方式，就是成为这个合作组织的一部分。它们不能用其他方式繁殖，所以，如果它们不能以这种方式繁殖，它们也没有遭受损失。当然，要注意，为了使繁殖过程能这样发展，黏液菌必须在其小生境内以某种方式取得对单独生活的变形虫的竞争优势。

我说过,我打算谈论对动物群落的传统解释而不是新解释,而这就是一个明确的例子。单个细胞核对其他细胞核必须没有汉密尔顿式的亲缘选择,这只是因为它们自己只能在这样的群落中存活。如果它们以给自己一种优势的方式突变,它们就使整个群落无法存活了。这样,它们选择优势就等于选择了淘汰自己——当然,也淘汰了大量其他不带有那种特殊突变的细胞核。这类突变大概在过去已经出现过,而且也没有留下后代。

以这种观点来看,对非人类社会的解释就不仅是群落中的个体通过把它们的基因留给该群落中的其他成员而获益,而且是,若非这个群落的所有成员都具有一种适宜的基因成分,这个群落本身便不能存在于一种艰苦的竞争环境中。但是,我们要暂时离开这一理论,待讨论完海绵再说。

海绵甚至是更为明确的例子。我们要考查的是一种非常小的淡水海绵,其构成只有一个杯形物,生长在世界的北部,因此只在夏天存活,然后用无性芽生殖保证在下一年有下一代的生长。

在秋天快要来临时,大量变形虫似的细胞通常就开始在海绵内部徘徊,并从事各种各样建设性和生产性的活动,每个小球体内收集有或许上万个这类细胞。这些小球体也收集大量能源,其形式是有些细胞已经吸收了的大量脂肪等,因此,它们不仅能活过冬天,而且还能在来年繁殖新的小海绵。

这些小球体在夏末时就被海绵从体内驱逐出去。然后,"母本"海绵死亡,而这些小球体活过冬天,并在来年生成新海绵。关键还是,并非海绵体内的所有细胞都能形成这种过渡。确实具有这种能力的细胞有数千之多,以致即便这些细胞中有一个发生某种特别的突变,新海绵也会有它的后代,但是远比另一种的后代多得多。

海绵像某些植物一样，如果同一物种中的两个贴在一起，也会"结伴"。这两者会连成一个更大的复杂海绵。这就意味着，构成无性芽生殖体的似变形虫细胞，并不一定全都带有同一母体的特征，即使有许多细胞分裂的支持。因此，亲缘选择不能解释自我牺牲行为。

　　即使所有细胞都来自同一母本库，突变或许会给一个细胞某种竞争优势，成为无性芽生殖体中的一员，而不是海绵体内执行正常职责的一员。为什么我们没有观察到给个别细胞一种改进机会，使之进入繁殖类别的突变呢？答案还是，如果它们有了这种机会，整个海绵体就会死亡。个别细胞并非具有任何汉密尔顿式亲属选择的利他说，以致它们对保留同一海绵内其他细胞的基因感兴趣，而是在与其他似变形虫细胞竞争繁殖机会的特异化机体，会随时间推移使整个海绵无效率而导致无法生存。

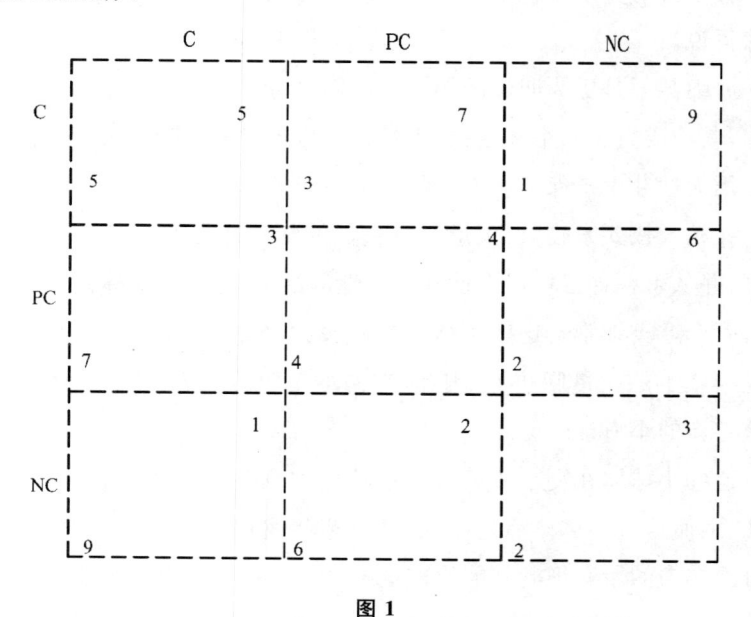

	C	PC	NC
C	5　　5	7　　3	9　　1
PC	3　　7	4　　4	6　　2
NC	1　　9	2　　6	3　　2

图 1

　　但是来谈谈比较正式的理论。图 1 是个相当复杂的囚徒困境矩阵,它有三行三列,因为我想把部分合作(PC)、合作(C)与不合作(NC)都包括在内。在现实世界中,常常有不同的合作水平,而不是只有合作与冲突那种简单的两分法。这个大的矩阵包含了两个比较传统的囚徒困境矩阵,由图2表示。

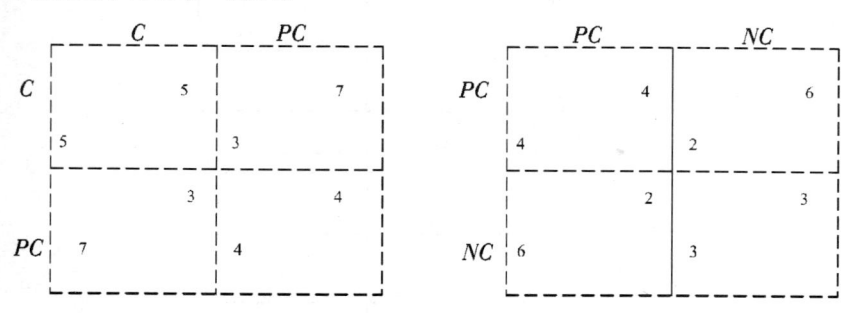

	C	PC
C	5 \ 5	7 \ 3
PC	3 \ 7	4 \ 4

	PC	NC
PC	4 \ 4	6 \ 2
NC	2 \ 6	3 \ 3

图 2

假定一个物种有必须配对的责任——也就是说,它必须与其物种中的另一个成员配对才能活下去。这里,我们有个非常小的群落。这个物种的任何成员都有 C、PC 和 NC 基因,并会把这些基因遗传给它的后代。这个矩阵表示的是一代与其后裔的结果,然后为下一轮繁殖随机配对。不多说了,长期结果是矩阵右下角的数字。

但是,假定环境艰苦,而3或更小的值不能产生足够的后代来替代它们自身。在值为1的情况下,大概只有四分之一的实体能产生一个后代;在值为2的情况下,二分之一;在值为3的情况下,四分之三。在值为4时,是正好能替代;在值为5、6、7和9的情况下,可以导致下一代的增加。立即得出的结论会是,这个物种在长期无法生存。

然而,假定这种动物生活在大量小的亚环境中,每个亚环境中只有少数几个。⑧ 偶尔,有些环境会只有 C 和 PC。在另一些亚环境中,NC

---

⑧ 群居蜘蛛或许是个好例子,每个蜘蛛网群都是一个亚环境。个别的蜂巢也会有某些方面是这样一个亚环境。

会超过 C 和 PC。倘若 NC 的身边没有 C 和 PC,它就不能活,在那些环境中的这个物种就会消失。

	C	NC
(N−1) C	10	11
(N−2) C	9	10
(N−3) C	8	9
(N−4) C	7	8
(N−5) C	6	7
(N−6) C	5	6
(N−7) C	4	5
(N−8) C	3	4
(N−9) C	2	3
(N−10) C	1	2
(N−11) C	0	1
(N−12) C	−1	0
(N−13) C	−2	−1

图 3

如果通过突变或移入,一个 NC 进入了一个 C 和 PC 的环境,这个种群就会缩小并最终消失不见。然而,一旦某个种群被淘汰,就有可能从 C 和 PC 的环境向这个空口袋移入。在大多数时候只能看到 C 和 PC。偶尔,一个突变会在一个亚环境中产生一个 NC。它会暂时繁荣,并导致在那个特定环境中的该物种消失。这个亚环境会最终被从 C 和 PC 群落中的移入补充。

我选择这个体系,是为了强调各种程度的合作都是可能的。如果环境比较不利,以致必须要 5 或更高的值才能存活,那就只能观察到 C 了。

我们在研究的这些群居组群,全都是多实体群落(many-entity societies)中负责任的成员。我常用来分析多方囚徒困境的方法是,为每方使用一张战略表,就像图 3 中的那样。这个栏表假定为单个个体,而它给 C 和 NC 的回报取决于该组群的其他成员中有多少合作者。这个个体起 NC 的作用总会活得好一些,但是随着它越来越多的同事都起 NC 的作用,它最终会走向负数。

假定黏液菌中的一个细胞核经历了突变,从而使它在下一代中强烈竞争去生产孢子。这个细胞核得益了,而且在下一代中将有它的无数后代。这将在表中把整个群落向下推,结果,尽管这些后代还将有一种不同的优势,整个黏液菌的效能却降低了。最终,这个黏液菌将无法生存。

显然可能会是这样,存活的黏液菌会有一些保护,来抵御这种 NC,大概是以警察细胞核的形式。也会有某种机制,防止警察选出它们自己。大概在警察与不合作者之间会有某种均衡,相似于那种鹰/鸽均衡。

利用图 1 中大矩阵的关键之一,是要强调有不同的合作程度。图 3 中的机制变得复杂了,而且是多维的,有着两种以上的策略。[9] 我们

---

⑨ 如果包括混合战略,这种机制要求的维度还要更多。

需要的是一种不同的博弈,等式 1 表明了单个成员的策略在这种博弈中的回报。

$$P_i = (EC_j,\ldots, EC_n) + C_i$$

P_i 是博弈结果对 i 的回报。C_i 是合作对 i 的作用。由于该个体在牺牲自己以帮助其他个体,回报是一个与该个体合作程度成比例的负数。EC_j 是 j 通过合作对 i 的外部作用,而且还是与合作程度成比例的。该群落中其他成员对 i 的作用也在括号之中。

进化不会为了一个基因本身的存活而选择这个基因,而是为了它的后代的存活选择这个基因。将被选中的细胞核将使该基因的全部后裔的存活达到最大化。这样,如果不合作意味着该基因的后代往往会成倍增长,直到它们使黏液菌的母体无法生存,这个分支就会被阻断。完全有可能的是,全面合作、完全接受抽签的运气,才会使今后百代的后代数量最大化。全面合作就是指避免为生产孢子而做的战略技巧。全面的合作较少,有可能更好;但是,最大化必须考虑细胞核群落,也就是这个黏液菌的良好生存状态。

这样,在现实意义上,这个细胞核,或在海绵例子中的细胞,如果没有极大地伤害它在其中活动的那个更大实体的效能,就可以直接保留它的基因和它的后代。已经导致并已使这些群落永存的进化选择,并没有采取使个体独自被设计成用汉密尔顿的亲缘选择方式保护它们亲属基因的形式。为了存活,必须保护整个群落。

当然,这并非为了排除那种"如果个体的设计也可以使其亲属受益,这会有所帮助"的前景。这样,我并不因为黄蜂科独特的繁殖方式特别可能形成一个群落而排斥它。尽管我有点惊讶,生物学家似乎并没有把这种思路用于对无性繁殖群落的分析,如集群腔肠动物、珊瑚虫、白杨树和悬钩子。其实,确有许多无性繁殖物种。

我已经提到,某些蜥蜴和鱼是无性繁殖的,但并没有展开来谈这种群落。从传统的汉密尔顿对待群落方法的角度来看,我猜测,这必定是个谜。当然,从我的角度,提出这一点毫无困难。它们只是碰巧有了一种进化的小生境,那里不值得有大规模的群落组织。⑩

我要来谈谈群落的另一个例子,一个不常被讨论到的例子。在一份未发表的手稿中,⑪我得出结论:有机体的群落观应该取代对群落的有机看法。任何多细胞动物都可以被看作是一个细胞群落,而这些细胞具有同样的遗传模式;但是由于环境的影响,它们接受了不同的任务。在这种情况下,环境,当然就是这个有机体的内部环境,与导致一个集群腔肠动物的特定珊瑚虫专门从事一种特定活动的情形没有什么大不同。

在这种情况下,只有少数细胞进行繁殖。其他细胞,当然是那些无性繁殖的细胞,会发现,克隆是使其基因能在下一代中得到复制的唯一能想象出的途径。还要注意,这种细胞能保持存活的唯一能想象出的途径是使一个大群落——比如说,一个人——的机能得到良好运行。为此,投资于一个邻居的存活是值得的。

对于这种情况,我们有非常多的经验,可知当非繁殖细胞中的一个发生突变时会发生什么。如果这种情况是严重负面的,我们称之为癌。最终结果是,由于人死了,它也把自己杀死了,而且在这个过程中也杀死了所有其他细胞。在这种情况下就没有繁殖了,而且其实,如果突变恰巧发生在某些确实从事繁殖的细胞上,在大多数情况中,它会产生不能存活的后代。当然,如果恰好出现了极罕见的有利的突变,我们或许

---

⑩ 许多确实通过克隆进行无性繁殖的这种类型的蚜虫,其实是更大群落的一部分,因为它们被蚂蚁驱赶到一起。一个群落中包含一个以上物种(通常称为共生物)的系统将在本文中随后讨论。

⑪ 塔洛克,《无命令协调:昆虫群落的组织》(G. Tullock, "Coordination without Command: The Organization of Insect Societies",1960),未发表手稿。

会有一个物种改变。

但是,对于人体中的大多数细胞,这样的一种突变完全是一种自杀方式,因为一个突变的细胞要能在人体内存活,就得杀死主要的有机体。

最后,我们来看看非常复杂的群落——有着多于一个物种的群落。组群中的"共生物"常常被认为不大重要,但是这会因提不出一种可以使"共生物"正负面影响平衡的依据而使我的讨论复杂化。大多数复杂的动物大概都是这种情况的例子,因为我们体内无疑有大量有时候可以称之为寄生虫的东西。这些寄生虫大多是无害的,甚至可以想见,在某些情况下,它们以这样或那样的方式使我们受益。[12]

偶尔,一个或一些寄生虫真的很危险。但是,应该指出的是,杀死自己寄主的寄生虫其实是失败的。从寄生虫的角度看,使寄主活着,同时用某种方法扩散到其他寄主,远比杀死寄主要好。[13] 其实,看来很可能的是,人类易患的危险疾病大都是非常意外的事件引起的:一种活着却未能杀死某种其他动物的寄生虫遗传给了人类,并成为危险因素。

我想谈谈另一种有着混合物种的群落。现在,我在这里意识到,我已经扩大了"社会"这个词的用法,但在我看来,在普通的用法中,像白蚁与那些生活在它们消化道中,并为消化白蚁通常主要食用的木头所必需的原生动物之间的关系,确实构成了一个"社会"(群落),白蚁和原生动物都是其中的成员。当然,白蚁通常又是另一个更大群落的成员。

这种安排非常普遍。事实上是太普遍了,以至它是如何进化的这个问题应该比现在能吸引更多生物学家的注意。例如,有些蚂蚁培育

---

[12] 提倡纳米技术(nano-technology)的运动,其目的之一,就是向人体植入一种人工产生的、比细胞的个头还要小的实体,它可以通过修复来改善我们的健康状况。

[13] 如果寄生虫在原来的寄主死亡之前能够扩散到一个或多个其他寄主,那么,寄生虫只是部分失败。

了一种特殊的蘑菇作为食物,只在那种蚂蚁的巢穴中能见到这种蘑菇。⑭ 这种蘑菇构成了这些蚂蚁唯一的日常食物,而这种蘑菇寄生其上的死亡植物则是蚂蚁为蘑菇准备的。⑮ 在我看来,这显然不只是一个蚂蚁群落,而是一个有着蚂蚁和蘑菇的群落。

我提到过把蚜虫驱赶到一起的蚂蚁,别人也可以找出其他例证,但是我特别想再次谈到的还是白蚁。当一只白蚁"吃"木头时,白蚁消化道中原生动物把纤维素变成白蚁能够消化的物质。

现在,我把这看作是一个白蚁和原生动物共生的群落。但是,来看这种情况。如果原生动物之一遭受了突变,从而使它开始积蓄能量,而不是把它的部分能量作为副产品转移给白蚁。突变的原生动物会比其他原生动物有更大的权力来运用能量。这应该有可能使它更频繁地分裂;因此,也比其他原生动物能生产更多的后代。假定各次分裂之间的间隔相对于白蚁的生命周期是短暂的,人们会预料,这种突变的原生动物的后代最终会把其他原生动物挤出去。当然,结果会是白蚁的死亡,从而所有这些新的原生动物的死亡。此外,如果这些原生动物转移到其他白蚁身上,⑯整个巢穴的白蚁都会死亡。

我猜不出,在白蚁漫长的历史中,有多少白蚁是由于这种原因死去的。但是请注意,通过进化选定的原生动物可以避免这种行为,不是由于它们试图以汉密尔顿那种亲属选择的方式保护它们的亲属,而是由于它们试图保护另一种实体——白蚁。原生动物与白蚁肯定差距极大而无亲缘关系,正像人在动物界中可以找到白蚁一样。

现在我已经描述了由原生动物和白蚁构成的群落。然而,如果我

---

⑭ 不同类型的蘑菇显然与蚂蚁的不同物种相关联。
⑮ 在图森市的某些这种蚂蚁显然认为,我也是这个群落的一部分。我已经尽力让它们醒悟。
⑯ 白蚁体内有大量原生动物的交换。

们把在某只白蚁肚子里的或是一窝所有白蚁肚子里的原生动物看作是一个群落,同样的思路也是适用的。个体原生动物仍然必须避免将会杀死白蚁的行为。

本文的主题是:汉密尔顿的亲属选择并非群居动物中特别具有压倒优势的现象。即便我们说的是蚂蚁,在一窝中也常常会看到多于一个的蚁后。对于蜜蜂和蚂蚁,雌性大概一向由许多雄性来受精,必然的结果是,工蜂之间的亲属关系不是四分之三,而要少得多。如果有多于一个的蚁后或蜂后,而且它们被分别受精,两个工蚁或工蜂有可能根本没有亲缘关系。

换言之,生物学已经被引导走上了一条错误的道路。其实,汉密尔顿的利他说会使群落的或然性更高,尤其是在胡蜂中。但是,这完全没有必要。必要的事只是,在某个特殊的小生境中使群落以比个体运行得明显更有效率。如果是这样,那么,这个群落就可以发展。无论这个群落中的其他成员是否复制了你的基因,这都可以发生。

致 谢

我愿意向迈克尔·盖斯林(Michael Ghiselin)和杰克·赫什雷弗(Jack Hirshleifer)表示感谢,他们提供了有帮助的评论。我也从阅读盖斯林的几本书及赫什雷弗的几篇文章受益匪浅。利奥·巴斯(Leo Buss)近来的著作《个性的进化》(*The Evolution of Individuality*)对于促成本文的工作也有重要作用。

第十一部分

在公共利益之中

公共利益理论的(部分)复原[*]

从公共选择学派的最初工作开始,学者们往往认为,公共利益(public interest)并非政府活动的一个主题,在民主政府中肯定如此。从某种意义上说,这是对传统政治学中公共利益式思维所具有的支配地位做出的一种合乎情理且可取的反应。此外,把公共利益界定为抽象的对公共善(public good)的热爱,在政治学中大概也没有什么意义。然而,公共利益有另外一种比较有限的意义,对政治学相当重要,而且我打算讨论的正是这种有限的意义。

我们来看一下积极作为的政府。我们看到的是,它们从事大量的活动,而这些活动并非狭隘地只为某些小群体或个人带来好处。军工企业是个明显的例子。增加军事拨款无疑会使军用设备的制造者获益,而军人本身,当然也从提高工资中获益,但是大部分投票支持或反对这类军事机器的人,在其中并没有任何直接的特殊利益。那么,这就至少有了一些为公共利益投票的例子。此外,即便是考虑特殊利益集团,比如说,希望提高小麦价格的农民,我们也可以很容易地证明,个别农民即使什么也不做,只让他的农民伙伴花钱去影响政府,他的状况也会好起来。我们确实看到个别农民就是这么做的,但是我们也看到,有相当数量的压力是施加给这类领域中的国会议员的。从我们大多数人

---

[*] 经克卢瓦学术出版公司的友好许可,重印自《公共选择》(*Public Choice* 42,1984:89-99. Copyright 1984 Matinus Nijhoff.)。

的角度看,这可以是一种公共恶(a public bad);但是,从将会受益的小群体的角度看,它是一种公共善(a public good)。这里再说一遍,我认为,在完整的政治学理论中必须包括对这种公共利益(public interest)的某种解释。

当然,我并不想在这里与现存的文献进行争辩。其实,这个问题涉及公共善的产生,在奥尔森的先驱著作中已经得到了非常强有力的概述,而且已经被全面接受了。然而,我确实想说明,在我们描述的公共选择理论中,为什么选民会投票支持像国防、政府的农业计划、警察等涉及公共利益的事情。

选民为什么会有积极性把公共利益放入他们的决策过程?一个非常明确(而且传统)的理由是,大多数人在一定程度上都是有慈悲心的,而且愿意帮助他人。这影响到他们的投票行为,也影响到他们的个人行为。一个力图帮助他人的人,在一定程度上会通过投票支持某种公共善(public good)来提供帮助,甚至不期望这么做对他自己有好处。他也可以选择通过政府进行慈善捐助。

或许不一定要指出,尽管这是一种真正的动机,却不是一种非常强烈的动机。在个人生活中,人们大概愿意拿出他们收入的5%去帮助穷人,或从事其他值得做的事。但是没有理由认为,在政治生活中他们还会更加慈悲为怀。实际上,看看现代的福利国家,我们就会发现到底有多少国民收入实际给了穷人——通常会大大少于5%。

但是,这里有两个问题是重要的:因私利而转移特定开支的倾向,以及糟糕的信息。想成为慈善捐助对象的那些群体中有着特殊私利的人,尤其重要的是,公务员中以及其他参与慈善捐助分配过程或组织公益活动的人中有特殊私利的人,在这里总是重要的。我猜想,对于许多人而言,华盛顿的肯尼迪中心被看作是我们愿意为公共善做出的一种牺牲。然而,对于直接参与其中的人而言,它无疑是一种私利,而且他们投入了大量的时间和精力，一心要确保该中心按他们规划的方向发展。

时下更为人们关注的另一个事例是，全美人文学科基金会（National Fund for the Humanities）打算为美国打造高级文化。我们知道，从交响乐团、歌剧院和博物馆这类文化事业的历史来看，这是个人本来都愿意为之提供捐助一个目标。然而，这类文化事业现在已经发展出了一伙靠它吃饭的人，而近来要减少这类活动的提案已经遭到客户团体相当明确的反对。在这个事例上，应该说，糟糕的信息在使肯尼迪中心持续获得该基金会的支持方面起了非常重要的作用。如果一般选民得知，他们实际上支持的是这样一种"艺术"，可以肯定，他们大多会投票反对这种支持。当然，这也许表明，一般选民并不像主管这个项目的公务员那么有艺术修养，但无论如何那是他的态度。对你或许会称为"纯粹公共善"（pure public-good）的论证就说这么多。还有另一个，而且是我认为更大的领域，选民可以在其中为"公共利益"投票，因为那其实是他唯一能做的事情。他在这件事情中没有私利。为了讨论这个事情，我要暂且离开偏好集合，去到那个我们打算确定的而不是人们喜欢的一个领域。具体来说，让我们来看看司法管理。

我们付出了很多努力来监督法官和陪审员，确保他们在审理的案件中没有个人的物质利益。这里的思想是，他们应该完全公正无私。既然他们没有个人利益，有人会问，那他们如何做出决定呢？答案必然是，他们按自己认为正确的思路去办，因为他们没有对抗的动机。这种方法可以受到批判。可以肯定，倘若他们有做出正确决定的动机，他们就会投入更多精力去思考自己的决定，而简单地说不许他们出错，他们就不会去仔细思考了。但是，说这是可以批判的，并没有提出任何建设性的改进意见。我们确实在使用这种方法。

离开主题说上面这段话的主要意思是，同样的这种方法已经通过意外事件，而非通过计划，成为民主政治中的一个重要方面。一般选民通过电视和报纸吸收了一些信息，并据此对他将要投票的任何一次选举做出决定。他对当前竞选中争议问题的了解往往是零星散乱和非常不准确的，但是在大多数情况下，有一个特点可以肯定是相当真实的，即：能区分候选人的大部分争议问题，要么是候选人在其中没有自私动机的问题，要么就是这样一些问题，如果他仔细考虑了这些问题，他或许有一种自私的动机，但他并没有仔细去考虑那些事，也不打算去仔细考虑。从自觉的层面上说，他没有自私的动机。

举个特别清楚的例子。① 西部的一个州近来对一项法案举行了一次全民公决，该法案允许个人把自己的房子卖给现行同性恋者；如果个人愿意的话，也可以拒绝卖给他们。看起来，该法案已经在报纸上做了大量公开宣传，但在全民公决中实际上还是被否决了。可以肯定的是，在这个地区只有极少数人是因为有自私的动机而参与这个提案表决的。大概，有些同性恋者想买房容易一些，但他们肯定只是对该法案表决的人中非常非常小的一部分人。大部分参与对这一问题表决的人主要关注的肯定是，他们模模糊糊意识到的公共利益。

当然，这是个极端的例子。但是，任何人在报纸上读到有关选举的消息或全民公决的那类消息，都会迅速意识到，参与对任何问题表决的大多数人并没有与许多问题有关的自私动机。他们会按照公共利益投票。

然而，在这里我们并不想表现得天真无邪。在一般的选举中，尽管大多数得到媒体高度重视的问题能够引起一般选民的注意，但是这些

---

① 这也是在这个领域中缺乏细心研究和思考的例子。我曾不怕麻烦地翻回去，在一份报纸上找到我非常偶然读到的一篇文章的细节。

问题并不是能以直接的自私方式特别影响到一般选民的问题，也就是说，这些问题并不能让一般选民把自己看作是某个特殊利益集团中的一员。几乎在每次选举中都会有这样一些例子。此外，大多数选民很可能往往更关注特殊问题，而不是关注与他们没有直接利益的一般问题。因此，我认为，集中精力关注特殊利益立法完全合乎情理。但我们不该由此推断说，政治活动完全不考虑一般利益或公共利益。

如果人们只是从报纸吸收信息，然后做出投票决定，他们就不大可能对政治的任何一个方面有透彻的了解，而往往是对并不特别会影响到他的事情听说得多，而对专门影响到他的事情听说得少。因此，在一定程度上，他最终会投票支持他认为是公共利益的事，而不是对他自己有着特殊利益的事。

这个因素在很大程度上会被抵消。我们来看一位正在思考如何投票的国会议员的情况。他正认真关注着如何用这样一个事实来影响下一届选举：少数利益集团的成员有一些特殊的信息渠道，而这些渠道很可能会为热衷于此的小团体选民提供信息。尽管如此，这位国会议员必然一定要查看双方的底账。从这个事实，我们相当直接地看到，没有向少数特殊利益集团做直接的公开的转移支付。我们没有看到用一种普遍的小额税款向小量少数派支付现金。因为那会过于明目张胆了。我们确实看到政府在从事一些活动，旨在产生公共善，但事实并非如此。任何民主国家的一般百姓很可能几乎都认为，为了抑制通货膨胀，严格的价格管制会是个好主意。每过上一段时间，我们就会看到，政府为应对这种压力而为这类价格管制立法。政府为什么要这么做，原因不难理解。其实，考虑到政界人士的各种动机，真正困难的问题倒是，为什么他们曾经废除了价格管制。这就是给不了解情况的个人留下错误印象的一个例子：他们以为政府的某项政策是为了公共利益，而事实并非如此。②

在离开这些选民相当自觉地为公共利益投票的事例之前，我或许应该就信息状况多说上几句。当选民故意用他的选票支持慈善之举时，他大概至少有一定的动机要了解这项具体的慈善行为。这并不意味着他将会变得消息灵通，但他不会是无可救药地欠缺信息。在那些他努力为公共利益投票的事例中，只因他没有私利，他想要变得消息灵通的动机甚至会更弱。这是个在民主政治中一时兴起的狂热、迷恋和时尚特别重要的领域。因此，为"公共利益"(public interests)投票往往是信息非常匮乏的。

对于真正的公共利益就说这么多。现在，我们转向两个领域，其中个人投票的方式在外人看来或许是为了公共利益，但实际上是出于他们的自私动机。当然，我们不该简化过分了。在这些领域中，真正想做好事的人也可以用和自私的人一样的方式去投票，而且对于大多数人，这两种动机至少在一定程度上有可能是混淆在一起的。

我们要从技术上的公共善谈起。例如，来看军队。大体来说，个人在投票支持他自己的利益时，不可能不同时支持他人的利益。因此，如果我认为，越南战争对于捍卫我是重要的，③我唯一能做的事是投票支持越战，而这往往也会对所有其他人产生同样的"好处"。

一般来说，对于军事活动，这都是真实的。经济的规模太大了，以致人们仅靠自己个人的力量不大可能做成什么有影响的事情，因此，他们所做的任何决定都必须是集体的决定。在这样的情况下，我想要更

---

② 在这里应该说，价格管制立法可以是一项理解不当的私人善的立法，而不是理解不当的公共善的立法。有时候这说明，一般个人认为，他买的东西的价格上升了，是因为通货膨胀引起的，而他卖出的东西的价格上升了，是他自己的优点带来的。这样，他会认为，一种公平的价格管制方法会让他的收入持续上升，同时使他支付的价格停止上升。这样，他有了一种自私的而非公共的良好动机。我拿不准这实际上是不是合理的解释，但有可能是。

③ 也可以认为越战会危及我。论据是相反的，但与本文的联系是一样的。

强大军事保护的完全自私的愿望就有了一个副产品:我也将保护其他人。换言之,我将以产生公共产品的方式去投票。有许许多多这类活动的例子——警察、高速公路网、气象局或是专利制度,等等。

我们立刻就会注意到,在所有这些事例中,除了这些非常一般的支持"公共利益"的动机外,还有一些支持狭隘利益的动机。然而我认为,在这里切不可以认为这些狭隘利益在政治过程中占有支配地位。这些狭隘利益以各种各样的方式使政治过程弯曲变形,但如果不能获得压倒"公共利益"的投票,由狭隘利益派生出的各种好处就无法提供。

还有另一类政府服务,从技术上说并非公共的,但从选民的角度看,却非常像军队那一类事务。从技术上讲,那是私人的商品和服务,但是如果有大量选民投票要求获得这些商品和服务,就可以通过政府提供。例如,假定对一部分人征收特定的税,来支付另一部分人的年金。从这两方面人的角度看,这完全是个人的利与害。尽管如此,没有哪个人能够预料到,只有其他人也投票支持,他才能拿到自己的年金,因此在他投票支持年金时,他并没有想到只为自己做这件事。他会把这一大堆个人好处当作是一种公共产品。实际上,我猜想,这种事情在现代的政治结构中要比真正的技术上的公共产品更为普遍。当然,在许许多多事情上这两者都是混淆在一起的。

这里再说一遍,人们肯定会料到,个人在投票支持或反对这类计划时,基本上已充分意识到这一事实,即这么做会影响到许多其他人。尽管如此,但他们确实在尽力使结果向他们自己利益的方向倾斜。在这方面,这个结果很像公共产品。正如武器制造商希望国防拨款将被大部分用于购买他的某个产品那样,上年纪的年金领取人也会觉得,比如说,根据他所居住的那个地区异常高昂的生活费用对年金做一个特殊调整是可取的。

提前说一下后面的讨论,以我们在这里描述的方式投票的个人,几乎没有多少想要变得消息灵通的积极性。他可以投出一票,想的是增加他的年金,实际上却会减少年金,因为他搞不懂充分预测其投票后果所必需的复杂的精确计算。而且一般说来,花时间去弄懂这类计算也并不值得,结果就是,他往往再也不去管这种事了。再说一遍,在我们讨论过人们为什么会投票支持公共利益的某些其他原因之后,还会进一步来讨论这个问题。

尽管如此,像社会保障这类计划在政治上具有一种公共产品的所有标准特征。当然,我们能够轻易找出大多数人认为是好或不好的一种公共产品的事例,例如,国防拨款。我们也能找出由小众人群推动一种私人产品的事例。标准的议员为选民争取地方建设规划经费的事,显然就是一例。

当然,有一种介于中间的情况,其中个人面对的是对一小群体而言的一种公共产品。例如农民,假定是像在美国的那样,接近政府并建议政府提高他们的农产品价格。对于个别农民,这是一种公共产品,尽管不是对全体人口的公共产品。另一方面,提高农产品价格的成本实际上确实要由全体人口来负担,因此它是一种公共恶,尽管大多数人显然并不知道这种恶的存在。

完全从选民的角度来看这件事,特殊利益与一般利益确实没什么区别。史密斯先生对从 A 到 M 的各种事务具有偏好,其中有两个与他自己非常特殊的利益有关,其他的事情至少在他看来是属于公共利益的事情。从史密斯的角度看,他为某位候选人投上自己的选票所产生的影响,对于这些事务中的每一件都是一样的。只有当他个人特别重视其中的一件事时,他才会给这件事额外的影响。

人们常常认为,不管怎么说,压力集团中的个人投票支持特殊利益总比投票支持公共利益能从自己的选票中捞到更多东西。事实并非如此。一票就是一票。有的东西是压力集团的成员必须通过形成特别可靠的声誉,并且总是把他们的选票出卖给在某件事上出价最高的人而忽略其他事情才能获得的。如果个人选择不这么做,那么下一次,通常他就不会对让人相信这个集团承诺的前景有任何重要影响了。我们有关选举的数据太不精确了,无法察觉一个人态度的转变,而且无论如何,这个人对国会议员们都无足轻重。

这里应该说明,从国会议员们的角度看,一种特殊利益只会引起一伙利益相关选民的兴趣,而不会充分引起每个人的兴趣。没有必要遵从经济学家坚持的公共利益观点。让我们再回头来看那个允许个人在卖房时歧视同性恋者的立法问题。这个立法大概是由一个态度激烈的小团体推动的。从政界人士的角度看,他们也就是一个特殊利益集团,与想要自己所在城市的港口得到疏浚的人们是一样的。

总之,如果我们看看由政府产生的公共产品,其中有许多很可能被政界人士看作是对各种特殊利益集团的让步。在非常长的一段时间里,美国的退伍军人组织曾努力推动增加军事拨款。④ 我可以肯定,在政界人士看来,他们就是一个必须用大量拨款来安抚的特殊利益集团。当然,在这种情况下,他们努力推动的事情是能得到公众广泛支持的事情,比起把塔尔萨建成一个深水港,支持的人更多;但从政界人士的角度看,事实仍然是,他们是个特殊利益集团。

从一位政界人士的角度来看选民,大量的人在各种问题上有着利益,但他们对这些利益要求的强烈程度却是千差万别。这位政界人士会试图在多方面问题的连续统中找到一个位置,能使他当选的概率最大化。假定他有个对手,那人也会做同样的事情。这意味着,他必须考虑到所有事情上的偏好强度和真正的偏好方向。

这也意味着,这位政界人士还必须考虑到选民面对的信息状况。

---

④ 当然,没有他们为改善年金付出的努力那么大。

这导致各种折中,他在其中可以采取一种立场,一般来说既不会遭到某个时常是小的特殊利益集团的强烈反对,也不会得到强烈支持的立场。

然而,这显然并不是说,只有小的集团才有强烈的偏好。例如,瑞士政府从未提议轻易取消其军事机器,从人均的意义上说,那大概是这个世界上最强大的军事机器了。倘若它真的要取消,我猜想他们会看到,瑞士人口中的绝大多数都会激烈反对。由于瑞士广泛使用全民公决的做法,激烈的少数派比起纯粹代议制民主国家中的激烈少数派,权力和重要性都较小。然而,也正因为激烈的少数派太小,不足以吸引整个国家的关注,他们常常能以在下次选举中投反对票相要挟,从瑞士政府得到各种各样的特殊权利。⑤

在比较常见的民主国家中,全民公决不像在瑞士那么重要,激烈的少数派可能做得好一些,只是因为他们更可能影响当选政界人士对两年后下次选举的看法,而不是因为他们能影响一般的公众舆论。

从一般意义来看这件事,就选民的立场而言,公共利益和个人利益之间的区别显然没有特别的关联。来看社会保障管理。有些人预计税收大于自己的所得,从而觉得社会保障对个人是件坏事;有些人的预计相反,从而觉得社会保障对个人是件好事;因此社会保障简直就是一大堆个人的利与害。在这方面,社会保障就像大多数的转移支付一样。⑥然而,从这个例子我们可以预料,有非常多的人以这样或那样的方式,对所持偏好有着不同的强烈程度。另一种情况,很可能靠近另一个极端了,假定提议查抄当地的某个淫秽窝点。支持或反对这种做法的群体大概都会很小,尽管淫秽窝点也有"公共性"。

---

⑤ 瑞士使用比例代表制。这种方法意味着,立法机构中的许许多多成员可以因选择选票(preferential vote)上其实非常微小的变动而被撤职。

⑥ 当然,在某些情况下,转移支付其实包括富人自愿给穷人的礼物,而在这个事例中,只有公益的方面。

对于只是拉个单子列出他支持什么或反对什么,确定哪个候选人支持的每件事,然后根据他对每件事的感受强度进行权衡的选民,这些微妙的区别,极少或完全不能引起他的兴趣;对于只关心下次选举时他对某个问题的决定能使他得到多少选票的政客,这些区别也没有什么重要性。他不在乎人们支持或反对某一次选举的理由是不是存在公共利益或个人利益。当然,他会关注任何问题每一方的人数以及他们的感觉强度,尤其感兴趣的是,他们在下次选举时还有多大可能会记得全部事情,并对他进行奖励或惩罚。

这在政治中的运作方式是,这位政治企业家——我们假设是在竞选国会议员的某个人——用各种提案组成一个他打算推动的政纲;当然,如果有前一次的记录,他也会强调这一记录,以此作为他可能会做什么的凭据。他试图把这个政纲设计成至少能使他得到相对于对手的大多数选票的样子。这意味着,他在从事我们所说的含蓄的选票交易,也就是说,他为选民 A 制定一个平衡其愿望的特殊条款,他知道选民 A 特别想要这个条款,他也知道选民 A 反对的两三件事,但选民 A 并没有强烈地感觉到这些事。这种机制运行的结果是,他往往建立了一个政纲,其中包括了一些他认为能得到广泛支持的问题,同时还有大量其他问题,从其中的每个问题上都能看到他支持的激烈少数派和相对温和的大多数。要是他把这个活干得漂亮,他就将当选。

一旦这位国会议员进入了国会,他就会或多或少更想按这种方式做事了,但在这种情况下,他要尽力创造的不是对未来的承诺,而是一种能让人们再次选他的行为模式。为达此目的,重要的是,他必须能说,他为自己的选区带来了利益。同样重要的是,他必须能说,他与他的大多数选民一起投票支持了这些问题,而这个大多数对所发生的事大概会有所了解,并对此感兴趣。因此,在这种情况下,他的行为模式就不大会遵循上述含蓄的选票交易模式,而是采取明晰的选票交易模式,实际上,他在其中可以与其他国会议员就各种问题进行交易。

美国国防拨款获得通过的过程,很可能就是这种行为模式的结果。大多数国会议员都将支持他们的大多数选民会支持的国防拨款数量。他们也会有非常强烈的愿望,见到国防开支以有利于每个单个选区的方式花出去。首先,在国会中获得一般多数的地位并非特别的难事;其次,精心准备的选票交易过程已经启动,结果,我们就有了现在看到的军事基地。⑦

来看一下一般选民面对的信息状况。首先,他几乎没有想要了解情况的动机,除非出于某种原因,他确实想对政治有所了解。他通过媒体和电视信手拈来的一些信息,不大可能意义深远见解透彻,而且在很大程度上,这些信息会取决于目前的时尚和狂热。倘若他确实对某个主题特别感兴趣,想以此作为一种业余爱好,他会对此非常了解,但是这类选民的数量很小,对政治可能完全没有影响。

一般选民没有工具性动机想要充分了解有关公共利益的事情,这已经有确凿的证据,而且无论如何在这里也不能否认。但他至少在一定程度上或许有动机去了解将会影响某个小团体的事情,因为他是其中的一员。在这种事情上,他的选票有较大影响。然而,这种动机可能并不强烈。

因此,他的信息状况往往会夸大我们在上面讨论的影响。在特殊利益立法领域,他的信息匮乏程度往往着实令人惊骇。那些现在正受

---

⑦ 顺便说一下,这无论如何也不是一种新现象。当杰斐逊首次当上总统时,他就发现自己面对的既有一个相当庞大的军事机器,还有一种非常困难的外交政策处境。他决定,尽管外交政策处境困难,也要大幅削减军力。这个决定给他的继任者和朋友,麦迪逊总统,带来了1812年灾难性的战争。然而,令人感兴趣的是他削减国防预算的特点。尽管他把陆军和海军的作战部分做了非常非常急剧的消减,他却没有关闭海军基地或兵工厂。军队的战斗部分可以削减,但选票交易的部分不能削减。在这一点上,正如在许多其他领域中一样,杰斐逊是现代美国政治的奠基人。

到政治推动的特殊利益法案,带给他的成本极低,为的是向某个态度激烈的少数派提供大量福利,而他对此大概一无所知。如果他确实听说了那些法案,他往往也是从特殊利益集团传播的骗人的封面故事中得到个一知半解。在这里,我们知识分子可以做出真正的贡献。只要我们告诉民众这些事情的实际成本,我们就会看到,他们大多就不会同意通过了。遗憾的是,知识分子在历史上往往支持大量特殊利益立法,如果有什么结果的话,那就只能是他们帮助骗人。

当然,应该指出,当谈到特殊利益立法时,个人大概完全不了解他有大量机会可以为自己争取特殊利益。实际存在的特殊利益集团的数量,大概只是这类集团潜在总量的一个微小部分。曼库尔·奥尔森对这些问题所做的充分概述表明,在大多数情况下,利益集团都不是有组织的。最初的投资是要让集团成员得知他们有共同利益,这些人创造出能在国会中流传的封面故事,然后再依靠压力集团内的个人,以从压力集团的角度看公众感兴趣的方式,使法案获得通过。因此,我们并不认为,由于这些利益集团实际上只是潜在公共利益中一个非常小的部分,他们就能变得在政治上可行。这是一个非常幸运的事实。

总之,本文的目的是要强调,公共选择不该完全忽略公共利益或公共利益投票。公共选择肯定不该忽略这样一些问题,在这些问题上,大量人们的私人利益全都指向同一方向。很有可能,萨缪尔森写的极有说服力的文章,他在其中提出的支持公共产品公共供给的论点,已经误导了这个领域中的学者。[8] 政府确实提供公共产品,但政府也提供许多其他东西。从根本上说,民主国家的政府提供的东西是大多数人们会投票支持的。这并不是说,他们会投票支持每个单项,但整个一揽子

---

[8] "The Pure Theory of Public Expenditures," *Review of Economics and Statistics* 36 (Nov.1954),387–389.

方案对他们是有吸引力的。

这个一揽子方案包括一定数量我们立刻就能认出是公共利益的东西，也包括大量某个小的少数派强烈关注的事情，如标准的选票交易问题。最后但绝非最不重要的是，它还包括由政府提供的私人产品，因为这类产品的提供必须由强力执行。转移支付是最明显的例子。最后的这个私人产品分类可以是有利于相当小而激烈的少数派的东西，也可以是有利于大量人口的计划项目，如德意志帝国时期由俾斯麦首先实行的各种"福利"项目。我认为，完全忽略公共利益立法和公共利益动机的倾向，以及甚至更多的完全忽略把大规模转移支付当作政府活动动机的倾向，应该得到改变。当然，我并不想辩解说，公共利益是政治中占支配地位的动机，但它确是一种动机。

如何把好事做好！*

经济研究总是具有有助于改进公共福祉的潜力,因为改善了的知识能够对世界产生有利影响,并且不大可能产生不利影响。尽管如此,我会估计到,这些日子里经济学刊物中的一般文章,对这个世界的福祉不会有什么贡献。大多数经济学家都了解这一点,而且与其说他们关心自己的研究将对公共福祉做出的贡献,不如说他们更关心自己的成果出版和终身教职。

例如,来看美国民用航空委员会解散的例子。1937 年,美国国会要求美国航空运输业组成卡特尔,并建立了一个政府机构,民用航空委员会,来监管这个卡特尔。结果,美国国内航空运输业的价格远高于其均衡价格,尽管仍然低于国际航线和欧洲的价格。①

1984 年,民用航空委员会被取消了,而且显然,是经济学家对其解体起了主要作用。一伙经济学家(我最了解的是吉姆·米勒[Jim Miller])付出了大量时间和精力,去做与航空业有关的经济研究,以及与航空业有关的我们称之为"公关"的活动。他们在美国企业研究所和参议员肯尼迪之间组成了一个原本不可能形成的政治联盟,目的是使民用

---

* 经许可,重印自《新古典政治经济学:寻租分析与 DUP 活动》(*Neoclassical Political Economy*: *The Analysis of Rent‑Seeking and DUP Activities*, ed. David C. Colander, Cambridge, Mass.: Ballinger, 1984, 229 – 240)。

① 美国航空业的价格低于欧洲航空业的价格,明显的原因并不是我们的价格垄断性不高,而是因为这些公司更有效率,结果,美国航空公司的最佳垄断价格就低于像法航或日航那样无效率的大公司的最佳垄断价格了。

航空委员会这个管理机构早日进入坟墓。此外,他们也使一些航空公司相信,取消了这个委员会,这些公司会受益。

在我看来,当这些经济学家开始上述政治运作时,与公共利益基本无关。大多数人们和政界人士会坚持认为,为了防止航空公司揩乘客的油,民用航空委员会是必要的;而大多数研究这个问题的经济学家过去实际上也都同意这种管制。应该说,许多研究这个问题的经济学家都是经济学专业中专门关注公共效用的经济学家小群体中的成员,而且他们自己的个人收入在很大程度上要仰仗这些委员会的存在,因为他们可以向这些委员会提供专家证词。米勒可能已经加入了这个小群体,但是选择了站在另外一边;从他后来的职业生涯来看,很难说他就不对,无论是从公共利益的角度还是他自己职业生涯的角度来看,都是如此。

我不想也真的没有能力去评论这个成功运作的细节,但我想要指出两个重要因素:第一,如果一般百姓早就知道民用航空委员会的真相,他们总是会反对这个委员会。这是可以被认为解散该委员会是出于公共利益的理由之一。第二,查明事实真相并不是太难的事。这个问题主要是向政客和媒体做解释。之所以说不一定容易,是因为政客和媒体都没有特殊的动机努力为真正的公共利益着想,他们更多关注的是公共利益目前在百姓心中的形象;但是说不容易,并不是说绝对做不到,而且我们这里就有了一个显然已经做到的事例。我这篇辅导性文章的主题就是"去吧,照着去做吧"(Go Thou and Do Likewise)。

民用航空委员会并不是唯一的例子。近年来,银行管制也已大都瓦解。这在很大的程度上是技术进步的结果,但是一个强有力的批评管制的经济界人士群体的存在,无疑也起了重要作用。毕竟,管制者仅通过采用新技术就可以改变他们的管制,但是他们实际上没有这么做。在一定程度上,这肯定是由于这个领域中反管制的经济学家们工作的结果。卡车业的部分放松管制几乎完全是经济活动所致,而且其实在卡特政府的后半期,州际商务委员会的主席就是一位经济学家。②

在上述这些事例中,经济专业的大多数人一开始都站在错误的一边,支持管制。这是当我们说起经济学家能对政策起好作用时面对的问题之一。我们必须承认,经济学家在过去经常起坏作用。然而,好的经济学家总是起好作用,而起坏作用的都是坏经济学家。这可不只是个心血来潮的论点;我相信,只要看看事实就会发现,在如州际商务委员会这类机构建立时,支持这些机构的经济学家都明显比反对这些机构的经济学家差。

还有一些令人震惊的例子。1929年,美国大概是世界上关税最高的国家。实际上,在干预年代,我们已经形成了一种建立配额和自愿协议的习惯;但是现在,就算你把这些都加在一起,我们也仍然是贸易壁垒非常低的国家。这种改变看来几乎完全是坚定不移的经济批判的结果。肯定地说,很难指出造成这种改变的任何其他原因。

然而,历史再一次变得含糊不清了。当然,保护性关税长期以来一向是经济学家所讨厌的事情,但是重温一下近年来超前的理论文献就会发现,关于最佳关税的讨论远远超过关于取消关税有利的讨论。这一点尤其令人感到惊异,因为讨论最佳关税的文章几乎没有(就算有也极少)指出,他们所说的最佳关税是非常特殊的一种,而且在现实世界中,无论如何也不可能计算出一种最佳关税。③ 然而,大多数经济观点总是反对保护性关税,哪怕这种观点在技术性刊物上没有得到多少关

---

② 令人遗憾的是,这种部分的放松管制好像已经停止了(我希望只是暂时的)。再说一遍,它正在鼓励大多数经济学家反对这种管制。

③ 并不是说有关最佳关税的文献错了,而是说,这些文献有可能被误用,而且,经济学家更可能对公共政策起积极作用,因为寻租的力量将把一种关税推到远远超出任何最佳关税的地步。

注。从一定意义上说,降低关税运动的成功主要依赖的是这一事实:在大约12年时间里,美国的国务卿是原来一位南部的议员,他在年轻的时候就了解了自由贸易并坚决奉行。当然,科德尔·赫尔已经去世多年,但他开创的潮流还在继续。可以肯定地说,支持这类关税削减的一般经济气候,在这里起了重要作用。

我们现在能做些什么?更具体地说,读者能做些什么既是好事又能有助于他们事业前程的事呢?我的看法是,有大量事实证明,几乎所有经济学家都会同意的事是:寻租并降低一般福利。这样的话,好事必不得好报。

反对寻租论点的一个例子

先来说个几乎所有经济学家都会同意的例子。在加拿大的不列颠哥伦比亚省有大约300位蛋品生产者,一些时候之前,他们觉得自己并不像他们应该的那么富裕。他们向不列颠哥伦比亚省政府施加压力,建立了不列颠哥伦比亚蛋品控制委员会(British Columbia Egg Control Board)。这是个卡特尔组织,政府在其中不仅规定价格,而且实际上还聘用公务员。尤其是,该委员会从蛋品工厂厂主手里收购蛋品,然后再卖给公众。

最初支持这个计划的论点(除了它会使蛋品生产者更富裕外)是,这个委员会将能稳定价格并保护"家庭农场"。他们是稳定了价格。加拿大的不列颠哥伦比亚和美国的华盛顿州两地的条件大致相同,但是你若比较一下两地的蛋品价格,很显然,华盛顿州的价格波动较频繁。然而,加拿大这个委员会的稳定价格主要是防止价格下跌,而价格下跌正是定期让华盛顿州的蛋品生产者非常头痛的一件事。这种特殊的稳定是否让作为生产者对立面的家庭主妇羡慕,并不是特别明显。对于保护"家庭农场"的说法,我怀疑这些企业是否真的称得上是家庭农场,但是确有证据表明,它们的平均规模可能比不列颠哥伦比亚省最不理想的规模还要低,倒是事实。

为了收取垄断价格,当然必须防止其他生产者进入这个行业。这通过传统的老祖父条款*做到了,所以那些在这项安排开始时已经在生产蛋品的人,是唯一能被准许从事这种生意的人。结果,农民的财富增长得非常迅速,因为生产蛋品的许可现在是有价值的了。真的,对于一般蛋品生产者来说,这种许可的价值超过其全部资本总额的一半。

然而,应该指出的是,除了蛋品生产者外,还有一种人受益于这个计划。要是蛋品生产者的蛋品按照不列颠哥伦比亚蛋品销售委员会认为的稳定价格在该地卖不掉,多余的蛋品就要制成蛋粉一类的产品拿到国际市场上去销售,以市论价。

我是怎么知道这些有关不列颠哥伦比亚蛋品销售委员会的事情的?答案很简单。有两位经济学家认定做这个研究是值得的,而且弗雷泽学会(Fraser Institute)为这个研究结果出版了一个小册子。④ 因此,博查丁和多罗什或许是非常容易地获得了一个相当好的出版机会。说这本小册子没有包含特别复杂的经济分析或是运用先进的方法,并不是批评它。做这项研究或许有一点困难,因为我认为,蛋品委员会不会非常热情地与他们合作。尽管如此,我可以想象,出版这本小册子的成本-效益分析,从得到出版和投入研究的工夫来说,是异

---

　* 原文是"grandfather clause",指的是旧时美国南部保护白人利益的一种法律条款,它规定南北战争前享有选举权的白人后代,即使没有文化也有选举权。——译者

　④ 这本小册子的标题是《蛋品销售委员会,垄断及其社会成本的一个案例研究》(*The Egg Marketing Board*, *A Case Study of Monopoly and Its Social Costs*, by Thomas Borcherding and Gary W. Dorosh, Vancouver:The Fraser Institute,1981)。

乎寻常地讨人喜欢。此外,这本小册子本身肯定会使该委员会续存下去,至少,有点不那么肯定的是,这是大多数经济学家都认为会有益的一个结果。

当然,我希望这里还能做更多的事情。这本小册子由弗雷泽学会出版,这个学会本来就是为了做这种事情的目的而存在的,并试图用其研究来影响公共政策。弗雷泽学会的负责人经常在电视上露面。我会认为,蛋品委员会的前景显然不如这一切开始之前。我希望博查丁和多罗什会继续做下去,不一定做太多进一步的研究,尽管要是他们打算在当地媒体发表更多东西的话,这种研究大概还是可以做的。

在这里,我想要建议他们去做点不那么专业的事;我认为,经济学家应该做出积极努力,吸引当地报纸和其他媒体关注这类问题。一小撮地位稳固的利益集团损害大众利益的故事,都是一旦你卖给记者肯定会销量不错的报道;而且,这类报道并不特别复杂。

这并不是经济学家通常从事的活动,而且,要吸引报社记者也有点儿难度。报社记者往往只说其他报社记者已经说过的话。[⑤] 尽管记者们都如此行事,但他们通常还是要搜寻可以作为头版大标题的丑闻,而且确有数不清的事例。加州私人游艇销售商的执照,是我最喜欢的保护公众不受低佣金率侵害的事例,但是我可以肯定,大多数经济学家能想到半打以上更多的事例。但是现在,我们要推迟对一般信息公开的进一步讨论。

我们可以把经济学家中大概已经取得统一认识的各种寻租活动大致分为三类:(1)涉及花钱的活动,但从一般纳税人的角度看,钱花得愚蠢却能为某个群体带来好处;(2)把价格设定在高于均衡水平之上的活

---

⑤ 近年来在美国非常成功的"放松管制"就是一例。它已经由于《华盛顿邮报》的大多数通信记者而多少变成了一种时尚。这些记者支持放松管制,却并不清楚为什么要这么做。

动;(3)通过设立准入门槛,限制进入某个行业来获得卡特尔利润的活动。⑥

经济学家在制止联邦政府导致寻租的开支方面的努力一向不大成功。例如,杰克·赫什雷弗(Jack Hirshleifer)花费了大量时间和精力,与这个领域内的许多专家一道,试图阻止在加州建设费瑟河的计划。这事还没有完,但是从总体上来看,他们的努力不能说已经产生了重大影响。我不知道制止政府的这类开支为什么比制止政府的其他活动更难,但是我猜测,问题就在于,从加州老百姓的角度来看,这个计划其实很不错。⑦ 他们的努力在很大程度上集中于加州。另一方面,成本在很大程度上由加州之外的地方负担。从经济学家一方来说,为制止当地财政支持的开支所作的努力相对极少,而我认为他们在这里可以有更大的影响。在抨击当地的开支时,我认为,明智的办法是要在心中牢记,许多情况下的开支实际上是由联邦支付的。当地政府接受国家级政府的馈赠并非不明智,哪怕这种馈赠的形式不是最佳的。可以得出的结论是,如果负担成本的人群能够了解情况,大部分的寻租活动常常是可以被制止的。

再来谈谈另外的两类,准入限制和价格管制,这些大都是州和地方的规定,尽管当然也有联邦规定的例子。在这些下级政府,受益群体和受害群体的比例总是比较接近,因而要让受害群体了解情况也比较容易。此外,个人的活动更可能在这样一个受到限制的领域内产生影响。最后但并非最不重要的是,这类计划大都相当简单。因此,最好在这些领域集中进行反对寻租的活动。

我们从某个政府委员会设定价格的事例谈起,有最高限价和最低

---

⑥ 在这里,我排除了那些如果我们只从短期来看,如选民不幸所做的那样,受益人数超过付款人数的情况。对天然气的价格管制是目前的一例。

⑦ 当然,得忽略那些因运河流过三角洲而遭受损害的农民。

限价。其实,这就是不列颠哥伦比亚蛋品委员会,还有一个简单的论点可以用来反对它,那就是不该设有最低限价。最低限价很难保护消费者。假如你能设法取消最低限价,那么最先提出这件事的压力集团大概就会注意到,最高限价也会被取消。

在这一点上,我或许应该提到支持最低限价的人几乎肯定会使用的标准合理化解释。⑧ 他们会断言,如果不实行最低限价,那么某个特别有钱的公司就会通过削价竞争获得垄断地位并加以利用。不反对最高限价,而是把最高限价交给正常的政治过程去处理,这种论点就被排除了。这里的教训很简单:最好的经济论证并不总是(其实,一般来说都不是)最好的政治行为。政策经济学家们必须阐明最可靠的能导致有利结果的论点,而不是最高雅的论点。

限制准入有各种形式的支持论点。正式的合理解释是,限制准入能保证所提供服务的一定质量水平。这可以用米尔顿·弗里德曼的"证书"来加以反驳,他说的是,州和地方政府可以向任何通过了他们规定标准的人发放证书,但并不禁止没有这种证书的人执业,只要他们没有欺诈行为。换言之,没有证书的人不会对恳求他提供服务的人说他有证书。这种方法大概会消灭大部分的垄断收益,并把现在的安排转变为甚至对社会更有利的事情。

当然,常见的反对论点是,人们还没聪明到要看证书的程度(说这种话的人为什么认为人们已经聪明到会去投票,我不知道,但他们确实这么认为)。要反驳这种论点,人们可以退一步来辩解,指出这些规定并不是为了提高服务质量,而且事实上甚至也没有付出多少努力假装要提高服务质量。

一旦实行了准入限制,目前已在这个行业中的人绝无例外地不受

---

⑧ 我在高中时就遇到了这种解释。

限制。其实,这就是为什么要实行准入限制的原因——目前行业中的人想要用减少竞争的方法提高自己的终生收益。显然,如果现在已在这个行业中的人没有任何调查也能胜任工作,调查很可能也就没有什么用了。这样,所有新的这类提案也会轻易地被否决。

我们看看较老的一些行业。这里可以有一种考试,常常是无关的考试,但只针对新进入者。这里的适当论点就是,一个执业者,无论是医生还是管道工,都有可能跟不上新发展,忘掉了旧知识,或是比如说,变成了一个酒鬼。因此,该行业中的每个人不仅在他进入这个行业时要接受考试,而且还要时常接受再考试。很难想出有什么论点能反驳这一点,但是,如果采取了这种不断考试形式的限制,显然会消除要求准入限制的政治压力。

最后,还有一个宪法论点。最高法院一向认为,对于刚到新的一州定居的人,要求在他能领取救济金之前必须有一个等待期,是违反了宪法赋予他的自由旅行权利。禁止他从事木匠生意也是如此。当然,如果这种限制实际上是公平的——也就是说,纽约对木匠工作的限制,同样适用于纽约人和想要移居纽约的加州人,那么,这种宪法论点就不存在了。然而,这样一种限制会意味着,如果所有在纽约做木匠的人在那个法律通过时都被允许不考试,那么也应该允许那时在其他州做木匠的人不考试。如果我们能让最高法院证实,这就是宪法所说的意思,我们可以自信,在美国各地的州和地方政府中,都绝对不会再有政治努力,要去建立新的准入限制。

如果说对木匠的考试由来已久,以致没有太多来自外州的木匠,因为在他们来做木匠时,原有的木匠已经享受老祖父法的照应了,那就有了一个有点更为困难的宪法问题。然而,这里必须有这样的证据,即:这种考试并非真的为了证明人们做木匠的能力,而是要防止来自其他州的移民。在我看来,这个简单事实——对已执业者不进行定期的考试来确认他们确实掌握了技术，没有变成酒鬼——会适用于这里。这样的宪法论点在法院可能成功，也可能不成功。我推荐在经济学论点中使用这个事实，哪怕它并不严格相关，就是因为我认为，它对一般选民有劝说效应。

在提出任何反寻租论点时，人们总是应该指出数据不当（人们也可以一种机智的方式暗示，数据不当就像罪犯隐匿不报他们犯罪的秘密证据）。更多的证据总是必要的，而且一般来说，压力集团在某种程度上不会愿意提供数据，因为它担心强化了你的论点。然而重要的是，这种论点使你处于非常好的辩驳地位。几乎可以肯定地说，压力集团的代表将声称，你对他们那个领域完全不了解。你的反应是，说你的不了解在一定程度上是因为他们保守秘密，继而要求他们提供进一步的信息。这样做会有帮助。当然，在他们确实提供了更多信息这种不大可能的情况下，你就获得了做进一步的和更好研究的机会。

不可避免会得出的第二个论点是，压力集团的有些资料可以从它的活动中获得。尽管我们，作为经济学家，无论如何也不会把这看作是丢脸的事，一般人却会这么看。实际上，压力集团通常都会声称，它的存在使它伤害的人们得到了好处，但是他们通常都不否认，它自己的人也从中受益。因此，你只不过要强调压力集团打算轻描淡写一语带过的事情。

如果个别经济学家挑出了某种明显不合理，却为州或地方政府所喜好的活动，并成了这方面一个正派的专家，我认为，那个地方的经济会改善。这么做不需要很多投资。一般来说，这些项目都不复杂，但是尽管如此，要成为专家也得下点儿工夫。在成为专家之后，这位经济学家应该尽力争取得到媒体的宣传，以获得带有如下结果的一种地位：首先，肯定是要吸引压力集团的注意，这可能有用，也可能没用；其次，如果这位经济学家穷追猛打而且坚持不懈，他大概至少能对压力集团的活动产生某种作用。

这里,我要强调,尽管我说是一种个人努力,但并没有理由认为,不会有小群的经济学家加入其中,而且肯定也没有理由认为,你不该从其他群体寻求支持。例如,妇女选民同盟往往在寻找好的目标,而你没准就能改变他们的品位。还有各种商业团体,扶轮社等,他们总在寻找演讲人,而那将为你提供造成一定影响的机会。

然而,坚持不懈是必要的。压力集团会继续吵闹上几个月,这有帮助但不大可能做成太多事情。然而,坚持不懈并不困难。一旦你已经跨过了"门槛",对那个组织有了足够的了解,能把自己看作是个正派的专家,要保持进一步的发展并把更多的数据合并到你的分析中去,就是非常简单的事了。此外,你与媒体的关系往往起到自我增强的作用。在你使人们相信你知道很多有关比如说蛋品生产的事之后,你大概就会看到,电视节目的导演会向你问及所有有关经济事务的问题。你当然应该尽自己所能来回答他们,而且我们希望,这不仅有助于公众了解经济信息,而且能给媒体的代表们提供你的专家见解,这样,当你再来谈蛋品这个问题或不论什么问题时,他们就可能注意倾听。

大多数经济学家只是偶尔给扶轮社那类组织做演讲。我建议,你们专业生活的这个方面要大大增强。而且我还要建议你成为广泛论题的专家,而不只是给扶轮社做有关里根经济学对在哪儿错在哪儿的演讲。这确实是正常学术生活的一个改变,但并非天壤之别。我不建议你在这些合作项目方面花太多时间,只是说,你确实应该拿出一些时间做这些事。从一定意义上说,这么做可以是对那种我敢说占据了你主要时间的比较重要而艰难的工作的改变,但却是一个惬意的改变。

至此,我一直在对你们说,你们如何能做得好,但并没有解释为什么我认为你们会做得好。首先应该说的是,当然,我提议的那种研究确实在正规经济学文献中有一些潜在的出版机会。《法与经济学刊》、《政治经济学刊》《公共政策》,还有其他刊物,全都对这类文章感兴趣。我也会建议说,政治学期刊对这类研究也会感兴趣,尽管如果你们向它投稿,必须在方法上做少量改变。

但是,当所有这些人都感兴趣,而且我认为出版的前景很不错之后,还要说的是,如果有大量经济学家开始在这个领域中工作,很快就会使这些期刊对这类文章感到厌烦了。经过一段时间之后,只有特别好的这类文章才会在期刊上发表。而且这种"特别好"的情况不完全是指工作质量,还指的是选题的重要性。例如,对卡特尔经济学做一种新的综合大概是可以发表的,而成百上千对具体卡特尔的研究可能发表不了。

至此,当然,这些期刊对这类文章的宽容并非已经殆尽,而你们中那些首先进入的人无疑可以利用这种宽容。然而,一旦这类刊物退稿,还有许多其他地方可以发表文章,但它们的声誉会逐渐降低。现在有一系列的经济学会对这类卡特尔研究有着一般兴趣。[9] 博查丁和多罗什的小册子就是个好例子。显然,即便它不像在《政治经济学刊》上发表文章的分量那么重,那也是完全适合你放入个人简历中的一种出版记录。实际上,我自己的简历中就有三个这类记录。其实,从成本—效益的角度来说,我会认为,这些事情要比在《政治经济学刊》上发表文章的回报大多了,因为尽管稿酬不高,但生产它们的成本也不高。

在这个水平之下,还有相当广泛的发表机会,如地方报纸上的文章,编辑通信等。这些不是什么了不起的出版物,而且你或许可以在你的著作目录中指出,你认为它们不重要。例如,你可以单列出报纸文章和编辑通信的部分,甚至可以在这个部分提到你在电视上露面的情况。

这些不大重要的文章、演讲之类,在学术生活中的单位回报当然非

---

[9] 大部分这类学会的起源应归功于安东尼·弗希尔(Antony Fisher)的能力。

常低。然而,大多数大学把这种公共领域的活动看作是值得称赞的,并为此支付很高的薪水。这也要比《政治经济学刊》上的文章带有广告价值,尽管再说一遍,它的层次较低。

但是尽管这些是不大重要的出版物,但在上面发表文章的成本也非常低。一旦你成为了这个领域中的专家,你实际上可以挥洒自如地完成工作,例如,在半小时之内完成一篇编辑通信。因此,再说一遍,从纯粹职业角度来说,成本-效益分析的结果看来是正值。

但是,这可能马上会在你心中提出一个问题:我怎么能知道这些会导致特殊利益安排结局的更好信息呢?毕竟,这些信息已经存在了很长时间,即使公众不了解它们,大多数经济学家一般都还是了解的。这些信息似乎并不非常隐秘。我以为,只是公众对这些信息熟视无睹或是搞错了。我之所以这样认为出于两个原因:首先,如果你与任何一般选民讨论这些信息,结果会是,要么从来没人听说过,要么即使有人听说过,他们对这些信息也存在着很大的误解。在不列颠哥伦比亚蛋品委员会的例子中,一般选民大概都不知道有这么一个组织;而知道这个组织的选民大概持有这样的论点:这个组织稳定了价格,还保护家庭农场。

但是除了这种非正式的民意测验,我认为,还有另外一个更重要的原因。来看不列颠哥伦比亚蛋品委员会,任何经济学家都能迅速安排一套方案,对蛋品征税,同时给蛋品生产行业中的人直接补贴,⑩这会使蛋品的消费者和生产者都过得好一些。我们没有看到使用这种直接补贴。为什么压力集团不仅仅把向全体人口征税作为目标呢?那会向他们直接支付一笔钱,而不是我们看到的这些显然不是帕累托最优的安排。我认为,对此唯一可用的解释是,他们知道,一定程度的混乱和

---

⑩ 当然,这些人中有些会决定停止生产蛋品,并拿上补贴搬迁到夏威夷去。

指示错误是必要的。对不列颠哥伦比亚省每个家庭收10元税，目的是向在这个项目开始实施的时候恰好拥有产蛋厂的300个人支付年金，这样的直接现金转移支付永远都不会获得通过，因为它过于明目张胆也过于显眼了。这些事情必须用某种欺骗手段来包装。假定我说的是对的——实行这些项目必须告诉人们错误信息，那么告诉他们实话就可能终止这些项目。如果大家都知道有个政客打算向他的选民征收小额税收，为的是向某个小集团提供大笔资金，那么无论这个小集团组织得有多好，也不会有哪个政客打算这么做了。经济学家能看出这个问题，因为他们确实了解情况。

这里还要注意到，大众媒体在本质上是站在你们一边的。大众媒体全都以大群听众为目标。小型压力集团没有太多机会得到大众媒体的注意，除非是不利的关注。小型压力集团很可能有它自己的刊物，用于内部沟通，但是一家电视台或一份报纸的所有者往往会听从他的全体客户，而不是听从客户中极小的少数。因此，不仅秘密和欺骗在这里是必要的，而且大众媒体的本质也意味着，对于那些想从媒体行业赚钱的人，揭露这些坏人可能是受欢迎的。

我可以肯定，所有这些在你们大多数人听来都很荒诞。我曾把这篇论文的早期版本给了我自己所在的大学，一位年轻的准博士已经听说了这篇文章而且显然不相信他自己的耳朵。他后来来找我，问我，我的建议——他不要研究地方政府管理的某个卡特尔，而要寻求在《政治经济学刊》上发表文章——是不是真事。我向他保证，那就是我的意思。他带着一脸震惊走了，我想，他不是惊异于我的想法卓越动人，而是惊异于它的怪癖反常。

我想，这个年轻人将在出版方面遇到极大困难，更不要说在《政治经济学刊》上发表文章。竞争是艰难的(即使在今日，我送出去的大约一半稿件还是会被退回[11]),而大多数经济学家还从来没有机会在主要刊物上发表文章。但是,我假定你们所有人都是小小的少数派的成员,他们确实偶尔有机会打入《政治经济学刊》、《美国经济评论》和《经济学季刊》这类刊物发表文章。

再来谈谈遇到巨大困难无法发表任何东西的人的问题。在他的简历中,有点儿东西就比什么都没有强。我要提出的建议,在一定意义上指定能保证他可以在他的简历中至少能添点儿内容。对于比较多产但目前并没有为主要刊物写文章的经济学家,添加一些额外条目还是有帮助的,哪怕这些条目不是得诺贝尔奖的那种质量。再说一遍,生产这些东西的成本相对较低,所以你的单位努力会收获颇丰。

即便这对你的职业生涯没有有利的影响,我也还是要力劝你做这些事。我们所有人,在某种微小的程度上,都是有慈悲心的,而这对经济学家来说,是特别方便地表达他们慈悲情怀的一种途径。搞掉不列颠哥伦比亚蛋品委员会或许不能给你留下是个重大成就的印象,但是个人可以期望对我们称为现代社会的大型结构产生一些小的影响。很可能,通过集中精力取消你们当地的这类组织,你能比一般人为世界做更多的好事——其实,多得多呢。这是慈善事业的一种不寻常的形式,但回报也会很高的形式。但是,尽管这类工作直接落到了高尚品德之路上,也还是有正的回报的。你可以重复我的题目,在做好事时把事情做好。

---

[11] 我有一大堆未发表的文章。

附录 戈登·塔洛克生平

戈登·塔洛克于1922年2月16日出生于美国伊利诺伊州的罗克福德。他的父亲,乔治,是个有着苏格兰血统的中西部人,能吃苦;他的母亲,海伦,是有着荷兰血统的宾夕法尼亚人,同样能吃苦。他在罗克福德的公立学校接受了基本教育,从童年时代就展现出过人的思维能力,这使他在同辈中明显出类拔萃。1940年,塔洛克进入芝加哥大学法学院,参加了一个有两年大学课程和四年正规法律课程的联合项目。实际上,他在一年内就完成了两年的大学课程。

1943年,塔洛克应征入伍,成为步兵团的一名步枪手。他在法学院的学习被迫中断,但在这之前,他已经完成了由亨利·西蒙斯讲授的一个学期的经济学课程,这是塔洛克接受过的仅有的经济学正规教育。但是,这个事实显然并没有妨碍他在今后为经济学科做出原创性的思想贡献,反而使他做得更为成功。

塔洛克在美国军队中服役,直到第二次世界大战的敌对时期结束后不久,他于1945年12月回归平民生活。他曾作为第九步兵团的一员参加了D日的诺曼底登陆,他的生命几乎肯定是因为运气好才幸存下来,因为他被留在分指挥所守卫三门反坦克炮。第九步兵团的原有成员在穿越法国和进入德国的艰难战斗行程中伤亡惨重。

塔洛克跟在后面,终于跨过了莱茵河,那时他还在沉睡中。最后,他在一个俄国部门中结束了军旅生涯。尽管塔洛克谦虚地把他的战时服务说成是平淡无奇的,但这只能说是事后之见。作为装备不良的步兵团的一员,参加一场大型地面战争肯定会伤亡惨重,而且永远会伴随着重大危险。

在被战争中断了三年之后,塔洛克又回到芝加哥大学,于1947年得到了法学院的法学博士学位。他没有交付学校要求缴纳的五美元款项,因此也从未得到一个学士学位。

塔洛克最初的职业,是在一家虽不大但很有名气的芝加哥市区的律师事务所中做律师,对他的评价颇有争议,但是还好,时间不长。他做律师五个月,只处理了两个案子。第一个案子,律师事务所的一位合伙人劝当事人别打这官司。但塔洛克接手了这案子,还打赢了。第二个案子他本该赢的,但是输掉了。法庭为他的糟糕表现警告了他。① 对于思想界幸运的是,这些事件说服他去寻求另一种职业。

塔洛克在毕业之前已经通过了外交人员考试,并在1947年秋季进入了百里挑一的外交官队伍,得到一份任命,到中国的天津去做副领事。在他任职的两年期间,共产党人在1948年接管了中国政权。塔洛克回到美国之后,国务院先后派他到耶鲁大学(1949－1951年)和康奈尔大学(1951－1952年)进修中文。

1952年下半年,他到美国驻香港总领馆的中国大陆部工作。大约9个月后,他又被派到美国驻朝鲜大使馆的政治部。1955年1月,塔洛克回到美国,被分配到国务院在华盛顿的情报及研究部门工作。1956年,他辞去了外交部门的工作。

此后的两年,塔洛克有过多个职位,其中最著名的是,普林斯顿地区的研究部主任,那是盖洛普组织在普林斯顿的一个小分支机构。他基本上处于一种转型状态,踟蹰不前,直到拿定主意到学术界闯一闯。

---

① Gordon L. Brady and Robert D. Tollison, "Gordon Tullock: Creative Maverick of Public Choice," *Public Choice* 71, September 1991:141－148.

不同寻常的是，塔洛克早已在重要的经济学期刊上发表文章了，即便是在他从事外交工作期间。他发表过论述中国恶性通货膨胀和货币周期的文章，还有论述韩国货币和财政制度的文章。这样，他增强了自己对学术职业的兴趣，并向外界释放出信号，他具有通过对自己所在环境的观察进行创造性思维的非凡能力。不仅如此，他已经阅读了约瑟夫·熊彼特、邓肯·布莱克、安东尼·唐斯和卡尔·波普尔等学者的著作，②并因这些著作而兴奋，思想活跃；而这些学识则为在严格的理性选择框架中将经济学与政治学重新整合提供了基础。总之，塔洛克已经准备好，在将经济学帝国扩展到邻近学科领域的过程中发挥重要作用。

1958年秋，36岁的塔洛克受到沃伦·纳特的鼓励，在弗吉尼亚大学的托马斯·杰斐逊政治经济学研究中心接受了为期一年的博士后奖学金。那时候，塔洛克还是个相对来说前途莫测的人，但尽管如此，他还是带给该中心两大不可缺少的财富——一种有才气和探索精神的智慧，即便还没有专攻某一领域，以及他对自己选择的政治经济学科的无上热情。很快他就与该中心的主任詹姆斯·M.布坎南结成了一种关系，这种关系导致了20世纪中期最具原创性和重要性的政治经济学建树。

塔洛克在该中心拿奖学金的这一年，成果是丰富的，发表了对多数决问题的一篇重要文章。③ 1959年秋季，塔洛克被任命为南卡罗来纳

---

② Joseph A. Schumpeter, *Capitalism and Democracy* (New York: Harper and Row, 1942); Duncan Black, "On the Rationale of Group Decision-Making," *Journal of Political Economy* 56 (1948): 23 – 34; Anthony Downs, *An Economic Theory of Democracy* (New York: Harper and Row, 1957); Karl Popper, *The Logic of Scientific Discovery* (New York: Basic Books, 1959).

③ Gordon Tullock, "Problems of Majority Voting," *Journal of Political Economy* 67 (1959): 571 – 579.

大学国际研究系的助理教授。文章还在不断地发表,④同时塔洛克精心写出了一篇题为《宪法的一种经济理论》的开创性论文手稿,这篇手稿后来成为了《同意的计算》一书的基础。⑤ 在这个基础上,塔洛克在回到弗吉尼亚大学前被迅速提升为副教授,并在1962年2月重新恢复了他与布坎南的关系,此时恰逢密歇根大学出版社出版了他们有重大影响的著作《同意的计算》。

1966年,塔洛克编辑并出版了第一期《非市场决策论文集》,即《公共选择》的前身。在1962年到1967年间,塔洛克出版了论官僚体制、论方法,以及论公共选择等创造性著作,同时学术论文的数量不断上升,这使他成为国际公认的一位重要学者。⑥

尽管有这份成绩卓著的简历,塔洛克还是因政治上的敌意,以及更重要的,大学中不重视学者的管理体制,连续三次遭到拒绝,不能晋升为经济学正教授。1967年秋,布坎南对此表示抗议,辞去教职,接受了加州大学洛杉矶分校的教职;塔洛克也辞职,到赖斯大学做经济学与政治学教授。由于罗纳德·科斯曾出于同样的原因在1964年已经辞职,到芝加哥大学任教,看起来,初生的弗吉尼亚政治经济学派有可能被弗吉尼亚大学左倾的管理层随意扼杀在萌芽状态。

结果,由于查尔斯·J.戈茨成功的倡议,弗吉尼亚大学的阴谋破产了。戈茨还在1968年秋,成功地吸引塔洛克加入弗吉尼亚工艺学院和

---

④ Gordon Tullock, "An Economic Analysis of Political Choice," *Il Politico* 16 (1961):234-240; "Utility, Strategy and Social Decision Rules: Comment," *Quarterly Journal of Economics* 75 (1961):493-497; "An Economic Theory of Constitutions," University of South Carolina, 1959, manuscript.

⑤ James M. Buchanan and Gordon Tullock, *The Calculus of Consent: Logical Foundations of Constitutional Democracy* (Ann Arbor: University of Michigan Press, 1962).

⑥ Gordon Tullock, *The Politics of Bureaucracy* (Washington, D.C.: Public Affairs Press, 1965); *The Organization of Inquiry* (Durham: Duke University Press, 1966); *Toward a Mathematics of Politics* (Ann Arbor: University of Michigan Press, 1967).

在布莱克斯堡的州立大学,做经济学和公共选择的教授。戈茨和塔洛克立刻建立了公共选择研究中心,作为促进这个领域学术研究的基础,同时也作为吸引布坎南在弗吉尼亚工艺学院加入他们队伍的一个手段。这项创议在 1969 年结出了果实,是年,布坎南加入到学院,被任命为中心主任,并立刻为公共选择研究中心重新命名。* 与此同时,塔洛克的期刊《非市场决策论文集》也变成了《公共选择》,这个新的学科分支从此在阿巴拉契亚山脉的丘陵地带扎下了根,硕果累累。

从此以后,塔洛克再没有倒退。在以后的三十多年时间里,他为自己打造出了才华横溢的创新学者和令人生畏的辩论家的声誉。时至今日,他仍拒绝依赖实至名归的殊荣,作为经济学三个重要分支——公共选择、法与经济学和生物经济学——的创始人和创新型开拓者。

专业职务

1947 年	律师
1947 – 1956 年	美国国务院,外事官员
1956 – 1958 年	普林斯顿地区的研究主任
1958 – 1959 年	弗吉尼亚大学,博士后研究人员
1959 – 1962 年	南卡罗来纳大学,助理教授、副教授
1962 – 1967 年	弗吉尼亚大学经济学副教授
1966 – 1969 年	《论非市场决策论文集》编辑
1967 – 1968 年	赖斯大学,经济学与政治学教授

---

* 该中心的原名是 Center for Studies in Public Choice,更名后的名字是 Center for Studies of public Choice.。——译者

1968 – 1972 年	弗吉尼亚工艺学院和州立大学，经济学与公共选择教授
1969 – 1990 年	《公共选择》编辑
1972 – 1983 年	弗吉尼亚工艺学院和州立大学，校级杰出教授
1983 – 1987 年	乔治·梅森大学"赫伯特·L.哈里斯"名誉校级教授
1987 年	巴鲁什大学，"菲利普·莫里斯"名誉杰出访问学者
1987 – 1989 年	亚利桑那大学，"卡尔·埃勒"名誉经济学与政治学教授
1999 –	乔治·梅森大学，法与经济学教授

名誉称号

1982 年	"莱斯利·T.威尔金斯奖"获得者，由纽约阿伯尼的犯罪审判研究中心授予，以奖励其在犯罪学及犯罪审判领域中的杰出的著作。
1985 年	巴塞尔大学，名誉文学博士
1992 年	芝加哥大学，名誉法律博士
1993 年	"亚当·斯密奖"，私人企业教育协会
1996 年	因在法与经济学领域的杰出贡献而获奖，乔治·梅森大学法学院颁奖
1997 年	美国经济学会杰出研究员

曾担任过的职位

公共选择学会会长
南部经济学会会长
西部经济学会会长
大西洋经济学会会长
私人企业学会会长
亨利·西蒙斯学会会长
生物经济学会名誉主席

英汉译名对照表

academic discipline:学派:framework for promoting cooperation among 促进合作的框架;overlapping of economics and biology 经济学与生物学的重叠;spread of economics among 学派中经济学的传播

academic journals:学术刊物:economics journals 经济学刊物;edited by Tullock 由塔洛克编辑的;printed comments on papers in 已发表的对论文的评论;publication in 出版于;referring of papers for 做论文评审

academic research:学术研究:cooperative interdisciplinary 跨学科合作;effect of government funding on 政府资助的作用;money allocation for 分配款项

adversary system of law 法律的对抗制;compared with inquisitorial system 与纠问制的比较;disadvantage 缺点;judges and juries in 法官与陪审团;relative inefficiency 相对无效能

aggregate preferences:总偏好:Arrow's impossibility theorem 阿罗的不可能定理;optima 最佳偏好;problem of aggregating 加总的问题

agreement equilibrium 协议均衡

agreement. 协议

agricultural economics 农业经济学

agricultural subsidies 农业补贴

airline industry cartel 航空业卡特

Alchian, Armen 阿门·阿尔奇安

altruism 利他主义

anarchy 无政府主义

anger, rationality of 生气的合理性

Anglo-Saxon system of law. 盎格鲁-撒克逊的法律制度

animals:动物:dominance behavior 优势行为;social activities 社会活动;welfare of 福利

annuities 年金

antitrust policies 反托拉斯政策

ant societies 蚂蚁群落

apartheid 种族隔离

appropriations. 拨款

arbitration of litigation 诉讼的仲裁

Ardrey, Robert 罗伯特·阿德雷

aristocratic coalitions 贵族联盟

Armey, Richard 理查德·阿米

arms races 武器竞赛
Amstrong, W. E. W. E. 阿姆斯特朗
Arrow, Kenneth 肯尼思·阿罗; *Social Choice and Individual Values*《社会选择与个人价值》; on voting 论投票表决
assumption of transitivity. 传递性假设
Athenian juries 雅典的陪审团
attorneys. 律师
Auster, R. D. R. D. 奥斯特
automobile accident costs 汽车事故的成本

Baden, J. J. 巴登
Bain, Joe S. 乔·S. 贝恩
Baird, Charles W. 查尔斯·W. 贝尔德
Balageur, G. G. 巴拉戈尔
balance of power in U. S. government 美国政府中的权力平衡
Baldwin, John 约翰·鲍德温
banking industry regulation 银行业的管制
bargaining: 讨价还价, 磋商: costs 成本; loss of temper while 发脾气同时; as negative sum game 作为负和博弈的; in pretrial settlements 审判前和解; welfare costs 福利成本
bartering 以物易物
Baumol, William 威廉·鲍莫尔
Beck, Morris 莫里斯·贝克
Becker, Gary 加里·贝克尔

bee societies 蜜蜂群落
begging 乞讨
Beitz, Charles R. R. 查尔斯·贝茨
Bennett, J. T. J. T. 贝内特
bias as desirable 可取的偏袒
biological applications of economics 经济学生物学中的应用
biological externalities 生物外部性
Black, Duncan 邓肯·布莱克; "majority motion" "多数意向"; single-peaked preference curves 单峰偏好曲线; *Theory of Committees and Elections*《委员会与选举的理论》
blue laws 蓝色法规
Borcherding, Thomas E. E. 托马斯·博赫丁
Borda voting method 博尔达投票方法
Boulding, Kenneth 肯尼思·博尔丁
Bower, Blair T. 布莱尔·T. 鲍尔
Brams, S. J. S. J. 布拉姆斯
Brandt, Willy 威利·勃兰特
Brandy, Lillian 莉莲·布兰迪
Breit, William 威廉·布雷特
Brennan, Geoffrey 杰弗里·布伦纳
bribery: 贿赂: of government officials 政府官员的; relation to collectivization 与集体化的关系
Britain: 英国: government transfers to poor 政府给穷人的转移支付; immigrants in 英国的移民; National Health Service 国民健康保险制度; parliamentary system 议会制; voting peculiarities 投票的特例

British Columbia Egg Control Board 不列颠哥伦比亚蛋品控制委员会
Browning, Edgar K. 爱德华·K. 布朗宁
Brunner, Elizabeth 伊莉莎白·布伦纳
Brute force. 强力
Buchanan, James 詹姆斯·布坎南;"A Note on Public Goods Supply,"《关于公共产品供应的笔记》; *Calculus of Consent*《同意的计算》; *Calculus of Consent*, cited 引用的《同意的计算》;"Externality,"《外部性》;"Gasoline Rationing and Market Pricing,"《汽油配额与市场定价》;"Polluter's Profits and Political Response,"《污染者的利润与政治反应》;"Positive Economics, Welfare Economics, and Political Economy,"《实证经济学、福利经济学与政治经济学》;"Public and Private Interaction under Reciprocal Externality,"《相互外部性条件下的公私互动》;"The Coase Theorem and the Theory of the State,"《科斯定理与国家理论》;"The 'Dead Hand' of Monopoly,"《垄断的"死亡之手"》;"The Political Economy of Franchise in the Welfare State,"《福利国家中特许经营的政治经济学》
bureaucracies: 官僚体制: continuing expansion of 持续扩张; cost 成本; equilibrium size 均衡规模; need for research on 必须进行的研究; South American 南美的
bureaucrats: 官僚: compared to entrepreneurs 与企业家的比较; growth of wages 工资增长; lobbying by 官僚的游说活动; motives 动机; voting by 官僚的投票
Bush model of natural distribution 布什的自然状态分布模型; advantages to moving out of 移出的好处
Butler, H. H. 巴特勒

C. A. B. (Civil Aeronautics Board) CAB(美国民用航空管理局)
Calabresi, Guido 吉多·卡拉布雷斯
Calculus of Consent, *The* (Buchanan and Tullock)《同意的计算》(布坎南与塔洛克著)
California 加利福尼亚州
campaign contribution restrictions 竞选献金限制
Campbell, C. D. C. D. 坎贝尔
campus protests. 校园示威活动
capital accumulation: 资本积累: inheritance tax to promote 促进资本积累的遗产继承税; preconditions for 先决条件
cartels 卡特尔; British Columbia Egg Control Board 不列颠哥伦比亚蛋品控制委员会; publishing about 有关卡特尔的出版物; as result of government regulation 作为政府管制的结果; taxi medallion 出租车牌照;

U. S. airline industry 美国航空业

case law 判例法

cattle grazing example 牲畜放牧的事例

cement factory in small country example 小国中的水泥厂事例

Center for Study of Public Choice 公共选择研究中心

certification examinations 证书考试；civil service 文职

charitable donors：慈善捐赠人；difference from consumers 与消费者的区别；lack of incentive to be well-informed 缺乏了解情况的动力

charitable giving：慈善赠予：actions that can be taken 可以采取的行动；cognitive dissonance about 认知不和谐；through government 通过政府捐赠；through government at federal level 在联邦层面通过政府捐赠；political activism as a form of 作为一种慈善赠予形式的政治活动；to the poor 给穷人的；similarity with revolution 与革命的相似处；welfare cost of 福利成本

charitable motives 慈悲为怀；are not enough 还不够

charities：慈善团体：advertising 广告宣传；fraud 欺骗；fundraising 筹款活动；inefficiency 无效率；management 管理；maximization of payments to 支付的最大化；suggested reforms 改革建议

Charnov, Eric L. 厄里克·L. 查农

choice：选择；real world 现实世界的；science of 科学的选择

civil servants：公务员：examinations 考试；higher-than-competitive wages 高于竞争性工资的收入；power over political appointees 对政治委任者的权力

civil service system 文官制度

Clarke, Edward 爱德华·克拉克

Clarke tax 克拉克税；formula for 计算公式

cloning 克隆、无性繁殖

coalitions of voters：选民联盟：bargaining problems in establishing 建立联盟中的磋商问题；in demand-revealing process 需求显示过程中的；examples 例子；and income redistribution 与收入再分配

coal tits, "shopping" by 煤山雀"购物"

Coase, Ronald 罗纳德·科斯；"The Problem of Social Cost"《社会成本问题》

Coase theorem：科斯定理：applied to corruption 用于分析腐败；consumption externality control analogue 与消费的外部性控制类似的情况

cockroach societies 蟑螂群落

Coelho, Philip 菲利普·科埃略

coercion：高压政治：drawbacks 缺点；effect of removal 免职的作用

collections costs of tariffs 关税的归集成本

collectivization：集体化；adjustment under 集体化下的调整；arguments for 支持集体化的论点；and chiseling 与砍价；effect on individual 对个人的影响；externalities imposed by 造成的外部性；geographical contiguity as basis 地理相邻性的依据；and growth 与增长；impact of equitable solutions on；optimal 最优的；rationing under 集体化下的配额；without relevant externality 没有相关外部性；tax collection effects on 税收归集对集体化的影响

colonial coelenterate societies 集群的腔肠动物群落

commensals 共生物

common law 普通法

comparison shopping 购物比较

compensation mechanism：补贴机制；in bargaining 磋商中的；for collective actions by government 由政府采取的集体行动；quotas as 作为补贴的配额

compensation mechanism in voting 投票中的补贴机制；compensating voters who lose 给输了的选民补贴；in demand-revealing process voting 需求显示过程中的投票；per unit 每单位

competition：竞争；government need of 政府需要的；for government transfers 争夺政府的转移支付；for territory 争夺领地；that leads to lower welfare 竞争导致福利降低

confiscatory actions of government：政府的没收行为；inheritance taxes 遗产继承税；seizure of property 没收财产

conflict 冲突，welfare costs 福利成本

congressmen 国会议员

constitutions 宪法

constraint 限制条件，problem of moving to 移动的问题

consumers：消费者；coal tit as careful shopper 作为细心购物者的煤山雀；comparison shopping 比较购物；cost-saving vs. convenience 节约成本对方便；difference from charitable donors 与慈善捐赠人的区别

Continental system of law 大陆法系

contingency cases 偶然事件

cooperative behavior of animals 动物的合作行为；and survival of societies 与种群的存活

cooperative organizations 合作组织

Cornuelle, Richard 理查德·科缪尔

corporate take-overs 公司接管

corruption 腐败

cost-benefit analyses 成本-效益分析

cost：成本；bargaining 讨价还价；bureaucracy 官僚体制；individual recordkeeping 个人记录保留；legal system 法律体系；lobbying 游说活动；logrolling 选票交易；in lowering vehicle speeds 降低车速；pork-barreling 争取地方项目资金；

from possibility of transfers 因转移支付可能性产生的成本; protective tariff 保护性关税; road repair or nonrepair 修路还是不修; transfers 转移支付

countries：国家; logrolling by 选票交易; peacetime deficits 和平时期的赤字; taxation of the wealthy 对富人的税收

court decisions：法院裁决："correct," "正确的"; role in making law 制定法律的作用

courts：法院; disagreements between 法院之间的分歧; distrust of juries 对陪审团的不信任; 欧洲人; function 功能; proposed reforms 改革建议

credit 信用

crime control 控制犯罪 criminal justice system 刑事司法系统

curve of external economies 外部经济曲线

cyclical majority 循环多数

cycling：循环; and assumption of transitivity 与传递性假定; Black's expectation of 布莱克的期望; detecting, in real world 现实世界中的发现; among discrete groups 在不连续群体之间的; in voting 投票中的; when using demand-revealing process 使用需求显示过程时的

Darwin, Charles 查尔斯·达尔文

Dates, J. H. J. H. 戴特斯

Davis, Otto 奥托·戴维斯

death duty 死刑

debt repayment 债务偿还款项

deception 欺骗; by charities 慈善团体的; exposing 曝光; about transfers 对转移支付的

decision-making：决策; changes of mind 改变主意; about charitable giving 对慈善捐赠的; consumers compared with voters 消费者与选民的比较; of courts 法院的裁决; demand-revealing process 需求显示过程; in democracies 民主国家的; erroneous 错误; games of strategy 策略博弈; information costs 信息成本; in inquisitorial proceedings 纠问制中的; involving bundles of alternatives 涉及大量选项的; of juries 陪审团的; of legislatures 立法机构的; private vs. public sector 私营部门对公立部门的; when voters are self-interested 选民是自利时的

defendants：被告; falsely charged 错误的指控; odds of losing cases 输掉官司的可能性; relation between guilt and evidence 罪与证据之间的关系

deficits. 赤字

de la Vallee Pousson, D. D. 德拉瓦利·波松

demand-revealing process：需求显示过程; advantages 优点; and coalitions 与联盟; compensation mechanism for 补偿机制; confiscatory characteristics 带有没收性质的; costs 成本; difference from other voting processes 与其他投票过程的区别; equilibrium 均衡; examples 例子; limitations 限制条件; similarity with market process 与市场过程的相似之处; Tollock's preference for 塔洛克对需求显示过程的偏爱; uses 使用; wealth and income distribution problem 财富与收入分配问题; wealth effect in 财富效应; as a welfare criterion 作为一项福利准则

democracies: 民主国家: comparing to dictatorships 与专制政体的比较; control of corruption 腐败控制; government spending 政府开支; as illusion or fraud 作为幻觉或欺骗; income redistribution in 收入再分配; representative 代议制; stability 稳定; stability vs. efficiency 稳定对效率; successful functioning 成功的运作; theory of economic externalities 经济外部性理论; variations of 变体

Dempster, J. P. J. P. 登普斯特

Demsetz, Harold 哈罗德·德姆塞兹,

density dependent consumption 依赖消费的密度

dependence on irrelevant alternatives 对无关选项的依赖

deregulation of industries 行业的放松管制

despotism 专制; juries under 专制下的陪审团

Dickey, A. V. A. V. 迪奇

dictatorships 专政; demand-revealing process in 专政中的需求显示过程

Dietz, Henry A. 亨利·A. 迪茨

direct regulation: 直接管制: of consumption 对消费的; of output 对产量的

direct transfers. 直接转移支付

discipline of continuous dealings 持续交易约束; role in civilization 在文明教化中的作用

disciplines of study. 研究工作的纪律

discovery (legal) 发现(合法的)

discrimination in tax-prices 在税-价格上的差别对待

discriminatory pricing 歧视性定价

disease treatment vs. immunization example 治病与防疫的事例

distribution problem applied to ecology 适用于生态学的分配问题

Dorosh, Gary W. 加里·W. 多罗什

Downs, Anthony 安东尼·唐斯; An Economic Theory of Democracy《一种民主的经济理论》; income redistribution in democracies 民主国家中的收入再分配; rule of ill-informed voters 信息匮乏的选民规则

Downs paradox 唐斯悖论

Dreze, J. H. J. H. 德雷兹

Driver's licenses: 驾照; revocation

vs. restriction 取消对限制

Eastern Europe 东欧
ecology 生态学
economics：经济学：假定；common basis with biology 与生物学的共同基础；development of the field 该领域的发展；effect on policy 对政策的影响；link with political science 与政治学的联系；methodological differences from biology 与生物学在方法论上的区别；publication in 出版物；relation with public choice theory 与公共选择的关系；relation with other social sciences 与其他社会学科的关系；role of reason and the passions in 理性与热情的作用；scarcity in 稀缺性；study of preferences 偏好研究；偷盗经济学；Tullock's role in 塔洛克在经济学中的作用
economics imperialism 经济帝国主义；definition 定义
Economic Theory of Democracy (Downs)《民主的经济理论》(唐斯著)
economists：经济学家：educational influence 教育的影响；efforts to stop rent seeking 制止寻租的努力；as experts for the public 作为公众的专家
efficiency：效率、效能：in biological systems 生物系统中的；of charities 慈善机构的；effect on survival of societies 对群落存活的影响；as explanation for society 对群落的解释；in government 政府中的；of legal systems 法律体系的；quantity of public good needed for 必需的公共产品数量；required for nepotism to work 必须通过亲属选择起作用的
egalitarian coalitions 平等联盟
egalitarian governments 平等的政府
egalitarian systems of voting 平等的投票体制
Eisenberg, Theodore 西奥多·艾森伯格
elected officials：民选官员：compensation 薪酬；difference from others 与其他人的区别；fixed fee system for 固定工资制；logrolling be 选票交易；losers as auditors of winners 输家作为赢家的监督员；selling out by 卖断；timesaving devices 节省时间的工具；voting by 投票
election procedures. 选举程序
Ellsberg, Daniel 丹尼尔·埃尔斯伯格
Elzinga, Kenneth G. G.肯尼思·埃尔津加
enforcement of legal activities 法律活动的实施；applied to ruling class 适用于统治阶级的；costs 成本；speed limits 限速；and transition from the jungle 从丛林状态的转变；two parts to 两个部分 England
Enlightenment, The 启蒙运动
entertainment value：娱乐价值：investing 投资；revolutions 革命

entry barriers 准入门槛;and economics of monopolies 与垄断经济学; and efficiency of government services 与政府服务效率
environmentalists 环境保护主义者
envy, and income redistribution 嫉妒,与收入再分配
equality in wealth 财富的平等
equilibrium:均衡:agreement vs. independent adjustment 一致同意与独立调整;Lindahl 林德尔均衡;Nash 纳什均衡;natural vs. man-made 自然均衡与人为均衡;political 政治均衡;pseudo 伪均衡;rent seeking 寻租
European dominance of the world 欧洲对世界的支配
European vs. United States legislatures 欧洲对美国的立法机构
Evans, Peter 彼得·埃文斯
evidence of crime 罪证;effect on litigation 对诉讼的影响;exclusionary rules of 例外规则;as recent methodology 最近的方法
evolutionary theory 进化论
expenditures 开支
expertise:专家意见:of economists 经济学家的;stock market 股票市场
explicit logrolling 明晰的选票交易
external diseconomies:外部不经济:in consumption 消费中的;in production 生产中的;ways of controlling 控制方法

external economies curve 外部经济曲线;under collectivization 集体化下的
external economies equilibrium solutions 外部经济均衡的解
externalities:外部性:alternative ways of internalizing 内部化可选办法;associated with adversary proceedings 伴随着敌对行为的;from choice of collectivization 由集体化选择产生的;definition 定义;and ecology 与生态学;and government grants 与政府资助;and inheritance of wealth 与财富的遗产继承;market for 交易外部性的市场;and optimal government size 与最佳政府规模;positive and negative 正的与负的
extinction of species 物种的灭绝

falcons and pigeons 猎鹰与鸽子
farmers 农场主
FCC（Federal Communications Commission）FCC（联邦通信委员会）
federal appellate courts 联邦上诉法院
federalism, problems of scale 联邦主义,规模的问题
Ferejohn, J. A. J. A. 费尔约翰
fields of study. 研究领域
Fifth Amendment protection 第五修正案的保护
Fijalkowski - Bereday, G. Z. G. Z. 费雅科斯基－布雷迪

financial standards for charities 慈善机构的财务标准
fines upon individuals 对个人的罚款；parking 停车
Finger, J. M. J. M. 芬格
Finkel, Steven E. 斯蒂文·E. 芬克尔,
foreigners, attitudes toward 对外国人的态度
formal logrolling coalitions 正式的选票交易联盟；absence in real world 现实世界中的缺失；building 建立；instability 不稳定；with stable outcomes 有着稳定的结果
Fraser Institute 弗雷泽学会
fraud 违约、欺骗行为；by charities 慈善机构的；gold mind example 金矿的例子
Freeman, Roger 罗杰·弗里曼
free riding 搭便车
free trade 自由贸易
Frey, Bruno S. 布鲁诺·S. 弗雷
Friedman, Milton 米尔顿·弗里德曼
Friedman's second law 弗里德曼的第二法则
Frontiers in Economics《经济学前沿》
Fry, B. R. B. R. 弗赖伊
funding：资助、筹款；effect of annual renewal 每年重新申报的作用；favoring limited group of people 有利于有限的人群；formula allocation 分配方案；government aid to localities 政府对地方的资助；of highways 为高速路筹款；intergovernmental fiscal relationships 政府间的财务关系；of judicial system 司法系统的；with strings attached 带附加条款；among two alternatives 在两个选项之间
fundraising by nonprofits 非营利组织的资金筹集

gambling 赌博；on stocks 用股票
game of strategy 策略博弈；degree of cooperation 合作的程度；differential weighting of players 参与者的权重差异；precommitment games 率先承诺的博弈；rent seeking as 作为博弈的寻租；game theory mixed strategies 博弈论混合策略
General Impossibility Theorem
"General Irrelevance of the General Impossibility Theorem"（Tullock）《一般不可能性定理的一般不相关性》（塔洛克著）
geographical contiguity and collectivization 地理相邻性与集体化
geometrical model of voting 投票的几何模型
Ghiselin, Michael T. 迈克尔·T. 盖塞林
Gibb, J. J. 吉布
Gillespie, Robert 罗伯特·吉莱斯皮
Goetz, Charles J. J. 查尔斯·戈茨
Good, R. J. R. J. 古德
Gorbachev, Mikhail 戈尔巴乔夫
government agencies：政府机构；cap-

ital intensive nature 资本密集的本质; costs of expansion 扩张的成本; determining maximum size 确实最大规模; economies of scale 规模经济; external effects of one on another 一方对另一方的外部效应

government aid programs 政府援助计划

government corruption 政府的腐败; bribery of government officials 政府官员的贿赂

government income transfers. 政府的收入转移支付

government monopolies 政府垄断

government officials：政府官员：bribery of 贿赂; imperfect knowledge 不完全的信息; public choice theory view of 公共选择理论的看法; public goods problem created by 由政府官员产生的公共产品问题; during revolutions 革命期间的

government reform。政府改革 governments：政府：activities of 政府的活动; aid to localities 对地方的援助; capital accumulation policies 资本积累政策; charitable giving through 通过政府的慈善捐助; contracting out of service 服务外包; dealings with citizens/subjects 与百姓/臣民打交道; degree of federalization 联邦化的程度; efficiency vs. orderliness 效能对秩序; egalitarian 平等主义的; hereditary monarchies 世袭君主; highly centralized 高度中央集权的; and inheritance of wealth 与财富的遗产继承; international comparisons 国际比较; minimizing influence on 把对政府的影响最小化; natural monopolies of 自然垄断; necessary conditions for 必要条件; need for competition 竞争的必要; optimal size 最佳规模; organizational alternatives within 政府内的组织选项; origin 起源; size of, relative to GNP 相对于国民生产总值的规模; three branches 三大分支机构; use for transfers 用于转移支付的; Wagner's Law of increasing activity 瓦格纳增加政府活动的法则

government services：政府服务：collective action vs. 集体行动对政府服务; free 免费的; how voters choose 选民如何选择; optimal scale 最佳范围; rental of parking space 停车位的租金; roughly equal to private 大致与私人服务相等

Great Britain. 大不列颠

Greene, Kenneth V. V.肯尼思·格林

group selection 群体选择

Grove, Theodore 西奥多·格罗夫

growth and collectivization 增长与集体化

growth paradox 增长悖论

growth rate of grass 草的增长率

Hall, H. K. H. K.霍尔

Hamiltonian altruism 汉密尔顿的利他说
Harberger,A.C. A.C.哈伯格
Hardin,Garrett 加勒特·哈丁
Harsanyi,John 约翰·豪尔沙尼
Hastie,R. R.黑斯蒂
hawk/dove equilibrium 鹰/鸽均衡;investing as 投资作为
Hay,George 乔治·海
Hayek,Friedrich 弗里德里希·哈耶克
hearsay rule 传闻证据规则,518
higher education subsidies 高等教育补贴,327-328
highway funding 高速公路筹款;cost for safety 为安全支出的费用
Hobbes,Thomas 托马斯·霍布斯
Hochman,Harold M. 哈罗德·M.霍奇曼
Hoover,G.E. G.E.胡佛
human/bird analogy 人/鸟的类比
Hume,David：大卫·休谟;interdisciplinary approach 跨学科的研究方法;on reason and the passion 论理性与热忱

ICC（Interstate Commerce Commission）ICC(州际商务委员会)
illegal activities 非法活动;deterrence 阻碍;economic approach to 研究非法活动的经济学方法;relation between evidence and guilt 证据与罪行之间的关系
illegal parking 非法停车
immigrants 移民
immunization example 免疫接种的例子
implicit logrolling 含蓄的选票交易
import quota and tariffs 进口配额与关税
improvement,Pareto definition 改进,帕累托的定义
incentives for being well-informed 对成为消息灵通人士的激励
income：收入;estimation in demand-revealing process 需求显示过程中的估计;psychic 精神的;relation to need for collectivization 与需要集体化的关系
income inequalities and reciprocal externality 收入不平等与相互外部性
income redistribution：收入再分配：and confiscatory inheritance taxes 与没收性的遗产继承税;in democracies 民主国家中的;economic literature on 论述收入再分配的经济文献;Lerner justification for 勒纳对收入再分配的合理解释;through lobbying for monopolies 通过为垄断游说的;motives for 动机;need for honesty about 必需的诚实;as reason for government 作为政府存在的理由;relation to other government policies 与政府其他政策的关系;through voting 通过投票进行的
income tax in United States 美国的所

得税；evasion 逃税、避税
independent adjustment equilibrium 独立调整均衡
India 印度
indifference in transitive nature of preference orderings 偏好序列可传递性质中的无差异
individual bargain logrolling 个人磋商的选票交易；persistence of 坚持；small group left out 不考虑小群体
individual preferences 个人偏好
inefficiency：无效率；in charities 慈善机构中的；definition 定义
inegalitarian societies 不平等的社会
information：信息 "Information without Profit"（Tullock）《没有利润的信息》（塔洛克著）
inheritance of wealth：财富的遗产继承
inheritance taxes 遗产税
inquisitorial system of law 法律的讯问制
insider trading 内幕交易
insurancepremiums 保险费
intellectual capital as disputed turf of scholars 作为学者争议地盘的智力资本
intellectuals 知识分子
interdisciplinarity：多学科性；of early economics 早期经济学的；in modern economics 现代经济学中的
Internal Revenue Service（IRS）美国国税局

intransitivity：非传递性；experimental errors that cause 实验错误引起的；May's hypothesis 梅的假设
"Intransitivity, utility, and aggregation in preference patterns"（May）《偏好类型中的非传递性、效用与总和》（梅著）
investment advice 投资意见
investors in stocks 股票投资人
involuntary transactions 非自愿交易
Ireland Tomas R. 托马斯·R. 爱尔兰

Jefferson, Thomas 托马斯·杰斐逊
jellyfish societies 水母群落
Jevons, Marshall 马歇尔·杰文斯
Johnson, Alvin H. 阿尔文·H. 约翰逊
Johnson, David B. 戴维·B. 约翰逊
Journal of Economic Criticism, The 《经济学批评期刊》
judges：法官；amount of work done by 法官完成的工作量；attempt to select unbiased 试图没有偏袒地选定；disagreement with juries 与陪审团的分歧；economic consequence of good 好的经济后果；effect on adversarial system 法官对对抗制的影响；errors 错误；motivations 积极性；public-goods problems created by 法官造成的公共产品问题；relation to average citizen 与一般百姓的关系；research about 对法官的研究；sample population of 法官的样本人数；traffic court 交通法庭

juries：陪审团；accuracy of 准确度；attempt to select unbiased 试图没有偏袒地选定；court distrust of 法院对陪审团的不信任；decision-making 做出判决；historical development 历史发展；motivation 积极性；numbers serving on 陪审员的人数；origin 起源；rationales for 基本原理；research about 对陪审团的研究；research needed 必要的研究；selection 选定

Kafka, Alexandre 亚历山大·卡夫卡
Kafoglis, M. Z. M. Z. 卡弗格里斯
Kaldor, Nicholas 尼古拉斯·卡尔多
Kalven, Harry, Jr. 小哈里·卡尔文
"Kantian" median voting "康德主义者"的中间投票
Keeley, Michael C. 迈克尔·C. 基利
Kennedy Center (Washington, D. C.) 肯尼迪中心（华盛顿特区）
Keynes, John Maynard 约翰·梅纳德·凯恩斯
Keynesianism as cause of government growth 作为政府增长原因的凯恩斯主义
Klein, Benjamin 本杰明·克莱因, 500n.4, 500n.6
Klingaman, David 戴维·克林格曼
Kneese, Allen V. 艾伦·V. 尼斯, 413n.3
Koller, Roland H., II 罗纳德·H. 科勒二世

Krueger, A. O. A. O. 克鲁格

labor, maximizing return to 使劳动得到最大回报
Lack, David 戴维·拉克
Lampman R. J. R. J. 兰普曼

lawyers：律师；motives of trial attorneys 审判律师的动机；special interest groups of 特殊利益集团的律师
Lebergott, Stanley 斯坦利·莱伯戈特
Ledyard, J. J. 莱迪亚德
legal system：法律体系：case law 案例法；common law 普通法；costs 成本；economic value of 经济价值；efficiency 效率、效能；imperfection 不完善；suggested reforms 建议的改革；three stages 三个阶段
legislatures：立法机构：decision-making procedures 决策程序；European vs. American 欧洲的与美国的；influence of lawyers on 律师的影响；logrolling 选票交易；opposition parties in 立法机构中的对立；proportional representation 比例代表制；single-member constituency voting 单个成员选区的投票；two-chamber 两院的；unicameral 一院的；widespread benefit-sharing within 普遍的利益分成
Leibenstein, Harvey 哈维·利本斯坦
Lenin, Vladimir 弗拉基米尔·列宁
Leoni, Bruno 布鲁诺·利奥尼

licenses：许可证：driver's 驾照；to pollute 污染许可

Lindahl equilibrium in demand-revealing process 需求显示过程中的林达尔均衡

Lindahl taxes 林达尔税

Lindblom, Charles 查尔斯·林德布洛姆

lion societies 狮群

litigation 诉讼；arbitration 仲裁；contingency case 意外事件；effect of evidence on 证据对诉讼的影响；probability of success in 诉讼成功的概率；resource commitments in adversarial proceedings 用于对抗审理的资源

lobbying：游说活动；by bureaucrats 由官僚进行的；decision to engage in 从事游说活动的决定；gains to individuals not involved in 不参与个人的收益；as major social cost 作为主要的社会成本；Wagner-type 瓦格纳式的

lobbying costs 游说成本；of special interest groups 特殊利益集团的

local politics 地方政治

Loeb M. M.洛布

Logrolling 选票交易；Arrow's omission of 阿罗的遗漏；concerning funding 有关的筹款活动；with cycling 有循环；implicit vs. explicit 含蓄对明晰的；individual vs. coalition 个人对联盟；non-Pareto optimal outcomes 非帕累托最优结果；and optimum distribution of resources 与最优资源分配；simple model 简单模型；simple model results, generalized 简单模型的结果，一般化的

Losch, A. A.洛施

lose-lose outcomes 双输的结果

lottery example 抽彩的例子

lying 说谎

Main Robert S. S.罗伯特·梅因

"majority motion"（Black）"多数意向"（布莱克的话）

majority voting：多数决；difference from demand-revealing process 与需求显示过程的区别；explanations of stable outcomes from 对由多数决得出的稳定结果的解释；imperfect outcomes 不完善的结果；involving large numbers 包括大的数字；juries as representative of 作为多数决代表的陪审团；with and without logrolling 有和没有选票交易；Pennock's argument for 彭诺克支持多数决的论点；problems of 多数决的问题；above simple majority 简单多数之上；tendency toward cycling 循环倾向；by U. S. Supreme Court 美国最高法院中的

Malthus, Thomas 托马斯·马尔萨斯

Margolis, Julius 朱利叶斯·马戈利斯

market economics：市场经济学；adjustment under 市场下的调整；and

inheritance of wealth 与财富的遗产继承；three different cases of 三个不同的事例

markets：市场；assumption of perfect 完善市场的假设；comparing to collectivization 与集体化的比较

Martin, William H. 威廉·H. 马丁

Martinus Nijhoff 马蒂努斯·尼耶霍夫公司

mass media, working with 与大众媒体一起工作

mathematical models of voting 投票表决的数学模型

maximization：最大化：of beef production 牛肉生产的；in biology and economics 在生物学和经济学中的 "maximizers" "最大化者"

May, Kenneth O., "Intransitivity, Utility, and Aggregation in Preference Patterns" 肯尼思·O. 梅,《偏好模式的非传递性、效用与总和》

Mayberry, E. R. E. R. 梅伯里

McCabe, Sarah 萨拉·麦凯布

McChesney, Fred S. 弗雷德·S. 麦克切斯尼

McConville, Michael 迈克尔·麦康维尔

McKelvey, R. R. 麦凯尔维

median line 中位线

Michelman, Frank J. 弗兰克·J. 米切尔曼

middle class, transfers among 中产阶级，之中的转移支付

Migue, J. L. J. L. 米格

military expenditures 军费开支

Mitchell, William C. (Bill) 威廉·C. (比尔)·米切尔

Modigliani, Franco 弗兰科·莫迪利亚尼

mole rat societies 鼹鼠群落

monarchies 君主政体

monopolies：垄断；costs 成本；costs to create 创造垄断的成本；welfare costs 福利成本

Moon, J. W. J. W. 穆恩

Morgan, J. P. J. P. 摩根

Morgenstern, O. O. 摩根施特恩

Morrison, Clarence, article on second best 克拉伦斯·莫里森, 论次好的文章

mosquito abatement example 灭蚊的例子

Moss, Richard L. 理查德·L. 莫斯

Muller, Edward N. 爱德华·N. 马勒

multi-peak distributions 多峰分布

Mundell, R. A. R. A. 蒙代尔

murder：谋杀

Musgrave, Peggy B. 佩吉·B. 马斯格雷夫

Musgrave, Richard A. 理查德·A. 马斯格雷夫

mutations：突变；effect on nonreproductive cells 对无生殖力的细胞的影响；effect on reproduction of societies 对群落繁殖的影响

Nader, Ralph 拉尔夫·纳达尔
Nash equilibrium 纳什均衡
national deficits 国家赤字
National Fund for the Humanities 全美人文学科基金会
natural monopolies: 自然垄断; of the majority 多数人的; techniques for dealing with 处理自然垄断的办法
natural selection 自然选择
nature, improvability of 自然的可改善性
Nelson, D. R. D. R. 尼尔森
nepotism 亲属选择
Newing, R. A. R. A. 纽因
newspaper articles 报刊文章
90-per-cent-selfish hypothesis 90%的自私假设
Niskanen, William A. 威廉·A. 尼斯坎南; Tullock's review of book by 塔洛克为尼斯坎南的著作所做书评
nondemocratic systems 非民主制度
nonprofit organizations 非营利组织; fundraising 筹款活动
Norsworthy, J. Randolph J. 兰道夫·诺斯沃西
Nutter, G. Warren G. 沃伦·纳特

old age 老年
Olson, Mancur 曼库尔·奥尔森
Opp, Karl-Dieter 卡尔-迪特尔·奥普
opposition groups in government 政府中的反对派

optimal amount of public good 公共产品的最佳数量
optimal outcome 最优结果
optimal resource allocation and majority voting 最佳资源配置与多数决
optimal speed limits 最佳车速限制
Ordover, Janusz A. 贾纳兹·A. 奥多弗
Organization of Inquiry, The (Tullock)《组织的探索》(塔洛克著)
Orzechowski, William Paul 威廉·保罗·奥泽乔斯基
over-gazing 过度放牧

Papers on Non-Market Decision-Making《非市场决策论文集》;
"Paradox of Revolution, The" (Tullock)《革命悖论》(塔洛克著)
paradox of the liar 说谎者的悖论
paradox of voting 投票悖论
parasites 寄生虫
Pareto, V. V. 帕累托
Pareto criteria 帕累托准则
Pareto improvement 帕累托改善
Pareto optimality 帕累托最优性
Pareto-relevant externalities 与帕累托相关的外部性; and collectivization 与集体化
parking meters 咪表(停车计时器)
parliamentary governments 议会政府
Peltzman, S. S. 佩尔兹曼
penalties: 惩罚; to deter crime 阻止犯罪; for income tax evasion 对逃避所

得税的惩罚；not based on intent 不根据意图惩罚

penalty taxes：惩罚税：on consumers 对消费者的；on industries 对行业的

Pennington,N. N.彭宁顿

Pennock,James 詹姆斯·彭诺克

Penrod,S. S.彭罗德

pensions 年金

Peru,shining path 秘鲁,光明之路

Pigou,A.C. A.C.庇古

plants：植物：externalities 外部性；natural selection problem 自然选择问题

Plott,C.R. C.R.普洛特

police force：警察部门,accuracy 准确性；curtailing power of 限制警察部门的权力

political activism by economists 经济学家的政治激进主义

political appointees 受政治任命者

political corruption 政治腐败

political costs of transfer mechanism 转移支付机制的政治成本

political economy 政治经济学；modern use of title 当代使用的名称

political equilibrium vs. social optimum 政治均衡对社会最优

political parties：政党；coalitions of 正常的联盟

political science：政治学：differences with economics 与经济学的区别；link with economics 与经济学的联系；relation to public choice theory 与政治选择理论的关系

politicians 政界人士、政客；local 当地的

politics：政治；importance of public interest 公共利益的重要性

pollution control 污染控制

Pommernhe,W.W. W.W.波默尔荷

poor people in democracies：民主国家中的穷人：coalitions with other classes 与其他阶层的联盟；government transfers to 政府向穷人的转移支付

Popper,Karl 卡尔·波普尔

pork-barreling 议员为地方选民争取地方建设经费

positive correlation fallacy 正相关谬误

positive externalities 正的外部性

Posner,Richard A. A.理查德·波斯纳

precommitment games 率先承诺的博弈

preference ordering 偏好排序

preference：偏好：behavioralist research about 行为主义者对偏好的研究；cost of aggregating 加总的成本；difficulty of ascertaining 确定的困难；economists' approach to 经济学家的方法；within groups 群体内部；and inheritance of wealth 与财富的遗产继承；interdependence of 相互依赖；motivation voters to state 鼓励选民说出；roots in human passions 人类热忱中的根源；science of 偏好的科学；sociologists' approach to 社会学家的方法；voting for one's own 为自己的偏好投票

preference weighting. 偏好权重

Presidential election example 总统选举的例子

Presidential logrolling 总统的选票交易

pressure group 压力集团

pretrial settlements 审前和解；bargaining 磋商；frequency 次数

price control 价格控制

price：价格：comparison shopping 比较购物；energy expenditures as 把付出的精力作为价格

Priest, George L. 乔治·L.普里斯特

prisoner's dilemma：囚徒困境；bargaining as 磋商中的；degrees of cooperation in 其中的合作程度；of government transfers to the poor 政府向穷人提供转移支付中的；of how species become nonviable 物种如何变得无法生活；importance 重要性；of mutually beneficial plants 相互有利的植物

private rent seeking 个人寻租

privatization：私有化；effect on economies of scale in government 对政府中规模经济的影响；of government services 政府服务的私有化

progress 进步

progressive tax systems 累进税制

property rights 财产权；difference from territoriality 与领土的区别；effect on trade 对贸易的影响；relation to efficiency 与效率的关系；using bribery to support 利用贿赂支持

proportional income tax 比例所得税

proportional representation 比例代表制

psychic income value 精神收入的价值

publication in economics 经济学出版物

Public Choice Society 公共选择学会

public choice theory：公共选择理论：four areas of study 四个研究领域；goal 目标；origin 起源；problems in need of study 需要研究的问题；promise of 承诺；and public interest theory 与公共利益理论；relation to economics 与经济学的关系；relation with social choice theory 与社会选择理论的关系；research methods 研究方法

public education subsidies 公立教育补贴

public finance 公共财政

public goods：公共产品、公共利益：argument for public provision of 支持公共产品公共供应的论点；aspects of revolution 公共利益的革命方面；government-created problem with 政府造成的与公共产品有关的问题；multidimensional or multiple 多

维的或多倍的；for small groups of people 为小众人群的；technological 技术的
public interest 公共利益
public interest groups 公共利益集团
public vs. private sector decisions 公共部门决策对私营部门决策
Pullman,N.J. N.J.帕尔曼
Purves,Robert 罗伯特·珀维斯

quotas on consumption 消费配额

race 种族
raspberry patch societies 悬钩子地群落
rationality：合理性；of irrational behavior 不合理行为的合理性；irrational outcomes from 由合理性产生的不合理结果；and revolution 与革命；role of reason in economics 经济学中理性的作用；social scientists' view of 社会科学家对合理性的看法
rationing 配给
Rawls,John 约翰·罗尔斯
Ray,B.A. B.A.雷
refereeing of academic journals 学术期刊的审阅
referendum on government policies 对政府政策的全民公决；relation to logrolling 与选票交易的关系；with tow alternatives 两个选项
remainders 剩余财产
rent avoidance 避租

rent seeking：寻租；from bribery of public officials 由公共官员的贿赂寻租；connotations 内涵；economists' efforts to stop 经济学家制止寻租的努力；equations 方程式；equilibrium 均衡；as game of strategy 作为策略博弈；and hereditary monarchies 与世袭君主；measuring 测定；minimizing 最小化；minimizing, with selection bias 最小化,用选择偏袒；pseudo-equilibrium 伪均衡
reproductive rate variations 繁殖率变化；with animal societies 动物群落的
reputation effect of purchases 购物声誉效应
restaurant menu choice example 饭馆菜单选择的例子
revolutionaries 革命者
revolution：革命；bias in study of 革命研究中的偏见；criteria for evaluating 评价准则；factors of participation 参与的因素；public good aspects 公共善的方面；and rationality 与合理性；similarity with charitable activity 与慈善活动的相似；theories of 革命理论；three reactions to 对革命的三种反应；welfare costs 福利成本
Ricardo,David 大卫·李嘉图
Riker,William A. A.威廉·赖克
risk reduction：降低风险；in court cases 在法院的案件中；as motive for

transfers 作为转移支付的动机; and tax evasion penalties 与逃税惩罚
road repair examples 修路的例子
Robins, Philip K. 菲利普·K.罗宾斯
Rodgers, James D. 詹姆斯·D.罗杰斯
Rose, Arnold M. 阿诺德·M.罗斯
Rothenberg, Jerome 杰尔姆·罗森伯格
Rothstein, Paul F. 保罗·F.罗思坦
Rowat, Donald C. 唐纳德·C.罗瓦特
Rubin, P. H. P. H.鲁宾
ruling class, role in society 统治阶级,在社会中的作用

Samuelson, Paul 保罗·萨缪尔森
sanctions: 制裁: discretion in fixing magnitude 固定量级的确定; effective vs. nominal 有效的对名义的; enforcement probability 执行概率; enforcement probability relation to cost 执行概率与成本的关系; most efficient way to achieve 实现制裁的最有效方式; why needed 必需的原因
Schelling, Thomas C. 托马斯·C.谢林
Schumpeter, Joseph A. 约瑟夫·A.熊彼特
sciences of choice and sciences of preference 选择的科学与偏好的科学
Scitovsky, Tibor 蒂伯·西托夫斯基

secret police 秘密警察; in communist countries 共产党国家中的
selection bias as desirable 合意的选择偏袒
seniority systems 年资制度
Shapiro, David L. 戴维·L.夏皮洛
Shepsle, K. A. K. A.谢普斯尔
Shiller, Robert 罗伯特·席勒
Sierra Club 塞拉俱乐部
Sieve, Jack E. B. 杰克·E. B.西夫
Silver, Morris 莫里斯·西尔维
Simon, Rita James 丽塔·詹姆斯·西蒙
simple income transfers 简单的收入转移支付
Simpson trial 辛普森审判
single-peak assumption about voting 关于投票的单峰假定
single-peaked preference curves 单峰偏好曲线; for two dimensions 用于二维的
slavery 奴隶制
slime mold societies 黏液菌群落
Smith, Adam: 亚当·斯密: interdisciplinary approach 跨学科方法; view on reason and the passions 对理性与热忱的看法
Smith, John Maynard 约翰·梅纳德·史密斯
Social Choice and Individual Values (Arrow)《社会选择与个人价值》(阿罗著)
social choice theory: 社会选择理论:

propositions of 命题；relation to public choice theory 与公共选择理论的关系；weaknesses 缺点
social costs：社会成本：charity 慈善机构；conflicts and wars 冲突与战争；income transfers 收入转移支付；monopoly 垄断；tariffs 关税；theft 偷盗
Social Dilemma, *The*（Tullock）《社会的两难困境》
social inequality 社会不平等
socialism and control of capital accumulation 社会主义与资本积累的控制
social provision area 社会供应范围
social sciences：社会科学：coordinating research among 社会科学中的协调研究；debates among fields within 社会科学中不同领域之间的辩论；general theory underlying 一般理论
social security. 社会保障
social waste：社会浪费：from grants-in-aid 由援助资助产生的；from unionization 由联合产生的
societies, primitive：群落, 原始的：based on mutual defense 基于相互防卫的；base on reproduction 基于繁殖的；of commensals（paired species）共生物的群落（成对物种）；effect of mutation on 突变对群落的影响；explanations of 解释；of nuclei 细胞核的；of plants 植物群落；of slime molds and sponges 黏液菌与海绵
sociobiology 生物社会学
Sociobiology（Wilson）《生物社会学》（威尔逊 著）
sociology 社会学
solutions：解：in games of strategy 策略博弈中的解；inefficient but optimal 无效率但是最优解
South Africa 南非
South American bureaucracies 南非的官僚体制
South Vietnam 南越
Soviet system of voting 苏联的投票制
Soviet Union 苏维埃联邦
special interest groups：特殊利益集团：cartels as 卡特尔；effect on public interest 对公共利益的影响；and government officials 与政府官员；how they arise 如何崛起的；impact on voters 对选民的影响；of lawyers 律师的；methods of opposing 反对的方法；transfers by 转移支付；why they persist 坚持的原因
speculation in stocks 股票投机
speeding violations 违犯限速
speed limit enforcement 执行限速
Spencer, Herbert 赫伯特·斯宾塞
Spiegelman, Robert G. 罗伯特·G.斯皮格尔曼
sponge societies 海绵群落
stagflation 滞胀
standing armies 常备军

Stigler, George J. 乔治·J. 斯蒂格勒
stock market fluctuation 股市波动
stock option for executives 给企业高管的股票期权
Stubblebine, William C. 威廉·C. 斯塔布尔宾
subsidies：补贴：agricultural 农业补贴；higher education 高等教育补贴；to increase capital accumulation 为增加资本积累的补贴；in private markets 私人市场中的；public education 公共教育
survival of the"fit". "适者"生存
survival probability 生存概率
Sweden 瑞典
Switzerland 瑞士
synergetics 协同作战

take-over bids 接管出价
tariffs：关税：combined with excise tax 与消费税的结合；economist's position of 经济学家在关税问题上的立场；welfare costs 福利成本
tastes 品味；effect of communication on satisfaction of 对满意度的交流效应
taxation as part of voting 作为投票一部分的税制；Clark tax 克拉克税；composite tax 复合税；excess revenues from 由税收得到的过多收入
taxes：税、税收：beneficiaries of 受益人；and collectivization 与集体化；excess burden from 由税造成的过度负担；and lobbying 与游说活动；social benefits/losses to payers 对付税者的社会损益；as sources of inefficiency 作为无效率的根源；vs. special interest subsidies 对特殊利益补贴；on wealth 对富人的税
taxi medallions example 出租车牌照的例子
tax reform 税收改革
temper loss, rationality of 发脾气的合理性
termites 白蚁；and protozoa 与原生动物
theft 偷盗；as involuntary transfer 作为非自愿的转移支付；welfare costs 福利成本
theory of bureaucracy 官僚体制的理论
Theory of Committees and Elections, The (Black)《委员会与选举的理论》（布莱克 著）
theory of constitutions 宪法理论；suggested reforms 建议的改革
Theory of moral Sentiments, The (Smith) 道德情操论（斯密 著）
Thompson, E. E. 汤普森
Tideman, T. Nicolaus T. 尼古拉斯·蒂德曼
toll highways 收费高速路
trading 交易
transfers：转移支付：by competitive vs. negotiated bids 通过竞争对通过协商报价；costs from possibility of

由转移支付的可能性产生的成本; from developed to poorer nations 发达国家向穷国的转移支付; effect of competition for 竞争的作用; effect on government 对政府的影响; effect on income within groups 对群体内部收入的影响; governmental budgets for 政府预算; highly inefficient 非常无效率; involuntary 非自愿的; methods of 方法; among the middle class 中产阶级之间的; vs. monopoly privileges 对垄断特权; need for deception about 对欺骗的需要; political costs 政治成本; politician's view of 政界人士的看法; from poor to better-off 从穷人向富裕人士的; from rich to poor 从富人向穷人的; social costs 社会成本; by special interests 特殊利益; of technologically private goods 在技术上属于私人产品的; among U.S. taxpayer groups 美国纳税人群体之间的; welfare costs 福利成本; willfully ignorant decisions about 对转移支付决定的故意不理睬

transitional gains trap 过渡收益陷阱

transitive nature of preference orderings. 偏好顺序的传递性质

transitivity 传递性; without indifference 没有无差异性; indifference and 无差异性与传递性

trials 审判; falsely charged defendants 被误告的被告; hearsay rule 传闻证据规则; one-sided 一边倒的; outcomes of 结果; votes needed for conviction 定罪所需的票数

Triver's reciprocal altruism 特里弗的相互利他说

trusts for avoiding inheritance taxes 为避遗产继承税而建立的信托基金

Tullock, Gordon 戈登·塔洛克; editorial experiences 编辑经历; Luddite attack on 勒德对塔洛克的攻击; Malthusian aspiration of 塔洛克对马尔萨斯的热望

Tullock Gordon, writings: 戈登·塔洛克的著作: "A Measure of the Importance of Cyclical Majorities"《循环多数重要性的一个指标》; "A New and Superior Process for Making Social Choices"《进行社会选择的一种新的较优过程》; "A Simple Algebraic Logrolling Model"《一个简单的代数选票交易模型》; "A Theory of Government Punishments and Rewards"《一种政府奖惩理论》; "Avoiding Difficult Decisions"《避免困难的决定》; Calculus of Consent《同意的计算》; "Coordination without Command"《无命令协调》; "Courts as legislatures"《作为立法机构的法院》; "Dynamic Hypothesis on Bureaucracy"《官僚体制的动态假说》; Economics of Income Redistribution《收入再分配的经济学》; "Efficient Rent Seeking"

《有效寻租》; *Entrepreneurial Politics*《创新政治学》; *Explorations in the Theory of Anarchy*《无政府主义理论探索》; "General Irrelevance of the General Impossibility Theorem"《一般不可能性定理的一般不相关性》; "Information without Profit"《没有利润的信息》; "Inheritance Justified"《为遗产继承辩护》; "Inheritance Rejustified: Reply",《再为遗产继承辩护: 答复》; "Judicial Errors and a Proposal for Reform"《司法错误与一项改革建议》; *Law and Morals*《法律与道德》; "Legal Heresy"《法律的异端》; *Logic of the Law*《法律的逻辑》; "On the Efficient Organization of Trials"《论高效的审判组织》; *Organization of Inquiry*《组织的探索》; *Politics of Bureaucracy*《官僚体制的政治》; "Polluters' Profits and Political Response"《污染者的利润与政治反应》; *Private Wants, Public Means*《私人愿望, 公共手段》; "Public and Private Interaction under Reciprocal Externality"《相互外部部下的公私互动》; "Public Decisions as Public Goods"《作为公共产品的公共决策》; "Revealing the Demand for Transfers"《显示对转移支付的需求》; *Social Dilemma*《社会的两难困境》; "Sociobiology and Economics"《社会生物学与经济学》; "Switching in General Predators: Comment"《一般掠夺者的转变: 评论》; "The Coal Tit as a Careful Shopper"《作为细心购物者的煤山雀》; "The Cost of Transfers"《转移支付的成本》; "The 'Dead Hand' of Monopoly"《垄断的"死亡之手"》; "Paradox of Revolution"《革命悖论》; "The Social Rate of Discount and the Optimal Rate of Investment: Comment"《社会折扣率与最优投资率: 评论》; "The Welfare Cost of Tariffs, Monopolies and Theft"《关税、垄断与偷盗的福利成本》; *Toward a Mathematics of Politics*《面向一种政治数学》; "Trials on Trial"《对审判的审判》; "What's Wrong with Editing"《编辑的错误》

Turkish immigrants 土耳其移民
Turvey, Ralph 拉尔夫·特维
two-species ecology example 物种生态的例子

unicameral legislatures 一院立法机构
unionization 联合
United State government: 美国政府:
   opening of records 开放记录; treatment of Mexicans 印第安人的待遇
United State law. 美国法律
universal adult suffrage 成人普选权
University of Chicago Jury Project 芝加哥大学的陪审团研究计划
urban renewal projects 城市改造计划

U.S. Civil Aeronautics Board（CAB）美国民用航空委员会（CAB）
U.S.Congress. 美国国会
U.S.Constitution 美国宪法
U.S.Department of State 美国国务院
U.S.Social Security Administration 美国社会保障总署
U.S.Supreme Court：美国最高法院：assumption of infallibility of 绝对可靠的假定；effect on the Constitution 对宪法的影响；sample selection example 样本选定的例子
utility：效用：negative utility interdependence 负的效用相互依赖；Paretian taboo on comparison of 效用比较的帕累托禁忌

values and value judgments 价值与价值判断
Vickrey, William S. 威廉·S.维克里
Vickrey's incomplete compensation mechanism 维克里的不完全补贴机制
voluntary charity. 自愿的慈善活动
voluntary labor 自愿劳动
voluntary transactions 自愿交易
von Neumann, John 约翰·冯·诺伊曼
vote-buying. 买选票
voters 选民；aggregate demand by 选民的总需求；decision-making 决策；desire to receive transfers 得到转移支付的愿望；difference from consumer 与消费者的区别；ill-informed 消息不灵通的；increasing the well-being of 提高选民的生活状态；influences on 对选民的影响；lack of selfish motives among 选民中自私动机的缺乏；"maximizer" "最大化者"；motivating honesty in 鼓励选民中的诚实；motivating public interest by 选民对公共利益的鼓励；motivating to vote 鼓励投票；poor 穷人；restrictions on 对选民的限制
voting：投票：among alternatives 对不同选项投票；Arrow's hidden assumption about 阿罗隐藏的投票假定；on choice of government services 对政府服务的选择投票；discontinuities in 不连续；effect of logrolling on 选票交易对选民的影响；effect of population size on 人口规模对选民的影响；government officials 政府官员；by juries 陪审团的投票；"Kantian" median preference "康德主义者"的中位偏好；"maximizing equilibrium" "最大化均衡"；vs. private charitable giving 投票对私人慈善捐赠；probability of "correct" "正确"的概率
voting process：投票过程：agenda control 日程控制；Borda method 博尔达方法；campaign contribution restrictions 竞选献金限制；changes in, before elections 选前的变化；effect of bureaucracy on 官僚体制

对投票过程的影响；efficient 高效的；importance of 重要性；probability of cycling in 循环概率；two-party 两党；worldwide variations in 世界范围的变异

Wagner, Richard E. 理查德·E. 瓦格纳

Wagner's law of increasing government activity 增加政府活动的瓦格纳法则

"Wagner squared" hypothesis "瓦格纳平方值"假说

Wagner-type lobbying 瓦格纳式游说

war：战争；as involuntary transfer 作为非自愿转移支付；War of the Roses 玫瑰战争；welfare costs 福利成本

Ward, Benjamin 本杰明·沃德

wasp societies 黄蜂群落

wealth equalization 财富平等

Wealth of Nations, The (Smith)《国富论》（斯密 著）

wealthy people in democracies：民主国家中的富人；coalitions with the poor 与穷人的联盟；transfers from 由富人的转移支付

Webb, Adrian L. 艾德里安·L. 韦伯

Weingast, B. R. B. R. 温加斯特

Weitzman, Martin L. 马丁·L. 韦茨曼

welfare costs：福利成本；monopolies 垄断的；tariffs 关税的；theft 偷盗的；transfers 转移支付的

welfare economics 福利经济学

welfare programs 福利计划、福利项目

welfare transfers to poor 给穷人的转移支付

Wellisz, Stanislaw 斯坦尼斯劳·韦利茨

West, Richard W. 理查德·W. 韦斯特

Whinston, Andrew 安德鲁·温斯顿

Wicksellian approach 威克塞尔的方法

Williamson, Oliver 奥利弗·威廉姆森

Wilson, E. O. E. O. 威尔逊

Winters, R. F. R. F. 文特斯

women, effect of their vote 妇女，其选票的影响

Yohe, Gary W. 加里·W. 约埃

Yugoslavian immigrants 南斯拉夫移民

Zajac, Edward 爱德华·扎雅克

Zeisel, Hans 汉斯·蔡塞尔

Zulu South Africans 南非的祖鲁人

图书在版编目(CIP)数据

公共选择:戈登·塔洛克论文集/(美)塔洛克著;柏克,郑景胜译.—北京:商务印书馆,2011
(制度经济学译丛)
ISBN 978-7-100-07663-0

Ⅰ.①公… Ⅱ.①塔…②柏…③郑… Ⅲ.①公共选择(经济学)—研究 Ⅳ.①F062.6

中国版本图书馆 CIP 数据核字(2011)第 020484 号

所有权利保留。
未经许可,不得以任何方式使用。

GŌNGGÒNG XUĂNZÉ
公 共 选 择
戈登·塔洛克论文集
〔美〕戈登·塔洛克 著
柏克 郑景胜 译

商 务 印 书 馆 出 版
(北京王府井大街36号 邮政编码100710)
商 务 印 书 馆 发 行
北京市白帆印务有限公司印刷
ISBN 978-7-100-07663-0

2011年10月第1版　　开本880×1230 1/32
2011年10月北京第1次印刷　印张22¼
定价:51.00元